文
景
———
Horizon

社 科 新 知　文 艺 新 潮

国家
时代

人类国家文明的历史发展逻辑
与中国文明解析

孙皓晖

著

上海人民出版社

献　给

走向文明重建的当代中国

——

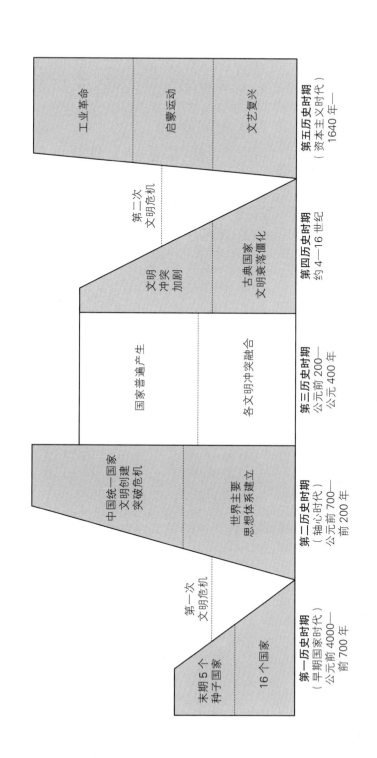

世界国家文明发展起落简示图

第一历史时期 (早期国家时代) 公元前4000— 前700年	第二历史时期 (轴心时代) 公元前700— 前200年	第三历史时期 公元前200— 公元400年	第四历史时期 约4—16世纪	第五历史时期 (资本主义时代) 1640年—
末期5个 种子国家	中国统一国家 文明创建 突破危机	国家普遍产生	文明 冲突 加剧	工业革命
				启蒙运动
16个国家	世界主要 思想体系建立	各文明冲突融合	古典国家 文明衰落僵化	文艺复兴

第一次
文明危机

第二次
文明危机

中国国家文明发展起落简示图

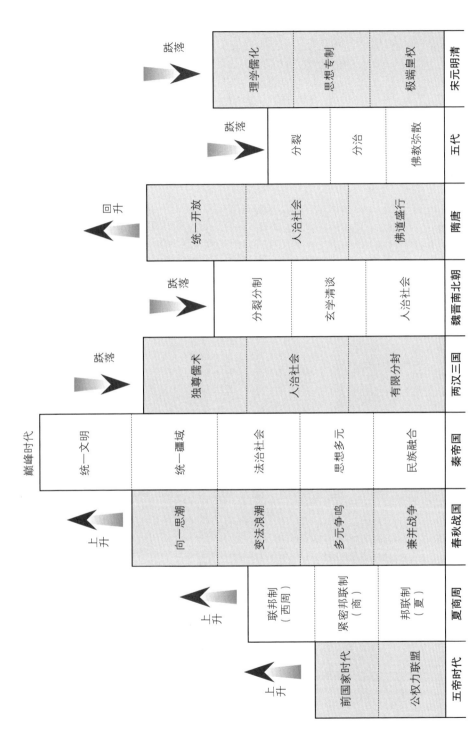

目 录

序言

中国文明的历史困境

一

举凡关注中国现实状况的人，都明白无误地知道一个事实：我们的国家，我们的社会，我们的民族，正在面临空前复杂而严峻的历史挑战。我们这个时代，不但要承担历史上曾经的国家文明战略选择的失误所带来的累积后果，还要承担近代以来发生在我们历史视野之内的选择失误所沉积的历史后果，更要有效抵御异质文明的强大侵蚀，以及力图改变中国历史方向的种种政治力量的全面渗透。

我们头上顶着绚烂的经济花冠，脚下却是纷繁交错的文明泥沼。

悠久与古老，既是一种深远强大的根基，更是一种举步维艰的重负。

2000多年前，西汉王朝中期的汉武帝时期，抛弃了中国在春秋、战国、秦帝国三大时代600年左右奠定的强大的社会意识多元化传统，遏制诸子百家，选择了一家"独尊"的道路。从那时起，统一强势的中国文明的蓬勃洪流，由思想专制而导致的创造力衰减趋势开始出现，进入了一代一代全面衰减的历史过程。这种持续衰减的中国文明，到宋代已经僵化，到明清两代则已经腐朽。

这是遥远的中国古典社会，在曾经的大转折时期做出的错误选择所带来的历史后果，这是我们这一代人无法决定的。但是，它终究是我们这个民族曾经的文明构建失误。沉重的历史后果，必然由中华民族的后裔来承担。这是民族历史责任的无代次性，是我们无法回避的——因为，我们是中国民族群的子孙，是中华文明的现在进行式。民族的历史光荣，属于我们；民族的历史责任，自然也属于我们。

如果说，这还是一种遥远而间接的历史责任，那么，近代史以来的历史失误，则是比较直接的历史责任了。

15世纪以来的西方世界，已经开始由文艺复兴而启蒙运动，并迈向新的工业社会。这时，中国文明已经被持续衰减的历史，浸渍成一坛肥美的古老肉[1]了。当1840年西方列强鼓起的战争风暴来临时，国家意义上的中国文明已经丧失了对新世界的理解力，更丧失了对强大的外敌入侵的国家抵抗力，已经变得只能以割地求和为生存手段了。剧烈的灾难，国家的衰朽，激发了人民自救的社会大潮。将近200年中，我们这个民族一直在连绵卷来的各种历史大漩涡中挣扎。我们力图摆脱2000余年以来累积的沉重历史包袱，我们力图轻装上阵，我们力图重新开始，我们力图杀出一条血路来。这种普遍的社会精神，激发了中国近代史上的救亡图存与共和革命两大历史洪流。

中国民族群[2]终究没有彻底倒下，历经磨难，我们还是跟跟跄跄地站了起来。

但是，血战突围，毕竟难以冷静审视一切。救亡图存的历史风暴，首先需要民族群的激情与意志，而从容舒缓的理性精神必然退居第二位。惟其如此，在社会精神领域，这两大历史洪流以很难避

1　古老肉，陕西与北方局部地区流行的一种腌制腊肉，坛装，肥美。音"古老"得名。
2　虽然惯常人们说的是"中华民族"，但本书因强调文明实体，故更多使用的是"中国民族群"，关于"中国""中华"的具体内涵，本书后文会详作辨析，详见第342—347页及380—391页。

免的简单化与政治化的方式，掀起了大规模的思想运动，硬生生地将中国现实社会的发展需求与中国文明历史的传承切割开来。我们对中国 5 000 年历史所锤炼出的文明根基，曾经在理论上全盘否定，一概地作为"封建残余"，一概地作为"孔家店"，一概地作为"四旧"，一概地作为"封资修"，彻底打倒了，彻底抛弃了。这就是说，在近 200 年的时间里，中国社会曾经与自己的历史根基隔绝。像一柄大斧，砍断了缠住我们双手双脚的枯藤，我们终于可以相对轻松地奋斗了。

那时，我们曾经满怀信心地宣布：一张白纸，可以画最新、最美的图画[1]。

但是，历史实践却并不那么令人愉快。这张"白纸"的大中国，在"文化大革命"结束后的 40 余年里，在商品经济大潮的冲刷下，种种历史污渍很快浮出水面，渗透在社会各个层面，迅速地演变为光怪陆离、危机四伏的中国文明沼泽地。历史地看问题，我们无由谴责曾经的血战突围，无由谴责曾经的大潮发生的悲剧性失误。但是，我们可以认真接受历史教训，承担先辈的历史失误带来的消极的、恶性的历史后果，并努力寻求真正的文明发展道路。

在国家与民族整体发展的历史上，每一个人都有自己的历史责任。

对于民族与国家的文明发展而言，没有将国家决策层与人民大众区别开来的可能，也没有因为代次久远而产生责任豁免的可能。任何时代的国家抉择，都是当时社会思潮的产物；在本质上，都是我们民族群扎根的社会土壤在当时的历史抉择。作为人民的一员，作为这个民族的后裔，我们既有权利获得这种历史抉择有可能带来的巨大发展利益；我们也有义务去承担这种抉择有可能带来的深重历史灾难。

我们不能走向自外于民族文明的道路。

1　毛泽东：《介绍一个合作社》，载《红旗》，1958 年第 1 期。

我们必须克服个体的骄狂自大与盲目的西方崇拜情结。

我们必须遏制虚无主义的浅薄与轻率。

二

改革开放 40 余年，中国的历史航标已经作出了很大的修正。

在深刻体现历史需求与现实需求的国策下，我们既从隔绝于文明历史的"白纸"中走了出来，也从现实的自我封闭中走了出来。无谓的纷争，无谓的讨论，基本上消失了。在这条航道上，我们已经驶出了较长的距离。我们的开放，已经前所未有的充分了；我们的改革，已经在经济领域获得了长足的发展，并且，浸渍出了有可能走向深度的政治文明改革的精神基础，及某些社会条件。可是，在经济发展占据绝对主导地位的大潮下，在商品交换关系与利益交换关系突然而普遍地深刻影响主导性社会价值观的状况下，一个重大的历史性问题却突然推到了我们眼前——中国文明的良性价值观体系正在经受严峻的考验，大规模的文明重建已经刻不容缓！从本质上说，我们的国家意识很有可能出现盲区，忽视在空前复杂的历史转折时期中国文明面临的世界性冲击，忽视维护中国文明良性根基的紧迫性，更忽视在高科技生产力与商品经济条件下，对中国文明的继承与重建的历史使命。

我们的国家，对中国文明的传承和发展，要有空前的忧患与危机意识。

1. 我们的良性价值观体系与道德基础，正在经受种种冲击和考验

就表层而言，中国的文明危机正通过正反两个基本方面呈现出来。正面是，中国民族群具有可继承性的传统良性价值观体系与道德基础，正在经受种种冲击和考验；反面是，普遍的商品经济活动连带

产生的恶性价值观，正在洪水猛兽般泛滥、弥漫于我们社会的每个角落，影响着中国当代社会生活的方方面面。

从世界文明与中国文明的历史实践看，既往任何时代的商品经济活动方式及其所滋生的利益交换价值观，都受到当时社会的整个价值观体系的有效制约；国家法律、国营商市、社会道德、伦理价值等诸多方面，都对私人商品经济行为有一定程度明确而严厉的限制。这些，都是有效制约商品交换活动必然溢出的恶性价值观的综合表现。在这样的综合制约下，良性的商品交换价值观得到弘扬，恶性的利益交换价值观受到遏制；无论官商、私商，古典商品经济活动自身的价值法则，都大体与当时整个社会的价值观体系保持着相同的品质，体现了人类古典文明在基本方面的高贵性、诚实性与可靠性。

从中国文明的历史实践看，自商人（殷商族群）开创私人商旅活动开始，中国就有了官商与私商并存的商品经济格局。到战国时代，商鞅变法正式破除了西周确立的土地买卖禁令，实行土地私有制，土地主人可以自由买卖土地。从此，最重要的生产资料——土地——开始成为商品，中国便进入了农业经济基础上的商品经济时期。从那之后的2 000余年，中国古典社会基本上是成熟的农耕经济与成熟的商品经济并存发展的混合型经济形态。近代以来，诸多西方人士与中国学者，武断地认定中国古典社会是单一的农业经济，中国是一个农业社会，因此，许多学者热衷于"调查发现"中国古典社会的"资本主义萌芽"，借以论证中国也可以在自身基础上发展出商品经济并进入资本主义文明。这一论断与推理，实际是一种严重误读，是一种基于西方文明中心论、很不了解中国文明根基的盲目研究。实际上，以现代经济学的商品经济定义，中国的商品经济——也就是资本主义萌芽，早在战国时代就出现了。但是，仅仅因为这种商品经济在2 000余年中没有发展为资本主义，与西方道路严重不同步，与某种传统革命理论不相符合，就被西方文明论与传统革命理论视而不见，这是相当不公平的。

我们要强调的是，在漫长的中国古典社会，中国的商品经济活动方式已经达到了人类农业经济时代的最高峰，并且受到自觉而严格的价值观体系的制约，与农耕经济形成高度的融合并存。所谓重农抑商，不但是一种基于保护经济基础的长期持续的国家政策，而且是一种基于道德判断的价值观制约。秦帝国之后，历代都有突出而普遍的土地大买卖活动，也就是土地兼并，给农耕经济带来了严重破坏。这一严酷的事实说明，在任何时代，商品经济活动的内在规则都是趋于无限膨胀的，都是必须被限制的；无限制的商品经济活动，在任何时代都是灾难。因此，重农抑商不是消灭商人与商品经济，而是使其在良性范围内发展，符合社会需求。据此而判定中国古典社会没有商品经济，是非常荒诞的。在中国古典社会的历史条件下，尽管商人阶层也曾经在某些时期诱发过经济灾难与政治腐败，也曾经诱发过社会价值观的大错乱，譬如西晋时期的社会大腐败导致的价值观体系的扭曲。但是，从总体上说，中国古典社会的商品经济活动，是在有效的道德基础与良性价值观体系下运行的。

也就是说，中国古典农耕商品经济是相对可靠的、坚实的。

那时，"趋利"之水势，始终徜徉在"取义"之堤坝内。

当代的危机在于，污水已经从缝隙弥漫出来。

危机的深刻之处在于，我们对抗内部侵蚀与外部冲击的力量很脆弱。我们在西汉之后形成的传统道德体系，是基于儒家经典而产生的社会价值观与伦理价值观。虽然，这些道德规范有许多腐朽僵化的东西，是必须扬弃性继承的，其形成有意识地遗忘了春秋、战国、秦帝国三大时代的奋斗与大争的强势生存价值观，基本上是儒家被"独尊"之后的一家之言的选择性概括；但是，它们毕竟已经浸泡我们的民族意识长达2 000余年，已经成为一种历史性的道德力量。近代以来，这种传统道德基础在历史洪流中，两次被整体性地打倒了，抛弃了。当我们面临严重的异质文明入侵时，当我们面临商品经济恶性价值观的全面冲击时，我们发现我们已经缺乏可资抵抗的传统道德力量与价值观基础。

如果我们能在抛弃儒家道德传统的同时，认真发掘中国民族在长期历史实践中所锤炼出的历史经验，大规模重建核心价值观体系，这无疑是一条更具建设性的历史道路。可是，我们没有这样做。我们的悲剧在于，既抛弃了西汉之后历史传统形成的道德基础，又在重新发现历史并建立新的道德基础上是欠缺的。我们对"一张白纸"自得其乐，我们对"文明历史"四字就此了结。这是悲剧性的失误。这种失误说明，传统革命洪流下的思潮，对人类文明的历史实践尚缺乏深刻的理解力，自以为能隔断历史轻装前进。

惟其如此，我们的文明正在经受各种冲击和考验。

无须具体地统计与举例。每日泛滥于社会的道德沦丧、信用缺失、职业精神堕落、人际关系利益化、血缘家庭大量解体、老人境遇恶化、教育体系被收费绑架、青少年精神畸形发展、执法丑闻时有所闻、官员腐败惊心动魄、知识分子群体精气神不足、科学研究与学术领域造假现象层出不穷，等等，无一不令人痛心。

虽然，我们不会丧失希望，但是，文明危机的泥沼就在我们眼前。如果我们的国家，我们的社会，依然没有民族文明的重整意识，依然企图用简单化的经济增长来达到社会均衡发展的目标，我们的前进将会举步维艰。这种价值观失序与道德跌落，也许将发展为真正的文明灾难。

2. 我们的历史认知空前混乱，缺乏文明重建的社会精神基础

中国在走向世界并摆脱贫困状态40余年之后，社会精神的多元化正在初显曙光，对中国文明史的思考已经重新开始。在这样的社会条件下，以重新发现中国文明为抓手对中国文明史进行深入的解读，

并由此确立我们民族立足于历史实践的良性核心价值观体系，逐步实现中国文明的重建与跨越，已经成为当代中国人新的历史使命。

可是，中国当代社会呈现的精神意识状况，却与这样的历史使命要求相去甚远。一方面，基于近代以来简单化、政治化的隔绝历史的逆反心理，人文界与诸多其他社会领域人士，对中国文明根基的认识，都重新回归了近代之前的悲剧状态：再度以儒家体系为中国文明的当然根基，对中国文明的复兴也以倡导儒家文化为价值观内容，儒学经典已经悄悄弥漫于各层级的学校——这就是所谓"国学复兴"的思潮与实践。

另一方面，我们的知识界普遍地停滞于传统历史观，拒绝对中国文明史作出发现性的重新解读。对中国文明在春秋、战国、秦帝国三大时代奠定的多元发展、强势生存的统一文明根基，我们的社会已经习惯性地选择遗忘。虽然，中国统一文明的根基时代，已经得到了一部分社会人士与学者的清晰评价，已经涌现了一批很有价值的思索成果；在诸多社会层面，对这些新的文明理念都已经有了相对普遍的认同。但是，我们的主流层面，我们的国家意识，依然对重新解读中国文明史缺乏应有的感知能力。从总体上说，我们对中国文明在 5 000 年历史实践中锤炼出来的核心价值观体系，对我们民族前 3 000 年的强势生存精神，始终没有自觉而清醒的归纳与深入讨论，更没有趋于一致的认识。我们的历史意识，仍然深陷于"读经"的图圄，仅仅以"四书五经"及相关的经典体系为价值观标准去评判历史。这样的人文学界，很难达到对波澜壮阔而又鲜活生动的历史实践进行深入研究并重新发现的历史高度。

历史实践证明，世界任何国家、任何民族，其文明重建的第一要务，都是对本民族文明的根基时代作出新发现与新总结，从而提供当下社会能够赖以前进的历史精神，提供在历史实践中已经发展定型了的良性核心价值观体系。欧洲曾经的文艺复兴运动，越过了中世纪的黑暗，直接与古希腊、古罗马文明对接，对文明根基时代进行了大规模的重新解读与总结，正是这一历史需求被提出并被完成的典型例证。欧洲如此，中国这样一个历史悠久的古老国家，更不存在超越历史需求的第二或第三条道路。

否则，中国文明的重建与跨越，就是十足的空谈。

3. 文明重建的课题必将提上历史日程

我们坚信中国文明重建的课题必将被提上议事日程。

但是，目下的状况依然是"空气稀薄"的。

历史实践证明，一个国家欲求真正发展，真正崛起，真正发达，从来都是以本民族的文明重建为最重大、最长远的战略目标。如果没有这样的战略目标，一个国家的改变与振兴，就只能停留在经济增长的层面，只能停留在富庶生活的层面。借用一个经济学概念，这才是真正的"中等收入陷阱"——停滞于小康富裕状态而不思文明重建，不思"大出天下"。从世界范围看，这种缺乏文明重建而只注重于富庶生活增长的国家，无一不被商品经济的洪水猛兽与异质文明的渗透而侵蚀得千疮百孔，奄奄待毙。这种过着富庶生活的文明缺失国家，在世界上比比皆是。他们既不会真正振兴自己，也不会真正威胁别人。在文明冲突中虎视眈眈的西方世界，最为漠视的就是这样的国家。

颇具意味的，是曾经的英国首相撒切尔夫人的一种说法。在西方世界许多人都因为中国经济崛起而嚷嚷"中国威胁"的时刻，她作出了这样的评判：中国的崛起并不可怕。因为，中国是一个不输出价值观的国家。在历史上，凡是不输出价值观的国家，都不会构成威胁。请注意，所谓"不输出价值观"，在西方的政治语言谱系中有三层实际内涵：其一，这个国家在不主动输出自己的意识形态的基础上，不发动颠覆他国政权的对外革命式行动；其二，这个国家的文明价值观体系不明确；其三，这个国家在重大的生存利益问题上，没有基于历史传统而产生并能清晰表述、严格坚持的价值观体系。

这一评判提醒我们，在中国文明的历史根基究竟如何在我们这个时代确立，并形成我们文明重建的基础这个重大问题上，在形成国家层面上的自觉战略意识的问题上，我们还有很长的路要走。而历史告诉我们，如果我们忽视文明重建，我们就会变成富庶却缺失文明的国家中的一员，如同没有灵魂的巨人，只能在世界上没有目标地游荡。

4. 面对空前强大的异质文明入侵，要高度重视文明自信

在 5 000 年的中国文明历史上，我们曾经无数次地面临异质文明入侵，每次都是以中国文明的战胜而告终。由此，中国文明的强大融合力与强大生命力，成为中国民族文明的骄傲。但是，自 19 世纪中叶开始，并一直延续到当代的不间断的、大规模的、历史性的异质文明渗透，却远远不同于既往历史上任何一次异质文明入侵。之所以不同，不在于近 200 年里异质文明入侵渗透的强度与烈度，而在于入侵的方式，入侵的深度；更重要的是，入侵的时机不同了。在既往历史上，文明入侵无论以何种方式出现，中国民族从来都是以强大的精神迎战的，坚信自身文明的高贵性与优越性，以强大的文明信念迎难而上，进行着文明领域的全面保卫战。正是这种无可消磨的强大信念，支撑着我们持久的忍耐力，也支撑着我们博大的文明襟怀，更支撑着我们民族优雅灵活的融合步调，使我们总能成功战胜不同方式的异质文明入侵。

正因为如此，中国文明历经磨难 5 000 年而至今犹存。

但是，今天异质文明的渗透有所不同。

我们潜在的危机在于，对自身文明的信念正在动摇。历史实践已经证明，任何时代、任何国家的文明危机，都在于构成这个国家的主体民族的文明自信的衰减与丧失。这里，还是让我们先听听英国历史

学家尼尔·弗格森的说法。这个立足于历史实践的金融学家与历史学家，在《文明》一书中有一个基本结论：西方文明正在衰落，但还不是完全没有希望。他在对当代中国的崛起与西方文明衰落的比较中，提出了这样的独特理念——

　　西方文明在解决 21 世纪将要面临的问题上，仍能激发个人的创造力……关键是我们是否还能认识到这一文明的先进性……或许对西方真正的威胁并非来自中国、伊斯兰或者是二氧化碳的排放，而是我们对从祖先那里继承下来的文明丧失了信念……因此今天威胁西方文明的不是其他文明，而是我们自身的怯懦，是滋生这种怯懦的对历史的无知。[1]

　　实际上，这不仅仅是尼尔·弗格森的一种理念，也是世界文明的历史实践所展现的普遍事实。谚云，"哀莫大于心死"。这种"心死"的危险性，对于个人、国家、民族，都是一样的。

　　自中国近代以来，中国人对自身文明的怀疑与批判，如海啸大潮连绵不断。一方面，无论是对中国文明的根基时期，还是对中国文明的后续发展时期，中国人都是激烈怀疑的、彻底否定的。另一方面，无论是对西方世界的历史，还是对西方世界的文明，中国人都是由衷崇拜的，持拿来主义的照搬态度。一度弥漫中国的全盘西化论，始终势头未减且越来越见深刻普遍。历史的另一映像是，在对中国文明历史的审视上，左翼思潮中存在隔绝于中国文明传统的现象，与右翼思潮的连根否定中国文明传统，不期然地发生了历史效果的重叠。无论出发点多么不同，在抛弃与否定中国文明传统这一结论上，两股思潮有着惊人的一致性。

1　［美］尼尔·弗格森：《文明》，曾贤明、唐颖华译，中信出版社，2012 年，第 303—304 页。

这就是说，在相当长的历史时期里，中国社会的普遍认知，是对扬弃性地继承中国文明不再抱有希望，对中国文明根基的优势已经丧失了信心；对以中国传统文明为基础而重建中国新文明，已经丧失了信心与兴趣。左翼描绘出的希望与前途大都是以新的革命理论为基础，构建中国未来社会。右翼描绘的希望与前途是，抛开中国统一文明传统根基，照搬西方文明而重建中国社会。

显然，两种思潮之构想，都存在没有建立在中国统一文明的根基之上这一问题。

新时期以来，基于西方文明更为强烈的输出大潮，中国社会对自身文明的反思，再次提上了议事日程。在这一进程中，"黄色文明落后论"出现了，"中国文化酱缸论"出现了。在这样的思潮弥漫下，全盘西化论深深影响到了那些精英知识分子与新兴富裕群体。他们对以中国统一文明为正宗基础的文明重建，再次丧失了信心，将希望再度建立在照搬西方文明之上。这次不同的是，中国国家层面与非主流的散落社会的思索者群，对这一思潮表现出了相对的疏远，罕见的冷静，不同寻常的深思。也就是说，对中国统一文明根基的彻底否定，这一次没有以两翼合流的历史形式出现。

这是中国文明走出危机的一线曙光。

在中国近现代历史上，第一次出现了对中国文明根基的认真反思。

这些思索成果，虽然还是星散的绿叶，却是中国文明重建的希望。

在中国的现实社会中，社会思潮的趋势也在不断地发生量变。一方面，在异质文明渗透下，越来越多的人正在丧失中国文明重建的信心；另一方面，越来越多的人群正在恢复或增强对中国统一文明的信心，越来越深入地思索中国文明重建的战略突破点。历史地看，这几乎是春秋时代陵谷交替的再现——高岸为谷，深谷为陵。一方面是礼崩乐坏，一方面是瓦釜雷鸣。旧的脓疮与溃疡，正在大块脱落。新的肌肉与骨骼，也在迅速生长。

5. 中国统一文明的核心价值观体系的真正确立任重道远

历史实践说明，任何一个文明形态的核心价值观体系，都不是某一学派的理论概括，即便这种理论是曾经被我们"独尊"的神圣圭臬。一个文明形态的价值观体系，虽然也包括了诸多理论体系所声张的理想价值观；但是，更为核心的价值观体系，是一个民族、一个国家在长期的历史实践中锤炼出来的实际生存法则。这种坚实有效的实际生存法则，是任何理论都不可能全面容纳的。更多的情况是，大部分经典理论只能部分地折射这些实践法则，而不可能全面地反映这些法则的丰富性与实践性。

简单地依据儒家经典，将中国统一文明的核心价值观体系仅仅具体归结为个人行为规范——仁义礼智信，再加上伦理规范——君君、臣臣、父父、子子，再加上国家精神规范——礼仪之邦、伦理之邦，等等：这就是中国统一文明的核心价值观体系？远远不是。这些都是迂阔的、简单化的"牧民"需求所产生的教化准则，是远离历史实践的片面认定。如果中国民族就是依靠这些教条价值观跋涉 5 000 年岿然不倒，那真是无视世界大争残酷性的理论欺骗。

我们必须清楚，什么是一种文明形态真正的核心价值观体系。

尼尔·弗格森的《文明》一书中提出的西方文明的核心价值观体系，对我们具有思维方法意义上的参考。他提出的西方核心价值观体系，有六个基本方面。如下——

为什么西方可以主宰其他地区，而非相反呢？我认为这是因为西方发展出 6 项撒手锏，这是其他地区所没有的。它们是：

1. 竞争。欧洲的政治处于分裂割据的局面，在每个君主制国家或共和制国家内，都存在着多个相互竞争的集团。

2. 科学革命。17世纪，数学、天文学、物理学、化学和生物学的所有重大突破均发生在西欧。

3. 法治和代议制政府。这一优越的社会政治秩序出现于英语国家，它以私有财产权以及由选举产生的代表财产所有者的立法机构为基础。

4. 现代医学。医疗保健在19和20世纪的所有重大突破，都发生在西欧和北美，其中包括对热带疾病的控制。

5. 消费社会。随着工业革命的兴起，以棉纺织品为开端，涌现出大量提高生产力的先进技术，同时对物美价廉的商品需求也为之扩大。

6. 工作伦理。西方人最早将更为广泛而密集的劳动和更高的储蓄率结合在一起，从而促进了资本的持续积累。

这6项必杀技，是西方崛起的关键。[1]

我们不去讨论弗格森的概括是否准确，是否所有的六项都是西方的独特精神与独门利器，我们可以借鉴的是他立足于历史实践的方法与立场。1999年前后，我曾经于《大秦帝国》写作之余，以真实姓名在新浪网的《舰船知识》阵地发表了一组文章，总题目是"世界曾经拥有这样的中国——关于中国文明发展的历史经验"，后来被网友称为"强势六论"。这组文章的基本内容与目标，就是对中国文明在历史实践中所锤炼出的核心价值观体系作出总结。这组文章的内容，后来被我不断地丰富、发展，但其立场与方法却是一以贯之的。正因为如此，当我在2012年看到弗格森的《文明》一书，看到他总结西方文明价值观的研究方式与研究立场时，我是非常惊

---

1 ［美］尼尔·弗格森：《文明》，曾贤明、唐颖华译，第287页。

讶，也是由衷欣慰的。

重要之处在于，西方人将自己的核心价值观体系认定为历史实践的存在，而不是任何一种经典理论所提出的一家理想。西方世界自文艺复兴以来，涌现出的学派与大思想家如满天星辰。但是，作为国家与民族的核心价值观体系，仍然不是那些学派与思想家群的理念，而是整个国家与民族存在与发展的普遍精神。尽管，作为社会存在的历史实践，包括了诸多理论家所创造的独家精神，但仍然不是任何单一理论的体现。这种认定核心价值观体系的方式与立场，是具有真理性的，是不分国界的。中国同样如此，我们民族的核心价值观体系绝不是儒家理念，而是我们中国民族群的存在与发展的核心精神。

同样是在探索文明危机的出路，西方人的危机意识与忧患意识，比我们要普遍得多，浓烈得多。有幸的是，我们的探索思路，竟然和他们产生了惊人的不期暗合——都立足于历史实践，去重新发现本民族的核心价值观体系，去发现未来的文明重建道路；而且，都将文明危机的基本面，归结于对自身文明的信心衰减与丧失。如果我们将这种认识与思维方法称为"人文前沿理论"，那么，我们的"前沿"与西方的"前沿"，似乎处于同一水平。但是，考虑到西方文明危机意识的社会基础性与国家自觉性，我们的"前沿"就显得薄弱、苍白了。

惟其如此，我们的文明危机状况，比西方要更为深重，更为复杂。

中国文明的核心价值观体系何在？我们依然莫衷一是。

大多数人群的文明史意识，依然停留在"四书五经"所生发的种种有关人伦教养的传统诉求之上。《弟子规》《孝经》《女儿经》，等等，这些充斥着教化教条而早应该被抛弃的腐朽人伦理念的传统读物，正在被我们当作有用的文明礼教，复活在大量人群之中。中国文明的真实根基，我们民族的生存经验教训，我们民族蓬勃向上的精神究竟在哪里，一部分人似乎不屑于探讨，还有一部分人又是麻木地随波逐流。

三

我们能够做些什么？我们应该做些什么？

在国家时代，一种文明形态的生灭发展，主导力量在国家意识，基础力量在社会精神。不能说，对于重建社会精神的历史任务，作为民众的我们是无可作为的。在既往的历史实践中，中国人用"国家兴亡，匹夫有责"这样的成语概括了民众的社会责任意识。那么，我们应该做些什么样的基础工作，以承担我们的社会责任？

这就是我写这本书的目标所在。

面对国家与民族重寻精神共识的历史任务，突破口只有一个——从对人类文明发展史的审视中，寻求我们的思维突破。面对历史的挑战，我们所能做的第一件事，就是站在历史实践的立场上，对国家时代的文明发展脚步进行深入研究，发现世界范围内的国家文明在历史实践中的兴亡法则，揭示大国文明兴亡生灭的历史经验与深重教训。当然，更为重要的是，我们需要以世界文明的宏大视野，真正发现中国文明在历史实践中矗立不倒的根基，真正发现那些足以构成我们民族精神生命的核心价值观，从而使我们对自己的文明有一种强烈的信念，并足以构成我们重建中国统一文明的精神基础。

古往今来，中国民族都是最具"天下意识"的民族。何谓天下？古曰九州四海，今曰地球世界。即便在中国民族陷入水深火热而全力救亡的历史时期，其优秀群也没有丧失"放眼世界"的意识；即便在物力维艰的历史时期，我们也有着"环球同此凉热"的理想与境界；即便在举步摸索的改革开放初期，中国的目光也是有世界格局的。可以说，在全世界同期的经济改革中能够一枝独秀，能够稳步前进，中国民族天赋直觉的敢于走向世界的意识是我们的精神导向。敢于研究大问题，敢于承担大责任，敢于将中国的事情融入世界格局去思索，去作为，去创造，是我们民族在5 000年历史实践中锤炼出来的厚重坚实的精神品格。

我们不怕一时的贫困落后，我们不怕历史困境的挑战。

只要我们认真研究世界并发现世界，认真研究中国并努力发现中国，我们就有希望。三军可夺帅，匹夫不可夺志。这个"志"，就是我们民族对自身文明的精神信念，就是我们每个人敢于对国家文明负责的忠诚节操。面对文明的挑战，我们只有一条路可走，即振作精神，投入到中国文明重建的历史洪流中去。

孙皓晖

2012年夏第一次定稿

2019年夏第三次修订

西北大学中国文明史研究院·海南积微坊

01 章

早期国家起源及漫长发展

一 走向国家时代的历史节点

人类文明的发展，是一部久远的历史大书。

如果说，具有自觉意义的生存方式就是文明，那么，从告别动物性的那一天起，人类就进入了最早的文明形态。当然，这是我们以进化论学说为基础作出的历史论断。假如人类不是地球原生生物进化而来，而是外星生命群体移居而来，或生来就是超越动物的智慧人类，则人类文明的历史将会更长。根据人类已知的模糊记忆（神话与传说）及能够落实的物证（考古），人类自觉生存的时间长度，应该至少有数百万年。我们能够清楚的是，在国家文明出现之前，人类曾经有过非常缓慢的渐进的早期文明历史，或曰原始文明历史。这种早期脚步，是文明缓慢发展与成果缓慢积累的历史过程，是进入国家文明之前的必要的历史条件。

原始文明与国家文明，是两大阶段的人类文明，有着重大区别。

尽管，我们不能割断历史，不能否认原始文明与后来的国家文明在深层本质上具有同一性——都是脱离了动物性的自觉生存时期；正是在深层本质同一性的意义上，两大阶段的自觉生存状态，都可以定位为文明形态的生存。但是，原始文明与国家文明之间的重大区别，也是非常鲜明的：前者，是人类自觉生存的低级阶段，是经验积累阶段，通常被称为"蒙昧时期"；后者，则是人类精神群体性发展的理性大创造时期，是文明的快速发展与不断产生历史跨越的高速质变的新时代。

发现两大文明形态相区别的那个历史节点，对于我们非同寻常。

清晰地认识那个隐藏在历史深处的节点，并理清这一节点时段的重大事变及发生特点，同时，深入探索人类具备了理性创造精神之后的国家文明发展史，对于人类不断纠正自身缺陷，对于人类社会的未来构建，无疑是非常必要的。因为，人类是地球上唯一的智慧种群，人类没有可以参照的更高的文明存在。我们不反思自己的历史，随时都可能沦入恶性毁灭的文明灾难。

最重要的那个节点时段，隐藏在什么样的历史时空中？

从地球物种竞争的原初形态看，人类群体与其余物种群的生存竞争，开始并不具备明显的体能优势。人类的身高、体量、搏击能力，都不是动物群中最出色的。早期人类群的体能，大体与狼群不相上下。幸运的是，人类种群的天赋智慧性，远远超过其余动物种群的群体"合作"本能，具有智慧性的自觉行动意识。可以推定的是，如果人类没有这种超越其余动物种群的自觉生存能力，我们的祖先们不可能躲过虎群、豹群、熊群、狼群、猴群、蟒蛇群等无数庞大凶猛种群的多方攻击。[1]

1　关于人类的起源，有三种最基本的说法。一是造人论，体现于各国神话与宗教之说中。二是进化论，达尔文之后普遍认同的物种发展理念。三是外星生命移居论，近代以来日渐流行并产生了一定的影响力。从本质上说，第一种是突变论，第二种是渐变论，第三种是外来论。就人类在当代达到的关于物种形成的多元理念看，我们没有必要断然地肯定某种说法，也没有必要简单地否定某种说法。因为，三种人类出现理论，在当代条件下都无法获得清楚而明确的证明。但是，人类一旦出现，其发展阶段的不同，则已经被大量的地下发掘与研究成果所证明。因此，本书只涉及人类出现后的历史，而不涉及人类出现的问题。

另外，当时的大自然灾难也是一种神秘而不可知的巨大威胁。人类在与其余物种的奋力竞争中胜出，并度过了无法战胜的种种"天劫"，终于生存了下来，实在是一个颇具神秘性的奇迹。世界各民族的神话与创世故事，都有一个共同点——诸神造人，人得神佑。之所以如此，从根本上说，正是早期人类对天候变异的神秘性、对动物群伤害的灾难性，所保留的敬畏性的精神记忆。我们来自大自然，我们崇拜大自然，此乃人类精神的良知。

从总体上说，这是人类生存的第一个大阶段。这是人类不能完全依靠自己的体能与智慧生存，对大自然尚有根本性依赖的阶段。在本书中，我们不展开讨论这个历史阶段的问题，它属于人类早期文明范畴。这里需要讨论的，是人类早期文明的后期阶段出现的新的变化元素，并成为向国家文明迈进的那股推进力量。这个特定新元素，这股推进力量，就是我们寻觅的那个最重要的历史节点。它是人类跨入更高理性生存状态的第一个历史标志。这个历史标志的最根本特征，就是人类的社会性已经发展到具有较大规模或大规模的严密组织群体行动的程度，从而开始了超越早期文明的巨大发展与理性创造。

远观历史，它是一个节点。进入历史，它则是一个相当长的社会变化时期。也就是说，这个最重要的节点，并不是在某一天突然完成的，而是经过了漫长的发展与积累的一个历史时期。因此，这个最重要的节点，本身又有着具体的发展阶段，是由几个关键的条件性节点发展形成的。要清楚最重要的节点时期，首先要进入历史逻辑的自然发展节点。

人类社会性的发展节点，是一个上升性的历史逻辑链。

最简约地说，这个上升性的历史逻辑链是：个体人群→婚姻组合→家庭→家族→氏族→部族或部族群→民族或民族群→国家。

这样一个看似清晰简单的逻辑链，在社会实践中却是无比庞大复杂的历史过程。第一阶段，是氏族形成之前的四个基础节点——

个体人群、婚姻组合、家庭、家族。从基础状态看，这是人类以小型化群体为活动单元——其中以家族为轴心的家族联合群是最大单元——缓慢改变生存方式的第一创造期。迄今为止，全球范围内的地下发掘与文献研究已经充分证明：人类在各地域早期生存的某一时段，都曾经爆发了密集的自觉生存创造，使各个地域的人类完成了超越动物性的根本性发展。这一时期，最基本的创造物是火种、熟食、狩猎、采集、种植、房屋、药物、石制工具、独木舟、动物驯养、牲畜放牧等。

这些神奇的最早发明创造，因为很难记名而显得模糊不清。希腊神话说，这是天神赐予人类的；《圣经》说，这是上帝赐予人类的；《古兰经》说，这是真主的恩赐；中国神话则说，这是人群中具有神性的超凡者在生存实践中发明的。无论对其起源说法如何，从历史实践看，这些早期发明创造都产生了巨大的历史作用，使人类以其余物种远远不能比拟的新的生存条件迅速发展，将其余的地球物种群远远地抛在了后边，开始形成了两个截然不同的生存空间。

从这个基础创造时期开始，人类群体超越了地球其余物种的巨大威胁，一定程度上摆脱了对自然生存环境的绝对依赖性，开始了地球物种群中独一无二的自觉性发展。之后，遍布地球且不断壮大的人类群体，都以某种结构群的方式，开始了人类自身的生存竞争，开始了寻求本群体更大生存空间的历史。由是，人类开始了日新月异而又颇显艰难的发展。与此前的缓慢渐进相比，这种发展是日新月异的。但是，与此后更大的理性跨越相比，这种发展又是艰难缓慢的。

二　人类文明的轴心主体：民族

以人类社会性的发展逻辑，此后的发展是第二阶段的三个节点：氏族、部族或部族群、民族或民族群。这三个节点，一个比一个重要，一个比一个深刻。重要，是从历史作用的意义上评判的；深刻，是从人类社会性的发展深度评判的。

从历史实践的脚步看，人类社会天然涌现的第一个大型化有序群体，是以家族为基础单元的**氏族**。从具体内涵看，氏族是以血缘家族之间互相通婚结亲的延展为纽带，天然自发地联结在一起的血缘性有序群体。惟其具有血缘根基，惟其具有天然的自发性，氏族是人类生存竞争与生俱来的原发性结构形式。历史地看，血缘氏族与血缘家族，很可能是同一时期出现的—— 一边是家族群的发展，一边是氏族的形成与蔓延。虽然，从根本上说，血缘家族与血缘氏族的生存方式，有与大型动物种群近似的一面。但是，人类的血缘家族与血缘氏族，显然更具有自觉进行生存活动的特质，而不是动物种群天然共生的血缘群的自发生存。

因此，氏族是人类组织社会化的第一块成型基石。迄今为止，以氏族为独立单元的生存群体，在人类世界依然存在，并没有绝迹。这些当代世界的神秘氏族，是远古人类社会性的活化石。

在第一创造时期的基础上，又出现了氏族群体这样相对稳定的大型社会单元，人类的生存竞争必然就要加快脚步，扩大规模。渐渐地，氏族单元的力量在对自然资源的争夺或频繁无序的战争活动中，很快就显得太弱小。于是，在某些地域相对广阔、人口相对较多的生存空间，就出现了以共同利益为基础的诸多氏族联合起来的群体——部族，或称部落。甚或，在某些大河流域的大平原地域，出现了诸多部族（部落）的联合体，协力与外部竞争，并保护己方的既得利益。从历史实践看，部族是包含若干氏族的规模相当大的竞争群体，部族群则是规模更大的地域性人口群体。当这样的社会单元出现的时候，意味着人类的社会性已经开始了大规模、深刻化的发展，距离爆发质变的历史节点已经不远了。

部族与部族群出现之后，历史逻辑强大的延展性已经无可阻挡。

历史逻辑的强大延展，其表现便是民族与民族群的出现。

民族，是人类文明发展的轴心节点，是文明结构的枢纽性主体。

从人类社会性之内涵说，民族是既超越了血缘氏族的社会封闭性，又超越了部族小型利益圈的封闭性，在特定的较大或广大的地域范围内自觉联结诸多氏族部族，共同组成的具有相对稳定结构的大型化群体性社会主体。随着生存实践的发展，这种大型化的自觉性群体，在形成过程中都磨合出了几个基本方面的共同性——共同的语言，共同的文字，共同的生活方式，共同的习俗，共同的长期生存空间，共同的神灵信仰，共同的价值理念，等等。

就其实质而言，这些基本方面的共同性，就是以共同文明为根基的大型化有序群体，是人类在生存发展中形成的新的联结轴心。[1] 在国家文明出现之前，民族是最大规模的社会主体。在以后的历史中，我们将看到，民族这一社会结构群，将成为人类文明历史上最为坚实的结构性基石。

民族群，是民族发展的延展形态，与民族在本质上具有同一性。

从历史实践看，民族群的一般形态是：以某个大民族为轴心，以同一地域的若干小民族为利益共同体，所形成的具有共同利益连接，并具有相对秩序结构的自觉性联盟体。从起源意义上说，民族群的形成，最初产生于无序争夺的早期部族战争或民族战争。而后，某些优秀的民族首领阶层，逐渐感知到无休止的无序争夺只能使人类群体毁灭于同归于尽；要避免这种结局，只有在一定的生存空间内实现诸多利益群体的联盟，从而将族群竞争限定在一定的秩序框架内。由此，人类在早期历史的各个地域，都曾经为建立有序竞争环境而发生过较长时期、较大规模的连绵战争。战争的最终结果，就是以战胜民族为

1　在文明研究领域，对民族作出定义的著作有许多。基于对历史实践的总结，将民族的以上几个共同性认定为民族的基本特征，是各家、各流派都承认的。

轴心，以若干个较弱小民族或部族为利益相关方，在较为广阔的地域形成了人口众多的有序联盟体。这个有序联盟体，就是民族群的生存形态。

历史实践表明，这样的联盟体结构群，一般具有五个基本方面的共同性。其一，广阔的共同生存空间，众多的人口数量；其二，趋于共同性的利益认知，并在此基础上形成了共同认可的一系列生存竞争规则；其三，产生了国家出现之前相对成熟的权力体系，建立了较为稳定的具有相对强制性的社会秩序；其四，精神领域有趋于共同化、具有同质性而形式又各不相同的神灵信仰；其五，有大体趋于共同性的价值理念与文化认同，也就是共同的文明认知。

相较于单一民族，联盟形式的民族群具有更大的包容性，具有多元构成的历史特质。在民族群的产生与发展过程中，其所创造的具有共同体性质的联盟权力结构，是人类文明在历史实践中创造的新的联结轴心。没有这样的权力结构轴心，人类文明不可能在之后获得向国家时代的发展与跨越。

中国民族群的历史实践，最典型地表现了上述历史进程。

我们这个民族群，是人类历史上迄今最古老的民族群。我们的历史拥有扎实的记载。从 6 000 多年前的神农氏时期开始，到 5 000 多年前的以黄帝、炎帝为开端的"五帝"时期，我们的祖先群就在克服无序争夺的早期战争中，渐次形成了由诸多氏族、诸多部族、诸多民族聚结成的大型联盟体性质的民族群。到大禹治水的时期，这一联盟体民族群，已经有了 1 000 余年的历史，积累了相当丰厚的生存竞争的实践经验。惟其如此，早期中国民族群才可能在尧、舜、禹三个时期的 100 余年中连续发动对"浩浩怀山襄陵"（司马迁：《史记·夏本纪》）的旷古洪水的大规模治理，直至走出洪荒劫难，进入国家时代。在当时的地球上，这一联盟体民族群的生存空间最为广阔，大体横跨了今日黄河、辽河、淮河、长江、珠江五大流域，拥有最多的人口，并且形成了初具体系且相对成熟的联盟权力结构。毫无疑义，这是人类早期时代出现的唯一拥有辽阔生存空间的最庞大民族群。关于华夏民族群进入国家时代的历史脚步，我们在后面还将展开呈现。

上述三个极重要节点的发展，在整个人类历史的呈现是不平衡的。

总体上看，民族与民族群的形成过程，大约经历了上万年甚或更长时期。依据历史实践，我们可以将这一历史时期称为"前国家时代"。在这一历史时代，人类在长期无序争夺的巨大社会灾难中，渐次酝酿，久经磨合，最终生发出了基本的理性秩序精神，涌现出了轴心主体——民族，摆脱了人类有可能因为无序争夺而同归于尽的生存大危机，为人类文明的继续发展奠定了最重要的历史基础。从实际意义上说，民族与民族群联盟体的出现，是国家出现的两大历史预兆。

由此，人类文明最为重大的历史节点，终于就要来临了。

三　地球早期国家的出现及空间分布

理论解析留在实践呈现之后。我们先来看看，地球人类文明发展到什么时间段才出现了国家，这些最早出现的国家都分布在什么样的空间位置上。虽然这个问题的最终答案，因为历史的久远而具有必然的模糊性；但是，从历史的大脉络而言，至少能够让我们把握历史大轮廓。

依据相对主流的研究结果，早期国家出现的顺序是——

（1）**西亚两河流域的苏美尔**。这是由苏美尔人在大约公元前4000—前3600年上下所创建的城邦国家，最初包括了十余个独立城邦。苏美尔发明了楔形文字，也发明了炼铜冶金术，在当时独立发展的各文明形态中，无疑居于领先地位。

（2）**北非尼罗河流域的古埃及**。大约公元前4000—前3500年，古埃及族群独立创建了上埃及王国，又创建了下埃及王国，但尚未形成统一的埃及王国。大约公元前3100年时，埃及成为统一王国。大约公元前525年（相当于中国春秋中后期），古埃及被第一波斯帝国灭亡。早期埃及王国，是世界上最早的政权、神权合一国家，国王就是神王——法老，神圣的法老与尘世的法老是同一的。古埃及的制造术很发达，已经发明了炼铜冶金术，又发明了古埃及图形文字，其后发展为音符字母文字。

（3）**西亚两河流域下游的拉格什**。拉格什族群在大约公元前3500年上下创建城邦国家，包括了数十个城邦政权。在公元前2500年时期，格拉什达到强盛阶段，吞并了邻近地区，是强悍的早期国家。格拉什人发明了图形文字，后来发展为楔形文字。

（4）**西亚沿海地带的腓尼基**。大约公元前3200年，腓尼基人创建了包括十余个城邦在内的国家。当时，腓尼基的工商业与航海活动相对发达，造船业达到了当时的最高水平。

（5）**亚洲南部的古印度**。大约公元前3000—前2500年，由当时的达罗毗荼人在印度半岛创建了城市文明，并创建了国家。早期印度国家发明了图形文字与炼铜术，农业文明相对发达。据普遍而又相对模糊的一种历史认定，大约在公元前1500年时，也就是古印度立国1000余年之后，古印度遭遇雅利安人的大规模入侵，国家文明突然弥散中断。数百年后重新建立的印度，不是古印度的连续发展，而是一个新国家。后世的印度史学家，因为发现了记载雅利安时期事迹的一部古文献——由1028首诗歌组成的《梨俱吠陀》（吠陀，即知识），所以称这一时期为"梨俱吠陀"时期。

（6）**西亚幼发拉底河入海地区的乌尔王朝**。大约公元前3000年上下，古乌尔民族创建了由许多零散的氏族部族政权组成的国家，史称"第一乌尔王朝"。古乌尔最早发明了"国王"概念——卢加尔。

乌尔人的冶金术与农耕经济,当时都很发达。

（7）西亚两河流域的基什国。大约公元前 2800 年上下,古基什人创建了王国形式的国家。这个王国具有明确的疆域意识,最早创建了仲裁城邦政权之间领土纠纷的法度,在国家之间树立界石,并将基什国王的决定雕刻于界石之上。

（8）西亚两河流域下游的阿卡德国。大约公元前 2400 年上下,阿卡德人创建城邦国家,并具有相对具体的历史记载。据其史料,开创国王萨尔贡一世颇为雄武,征服诸多城邦,并统一度量衡,农业灌溉系统也很发达。但颇具神秘性的是,阿卡德国的存在时间较短,只有 180 年上下便告消逝。

（9）西亚美索不达米亚地区的古提国。大约公元前 2300 年上下,古提族群创建了自己的国家——古提国。崇尚武力征服,攻灭文明大国阿卡德,统治美索不达米亚地区 100 余年,其后迅速灭亡。在西亚古国群中,古提国是罕见的早期战争崇拜国家。

（10）西亚两河流域的巴比伦。大约公元前 2000 年上下,当时名为"阿摩利人"（塞姆人族群之一支）的族群,创建了当时世界最发达的城邦国家——巴比伦。巴比伦的天文学与数学很发达,巴比伦人发现了星座排列,并创建了历法与数学运算的若干基本法则。同时,巴比伦开法治文明先河,在玄武岩石柱上刻有《汉谟拉比法典》,是世界最早的公开于社会的成文法。巴比伦经济、文化均很发达,是两河流域最主要的早期文明国家。

（11）亚洲东部地区的夏王国——中国。大约公元前 2500 余年,亚洲东部大陆的族群创建了早期的氏族联盟政权——黄帝联盟,奠定了进入国家时代的基础。到公元前 2100 年左右,该联盟区域的族群以大禹为治水领袖,战胜历时百年上下的大洪水灾难,创建了国家。后大禹的儿子启继承君主权力,建立国号——夏。这是亚洲东部族群创建的第一个王国。当时的夏王国地域辽阔,人口众多,是当时世界上规模最大的国家实体；在经济、政治、军事、文化等诸多领域，均处于早期国家时代的很高水准，是亚洲第一期国家群中最主要的文明大国之一。

（12）**欧洲爱琴海区域的古希腊国**。大约在公元前 2300 年前后，古希腊人的氏族社会解体。大约公元前 2100—前 1700 年，当时的希腊人创建了青铜时期的奴隶制邦联国家——包括诸多分立的城邦政权的松散的联盟体国家，史称古希腊。在整个古希腊历史上，先后有五个最主要的大城邦政权——克里特、迈锡尼、雅典、斯巴达、马其顿。但作为联盟体最高政权的古希腊的政权形式及传承，均很模糊，几乎没有留下历史记载。古希腊的冶金术发达，发明了线形文字，在绘画、神话等艺术领域，达到了当时世界的最高峰。这个欧洲的最早国家，在 1 000 余年之后，灭亡于内部马其顿城邦的崛起与罗马人的征服战争之中。

（13）**西亚边缘地带的赫梯国**。大约公元前 1900 年，古赫梯人在哈吕斯河流域（今土耳其地区）创建了国家——赫梯国。创立了赫梯楔形文字，制订了法典。公元前 1640 年，赫梯国统一了该地区多个城邦，对外展开征服战争，远征巴比伦等国，成为西亚地区较大国家，是早期国家中崇尚战争的国家之一。大约于公元前 1200 年，赫梯国瓦解灭亡，历时 700 年上下。

（14）**西亚两河流域的古犹太国**。大约公元前 2000—前 1000 年，希伯来人在两河流域创建了早期犹太王国。公元前 1020 年，其中的以色列民族的首领扫罗，领导国人抵御了外族入侵。大约在公元前 1000 年，古犹太王国定都耶路撒冷。

（15）**西亚两河流域的亚述古国**。大约公元前 1300 年前后，亚述人创建了自己的国家——亚述国。亚述国崇拜战争，对当时的两河流域各国，形成了较大的威胁。公元前 1125 年，亚述国击败巴比伦，正式建立了较大的王国。

（16）**西亚两河流域上游的乌拉尔图。**大约公元前 1000 年前后，乌拉尔图族群创建了奴隶制王国——乌拉尔图。公元前 8 世纪前后，乌拉尔图达到强盛阶段，创建了庞大的水利系统，农耕经济发达。公元前 8 世纪末，乌拉尔图灭亡于亚述入侵。

上述 16 个国家，是地球人类涌现的第一批早期国家。

对于那个遥远而模糊的时代，我们永远无法达到"镜像全记录"的精确性。但是，即便将各种历史资料有可能的误差性全部包括进来，世界第一批国家群也是大体如此，不会有大的偏差。

从世界第一批国家的地域构成看，格局是这样的——

非洲地区，北部有 1 个国家——古埃及。欧洲地区，地中海区域有 1 个国家——古希腊邦联。其余 14 个，都是亚洲国家：西亚地区有 12 个国家，是早期国家最集中的区域；南亚地区，有 1 个国家——古印度国；东亚地区，有 1 个国家——中国之夏王朝。

显然，在国家创始期，亚洲是世界进入国家文明的第一火车头。西亚地区，则是国家文明第一时期的世界中心地带。从历时 4 000 余年的国家文明第一时期的历史实践看，当时世界的第一批国家，都具有"生长实验期"的发展特质。因之，普遍经历了动荡不定的兴亡生灭与历史剧变。

具体说，有 11 个早期王国，都至迟在国家时代第一历史时期的中后期，渐渐滑入了崩溃边缘，或直接灭亡了。有的留下了灭亡原因，有的则成为一个个消失了的历史黑洞，将秘密永远地埋进了历史沧桑。

这 11 个在第一时期内灭亡的古国是——苏美尔、乌拉尔图、古犹太、阿卡德、古提、赫梯、巴比伦、基什、乌尔、腓尼基、格拉什。颇具意味的是，在第一历史时期灭亡的 11 个国家，全部是西亚国家；能够生存发展到公元前 700 年左右——国家时代第二历史时期的古国，只有 5 个国家。也就是说，能够将生命力延续到中国春秋时代开端期的，有 5 个国家：

亚洲 3 个：亚述国、中国（此时是周王朝）、古印度。
非洲：古埃及。
欧洲：古希腊。

总体上说，世界早期国家的生成时期，有两个基本特征。其一，地域分布不平衡。当时的美洲（包括北美南美）全部、大洋洲全部、非洲大部、欧洲大部，皆尚处于前国家时代的自发族群时代，在国家文明的视野之外；其二，世界早期国家群充满了生长实验期的动荡不定特征，神秘的兴亡沉浮与大面积毁灭同时存在，缺乏最基本的稳定性与延续性。

进行深度研究可以看出，早期国家群的这两个基本特征，都是具有时代必然性的。也就是说，在颇具"没来由"性质的现象背后，都是有历史轨迹可寻的。我们在后面的研究进程中，将逐步揭示这些历史秘密。目下，我们要对早期国家群的出现确立必要的历史性认知。

四　人类文明的生命之舟：国家

国家的出现，既是人类最伟大的创造，也是人类最无奈的选择。

从 6 000 余年的历史实践看，国家这个人造平台，是人类文明发生质变提升与快速发展的最重要历史条件。可以说，没有国家平台的创建，人类还不知将要在黑暗中摸索多长时间。国家出现之后，仅仅 6 000 余年，人类文明就发展到了即将走向无垠宇宙的发达程度。其发展之爆发性，远远超过了人类此前数万年的缓慢节奏。"天不生国家，万古长如夜。"化用这句古代中国人赞颂孔子的说辞来评估国家出现的巨大意义，是完全合适的。

在这样的意义上，国家是智慧人类最伟大的社会创造。

但是，自从国家出现以来，批评国家存在的声音就一直强大、久远而激烈，且饱含着人类不甘泯灭沉沦的理性与良知。在几千年的历史上，试图推翻国家实体而走向史前"乌托邦"或"大同世界"的革命运动，不知几多。但是，无论革命成败与否，其最终的结局都是再次回到国家文明的轨迹上来，重新开始，反复轮回。这一巨大而深刻的历史矛盾，其所以恒久不能熄灭，不能克服，不能中和；其根本原因就在于国家这一历史平台的创建本身，正是人性内在对立的两个方面——善性与恶欲——激烈冲突的产物。只要人类的善性与恶欲同时俱在，恒久冲突，人类对国家存在的矛盾性认知与矛盾性立场，就永远不能克服。人类只能权衡利弊，作出适合其最大、最长远利益发展的无奈选择。

国家平台之伟大，在于它是人类各民族自觉地基于遏制人性恶而创造出来的强力性质的社会主体。用现代法律语言说，国家是人类创建的最为大型化的"法人"主体。没有国家平台的强力遏制，人性恶欲爆发出的破坏力，必然导致人类各群体毁灭于无序的自相残杀的境地，最终同归于尽。这一可见的结局，是人类的理性与良知永远不能接受的。因此，人类群体的无序争夺泛滥到一定程度，人类理性就会涌现出一种普遍需求——创建一种具有强力制恶功能的平台，使人类的生存竞争具有可以接受的秩序性。这就是国家产生的历史需求。于是，国家形式应运而生，率先在部分地域的理性民族群中被创造出来。也就是说，当人类发展到具有一定自觉性的民族与民族群的时期，就会必然性地创建出这样的历史平台。

从此，以国家为形式载体，人类展开了更高阶段的生存竞争。

从此，人类世界告别原始生存状态，进入了国家文明时代。

国家一旦出现，立即使创造它的民族与民族群的生存状态，进入强势生存的质变阶段，立即爆发出震撼人类世界的巨大威力。由是，国家平台成为任何反对势力虽然可以摧毁其具体的某一代政权，但永远不能摧毁其作为文明形态之本质的存在。国家是最强大的社会主体，是人类文明的生命之舟。之所以如此，在于国家产生于这样一种永恒的、强大的历史逻辑——人类理性的伸展需要国家；只要人类存在，人类要理性发展，就必须借助国家这样的历史平台，舍此没有其余路径。

反之，国家之所以不能被某些人群接受，在于国家是以由特定阶层的人群组成的"国家机器"来实现其功能的，而不是无意志的机械平台。正是国家的社会机器特质，决定了国家的结构特质——在国家形态下，一部分人享有巨大的权力，而权力框架之外的广大人群，则处于受限制的不自由状态，及相对贫困的不良生存状态。在自然资源相对有限，人类的生产能力也相对有限的自然经济条件下，这一缺陷表现得尤为突出，其最为宏大的具体形态，就是早期国家残酷的奴隶制社会形态。

历史实践揭示的另一个巨大变数是：掌握国家机器操作权（统治权）的政府阶层，往往发生动机异化，将原本体现全社会利益的国家意志扭曲为高层利益群体的集团意志；将以国家强力为后盾的良性法律体系，扭曲为维护统治集团利益的恶性法律体系。如此，使国家平台的具体社会形式——某个政府，蜕变为根本背离创造国家的全民族意愿的恶性平台，从而迅速加剧人民大众的苦难。纵然在人类发展到工业时代之后，这一缺陷仍然是很难有效解决的社会痼疾。从历史实践看，人民（民族群）对国家、对权力体制的所有不满，几乎都永恒地集中在对生存状态巨大不平衡的仇恨之上。逻辑性的结论是，这种巨大的不平衡状态一天不消失，人类反对国家、反对政府的革命运动就永远不会停止。

围绕国家平台的社会冲突，隐藏在人类本性的善恶冲突之中。

国家时代一开始，国家形态下特有的社会冲突形式就开始了。人们既离不开国家，又严重不满背离国家创造动机的国家权力体系。于是，理性的民族与民族群就开始了一代又一代的国家更新运动——推翻违背全民族理性的昏聩的国家政权，重建相对满意的国家新政权。这是某些民族在早期国家时代开始之后就已经发生的又一次社会觉醒。

第二次民族觉醒的历史认知，体现为这样一种社会意识与民族精神：要使国家平台保持全民族创造国家时的清新本质与最初意愿，只有不断地更新国家机器，淘汰不合格的政府，重建人民相对满意的国家机器；否则，国家形态与国家机器将因老化而变得腐朽乃至变质，变为完全违背创造者意志——民族社会意志——的恶性权力体系，给社会发展带来另类巨大破坏。

悲剧性的历史实践是，在淘汰与重建连绵不断的动态国家历史上，大多数民族都因为不能把握国家文明的动态本质而失败——沦为"一次性国家文明"。也就是说，绝大多数民族在创造出国家平台之后，并没有进入又一次社会觉醒，没有意识到使国家机器保持动态更新的重要性，陷入了创建国家之后民族意识的沉睡惰性：一旦国家灭亡，创造国家的民族或民族群也就星散于世界民族之林，永远地成为民族文明的流星，再无聚合起来再度创建国家的可能。在近现代国家之前的早期国家时代，之所以绝大多数民族创造的国家都是一次性历史平台，灭亡之后再无重建，其根本原因就在这里。

在整个早期国家时期，甚或在整个古典国家时期，只有中国民族群成功地实现了再次觉醒，将动态国家的本质理解得充分而透彻，自觉不自觉地一次又一次地"改朝换代"，保持了国家文明的强大生命力，将中国国家文明一直有效延续到进入现代国家的时期。这也是中国历代政权各有名号，但更有一个超越历代政权名号的最高范畴——"中国"始终存在的历史逻辑。中国，既可以是任何一代王朝、皇朝政权，又是一个包括了任何一代政权存在的国家文明实体。

这一深刻的历史逻辑，蕴涵了中国民族群的博大智慧。

随着对国家时代的解析，中国国家文明的深刻平衡性将逐步呈现出来。

还有一个简单的比较。在早期国家时期与古典国家时期，世界其余王权国家的一次性国家文明的寿命都很长——古希腊邦联2 000余年，古埃及2 000余年，古印度3 000余年，西亚的巴比伦、亚述等国，也都是1 000余年；欧洲后起的罗马帝国（包括罗马共和国时期），也是2 000年上下。但是，它们在灭亡之后，都丧失了重建的能力，永远地消逝于历史的天宇。

早期国家时期的中国族群，则经历了夏、商、周三个王权国家。夏王朝约470年，殷商王朝约550年，西周王朝260余年、东周王朝500余年；秦帝国统一中国并创建中国统一文明之后，中国的任何一代统一国家政权，也没有超过300年的生命。显然，每一代中国国家政权的生命，都相对短许多。但是，所有这些或长或短的王朝、皇朝，都在灭亡之后被中国民族群迅速再造出来，获得国家文明的重建。国家政权在中国民族群的延续几多更新，几多再生。中国的国家形态，始终在原有民族的延续中被再造出来，直至进入现代国家形态，历时数千年不倒。

显然，保持国家形态的动态发展，是国家生命力永不衰败的根本法则。中国民族群重建国家文明的历史意识，绝不会就此终止。迄今为止，中国民族群依然行进在国家动态发展的历史道路上。

如果说，古典国家时期还有其他称得上国家重建的个例，那就数古代波斯民族在老波斯帝国灭亡之后500多年，又在今日伊朗地域重新创建了新波斯帝国。除此之外，古典国家时代再无第三个重建的事例。这些，我们都将在后面具体呈现。

埋怨与盲目破坏，是没有历史效用的。

我们只有清醒理智地审视国家时代，才能找到合适的历史出路。

首先，我们要清醒评判国家的正面功能；其次，我们要克服我们自己创建的国家的不完善性，全力以赴地将来自社会人群的合理需求以国家制度的方式接纳下来，固定下来；第三，在对既定国家形式改造无望的历史情况下，我们只有遵循历史路径，实现国家更新。

只有这样的历史道路，是维护民族文明生命之舟的历史方向。

五　早期国家的权力架构与社会形态

早期国家是国家时代的胚胎，虽然不成熟，却包含了所有的生长基因。

解析早期国家的基本形态与权力架构，是把握国家本质的基础。

一个成熟的民族，一个成熟的大型民族群联盟体，在其创建属于自己的国家文明的那个时期，其原生的权力体系都会发生一系列重大变化。变化的核心，是由原生权力的习惯性或习俗性有限强制，发展为在自觉的理性规范（法律）的基础上的绝对强制性。历史实践呈现的进程是，新型秩序结构，会借助某种重大的历史事变——或遭逢巨大的自然灾难而导致大规模自救，或遭逢强大入侵而导致剧烈战争，或内部发生重大混乱而导致全面的秩序重建，等等——衍生，这些重大事变使原本相对稳定的习俗性生存秩序发生了重大变化。

这种历史现象，曾经普遍地出现于人类早期生存的各个地区。没有这种重大事变的发生，人类文明的发展就没有后来的历史跨越，国家这种新事物也不会相继出现于早期世界的各个地区。

在这样的重大事变中，普遍出现的新的力量元素主要有五个：

首先，具有极大权威的新领袖，名称各异（王、帝、法老等）。
其次，接近职业化的武装团体，名称各异（中国夏代称师、旅）。
再次，具有强制性的共同行为规范——法律。
第四，专门从事社会事务管理的阶层——官吏。

第五，对违法者限制人身自由的专门机构——牢（监狱）。

这五个方面的新要素出现，使民族或族群联盟体原本相对粗简的权力结构，在重大的历史事变之后实现了一个新的历史跃升。在历史实践的展开中，这些新元素的交互作用，使早期国家行为具有了三个重大特征：

其一，整个权力结构体系较前大为精密，板块分工较明确，层次等级较严格，上下号令相对贯通，对各社会人群的利益分配能够达到相对有效化的管理，并具有较及时聚合人力处置重大灾难与危机的能力。

其二，能够以早期武装团体、法律、官吏、牢狱为互相配合的初期体系化强力手段，清除破坏新公共秩序的各种势力，相对合理有效地排解利益纷争，维护权力结构与整个社会的稳定生存。

其三，以强力手段为基础，早期国家权力体系拥有了对单元人群（氏族、部族、民族）的各种活动制定规范并强制实施的能力；同时，也拥有了对个体人（民众）的居住与生活实行规范化、相对组织化管理的能力。

上述新的历史元素，并不是早期国家权力体系的全部构成，而只是其最基础的部分，也是最具本质性的部分——构成国家强力的主要构架。从全部社会功能而言，其经济民生管理机构、意识形态管理机构、社会文化管理机构、社会教育管理机构、官员管理机构，等等，都在早期国家的权力体系中被创造出来。如果在严格依据史料记载的意义上，要找出一个早期国家权力体系最为严密完整的国家，那就是中国的西周王国。一部《周官》（也名《周礼》），所记载的中央官府的机构数量竟超过 400 个，其官员职能设置的详细，足以使任何一个现代人感到震撼。

我们不采用备细的考据性的研究方式具体呈现各个早期国家的权力体系的单元构成。我们的宗旨，是在文明史的意义上揭示国家时代的内在法则及其演变特质。我们要关注的，是早期国家在重大事变之后开始形成且日益成熟的新权力体系，它所拥有的强大的结构性能力。虽然，在现代国家权力体系的意义上观察，这种新权力体系在形式上还是粗简的，在职能上还是直观的；但是，它不失国家权力体系的完整性与功能上的强力性。与民族联盟体及更原始的人类初期权力相比，这是空前质变的提升。

这样，一种新的权力结构体系，一种新的社会秩序结构，就全面性地涌现出来了。这种新的权力结构与社会结构，形成了一种前所未有的多层级人群共存发展的社会形态。这种社会层级，用现代语言去表述，就是社会阶层，或曰社会阶级的结构已经形成。在人类历史上，这是一种新的社会生存形态。这种新的社会生存形态，就是由早期国家开启的国家时代。因此，强力性质的权力体系的创造性形成，是早期国家的基本点之一。

我们还得关注另一个更为本质的问题——早期国家的社会形态。

近现代以来的国家文明认知，已经达到了相对深刻的历史理性的高度。我们对既往的国家时代，已经有了相对清晰的理性定位——关于历代国家的社会形态的定性。这一理论的历史作用，在于它有利于人类从整体上把握一个历史时代的国家文明本质；连贯起来，则有利于呈现完整的社会发展的历史逻辑。这一理论所认定的完整链条是：人类文明的发展经历了四种社会形态，原始社会→奴隶制社会→封建社会→资本主义社会。此后，由于马克思主义理论的出现与历史实践的发展，又增添了现实与未来两大阶段——社会主义社会、共产主义社会。至此，这一理论完成了自己的历史逻辑，整个人类文明的发展，呈现为一根极其有序的历史链条。

对于后两个社会形态，因为其尚在实践发展之中，及尚在构想阶段，难以在历史实践的意义上进行解析，故不在这里涉及。仅仅以已经成为世界人文研究领域相对主流认知的对国家时代前三个历史时期的社会形态的认定（奴隶制社会、封建社会、资本主义社会）而论，这一理论的缺陷是很大的，是对历史的严重误读。基于这一理论去研究国家时代，会给我们带来极大的困惑。

首先，我们会发现，这一理论所认定的历史逻辑，并不适合世界大多数国家，而仅仅适合于欧洲国家群在某些特定历史阶段的演进。其基本事例一，早期国家时代的中国夏、商、周三代，虽然有一定的奴隶人口的存在，但没有足以成为主要生产力的庞大奴隶人口群（阶级），不可能形成奴隶社会。这一点，既为无数考古发掘所证明，也为古典史料记载中没有奴隶制相关法律资料所证明。基本事例二，早期国家最多的西亚国家群，及南亚的古印度国，其早期历史有诸多方面的模糊不清，很难认定都是拥有庞大奴隶人口群的早期国家。基本事例三，在早期国家群的 16 个国家中，能够相对明确地认定为实行奴隶制的，只有北非的古埃及，以及两个先后出现的欧洲国家——早期的古希腊邦联，国家时代第二历史时期的罗马帝国。

历史实践显示，在 16 个早期国家中，只有两个是奴隶制国家，远远不具有普遍性。因此，几大社会形态的理论认定，是无法覆盖地球国家时代的。将两个早期国家的实例，扩展为全世界早期国家群都是奴隶制社会的普遍性，实在是武断得有些离谱。

接着，我们又会发现，这一理论在实际上的认定标准是杂乱的，距离真正的客观与科学标准尚有较大距离。具体说，这一理论将早期国家社会形态定性为奴隶制社会，显然是以**生产力主体**——构成社会生产力的最主要人口群为奴隶人口——为依据而认定的。将中世纪的欧洲国家群，认定为封建社会，则是以**国家形态的最基本方面**——封建领主分治——为依据而认定的。将 1640 年英国资产阶级革命以后的欧洲国家群，认定为资本主义社会形态，则又是以**在国家政治文明与生产方式结构中起主导作用的阶级**——资产阶级——的出现为依据而认定的。

三个时代，三个标准，显然是不能满足逻辑理论所要求的一个标准、一个条件的法则体系的。从这一理论的具体内涵看，所谓社会形态的划分标准，实际上是因时代而异，以国家的社会形态中最引人瞩目的历史关键元素为依据的。奴隶社会，以早期国家的人口存在基础（奴隶人口群）为标准；封建社会，以土地占有与权力结构（封建领主分治）为标准；资本主义社会，则以政治经济中新生的主导力量（资产阶级）为标准。

不能说这一理论是错误的，它所认定的各个国家时期的那些显赫的历史元素，都是客观存在的。虽然如此，它却并不具有历史逻辑的真理性。我们只能说，提出者们所认定的这一理论的科学性与普遍性是不成立的——既不是科学的，也不是普遍的；它只是西方国家群以自我为中心，对世界历史的误读，并借助其在初期工业时代的文明话语权优势，而流播世界的一种广泛的主观性偏狭认知。

客观研究早期国家，我们会明显感知到世界早期国家社会形态的多元化发展特质。历史实践的具体性是这样呈现的：在早期16个国家中，只有两个国家是相对明确的奴隶制社会形态；其余14个亚洲国家，则呈现出各不相同的多元形态。其中，中国的夏、商、周三代，已经被中国研究界相对明确地认定为不是奴隶制社会。南亚的古印度，虽然被以上既定理论认定为奴隶制社会，但因印度古代史料在后来的黑洞时期整体丧失，因而模糊不清，所以也不能明确认定。依据历史实践的呈现，至少可以推定的是，古印度的奴隶人口肯定是有的。但因为种姓制度在古印度的久远存在，这对大规模奴隶人口的产生与延续都是一种很大的限制，因此，古印度的奴隶人口数量，较之古希腊与罗马帝国的奴隶人口规模，是要少很多的，是不能起到主要生产力作用的。这一点，与中国相对近似。

西亚古国巴比伦，则因为有《汉谟拉比法典》的限定，奴隶人口也只占总人口的大约四分之一到三分之一。如此规模，也不足以构成社会生产力的主要部分。其余西亚国家，则因为种种原因导致的历史模糊而难以认定。

显然，即便将国家时代第二历史时期的古典国家群包括进来，古代属于奴隶制社会的国家，也绝然是少数，不会是多数。从两个基础方面去看，早期国家群更不会是普遍的奴隶制社会。

其一，早期国家刚刚从原始的部落联盟时代脱胎创建，其社会人口结构有较长时期的历史惯性；在大多数国家，尤其在殖民地战争相对温和的亚洲国家，缺乏奴隶制历史传统的支持，因此很难形成奴隶人口群产生的制度性社会土壤。

其二，多元化生存发展，是地球生命种群的基本特征。人类文明的发展，更是多元纷呈的。各民族创建的国家，必然有各自的特质与发展道路，尤其是各民族文明之交流融通相对缺乏的第一批早期国家，更是各具特色。在早期国家群时代，虽然有些最基本的历史元素是共同的，但要在同时创建出社会结构全然相同的"世界共同国体"，几乎是不可能的。

尊重人类族群的多元性，才是探究世界文明发展道路的永恒基础。

02 章

中国民族群走向国家时代

中国，是迄今在原有疆域与原生族群中唯一未曾中断历史的国家存在。

因此，对于中国国家文明的产生与发展，我们必须给予重点的关注。要对世界国家时代保持整体把握的高度理性，并有效破解国家文明生命力差异巨大的历史奥秘，对最为长寿的国家文明进行细致的解剖式历史分析，无疑是极为重要的路径之一。因中国在近现代的暂时落后，而无视其悠长坚实的文明生命力，无疑是极其短视的。因以西方文明为中心，而无视或轻视以中国国家文明为中心的东方国家文明，更是视野偏狭的。

这里，我们将从中国国家文明的最本质特征——中国民族群的独有思维方式的产生溯源，一直走到中国第一个王国的创建。在这样的历史道路上，我们将揭示一系列被历史烟尘封闭或被西方国家群熟视无睹的基因性奥秘。

一 神话体系：强大的精神因子

大民族的文明形态演进历史，都有一个神话时代的存在。

神话是什么？是一个民族对自己的生命史前状态的追忆，是对自身精神觉醒出发点的非逻辑想象。神话对一个民族的意义，在于它饱含了这个民族对生命创造与文明创造的最原初理解。从这个意义上说，不同文明的民族，永远有着不同的关于远古历史的神话。没有文字或文字相对简单的民族，由于文字史料的缺失，神话与传说更具有民族文明传承的决定性意义。在世界民族之林的神话园地里，构成中国文明远源的中国神话，与构成西方文明远源的古希腊神话及基督教《圣经》的创世阐释，是最为鲜明的具有两极对立意义的两种神话体系。两大神话体系对人类史前世界，有着截然不同的想象与描述。基本点的差异是——

古希腊神话与《圣经》的特质，认定人类的原初活动是被动性的。

在古希腊神话中，人类的生命形态与一切原初出发点，都是天神赐予的。人类的一切原动力，也都是天神赐予的。人，是天神普罗米修斯与天神雅典娜创造的；火，是天神普罗米修斯盗给人类的；文字、家畜、车船、医药等，同样是天神普罗米修斯和他的天神朋友赐予的；人类的爱情，是天神掌管的；人类不可或缺的阳光，是天神普照的；纵是人类的种种灾难，也是天神们着意制造的一个另类女神——潘多拉——释放的。《圣经》的创世说也大体沿着同一轨迹：人是上帝创造的；人类在大洪水灾难中赖以脱险的诺亚方舟，更是神的造物；此后人类一切赖以前行的基本生存手段，都是上帝赐予的。

总体解析，在希腊神话与《圣经》之中，人类在出发点上是消极被动的生命群体，只是在天神赐予人类以原初生命与原初动力之后，人类才开始了自己有条件的创造。天神，是人类进入生命存在的第一出发点；天神，是人类进入文明创造活动的第一推动力；天神，是与人类不同本质的生命存在，他们生活在大地之外的未知空间。人类就是人类，天神就是天神，两者具有不可逾越、不可转换的生存特质。显然，古希腊神话与《圣经》，是西方族群对人类文明远源的模糊记忆或特定想象，具有先天的精神上的被动性。

中国神话体系则完全不同，认定人类原初活动具有自觉的主动性。

在中国远古 [1] 创世神话里，人类自身生命，人类的生存环境，一切与人类活动相关的器物，都是人类群体中非凡的英雄创造的。请看——盘古氏开天辟地，创造了一切生命种群的生存环境；女娲氏造人，创造了人类生命形态的出发点。盘古氏与女娲氏，既是神，又是人。

人类一旦开始了生命历史的活动，中国神话便有了更为鲜明的主动性特质。在中国远古神话中，人类生存活动的所有基本点，都是人类英雄创造的，而不是天神赐予的。燧人氏钻木取火；有巢氏创造房屋；神农氏遍尝百草，既创造了最早的医药，又发明了最早的粮食种植，并教会民众初始种植；后稷，则创造了石器时代使用工具的农耕；联盟族群的首领黄帝，则创造了衣裳、弓箭、指南车；其部族首领鲧，发明了筑城术；黄帝妻子嫘祖，则发明了养蚕织帛；仓颉，造出了最早的文字；蚩尤，发明了最早的自然铜兵器；伯益发明了凿井；奚仲发明了车辆；共鼓、货狄发明了舟船；夷鼓发明了战鼓；伶伦发明了音乐；隶首发明了算数，等等。

在中国创世神话与远古传说中，举凡人类生存所需要的一切根基，都是人群中的英雄人物创造的；完成了创造性业绩的英雄们，或在生前，或在死后，变成了被人群永远敬仰的神。这就是中国上古族群记忆中的"人神"或"神人"。他们从开拓生存的众生中走来，从创造人类更高生存状态的英雄中走来。他们，是人类个体英雄在族群精神中的神圣性轴心。在中国创世神话中，神可能降落凡尘而为人，人也可能生命飞升而为神；神以"人寰"为根基，人以"登天"为升华。总之，人与神是可以相互转化的，人与神的生存状态与生存空

---

1 依据白寿彝先生在《中国通史》中的划分，中国的远古时代，是夏朝之前的原始社会时期；上古时代，涵盖了夏、商、周三代及春秋、战国时期；中古时期为秦帝国至清时期。社会上常用的太古、亘古、万古等概念，是偏重形意描述的不确定概念，不是历史理论概念。

间，具有可以互相通联的同质性。

神话，是一个民族对生存环境起源与自身生命诞生的追忆或想象。神话的特质，是充满了模糊性与矛盾性，以及无可验证的虚幻性。神话的意义，在于它最充分地体现了这个民族的原初思维方式，也体现了这种思维方式所能达到的对世界的解释能力、解释方法，以及解释高度。

从文明史的意义上说，神话体系的个性，是各民族在不同的生存环境中所生发的第一组文明基因，是一个民族的想象力、理解力与思维方式的最初根基。这种以特殊的理解力与特殊的思维方式为根基的原初想象力，朦胧地涵盖了一个特定族群在此后文明创造中的一切基本精神。

中国神话思维充满了爆发性、实践性及承认突变质变的动态性。

中国创世神话，最形象地体现了远古中国族群对地球环境起源与生命种群起源的超时代想象力——地球环境的形成不是演进而来的，而是在某个时刻突变的。令人不可思议的是，盘古氏开天辟地的神话，隐含了对宇宙生成的不自觉解释。开天辟地，与当代科学揭示的宇宙大爆炸学说，实在有一种暗合。暗合的根基点，是都将生存环境的出现，植根于某种大规模的爆发活动，而不是渐变式的构造活动。这种深邃的想象力，这种爆发性思维，饱含了中国早期人群的特殊理解力，在世界民族之林中实在是罕见的。

女娲氏造人的神话，则具有劳动爆发而创造生命的直觉意识。为了避免新生天地的死寂空旷，女娲氏辛勤劳作用黄土成泥，奋力捏造一个个灵性人。在该进程之中，女娲深感一个个造人的缓慢，遂造出一条巨大无比的长鞭，蘸泥挥舞甩出无数星星点点的人群，开始了群体生命的出现；因用力难免不均，于是出现了美丑肥瘦各不相同的形形色色的个人。这一壮美的神话，显然基于一种朴素而深刻的理解：人类生命体的产生，一定经历了辛勤而艰难的过程，一定经历了某种爆发性的突变。

相比之下，古希腊神话与诞生较晚的《圣经》的"创世"教义，则基本是渐变式的思维，其所呈现的活动也是渐进演变的构造式，明显表现出浅显性与散漫性。诸神，有一出没一出地向人类赐予器物；上帝，用了整整一个礼拜来完成天地环境的铺排构造。既无强大的精神动机，又无惊人的瞬间爆发，其过程几乎完全接近于创作一幅油画。这种神话及教义，与地球环境及宇宙生成的真相，在思维方式意义上尚有较远距离。

包含破坏性与建设性的中国神话，是对人性善恶冲突深刻而直觉的呈现。

神性之恶，神性之善，在中国神话中都表现得直接、剧烈而又壮阔无比。在中国神话中，神和神之间一开始就有着直接的善与恶——建设性与破坏性的剧烈冲突。火神祝融氏与水神共工氏开战；水神共工氏战败，愤怒撞坏了不周山天柱，天地几于崩塌；刚刚开始繁衍的人类，面临全部滚落大地裂沟，消失于洪水及山林大火的灭顶之灾；在人类生命面临灭绝的关头，女娲氏炼成了流质五色石，补全了天地开裂；从此，天地之间生成了无垠苍穹与绚烂霞光；之后，女娲又以巨石顶天立地，支平了天地四柱，吸干了洪水，擒杀了黑龙。从此，女娲所造的人类，又重新开始了生命的历程。

希腊神话中的神性善恶的冲突，则要缓和得多，局部得多。潘多拉女神不定期释放人类灾难，大约是最具恶性的天神了。除此之外，其余天神的个别不善行为，很难说具有神性恶的特质。也就是说，希腊神话中天神的善恶冲突的深刻程度（毁灭人类生命）与普遍程度（神界的全面战争），都远远不能与中国神话相比。

中国早期人群的这种深邃、酷烈而又壮美无比的史前神话，构成了我们生命群体最早的精神因子。在这种精神因子中，最为重要的核心，就是"天地万物皆可变"的思维基点。由此生发，承认变化，力求以己身之变化而顺应天地之变化的深刻认知，深深植根于中国民族群的心灵深处。在后来的历史实践中，"沧桑巨变"的理念始终是中国民族群历史意识的最核心基点。中国民族群之古典文化，所以将对国家的革新再造呼之为"变法"，将"改朝换代"视之为"顺时应势"的国家文明更新，凡此等等，说到底，都是来源于中国民族群原初思维方式的基本点——承认变化并追求变化的核心精神。

二　远古传说时代的聚合基因

远古神话时代之后，中国民族群走进了远古传说时代。

远古传说时代，是一个民族关于自身早期脚步的历史记忆。在文字出现之前，世界所有的民族，都是通过口口相传的形式，来追忆自己历史的。世界上至今仍然有许多没有文字或文字产生较晚的民族，依然将他们的历史脚步保留在种种传说之中。尽管传说的历史不那么确定，不那么清晰；但是它确定不移地包含了一个民族早期发展的基本方面，虽然是任何一个民族早期文明的粗线条历史，却是任何一个民族不可或缺的文明史环节。

中国文明的远古传说时代，可以分为两大阶段：

第一阶段，是接近于神话时代的朦胧传说时代。

第二阶段，是大体有排序纪年的清晰传说时代。

据此，我们大体设定一个时空坐标——以神农氏时代为界限，包括神农氏时代在内的之前时期，谓之"朦胧传说时代"；之后从黄帝开始的五帝时期，谓之"清晰传说时代"。从总体上说，在两个传说时代，中国族群已经在今日中国大地的各个地域，开始了多姿多彩的生存创造活动。东北、华北、西北、中南、东南、西南、岭南，到处都有被现当代地下发掘所证实的早期文明遗存。中国早期史料所记载的只是部分传说，仅为当时局部地区（主要是黄河流域）的生存活动，而远远不是中国大地全部族群久远生存形态的记录。

1. 远古朦胧传说时代的四大领袖与分期

远古朦胧传说时代，中国族群共出现过四个标志性的人神领袖——伏羲氏、有巢氏、燧人氏、神农氏。这四个半神半人的创造者，是中国神话时代之后的四大圣雄。从历史实践看，也就是远古社会的四大发展时期。

第一时期，是远古圣雄伏羲氏时期。 据说，伏羲氏是蛇身人首的灵异者。伏羲氏发明了结网捕鱼，又发明了最早的神明预测术——八卦。从实际意义看，渔网的发明，使先民们有了可以大量捕捞的第一种天然肉质食物——生鱼。这一点很容易理解，因为它对人类的早期生存有着最直接的意义。另一种传说是，伏羲氏也是创世神之一，女娲氏的兄长，兄妹都是蛇身人首；伏羲氏与女娲氏兄妹成婚，才繁衍了此后的人群；伏羲氏还为当时的人群确定了婚姻方式，这就是"制嫁娶"；还发明了姓氏制度，这就是"正姓氏"。

第二时期，是远古圣雄有巢氏时期。 据说，有巢氏用树木枝条搭建了某种棚屋，这就是"构木为巢"。构木为巢的实际意义，是为当时的人群发明了最早的房子，使先民们有了遮风挡雨的去处，有了拼搏谋生之后休养生息的立脚点，人群的成活率由此大大提高。居巢房屋的出现，意味着人类摆脱了动物禽鸟式的栖居状态，为固定居所的普遍出现提供了最直接的创意。从历史实践的角度看，"居巢"房屋应该是广义的，它既可能是树林间搭建的早期窝棚，也可能是地穴地窖，也可能是山洞石窟。直到房屋时期的到来，当时的人群才有了稳定地聚居在某一区域的可能；人口相对集中地居住，才有可能产生稳定的通婚，才有可能发展出较大的群落。经常处于流散栖息之中的人群，是无法稳定聚合的。因此，房屋的出现，是远古人群稳定居住并进一步发展的第一块文明基石。

第三时期，是远古圣雄燧人氏时期。据说，燧人氏用尖头木具钻稍软的木板，发明了火，这就是"钻木取火"。燧人氏又用火烧水，将猎物丢在滚水里煮熟了吃，这就是"教民熟食"。火的发明，及与之相连的熟食发明，是远古人群生存方式的第二次跨越，是向文明境界迈进的最大一步。也可以说，这是远古人类文明的一个伟大坐标。假如说，此前远古各个时期的发明，主要解决的还都是如何保存并延续人类群体生命的问题；那么，火与熟食的发明，则改变了人类的食物结构，解决了人类生命更加强壮、更加健康地向前发展，并实现人类生理机能大跨越的问题。

第四时期，是远古圣雄神农氏时期。据说，神农氏人身牛首，是其母看见神龙之首而感应所生下的一个神异者。这个神农氏，用木头制造出了耒耜，其形制类似于后世翻土的直板锹。神农氏用这种工具开挖生土，撒进某些可食植物的种子；这些植物破土而出，成熟之后的籽粒可以煮出来吃。这就是神农氏的"制耒耜，教民耕稼"的鲜活图画。神农氏还有一个伟大的发现——遍尝山野百草，辨识出可以治病的药材，并发明了服用草药的方法。从此，华夏族群开始有了医药。

制作工具，进行耕稼活动，以及药材的出现，使人类进入了自己创造食物并自觉维护生命力的阶段；相对摆脱了纯粹依靠自然资源生存的方式，有效克服了食物短缺的生存危机，使人类真正进入了劳动生产的创造时代。因此，工具与耕稼的发明，是远古人群的又一次伟大的文明跨越，真正迈进了上古国家文明的门槛。

这些半人半神的远古圣雄，是一个个历史时期的代表人物及文明符号。透过这些历史符号，我们可以鸟瞰远古时期广阔而坚实的生存画卷。

总体上说，在远古朦胧传说时代，中国族群的生存状态，已经进入了以氏族群与部族群为社会组织单元的早期文明。但是，诸多族群构成的地域社会，也就是当时的"天下"，还处在一种极其混乱的无序状态。无数分散居住的大小族群，依然面临着巨大的生存挑战。各个族群所在地域的山林、水面、草地等有效资源，在极其粗放的一次性刀耕火种中快速减少。各个族群要继续维持相对良好的生存状况，或谋求进一步发展壮大，就要不断地开拓新的生存空间，占领尽可能多的未开发土地，以供较长时间内的一次性耕种。

残酷的历史状况是，任何一个族群都面临着同样的生存挑战——只有占据更多、更好的土地资源，才能保持较好的生存状态。这种普遍的生存挑战，带来了三种普遍的社会争夺：首先，是各个族群对尚未开发的无主土地争相抢占；其次，是特大族群对中小族群土地的野蛮侵占；第三，是特大族群之间对地域资源的相互抢占或相互争夺。据《史记·五帝本纪》所记载的远古传说，神农氏后期进入衰败阶段，"诸侯相侵伐，暴虐百姓，而神农氏弗能征"，也就是说，神农氏之世的早期联盟政权，已经不能制止普遍的无序大争夺。如果任其长期发展，而不能有效遏制这种普遍的、无序的、残酷的、大规模的流血争夺，先民社会在数万年远古时期积累的生存成果，完全有可能毁灭在规模越来越大的对自然资源的普遍争夺之中；先祖人群的文明脚步，很可能在残酷无序的相互残杀中同归于尽，就此中止。

在无序争夺的大背景下，先民们进入了远古清晰传说的黄帝、炎帝时代。

2. 黄帝、炎帝时代的族群聚合与中华民族的形成

我们确信，以《史记》为轴心的种种史料，已经对遥远的历史记忆作出了认真的甄别与相对系统的整理，其基本框架与基本事实，可以作为中国远古社会的分析依据。以当代理念分析这些史料，我们可以确立的基本事实，有如下三个方面：

首先，远古后期的中华大地，已经形成了许多大规模聚居的有组织族群。根据历代史学家的种种考证，黄帝时代的大型族群至少有20

个：少典氏、少昊氏、神农氏、西陵氏、蜀山氏、风后氏、力牧氏、常先氏、大鸿氏、应龙氏、涂山氏、共工氏、方雷氏、彤鱼氏等 14 个，是农耕渔猎族群；还有 3 个大型游牧族群：山戎氏、猃狁氏、獯鬻氏，他们是后世戎狄人与匈奴人的先祖。同时，还有 3 个特大型族群：一个是列山氏族群，大体以江淮流域的上中游山地为生存活动区域；一个是轩辕氏族群，大体以黄河流域上中游地带为生存活动区域；一个是九黎氏族群，大体以江淮流域下游与滨海地带为生存区域。如果再将未被记载的族群，以及特大族群不断分解出来的分支估算在内，这一时代的区域族群数目，是非常庞大的。《史记·五帝本纪》中所谓的"天下诸侯"，不过是这种各自生存的族群的后世称谓而已。

其次，三个特大族群都有了自己稳定的领袖，已经进入了有组织的早期权力社会。列山氏的族群领袖，称作"炎帝"；轩辕氏的族群领袖，称作"黄帝"；九黎氏的族群领袖，称作"蚩尤"。

再次，几个特大族群的生存状态比较接近，有相对普遍的血缘联系。当时的列山氏，是江淮流域的山地族群，生存以江河渔猎为主，山地农耕为辅。当时的轩辕氏，是黄河流域族群，生存以山地与平原农耕为主，畜牧渔猎为辅。当时的九黎氏，则是滨海湖泊的山林水面族群，生存以渔猎为主，山地农耕为辅。这种生存方式，既有相同之处，也有种种具体的差别。从早期文明的意义上说，这三个特大族群已经形成了各自不同的早期文明形态。

但是，这三个特大族群，都生存在同一片大陆地带，中间并无大海洋、大高原等特殊险阻的隔离，相互之间的普遍联系与经常性的相互争夺，是必然的社会现象。在远古时代，这三个特大族群都在当时的"天下"视野之内，都是同一大文明之下的分支。依据对传说时代的史料分析，可以证明：这三个特大族群都曾经先后主导过"天下"，做过早期共同体的权力领袖。蚩尤，曾经是"古天子"；列山氏的炎帝更不用说，直接是神农氏的后裔，或直接就是神农氏，是黄帝之前的

"天下"盟主；轩辕氏的黄帝，则是即将聚合三大族群的天下盟主。

就相互联系而言，列山氏与轩辕氏之间的血缘与通婚关系最为典型。

一种说法是：轩辕氏与列山氏，都是更古老的少典氏族群的分支；黄帝、炎帝，是少典氏族领娶有蟜氏女所生下的两个儿子。也就是说，黄帝、炎帝是同胞兄弟。在文明史的意义上，少典氏是人名还是族群名，抑或是另一个联盟领袖名，是可以忽略不计的；黄帝和炎帝是不是同胞兄弟，也是可以忽略不计的。

这一说法的背后，隐藏着的最重要、最基本的事实是：轩辕氏族群与列山氏族群，肯定有着源远流长的普遍来往，甚至有过共同聚居于某一地域的历史；其间的相互通婚一定是相对频繁的，以至于两个特大族群在后世生发出了他们的领袖具有同胞血缘关系的传说。当然，这时各个大小族群之间的通婚，已经是非常普遍的现象了，而不仅仅是炎、黄两族通婚。譬如，黄帝的四个妻子都是外族人，其中的"元妻嫘祖"是西陵氏部族的女子；黄帝的长子昌意，则娶了蜀山氏部族的女子为妻。没有相同的文明根基与血缘联结，远古末期大聚合是不可能发生的。

黄帝发起了消弭无序动乱的长期战争。 就在远古社会后期陷入大沉沦边缘的时刻，连绵不断的大战争爆发了。这一时期最大的历史事件，是黄帝轩辕氏部族主动发起的大规模的平乱战争。略去那些语焉不详的传说，相对客观地复原再现历史，只能说那是一段残酷壮烈的岁月。轩辕氏部族，是一个雄烈、勇武而具有社会正义感的耕牧部族。其领袖黄帝，是一个胆略过人、目光远大且具有天下意识的天才首领。于是，轩辕氏部族在黄帝统率下，不甘天下无休止争夺，起而主持公道，开始以武力征服那些肆意抢夺杀戮的族群。有文字记载的史实是，多年之中历经50余次中小战争，天下大体恢复了平静，居住区域也大体按着黄帝的号令恢复了秩序。这便是《史记》所说的"轩辕乃习用干戈，以征不享，诸侯咸来宾从"。但是，东方山海间的九黎族群却强悍依旧，不服从黄帝关于居住地域的分配号令，依然四处暴力争夺土地人口，没有一个氏族部族能够抵抗。于是，一场大规模的远古战争不可避免地爆发了。

黄帝族群与蚩尤族群的大规模战争。蚩尤部族，是远古社会一个多有神异色彩的族群。史料关于蚩尤的传说，大体有三种：一说蚩尤是"古天子"，蚩尤族群曾是领袖天下的部族；一说蚩尤族受卢山之金而作五兵，强悍无伦；一说蚩尤部族与黄帝部族大战，被黄帝部族收服后做了镇抚天下的"主兵"，蚩尤死后天下再度大乱，黄帝遂画蚩尤像以威慑天下。

无论何种说法，都没有排除一个事实：蚩尤族群与黄帝族群曾经有过一场大规模战争。此时的轩辕氏族群，已经是久经战场、多有战胜的成熟的兵民部族；更重要的是，黄帝麾下已经有了风后、力牧、应龙等一大批得力辅佐。风后是黄帝的丞相，力牧、应龙则是战场大将。《汉书·艺文志》还记载了风后兵法13篇，力牧兵法15篇。可见，两人都是远古时代的大兵家。有那时的兵法，有那时的名将，黄帝轩辕氏的兵民大军，显然是一支能征善战的远古大军。

此时，东南的蚩尤部族群已经北上，西北的轩辕氏兵民也北上了。两方相遇在华北平原的"涿鹿之野"，一场惨烈的大战爆发了。关于战争经过，有两种传说。一种是古代典籍《龙鱼河图》之说：上天派遣玄女下界，送给黄帝"兵信神符"，黄帝才打败了蚩尤。一种是《太平御览》与《山海经》记载的壮阔神话：第一场大战，黄帝派遣应龙进攻蚩尤，蚩尤请天神作法，大雾弥漫三日，应龙大军不辨方向，此时，风后制作的指南车发挥作用，应龙大军方杀出迷雾；第二场大战，蚩尤请来风伯、雨师，作狂风暴雨，应龙军陷于覆灭之境，黄帝当即请来"天女旱魃"，以强热天火止息暴风雨，应龙才得以率众攻击，擒杀蚩尤。

黄帝部族战胜并擒杀蚩尤，有效遏制了一个最强悍的特大部族对新秩序的挑战，为消弭五帝时代开端时期的大混乱减少了阻力，使当时社会的聚合向前大大迈进了一步。

最大规模的远古战争——黄帝与炎帝的战争。关于黄帝、炎帝这两个特大部族大战的起因与过程，史料记载的传说语焉不详。我们所能知道的只有三点：其一，这场大战发生在华北平原的"阪泉之野"；其二，黄帝一方训练出了猛兽集群，以熊、罴、貔、貅、䝙、虎六种猛兽群进入战场，才打败了炎帝一方；其三，这场战争打了三次，黄帝族群最终战胜炎帝族群。古典史学家对这三战的解释是：黄帝部族与炎帝部族实际只有一战，后两战是黄帝平息炎帝部族余部与后裔力量的战争。应当说，这是较为可信的。远古时期的大规模战争，因为人力成本太高，不可能连续发动两三次；而一个占据广大地区的特大族群的真正平定，又绝不是一场大战的胜利就能轻易完成的。

隐藏在战争背后的另一个问题是：黄帝部族与蚩尤部族、炎帝部族的大战，为什么都发生在华北平原——涿鹿之野与阪泉之野，而不是三方中任何一方的聚居之地？为什么三个特大族群之间的决战，都要赶到这一方大平原去？

综合种种史料并按照历史逻辑分析，真相似乎应当是这样的：当时的华北平原，虽然有许多族群分布，但是尚没有形成特大族群的稳定聚居。也就是说，当时这片土地上还没有强大的主场力量，谁获得胜利，这里就将是谁的生存资源。而当时黄河中下游的西部、中原、江淮、东方山海间，都有诸多大部族聚居，可供大规模争夺的生存空间已经很少。蚩尤部族与炎帝部族，要向黄帝部族发出挑战，一定要以占领广袤土地的形式来证实自己的强大。这样的生存区域，在当时只有华北大平原。于是，华北平原成了当时最具诱惑力的大争夺之地。两个特大部族的挑战，都离开自己的聚居地域而远道北上，根本的原因正在这里。

远古大规模英雄战争，是中华先祖实现文明跨越的最重大历史枢纽。

三　国家雏形：中国民族群远古大联盟

黄帝部族的大作为，并没有在涿鹿、阪泉之战后中止。

黄帝的兵民大军开始了前所未有的远征。北上，驱逐了当时叫作"獯鬻"的游牧族群；南下，整合了长江中游大湖区的苗蛮部族，黄帝登上了湘山；东来，抵达东海之滨，整合了东夷部族，黄帝登上了泰山与琅琊山；西去，整合了戎羌诸部族，抵达陇西地带，黄帝登上了崆峒山。

黄帝大联盟权力的建立。黄帝部族最后的大举措，是在涿鹿山下建造了城邑，在附近的釜山，举行了"合符"诸侯的盛大仪式。所谓合符，就是族群首领们带着各种符、契形式的权力信物，来与黄帝举行核对确认，表示明确臣服于黄帝联盟。可以说，以这次天下首领大会为标志，黄帝大体上建立了最早的联盟权力体系。这一联盟权力的实际根基，是黄帝部族在连续战争胜利的基础上对广大地域部族的强力聚合。因此，连带产生的权力体系，必然具有一定程度的强力性。

黄帝建立的第一个联盟权力体系，仍然处于不稳定的状态。依据《史记》之说法，联盟治所是"迁徙往来无常处，以师兵为营卫"。也就是说，黄帝建立的权力机构还没有固定的都邑（城池），走到哪里都是以兵营所在地为权力行使中心。尽管如此，黄帝所建立的第一个具有聚合形态的联盟权力体系，仍然具有前所未有的完整结构：

最高领袖开始有了尊贵的名号——"黄帝"。黄帝统辖治民四大主官：风后、力牧、常先、大鸿。又设立了青云、白云、黑云、黄云四大事务管理系统，以及监理天下各部族的两大督察系统——左右大监。初期军队，特设了经常性的师兵，以为联盟机构的护卫力量。

当然，这些机构与官员的职责划分，还是相对模糊笼统的。

这一联盟权力体系，是中国最早的有序生存形态，是中国国家时代的雏形。最主要的历史标志，是黄帝有了接近于职业化的军队——师兵，即拥有武装形式的特定强制力量。所谓的师兵，是以轩辕氏部族人口为主要组成部分，隶属于最高联盟领袖黄帝的武装力量。这种武装力量，还没有完全职业化，大体还是有事则聚、无事则散，不能算是常备军。但是，就其只服从联盟最高领袖的号令而言，这种时聚时散的武装力量，仍然使最高联盟权力具有了相对强大的威权性。

黄帝时期的社会大创造。社会的稳定与大联盟权力的建立，使中国远古文明发生了一次巨大的历史性跨越，产生了一系列的社会大创造。这一时期的社会大创造，分为两大类。一类是具有具体功能性质的社会发明——早期的文字、音律、算数、历法、度量衡，等等。另一类，是具有整体功能性质的社会规范创造。最重要的是人际之间最早的交往规则——五礼；还有排解纷争方面的最早规则——象法，即后世史书所称的"五常""五刑"（《白虎通》："五刑者，五常之鞭策也。"）；在惩罚罪犯方面，开始有了最早的意象牢狱——用种种方便物件围起来的圈禁场所。实际上，这些就是被现代法学理论认定的早期习惯法。

黄帝时期的器物发明高潮。就基本方面而言，黄帝时代是远古之世的发明高潮期。举凡当时人群生存所需要的基本器物，那时都被创造出来了。其中，最重大的技术推进，是筑城术。据当代考古发掘证实，埃及南部地区发现了距今 7 000 年的古城遗址，叙利亚发现了距今 5 000 余年的古城遗址，湖南澧县发现了距今 6 000 年的古城遗址，河南郑州西山发现了距今 5 000 余年的古城遗址。这些远古城堡遗址，大体都在黄帝时期之前。黄帝时代的筑城术，实际是对更早的造城术的某种重大改进，并不是真正意义上的发明。但是，作为最高联盟权力，从没有治所城池到出现筑城，无疑是首次的，对远古社会的影响力无疑是巨大的。

另外，衣、食、住、行与生产、军事方面的许多基本器物，在这时都被创造了出来。衣裳、车、船、地面房屋、弓箭、大皮战鼓，以及具有生产技术意义的养蚕、织帛，等等，都在黄帝时期发明了出来。

黄帝时期的历史意义，主要在于成功消弭了远古社会的无序大争夺，完成了中国远古族群最早的秩序大聚合，成功避免了远古族群在自相残杀中同归于尽的深刻悲剧。这一时期的历史实践，为中国民族群的聚合统一奠定了第一块基石。

四　国家文明根基：洪水时代的聚合锤炼

走出洪水时代的历史脚步，是中国民族群走向国家时代的真正开端。

1. 关于中国洪水时代的真实性

在世界许多民族的遥远记忆中，都曾经有过关于洪水大灾难的种种传说。中国古文献有四种基本说法。《史记·五帝本纪》云："汤汤洪水滔天，浩浩怀山襄陵，下民其忧。"《史记·夏本纪》云："当帝尧之时，鸿水滔天，浩浩怀山襄陵，下民其忧……皆服于水。"先秦文献《孟子》云："当尧之时，天下犹未平，洪水横流，泛滥于天下。草木畅茂，禽兽繁殖，五谷不登，禽兽逼人。兽蹄鸟迹之道，交于中国。"《山海经·海内经》则说："洪水滔天。"这些简约明确的记载，都是关于那个大洪水时代的骇人记忆。

以《圣经·创世记》为代表，西方神学界的传说是，洪水曾经布满全部大地，甚至淹没了最高的山脉，淹死了差不多全部的人类和禽兽。非洲尼罗河流域的埃及民族，也有远古大洪水的传说。幼发拉底河流域的古巴比伦民族，同样也有远古大洪水的传说。

对远古洪水的真实性，现代研究的评估大体分为两种情况。

其一，对西方洪水传说是否具有历史真实性，中外学者大体都是否定的。专门研究洪水神话的英国学者弗雷泽（James George Frazer），在其《洪水故事的起源》中说："所有的此类传说，一半是传说的，一半是神话的。就它们保存实际发生过的洪水的记忆而言，它们是传说的；就它们描述从未发生过的普遍世界的泛滥而言，它们是神话的。但综观洪水传说中，我们发现若干个故事似乎是纯粹的神话，那就是，描述那些从未发生的泛滥。"[1]中国的远古史研究专家徐旭生，在其《中国古史的传说时代》中提出："十八世纪及十九世纪前半的神学家们，往往主张这一种说法（远古世界普遍大洪水）。这一类的大变化，即或发生过，也是在古生代、中生代、或新生代前期。它们离现在或超过十亿年，或已经几亿年。可是我们人类的出生，仅在新生代后期，距现在不能超过一百万年。当日还没有人类，怎么能有遗事的流传？所以，这一类解释很不适当。"[2]

其二，对中国远古洪水时代的历史存在真实性，中外学者基本都是肯定的。汤因比在其《历史研究》中说，人们在黄河下游所要应付的自然环境的挑战，比两河流域和尼罗河流域的挑战要严重得多。人们把它变成古代中国文明摇篮的这一片原野，除了沼泽、丛林和洪水的灾难之外，还有更大得多的气候上的灾难，它不断地在夏季的酷热和冬季的严寒之间变换。黄河流域创造了文明，是由于他们遇到了一种挑战……在文明的起源中，挑战和应战之间的交互作用，乃是超乎其他因素的一个因素。[3]原籍德国的美国学者魏特夫，在其《东方专制主义》中明确认为：中国文明起源于大河流域在远古时代的大规模治水。

1　徐旭生：《中国古史的传说时代》，科学出版社，1960年，第227页。

2　同上，第128页。

3　［英］汤因比：《历史研究》，曹未风等译，上海人民出版社，1959年，第92—93页及第95页。

徐旭生先生更为具体地论证了中国远古洪水灾难的真实性，他提出：我国洪水发生的时期相当明确，大约不出公元前第三千年的后期。注意到当时的人民尚未发明掘井技术，必须逐水而居，雨量稍大，即成灾难。同时，当时已经是农耕社会初期，淹没长期火耕才能获得的土地，淹没历经艰难才能积累的食物、衣物、房屋、牲畜，以及打造出的石器木器农具等，损失的巨大，对于人民印象的深刻，远远高于后世社会……传说中间所涵神话量的多寡，与每一部族人民的幻想力发达的高度为正比例。我国人民性情朴质，幻想力不够发达，所以他们所保存的传说，离实在经过的历史还不很远。[1] 可见，极其重大的洪水灾难，是远古中国社会的真实历史。

我们的祖先，是以什么样的姿态迎接这场空前的巨大灾难的呢？

2. 大洪水时代的时间推定

要解密中国民族群走向国家时代的脚步，就必须解密中国远古时代的治水历史。首先，我们必须明确一个问题——中国的洪水灾难与治水历史究竟有多长时间？相关史料的说法是：洪水从尧帝时期开始发生，历经了尧、舜、禹三代政权。传说中的尧帝，活了117岁，在位98年；其中后28年，尧将帝位禅让给了舜。那么，尧帝的有效在位期，就是将近70年。从尧帝曾两次主持遴选治水领袖的事迹，可以推定：大洪水的发生，至少在尧执政的中期就开始了。也就是说，尧帝时期的洪水灾难，至少有30年到50年。其后，舜代尧执政28年，称帝39年，共有67年。这67年，无疑都是洪水期。大禹受命

---

[1] 参见徐旭生：《中国古史的传说时代》，第128—131页。对于徐旭生先生关于中国远古洪水大劫难的肯定，我是完全赞同的。但是，对于"我国人民性情质朴，幻想力不够发达"的依据性论证，我不赞同。我以为，这是两个不同性质的问题，后者的状态不是前者是否真实的论据。中国神话与传说所展现的宏大想象力，在世界民族之林中是绝无仅有的，这并不意味着中国民族群对历史事实的记忆具有夸大性的必然缺陷；相反，想象力不发达的民族，其对历史事实的记忆也未必比想象力发达者准确。所以，这是两个不构成逻辑关系的问题。

治水，开始于尧逝世之后舜对禹的任命，用了13年。但是，治水成功之时，舜帝还在。所以，这13年应该统合在舜帝执政期。

如此，尧帝30—50年，舜帝60余年，洪水肆虐与艰难治水的历史，大体是百年上下。如此一个时段，足可以使我们将先祖族群那段伟大的生存奋争的历史实践，称为"洪水时代"。如此，这百年上下的历史劫难与伟大治水，我们的先祖族群是怎样走过来的？

3. 第一阶段的经验治水

大洪水时代的第一次治水实践，是尧帝选定的共工氏部族治水。共工其人，《山海经》说，是炎帝列山氏的第六代孙。《史记正义·五帝本纪》说，共工是穷奇部族的首领。《史记·五帝本纪》则记载，共工曾经被举荐为尧帝的接班人，举荐人是浑沌部族的首领驩兜。可见，共工在当时已经是很有威望的特大部族的首领了。开始，驩兜的举荐遭到了尧帝的拒绝。后来，驩兜又再次举荐共工做一件大事，史书没有明确说是什么事。依据《史记·五帝本纪》的文本逻辑，并与后世文献《国语·周语下》记载的"共工……壅防百川"相印证，这件大事应该就是主持治水。

依据相关史料印证，驩兜举荐共工做治水领袖，尧帝拒绝了，而将主持第一次治水的任务交给了职司工程的高层业务官员——工师，而只指派共工做了工师的辅助者。但是，作为拥有部族人力资源的共工，一定在治水期间起到了主导作用；作为业务官员的工师，在那个时代是无法与特大部族首领抗衡的。因此，后来因治水失败而获罪的，不是工师，而是共工。依据史书记载，在治水之中，"共工果淫辟"（《尚书·尧典》）：共工在治水中又犯了老毛病——不诚实，走邪路，并很顽固地浸淫于此道，不听工师号令而自作主张。

必须留意的是，《史记·五帝本纪》的叙述方式与评价基准，是西汉史家以成败论人事的传统笔法。分析当时的实际情形，参照后来的文献记载，共工氏所以能被尧帝任命为治水副手，不是有什么老毛病，而恰恰是有治水的实际经验。那么，这种被后世史家看作"淫辟"——走邪路的治水经验，究竟是什么呢？

《国语·周语下》，揭开了这个古老的谜团——

周灵王二十二年，也就是公元前550年，周都洛阳发了大洪水，几乎要淹没王宫。周灵王立即下令修筑堤防，堵塞水流。太子晋听到消息，立即前来劝阻。劝阻的理由就是：五帝时期的共工曾经修筑堤防堵塞水路，但是遭到了惨痛失败。太子晋的说法是这样的：远古圣王时期的久远传统是，"不堕山，不崇薮，不防川，不窦泽"——就是不削平山头、不填高洼地、不修筑堤防、不堵塞湖海，一切水流都听其自然；可是，这一古老的圣王传统，在共工治水时却遭到了巨大的破坏；共工放弃了这一圣王之道，壅防百川，用堵塞之法防备水患，削平了山头，填高了洼地，给天下造成了极大的祸害，以致"皇天弗福，庶民弗助，祸乱并兴，共工用灭"。总之，后果极为严重。

显然，共工的治水办法就是以修筑土堤的办法堵塞水路。后人与今人的实践，已经反复证明：在洪水不是普遍暴发且规模不大的情况下，修筑堤防无疑是有效的。共工的"壅川"治水，曾经一定在大洪水灾难到来之前的中小型治水中取得了相当显著的成效；否则，不足以成为该部族坚定信奉的成法，更不足使后来的治水领袖再次效法。

结果是，共工治水失败了，被流放到了北方幽州的荒野地带。

壅川之法的第一次失败，说明了从尧帝时期开始的百年大洪水，确实不是寻常的洪水灾难，不是山石泥土筑成的堤防所能阻挡的。惟其如此，经验是无效的。今人不是神，古人更不是神。面对任何灾难，人类的初期应对，都只能是以既往经验为根基。历史的创造与跨越，必然在效法既往经验失败之后。

4. 第二次治水再次失败

共工氏的第一次失败，给联盟权力与古老部族的首领们带来了巨大的压力。在适时召开的联盟权力会议上，四个大部族首领——四岳，强力举荐鲧统领第二次治水。当时，尧帝认为："鲧负命毁族，不可。"（《史记·五帝本纪》）只是由于"四岳"坚持已经没有人可以再选了，尧帝才勉强决断，任用鲧做了第二次治水的领袖。

鲧究竟是个什么样的部族首领，竟被尧帝指责为"负命毁族"之人？

鲧，是当时"崇"地的一个特大部族的首领，被尊称为崇伯，即这一地域具有最高地位且最受人拥戴的部族首领。"崇"在哪里？即今日河南省登封市嵩山地带。也就是说，鲧族居住在嵩山地域——黄河中游的洪水多发地带。可以推论，鲧个性刚强，在率领族群开拓奋争的过程中自作主张，抢夺相邻部族的人畜土地太多，曾经招致众多进攻而给本族带来过毁灭性灾难，此乃尧帝所指责的"负命毁族"。

鲧在历史上做了两件大事，一件是尽人皆知的治水，一件是鲜为人知的作城。作城，就是鲧曾经在黄河中游地区修筑了城池。当代史学家们的考证结论是：这两件事其实是一件事，都是治水。鲧作城之后，族人住进了这道高墙之内。后来，人们发现住进这道高墙既可以抵御洪水，还可以加强对异族劫掠的防御。于是，人们就将"作城"与治水看作一回事了。

关于鲧的治水方式，历史文献有两种基本说法，一种写实，一种神话。写实记载有《尚书·洪范篇》云："鲧堙洪水。"所谓堙，就是土屯——堆起土堤坝拦水。又有《国语·周语下》云："崇伯鲧……称遂共工之过。"神话说法有《山海经·海内经》云："洪水滔天。鲧窃帝之息壤以堙洪水。"这两种说法的根基点是共同的：鲧与共工同样，都采用了堵截治水的方法。

神话中的鲧，没像共工氏那样费力气，他盗窃了天帝的"息壤"。这是一种可以自动增长的永远不会耗尽的神性土壤，只要撒出去一把，就是一道忽忽长高的山陵，就能堵截住洪水。可是，不知道是息壤的长高速度比不过洪水，还是息壤总有用完的时候。总归鲧没有用这种神土阻挡住洪水，洪水还是再度泛滥了起来。

历史文献的说法，则要现实得多。鲧的堵塞之法，就是给所有族群的聚居地修筑起高大坚固的防护堤，或者土寨子。对于联盟首领机构的都邑，鲧则修起了更加高大、更加坚固的山石泥土堤防。当时的联盟首领机构，原本便居住在较高的丘陵上——时人谓之"帝丘"。鲧还要在"帝丘"四周再行修筑一道高大坚固的土石堤防，使帝丘更为坚实。据说，当时的大堤防已经达到了三仞的高度。一仞八尺，三仞就是两丈多高，足有今天的两三层楼高。鲧之决心，不可谓不大。即便诸多部族一起动手，要在大洪水时代修筑如此高大的堤防，也是极其艰巨的。肩负领导责任与身为治水主力的鲧部族，一定付出了最为辛勤的劳作，最为巨大的牺牲。

在共工失败之后，鲧为什么还要继续采用共工的壅川之法？从根本上说，一定是使命紧急，必须立见功效。从个人素质说，鲧没有新思维，认定共工的失败在于堤防修筑得不够坚固，不够高大，对自己部族能够修筑更为坚实、高大的土石堤坝深具信心，才决然领命治水的。可是，"势若漫天"的大洪水是严酷的，这种万分紧迫而又万分艰巨的堵截劳作，注定是不会成功的。

九年过去，鲧族的治水大业，最终还是失败了。《史记·夏本纪》对鲧治水的结局记载是："九年而水不息，功用不成。于是帝尧乃求人，更得舜。"这就是说，鲧的治水失败，给最高联盟权力带来了前所未有的巨大压力，耄耋之年的尧帝不堪其累，将最高联盟的实际权力禅让给了正当盛年的舜。但是，因为尧还在世，所以舜即位的头28年，被后世视为"摄行天子政"的时期。

5. 舜帝新政——第三度迎战大洪水

舜帝是一个极有才具、办事果决的领袖。刚执掌权力，舜便立即定下了五年一巡狩的规则，开始巡行督察各氏族部族聚居地。其间，舜接连处置了三方面的基础大事：其一，遴选出各族新首领22人，并擢升这些首领做了联盟最高层的重要官员，后来这22人都立了大功；其二，整肃天下秩序，各种民生法度相继建立；其三，也是最重要的，舜立即开始了治水大业的战略铺排。舜帝筹划治水的步骤，即或在今天看来，依然是智慧卓越、勇气非凡的。

第一步，舜帝公平执法，从速并严厉处置了前期治水的三桩遗留事端。其一，驩兜举荐共工，有失察之罪，被流放到崇山，也就是今日的嵩山地带；其二，共工治水失败，被流放到幽州山地，也就是今日的河北地带；其三，鲧耗时九年而治水失败，舜帝派出祝融执法，将鲧处死在了羽山。第二步，舜将反复叛乱的"三苗"部族，迁徙到西部大山；将尧帝一直不能有效处置的"四凶族"，流放到四千里之外的荒僻山地。由此，最高联盟的权力大大加强，族群秩序大大整肃，为治水大业开创了良好的社会条件。第三步，舜帝开始公正遴选治水人才，使真正的治水天才登上了历史舞台。

基于上述新政及之后的连续功业，《史记·五帝本纪》对舜帝有一句总体性评价："天下明德皆自虞帝始。"

《史记·夏本纪》的记载是："于是舜举鲧子禹，而使续鲧之业。"这是说，禹主持治水，是舜帝亲自举荐的。若非如此，一个治水失败而被处死的部族首领的儿子，是很难走上统领诸多部族治水的领袖地位的。真得为远古联盟首领的胸襟感慨——舜帝亲自下令处死了禹的父亲鲧，却又亲自推举鲧的儿子继续治水，这需要何等的目光、心胸与勇气。

值得注意的重大史实是：在这次确定治水领袖的最高联盟决策会议上，创造了中国国家文明的四大部族的领袖，全部都出现了。

这四大领袖及其部族是：以禹为首领的夏人部族，以契为首领的商人部族，以后稷为首领的周人部族群，以伯益（大费）为首领的秦人部族。这次最高联盟会议的决策是：夏、商、周、秦四大部族一起参与治水；夏族为轴心，禹为统领；其余三大部族为共同治水力量，三大首领为辅佐决策者。如此，共同构成了第三次迎战大洪水的主力族群。

这是一组惊人的历史密码——四大部族共同治水。在此后近3 000年的历史之中，治水时代所生成的这一组历史密码，不断在相互组合中推动着历史态势的演变，践行着中国国家文明伟大的、连续的历史跨越，演绎出无数次血火大争的重大历史事变，将中国民族群的国家文明一浪又一浪地推向了历史高峰。我们应该牢牢地记住这一组历史密码，它是此后近3 000年文明风暴的源头。

6. 大禹治水——远古社会走出了洪水劫难

一场历史伟业，在禹的有效领导下开始了。禹是一个什么样的人？《史记·夏本纪》说：禹是黄帝的第五代玄孙，本名叫作"文命"。另有后世《谥法》云："受禅成功，曰禹。"综合史料，禹的大体情况是：或姓公孙，或姓姬，或姓姒，名叫"文命"；禹，有可能是他的名字，也可能是他受禅后的帝号。历史记忆细节的出入大可不必计较，我们还是以今人熟悉的名号——大禹，来称呼他。

透过种种不甚清晰的历史记忆，我们从中可以看出的基本事实是：崇地的大禹部族，已经是当时社会的最大族群之一了，是黄帝族群的直系分支，在当时的天下是很有影响力的。惟其如此，在人口数量起决定作用的远古时代，鲧、禹两代先后受命治水，才有坚实的根基。

大禹的出生，《山海经》记载了一则神话："帝令祝融杀鲧于羽郊。鲧复生禹。"这个"复"是"腹"的同声假借字。就是说，禹是从父亲鲧的肚子里生出来的。这则神话更具体的说法是：鲧死后三年，尸不腐烂，一日腹破，禹破腹而出，乘龙飞去。虽然，这只是一则神话传说，但可以确定地说，大禹的出生一定是很不寻常的。至少，大禹很可能是鲧的遗腹子。也就是说，鲧死之时，禹尚未出生。如此一个禹，为什么舜帝与大族首领们那么信任他？仅仅基于黄帝之后裔吗？

《史记·夏本纪》这样描述历史对大禹的记忆："禹为人敏给克勤；其德不违，其仁可亲，其言可信；声为律，身为度，称以出；亹亹穆穆，为纲为纪。"显然，大禹作为族领，是一个极富魅力，极富创造性，又极富威严感与秩序感的人物。智慧勤事，亲近大众，出言有信，德行不违规矩。如此族领，必然深受民众拥戴。更重要的方面在于，大禹是一个极具创造天赋的人——说话的声音天然符合音律，身形是天然的尺度，出行举动经得起权衡。后世成语"以身作则"的原初意思是什么，正是禹的"身为度"。因此，从总的方面说，大禹是一个勤勉肃穆、堪为天下纲纪的首领。

如此近乎神圣的人格，仅仅是一种传说中的溢美之词吗？不，应当可信。因为，大禹有形成如此人格的精神根基。《史记·夏本纪》云："禹伤先人父鲧之不成受诛，乃劳身焦思……薄衣食，致孝于鬼神。卑宫室，致费于沟淢……左准绳，右规矩，载四时"。这是说，大禹是在痛苦的磨炼中成长起来的。治水失败，是崇地部族的巨大劫难。族领父亲因而身死，部族先人们则不知付出了多么惨重的生命代价。这些，无疑会在年幼的禹的心灵中，刻下难以愈合的深深伤口。任何一个人，无论是古人还是现代人，在这种族群大劫难的重压之下，都可能或自甘毁灭，或奋发再造。无疑，大禹属于后者。应该说，无数血的代价，才终于锻铸出了一个超越经验的天才治水领袖。

大禹治水的故事太多太多，我们仅对其最重要的创造作一个总体概览。

7. 大禹最为重大的发现——治水新思维

今人都知道，大禹治水是将壅川筑堤之法改成了疏导入海之法。在后世理念看来，这是再自然不过的事情，似乎并没有什么了不起。可是，在当时，这种改变无异于石破天惊。因为，这是对前人经验的彻底否定，是反其道而行之，一举颠覆。

首先，提出这种新思维的基础条件，是需要对天下水流规则有大量的观察，正确的发现，深刻的理解。此前的共工氏与鲧，为什么要堵水？必然原因，是认识论上的问题。他们认为：遍地流淌的洪水是无序漫延的，人无法引导它们的流向，只有水来土屯，才能防止灾难的发生。在这种经验认知下，要得出水流是有规则可循的、可以疏导入海的结论，是超越他们经验的，进而是不可能的。大禹，一定是一个极具发现天赋的超一流的上古科学观察家。

其次，这一理念的付诸实施，工程量比修筑堤防要大得不可比拟。导水工程的可行性、可靠性，更是一片朦胧模糊，没有任何经验可以参照。也就是说，在当时，疏导治水的前途究竟如何，是完全无法预知的。在这种不确定的情况下，能够将这一方法坚定地提出，并一直推进到最高联盟的决策会议上，禹的勇气与思路之明晰，不得不令我们感佩万分。

最后，即或经过了大量的观察与探寻，已经认定了水流入海这个结论；但是，要拿出来说服联盟领袖，说服各大族群首领，说服也曾经信奉堵水之道的本部族元老，也是极为艰难的。如此情势下，禹要面对的，实际上是说服整个社会。后来的事实是，疏导治水的总方略，终于还是被联盟最高权力认可了，被各部族认可了。中国远古领袖群的深刻理解力，不得不令我们再次感喟万分。

大禹一定是一个极具说服力的领袖，也一定是一个意志力极其顽强的领袖。以舜帝为首的联盟最高权力，拥有大禹、殷契、后稷、皋陶、伯益这样一班深具英雄气质的大才，实在是一个具有非凡决策能力的伟大群体。在我们的远古族群面临灭顶之灾的时候，他们以深远的智慧，强毅的精神，创新的思维，作出了最为伟大而正确的选择。

大禹治水涉及的地域，以及远古水患大势，历史的记忆多有不同。首先我们将综合对种种史料的交错考据，对远古水患的形势大体勾勒一番。那时的中国大陆，水源大量过剩，气候普遍炎热。即便今日之黄河中下游两岸，也满是由生长于接近亚热带气候的茂密丛林所构成的深绿色山川。其时的淮水流域、长江流域、珠江流域，更是水乡泽国，万里荒莽，热湿难耐。这一切，远非今日之人所能想象。由于大陆水流众多，处处冲突交错，且没有形成稳定水道，于是，在交错冲撞的大小水流之外，更形成了无数的汪洋湖泊。仅仅一个云梦泽，便占去了后世长江流域的三分之一强。加之当时气候炎热，雨量丰沛，人群防御水患的能力非常原始，时常导致种种泛滥，故洪水弥漫之势几乎绵延不绝。

在这种历史条件下，说当时中国大陆处在长久水患之中，绝不为过。

依孟子的说法："当尧之时……洪水横流，泛滥于天下……禹疏九河，瀹济漯，而注诸海；决汝汉，排淮泗，而注之江；然后中国可得而食也。"（《孟子·滕文公上》）显然，孟子认定：大禹治水不仅仅是主治黄河流域，不仅仅是将黄河流域的众多水流引导入海；而且也疏导了江淮流域，将淮水、泗水等河流系统疏导进入长江水系；从此，中国才有了稳定的农业耕地，进入了大体稳定的农耕时代，人民才得以普遍存活。

当代的许多远古史专家也认定：大禹疏导治理江淮流域，是可信的历史记忆；疏导黄河水系，是治洪；疏导江淮水系，解决长期的积水泛滥之患，同样也是治洪。

依据《史记·夏本纪》，大禹的治水路线是从冀州开始的，也就是从今日的华北平原与河南大平原地带开始的。《尚书·禹贡》记载其过程云："导河积石，至于龙门……至于大伾……至于大陆……入于海。"关于大禹治水的出发地与进行路线，有两种代表性说法，一是中国社会科学院考古所的徐旭生先生，一是西华师范大学的姚政先生。但凡有兴趣者，可以去看这两位先生的诸般考据。

8. 大禹治水最艰难处——创建治水社会组织形式

天下治水，是一项规模庞大、历时长久的工程，其中所需要的社会动员深度、各方协调方式、种种社会组织法度、实际施行能力，等等，即或在今天看来，依然不是轻而易举能够完成的。那么，大禹治水，究竟是以什么样的社会组织形式，来完成这一庞大工程的呢？依据星散的史料，我们可以将大禹治水的社会组织形式，大体作以下归纳。

其一，大禹成功地发动了"天下"各大部族参与治水。最重要的是，大禹将自己直接统辖的夏部族与殷契（商部族）、后稷（周部族）、伯益（秦部族）共四个特大部族，作为共同治水的主干力量，实际上形成了天下治水的轴心。这一点，对动员"天下"其余族群参与治水，起到了最为重要的带动作用。连带结果是：这个具有战略架构意义的四方轴心，形成了以大禹为最高领袖，以殷契、后稷、伯益为辅助的领导集团；在治水力量架构上，则形成了以禹族为核心力量，以其余三大族群为主干力量的某种社会组织形式，从而使治水工程有了相匹配的大规模人力资源框架，保证了治水以有序的方式实施。

其二，成功解决了以粮食问题为核心的后勤输送问题。大规模治水，必然需要大量脱离农耕而专事工程的民众队伍。此中关键，是这些人群的食物能否长期保障，诸多工具的打造与输送能否保障？依据史料归纳，大禹对这些问题的解决办法，主要有五条：第一，各部族力所能及地自带衣食，这是最基础的办法；第二，互相调配物资，富族支援穷族；第三，派遣伯益族组织不直接参与治水的人口，开发临时耕地，就近种稻取食；第四，派遣精于耕作的后稷部族种植治水民众所需的特殊食物，主要是当时难得的蔬菜；第五，寻觅未被洪水淹没的少数可耕地区，动员该地氏族部族向治水民众提供粮食物资支援。这五种方法，最大限度地发掘了当时的社会自救力量与社会后援力量。

其三，号令严明，以接近于军事化的管理方式，树立起了非常有效的权威组织。天下治水，参与民众必然是一个数目庞大的群体。其时人口再少，参与者也至少数以百万计。这里的关键，是严明的组织，可行的法度。这种组织与法度，已经接近于军事化管理。甚至可以说，治水管理直接推动了最早的紧急状态法律，使最早的常备军的产生具有了社会基础。

大禹治水的法度究竟有哪些？历史已经朦胧，但也不是无迹可寻。在《史记·夏本纪》中，有一句弹性极大的记载：禹"左准绳，右规矩，载四时"。古典注释家认为，这是说禹能够听从左右辅佐人员的建言。但是，我们有理由认定：这则史料的基本面，说的是大禹治水时时、事事有法度，且能够不违反天时地利而施行法度的状况。

其四，大禹以身作则，垂范民众。大禹的个人辛劳，公而忘私，在历史的记忆中已经以动人的传说，留下了普遍而深刻的痕迹。三过家门而不入，妻生子而不知，13年跋山涉水，两条大腿磨出了厚厚的老茧，等等。这些极其劳苦的行为，一定对当时的治水民众起到了极大的精神激励作用。再加上大禹的才干、创造性思维、令行禁止的严明法度，等等，在当时极有可能使禹已经具有了超凡入圣的人格感召力。

没有如上四方面社会组织形式的保障，大规模治水的成功是不可能的。

9. 大禹治水奠定了国家文明根基

大禹治水，历经13年，终于取得了全面成功。不仅仅是洪水消退，更重要的，是在大禹治水的过程中及治水之后，大规模的创造活动，使当时天下族群的生存格局，发生了许多重大的、基本的变化。依据对种种史料的归纳，这种大变化的基本方面是：

其一，对当时中国大陆的区域划分有了初步认定，此所谓"禹开九州"。确认并划定远古时代的生存地域，是在治水过程中连带完成的。因为，若是治水之后再度重新界定，其巨大的人力成本是远古社会无法承担的。能够在治水中同时完成这一大规模的"国土资源"调查，说明当时的大禹集团是极具深谋远虑的；否则，不可能随时记录种种资料数据。当时划定的九州（《尚书·禹贡》）是：冀州、沇州（兖州）、青州、徐州、扬州、荆州、豫州、梁州、雍州。

九州的划分，无论多么缺乏后人眼中的精确性，都是一个空前伟大的创造。须知，此前中国大陆的远古族群，虽然已经有了最高联盟权力，各族群也大体有了相对稳定的生存区域；但是，联盟权力对社会的粗朴认知与粗简治理，大体只是以该地生存的部族为依据，尚没有以界定地域而规范生存空间的意识。再者，对广泛辽阔的地理形势，远古社会也没有机会、没有能力进行专门的普遍勘查。只有大规模的治水，同时提供了全面勘查天下地理的条件。虽然划定九州地域的直接原因，很可能是经济征发的需要。但是，它同时标志着一个更为深刻的历史性文明创新：**最高联盟权力的社会视野，已经超越了既往的经验，出现了全社会分地域、分层级规范生存空间的国家意识。**

其二，大陆的山河都有了确定的名号，各地土壤都有了大体的等级认知。大规模的"国土资源"调查，带来的是对远古生存环境的系统认知。史书中所谓的"行山刊木""众土交正""九山刊旅""九川涤原""九泽既陂""四海会同"（《史记·夏本纪》）等说法，盖为在 13 年治水中，摸清楚了所有的山水情形，而且给它们确立了标记和名号；对可耕土地，则进行了土质的对比与确认。东汉经学家郑玄，对"众土交正"四个字的注释是："众土美恶及高下得其正矣！"

从现代文明眼光看，这无疑是一次最大规模的自然资源大调查。它对中国远古族群认识自己居住的整体环境，并实现文明的历史性跨越，具有极其重要的实际意义。

其三，出现了最初的"贡赋"制度。中国上古贡赋制度的原初形式，出现在治水过程之中。最初，不参与治水的族群，向治水营地无偿提供各种物资，再由治水权力机构分配给治水族群。这种无偿提供，本来应该随着治水结束而结束。但是，在治水成功之后，人们却发现大量的社会公共问题仍然有待于治水权力机构去解决；而治水权力机构拥有的官员、军士、工师以及大量的施工人口，事实上无法亲自谋生，依然需要各族群无偿提供谷物与物资；若不能继续提供无偿物资，已经形成的接近于稳定的生存状态，就有可能再度崩溃。

于是，经过种种磋商，这种无偿提供谷物与物资的形式就延续了下来。

被延续下来的原初贡赋制的大框架是：在考定九州耕地情况之后，将农耕土地分为上、中、下三等；再将各部族居住地与联盟权力所在地的距离，加以确认；再依据运输路途的远近，确定各州应该缴纳的物品种类、应付劳役的多寡，并同时建立经常化的缴纳方法。当然，治水时期确立的原初贡赋制，还不完全是后世国家的赋税制；但是，无疑已经具有了国家赋税制的两个最基本特征：一是无偿性缴纳，二是经常化缴纳。

其四，出现了均平分配土地的"井田制"。井田制，是大禹治水后期最大的社会创造。洪水一片片消退之后，众多地区被曾经的大洪水淤漫成了大片的肥沃平原。后世的华北大平原、黄河中下游大平原、长江中下游大平原，都是远古大洪水的连带恩赐。在当时的人口条件下，这些肥沃的平原土地，已经足够各个农耕部族居住耕种。但是，若放任各部族自发进入无主的平原土地，则必然形成新的大规模的族群争夺，远古乱象必将再度重演，整个社会秩序必将荡然无存，治水大业也将毁于一旦。于是，随着治水的进程，以大禹为轴心的治水权力机构，构想出一种平均分配平原沃土的新方法——井田制。作为一种对无主土地进行分配的方法，最大的公平莫过于均平。也只有均平，才能最大限度地消弭当时有可能威胁治水的普遍骚乱与普遍争夺。从洪水劫难中重生的人群，欣欣然接受了这种均平的分配。

我们必须注意到，此前的远古社会对土地资源的分配，只有争夺，没有分配一说，更没有平均分配一说。即便在黄帝平定大混乱而建立初期大联盟权力后，五帝时代的初期与中期，对土地资源的占有也大体以自然占有或争夺占有为主要法则；其时，最高联盟的土地分配权力，不能说没有，但不会成为一种普遍性社会规范。在这样的大背景下，大禹的治水权力机构之所以能创造出均平分配土地的方法，除了临时性与公平性这两个必须顾及的基本点外，治水权力机构的公众威望与实际威权性起到了决定性的作用。

历经 13 年艰苦卓绝的努力奋战，大禹治水终于获得了历史性的成功。

回望走出洪水时代的意义，我们可以这样说：这是一场最大的生存浩劫，它奏响了我们民族进入国家时代的历史序章；大规模治水所产生的社会组织形式，为国家文明的诞生奠定了成熟的条件与深厚的根基。

五　国家初创：大禹建立威权政治

中国民族群在大禹治水成功后走出了洪荒时代，但并没有在大禹后期创建国家形式。

由久远的大联盟形态跨越到国家形态，是一次空前艰难残酷的历史蜕变。对于这场巨大而深刻的历史阵痛，我们民族留下了清晰的历史记忆。这段历史蜕变，是分两个历史阶段完成的。

1. 大禹后期的社会新冲突

治水成功之后的一系列创新，并没有使社会总体状况出现预想的普遍太平。在《史记·夏本纪》中，对治水成功后的社会状况说法是，大禹"声教讫于四海。于是帝锡禹玄圭，以告成功于天下，天下于是太平治"。这种说法，只能在没有出现社会大动乱的意义上去理解接受，并不是历史的真实面目。

战胜洪水劫难的伟大时代风云，造就了一支新的、巨大的社会力量。远古社会将如何对待这支社会力量及其带来的种种社会变化，舜帝后期的最高联盟权力无疑起着极为重要的作用，甚或是决定性的作用。依据《史记》记载，治水完成之后，尚在盛年的舜帝，召开了一次极其重要的核心会议，听取大禹和伯益的治水总汇报，显然是要对治水的某些遗留问题作出某种决策。

这次会议只有四人参加——舜帝、大禹、伯益、皋陶。与会者中，没有另外两个当初确定的治水首领——商部族的契与周部族的后稷。如果我们还没有忘记前面所说的那组惊人的历史密码，就可以合理地推定：商部族和周部族，在治水过程中和大禹部族发生过某种程度的冲突，这两个首领已经不再是共同治水的上层权力圈的核心成员了。在后面的辩白中，大禹说到了后稷部族的功劳，却没有提及商部族与契。由此可以肯定：大禹部族与商契部族的冲突应当更为严重。否则，当初最先举荐大禹，并排在治水辅佐首位的商契，如何能不参加如此重要的会议？

所以，这次只有三位大员与会，是自然而合理的。虽然，两大部族首领被排除在核心成员之外，很可能引起诸多方面的不满。但是，基于大禹的巨大声望与实际力量，舜帝无法举行一场所有重要部族首领都能参与的治水"总决算"会议，就连当初的"四岳"也未见到会。于是，舜帝特意召来了执掌司法的皋陶，也召来了传说五岁就开始辅佐大禹，且始终与大禹共同领导治水的伯益。大禹与伯益，显然是治水的两个汇报者；皋陶，则是当时权力很大的最高联盟大法官，应该担负着某种仲裁职责。皋陶与伯益，都是同一部族——秦部族的首领。皋陶是父亲，主要任职于舜帝的联盟权力中；伯益是儿子，是实际统辖秦部族的首领。父与子能够共同与闻极其重要的最高层会议，足见这时秦部族的力量与重要性，已经仅仅次于大禹族群了。

这次不为后世史学家所注意的特别会议，留下了什么样的历史信息？

会议自然由舜帝主持。一开始，舜帝请皋陶对第三次治水做出评判，自己只听不说（以下内容参见《史记·夏本纪》）。皋陶首先评判说："（禹治水，）信其道德，谋明辅和。"强势的大禹立即说话，既表示赞同，又提出问题："然！如何？"皋陶则继续赞美大禹："敦序九族，众明高翼。近可，远在己。"大禹又立即表示了认同："然。"皋陶又再次高度赞美："吁！在知人，在安民。"这一次，大禹却公开表示了某种不满，叹息说："吁！皆若是（都是这样啊），惟帝其难之（只有帝责难我啊）！"而后又义正词严地说，"（我）何畏乎巧言善色佞人！"皋陶第四次正式赞美大禹治水，"行有九德""百吏肃谨""五刑五用"，等等，说了许多话。大禹立即发问："汝言，致可绩行？"（你的话，可以当作对我业绩的定论吗？）皋陶大约觉得事关重大，立即表示："余未有知，思赞道哉！"——自己还有不清楚之处，这里只是襃扬治水大道而已。显然，这是逼舜帝说话了。终于，一直沉默的舜帝开口，允许大禹也可以敞开说话。

大禹颇有感触地叙述了自己在13年治水中的艰难奋争："……陆行乘车，水行乘舟，泥行乘橇，山行乘檋，行山刊木……"，以及与伯益一起率民种稻，才能吃到一口热饭鲜食；与后稷一起率民种菜，民众才有难得之食；粮食少，调有余以补不足；还得迁徙人口，决九川，致四海，民众才得安定，万国才得大治等，一大篇治水业绩陈述。

大禹陈述完毕，首先得到的还是皋陶的赞誉。得到皋陶的拥戴后，大禹以感喟的语气对舜帝发出了隐隐的警告："吁！帝！慎乃在位，安尔止。辅德，天下大应。清意以昭，待上帝命，天其重命用休。"总的意思是，要谨慎行权，天下才能安宁。这是大禹代表新生力量对大联盟最高权力的一种威胁性警告。最后，舜帝只有万分感喟地将大禹赞美了一番，并请大禹辅佐自己处理政事。

这次核心会议，意味着最高联盟权力对大禹的治水功绩完成了最终的、程式上的肯定。舜帝的寡言及顺势应对，显示出最高领袖的权力已经衰落。其背后的事实是：舜帝统领的"天子"部族群，已经不再是最强大的社会力量了；舜帝只有顺势而为，对既已成事实的大禹权力采取承认态度。

紧随之后的实际变化是，皋陶以大法官名义下令联盟族群："敬禹之德，令民皆则禹。不如言，刑从之。"接着，舜帝又举行祭天大典——"帝舜荐禹于天，为嗣"。这就是说，皋陶开始以最高联盟权力的名义下令：全社会必须服从大禹，否则，以刑罚处置！之后，舜帝又举行了祭天仪式，将禹的功业告知了上天，并正式举荐禹为自己的最高权力继承人。

这一重大变化，形式上是"禅让"的，实际上则是力量对比基础上的权力格局的变化。大禹，已经由一个部族首领与治水统领，走上了最高权力地位——帝。大禹部族，则跃升为大联盟族群的轴心力量。连带的后果是，治水期间形成的全新的生存状态与社会格局，以及产生的一系列社会变化，必然要以新的秩序形式固定下来。于是，整个远古社会开始出现了向一种崭新的秩序转化的趋势。但是，这个转化过程，必然是艰难而残酷的。

2. 民心不古——大禹后期社会的阶级分化

西汉刘向的《说苑·君道》，记载了这样一则故事——大禹车行出巡，一老年罪人拦路高呼，要见大禹。大禹出车，恭敬沉痛地询问老人何事。老人愤愤然高声："天下不公！"大禹无言，泪流满面。随行官吏错解大禹之心，说："夫罪人不顺道，故使然焉，君王何为痛之至于此也？"大禹摇头说："尧舜之人，皆以尧舜之心为心。今寡人为君也，百姓各自以其心为心，是以痛之。"

关键是大禹的最后一句话。什么是各自以其心为心？就是各想各的利益，再也没有了民众对最高联盟权力的无条件拥戴了。这是大禹后期社会变化的根本点之一：利益关系的复杂化，带来的利益冲突的尖锐化，最终表现为"天下"民心的离异。基本事实是：整个社会非但有对治水功业的种种流言非议，且有商契部族、后稷部族、皋陶／伯益部族与大禹部族在治水中积累的种种矛盾与利益的冲突。

曾经潜藏的不满，很快爆发为公开的权力挑战。

两件大事最为典型：一则，是大禹治水成功之后，曾经在会稽山麓行大祭群神的大规模庆典。庆典的实质意义，是借诸神的名义树立新秩序的威权。可是，在发出大祭号令后，防风氏部族的首领却迟迟不到，表示了对大禹新权力的极度轻慢。另一则，三苗族群再度作乱，公然大肆掠夺黄河流域中心区的土地，向最高联盟权力发动了实际挑战；其实质目标，当然是对准大禹权力的。

大禹的权力机构，没有以五帝时代的传统安抚之法——最严厉的方式也只是将作乱族群迁徙到荒僻地区——平息矛盾，而是打破传统，采取了强硬应对的新方式。对庆典迟到的防风氏，大禹下令处死（或说车裂）。对三苗动乱，则实行武力镇压。在那次极其重要的核心会议之后，大禹的同盟者皋陶严厉威慑民众：必须服从大禹，否则处以刑杀；明确以刑杀的方式来维护新权力的威权。

应该说，这是中国远古社会第一次公开地、明确地强制服从。自黄帝开始的远古社会，虽然有大争夺、大战争，但在非战争时期的常态生存活动中，还是非常看重以道德声望服人的。此所谓"圣王德治"。大禹权力，破天荒丢弃了这一传统。其实际意义是，宣告了中国远古社会土壤已经出现了重大变化，社会利益的冲突已经不可能通过磋商的方式来解决。时势使然，以强迫性力量来巩固社会新秩序的需要，已经形成了。但是，距离国家权力的出现，还缺少一个最重要的环节。

3. 大禹后期创建的威权体系

治水完成之后，大禹领袖层创建了具有强制性的威权政治。首先，创建了以常备军为轴心的强力集团。黄帝时期形成的师兵，实际上是时聚时散的民兵性质。大规模长期治水的特殊性，使得治水权力机构必须拥有一支稳定的师兵，才能有效维护治水的法度。这给常备军的出现，奠定了第一个坚实的社会条件——社会需求。常备军出现的另一个社会条件是，生产能力与生产规模的发展，已经能够承担部分人脱离生产而专事武装行动的巨大社会成本。事实是，为维护新的社会格局，在治水中形成的稳定师兵，已经继续保留下来并成为职业化的强力武装集群——常备军。

接踵而来的重大事变，又给创建威权政治提供了现实的可能性。

第一个重大事变，是大禹成功举行了涂山大会盟。治水完成的初期，大禹立即大会天下部族首领于涂山。这是大禹最为成功的首次会盟，未见任何抵制。顺利会盟的根源是，天下洪水初退，贡赋、田制、部族居住地等一系列重大问题，都需要立即确定，牵涉每个部族的实际利害分割，故此人人踊跃前往。文献的说法是："禹会诸侯于涂山，执玉帛者万国。"（《左传·哀公七年》）该来的部族首领都来了。这次大会盟的成功说明：大禹的声望与实际影响力，已经超越了远古时期前四任最高盟主——黄帝、颛顼、尧帝、舜帝，而具有了威权性的号令力量。

这次史无前例的"大会诸侯"，竟然没有最高盟主舜帝参加，而是以大禹的治水权力机构的名义召集的。在整个社会意识还处于朴实蒙昧的远古社会，这是极其反常的政治事变，是正面奠定大禹权力基础的第一个重大政治事变。

第二个重大事变，是大禹与皋陶、伯益两大势力集团结成了政治同盟。在舜帝时代的权力结构中，大禹与皋陶、伯益、商契、后稷等，都是政治地位等同的高层成员，相互之间并没有超越传统权力规范的实际关系。但是，在大禹治水的 13 年里，商契部族与后稷部族，都与大禹产生了矛盾冲突，从而淡出了大禹的治水权力框架；治水中枢机构留下的他族领袖，只有忠实追随大禹的伯益。依据后来在最高核心会议上的相互呼应，完全可以推定：至少在治水的中后期，大禹已经与伯益结成了相对牢固的政治同盟。这就意味着，大联盟最高机构的执法力量，及治水主力之一的秦部族力量，都是大禹的结盟力量了。这一结盟，首先使大禹成功地遏制了最高权力阶层对治水大业的种种非议；其次使大禹能够借助皋陶之力，以执法手段有效消除反对大禹的一般性阻力，使大禹成功走上了最高权力地位。

第三个重大事变，是大禹以特殊的胁迫方式，确定了自己的特殊名号。据史书记载，大禹做摄政帝之后的第 17 年，舜帝病逝了。在舜帝的三年葬礼期之后，大禹避开了居住在大联盟中枢的舜帝的儿子商均，离开了大联盟权力所在地，搬到嵩山地带的阳城老家去了。大禹的实际意图很明显，是利用这个重大机遇，迫使天下各部族在自己与舜帝的儿子之间，作出明确的选择。结果是，所有的部族首领，都没有去朝拜居住在大联盟权力所在地的商均，反而都赶到阳城去朝拜大禹。所谓朝拜，其政治上的实际意义，就是表示拥戴大禹为帝，愿意服从大禹号令。如此巨大的实际力量，舜帝族群的继任者——商均，是没有实力与之对抗的。于是，大禹正式继承了大联盟最高权力。值得注意的是，大禹在称帝的同时，作出了一个史无前例的政治举动，明确宣布了自己的权力名号——夏后。依据当时的语汇，夏者，权力名号也；后者，帝也；夏后者，夏之帝也。

以现代国家文明之理论解析，"夏"是明确的国号，"后"是明确的元首名号。原本，五帝社会的政治传统是：权力机构无名号，最高盟主唯有帝号。大禹一举使新兴权力机构有了特殊的名号——夏，新盟主也有了特殊名号——后。

第四个重大事变，是讨伐三苗，公开镇压敢于挑战新权威的最大族群。这件大事，应当发生在舜帝病逝之后，大禹执掌最高权力的最后十年之内。因为，只有这时大禹才有充分的权力条件进行武装征伐。大禹成功地发动了由常备军进行的第一次征服战争，顺利地平定了三苗族群。由此，大禹正式确立了最具强力性的统治性威权。

第五个重大事变，是诛杀防风氏部族首领，以树立威权政治。大禹在生命的最后一年南巡，以大祭天地群神为名，下令会盟各部族首领。在这次大会盟中，防风氏族群首领迟到了。大禹断然下令，在会盟当场杀死了迟到的防风氏首领。在当时的远古社会，这一诛杀实在是石破天惊。从政治意义上说，大禹在生命最后时期的这次诛杀，实际上是向天下宣告：夏后氏新政权是有强大力量的，是必须服从的，是不允许挑战的！

会稽山大会诸侯之后，大禹没有来得及回到北方，就在会稽山病逝了。

此时，华夏大地的大形势是：治水成功之后，大禹创建的新权威与新秩序，已经大体确立；具有常备军性质的稳定军队，也已经形成。从总体上说，国家权力架构的创立已经大体完成，国家形式所需要的强力机构也已经基本创立。但是，潜在的矛盾冲突与社会风险，依然没有消除；远古文明向国家文明的历史跨越，还没有最终完成，事情还没有完结。

六　国家开端：夏王国正式创建

还是让我们依据历史实践进程，揭开华夏族群跨入国家时代的奥秘。

1. 夏启政变开创了国家权力血统传承之先河

真正的权力变局与历史跨越，是在大禹死后完成的。最重要的挑战，是突破五帝时代古老而传统的"禅让"权力传承方式。五帝确立权力继承的方式，是原先领袖在自己无力执政的时候，或者大势所需的时候，明确确立非血统继承人，并公告天下。其时还没有出现过最高权力领袖在临终之前才确立继承人的情况，也基本没有出现过将最高权力传承给血统亲子的事实。此前的尧禅让舜，舜禅让禹，都是在最高领袖仍在位时完成的。大禹，是一个在长期大规模治水中成长起来的强势领袖，他对远古传统形成的权力传承制，采取了一种表层看来不确定的模糊方式，来完成自己真实的血统传承意志。

首先，从形式上说，大禹遵循了远古传统。在正式继承了最高权力之后，大禹很快就宣布了皋陶的继任者地位。其实际原因是，大禹与皋陶是实际上的政治同盟，大禹必须借助皋陶的影响力，遏制或潜在或公开的反对势力。可是，已经进入垂暮之年的皋陶，很快就病逝了。于是，大禹将皋陶的后裔分封在了英地、六安两个地方；又将皋陶的儿子伯益，确立为继任者——下一次禅让的人选。两次确立继任人，都发生在大禹时期最后十年之内。据此，伯益居于继承人地位的有限时间，在五年至八年上下。

伯益有充分的阅历与资望，也有坚实的部族力量支撑，理应获得权力继任。从根基上说，皋陶、伯益父子的特大部族群，是大禹威权最坚定的支持力量，两大部族又是政治同盟，伯益更是大禹身边长期的治水辅佐。据《史记正义》引《列女传》云：伯益五岁就开始追随大禹，辅佐大禹。这则传说至少可以肯定：伯益与大禹共事的时间很早、很长，治水期间尤其如此。从远古传承法则说，这个权力继位者的人选又是在大禹执政时就已经公开了的。就是说，只要伯益的才具、德行、威望没有大幅度的衰落，他的继承权应该不会有意外发生。

但是，实际情况却发生了惊人的变化。

大禹死后的丧葬期，酝酿生发了一场权力大变局。历史的大转折，多是从偶然事件开始的。遵奉传统且显然没有政治警觉性的伯益，在大禹安葬后，效法前代"避让"血统传承的成例，虔诚地避让大禹的儿子启，离开了最高联盟权力所在地，搬到了偏僻的箕山南麓，也就是今日的嵩山地带去住。这种传统的避让法则，其实际意义是给天下族领们留出一个选择最高领袖的空间——拥戴启，就去朝拜启；拥戴伯益，就去朝拜伯益；族领们朝拜谁，谁就是人心所向的最高权力者。这是远古社会确认继承人的公开法则之外的一个潜规则——将最后的抉择权交给天下人心的向背来决定。伯益之所以这样做，显然是笃定天下族领一定会来朝拜自己。

可是，这一次不同。与会丧葬的族领们，没有追到箕山去朝拜伯益，而是去了最高联盟权力所在地，朝拜了启。依照古老的传统，这就是"天下"人心愿意拥戴启做最高首领。权力的道义衡器，显然地向启倾斜。于是，启当仁不让，立即正式继承了父亲的帝位，并公开宣布了自己新的国号——夏，自己的新权力名号——天子。

那么，伯益如何应对？按照《竹书纪年》的说法，我们可以推定：当伯益觉察到古老的继承法则（包括避让成例）已经被破坏时，一定愤愤不平，立即着手谋划如何迫使夏启退位，恢复权力地位等问题。而夏启一方，则一定是及时得到了消息，才联结同盟部族，突然攻杀伯益部族。其结果是，伯益部族战败了，伯益被夏启势力杀死。

这次事变，是远古权力传承发生的第一次大变局。这场变局的实质，是最高权力的传承法则，由古老的以"公天下"为价值理念的选贤禅让制，转变为新的以私天下为价值理念的血统承袭制。历史主义地看，这一巨大变局，是早期国家确立的最重要标志。

这次大变局的国家文明意义，将在日后日益鲜明地体现出来。司马迁在《史记·夏本纪》中，为天下族领（诸侯群）不朝拜伯益的行为，作出了一种说明："益之佐禹日浅，天下未洽。故，诸侯皆去益而朝启。"他的潜在意涵是：启辅佐最高层处理政事的时间更长，启比伯益更有才能。

2. 夏启的历史形象

启的出生与业绩，及夺位之前的作为，史料记载极少。依据《史记·夏本纪》，大禹在治水期间路过涂山氏部族聚居地，与名叫"女娲"的涂山氏之女成婚，婚后两日即匆匆离去；婚后年余，大禹再次路过涂山氏聚居地，虽然没有进门，却知道自己已经有了一个儿子名叫"启"。这个故事，是大禹在舜帝主持的那次核心会议上陈述治水经过时说出来的。这至少可以说明：其一，启是在大禹治水最艰难的时刻出生的，治水成功之时，启已经是十一二岁的少年了；其二，在大禹代舜帝行使权力的 17 年里，启已经度过青年期，趋于成熟；其三，大禹最后十年独立执政，并在会稽山病逝时，启已经是 40 岁上下的盛年之期了。

有如此历史框架，可以推定：在大禹治水后实际执政的 27 年里，启经常性地参与政事，并作出了许多实际业绩，凝聚了许多部族首领。在远古社会，人们对于领袖的选择，更多看重继任人的才具与基本德行。尧、舜、禹的个人崛起，是这样；商契、后稷崛起为商族与周族的领袖，也是这样。在 20 余年的时间里，夏启迅速地崛起为一个潜在的权力领袖，是完全可能的。

舜帝曾经在大禹报告治水的核心会议上，特意提醒大禹：你的儿子，不能像尧帝的儿子丹朱那样傲慢沦落。大禹也特意提到了启的出生经过，并在最后说：正是因为生了如此一个儿子，自己的治水大业才能成功。据此可以推定，夏启是一个极有才具的杰出人物，其干练精明，远远超过了恪守古老传统的伯益。而大禹，原本就是个创造型领袖，一定看到了伯益的某种重大缺陷；基于不能使新建立的生存形态回到散漫无力的古老状态去的原因，大禹必须寻求比伯益更为强势的继承人。必然的逻辑是，大禹开始培植自己的儿子，夏启也很快地成长起来了。

3. 血统传承制的确立

夏启开始的血统传承制，并不是在一次偶然政变中建立起来的，而是有传统成例的。《史记·五帝本纪》记载——

> 黄帝崩……其孙昌意之子高阳立，是为帝颛顼也……颛顼崩，而玄嚣之孙高辛立，是为帝喾……高辛者，黄帝之曾孙也……帝喾……生放勋……帝尧者，放勋……尧知子丹朱之不肖，不足授天下，于是乃权授舜……尧崩，三年之丧毕，舜让辟丹朱于南河之南……舜子商均亦不肖，舜乃荐禹于天……禹亦乃让舜子，如舜让尧子。诸侯归之，然后禹践天子位。

而后，在《史记·夏本纪》中有："帝禹……崩。以天下授益……益让帝禹之子启，而辟居箕山之阳。"在远古权力传承的系列中，我们可以看出血统传承的久远存在。自黄帝而颛顼、帝喾、帝尧，连续四代的最高权力传承，都是黄帝部族血统。真正具有禅让性质的传承，事实上只有尧、舜、禹三代。这说明，远古社会的最高权力传承，并非只是单一的举贤禅让制，而是血统传承制与举贤禅让制并行不悖。只不过，无论是否血统传承，都更看重才具德望。

事情的奥妙复杂之处是：自从尧帝禅让于舜帝之后，便出现了被举荐的受禅者避让前代领袖儿子的"潜规则"。舜帝避让尧帝的儿子丹朱，禹帝避让舜帝的儿子商均，伯益又避让禹帝的儿子夏启。为什么会出现避让程式？从实质上说，还是血统传承优先的观念在起作用——已经被前代领袖肯定下来的继承者，还要主动让出权力空间，使社会再度作出选择。这一历史事实说明：当时的远古社会，对权力的血统继承依然有着深厚的敬畏感，即便非血亲继承人已经明确下来，社会也并不排斥将权力交给前任领袖的嫡系血亲；只有在前任领袖的血亲儿子实在无才无德，进而导致社会不承认的情况下，受禅者才能正式继任。

从历史的客观性出发，远古社会对血统继承的敬畏，有其必然性的一面。就其本质说，最高政治权力的运作，是一种对社会的宏观管理。这种权力运作要达到一定的水准，经验的积累是非常重要的。越是信息不发达的时代，经验积累越见重要。惟其如此，对权力运作的经验传承，最高领袖的血亲子孙们具有最为优越的条件。相比较于寻常人等，权力领袖的嫡系后裔出现成熟政治家的几率，相对要高出许多；同时，由前代领袖的子孙承袭权力，社会法度也往往容易保持连续性与稳定性，能相对减少社会动荡。

在远古社会，世界各民族的早期权力体制，所以普遍地实行血统传承制，是有相当深厚的社会认知基础的，不能以今天的国家文明水准，简单地批判与否定。从实际情形说，中国远古社会的最高权力传承制，实际是以血统传承制为主，以禅让制为辅的二元传承制。惟其如此，夏启夺位的历史大变局，并不是完全缺乏社会根基的突兀事变。

4. 以讨伐战争为开端，夏启政权正式迈入国家时代

夏启政变之后，立即爆发了第一次重大挑战——有扈氏不服。其时的"不服"，实际意义就是举兵驱赶夏启，恢复禅让制，为伯益争夺领袖权力。已经有了强大根基的夏启，自然不会听任有扈氏作乱。但是，有扈氏又是与中原毗邻的今日关中地区的特大部族，有着雄厚的人口实力，也有较强的武装力量，既然因"不服"起兵，夏启新政权就已经无法通过协商使有扈氏臣服。于是，有了前所未有的"天子"统军出征，并亲临战阵的第一次国家征伐战争，有了中国历史上第一篇临阵讨敌动员令——甘誓。在《史记·夏本纪》中，这次大征伐的经过是"有扈氏不服，启伐之，大战于甘。将战，作《甘誓》……遂灭有扈氏，天下咸朝"。[1]

这一战，夏启大军不是迫使有扈氏臣服了事，而是坚决地消灭了有扈氏族群。这种真正的杀戮战，使还没有完全走出古老传统的远古社会，第一次领略了国家常备军的巨大威力。种种潜在不服与非议，很快就消失了。战后立即出现了"天下咸朝"的第一次国家权力崇拜。夏王朝政权，宣告立定了根基。

中国远古文明，自此完成了向国家文明形态的开端性跨越。

5. 夏王国的历史命运

夏王国存在了 471 年（依据夏商周断代工程成果《夏商周年表》，为公元前 1070—前 1600 年）。作为华夏族群第一个国家形态，在夏启之后的 400 多年里，必然性地多经反复，一直呈现不甚稳定的状态。有穷氏族群的领袖后羿、寒浞两人先后政变夺权，取代夏政权 50 余年之久。其后，夏少康复辟，夺回了政权，夏王国才再度开始了相对

---

[1] 《甘誓》的全部文辞是："嗟！六事之人，予誓告女：有扈氏威侮五行，怠弃三正！天用剿绝其命！今予维共行天之罚！左不攻于左，右不攻于右，女不共命！御非其马之政，女不共命！用命，赏于祖。不用命，僇于社！予则帑僇女！"

稳定的发展。总之，在整个 400 多年中，夏王国的动荡多多。

之所以如此，在于第一个王国的特殊性——松散的诸侯国家联合体，潜在的政权危机远远多于后世。在夏政权建立的时代，中央王权的直辖地域仅仅限于王族人口群的实际居住区域。若就单个部族而言，王族的实力无疑最强。但是，与广阔土地上众多的特大部族群相比，王权依然是弱小的，是无法直接征服所有"不服"者的。因此，夏王国属下的诸侯政权，由王权直封的很少很少。绝大多数诸侯，都是王国政权对各大部族自发政权的承认而已。惟其如此，中央王权对诸侯的实际控制力很弱，诸侯群对王权的多种威胁则很大。动荡与战争，自然地呈现出多发现象。这种治权松散的早期国家，非常类似于后世所称的邦联制国家。

这一历史进程说明：刚刚从远古社会跨越到国家开端时期的邦联制国家形态，仍然处在多元争端的余波动荡之中，还没有真正稳定地进入成熟的国家文明时代。

大约在公元前 1600 年，夏政权灭亡了。大禹及夏启开创的夏王国，共传承了 17 任王。

夏人开创了中国上古族群的国家文明时代，建立了夏王朝，使中国上古文明完成了第一次历史性跨越，对此后中国民族群的国家文明发展，具有奠基性意义。夏人族群，以大规模长期治水的伟大实践，创立了全人类上古文明中独一无二的井田制，从而开创了极具和谐性的农耕文明形态。此后几千年，中国古典农耕社会之所以具有颠扑不破的稳定性，其根本原因，正在于夏代生成的这种农耕生存方式，已经形成为中国民族一种强大而稳定的历史基因。

03 章

早期国家速亡现象与种子国家比较

世界早期国家有 16 个，到公元前 800 年上下，只有 5 个国家了。

这就是国家时代的第一历史时期，从公元前 4000 余年起，历经 3 200 余年。总体概览第一历史时期国家群，有两个基本点值得我们注意。一是国家文明初创时期的实验性（不成熟），导致普遍性的动荡生灭，大多数早期国家具有"方生方死"的无常性；二是在世界民族之林中，能够达到创建国家的历史高度的民族，尚属少数，导致世界范围内国家数量生长缓慢。基于如此两个基本点，第一历史时期国家群在最后时段留下来的几个国家，可以称之为"国家文明的种子"，也就是悠长的国家时代在大竞争的淘汰中所遴选的种子国家。相对仔细地研究这几个种子国家，对于我们理解国家时代在后来的发展，具有基础的意义。

一 第一历史时期的五个种子国家

我们已经清楚，世界第一批国家的地域构成格局是这样的：

非洲北部，有 1 个国家——古埃及

欧洲地区，有 1 个国家——古希腊

西亚地区，有 12 个国家，是早期国家最集中的区域

南亚地区，有 1 个国家——古印度

东亚地区，有 1 个国家——中国

在国家创始期，亚洲是世界进入国家文明时代的火车头。西亚地区，则是国家文明第一历史时期的世界中心地带，有 12 个国家。但是，早期国家群并没有呈现持续增长趋势，而是至迟在第一历史时期的中后期，大多数早期国家渐渐滑入崩溃边缘，或直接灭亡。有的留下了灭亡原因，有的则将灭亡的秘密永远地埋进了历史沧桑。在公元前 800 年上下，世界文明的轴心时代将要来临之际，世界早期国家群进入了一个很长的低谷时期——大多数国家灭亡，早期国家文明的发展基本陷于停滞状态。

具体说，在第一历史时期内灭亡的 11 个早期国家是：苏美尔、乌拉尔图、古犹太、阿卡德、古提、赫梯、巴比伦、基什、乌尔、腓尼基、格拉什。

第一历史时期内灭亡的 11 个国家，全部在西亚地区。能够生存发展到公元前 800 年左右——世界文明的轴心时代来临——的早期国家只有 5 个，分别是：

亚洲：西亚的亚述古国，东亚的中国（西周），南亚的古印度

非洲：古埃及国

欧洲：古希腊国

这五个国家，是早期国家文明保留的历史火种。这五个种子国家，在国家文明第一历史时期的发展情形各有不同，一开始就有着各自不同的历史道路，都行走在各自开辟的不同形式的国家文明的道路

上，经历着历史沉浮，经历着残酷竞争。所幸的是，它们度过了早期国家文明的兴亡风浪，跋涉到了第一历史时期的最后时段，发展到相对成熟的国家形态。

二 早期种子国家的历史脉络

让我们简约地浏览一番这五个种子国家当时的面貌。

1. 非洲早期国家——古埃及国

古埃及民族创建国家的时间很早，大体与苏美尔接近，属于最早的元老级国家文明。当时的埃及古国，在政治文明上有两个当时世界其余国家所没有的历史特质。其一，政权与神权合一，并治国家，"法老"既是国王，又是神王，是国家最高统治者。其二，古埃及没有一般意义上的法律，但不等于没有社会规范；法老的话语，就是法律，就是生存规范。这两个历史特征，在当时国家密集的西亚及北非地区，是非常特异的。至少，距其很近的苏美尔、巴比伦与其他西亚国家，都有相对发达的成文法体系，而古埃及却没有产生国家时代的最基本要件——明确成文的法律。

古埃及国的统治，是通过一套相对粗简的官吏体系来完成的。宰相，被社会称为"全国的管家"和"国王的耳目"；掌玺大臣，掌管尼罗河交通运输（与一般国家执掌国王印玺的掌玺大臣完全不同）；赏赐大臣，掌管所有的牲畜；财政大臣，掌管仓库与征税等；各州州长，掌管所属城市与农村。国家对社会经济与民众生活，实行绝对控制。不但控制生产，还控制产品分配——"所有人的食物供给都由国王负责"[1]。

1　参见［美］斯塔夫里阿诺斯：《全球通史：从史前史到21世纪》（上卷），吴象婴等译，北京大学出版社，2006年，第64—66页。

可以说，这是早期国家中最严密的国家所有制基础上的国家管控，其全面程度远远超过中国的上古三代国家（夏、商、周）。同时，古埃及国是世界早期国家中第一个宗教国家，第一个神权国家。

这是一种特异的国家文明，其一次性生命很长。古埃及国在统一之前（公元前3100年之前）与之后，延续了2 500余年的国家生命，却没有较大规模的扩张，也没有对周边国家形成重大的影响力。之所以如此，一个重要的方面是古埃及的精神统治者与政治统治者的合体——法老的遴选与传承，是一个复杂而神秘的过程，且时有突然中断，呈现出一种缺乏最基本稳定性的总体状态。

这个古老的非洲北部国家，在第一历史时期的3 000余年里，一直给后世呈现出一种不甚清晰的神秘状态。但是，依据北非地区与西亚地区后来的历史实践，我们还是可以推定：与同期西亚地区的早期国家群相比，古埃及国在很长时期里一直处于内在乏力的松散状态。

就基本方面说，古埃及国几乎没有出现过全面强盛时期，更没有过早期强盛国家必然具有的合理扩张。其民族生存方式与国家文明形态，对周边地区的影响力，远远不如同时代两河流域的巴比伦等主要国家。非洲人种，据说是世界最古老的类种群。可是，在很长的历史时期里，非洲竟然没有创建第二个早期国家。这和古埃及国极其微弱的国家文明影响力有关。及至到了国家文明的第二历史时期，古埃及国更是成为马其顿帝国、罗马帝国经常攻占劫掠的对象。应该说，古埃及文明的庞大松散与神秘，与其生存乏力并存的矛盾现象，是世界国家文明史的一个重大研究课题。

至少，古埃及国疲弱的历史形态，给我们一个显然的历史教训：全面的国家所有制与全面的国家管控基础上的政权、神权合一的国家形态，是严重遏制社会人群创造性的，是最缺乏生命力的国家形态；不给私有制以合理的生存空间，而以全面国有制覆盖社会，不管在任何时代，都不应该成为常态国家文明。否则，只能是自我萎缩，在民众的普遍疲惰中悄无声息地灭亡。

2. 西亚的亚述帝国

在西亚地区的 12 个早期国家中，巴比伦古国、苏美尔古国、赫梯古国、腓尼基古国、犹太古国等，是相对发达的文明大国。但是，它们都在这个战乱动荡频仍的地区没有走得更长。这是西亚地区的特异现象——各个国家疆土相连而相互争夺剧烈，崇尚暴力征服是普遍的历史传统。在西亚，曾经的赫梯古国、乌拉尔图国，都是最早一批崇尚战争而具有早期帝国性质的强大国家。同时期的巴比伦、古犹太等国，则是文明相对发达的"文胜于质"的国家，缺乏强悍的抵御力量，经不起强大的暴力冲击，没有在国家文明的道路上走得更远。

应该说，这是西亚国家文明发展史上值得研究的最基本问题。

到公元前 800 年上下，西亚地区只留下了进入国家文明时代稍晚的亚述古国。亚述古国的历史较为另类——暴起暴落无常。当代历史学主流认定，大约公元前 2000 年，亚述民族就创建了国家，而且有较为完整的权力传承世系。但是却长期没有留下值得关注的国家行为痕迹。

直到公元前 935 年上下，也就是早期国家时代的后期，亚述国战胜强敌乌拉尔图国，突然崛起为两河流域的强悍帝国。其后，亚述帝国连续发动战争，先后征服了西亚东部的叙利亚部族、腓尼基国、巴比伦国、古犹太国，一度还占领了古埃及的孟菲斯地区。亚述帝国将国都定于尼尼微（今伊拉克摩苏尔地区）。此后，亚述国成为西亚地区仅存的大国，直到公元前 605 年在被征服地区的内部战争中崩溃灭亡。

总体说，亚述国虽然在波峰浪谷中断续存在了将近 2 000 年，但只有在帝国阶段的 300 余年里，才迈出其较为坚实的国家文明的历史脚步。这些脚步显示出，亚述帝国没有秉承西亚早期任何一个国家的发达文明传统，却集中秉承了西亚地区早期国家群的战争传统，长期崇尚武力征服，几乎一直处于战争狂热状态。在国家文明的开端时期，亚述具有明显的极端化形态，是一个以军事征服为显著特点的早期帝国；在被征服地区，亚述帝国只注重掠夺，从来不注重建设。

历史实践很快证明，这种极端化的国家文明，是经不起历史考验的。在国家文明进入第二时期不久——公元前 605 年，古老而强悍的亚述帝国就在内部战争中崩溃灭亡了。亚述古国暴起暴落的历史教训，印证了中国民族群在早期国家时代就悟出的一条历史法则——国虽大，好战必亡。这一历史法则，贯穿了国家时代的整个历史，可谓颠扑不破。

3. 南亚地区的古印度国

古印度民族群创建国家，与中国夏王国的创建同时或稍晚，都在公元前 2000 年上下的时段。从已知材料看，古印度国的历史有四大阶段。

第一阶段为公元前 2000 年上下，古代的达罗毗荼人创建了古印度国，延续了千年左右的国家生命。

第二阶段为公元前 1500 年上下及之后数百年，或更长时间，被不能确定的敌人（一说为古雅利安人）大规模入侵，从而导致印度古国文明突然中断。这是古印度的"历史黑洞"时期，即"梨俱吠陀"时期。

第三阶段为公元前 360 年上下（时处中国战国时代的中前期，秦孝公商鞅变法时期），处于黑洞时期的古印度西北部的旁遮普地区，被马其顿帝国的亚历山大大帝东征所占领，古印度部分地域一度进入古希腊文明圈。

第四阶段为马其顿大军撤离后 100 年左右，即公元前 270 年上下，居住在印度次大陆的另外一个民族——摩羯陀人（古达罗毗荼人已经灭亡消散），赶走了马其顿帝国的遗留势力，建立了一个新的摩羯陀国。因摩羯陀国的著名国王阿育王，出身于一个饲养孔雀的氏族，故名"孔雀王朝"。

四个不同历史阶段的古印度国，都不是同一个古印度国。即或是前后两个较明确的古印度国，也是同一片土地上不同民族建立的两个早期国家，并不是同一民族群在同一土地上的国家重建。但是，在一般意义上，世界文明史研究者们都认为，印度次大陆两个历史时段所建立的早期国家，都是古印度国。

此后，古印度国重新回归国家文明的历史。

古印度国留下的，是一部颇具混沌性的国家历史。社会动荡多发，历史多有中断，国家文明形态的发展脉络非常模糊。在早期国家时代，古印度的历史很不明晰，历史形态极为模糊。当时的古印度国，还没有形成国家文明意义上的基本历史记载。当然，也有可能是所有的记载都在战争与动荡中毁灭了。印度的早期国家历史，总归是无法清楚表述的。

关于古印度国第二阶段的"知识"记载，即"梨俱吠陀"时期，实际上是依据一部虽然长达 1 028 行，却仍然不符合史料基本要求的模糊长诗而命名的历史时期。《梨俱吠陀》诗篇的最大价值，是大体叙述了入侵异族的形象体貌，以及当时的某些社会生活断面。因之，与后世诸多民族的史诗一样，这是一种不确定的历史传说式的记忆，表现的是一个模糊时代。其后，即或是摩羯陀国的孔雀王朝建立之后，古印度的历史发展仍然充满了神秘性与模糊性，一直表现出不明晰、不稳定的状态。

总体方面说，古印度国的早期国家文明，在世界早期国家群中，与西亚地区的大多数国家一样，还不具备基本的成熟性、清晰性，以及基本的稳定性。我们所能明确的基本点，就是古印度第二古国——摩羯陀国，是奴隶制形态的古国，是佛教非常发达的古国。

4. 古希腊邦联国

地中海民族群创建国家的时间稍晚，大体与中国同步，或稍晚于中国夏王国的创建。早期的爱琴海地区，其基本状况与世界其余地区一样，陷入了无序争夺的巨大混乱。这个大体有 13 万余平方公里的不甚辽阔的海域，除了半岛山地，就是占总体面积 15% 的众多相互隔离的岛屿。仅爱琴海海面，就有大小岛屿 400 余个，其中的克里特岛为爱琴海最大岛屿。在这样的地理环境条件下，不可能具有大陆地区的大河流域和广阔平原，也很难有"可作为地区合并基础的天然的地理政治中心"。[1]

当时的地中海各部族，都居住在相互隔离的岛屿和相互隔离的城堡式村庄中。这些村庄，通常修建在易于防卫的高地上，大体都有一座供奉诸神的庙宇，有一片修建了城墙的居住区。这就是后世称为"城邦"的众多氏族部族安身的城邑式村庄。

在"国家"这个历史平台出现以前，爱琴海区域这些占据大小岛屿的一个个氏族部族群落，除了在最基本的捕鱼、狩猎、农耕活动中相互混乱争夺外，大体还都有一个共同的谋生方式——相互劫掠对方岛屿，或劫掠海域渔民与海上交易船只。就是说，在进入国家时代之前，这片海域和任何大陆地区一样，是一个完全无序争夺的"海盗"世界。与世界其余大陆地区相比，这里相对特殊的岛屿生存环境，使任何一个岛屿的氏族部族都很难形成处于优势的人口力量，很难在相互混战的同时还能吞并一个或几个岛屿，从而形成居于绝对优势的主导力量。事实上，这一海域的氏族部族群落，因

1　见［美］斯塔夫里阿诺斯：《全球通史：从史前史到 21 世纪》（上卷），吴象婴等译，第 102 页。

为早期岛屿的相互隔离、易于封闭、易于防守——人力登陆需要的大规模精壮人口在这里很难实现，从而大体普遍保持着"小单元均衡"的生存态势。它们都是强悍的氏族部族，都有易守难攻的岛屿或半岛城邦，谁也无法征服谁。

总体上说，特异的地理环境与特异的生存方式相互作用，经长期发展，遂形成了一种爱琴海式的特殊生存环境。在当时的世界上，爱琴海区域是这种"相互争夺又长期共存"的生存环境最典型的历史范本。在这样"谁也无法征服谁"而又互为海盗的生存环境下，各个氏族部族为了消除因无序争夺而同归于尽的大混乱危机，必然的历史路径只有一条——

各氏族首领相互协商，订立共同的生存规范；氏族部族首领再相互协商，成立共同认可并能够维护共同规范效力的强制政权与强制力量，及日后制定新规范或修改旧规范时的协商规则（程序性法律）。这些规范，就是早期法律体系。这个具有强制性力量的强力政权，就是能够维护各个岛屿（城邦）共同利益的联盟体政权。这些创造物，都是基于消除普遍的生存危机，而在"首领协商"的路径中形成的。

这就是古希腊所以能创建贵族民主制国家的历史路径。

作为国家的古希腊，是一个众多城邦的联盟体。各个城邦是实体政权，具有接近于完全独立的自治权（除了必须遵守共同的生存竞争规范外）。最高的联盟体政权——邦联政权，实际作用并不是很大。这是非常典型的早期邦联国家——特定时期以某个较强大城邦为轴心结成的联盟体。

古希腊最早的第一联盟体，大约在公元前2000—前1700年之间建立，是以相对强大的已经建立了君主制政权的克里特城邦为轴心的。大约500多年后，克里特城邦衰落崩溃，轴心城邦被迈锡尼取代。再后数百年，又被雅典、斯巴达城邦取代，两强各领风骚。到公元前300多年时，马其顿城邦成为崛起于古希腊北部的强悍国家，也成为灭亡希腊的最主要力量。马其顿帝国之后，古希腊联盟体灭亡，进入了所谓的"希腊化时代"——以被马其顿征服的诸多国家为"希腊化"国家文明圈。

显然，希腊邦联政权具体形式的历史面目，没有史料记载，很不清楚。邦联政权的国家行为，也很模糊，几无历史记录；邦联君主的传承与遴选，也几乎没有清晰的记载。古希腊国家历史的具体性与清晰性，只有在古希腊五个主要的城邦大体能够表现出来——克里特城邦、迈锡尼城邦、雅典城邦、斯巴达城邦、马其顿城邦。因此，西方史学界一种普遍的说法是：古希腊不是一个国家实体，而只是一种轴心政权不断变化的地区文明形态。

古希腊族群强悍的海盗特质，决定其必然会在军事上勃发。但是，从历史实践看，古希腊城邦联合体的这种勃发，只能是短暂的、小规模的。在国家层面上，古希腊对爱琴海之外地区的大规模扩张战争很少，只有后期的马其顿帝国（亚历山大帝国）时期有过一次。相反，地中海各城邦之间的内部战争却很多，社会动荡也相对较多。

从历史根源上说，这与古希腊的邦联国家的性质有关。因为，要向地区外进行较大规模的扩张，必然需要一个强有力的邦联政权才能够将各个岛屿城邦的力量联结起来、集中起来。否则，一两个城邦无法建立具有基本规模的军队，无法进行大规模扩张。像古希腊这样由众多城邦组成的松散联盟体，恰恰无法紧密聚合而形成巨大的国家力量。

最根本的原因，在于古希腊联盟体的根基是非凝聚性的，是松散的。保持自治的各城邦岛屿，最根本的需求是各城邦之间相互遵守那些消除无序争夺的共同生存规范，使每个城邦岛屿的利益更好实现，而不是各城邦之间的进一步聚合，并去扩大利益源。正是这样的根本利益需求，促成了古希腊这样的特殊国家的形成——漠视聚合扩张，重视城邦生存。

历史地看，这是岛屿国家基于生存环境而生成的先天缺陷。

惟其具有强烈的个体性，强烈的小单元性，古希腊部族才乐于自我绽放，反感聚合奋争。是故，古希腊文明一度呈现出色彩纷呈的风华富庶，极具城邦个性特质，极具城邦多元文明的历史特质。这个古老的贵族民主邦联国家的各个城邦，在文化、艺术、思想、学术、科学等软实力领域，几乎都达到了当时世界最高的发达程度。著名的"雅典文化"，是古希腊邦联多元文明的历史典型。

在后来的历史实践中，古希腊邦联以接近自然崩溃的方式灭亡了。但是，古希腊仍然成为欧洲文明无可争议的历史基础之一。历史的启示是，古希腊邦联是一种"文胜于质"的国家文明，缺乏国家力量意义上的整体硬度与整体强度；虽然文明，虽然风华，却经不起历史风暴的冲击，带有必然灭亡的历史基因。

5. 亚洲东部的中国

华夏民族群正式创建国家的时段稍见居后，按时间顺序大体排在早期国家出现的第 11 位，与古希腊大体同步或稍早。虽然中国民族群正式进入国家文明的时期稍晚，但是中国在前国家时代的文明积累，却比所有其他早期国家都要雄厚。这是中国国家文明产生的第一个基本特点——文明基础的雄厚性。事实上，从黄帝大联盟政权出现开始，到夏王国的创建，具有明晰的世系传承的早期政权时期——五帝时期，已经有数百年乃至上千年的历史了。

从历史实践说，从黄帝时期形成的族群大联盟开始，已经形成了相对稳定的社会秩序结构，也有了相应的官吏组织系统。虽然这些历史记载被西方实证主义学派与中国近代"疑古主义"思潮及其呼应者，一律认定为不存在的传说时代；但是相对于所有早期国家那些更为模糊的诗性传说，中国记入史书的早期历史，无疑是更为可靠的。

我们之所以将中国进入国家文明的正式开端，确定在大禹治水成功之后，绝非基于对五帝时期的历史真实性的怀疑。相反，我们承认中国早期历史的真实性，只是对早期历史的阶段性质作了不同的认定。五帝时期的强力性较弱，距离国家机器的最基本特征尚有一定距离，因此，五帝时期是中国族群创建国家文明的根基时代。与五帝时期相比，大禹治水之后由夏启创建的夏王国，具有了更为明确的国家特征。基于如此雄厚的文明根基，东方的华夏族群一旦进入严格的秩序社会并进而创建国家，实现了国家文明的历史跨越后，立即表现出具有两大历史特征的强势发展。

其一，具有世界早期国家群罕见的基本稳定性。

在夏王国创建后直到公元前 800 年——世界文明轴心时代开始——的 1 300 余年中，中国早期国家的权力形态，只经过了三大王国时代的不间断更迭[1]。其中，夏王国 471 年，商王国 550 余年，西周王国 270 余年。与同时代其余早期国家相比，中国的夏、商、周三代，没有经常性的大规模动荡，没有戏剧性的大起大落，更没有突然中断发展的历史黑洞现象。中国三大王国的有效统治时期都很长，也都相对稳定，混乱争夺的内部大战争很少发生，从而保持了文明积累与昌盛发展的最基本历史条件——相对长期的社会稳定。

其二，具有阶段性与连续发展性相结合的历史特质。

中国早期国家文明，既保持了最清晰的阶段性发展，又保持了整体上的连续性发展。所谓阶段性发展，是说三大王国在各自的每一时代，都有国家文明的重大创造，从而构成了自己独有的历史内涵。夏王国是邦联制形态的国家，诸侯分治程度最高；商王国是接近于联邦制的紧密邦联形态，"天子"直封的诸侯相对增多，王权对诸侯的控

1　所谓不间断更迭，主要针对的是早期国家群经常性的可知历史史料的中断，譬如古印度"梨俱吠陀"时期的"历史黑洞"。

制相对加强，诸侯分治的权力相对减小；西周王国则创建了当时世界上最为精密成熟的联邦制国家，诸侯几乎全部由王室直封，联邦王室政权的有效管理，已经细化到诸侯国的所有基本方面。这种阶段性发展呈现出的总体历史趋势，是一个时代上升一个台阶，不断向成熟的统一国家文明迈进，没有停止发展，更没有长期的历史滞留。

所谓连续性发展，是说三大王国历经千余年的发展，始终走在一条立足于前代文明基础而正向递进的历史道路上。后续新王国的建立，没有割断历史，没有改变根基，也没有下滑倒退，更没有突然中断。[1] 总体上说，当时的中国在动荡生灭的世界完全是一个特例。

三 早期国家文明比较：早期中国与古希腊

将早期中国与古希腊进行比较，可以揭示东西方国家文明基因的差异。

从生成国家的时间上说，中国的夏王国建立的时间，与古希腊城邦联盟形成的时间，大体接近，均在公元前 2000 年左右。从国家时代第一历史时期生成的国家实体形式上说，古希腊与同期中国也相对接近，大体都是当时世界的邦联国家，或联邦国家。虽然，中国周代已经发展为成熟严密的联邦制国家，但也与邦联具有接近性。诸侯自治与城邦自治的差异并不是本质性差别，二者有相似之处。

但是，在进入国家文明之后的第一历史时期，两国的历史脚步所表现的国家文明特质，却有很大的不同。这种不同，主要表现为这两个早期国家在客观基础、内在构成等诸多方面的差异。搞清楚了这些具有历史基础意义的差异，对于我们更深刻地理解中国文明与西方文

---

1 关于夏、商、周三代的国家性质及其历史特征，我在《中国原生文明启示录》（上海人民出版社，2012 年）上卷《国家开端》中已经作出了详尽、具体的分析。鉴于本书总体审视性质的写作目的，此处不再就具体问题进行讨论。有兴趣的读者可以参阅该书。

明，有着非常重要的意义。

1. 早期中国与古希腊的生存环境有很大不同

我们已经知道，古希腊所处的爱琴海区域，林立的岛屿逾400个；城堡相望，则难以计数。这种自成小单元的岛屿地理环境，决定了这一地域人群的基本生存状态——每个岛屿地域狭小，相互隔离，每个岛内又多有山地而使城邦相互隔离，从而形成无数个"群星"式的生存小单元。在古代社会条件下，多水、多岛、多山、多城邦的星散居住，是非常险恶的一种生存环境。如此条件下，人非强悍不能生存，族非强悍必遭毁灭，不毁于人祸，亦毁于天灾。这样的地理环境，这样的人群特质，是古希腊文明的先天基础，对古希腊能够形成什么样的国家文明，具有决定性的影响。

事实上，古希腊邦联的"贵族民主制"，核心正是在这样岛屿列布的地理环境下，在部族林立而相互难以征服的社会条件下，由部族领袖们在实力基础上"共同协商"，进而产生的一种保障最基本生存需求的最大公约数性质的强制性规范——法律。这是国家文明产生的序幕。

早期中国的生存环境，则与希腊大为不同。就生存地域说，早期中国地处亚洲东部大陆，东南边地临海，兼具某种程度的海洋环境。当然，海洋环境在早期中国人的生存活动中，尚不是已经展开的基本方面。早期中国人的生存环境，基本面主要是大陆的大河流域，如黄河、长江流域。具体地说，早期中国族群所处的地域，多峻阪高山，多江河湖泊，多平原盆地，又濒临大海，地理环境的复杂性与辽阔性，远远超过了古希腊的群星岛屿环境。

总体上说，上古中国大陆的生存环境，既有广阔性特征，又有一定的封闭性特征。**广阔性**——上古华夏大陆无天险隔断的整块地域很大，从北至南，至少有五大流域——黑水及辽河流域、黄河流域、长江流域、淮河流域、珠江流域——形成了人群的聚居地。这是早期国家时代有最为广大的部族民族群居住的一方大陆。**封闭性**——这块大陆东部、南部临大海（四海），北部为广阔的严寒地带，西部是连绵的高山与尚且未知的西域环境，西南部则更是矗立着世界屋脊青藏高原（这一天险地形，基本完全隔断了早期中国族群与南亚次大陆的联系）。

如此，在这块大陆居住的各个部族民族，在五大流域的广阔范围内互相争夺、互相征服、互相交流、互相融通，就成为大封闭范围内的一个特定世界。中国上古族群之所以将这一辽阔的封闭大陆称为"天下"，根本原因，是当时的视野基本不具有接触更广阔的外部世界的可能。中国族群走出天然封闭的环境，是从走过国家时代第二历史时期——创建统一国家文明之后100余年，西汉的张骞出西域开始的。

当然，我们也不能完全否定更为早期的远古社会时世界大陆还在漂移组合阶段的各大洲环境的融通性。《山海经》记载的某些几乎神异性的历史记忆——依稀应为北美洲大陆的大峡谷地貌环境，我们已经无法解释了。我们需要注目的，是早期国家文明开端时期的地理环境。

因为地处广阔的大陆，纵然是山川河流相对阻隔，也无法阻挡各部族民族因寻觅新的生存空间而引发的流动迁徙，无法阻挡他们对生存地域的大规模无序争夺。在辽阔的生存地域中，中国族群在前国家时代，曾经经历了严酷而长期的无序争夺，对无序生存的危害性有着深切的认知。这种大规模的无序流动迁徙和生存空间争夺，带来了一种必然的历史结果，就是各个族群大规模地、全面深入地融合与交流。

一个典型的故事：治水领袖大禹族群的居住地域，是今日河南省的嵩山地区，可是，大禹却娶了今日江淮地区的涂山氏女子女娲为妻（与远古神人女娲氏同名），相距千余里之遥；正是这个女娲，为大禹生下了后来成为强势继承人的儿子——启。可见，当时中国族群的通婚范围，已经相当广阔了。

　　　　　　　　　　　　　　　　　　　　　国家时代

另一则著名事例：商王国的创建者——商人部族，在1 000余年的时间里有过13次大规模迁徙，范围遍及长江流域、淮河流域、黄河流域中下游地区，此即《史记·殷本纪》与汉代张衡之《西京赋》中均有所记载的"殷人屡迁，前八后五"之事。可见，当时中国大陆的族群流动规模何等之大。而如此大规模的频繁迁徙及大规模的相互战争，带来的各族群之间普遍深入的交流融合，是可以想见的。

在这样的地理环境中，具有大规模融合效用的生存竞争活动，是早期中国的历史特质。正是带有如此历史特质的生存竞争环境，产生了早期中国族群联合起来进行大规模治水的历史壮举。其后，历经治水时代的严酷整合，才锤炼出了具有深厚基础与严整体系的国家文明。[1]

基于如此辽阔而封闭的地域环境，如此无序而剧烈的生存竞争，中国族群对无序争夺毁灭性的认知感、对巨大洪水劫难的生存危机的认知感、对诸族聚结而战胜危机的认知感、对文明共同性的认知感等基本方面的理性精神，都远远高于古希腊族群。应该说，在当时严酷的自然经济条件下，对经济活动方式与生存方式之共同准则的强烈认可，大大增强了早期中国族群紧密联合起来的可能性，也大大增强了早期中国族群的生存能力、聚合能力与竞争能力。为此，早期中国才能在广阔的地域内相对彻底地摆脱无序争夺状态，形成根基坚实、秩序井然的国家文明，有效地保持社会生活的不断改变与提升。

2. 早期中国与古希腊内部族群的文明差异程度有很大不同

早期中国与古希腊联盟，都有众多的氏族部族民族，都是族群国家。

1　对治水时代过程的翔实记述，有兴趣的读者可以参见《中国原生文明启示录》上卷《国家开端》。

历史地看，中国的夏、商、周三代王国，其地域内居住着众多的黄种人族群。他们有部族、氏族、民族的不同，其居住环境与生存方式、图腾崇拜与诸神信仰等，也差别很大。但是，从国家文明的意义上看，所有这些部族民族群落，基本上都属于同质文明；他们对国家文明的认可，也都具有相对的同一性。从基本方面说，在重大的关乎生存根基的共同法则上，当时中国的诸多部族民族历经长期锤炼磨合，已经具有了自觉的以"王畿"为文明尺度、以"王族"为聚结轴心，不断向共同的国家文明聚合的普遍精神。

具体地说，在历法纪年、农耕制度（井田制）、工商制度（工贾食官）、基本法律、文字形式、权力体系等最主要的国家文明方面，中国的夏、商、周三代都是基本统一的；各区域部族（诸侯国）之间，对这些根本性的国家制度是没有实质争议的。可以说，早期中国社会生存法则的基本统一，是中国国家文明一开始就具有的鲜明历史特征，也是世界所有其余早期国家都缺乏的。

古希腊则不同。古希腊以诸多氏族部族城邦为基础所形成的城邦联盟内，各部族的文明差异性是很大的。各部族城邦共同承认的社会生存准则，覆盖范围很小。具体地说，古希腊的几个主要城邦国家——克里特、迈锡尼、雅典、斯巴达、马其顿，其在不同时期创造的国家文明，差异程度之大，基本上不具有内在的继承性，因而很难形成连续发展的、成熟的国家文明形态。

一个典型的事实是：古希腊联盟体在第一时期——克里特时期长达近1 000年的历史上，各城邦之间始终没有共同认可的历法，也没有共同认可的纪年方式。这实在是一个特异现象。在人类早期历史上，所有的氏族部族民族，尤其是进入早期国家的地区，几乎都有过共同的历法与纪年。因为生存在同一地域的各个部族民族，基于农耕、商事、军事等方面最基本的共同需求，在天文观测方面是最容易达成一致的；大体相同的观测结果，也很容易形成共同认可的历法或纪年方式。在国家文明的范围内，尤其是这样。

但是，古希腊城邦群却不是这样。它们各有历法，各有纪年。在进入"荷马时代"末期的公元前800年之后，古希腊各城邦才共同承认了一种纪年方式，以"奥林匹亚赛会"的开始之年——公元前776年，作为希腊历史的开始之年。但是，这只是一个纪事年份，是一个社会性年份，而不是基于大自然天候法则的客观纪年，所以影响力很小。

当然，这并不意味着古希腊从公元前776年开始才有了天文历法与自然纪年。而是说，从"奥林匹亚赛会"举办的这一年开始，古希腊城邦群的共同性与社会性，才开始具有了一定的基本点。从文明基础的意义上看，古希腊城邦群之间天然缺乏共同性，缺乏追求共同性和凝聚性的精神自觉。这一历史特质，决定了这个早期联盟体缺乏最基本的向心力，也决定了希腊国家文明的脆弱性。

这一点，与早期中国的差别是很大的。

3. 早期中国与古希腊国家文明开端期的发展连续性有很大不同

古希腊文明的发展，及其进入国家文明的历史脉络，大体可分为如下几个基本阶段：

第一阶段，前国家时期。公元前3000—前2300年，以爱琴海地域的基克拉泽斯群岛为中心，形成了原始社会的基克拉泽斯文化。这是爱琴海地域在国家文明之前的历史。请注意，基克拉泽斯文化，并不是后来的克里特文化的直接源头——地域不同、创造主体不同。这一时期，大体与中国的五帝时期接近。

第二阶段，克里特国家文明。公元前2000—前1700年，以爱琴海地域的克里特岛为中心，由米诺斯人创建了以希腊语中的"海洋生存"为基本特质的初期国家文明——建立了君主制形式的政权。米诺斯人的造船业发达，海上交易繁荣，并出现了青铜兵器与陶器制造，公元前 1700 年时创造出了线形文字。这就是西方文明史上著名的米诺斯文化，是古希腊最初的国家文明，地域为克里特岛，轴心主体是米诺斯部族。从历史实践看，克里特城邦创建的初期国家文明，与此前爱琴海区域的基克拉泽斯文化，并没有内在的传承关系。

第三阶段，迈锡尼国家文明。公元前 1700—前 1100 年，以伯罗奔尼撒半岛为中心，由勒勒吉部族（Lelegos）和皮拉斯基部族（Pelasgi），联合创建了包括数个城邦的迈锡尼城邦联盟。迈锡尼是位于半岛中心的一座大型城堡，是联盟的中心地区，类似国家都城。此后，这里的居民被历史学家称为"迈锡尼人"。迈锡尼的海上力量强大，取代了此前克里特岛的地中海经济霸权。这一阶段，古希腊国家文明的中心地域是伯罗奔尼撒半岛，轴心主体是迈锡尼人。同样，迈锡尼国家文明，与此前的克里特国家文明，并没有内在传承关系。其后，因为强势的多利安部族入侵，迈锡尼文明毁灭，古希腊联盟体的国家文明消亡，进入被历史学家称作"黑暗时代"的大混乱时期。

第四阶段，400 余年的混乱黑暗时代。公元前 1100—前 700 年，被历史学家称为"荷马时代"。这一时期的总体状况是长期的混乱争夺，即所谓"黑暗时代"。在这一时期的末端，大约公元前 800 年左右，爱琴海区域的某个岛屿或半岛，又重新创建了城邦国家文明，重新出现了一批新的城邦。据说这一时期的古希腊，已经开始了使用铁器的历史，并进入了铁器时代。[1] 其时的社会生活、战争、冒

---

[1] 这一源自欧洲的说法，被翦伯赞先生主编的《中外历史年表（校订本）》（中华书局，2008年）引用，见该书第 12 页。这一说法值得提出质询。杨宽先生的新版《战国史》（上海人民出版社，2003 年，第 45 页），根据世界科学史界的基本看法，有论断云：中国古代在春秋晚期就发明了冶铁"铸铁"（生铁）技术，这个技术要比欧洲早 1 900 年。据此，后世西方人将古希腊进入铁器时代的历史确定在公元前 1100—前 800 年，尚在中国之前，是缺乏历史实践依据的。有可能的情形是，这时的古希腊开始少量使用自然铁，而未进入冶铁术意义上的铁器时代。

国家时代

险、英雄拯救等故事，主要保留在诗人荷马的两部史诗——《伊利亚特》和《奥德赛》——之中。我们所熟知的俄狄浦斯、赫拉克勒斯、阿喀琉斯、阿伽门农、奥德修斯，以及特洛伊战争等，都是这一时期的半神话英雄人物和故事。据说，这一时期末端重新出现了国家文明。但是实际框架却不甚了了。"荷马时代"后期重新创建的国家文明，究竟在爱琴海哪个岛屿或半岛，轴心主体是哪个氏族或部族，都不清楚。

第五阶段，雅典国家文明。大约公元前800年，或"黑暗时代"后期，阿提卡半岛上的雅典城邦崛起，建立了王权形态的国家文明。其后历经贵族执政官制度时期的政治改革，逐步确立了奴隶制基础上的贵族民主制的国家文明形态。雅典多经战争，最终于公元前300余年败于马其顿帝国之手，国家文明崩溃。

第六阶段，马其顿国家文明。前面多有呈现，不再赘述。

依据上述阶段，可以看出古希腊国家文明两个最基本的历史特征。

其一，国家文明的发展不具有连续性与继承性，时有突然中断。

其二，多中心替换性。不同岛屿的不同族群，在不同时期几度创建古希腊国家。

古希腊国家文明的突然中断性，与古印度文明的突然中断性极其相似，都是强势异族入侵，原生文明毁灭，陷入黑暗与混乱深渊。同时，对这一时代的社会生活，也都是只有诗性的模糊记忆；在古希腊是《荷马史诗》两部，在古印度是《梨俱吠陀》1 028行。

多中心替换性，与古希腊的地理环境有绝大关系。逾400个岛屿林立，各氏族部族处于相互隔离的单元状态，保持文明的连续继承性所需要的基本人口规模，及其内部变化的丰富多样性，都是单个岛屿或半岛所无法积累起来的。于是，一个岛屿的文明一旦毁灭，其残余的少量人口往往沦为战胜方的奴隶，在很长的历史时期里都不可能再度复兴。文明的中心，便必然转移到其他岛屿、其他族群去了。彼伏此起，就形成了基克拉泽斯岛、克里特岛、伯罗奔尼撒半岛（迈锡尼、斯巴达）、阿提卡半岛（雅典）、希腊半岛北部（马其顿）等不同时期、不同地点、不同部族所创建的不同形态的国家文明。

虽然，各个城邦所创造的早期国家文明形态，都具有相同社会条件下的基本同一性，但是，从国家文明的意义上看，它们没有内在的传承性与连续的发展性，而只是接近或相似的国家文明在不同地区的先后重建。

早期中国与此不同，具有鲜明的继承性与连续性。即便是五帝时代的早期历史，也具有明晰的作为国家文明基础的特征，其历史事实的丰厚坚实也远非"模糊诗性"可比。中国第一历史时期的夏、商、周三代王国，历时1 000多年，其国家代次的更替，都是这个人口规模庞大的同一族群内部裂变所发生的巨大"革命"[1]所产生的结果，而不是强大异族入侵带来的国家毁灭。因此，早期中国的政权更替，不是同一国家文明的突然中断，而是内部裂变发生于自身的重大历史变化。这种变化发生于同一民族群之内、同一生存区域之内。从本质上说，是一个没有中断、没有隔绝、没有毁灭的国家文明连续发展的历史过程；三次政权更替，只是国家文明形态向更高级阶段发展的标志性历史事件而已。

总体上说，早期中国的国家文明发展，脉络清晰，层次分明，记载翔实，国家行为有力而活跃，国家制度体系化已经形成了坚实的独立文明根基。更为重要的是，中国国家文明的发展，表现出了鲜明的内在传承性与连续递进性的发展。同一地域的同一民族群，在每个王国时期都创造了较前具有进步意义的国家文明，在国家形态上表现出邦联制→紧密邦联制→联邦制的连续发展性。

---

1 "革命"，是中国夏、商、周三代时期的语汇。所谓"汤武革命"，便是指这一时期的两次政权更替。

4. 早期中国与古希腊的文明凝聚性及文明形态的整体强度有很大不同

由上述差别构成的两种文明的历史效应，也是大不相同的。

这种历史效应，主要指两个方面：一是文明的凝聚性，一是文明形态的整体强度——国家文明的生命力。从文明凝聚性看，古希腊文明圈的凝聚性显然很小，各城邦文明的离心力与独立性显然很大。在古希腊的全部历史上，只有后期生成的马其顿帝国相对强大一时，组成了较大规模的军队，基本在形式上统一了希腊。这种统一，实质上只是一种军事占领与实力控制，而不是内在的文明统一。后来，马其顿在亚历山大时期远征东方，短暂地建立了"希腊化"的亚历山大帝国，但之后不久便轰然解体。这种"希腊化"，同样不是希腊文明统一了被征服地区，而仅仅是一种基于军事战胜的威力而出现的一定程度的地域联合体，不能看作真正的文明聚合。虽然如此，这也是古希腊历史上唯一的一次文明生命扩张，一种紧紧依附于军事征服的文明弥散效应，而不是文明形态强大生命力的爆发效应。惟其如此，古希腊在进入国家文明第二历史时期不久，便几无声息地崩溃灭亡了。

早期中国则不同。夏、商、周三代的中国，鲜明地呈现出一种越来越强烈地趋向文明同一性的历史过程。文明的向心力与凝聚力，都呈现出不断增强的历史趋势。外在的历史形式，就是国体的正向发展——从松散的邦联制，到紧密的邦联制，再到严格体系的联邦制国家。这一历史过程的实际内涵是，中国文明的聚合效应已经开始了自然增速，经过春秋战国 500 余年之后，终于爆发，形成了全世界独一无二的统一文明国家。

我们要强调的是，一种文明所具有的向心力与凝聚力，是由它的基因——文明形态的内在构成——所决定的。这种基于文明形态的内部结构而产生的天然凝聚性，与那种以外在军事征服为形式的规模扩大与张力弥散，是绝然不同的两种历史效应。

历史实践所揭示的秘密是：古希腊联盟体那种始终建立在城邦分治基础上的国家文明，最终无法形成聚合效应；其所能达到的最大生命强度，就是以军事征服为手段，通过规模扩大的路径，形成一种文明弥散效应。这种强力的文明弥散，往往是最终一举释放了这一文明形态稀薄的内在能量与仅有的外在能量，导致其全面崩溃或突然灭亡。

无论是古希腊，还是西亚地区的几个早期帝国，都是这样的历史结局。

上述诸多差别，决定了东西方种子国家不同的历史命运。

早期国家第一历史时期最后阶段的历史大图景是——

当世界国家文明行进到公元前 800 年上下的时候，16 个参赛选手中，大部分都被淘汰出局了。仅存的 5 个国家，成为世界国家文明的"种子选手"。在这 5 个种子国家中，古埃及与古希腊大体上依循着旧有形态发展，处于进退无定的动荡徘徊境地或黑暗时代。古印度处于混乱模糊状态，没有任何重大的文明发展。亚述帝国则长期陷入军事扩张，狂热昏乱，正处于自我爆炸的前夜。只有亚洲东部的中国，已经稳步进入了早期国家的高级阶段，创造出了非常成熟发达的国家文明——体系精密而运转有效的联邦制国家形态。

这就是历经 4 000 余年早期国家第一历史时期的世界文明与中国文明的概况。

04 章

轴心时代：国家文明第二历史时期

国家文明的第二历史时期，是公元前 700 余年到公元前 200 年，历时 600 年上下。在文明史研究领域，这一时期被看作"世界文明轴心时代"。其实际指向是说，普遍影响人类精神的主要宗教及东方中国的儒学，都在这一时期产生，此后世界各个民族的精神状态都基本循着这一时期所奠定的基础发展。

"世界文明轴心时代"这一说法，既有正确之处，也有偏颇之处。将这一时期看作世界文明的轴心时代，是符合历史实践的；将世界文明的发展内涵，集中在人类精神的宗教领域，则是偏颇的。历史实践的进程揭示出，这一时期之所以成为轴心时代，其真正的历史价值是国家文明形态的再发展与再创造。在这一时期，国家文明无论在东方还是西方，都实现了新的历史跨越，达到了世界古典国家文明的高峰时代。人类精神在某个领域的迈进，只是这一时期的具体标志之一。

一　第二历史时期新出现的古典国家

第二历史时期的首要历史现象，是又出现了一批新的国家。

客观地说，早期国家群进入低谷时期之后的很长时间里，世界大多数部族与民族，都仍然处于前国家时代。因此，继续创建新的国家，继续创建新的国家文明，并相继进入在国家文明高度上的新的生存竞争，仍然是这一时期的世界主流。从相对清楚、明确的意义上看，这一时期出现的新国家主要有如下十个[1]：

欧洲的罗马古国。依据西方史学界的普遍说法，罗马古国的出现，开始于公元前 750 余年罗慕路斯兄弟建立罗马城，及罗慕路斯在其后杀死弟弟而自立称王。古罗马人以该年为罗马史元年。此时，距离奴隶制罗马共和国的创建，还有 200 余年；距离奴隶制罗马帝国（以实行独裁制为历史标志）的出现，还有 600 余年。罗马古国是第二历史时期最早出现的国家，也是最主要的国家。

西亚的迦勒底王国。公元前 626 年，已经灭亡的古巴比伦国之遗落族群，乘亚述帝国衰落动荡，建立了迦勒底王国，也称新巴比伦王国。

亚洲的日本国。据日本史家说，日本国的最早建立时期大约在公元前 660 年，也就是第一代天皇——神武天皇即位的时期。此后，日本古国历经 500 余年发展，直到秦帝国末期，随着中国政治流亡人口进入，以中国文字为基础的新日本文字出现，日本才进入了相对成熟的国家时期。

西亚的米底国。公元前 625 年左右，今日伊朗高原各部族被米底民族统一。其后，米底人创建了一个新国家——米底国。这是西亚地区在第二历史时期最早出现的国家。

西亚的古波斯帝国。公元前 558 年左右，西亚地区又出现了一个大国——波斯民族创建的古波斯国。因其强悍一时，史称"波斯帝

---

1 个别小型国家的创建时期不是很确定，时间又很短暂，故均未列入，譬如欧洲的叙拉古等。

国"。该国在第一代国王居鲁士时期，领土扩张极为迅速，成为东起印度河，西至地中海，北至高加索山脉，南至印度洋的庞大帝国。古波斯帝国大约在200余年之后，灭亡于亚历山大的马其顿东征大军。波斯民族又在550多年后，大约公元224年上下，重新聚集于今日伊朗高原边缘，建立萨珊王朝新政权并统一伊朗高原，成为新波斯帝国，即第二波斯帝国；公元651年，第二波斯帝国灭亡于阿拉伯帝国。

欧洲的马其顿帝国。大约公元前413年，古希腊邦联中的马其顿国崛起，建立阿克劳斯（Archelaus）王朝。自此渐渐强大，摆脱希腊邦联体。公元前368年，马其顿国第一次侵入希腊岛群。公元前336年，马其顿国的新君亚历山大即位，致力于战争征服，使马其顿国迅速扩张为庞大帝国，史称"亚历山大帝国"。很快，亚历山大于32岁时在远征中暴病而亡。之后不久，马其顿帝国迅速崩溃，随即灭亡。

西亚的古叙利亚国。公元前312年，亚历山大大帝的部将塞琉古，在两河流域之今日叙利亚地区，设立了一个政权——塞琉古王朝，代替马其顿统治其在亚洲的征服地域。由此，塞琉古王朝成为古叙利亚国的开始。这是世界上第一个以外力移植政权而产生的国家。其后，古叙利亚国在相当长的时期里活跃强盛于两河流域。

北非的迦太基国。大约公元前900年上下，迦太基人创造了早期城市迦太基城。公元前600年上下，迦太基进入国家形态，成为埃及之后北非地区的第二个古典国家，曾经强盛一时。

西亚的帕加马国。大约公元前281年，小亚细亚西北部的希腊化地区出现了一个新国家——帕加马国。到公元前241年，第二任国王阿塔罗斯一世即位，地域有较大扩展。公元前133年，帕加马国灭亡。

西亚的帕提亚国。大约公元前247年，帕提亚国建立于今日伊朗高原德黑兰地域。当时的中国人称之为"安息国"。帕提亚族群善骑射，军队以骑兵为主，一度比较强大。

上述十个国家，是国家时代第二历史时期内出现的有可靠历史依据的新国家。

二 本时期国家群统计的两个特殊问题

第二历史时期国家群的计数，有两个特殊问题值得留意。

1. 东亚地区两个缺乏历史证据的传说古国未被计入

一个是古文郎国，或被称为"瓯貉"的古国。这是今日越南提出的一种历史主张。依据越南之传说，这个国家在今日越南北部立国。

另一个，是古朝鲜国。据传说，这个国家在今日朝鲜半岛立国。依据这两个国家的传说，它们各自建国的历史极早，大约都在公元前4000年上下，都是世界最早的国家（比有可靠依据的苏美尔古国还早）。

但是，这些传说史，并没有获得世界历史意识的承认。原因在于三个方面：一则，公元前4000—前1000年中叶的世界早期国家的古老文献中，均未见这两个古国的名称，以及它们以国家形式在周边地区进行活动的相关记载。另则，根据中国古文献的清晰记载，这两个传说古国之所在地域，一直到公元前200年前后，都是当时中国辖制的有效领土，也是当时中国民族群的实际活动区域。秦帝国统一中国设立36郡时，这两个地区的很大部分都是秦帝国郡治之内的实际领土。[1]第三，后来被认作这两个地区的早期"国王"，大多是当时中国政权的政治流亡者，并不是建立国家的原住民部族首领。

凡此等等，足以证明一个基本事实：这两个地区，在当时都没有出现具有清晰形态的古典国家。故此，不将这两个传说古国列入第二

---

1 这一问题的另一证据，是谭其骧先生编著的《中国历史地图集》（中国地图出版社，1996年）的先秦部分。

历史时期的新国家行列。[1] 对其余地区具有相同性质的传说国家，这里也不计入国家群范畴。

2. 强烈冲击世界文明的游牧部族群进入准国家形态

这一时期的世界范围内，出现了许多大型游牧部族政权，或更大规模的氏族部族联盟政权。这些游牧部族的基本生存方式一般是两种状况：一种以捕鱼、狩猎活动为基础，多见于山地海滨流动部族；一种以不确定地域的大规模放牧马、牛、羊活动为生存基础，逐水草而居，多见于相对开阔的草原地区部族。在此生产性活动的基础上，这两种部族更主要的大型集群活动是，在其权力机构的统领下以武装暴力的形式大举入侵周边国家，以抢掠财富及杀戮人口为主要的生存方式。这种侵掠方式，大至战争规模，小则日常突袭抢掠，几乎连绵不断，对当时的农耕民族与农耕国家构成了极大的生存威胁。

游牧部族群社会结构的基本状况是：已经有或松散或紧密的政权组织、基本稳定的部族生存方式、基本的层级辖制规则，已经进入了准国家形态。但是，它们都还不具备国家形态的最基本条件——稳定的轴心主体（民族）、稳定的生存区域、稳定的经济活动方式、稳定的职业化常备军队、稳定的权力体系与制度体系。因此，这些部族群的联盟政权虽然已经非常接近于国家形态，却"兴也忽焉，亡也忽焉"，状若天宇流星般鲜亮飞过，留下的只是面目模糊的无尽碎石，对古典国家文明几乎没有任何建设性意义。这种前国家状态的极不稳定的政权形式，仍然不能计入正式国家之列。

此类有政权形式的游牧部族群，早期的集中活动区域在世界东方。

---

1 对于朝鲜传说的立国于中国尧帝之世，翦伯赞先生、齐思和先生等评其为"其言不经"。见翦伯赞主编：《中外历史年表（校订本）》，第80页。

具体来说，以第二历史时期中国的周边地区最为集中。可记名的游牧部族，有大型集群的匈奴部族，有林胡、东胡、羌胡等诸胡部族，有戎部族、狄部族联合的戎狄部族群，有以东夷部族为轴心的蛮夷部族，还有更多没留下部族名号的游牧部族群落。这些有政权形式的游牧部族群的活动地域，在国家文明第二历史时期及后来的两个历史时期，越来越趋于流动性与广阔性。当时中国西部高原、北部山地草原、东部滨海地带，皆有聚散无定而规模不等的游牧部族群的聚结流动，大至战争，小至突袭杀戮，对当时以农耕活动为基本生存方式的中国民族群，造成极大冲击。从中国北部方向说，东起中国东北部平原，中段覆盖蒙古高原，西至欧洲东部平原，皆有聚散无常的匈奴部族群或诸胡部族群，他们或发动游牧抢掠，或大规模战争入侵。这种无定规、无常态的战争冲击，对整个古典国家时期的中国、西亚，以及当时的欧洲国家群，都曾经构成了严重的生存威胁。

这一特殊的历史元素，在早期国家时期是不存在的，或是潜在的。

历史实践的脚步显示，在国家文明的初期阶段，这一特殊的历史元素还没有萌发出来——诸多游牧部族生存规模较小，尚未形成大规模的区域联盟群落，更没有形成强大的战争能力，尚不足以对世界国家群构成强大冲击。但是，在进入国家文明第二历史时期之后，这一历史元素已经生长得相对饱满，应该引起强烈关注了。不能因为当时世界的国家数量很少，就将世界国家群的生存竞争简单化。尤其需要注意的是，在古典国家文明的最后两个时期，这一特殊的历史元素——准国家形态的游牧部族群的战争冲击，在世界范围内的破坏性将会达到新的毁灭与破坏的高潮。

世界游牧部族群对古典国家群的冲击，分作三个大的历史阶段。

第一历史阶段——流动游牧部族集中在世界东方，对中国构成生存威胁。当时的中国周边，有诸胡部族、东夷部族、戎狄部族等诸多集群，对当时中国的西周王朝及春秋各诸侯国造成了巨大冲击。中国史书记载的最危急情况是："中国不绝如线。"（《公羊传·僖公四年》）——中国虽然没有被灭，但已经如同一条细线飘摇了。直到国家文明第二历史时期的春秋初期，齐国君主齐桓公在著名政治家管仲的襄助下，九次联盟诸侯，倡议放弃纷争联合反击"四夷"[1]入侵，才成功驱逐了深入中国腹地的诸多游牧部族。孔子为此感慨云："微管仲，吾其被发左衽[2]矣！"（《论语·宪问》）说的正是中国的这次历史性功业的伟大。

第二历史阶段——中国对匈奴游牧部族群长期反击分化，最终获得全胜。这一时期，大约从公元前300余年（中国战国初中期）开始，直到国家文明第三历史时期的公元290年左右（中国东汉末期与三国中期），历时600年上下。这一历史时期，匈奴部族群融会中国周边几乎所有的游牧部族群落，主要是接纳了已经在中国的长期反击中衰落的诸胡部族，也接纳了来自欧洲东部的诸多游牧部族，形成了空前的、世界范围内的游牧部族大联盟的战争力量，对当时的中国构成了极大的威胁。

在当时情况下，世界农耕民族建立的国家，几乎没有一个能经得起如此庞大的游牧部族的骑兵集群冲击。唯独最为成熟的农耕民族——中国民族群，以强大的国家形态为历史平台，以严密的组织与高水准的战争智慧，历经连绵不断的战国三强——秦、赵、燕——大反击、秦帝国大反击、西汉大反击、东汉大反击、三国大反击，及广泛的文明融合与商贸交流，及至三国曹操时期，占据广阔北部地域的强大匈奴部族群，实力大为衰减。西汉末，匈奴部族群已分化为南匈

1　这里的四夷，不是确指四个游牧部族，而是说中国四面皆有蛮夷入侵威胁之意。
2　左衽，袒开左边衣襟，是当时游牧部族的普遍装束。

奴、北匈奴两大集团，曹操又将南匈奴分为左、中、前、后、右五部。南匈奴基本融合于中国民族群，北匈奴则成为残存的传统游牧部族。至此，匈奴游牧部族群失去了吞噬广袤中国的信心与实力，转而向西方的欧洲大规模迁徙。

第三历史阶段——匈奴游牧部族群西迁，游牧战争祸水弥漫西方。这一时期，大体是公元100年左右开始，到公元460余年，历时400年上下。依据相关史料，北匈奴部族向西迁徙的路线是，乌孙—康居—阿兰聊（欧洲边缘）—欧洲大地。公元4世纪中叶，北匈奴历经喘息，突然吞灭阿兰聊部族政权，开始了向欧洲的大举进攻。公元374年，北匈奴大败东哥特国，开始了被西方人称为"上帝之鞭"的鞭挞后期罗马帝国与欧洲诸国的时期。

滋生于国家文明第二历史时期的世界游牧部族力量，最后终于分化瓦解为诸多星散的部族民族。在更后来的世界近代史来临之前，某些部族民族则分别建立了诸多小国家。这是国家文明时代的一个重要插曲，我们在后文还将涉及。

三 文明困境与剧烈的生存竞争

国家文明第二历史时期竞争发展的总体图景是：一方面，新国家继续涌现，新的国家文明形态也多有创建；新国家群加上原本的早期种子国家，国家群数量重新达到了15个；虽然数量仍然不大，形态之丰富却超过了第一历史时期。若再将准国家形态的诸多游牧部族政权计入在内，国家文明第二历史时期的总体状况将更为特殊而复杂。另一方面，早期种子国家继续发展，其中古典中国在文明形态上有重大创造，实现了历史性跨越。三则，这一时期的大小国家之间，准国家形态的游牧部族与东西方各国之间，开始了世界性的交流往来，国家及民间通商状况大大超过了第一历史时期。

基本地看，至少有六个方面汇成了这一时期国家文明发展的总体风貌。

1. 开端时期面临严重的文明危机困境

第二历史时期之初，面对的是第一历史时期陷入低谷的历史困境。这一困境的历史表现形式是：11个早期国家灭亡了，历经第一时期4 000余年的经验积累，仅存的5个种子国家趋于相对成熟，基本稳定了下来。但是，这种成熟与稳定，并不意味着健康向上的发展，并不意味着国家文明形态的历史提升。相反，早期国家群后期低谷的实际内涵，是世界范围内的国家文明进入了严重的文明危机状态——大多数国家灭亡之后仅存的几个种子国家的文明发展，都陷入停滞状态。

具体地说，中国西周王国末期的礼治文明，已经趋于"礼崩乐坏"的僵化衰败阶段。欧洲古希腊的贵族民主制，在频繁的内外战争中陷于停滞，濒临崩溃的边缘。非洲的古埃及国，则循着长期疲软乏力的惰性轨迹持续下滑，国土被频频蚕食，社会没有任何上升性发展。西亚地区仅存的亚述帝国，则陷入狂热的扩张战争之中，于国家文明的内在发展没有任何建树。南亚的古印度国，则已经突然灭亡，陷入"梨俱吠陀"时代的"黑洞时期"。

这就是说，早期国家群的文明发展，面临着严峻的历史挑战——必须走出第一历史时期末端的文明危机困境，各个国家若无历史性文明突破，则只有在文明困境中崩溃灭亡。

2. 东西方主要国家先后突破文明困境，实现历史跨越

这一历史时期的两大历史突破，先后出现在欧洲与亚洲。

欧洲的新国家罗马，在这一时期突破了早期200余年的"王政"——早期君主制的权力形态，创建了奴隶制时代的共和制国家文明。大约公元前509—前265年（相当于中国春秋中期），是罗马共和

制的前期阶段，其共和权力机构的正式名称为"元老院和罗马人民"。共和制的权力形式是：由贵族元老院推举两名执政官，执掌国家军政事务；国家权力、土地和经济资源，由贵族（元老院和各高级官职）垄断，平民代表参与政事没有法律规定。因此，平民阶层争取参政权的社会需求表达，成为贯穿前期共和的历史思潮。

大约公元前264—前83年，罗马进入后期共和制阶段。这一时期的共和制，非但没有向趋于更为民主的方向发展，而且在后期走上了趋于独裁制的历史道路，平民的政治权利更见无望。虽然，罗马共和制并没有表现出持续上升的状态；但是，作为一种具有共和与民主原生内核的国家文明形态，罗马共和制是一种伟大的历史创造，是人类国家文明的伟大里程碑之一。

同时，欧洲的种子国家——古希腊邦联，也出现了一定的国家文明突破。雅典城邦的贵族民主政治，得到了进一步的发展。由此两端，奠定了西方国家群在后来时代的政治文明历史传统。

亚洲国家文明的超时代突破，是中国的秦帝国时代。

当时的古典中国，经由战国时代200余年大争，在公元前221年，终于由秦国统一了其余6大战国与30余个残余的中小诸侯国，创建了当时世界最大规模的统一文明形态的统一大国。秦帝国最直接的历史性突破，是在诸侯林立的碎片分治中建立了广袤疆域统一治理的国家；更为重要的是，秦统一了中国文明，创建了各个民族群共同认知、共同融入其中的统一文明形态。统一国家与统一文明的轴心，是以郡县制为基础，以中央集权制为核心的政治文明体系。由此，奠定了中国文明坚实丰厚的历史传统——崇尚统一，拒绝分裂。

与当时欧洲的国家文明突破相比较，中国是在另一个对立面的国家文明上实现了突破。古罗马与古希腊，以贵族共和制及贵族民主制的形态，走出了文明危机困境；东方中国，以统一郡县制基础上的中央集权制的国家文明形态，走出了文明危机的历史困境。从权力形态的层面上看，两者都是空前伟大的历史性突破。

但是，若从两者的社会基础结构上分析，就会看到显然的差别。欧洲的罗马与希腊，是奴隶制社会基础上的权力形态层面的创造。亚洲的古典中国，则是在高于奴隶制社会之上的"国人社会"的基础上，实现了整体国家文明形态的突破，而不仅仅是权力形态的创建与突破。

当时的中央集权制与贵族民主制的差别，只是权力形态的差别，并不是国家文明形态的基础与本质方面的差别。基础的差别、本质的差别，是社会形态的整体差别。中国在上古三代的夏、商、周王国时期，是"国人社会"，而不是奴隶制社会。[1]这种"国人社会"，有两大经济根基：其一，工具形态的生产力水平处于青铜时代；其二，土地形态的生产资料占有方式是国有制，国人只有土地使用权。

具体来说，"国人"是这样一种主要人口群：拥有由国家分配的一定数量的使用权意义上的土地，拥有正常家庭及正常财产（特定的生产生活资料），经常性居住在城池之中（农耕活动季节出城入田），分别操持农耕之外的各种职业（农耕与百工商旅）；有一定程度的参与国事的权利（批评权与建议权），其中杰出者有进入权力层面的正常社会通道（立功擢升或被举荐）。国人占据国家人口的绝大多数，是国家的主体人口，更是主要的生产力人口。

进入战国与秦帝国时代，中国的社会形态显然跃升了一个阶位。

跃升的三大历史基础是：其一，工具形态的生产力水平已经发展到铁器时代；其二，土地私有制已经确立，国民对土地享有完全的占有权、使用权与处置权，可以自由买卖土地；其三，随着最重要的生产资料——土地成为商品，统一中国的经济形态发生了重大变化，发展为农耕经济条件下的商品经济形态。由于这三大基础的变化，统一

1　关于中国在夏、商、周三代的社会形态，我们将在后文专门讨论，这里不展开。

中国的社会形态跃升为"国民社会"。

虽然，与当时相关的史料中没有出现明确的"国民"概念，但是，若从一系列已经在战国时代出现的范畴、理念及语汇看，它们在内涵上完全具有"国民"的意义。首先，春秋战国500余年，"民"的概念已经确立，社会已经明确生成了民为国家根本的"民本"理念。其次，政治语汇对社会人群的称谓，已经生成了一大批以"民"为词根的新语汇——人民、民众、庶民、黎民、群众、民心、民意、子民、遗民、老民、劳民，等等。

秦帝国统一中国文明，其中一个不为后世注意的重大政策，便是统一全国人民的无差别名号——天下之民，皆曰"黔首"。其形象所指，就是头戴黑色布帽或头顶黑冠的民众群。这样的"黔首"，实际上已经比夏、商、周三代的"国人"有了重大的历史性变化，已经成为国家法律认定的"国民"，其拥有的权利与自由程度，也大大高于上古三代的"国人"。当然，与近现代国家的"公民"相比，还有一定距离。但是，定义为"国民"，应该是完全符合其历史内涵的。依据社会形态划分理论，拥有这样的社会人口结构，无疑就是"国民社会"。

秦帝国的国家文明突破，之所以是超时代突破，是因为秦帝国所创建的统一文明，是铁器时代的"国民社会"，在整体社会形态上高出欧洲国家奴隶制社会一个历史阶位。秦之后的古典中国，一直是这种"国民社会"。即便与欧洲后来的中世纪封建社会相比，古典中国的"国民社会"的文明水准也高得多。总体上说，秦帝国这一超时代的文明突破，无疑是国家文明第二历史时期最具历史高度的文明大创建，是人类古典国家文明时代最伟大的里程碑。[1]

---

1 迄今为止，战国及秦统一中国之后的社会形态，中国人文学界仍然沿袭旧说，称之为"封建社会"。这一范畴是对中国统一文明时代的误读，不能成立。这一点我们将在后文专门解析。因为没有新的范畴界定，我们暂且以历史实践法则为本，称其为"国民社会"。

3. 国家生存竞争的剧烈程度远远超越第一历史时期

一个基本现象是，这一历史时期的战争频繁度、酷烈度，都远远超过了第一历史时期，也远远超过了后来的历史时期。以当时中国对内、对外的战争水准为历史标尺，这一时期无疑是整个人类冷兵器时代战争的最高峰。

据《中国历代战争年表》的统计，春秋时期发生战争 395 次，战国时期发生战争 230 次，秦帝国时期发生战争 10 次，总计 625 次，平均每年一次之上。[1] 请注意，被史料记载下来的这些战争，并不是当时战争的全部，还有许多不为今人所知的战争发生在那个时代。真实发生的种种战争之次数，应当超过这个数字许多。中国如此，古希腊后期也如此，罗马帝国更是大小战争难以计数。

在此后的中国历史与世界历史上，这样的战争频率再也没有出现过。

这一时期的亚、欧、非三大国家群，都第一次出现了以强大的战争能力著称的强盛帝国。亚洲东部，出现了秦帝国；亚洲西部，先后出现了亚述帝国、波斯帝国；非洲，出现了迦太基帝国；欧洲，出现了马其顿的亚历山大帝国，罗马共和国也迅速发展为罗马帝国，其强大的战争能力在欧洲古典史上堪称独一无二。总体上说，这一时期连续六个强大帝国的出现，将当时国家文明之间的竞争融合，推进到了一个新的历史水准。

4. 国家群的地域分布比第一历史时期相对均衡

欧洲古国，从一个变成了三个：希腊、马其顿、罗马。

非洲古国，从一个变成了两个：埃及、迦太基。

亚洲有所减少，从第一时期的 14 个，变成了大大小小 10 个古

---

1 《中国军事史》编写组：《中国历代战争年表》，解放军出版社，2003 年。

国：中国、印度、亚述、迦勒底、波斯、帕提亚（安息）、帕加马、米底、叙利亚、日本。

这种地域分布，是国家文明走向初步地域均衡的开端。

5. 文明大国倏忽灭亡现象，比第一历史时期更加严酷

以上国家群在这一时期的第一个灭亡者，是曾经在第一历史时期声威赫赫的亚述帝国。约公元前 627 年，亚述的最后一位著名君主——亚述巴尼拔死去，亚述帝国随即开始了瓦解过程。到公元前 605 年，随着残余力量在卡尔基米什（Carchemish）战役中被消灭，这个建立于第一历史时期的古代帝国正式灭亡，大体历时 500 余年。

第二个灭亡者，是当时颇负盛名的古希腊邦联。公元前 338 年，从希腊邦联脱离的北部马其顿帝国崛起，其君主腓力二世率军征伐希腊，击败雅典与底比斯联军，随后召开科林斯大会，建立泛希腊同盟，成为希腊霸主。西方史学主流认为，这是希腊古典时代的结束。随后是马其顿帝国与"希腊化"时代。从国家文明实际存在的意义上说，这是希腊国家文明的灭亡。

第三个灭亡者，是强盛一时的第一波斯帝国。这个帝国，建立于公元前 550 年上下，从公元前 336 年开始，波斯皇帝大流士三世的军队，屡屡被亚历山大东征的马其顿大军击败。公元前 330 年，大流士三世被杀，第一波斯帝国正式灭亡，历时 200 余年。

第四个灭亡者，是脱离希腊进而独立扩张的马其顿帝国。这个也被称为"亚历山大帝国"的国家，在强势君主亚历山大的统率下，连续征伐战胜，一度地域辽阔，横跨欧、亚、非三大洲地域。公元前 323 年，年仅 32 岁的亚历山大死去，帝国迅速崩溃。公元前 307 年，以马其顿力量为基础建立的马其顿帝国，正式解体灭亡，历时 100 余年。

这一时期亡国的文明国家数目虽少，却是当时世界的四个超级大帝国。其在当时和历史上引发的效应，都远远超过了第一时期的国家灭亡现象。

6. 世界国家之间的交流融通开始了初步发展

这一历史时期，诸多国家都走出了相对封闭状态，开始了世界范围内的国家交流、贸易往来，以及文明融通。当然，这种早期交往，不包括战争方式的强力入侵所引起的征服性融入，譬如亚历山大东征所产生的希腊文明圈现象。这种交流融通，是指初步开始的具有某种文明融通性的国家交往，及正常方式的民间流动往来。由于早期国家在地理环境方面的自然阻隔性极大，这一历史时期的民间流动往来，在当时表现为四个"轴心板块辐射"的历史现象。也就是说，当时的世界交流主要以这四个"板块"为轴心辐射源，带动周边地区（包括处于前国家状态的游牧部族区域）的交流交往。

其一，亚洲西部轴心板块，国家交往与民间流动已经相对发达。

其二，欧洲地中海轴心板块，国家交流及民间交流也已相对发达。

其三，地中海板块与西亚板块交互辐射，各层面交往相对发达。

其四，东亚板块，以中国为辐射轴心源，周边交往开始，尚不甚发达。

世界国家之间突破轴心板块，而进入洲际、国际之间的普遍交流，要等到国家文明的下一个历史时期才能出现。也就是说，要从中国的西汉中期开始，世界范围内的国家交流才正式迈开步伐。

四　轴心时期中国文明的超越性突破

在上述历史总图景中，应该着重看看中国的基本状况。

这600余年的古典中国，可以分作三个大的历史阶段简要表述。

总体上说，这三大历史阶段的中国文明发展，呈现出一幅壮阔而深刻的历史图景。

1. 第一历史阶段——春秋时代

这一时期，以西周王国在一场内外勾连的大规模政变战争中崩溃及周王室迁都洛阳为开端，中国进入了王权衰微、礼崩乐坏、诸侯纷争、社会求变、思想自由发展的社会衍化时代——春秋时期。历经300年上下，春秋社会多元化的思想文化已经空前发达。国家文明的历史实践是，西周时期的1 000余个大小诸侯国，在战争兼并与竞争融合的交互作用中，已经形成了七个具有完整国家形态的大国，进入了史称"战国之世"的实力大争时代。同时，在七大战国缝隙中，还残留着30余个中小诸侯国。也就是说，这一历史阶段，是中国由脱离王权辖制的诸侯分治状态，迈向统一国家文明的酝酿时期，是重新创造更高阶段的统一文明的第一步。

2. 第二历史阶段——战国时代

这一时期，中国在国家文明的综合发展方面的思想理论探索，空前深刻，空前多元，达到了当时世界文明的最高峰。从政治文明方面看，各种变法学说、治国学说、政治哲学喷涌而出。从战争文明方面看，各种用于庙堂筹算的国家战略学说、战场学说、军队训练学说、兵器研制学说、兵器使用学说、军事政治学说，尽皆连绵涌现。从经济民生领域看，商旅之学、治水之学、农耕之学、建筑之学、冶炼之学、百工之学，无不蔚为大观。

从教育与学术方面看，各家私学竞相发展，个体学术著作井喷式涌现。这一时期的大国，都建立了规模不等的国家学宫，聚集天下学者精研学术，激荡自由争鸣，形成了空前的历史奇观。各家教育学说、各家思辨学说、种种神秘文化学说，在短短数百年间接踵比肩。

在这样的思想探索大潮中，国家文明的历史实践，则迈出极为坚实、自信、自觉的发展脚步。

最具基础意义的是四个基本方面：一则，守旧则穷弱灭亡的严酷现实，催生出连绵不断的变法浪潮，刷新了每一个处于分治状态的国家制度；二则，变法最为深彻的秦国，领先于历史潮流，成为超强国家；三则，空前深刻的政治文明大探索，渐渐形成了"天下向一"的思想潮流；四则，最为强大的秦国以战争兼并、反击匈奴、整合岭南三种方式，坚实迈向国家统一的历史方向。

3. 第三历史阶段——秦帝国时代

这一阶段，因深彻变法而创建了法治文明的秦国空前强大，逐一兼并了其余六大战国，再经反击匈奴、整合岭南，最终以战争方式统一了中国。之后，秦帝国整合碎片分治文明，创建了当时世界上独一无二的统一文明。秦帝国创建的统一文明轴心架构，是五个方面：

其一，以郡县制为国家治理框架，以中央集权制为权力运转模式，创建出新型政治文明体制，对辽阔的国土实现了统一治权。

其二，将秦法体系推行于统一中国，统一法制，废除各诸侯国的旧法体系；尤其注重法律的"必行"性，注重司法公正，开创了中国古典法治社会。

其三，彻底消除国民身份歧视，国民名号实现统一，国民无分战胜国与战败国人口，全部称为"黔首"，法律地位一律平等。这是当时世界的第一创举，超越了当时世界所有国家普遍实行的亡国遗民即奴隶的奴隶制法则。秦帝国之所以是铁器时代的"国民社会"，而不是奴隶社会，是有秦帝国法律为依据的。

其四，统一经济活动的基本规则，统一这些规则所依赖的物质手段——度量衡制、度量衡器标准制式、交通制度、道路建设标准、车马制式、地亩标准、量地步幅、钱币制度、钱币制式，等等，皆以法律形式统一。由此，秦帝国开创了当时世界上最为广阔的农耕时代的大国市场经济。

其五，以统一文字为轴心，统一文化思想传播的规则与载体。文字的统一，对于中国民族群具有文明灵魂的意义。在此后的历史岁月里，以"方块文字"为代表的中国文明文化的融合性，展现出强大的历史魅力，成为中国文明生生不息最重要的根基之一。

上述五大方面的统一，构成了中国统一文明的基本框架。

总体上说，在第二历史时期的世界国家文明竞争中，中国的历史跨越幅度是最为显著的。最基本的方面是，中国建立了铁器生产力时代具有坚实稳定性的国民社会与统一文明国家。其时代阶位之高，其政治文明之进步，其地域之广袤，其人口之众多，其经济之发达，其军力之强大，其文化思想之丰厚，其族群对共同文明的认同性之强，都是当时世界绝无仅有的。其所展现的超时代跨越的历史意义是：当时世界进入了名副其实的中国文明时代。

五　古典中国文明与古罗马文明比较

在国家文明第二历史时期，西方新国家——罗马共和国取代已经衰落的希腊，成为欧洲的主要国家。这一时期的古典中国，则已经成为整个东方最主要的国家。对这两个国家的文明形态进行历史比较，与将早期中国文明与古希腊文明进行比较一样，具有清楚呈现东西方文明历史基础之差别的重大意义。

1. 两者国家文明的社会结构基础有重大不同

依据西方史学界认定，公元前509年，以罗马人选举两名执政官管理军政事务为标志，罗马跨越了"王政"君主制时期，进入共和制时期。这是罗马共和制国家形成的时期。世界东方的中国，这时已经立国1 000余年，进入了春秋时代的后期阶段，即将迎来各个诸侯国争相大变法的战国历史浪潮。

这种历史差异，只是国家文明生命形式的年轮不同，在文明比较的意义上可以忽略不计。一种国家文明与另一种国家文明的差异，其根本点及重要方面，绝不是文明形成的早晚差异。历史上，多有后生国家的文明形态超越古老国家文明形态的事例。第一时期晚生的中国国家文明，迅速超越了古巴比伦等这样的"先辈"国家。后来的近代世界，最晚生成的美国文明，一举领先世界资本主义文明，更是"青出于蓝而胜于蓝"的历史典范。因此，我们进行文明比较的立足点，在于那些涉及根本层面的历史差异。

最根本的差异，是两种国家文明的社会结构基础不同。

什么是社会结构基础？用我们曾经熟悉的话语，它非常接近于"社会形态"这个范畴，但又不直接是社会形态，而是社会形态的实际根基。从本质上说，社会形态的划分，是以一定时期的特定生产方式——生产力与生产关系的结合形成特定的生产方式——为决定性基础，从而划分一定历史时期社会性质的一种理论体系。在这个理论体系中，特定时期生产力的人口构成，是决定性的历史元素，是评价社会形态的根本指标。

古罗马与古希腊一样，社会结构都是一个三级阶梯：贵族（奴隶主）—平民—奴隶。在这个社会结构中，奴隶主与奴隶，既是社会的两大基本力量，也是三大社会阶梯中最重要的一对结构关系。这一关系结构的历史形式是：奴隶阶级是最主要的生产力人口，贵族奴隶主阶级则是对国家与社会实行统治管理的最主要人口群。在法律关系上，奴隶人口是奴隶主的财产，是依附于奴隶主而完全没有人身自由权利的生产工具。从国家文明之所以存在的意义上说，奴隶阶级是这种国家社会三级结构的存在基础；

没有广大奴隶人口群的存在，就没有奴隶主贵族的存在，也就没有奴隶制社会形态的国家文明存在，当然也没有作为中间阶层的平民人口群的存在。

进入国家时代的中国社会，则有很大不同。

一个最基本的历史事实是，中国的夏、商、周三代，奴隶人口的数量是极少的，根本不足以构成主要的生产力人口。青铜时代的中国，其主要生产力人口是"国人"，不是奴隶。应该注意到的是，既往以马克思《资本论》为依据的生产力人口划分，只将各个时期的直接劳动人口——奴隶阶级、农民阶级、工人阶级作为生产力，几乎无视主导所有经济活动的因素——以土地或资本为轴心的各层级管理人群、创造发明生产工具的科学研究阶层，这些能够在更高层面推动生产方式合理运转的社会知识分子群体的脑力劳动，被排除在外。这种片面的划分方式，是我们认知社会形态的最大误区，应该得到合理的纠正。

从历史实践的脚步看，"国人社会"的形成与发展，是早期中国民族群在战胜洪水大劫难中形成的特定生存方式所决定的。战胜洪水之后，大禹政权将由洪水长期漫淤而形成的大片无主土地，大体均平地分配给了所有能成为劳动力的人口。这种均平分配制度所产生的井田制，成为夏、商、周三代最基本的国家生产方式。其中，分得土地的"国人"，必然成为主要的生产力人口。早期中国的社会人口中，不存在制度性的不占有土地的奴隶人口；战俘与罪犯所转化的奴隶人口，只是极少数。因此，早期中国族群聚结而战胜洪水的历史实践，奠定了早期中国"国人社会"的根基。此外，如前文所述，早期中国也不存在奴隶人口群大规模产生的制度性根基及历史传统根基。

这一事实，不但为历史资料所证实，也为当代一系列地下发掘所证实。王玉哲先生的《中华远古史》中，有"商代后期奴隶的数量、

'众'或'众人'的身分及商的社会属性"的一个专章，概括论述了中国学界关于商代奴隶问题的基本状况。我对这本书的资料进行了编辑整理，主要有如下几个基本点：

其一，奴隶数量是关键：

> 商代已出现奴隶，这是人所共知的。不过对当时奴隶的数量还存在着争论。因为，确定商代后期是奴隶社会的关键，并不在于是否有奴隶，而在于奴隶的数量。要不然，从春秋战国一直到明清，任何一代都存在奴婢，能说都是奴隶社会吗？我们知道社会性质定为奴隶制，必须是奴隶生产在社会经济中占主要成分。于是，有的研究者为了证明商代后期是奴隶社会，有意无意地任意夸大奴隶数量。

其二，中国近代以来地下发掘所呈现的奴隶数量：

> 地下考古发掘所见到的商代后期人殉和人祭有确数的，根据胡厚宣的统计共有3 684人，若再加上几个复原和不能确定的数字，将近4 000人……再从甲骨文中看，关于用人作祭牲的卜辞……杀人祭祀总数当至少有14 197人。

其三，商代后期奴隶存在的基本方面：

> 商代后期奴隶的存在表现在以下几个方面：（1）贵族祭祀所用的人牲不会全是战俘，可能有为数不多的奴隶。（2）人殉中有一部分奴隶。（3）各方国向商王贡纳奴隶。（4）存在仆、臣、妾、奚和㚔等奴隶。（5）俘获的羌人大部分用于祭祀，少部分留用为生产奴隶。

其四，商代奴隶不是劳动主力：

上述这些奴隶，在商代后期的农业生产中不是主力，在整个社会的生产劳动者中，他们也不是多数。当时的生产劳动者中，数量最大的是"众"或"众人"，这部分人决定着商代后期的社会性质。

其五，众人是商人宗族的成员：

众和众人不仅是商代后期农业的主要担当者，他们还参与田猎……（依据大量卜辞），众和众人是商王同姓的族人……概括起来说，商代后期的"族"是商族内一个小共同体，既是军旅组织，又是同血缘宗族组织。"众"和"众人"是这个组织的成员。[1]

这是商代后期（殷）的情况。那么，周代如何？

西周王国已经是严密的联邦制统一国家了，其生产方式是全面秩序化的井田制。这时，随着社会文明的进步与战争的减少，商代后期的五种奴隶形式均大大减少，尤其是战俘转为奴隶的数量大大减少。这时，井田制下的主要劳动力人口，是被泛称为"国人"或"人民"的社会人口群。其中，居住于城堡之内者，无论其拥有土田，还是从事工匠商贾，都被称为"国人"；依附于土田的劳动者或帮工者，被称为"庸人"；此外，还有"庶人""庶民"等称谓。但无论其劳作方式与身份细节有何种区别，从总体上说，"国人"都是从事生产活动的主要人口群。

自春秋时期开始，在第二历史时期的600余年里，青铜时代的国

1　参见王玉哲：《中华远古史》，上海人民出版社，2003年，第250—291页。

人社会，已经发展到了铁器时代的国民社会。历史地看，铁器时代私有制基础上的"国民社会"，显然高出青铜时代国有制基础上的国人社会一个时代阶位。这种新经济形态，有三个最重要的历史特征：其一，土地私有制确立，土地国有制消亡；其二，土地所有者的自主耕种权确立，国家统一行使耕种权的国营农耕制度消亡；其三，私有工商业的经营权确立，由国家统一经营工商业的国营工商制度消亡。由此，中国进入了一个以私有经济为基础的、更高阶段的"国民社会"。在此社会形态基础上，中国创建了统一文明大国——以郡县制为根基的中央集权制大国。

历史实践表明，古希腊与古罗马从产生到灭亡，始终都是奴隶社会，始终都是奴隶制基础上的贵族国家文明。共和政体是贵族阶级独享的，民主制政体也是贵族阶级独享的，平民并没有参与贵族民主政治生活的权利。

古典统一中国则大大不同，不但夏、商、周三代是"国人社会"，春秋、战国、秦帝国三大时代更是"国民社会"。就是说，中国早期国家时代及古典国家时代，从来都没有过奴隶制时代。中国文明一开始，就具有迥然不同于西方文明的创造性，就是一个领先世界的独立系统。在罗马共和下滑为奴隶制基础上的罗马帝国时，中国已经进入西汉时期的国民社会。因此，认定古典中国的社会形态高出罗马帝国一个时代阶位，是合适而妥当的。

2. 两者的政治文明体系有重大不同

政治文明体系，在任何文明形态中都居于轴心地位，是各个民族的国家最核心的文明创造。从历史评价体系看，无论哪一种评价体系，几乎都将政治文明的创造性、进步性、领先性，作为评判一种文明的历史地位的核心指标。英国之所以成为近代国家文明的先驱，并不是以蒸汽机的改良或普遍使用为界定标准而认定的，而是因为英国在 1640 年的资产阶级革命中创造了资本主义政治文明的最初形式。

在政治文明体系上，古典中国与古希腊、古罗马走的是两条路。

我们已经知道，古希腊政治文明体系的核心是贵族民主制，这是后世西方政治文明的历史基础之一。西方政治文明的另一个基础，就是后来的罗马早期共和制。因此，将古罗马政治文明与中国政治文明进行比较，揭示其差异，是非常重要的。

依据历史实践，古罗马政治文明经历了七个历史阶段——

第一阶段：公元前 750—前 510 年，是早期国家时代。依据西方史学界认定，这是"王政"时代，是 200 余年的早期君主制时代。这一时期的古罗马政治文明，与世界国家文明的早期道路没有差异。

第二阶段：公元前 509—前 265 年，是前期共和制阶段，掌握国家权力的机构的正式名称为"元老院和罗马人民"。共和制的历史形式是：推翻了君主制，由贵族元老院推举两名执政官执掌国家军政事务；国家权力、土地和经济资源，均由贵族（元老院和各高级官职）垄断。平民没有参政权利。因此，平民争取参政权的斗争贯穿前期共和的历史。

第三阶段：公元前 264—前 83 年，为后期共和制阶段。这一时期的共和制，非但没有向趋于更为民主的方向发展，且在后期走上了趋于独裁制的道路。平民的参政权利更见无望。所谓后期与前期，主要是军事扩张的差别；后期罗马共和国在战争中取得了一系列胜利，成为地中海区域的霸主势力。

第四阶段：公元前 82—前 27 年，罗马进入执政官独裁制阶段。产生这一变化的基础，是公元前 107 年执政官马略进行军事变革，大大增强了军队的地位与作用。此后，执政官以统帅军队为后盾而增大权力，成为罗马政权的普遍趋势。自公元前 82 年，拥有远征军重兵的苏拉被元老院确认为"终身独裁官"开始，其后历经庞培、克拉苏、恺撒、屋大维几任执政官独裁，罗马共和制的政治文明已经在事实上崩溃。

第五阶段：公元前 27—公元 14 年，进入"元首独裁"的帝国时期——奥古斯都独裁的帝国时期。公元前 27 年，在独裁制末期，屋大维发动了一场以退为进的强化独裁的政治战——以"还政于元老院与罗马人民，恢复共和制"的退让形式，推动元老院承认自己的"元首"地位，并授予自己"奥古斯都"（神圣者）称号；同时，将罗马所有行省划分为两大部分，一部分行省由元老院管辖，一部分行省由"元首"管辖。自此，屋大维建立了元首制，罗马进入了帝国时代。但是，直到他于公元 14 年死去的 41 年里，屋大维仍然在名义上是"终身保民官"，而不是皇帝。因此，这是一个滑向帝制的特殊时期。

第六阶段：公元 14—395 年，是罗马的"皇帝制"帝国时代。自屋大维之后提比略建立克劳狄乌斯王朝开始，罗马政治文明倒退为世袭君主制——元首成为皇帝。此后历经 300 余年，直到东西罗马帝国分立，古罗马的政治文明体系始终是帝国皇帝制。

第七阶段：公元 396—476 年，历经 80 年，欧洲的西罗马帝国最终灭亡。在最后 80 年里，罗马皇帝制帝国堕入极为黑暗混乱的时期，阴谋丛生，政变迭起，仅仅在 455 年前后的十年之内，就易位 11 帝，其政治文明已经完全腐朽僵化。

上述历史阶段表明，古罗马政治文明的发展，呈现为一条抛物线，经历了"低—高—低—衰"的曲线图。具体来说，就是君主王政制—贵族共和制—执政官独裁制—皇帝世袭独裁制这样一个历史过程。

从性质上说，古罗马如同古希腊一样，是贵族领主阶层占有绝大部分土地，以奴隶群为主要生产力人口的奴隶制社会。在这样的奴隶制社会基础上，罗马人创建的贵族共和制国家，是奴隶制社会的贵族共和国，而不是现代国家意义上的公民共和国，这是不言自明的。但是，历史主义地看，当时的罗马共和制显然是一种政治文明的创造，是一种新的国家政治文明。从具体内涵说，古罗马贵族共和制与古希腊贵族民主制，在性质上是接近的；其形式的不同在于，古希腊的贵族民主制更侧重于议事与决策，而在最高权力的设置上仍然是君主制——有一个国王；古罗马的贵族共和制，则不但在议事决策上保持了元老院的民主制，还在最高权力设置上实行了双位制——两个执政官。

无疑，这是一个高于古希腊贵族民主制的关键点。

古罗马共和制，之所以是一种新的具有伟大历史意义的政治文明，在于其不但与古希腊相比是一种创新，而且与当时世界同处于奴隶社会阶段的全部君主制国家相比，更是一种创新。在当时世界上，除了古典中国是"国人社会"君主制，其余国家都是奴隶制社会的君主制；在君主的产生方式上，所有国家都采取了血统世袭制度；在国家决策的意义上，则大体都是不同形式的君主独裁制。

而罗马人所创建的奴隶制贵族共和制，则是以贵族精英组成的"元老院"议事决策机构为中心，以共决的方式决定国家的重大政策。更重要的是，设置了双位执政官体制，以"元老院推举"的方式，决定两个执政官的产生。这种方式，实际上就是一定范围内的领袖选举制。也就是说，在古罗马共和制时期，这个奴隶制社会的国家，没有血统传承的世袭君主，而只有贵族阶层共同推举的任期执政官。国家大事的决定，是贵族阶层共商、共决的，而不是执政官独裁的。

虽然，古罗马贵族共和制存在的时间不长，将近200余年而已，之后很快便沦入了独裁制，又再度沦入了皇帝制，共和国不复见矣！但是，古罗马共和国的出现与曾经的历史存在，却有着深远的历史意义。它对欧洲此前的古希腊政治文明，是一次明晰的提升，是当时欧洲国家文明在古希腊政治文明的基础上所实现的一次具有历史明确性的新发展。从历史意义上说，古罗马共和国的历史存在，为欧洲在千余年之后的启蒙运动中构建资本主义文明的三权分立制度，提供了基础性的政治文明资源。

中国政治文明的发展，则是不同的历史道路、不同的历史形式。中国政治文明的发展特点，是研究中国文明史最核心的问题。对于这一问题本书后文将专章展开。这里，我们只就中国第二历史时期政治文明的基本点，也就是与古罗马政治文明的最主要差异，先作出最简明的罗列，待后文一体论述。

首先，这一时期的中国，已经创建了统一国家文明。这种文明形态所拥有的高度统一的历史特质，在全世界的大国文明中是独一无二的。较之古罗马与古希腊的政治文明，有着重大的不同。

古罗马从执政官独裁制的初期帝国开始，就其开拓的生存空间而言，并不比当时的中国小。其所征服的具有不同文明的国家状况的多样性，也与当时中国在统一战争中的情况有形式上的相似点。不同点在于，罗马帝国每征服、吞并一个国家，其施政重心都着眼于军事征服意义上的三个基本点：其一，将被征服土地纳入罗马疆域，驻扎数量不等的军队，行使征服性统治权与镇压反抗权；其二，被征服国家的全部人口，除非对少数人实行"特许公民权"，其贵族与民众一律是罗马帝国的奴隶人口；其三，经济上推行奴隶制生产方式，重税盘剥，对被征服地区实行全面的奴役统治。

在始终伴随着扩张战争的罗马帝国的国家政治文明中，从来没有在被征服国家自觉实行文明整合，并创建统一文明的战略意识。被征服国家民族文明的基本面——文字、货币、田制、交换规则、政治传统、军事传统、道路交通、重大民俗等，仍然在被征服状态下保留着原本的形式。因此，罗马帝国一朝解体，整个欧洲就迅速复原，成为众多文明形态的碎片国家群。

这是两种政治文明内涵即核心价值观的差异：一个注重对诸多战

败国的文明进行整合，自觉推行统一文明；一个注重连续不断的军事征服，实行累积碎片式的无限扩张国策。两者之间的差异是巨大的，是两种对立行进的文明形态。两种政治文明的体量可能相同，但内在构成却完全不同——罗马帝国是碎片堆积，古典中国则是融合一体。因此，两种政治文明的生命力不可同日而语。

中国政治文明具有不同的历史实践基础与价值观基础。中国政治文明的历史实践基础是：从前国家时代的五帝时期开始，到进入国家时代后的夏、商、周三代 1 000 余年，国家政治文明的发展持续表现出一个总体趋势——民族的凝聚力不断增强，国家文明一步步向统一方向发展。从本质上说，自黄帝时代历经长期战争而形成的族群大联盟开始，中国的政治文明就在不同形式的形态下向趋于统一的方向发展。五帝时代是"联盟形态"的统一，夏王国是"邦联形态"的统一，商王国是"紧密邦联形态"的统一，西周王国是"严密联邦形态"的统一。一代比一代更趋向紧密融合，总体上是逐步向上。就是说，中国的国家文明不断走向更高阶段的统一文明，是一个历史趋势。发展到春秋伊始，已经有了长达 2 000 余年的历史实践基础。

在这种长期的、不断走向更高阶段统一文明的历史实践中，中国民族群锤炼出了一种极其可贵的核心价值观，这就是政治文明领域的"尚一"理念——崇尚统一凝聚的伟大力量，抵触碎片分裂的疲弱文明。这种历史实践基础，这种价值观基础，是当时的罗马帝国所无法拥有的一种历史根基与民族精神。

中国政治文明具有完全不同的结构体系。当时中国创建的政治文明，核心体系是一个层级递进的完整形态，即郡县制—中央集权制—统一国家文明。在权力体制上，由下而上是五级制：里—乡—县—郡—国，这是一个严密的国家治理系统。

在古罗马，无论是古罗马共和国还是罗马帝国，都是以军事与战争需求为基础的两级制：国家—行省。行省设总督，由元首或皇帝派出，主要完成军事统治与征缴重税两大事项。罗马的行省之下，没有县级地域权力机构，只有大量的自治城邦。而且，每个行省的法律是不尽相同的。独裁者（执政官、元首或皇帝）对被征服后设置的行省下达的处置法令差别很大，更不具有同一性。

显然，两种政治文明的核心面——权力体制的差别非常大。从某种意义上可以说，中国政治文明的根基是内在梳理整合式，罗马帝国政治文明的根基则是外在强力搭建式。

中国政治文明的生命力完全不同于罗马帝国。 中国创建的统一政治文明，在后续的历史实践中表现出了强大而久远的生命力，一直不间断地有效延续到当今时代。罗马帝国创建的政治文明则具有突变性、脆弱性与灾难性。[1] 之所以如此，通过审视其政治文明的历史实践过程，可以鲜明显示出其根本缺陷。前文所述古罗马政治文明经历的七个阶段，表现为四种政体类型：君主王政制、贵族共和制、执政官独裁制、皇帝世袭独裁制。这种上下起伏、摇摆不定的政治文明的历史实践说明，罗马民族对自己国家的政治文明并没有深思熟虑，并没有经历如同中国那样的春秋战国 500 余年的理论大探索时代；罗马民族实行共和制，只是一种不甚自觉、不甚理性的选择，虽然，我们不能说他们是盲目选择。

因此，古罗马的共和与民主，缺乏成熟的社会精神基础，无法形成坚实的历史根基。历史实践的脚步是：古希腊在进入国家文明第二历史时期后，很快便在城邦纷争与外部入侵中解体灭亡了，留下的只是一个"希腊文明圈"。罗马的贵族共和国，则很快沦入独裁制，又很快沦入皇帝制，最后很快地解体灭亡了。罗马帝国在世袭皇帝专制下所表现的残酷、暴虐与野蛮，远远超越了同时代世界范围内的所有

1　关于西方国家文明在古典时代的突变性与脆弱性，我们将在后文分别、具体地再现。

国家。

这一切充分说明，两种政治文明的生命效应是有本质差别的。

需要注意的是，古希腊与古罗马帝国在千余年之后的欧洲文艺复兴与启蒙运动时代所起的历史资源效应，与我们这里讨论的国家文明本身的生命力，是两个不同层面的问题。就是说，一种政治文明的历史价值的影响力，不等同于这一政治文明自身连绵传承的有效生命力。前者是文明可供后世反思的历史资源价值，后者是文明自身连续存在并持续发展的生命存在价值。

将古罗马与同期的古典中国相比，后者所创建的以郡县制为框架、以中央集权制为运转轴心的统一政治文明，与当时中国的社会形态、生产方式、商品流通方式、社会生活方式，以及人口群结构等方面的社会基础完全符合，具有坚实的社会历史根基、强大的生存竞争力，同时也具有深远的有效传承的生命张力。

我们主张世界文明的多元发展，认为不同质的国家文明之间，是没有高下之分的，是不允许文明歧视的。但是，不同国家文明在创建之后的生命力状况，无疑是可以比较的，而且恰恰是应该比较的。从国家文明第二历史时期世界国家群之间生命力的比较，我们可以看出：古典中国民族群在第二历史时期所创建的统一国家与统一文明，是人类在古典社会所创建的时代阶位最高、生命张力最为强大的国家文明。

05 章

文明冲突：国家文明第三历史时期

一　第三历史时期的国家生灭

在大创造的轴心时代之后，世界古典国家文明进入了一个复杂蜕变的历史时期。这一历史时期，从公元前 200 年上下，到 10 世纪初叶，大体历时 1 000 余年。这一时期的中国历史坐标，是从西汉王朝的建立，到唐王朝的灭亡。西方国家群与西亚国家群的历史坐标，是从欧洲古希腊的灭亡，到古罗马帝国的灭亡，再到东罗马帝国的全面衰落。

1. 国家文明第三历史时期的基本现象—— 一大批新国家涌现

这一时期出现的新国家，在国家文明的创造性方面，均没有历史性的新突破，在当时的世界范围内基本不具备国家文明意义上的历史影响力。但是，我们还是要检视一番这个时期新出现的重要国家，也就是有相对清晰的历史记载的国家。因为，它们是这一时期争夺生存空间，并使世界范围内的国家竞争大大加剧的新的重要力量。大体依时间排序，这一时期出现的新国家是：

阿富汗。公元前 160 年，代替马其顿亚历山大帝国统治西印度地区的希腊国王米南德，在阿富汗地区即位立国。从此，亚洲的阿富汗国出现。

瑞典。大约公元前 100 年上下，欧洲瑞典立国，早期历史模糊，一度并入丹麦。

新罗。公元前 57 年，今日东亚地区民族群头领朴赫居世建立政权，称"居西干"（国王之意），国号为"徐罗伐"。此为新罗国开始，是朝鲜国的前身。

扶南。公元前 50 年，马来半岛民族建政立国，君主称"扶南王"。

大月氏。公元前 40 年，西亚地区某民族头领丘就却自立称王，号为"月氏王"，立王国。其后，大月氏国攻破安息、高附等国，势力强盛一时。

百济。公元前 18 年，东亚地区的扶余部族群立国，国号"百济"或"百残"。

丹麦。大约公元前 4 年，北欧地区的丹麦人立国，为该地区强盛国家。

新波斯帝国。226 年，原波斯民族头领阿尔达希举兵独立，脱离帕提亚国统治而建立萨珊王朝，史称"新波斯帝国"。

西罗马帝国。395 年，罗马帝国皇帝狄奥多西死于米兰，遗命以其次子为帝国西部皇帝，长子为帝国东部皇帝。自此，罗马帝国分为东西两个帝国，其西部成为西罗马帝国。

东罗马帝国。即 395 年分立的罗马帝国东部地区政权。一般认为，从 4 世纪末到 7 世纪初 200 年上下，以君士坦丁堡为都城的东罗马政权，仍然是东罗马帝国。

拜占庭帝国。602 年，东罗马帝国内部发生兵变，军事领袖福卡斯被拥立为皇帝；604 年，新波斯帝国以替被杀的皇帝莫里斯复仇为名，大举进攻东罗马帝国；610年，迦太基总督派儿子希拉克略率军攻占君士坦丁堡，处死福卡斯；其后，希拉克略即位为东罗马帝国皇帝，建立希拉克略王朝，依然以君士坦丁堡为都城。其后，因东罗马帝国采用希腊语，又因其都城君士坦丁堡原为希腊移民建造的殖民城市，最初名称为"拜占庭"，故此，将希拉克略王朝时期开始的东罗马帝国，称为"拜占庭帝国"。[1] 因此，自610年开始，以东罗马帝国为基础的拜占庭帝国出现，在较长时期里实力强盛。

匈奴帝国。一般指5世纪内，匈奴部族群西迁后在欧洲地区所建立的强大政权。匈奴人原本分布在中国北方地区，各族群泛称"胡人"，曾经在第二时期进入准国家形态。在古典中国的长期反击下，匈奴部族群连续战败，遂向西迁徙。4世纪初，推进到伏尔加河与顿河流域，击败东哥特人，促成了欧洲历史上的民族大迁徙。自374年击败东哥特，匈奴人在欧洲建政立国，到453年阿提拉时期大崛起、大扩张，保持强盛将近100年。一般意义上，将这段时间内的匈奴政权称为"匈奴帝国"。

哥特国。大约4世纪，欧洲东部地区之哥特民族立国。此后不久，分为东哥特、西哥特两个国家，军力较盛。在较长时间里，哥特人是欧洲抵御匈奴的主要力量。

意大利国。476年，西罗马帝国灭亡。此后，原罗马帝国中心地带出现罗马教皇统治。以此地区为基础，世俗政权的意大利国开始出现。

法兰克王国。486年，高卢人击败统治该地区的罗马帝国残余力量，在高卢北部建立法兰克王国，是为法国前身。

英格兰王国。495年，撒克逊人趁西罗马帝国灭亡之际，在英格兰南部滨海地带建立王国，号称"西萨克森王国"，是为英国前身。

爱尔兰国。大约500年上下，罗马帝国势力从英格兰撤离，毗邻

1　如不作详细区分，一般可将"东罗马帝国"与"拜占庭帝国"通用。

的爱尔兰与大陆隔离，遂建立独立教会与国家。

埃塞俄比亚。大约 5 世纪末到 6 世纪初，非洲中部民族群攻占原也门族群的生存地域，建立了埃塞俄比亚国。

万春国。544 年，李贲在今日越南北部称帝，建立国家，设置百官，国号定为"万春"。

苏格兰。大约 6 世纪中期（1 世纪末，罗马人势力已经从苏格兰撤离），苏格兰四个民族开始皈依基督教，并建立了苏格兰国。

阿拉伯帝国。 大约 6 世纪后期，阿拉伯人穆罕默德在西亚地区创立了伊斯兰教。7 世纪初期，阿拉伯人之伊斯兰信众建立了阿拉伯国家政权，以 622 年为纪年之始。后来，迅速发展为阿拉伯帝国，成为西亚抵御西方入侵的主要力量。中国史书对其历代王朝，统称为"大食"。又因其不同王朝之尚黑、尚白、尚绿，中国史书又分别称为"黑衣大食""白衣大食""绿衣大食"等。

俄罗斯。大约 9 世纪初期，斯堪的纳维亚的海岛势力——维京人，进入欧洲东部平原，在冲要地区建立政权，与当地东斯拉夫人结合建立了早期国家，是为早期俄罗斯国之发端。9 世纪末期，建立了最初的俄罗斯王国。

波兰。大约 9 世纪初中期，欧洲东部地区的六大部族以波兰族为轴心联合，建立王国政权，称为"波兰"。至 10 世纪中叶，波兰开始有可信之历史。

挪威。大约 9 世纪末期，挪威人首领——号为"美发者"的哈罗德统一境内民族群，建立了统一的国家——挪威，时为北欧地区的强国。

日耳曼。大约 9 世纪末期，欧洲西部地区之日耳曼人开始发展。大约在 10 世纪初期，日耳曼人立国，是为德国之早期基础。

北非诸国。大约从 893 年开始，北非各地部族民族纷纷脱离当时埃及的统治，成立了若干个小国家。主要有巴尔卡、的黎波里、突尼斯、马格里布（今阿尔及利亚、摩洛哥）等国家。

保加利亚。大约 9 世纪末，东欧地区之保加利亚立国，国王称"沙皇"。

西班牙。大约 9 世纪末，西欧出现了摩尔王国，是西班牙国的早期基础。

这一时期新出现的国家，大体是 40 余个，或者再多一些。

这些国家有一定的不确定性。一则，在于史料本身的矛盾性与模糊性。二则，在于古典史料对许多中小"国"的记载与认定，并非全部是现代理念意义上的"国家"，而是氏族政权或部族政权。从一般意义上说，它们还都处于前国家时代。譬如中国唐代高僧玄奘在与弟子合著的《大唐西域记》中，记载了当时西域及印度 138"国"的风土人情、名胜古迹等。这些"国"，几乎都不是我们今天所说的国家，而是处于前国家时代的早期政权存在。三则，从客观性上说，我们对认知活体历史存在的要求，不能如同自然科学那样精确化。因为，任何历史记录都不能完全做到对现实存在没有遗漏的全记载。可以明确的一点是，我们所熟悉的近现代重要国家，除了南北美洲的国家之外，在这一时期几乎都出现了。

2. 国家文明第三历史时期的国家灭亡现象

需要注意的是，无论涉及哪个历史时期，我们在本书中说到的国家灭亡，都是指以国家为存在形式的文明实体的灭亡，而不是某个国家的某代政权的下台。譬如古希腊的灭亡，罗马帝国的灭亡，都是以国家形式的灭亡所表现的文明实体的灭亡，而不是古希腊与罗马帝国某代政权的更替。

依据历史实践，文明实体灭亡的历史表现形式主要是三个基本方面：其一，构成国家文明基础的社会制度体系、民族文化体系、社会生存方式、社会秩序结构等，都随着国家最后一代政权的灭亡而解体，并从历史中消失，其有效的延续性宣告终止；其二，构成国家文明主体的轴心民族，随着最后一代国家政权的灭亡而牺牲殆尽，或崩溃星散，或消解融合到众多的其他民族群中去了；其三，构成国家生存空间的国土宣告消失，而被分割为属于若干不同占有者的战利品，国家存在的空间最终消失。

依照上述历史内涵，这1 000余年中先后灭亡的国家是——

马其顿帝国及马其顿城邦。亚历山大突然病逝之后，帝国瓦解，其根基马其顿国（城邦）也很快陷于分裂，迅速衰落。公元前148年，正处于强盛阶段的罗马共和国，对马其顿发动了第四次战争。马其顿抵抗失败，宣告灭亡，成为罗马一个行省。

迦太基。146年，罗马军队进攻迦太基都城。迦太基人顽强抵抗三年，都城仍被攻陷。迦太基剩余七万余人，全部投降。罗马将这些人口全部变卖为奴隶，迦太基城被夷为平地，迦太基被设置为罗马一个行省。

犹太国。公元前64年，罗马将军庞培攻克耶路撒冷，将犹太国并入叙利亚。将近200年后，公元132年，犹太人领袖西蒙领导犹太人发动起义，力图恢复重建犹太国。罗马帝国动员庞大兵力镇压，大肆屠杀犹太人，犹太起义宣告失败。在罗马帝国的大规模屠杀下，犹太人流亡世界各地。

罗马帝国。罗马帝国于395年两分后，两大帝国都很快衰落。476年，西罗马帝国发生严重的内乱战争，又接连发生贵族政变，最后一任皇帝罗穆路斯·奥古斯都被废黜；西罗马帝国遂宣告解体，各行省纷纷独立为中小国家。自此，西罗马帝国灭亡。

匈奴帝国。453年，匈奴帝国君主阿提拉病逝。454年，匈奴帝国内部权力争夺，导致内外战争连续爆发，匈奴帝国解体崩溃，宣告灭亡。

新波斯帝国。603 年，拜占庭帝国发动对新波斯帝国的大规模战争，时间长达 20 余年。历经苦战，新波斯先获胜利，后遭失败，新波斯帝国灭亡。

希腊文明圈。作为国家实体的古希腊，早在国家时代第二历史时期开始阶段就灭亡了。但是，由于古希腊文明的历史影响力，爱琴海区域的诸多城邦依旧保留着古希腊文明传统的生存方式，被西方世界视为希腊文明圈。从 716 年开始，爱琴海地区被拜占庭帝国占领，古希腊全境成为拜占庭之一部分达数百年之久，直到 1453 年拜占庭帝国灭亡。在此期间，希腊文明的活体存在及其实际影响力，最终宣告消失。

可以看出，在第三历史时期的 1 000 余年中，世界范围内有五个重要国家灭亡。这五个国家，都是具有历史影响力的文明大国。其中的马其顿帝国、罗马帝国，加上希腊文明圈，几乎是欧洲国家文明的全部历史基础。非洲强国迦太基，东方的犹太国、新波斯帝国，非但是当时西亚地区具有独特宗教信仰的重要国家，而且也是历史影响力较为深远的国家。

需要说明的是，在灭亡的国家中，我们没有计入那些一代倏忽生灭而不具备基本稳定性与文明影响力的小国，譬如强悍的阿提拉国；也没有包括那些性质不确定的准国家形态的政权体，譬如突厥、契丹及众多匈奴游牧政权等。也就是说，具有同质性的众多政权体崩塌式的生灭兴亡，不在我们的历史视野之内。

二　国家文明创造力的大幅度衰减

这一时期世界范围内的国家文明，呈现出不断衰减的历史趋势。

这一趋势所表现出的历史实践，是一种空前复杂的蜕变现象——

不断变化中的逐步衰落停滞。正面来说，几乎每个国家都在经历种种技术性突破，国家制度普遍趋于精密化，生产领域的科学技术普遍有所提高；宗教、文化、思想、教育等社会精神领域，普遍地丰富起来，并趋于精细化与制度化。如此等等，都是具体的、局部的突破发展。这些局部的、技术性的突破，无法改变国家文明在总体上的衰落趋势，无法扭转世界古典国家群文明创造力的步步衰减。总体上说，第三历史时期——公元前200年上下到公元900余年（10世纪初叶），是世界古典国家群普遍滑向僵化腐朽的黑暗时代的开始。

古典国家文明衰落的主要标识，是政治文明的创造性发展基本上消失。

历史实践已经证明：任何一个国家的政治文明创造力，都是国家文明发展的最核心动力；政治文明创造力的衰减，意味着国家文明的总体发展已经失去了强大的轴心动力；其历史结局，必然是国家文明的总体衰落。

政治文明创造力的衰减停顿，在这一历史时期的具体呈现是：世界国家群在权力体系与政治制度的设定方面，普遍以"修正"[1]传统为要务，从而使国家权力体制向有利于君主专制的方向发展。如同轴心时代那样，由国家主导的具有革命意义与历史进步性质的政治文明的大创建与大变革，已经在这一时期绝迹了。一个拒绝政治变革的时代，必然是一个文明下滑的时代。这是一个被历史实践无数次证明了的真理性结论。这一历史时期政治文明创造力的整体衰减，正是这一历史结论的最好注脚。

这一衰减趋势，经历了两个较长时段的下滑。

---

1 "修正"是中国古典词汇，最早出自《荀子·修身》："谄谀者亲，谏诤者疏，修正为笑，至忠为贼，虽欲无灭亡，得乎哉！"

第一时段——地平线式的既定状态推进。第三历史时期的前段，世界国家群基本延续着轴心时代形成的既定道路，呈现出地平线式的无创新前进，或者说，这一时段是轴心时代的惯性滑行，延续了世界范围内既定的四种不同模式：一是东方中国的统一政治文明模式；二是古希腊的贵族民主制模式；三是古罗马的共和政治模式；四是亚、欧、非大多数国家群的君主制独裁模式。

可以说，第三历史时期所有国家的政治文明，大体都在轴心时代已经创建的这四种模式之内。在第三历史时期前段的两三百年之内，世界范围的国家政治文明都没有出现新的创造，而是惯性地在"地平线"上滑行了一段时间。这一时段的惯性滑行，以中国西汉王朝的"汉承秦制"为历史典型。

第二时段——普遍下滑的负发展状态。第三历史时期后段，世界国家群的政治文明呈现出总体下滑或者直线跌落的趋势。东方中国文明严重下滑趋势的开端标识，是公元前140年汉武帝采纳董仲舒的"独尊儒术"政策主张。这一思想文化政策的具体表述是，"诸不在六艺之科、孔子之术者，皆绝其道，勿使并进"（班固：《汉书·董仲舒传》）。从此，中国的政治文明与社会思想体系，由春秋、战国、秦帝国三大时代的多元并进百家争鸣的壮阔海洋，变为趋向封闭且又不断干涸的"一元独尊"的内陆湖泊；国家权力体制方面，也由具有体系性监督制约功能的中央集权制，开始滑向扩大皇权专制的历史深渊。

欧洲国家政治文明的严重下滑，则表现在古希腊的贵族民主制的灭亡，以及古罗马由共和体制，直线跌落为执政官独裁制与世袭皇帝专制形态。自此，欧洲古典民主制与古典共和制的政治文明，在历史实践的意义上已经宣告灭亡。古希腊与古罗马形成的民主制与共和制的历史传统，也在此后的历史实践中被黑暗的欧洲中世纪深深掩埋。直到中世纪末期的文艺复兴与启蒙运动，才开始重新发现古希腊与古罗马的优秀历史遗产，已经被深深埋进历史黑暗的文明根基才被重新发现，西方国家群才确立了重建更高政治文明的历史根基。

当时，国家群集中的主要区域，依然在西亚地区。这一地区国家群的政治文明，普遍保持着奴隶制社会基础上的传统君主制。7世纪初创建的阿拉伯帝国，初期数十年实行"哈里发"——最高首领选举制；676年，时任"哈里发"的穆阿维叶一世，强势确立其儿子为权力继承人，从此，阿拉伯帝国废除"哈里发"选举制，确立了父子继承制——世袭制。这是阿拉伯政治文明在创建之初的第一次倒退，同样也在世界政治文明衰减的历史趋势之中。

就历史实践的发展看，在东方中国与西亚、欧洲的国家群几乎同时出现政治文明下滑趋势之后，世界国家群几乎全部复归于一种极其简单化的政治文明——君主制模式。所不同者在于两点：一是政治文明体系自身的均衡性程度，二是开明与专制的程度。总体上说，先前历史时期，尤其是轴心时代那种波澜壮阔的政治文明创造大潮，已经明显消退了。

总体上说，世界古典国家政治文明的发展，从此进入了大萧条时期。

三　生存空间竞争加剧，战争普遍多发

这一历史时期的另一个基本现象，是战争的普遍与强化。

在前两个历史时期，由于种种原因——主要是国家数量与人口数量都相对稀少，世界发展的不均衡性非常之大；以战争形式进行的生存空间争夺，主要发生在不到20个国家（第一历史时期16个国家，第二历史时期15个国家）之间。处于前国家状态的众多部族之间，虽然也有小规模的争夺，但是它们还没有相对坚实的社会组织条件，

无法与那些已经发展到国家文明形态的族群，进行战争方式的直接争夺。因此，总体上说来，虽然前一历史时期的战争规模与战争文明的发展水平，已经达到了古典国家时代——冷兵器时代——的最高水平，无论是东方中国的战国时代，还是西方世界的罗马帝国时代，都是这样，但是那时的战争，基本上都是国家之间的正式战争。因此，从战争数量与频繁程度看，前两个历史时期还是要比第三历史时期弱了许多。

进入第三历史时期，促使战争加剧的原因，主要有三个方面。

其一，古典国家文明的发展已经走过了创造高潮期，进入了保守思潮风行的追求稳定时期。在这种表现为形式稳定的文明萧条时期，国家保持内在活力与实力（财富量和人口量）的丰厚性大为减弱，诸多国家的拓展目光几乎本能地投向外部争夺。因而，相邻国家之间的战争空前加剧，由某些国家发动的远距离征战也大大增多。这一时期之所以能够出现诸多崇尚武力征服的帝国，由它们发动的相互征伐，以及西方国家群发动的对西亚国家的多次大规模征战等，都是基于国家的非理性扩张而产生的。

其二，这一时期出现了许多新国家，国家总数量达到了60个以上。在此条件下，国家之间对生存空间的争夺较前大为加剧，由此产生的战争也空前增多。尤其是欧洲国家群之间的战争，以及欧洲国家群体对西亚地区的掠夺性战争，都在这一时期空前爆发，其主要原因就是众多新生国家在这一时期对生存资源的争夺。

其三，这一时期的世界国家群，普遍出现了精神领域的特定团体——各种宗教力量已经趋于成熟，特大或较大宗教与特定国家的世俗政权深度结合的新型政治文明结构开始出现。基督教在罗马帝国时期成为国教，伊斯兰教成为阿拉伯帝国的国教，拜火教成为新波斯帝国的国教，等等。由此，基于宗教信仰的差异而引起的宗教歧视现象开始流行于世界，这就是不同宗教与不同教派之间互相视为"异教徒"的精神对立现象。这种宗教或教派之间的对立，渐渐滋生发展为不同宗教国家之间的战争，且呈现日益增多的一种战争形式。从本质上说，这是文明冲突导致的一种战争。在后来的国家文明第四历史时期——欧洲中世纪时期，这种因宗教差异而引发的战争，成为一个历史时段内最主要的战争。关于这一点，我们在后文还将具体呈现。

其四，这一时期出现了一个新的力量集群——由诸多游牧部族合成而产生的处于准国家形态或不发达国家形态的联盟政权。这些游牧族群的政权，无论其辖下人口是单一民族，还是诸多氏族部族的联盟，都是基于争夺新的生存空间或强力维护既定生存空间而自觉产生的军事组织。这些政权体，几乎与生俱来地具有战争功能。几乎所有的游牧部族政权辖制的人口，都具有全民皆兵的军事社会特征，都具有浓烈的战争化生活方式——鲜明的流动性、迁徙性以及高度机动性，都具有强烈的主动发起战争的内在需求。

在当时的世界，以庞大的匈奴部族为轴心的游牧族群，是一个极其特殊的人口群。艰苦频繁的流动迁徙，锤炼出他们雄强的体魄；长期的放牧实践，滋养出他们与战马之间异常敏锐的一体化感觉；粗犷简朴的生活磨炼，使他们能够仅仅携带少量食品（干肉和马奶子）而能长时间行军作战；族群内部极其粗简的原始伦理传统，使他们能够对大量的战争伤亡保持一种相对的淡漠；松散原始的婚姻习俗，使他们能够维持相对快速的人口增长；军事生活的生存方式，使所有的人口都经常性地处于军事训练之中，使他们的兵源范围大大增加，能够在人口总规模并不特别庞大的条件下建立规模较大的军队……凡此种种历史特质，在整个冷兵器时代都是强大作战能力的天然基础。他们对常态性战争生活的承受能力，远远超出了当时世界任何一个拥有稳定国家的民族。因此，当他们聚结起来而形成有组织的战争力量的时候，一般是很难被战胜的。

这些游牧部族群，对所有的周边国家几乎都采取了主动进攻的态势。小至经常性侵袭掠夺各个邻国的边境，大至发动大规模的远距离突袭战争。它们以高度的机动性为基础，所频繁发动的突袭战争方式，大大增加了当时世界战争的突发性、混乱性与频繁度及危机性。因此，它们对当时世界国家群的生存，形成了严重而普遍的直接威胁。这种灾难，在这一历史时期与之后的第四历史时期，非但历经长期而无法消除，且有愈演愈烈的趋势。总体上说，在国家时代第三、第四两个历史时期将近2 000年的时间里，游牧部族群不时发动的大规模奔袭战争，一直是世界国家文明的巨大灾难。

具体地看，直到第三历史时期中期——中国的三国时期，受游牧部族战争威胁最大的，是东方中国。这一时期，中国北部与西部周边的"诸胡"族群融入匈奴，形成以匈奴部族为轴心的大匈奴势力。历史实践的结果是，到第三时期的中期——三国时期，中国民族成功抵御了当时主要集中在世界东方的众多游牧族群的长期连续的进攻战争，不断进行大反击，不断融合分化匈奴部族群，迫使匈奴游牧部族群实力大为衰减，大举向西迁徙，逃离中国周边地区。

于是，在这一历史时期的后期时段，以匈奴游牧族群为轴心的战争力量在欧洲东部建立了新的游牧区域，开始对欧洲发动暴风式劫掠战争。从此开始，在数百年的时期内，匈奴部族群的战争洪水猛烈席卷西方国家群。其间，两个时段的战争对西方国家群冲击最大。

第一时段，是第三历史时期后期开端的5世纪中叶，史称"匈奴王"的阿提拉即位为匈奴族群联盟首领，对欧洲展开了大规模、长时间的战争，屡战屡胜，称霸整个欧洲，压迫东罗马帝国与西罗马帝国同时向匈奴政权纳贡，被当时的欧洲惊惧地呼为"上帝之鞭"。

第二时段，是第三历史时期末端与第四历史时期开端期——10—11世纪。其时，亚洲蒙古族群崛起，一方面在亚洲东部横冲直撞，对当时的中国宋王朝与其余中小国家造成了巨大的灾难。另一方面，蒙古族群大规模长驱西征，再次以战争风暴征服欧洲，其在最后阶段仍然统治俄罗斯百余年。蒙古的另一支力量（忽必烈）南下进攻，吞灭南宋政权，建立以中国文明为根基的元政权达90余年。也就是说，从第四历史时期开始，诸多游牧族群的流动奔袭战争，开始弥散世界，同时对东西方文明造成了巨大的战争灾难与文明冲击。

世界范围内战争的普遍多发，给世界所有国家都造成了巨大的生存压力。特定时期的国家群，在如何对待关乎国家兴灭生亡的压力方面，既会受到该历史时期国家文明水准的制约，更会受到本国文明水准的制约。在前两个历史时期，尤其是处于文明创造高潮期的轴心时代，东方中国面对战争兴亡的压力，所表现的普遍态势是强势生存——以文明大国的尚武精神与强大实力直面，坚决反击。但是，同一历史时期的罗马帝国却表现出另一种状态——不堪承受长期频繁的战争压力，最终崩溃灭亡。惟其如此，东方的统一中国与西方罗马帝国的历史命运，表现出很大的不同。

进入第三历史时期，世界国家群面对普遍战争所表现出的普遍态势，大体接近于古希腊与古罗马曾经的历史道路——以增强独裁与专制为手段，巩固权力体系的稳定性，从而实现举国号令一致，增强对战争的抵抗力。这是第三历史时期国家政治文明衰落的一个外部因素——普遍多发的战争因素。

四　文明冲突趋于强化，融合交流空前深入

这一历史时期，呈现出了两种矛盾而并存的历史现象。

1. 文明冲突强化

从文明冲突的意义上看，第三历史时期只是开始期。历史地看，

这一时期文明冲突的烈度，远远不如后来的第四历史时期；但是，却远远超过了前两个历史时期。就其本质而言，这一时期的文明冲突，是世界各民族以国家文明形态的冲突为历史表现形式所产生的核心价值观体系的冲突。这是人类世界第一次突破生存空间争夺的最基本冲突，而基于维护国家信念与民族精神所体现的核心价值观体系，所生发的具有新的历史内涵的重大冲突形式。随着这一新的价值观冲突在历史发展中的普遍化，文明冲突与生存空间冲突，共同成为人类文明在国家时代最为基本的两种冲突方式。

在前两个历史时期，国家之间基于精神信念与核心价值观体系而产生的文明冲突，不能说没有，但很少发生。主要原因在于两个基本方面：一则，国家数量很少，各个生存空间的距离较大，国家之间的接触与交流往往大多局限在本地区或近邻国家之间；各个国家文明差异程度的相互比较，既不直接，也不强烈，很难形成对异质文明的抵触或认同，也很难形成族群信念与国家意识意义上的对异质文明的自觉对立。二则，世界范围内的国家文明，正处于自我发展、自我创造、自我定型的时期，对异质文明与本体文明之间的差异及其所可能导致的摩擦，尚普遍不具有清晰的感知；即或有一些警觉性意识，也不可能形成国家行动的认知基础，基本上也就不可能发生国家文明之间的实际冲突。

因此，前两个历史时期的国家冲突，都是基于争夺生存空间而发生的。

进入第三历史时期之后，国家数量大大增多，各个生存空间的实际距离也因交通的相对发展而缩小，国家之间各种形式的接触与交流也相对紧密了，各国之间的民间往来也开始普遍化了。如此条件之下，相互之间在实际接触中的利益需求差异、神祇认知差异、价值取向差异、性格行为差异、生活方式差异，等等，都不可避免地在长期积累中渐渐形成了一种较为明晰的认知与评判。

从国家意义上说，在异质文明与自身文明的诸多差异中，最为重要也最为敏感的是两种差异——价值取向差异和神祇认知差异（也可看作宗教信仰差异）。这两种差异，一是最实际的利益需求的差别性，一是最直接的精神需求的差别性。价值取向之差异，既决定了国家与民族最基本利益需求的不同，也决定了国家为实现利益需求所可能采取的行动方式的不同。神祇认知之差异，既决定了族群教义崇拜的不同指向，也决定了隐藏在特定神灵信仰之后的世俗追求的不同价值走向。

一个崇拜太阳神的族群，与一个崇拜月亮神的族群，或者，一个信奉单一天神的族群，与一个信奉诸多天神甚或"人神共体"而在浅层形式上似乎没有固定神灵崇拜的族群；它们在生存方式、行动方式、价值判断、国家意识等方面，都可能会有很大的不同。表面上看，神祇认知的不同，似乎只是神灵崇拜的形式差异而已；但实际上背后却往往隐藏着族群价值认知的不同，隐藏着国家决策意识的不同。表现于反复出现的历史实践，就是这样一个具体过程：两个具有不同神灵崇拜的国家，对于发生在双方交往中的某一个并不重大的摩擦事件，其所产生的价值评判与处置方式，可能是完全不同的；这种"完全不同"甚或"完全相反"日益积累，便很可能基于国家认知而形成国家冲突。

这种历经长期积累而形成的、基于因果关系反复出现而生发的认知，达到一定阶段，必然会产生一种直接而简单的国家认知，形成一种族群意识的逻辑判断——异质文明体的存在，对本国、本民族文明是一种威胁。这一基于生存经验而产生的潜在逻辑，导致了人类文明冲突悲剧的开始。这种国家冲突，因为在本质上不是基于生存空间争夺而发生——尽管其最终结局往往与生存空间的争夺具有一定的重叠性——遂被当代理论称为"文明冲突"。

一个典型的例子，是拜占庭帝国与新波斯帝国的文明冲突。

这一时期的新波斯帝国，是第二历史时期老波斯帝国灭亡后，于226年由古波斯民族再度聚结、取代帕提亚王朝建立的一个国家。这时的波斯人，信仰的是琐罗亚斯德教——古典中国称之为"拜火教"。这一时期的拜占庭帝国与东罗马帝国宗教重叠，依据其本原传统，信奉早期的西方基督教。请注意，此时的基督教体系，尚未分裂为东西两大教派势力，天主教与东正教的分立尚未出现。因此，新波斯帝国的"神祇认知"与拜占庭帝国的"神祇认知"的不同，实际上便是与以拜占庭帝国为表层形式的整个西方世界的"神祇信仰"认知体系的不同。虽然两种信仰的差别不是冲突的全部原因，但无疑是两方发生长期战争的始发原因与基本原因。

拜占庭帝国建立初期，面临西亚地区最主要的两个强大民族群——波斯民族群与阿拉伯民族群，深感其威胁之大；对其所信奉的不同宗教，也越来越抱有敌意。初期君主查士丁尼一世（527—565年在位），自觉地开始了针对波斯民族的两手政策：一则，对内实行迫害"异端"（异教徒）政策，禁止异端分子担任任何行政职务；二则，以战争方式征服西亚地区以波斯人为轴心的异端国家。这两则基本政策，从此成为拜占庭帝国长期坚持的内外国策。查士丁尼之后，拜占庭帝国对波斯帝国的战争一直延续不断。

显然，这是因宗教信仰不同而引发的长期对抗。

从603年开始，新波斯帝国针锋相对，开始发动对拜占庭帝国的大规模进攻，从此开始了长达20余年的连续战争。波斯人在初期多次获胜，一度声势很大。直到622年，波斯人的战争力量仍然保持着相对优势，且一度攻占了埃及，并占领了属于拜占庭帝国的迦太基地区。拜占庭帝国在一时劣势之下，开始求助于覆盖西方精神世界的基督教势力。君士坦丁堡的基督教"牧首"（早期基督教大主教名号），非常仇恨波斯人的异教势力，动员东罗马帝国基督教势力与欧洲西罗马帝国的基督教势力，全力支持拜占庭对波斯人的战争。在宗教势力援助下，拜占庭帝国组建了一支名为"拜占庭十字军"的基督教信众大军——以讨伐"异教势力"为战争目标，开始了专门针对波斯人的战争。

此后，拜占庭十字军屡战屡胜。直到 627 年，这支"十字军"攻克了新波斯帝国都城泰西丰，弃军而逃的波斯王为部下所杀，新波斯帝国宣告灭亡。历史地看，这支拜占庭十字军，无疑开启了后来西方国家群发动针对东方"异教国家"的"十字军东征"的先河。这是第三历史时期国家文明冲突最极端的例证——以宗教征服为战争目标的文明冲突。

这一时期的文明冲突，使世界国家群的实力竞争关系，发生了两个方面的重大变化。

第一个变化，人类进入国家时代后第一次迎来了以征服"异教"为追求目标的剧烈战争冲突。冲突的实质，是人类精神价值取向的差异，是整个国家文明体系中最具灵魂性的核心价值观体系的差异。在此后的第四历史时期，这种文明冲突愈演愈烈，其余波一直延续到近现代国家与当代社会。

第二个变化，是人类进入国家时代后，第一次形成了以精神价值取向为基础的国家联合体，也就是基于意识形态的共同性而产生的国家联合体。具体来说，就是由秉持同一宗教信仰的诸多国家结成联盟体，对具有不同宗教信仰的异教国家或异教国家群发动征服战争。这一新的文明冲突形式，在此后的历史上日益趋向深刻化，一直发展到当代世界曾经的极端形式——几乎囊括了世界全部主要国家的"意识形态阵营"的出现与对立。

2. 融合交流深入

与此相矛盾的另一个重要方面，是国家之间的接触往来空前增大，各国之间的民间融通与交流更是逐渐普遍化。

就东方中国而言，从西汉中期开始的"丝绸之路"，拉开了中国主动与当时西亚国家通商交流的历史序幕。此后，这种以国家使节为先导的交流方式，越来越深化，带动了民间力量走出国土、走向世界的大潮。从中国东汉到隋唐，这种与世界国家群的陆海通商潮、文化交流潮、族群融合潮，在中国方面一直保持着蓬勃发展的态势。尤其是中国的唐王朝时期，其对外开放的广泛程度、深刻程度，已经完全达到了"古典国际化"的历史最高峰。这一时期，基于强盛国力所实现的国门开放与全面交流，不仅带动了整个亚洲国家群之间的交流融合，也使中国与遥远的欧洲国家——罗马帝国开始了国家之间的交流。

据《后汉书》记载，166年，当时的罗马帝国皇帝派遣使团来到东汉都城洛阳，这一事件开启了西方世界最主要大国与东方中国交流的历史。当时的罗马帝国，在中国被称为"大秦"[1]；这位罗马帝国皇帝，被译为"安敦"。据史学界考证，"安敦"就是罗马帝国皇帝安敦尼努斯，亦译为"马可·奥勒留"。

这一时期世界其余地区的交流融合，主要体现在三个板块。一个板块是欧洲国家群，另一个版块是西亚国家群，再一个版块是欧洲国家—西亚国家—北非国家之间的较大板块。当时的欧洲，已经有了20多个国家，由于空间距离贴近，国家交流与民间交流都很普遍。当时的西亚地区，更是具有悠久历史传统的文明国家集中区域。在国家文明意义上，我们可以将当时的北非国家纳入西亚国家文明圈去看待。波斯民族群、阿拉伯民族群、拜占庭与东罗马民族群，是西亚国家群走向世界的三个主流群体。它们东联中国，西联欧洲，曾经在很长的历史时期发挥了东西方文明联结纽带的巨大作用。同时，西亚国家群

---

1 对于中国东汉时代为何将罗马帝国称为"大秦"，史学界一直没有相对合理的解释与考证。从音译的角度看，是难以解释的。合理推断，一种可能，应该是一种联想性或比喻性的称谓；也就是说，东汉政权很可能将遥远的罗马帝国看作与秦始皇时代的统一中国相同的大邦，所以称作"大秦"。另一种可能，就是罗马帝国的特使在介绍自己的国家时，将罗马帝国比喻为中国的秦帝国——大秦，东汉政权只是照搬使用而已。

也是这一历史时期与其后历史时期，长期抵御西方文明冲击战争的一道屏障。从这一意义上说，西亚国家群在国家时代的文明发展史上，曾经付出了巨大的历史代价，有着特殊的文明贡献与极其重要的历史地位。

交流融合的历史趋势，与文明冲突的历史趋势，几乎是一个问题的两个方面。在逻辑上，我们能够区分并描述它们；但是，在历史实践中，它们却是同时发生而又互为因果，且又混为一体的一种宏阔的历史现象，我们很难清晰地将它们作为两个问题去对待。

交流的广泛化，是各方清楚认识相互差异的基础。一旦自觉感知到了双方或多方之间差异的存在，除了引发冲突，更会产生相互之间新的互补需求。新的互补需求，则必然导致交流的不断深化。不断深化的交流之中，则不可避免地会出现价值取向认同所导致的融合，或价值取向差异所导致的实际冲突。认同的积累会或快或慢地演变为国家意义上的深入融合；分歧的积累则会产生文明冲突，甚或战争。冲突与战争之后，无论其结局如何，各个国家与各个族群之间，仍然需要相互通商与相互交流……从根本上说，交流融合与文明冲突的交互发生，交互作用，交互深化，是一个周而复始的动态过程，永远不会完结。直到当代社会我们所处的时代，依然在持续着这种周而复始的历史过程。

06 章

衰减蜕变：国家文明第四历史时期

一　古典国家文明最后时期的非一致性

从 10 世纪末开始，古典国家文明进入了第四历史时期。

这一历史时期的确切结束时间，很难统一认定。因为，这一时期的结束，实际意味着古典国家文明时代的终结。古典国家文明终结的时间，在具体各个国家是不同的。这就是古典国家文明结束时间的非一致性。

依据历史实践，欧洲国家群的古典国家文明，结束时期应该开始于 17 世纪中叶。一般认为，17 世纪中叶的 1640 年，是英国资产阶级革命获得成功，也是欧洲古典国家文明结束的开始阶段。在东方国家群，古典国家时代的结束，还要持续相当长的一个时期，百年或数百年不定。在东方中国，古典国家文明的结束，开始于 19 世纪中叶（1840 年）的鸦片战争，再生于 1911 年的辛亥革命创建共和制国家。日本情况大体相同，古典国家文明结束于 1853 年的美国舰队入侵，再生于十余年之后的"明治维新"运动。世界其余地区的众多国家，无论迟早，大体都是在欧洲资本主义国家的对外扩张战争中结束本国古典文明的。

世界古典国家文明结束的时间，在丰富的历史实践中具有非一致性。

但是，在大的历史趋势上却是清晰的。这就是历史实践所呈现出的一个"结束时段"的存在。也就是说，在某一特定国家发生了具有文明突破意义的革命性重大事件之后，这个结束时段的开始信号就已经发出。在此后时段里，世界国家群或先或后地结束了古典文明时期——一般所谓的"封建社会"，进入近现代国家文明时期。在历史实践的意义上，这一时段无疑是客观性的事实存在。具体界定的话，世界古典国家文明具有普遍意义的结束时段，大体是300年左右，从1640年开始到1945年——20世纪中期第二次世界大战结束及联合国创建。

自此，国家时代才在普遍意义上进入了近现代国家文明时期。

需要特别强调的是：结束时段，是历史实践呈现出的一种历史存在；而对这一结束时段的认定，则是基于各国、各民族历史认知的一种理论评判，是人类精神赋予特定重大事件的一种意义，不完全等同于历史实践中的客观性事实。从这种"意义"评判上说，自从欧洲第一个资产阶级革命事件成功，世界古典国家文明时代在本质上就宣告结束了；虽然，处于历史实践中的绝大多数国家这时还停留在古典文明时期。

这是历史实践与理论体系之间的合理差异，我们必须给予自觉的注意。作为文明史研究，既不能漠视它们之间的区别，囫囵化地将历史实践与理论认定混同一体，以理论认定代替历史实践的真实过程；又不能无限强化它们之间的区别，将理论认定与历史实践之间的差异对立起来，偏执地守定一方，导致理论体系与历史实践之间脱节。依据这样的辩证理念，古典国家文明的结束时期——第四历史时期，其时长大体是600—1 000年左右。对于欧洲历史实践，这一时期是 600 余年；对于世界其余国家和地区，这一时期则是 1 000 年上下或更长一些。

对这一时期的历史分析，我们不再以国家兴亡图景作为开始。因为，这一时期新出现的重要国家并不多。新国家出现的主要目标地，是在面目尚不完全清晰的非洲中部、南部，以及南北美洲区域。从世界国家文明史的意义上看，这两大地区在古典国家文明最后时期出现的这些若干新国家，尚不具备相对的文明辐射力与历史影响力，也尚未具有因对当时的世界国家文明的影响力而不得不提及的历史地位。

这一历史时期，世界国家文明的主流地区，仍然在亚洲、欧洲与非洲北部。虽然，这三大地区也出现了少数新国家，但大体都是文明影响力不大且倏忽生灭的国家。这三大地区在这一历史时期灭亡的国家，则呈现出纷繁交错的历史特征。就基本方面说，最主要的历史现象，是特定国家某代政权的灭亡，而不再是古希腊与罗马帝国那样的国家形式与文明形态的一体性灭亡。

这一历史时期，最主要的大国灭亡，是拜占庭帝国、阿拉伯帝国、神圣罗马帝国。其中，拜占庭帝国是如同古希腊邦联一样，全面灭亡——政权实体灭亡、文明结构崩溃、主体族群星散；阿拉伯帝国、神圣罗马帝国的灭亡则稍有不同——政权实体灭亡了，文明形态与族群主体则不同程度地在原有生存空间内保留了下来。具体来说，阿拉伯帝国灭亡后，其遗留族群仍然分解为若干个阿拉伯国家，其文明形态的最基本方面，依然以分解于不同国家的形式存在着；直到当代社会，也还鲜明地存在着一个阿拉伯国家世界。神圣罗马帝国也是同样的历史归宿，或者说是更为典型的局部死亡——政权实体灭亡了，基础族群与他们的生存空间，却依然保留了下来。对这三个古典帝国的衰减与灭亡，我们将在后文以其作为具体的历史典型专门解析。

二　古典国家文明最后时期的两大历史特征

古典国家文明的最后时期，有两个最基本的历史特征。

1. 古典国家文明普遍走向僵化衰朽

从总体状态上看，这一历史图景可以这样表述：世界范围内的古典国家文明，在这一历史时期出现了普遍的严重下滑，呈现出各种历史因素交互渗透而形成的僵硬的蒙昧主义黑暗状态，整体上陷入了"文明泥沼式"的历史困境。这种黑暗状态、泥沼状态、蒙昧状态，在历史实践中的基本表现是两个方面。

首先，世界范围内古典国家文明的创造性发展普遍终止。除了极少数短暂的政治文明光焰——譬如阿拉伯帝国在初期40余年中的"哈里发"推举制——政治文明已经普遍成为以帝制模式为轴心的代次重复，质变与跨越的历史趋势在这一时期的国家文明脚步中已经消失了。各国改革（变法）的内涵越来越狭小。一些国家可见的改革或变法，几乎都是局部范围内的改良举措，一般都仅仅限定在财政领域与政治操作领域。如中国宋代的"王安石变法"及明代的"张居正变法"，如西亚阿拉伯帝国一度在占领地区实行的相对合理的税收政策与宗教自由政策，如欧洲神圣罗马帝国的"领主推举帝国皇帝"的短暂制度，以及欧洲几个国家经常发生的财税政策方面的小幅度改革等，都是如此。

其次，世界各主要大国的文明形态，都陷入了不断趋于黑暗的下滑。国家精神空前僵化，权力体系空前腐朽，社会思想空前萧瑟，各种不同形式的经院哲学泛滥，以及作为社会思想体系折射的世界各宗教组织严重对立。其中，欧洲国家群的黑暗蒙昧状态最为典型——普遍地陷入了中世纪残酷的精神专制时期，各国被蒙昧主义长期笼罩，以基督教教义裁决一切思想，"宗教裁判所"成为这一时期欧洲历史之丑陋狰狞的标志。

同时，这一历史时期的政治文明普遍跌入阴谋文化的陷阱，各国政治集团之间的竞争，显出远远低于轴心时代视野、胸怀的阴谋政治，残酷的专制杀戮普遍笼罩这一历史时期。国家对社会思想言论的限制，对精神信仰自由的压制，普遍跌落为"杀害其身"的残酷政策，使这一时期成为古典文明史上最为酷烈的精神专制时期。

同一时期，自宋王朝开始的东方中国，出现了"存天理，灭人欲"的理学体系；对中国国家文明在长期历史实践中奠定的根基——强势生存的核心价值观体系产生了极大的侵蚀作用。从宋王朝开始的中国文明，在当时剧烈的文明冲突中倍显疲软，艰难挣扎，成为中国历史上面对异质文明入侵最为软弱、丑陋的时代。终于，在中国古典文明的最后阶段，中国政权体系被一个非主体民族创建的政权体——清王朝所覆盖。需要注意的是，女真族（满人）的生存方式虽与中国主体民族——汉族有差异，但远远不是拥有独立文明形态的异质文明；以民族形态来看，汉族与满族一直是在中国文明区域内生存的同一文明的不同民族而已。正因如此，才有清代政权在总体上融入并遵奉古典中国文明传统，完全以中国传统政治文明为框架而建立清代国家形态。

我们要强调的是，清代延续了古典中国文明的衰减僵化趋势。自清代开始，不仅中国人的外观风貌——服饰、发型、礼仪等——变得光怪陆离；中国民族群的思想精神，在清代将近300年中，更是陷入了以文字狱与考据风为象征的空前黑暗专制的钳制下。尽管在最后时期中国的领土大大增加，但是中国古典文明的本色及本质却遭到了极大的扭曲。在文明形态严重变形的历史条件下，中国迎来了资本主义国家群的扩张风暴，几乎立即山崩一般塌架了。若非在相对保持了较为深厚的中国文明底色的"岭南老民孙中山们"的发动下，中国民族群鼓起了"救亡图存"的革命大潮，中国文明的历史命运，无疑要被资本主义扩张风暴所吞灭。

2. 以对峙与绞杀为基本特征，文明对冲空前广泛化

在此前的第三历史时期，文明冲突已经成为国家生存竞争的基本方式之一。其时的所谓文明冲突，一般指这样一种历史现象：国家之间的矛盾形式突破了传统的生存空间冲突，发展为基于文明差异或宗教信仰差异的国家实际冲突，及因此而引发的国家之间的战争。但是，此前第三历史时期的文明冲突，在本质上尚未脱离国家时代生存竞争的根本性法则，尚是有度的。

进入古典国家文明的最后时期，这种以文明差异为底色的国家之间的对立，伴随着世界国家文明普遍的衰减僵化，跌入了一个黑暗蒙昧的深渊，走向了绝对化的对抗与杀戮。这就是以欧洲中世纪国家群为黑暗轴心并辐射整个世界的"文明绞杀"战争。它是活生生的历史实践，是自觉而残酷的文明灭绝战争。

这一时期的"文明绞杀"战争，达到了极其剧烈的程度。举凡发生在不同地区国家群之间的大规模、长期化的战争，几乎都有着鲜明的文明对抗性质，有着国家或国家群之间自觉奉行的"文明歧视"政策，有着自觉以摧毁"异端"族群的国家存在为战争目标的理念。与此相联系，这一历史时期大大小小的国家之间的战争，几乎都表现出残酷杀戮的"种族灭绝"特征。世界在进入国家时代后，战争文明水准呈现为直线下降的历史趋势。

其中，西亚、北非与欧洲地区相互之间爆发的长时期、大规模的以宗教战争为历史表现形式的战争，最为集中地代表了这一历史时期"文明绞杀"战争的黑色风暴。地处东亚的中国，这一时期同样陷入了"文明绞杀"战争的历史漩涡。从北宋王朝开始的长达300余年的来自周边异质文明族群的各种战争，直接导致了中国文明史上又一

次重大的"政治文明休克"的历史现象——蒙古帝国攻灭南宋王朝而建立元帝国政权，统治中国 90 年左右。如同拜占庭帝国后期的"政治文明休克"一样，存续 50 余年的拉丁帝国曾经以战争方式一度取代了拜占庭帝国政权。这种"政治文明休克"——政权死亡而原有族群以低等国民形式存在——不是国家文明形态与国家轴心民族本体灭亡，而是国家文明在衰减僵化时期所暴露出的虚弱底色，仿佛元气大泄而突然昏死。显然，这是剧烈残酷的"文明绞杀"时期出现的一种特殊历史现象。[1]

从总体上说，这一时期的"文明绞杀"战争的恶性影响至为深远，留下了诸多难以弥合的文明鸿沟，给世界近现代史留下了深重的后患。其中，以拜占庭帝国为发端，以欧洲国家群为后续恶性发展轴心，其所形成的蒙昧主义的国家精神迅速滋生，并严重弥漫西亚、北非地区，也不同程度地波及东亚地区，从而形成了人类文明史上最为严重的精神黑暗时代。

当然，作为概念的"蒙昧主义"，并不是第四历史时期的哪个思想家提出来的。蒙昧主义，是后来的欧洲启蒙运动思想家们对欧洲中世纪整体认知水平提出的一种概括性评判。其所指内涵为：中世纪欧洲的普遍精神状态，是尚未认知或不愿认知世界文明与人类精神的多样性，而将极其丰富的世界文明与人类精神绝对化地仅仅分成基督教文明与异端文明两种存在形态；据此进而认定，基督教教义是唯一的神性真理，异端文明与异端思想则是罪恶谬误，是应该被消灭的对象。从历史实践看，"蒙昧主义"这一历史概括是非常适

---

1 从文明连续性的意义上说，古典统一中国历史上曾经出现过三次重大的"政治文明休克"现象。第一次是西晋之后的南北朝诸少数民族政权时期，第二次是元（蒙古）政权时期，第三次是清政权时期。这三次休克，有不同的历史形式与历史特征，且在总体上都没有背离古典中国文明框架，其历史结局基本都是取代者化入了中国文明本体，延续了中国文明的连续性。但是，必须清醒地看到，这是中国在世界文明绞杀战阶段的历史幸运，而不是依靠自身内力得以延续的必然性结局。对此我们将在后文专门论述。

当的。如同"专制主义"虽并不是古典社会的概念，却是古典社会的历史实际一样。

从根本上说，蒙昧主义滋生蔓延于国家文明的腐朽封闭与僵化自大。这是最后历史时期欧洲国家群与西亚国家群普遍的偏狭狂热精神，进而直接形成为征服异端文明的宗教战争的认识论基础。从总体上说，在第四历史时期，文明对冲与蒙昧主义弥漫，是最为主要的历史现象。

如此两大历史特征，意味着国家文明已经陷入了严重的历史困境。

历史困境的实质是，严重僵化与严重对冲并存的文明泥沼，已经锁死了世界古典国家文明在既定基础上寻求历史突破的可能；若没有新的突破与跨越，则世界古典国家文明就有可能在黑暗中持续对冲，持续黑暗，持续沉沦下去，直至同归于尽的灭顶之灾降临。文明历史之困境，文明历史之危机，此之谓也。

要深刻了解这一时期文明泥沼的严重危机，比较好的透视路径，是对当时世界东西方几个主要大国的文明对冲状况与僵化腐朽状况，进行具体的历史解析。这几个大国，都是当时具有相对强大的文明辐射力，并建立了某种程度的文明圈的国家；同时，它们也是这一时期文明对冲剧烈化的主角，无论是主动发起文明冲突，还是被动卷入文明冲突，它们的国家实践，都沉积了这一时期国家文明走向泥沼困境的深刻历史根源。

这几个大国是新波斯帝国、东罗马帝国（拜占庭帝国）、阿拉伯帝国、神圣罗马帝国、东亚中国（宋、元、明、清四代）。对它们的历史解析，主要的关注点是梳理文明对冲走向极端化绞杀战的发展脉络。因为，古典国家文明在最后时期的另一个基本现象——普遍的衰减与僵化，是相对容易为当代人们所了解的，事实上也已经基本成为当代社会接近于共识的一种历史评判。但是，对于这一历史时期文明对冲的形成、发展并最终走向极端化绞杀战的历史轨迹，当代学界还没有进行过仔细梳理。或者说，当代社会还没有从文明对冲的意义上，对这一时期具有特殊形式的国家战争进行过较为深入、系统的揭示。当代社会所了解的"文明冲突"，大体上普遍限于21世纪初美国突然发生了"9·11"事件之后，世界范围内形成的反对恐怖主义的国家行动与社会思潮，以及西方学者在这一思潮中提出来的一种定位性的认知理念。对于很早就已经存在于历史实践中的文明冲突现象，及更为剧烈的文明对冲战争，当代国家意识则尚未重视，更缺乏自觉发现的研究理念。

了解它们，具有深刻的历史意义与现实意义。

三　早期文明对冲：新波斯帝国与罗马帝国

我们的历史触角，将从稍稍深入国家文明第三历史时期开始。

我们的开掘目标是：这种因国家文明差异而引发战争冲突的历史逻辑，是如何酝酿滋生起来的？进而以什么样的历史形式，几乎将整个世界都卷入了这一巨大灾难之中？有一个前提事实是明确的：在第三历史时期，国家群最集中的区域是欧、亚、非三大洲的结合部——非洲北部（北非）、亚洲西部（西亚）、欧洲西南部（地中海区域）。早期文明冲突的萌发点，也恰恰在这个大结合部区。因此，这是历史实践给我们确定的方向。

这个大结合部的国家矛盾集中点，在西亚地区。原因很简单，从第二历史时期（轴心时代）中后期开始，地中海区域的某些希腊城邦以及马其顿帝国，就开始了向东扩张的历史，开始入侵北非、西亚与南亚。从地理环境看，首当其冲的被征服地区是西亚与北非两个区域。但是，从历史实践看，这两个地区的后续效应却有很大不同。

北非古埃及，是最古老的政教合一的"神性"国家，其文明特质具有浓厚的内敛性与神秘性，在第一历史时期的后期（公元前 1000—前 800 年）就已经开始衰落。到欧洲国家向东扩张时，古埃及很容易首先沦陷为殖民地[1]国家，几乎没有像样的大型反抗。因此，北非地区事实上不是历史矛盾的焦点，也不是早期文明冲突的核心区域。

西亚地区不同。首先，这里是世界国家文明的最早诞生地，资格最老，国家最多，还在第一历史时期出现过巴比伦、赫梯、亚述等强大国家。到第三历史时期，这里先后建立的几个强大国家的文明水准，高于欧洲国家群许多。因此，当西方国家群以大规模的战争方式侵入西亚地区时，剧烈的国家冲突——生存空间冲突与文明差异冲突——必然在这里爆发。西亚地区，必然地成为各种形式的历史冲突的核心区域。

1. 早期文明冲突的种子：第一波斯帝国对抗亚历山大帝国

西亚地区的古老国家之一，是波斯人创建的第一波斯帝国。

公元前 6 世纪中期，巴比伦、赫梯、亚述等古老的西亚强国灭亡，这一地区成为缺乏轴心强国的"力量真空"地带。恰在此时，波斯民族群于公元前 558 年统一伊朗高原并创建国家，很快成为西亚地区最强大的国家力量，史称"第一波斯帝国"——相对于后来的新波斯帝国而言。那时的中国，正处于春秋时代中期，诸侯争霸如火如荼，大变化的曙光已经开始显露。那时的古希腊各城邦，还处于在欧洲地中海区域相互竞争的发展时期，还没有开始向东扩张。那时的古罗马，则刚刚立国百余年，还处在相对幼稚的生长期——"王政"后期阶段。

这一时期的波斯帝国，发动的战争与应对的战争都很多，但都是基于生存空间争夺而发生的传统战争。那个时期的西亚地区，既没有

---

1 殖民与殖民地通常指近现代随着资本主义全球化而出现的扩张行为。被殖民国家没有政治、军事、外交等方面的权力，完全受宗主国控制。在此特指含义之外，也可泛指强国向他所征服的地区移民，并掠夺当地人民的利益的行为，本书是在此一般意义上使用这个概念。

外来势力的楔入冲突，也未见因为神灵信仰之差异等文明元素所引发的地区冲突或地区战争。这种地区内相对平静的状况，直到近 200 年之后，才渐渐被打破。

大约从公元前 5 世纪开始，地中海区域希腊邦联的某些城邦，开始相对缓慢地向东腾挪，在西亚边缘地带——博斯布鲁斯海峡的两边，开始建立了一些殖民化区域，或较小的城邑。那时，由希腊人在博斯布鲁斯海峡西边缘（欧洲的东边缘）建造的"拜占蒂翁"城邦——后来的拜占庭，再后来的君士坦丁堡——就是这种早期殖民城邦之一。由此，西方的希腊诸城邦不可避免地与东方的波斯帝国开始了大大小小的冲突，或小型战争。这些冲突或战争，一则规模不大，二则都是基于生存空间（领土）争夺的传统战争。没有哪一次战争的起因，涉及文明差异或宗教信仰差异。

公元前 4 世纪中期，欧亚结合部地区的形势开始发生重大变化。

这时，马其顿族群在希腊邦联体异军突起，建立了强大的马其顿帝国。在希腊城邦群获得霸权地位后，公元前 336 年，马其顿新王亚历山大率军开始向东拓展，发动了世界历史上少见的大规模扩张战争；首当其冲的"障碍"国家，自然是老波斯帝国。

此时，波斯帝国正逢大流士三世为君主，立即对马其顿的入侵发起了顽强的抵抗。这场战争历时六年多，波斯人连续三次大败于亚历山大统率的马其顿方阵。公元前 330 年，波斯军队最后一次大败，波斯帝国都城苏萨陷落，大流士三世在内部政变中被杀死。到此，古老的波斯帝国宣告灭亡。

后来的历史实践显示，在亚历山大 15 年的东进殖民战争中，核心战争只有波斯帝国长达六年的抵抗；其后无论是征服埃及、叙利亚、帕提亚，还是东征南亚印度的孔雀王朝，还是前期反噬希腊邦联的战争，大体上都是势如破竹，没有遇到真正的强大对手。可以说，若不是波斯帝国的失败与灭亡，地跨亚、非、欧三大洲的亚历山大帝国，在东方的楔入几乎是不可能的。

因为，亚历山大的扩张战争是非常残酷的。这个崇尚暴行的年轻君王，以病态的方式，首先开创了西方国家大屠杀、大劫掠的殖民战争恶例。这样的血腥战争，遇到异常激烈的抵抗几乎是必然的。自公元前338年，18岁的亚历山大首次冲上战场，这位亚里士多德的学生，年轻雄武而天赋暴烈的军事统帅，就一力推行残酷的战争政策与镇压政策，所到之处无不造成巨大的血腥劫难。一个在历史年表中有明确记载的暴行清单包括（远远不是暴行全部）：

公元前335年，亚历山大进攻希腊。战胜后毁灭底比斯城，杀死6 000余居民，将3万余战俘变卖为奴隶，并杀死希腊各城邦所有反对马其顿霸权的君主。

公元前332年，亚历山大军攻陷腓尼基的泰尔城。城破后，大肆杀戮平民1万余人，并将剩余平民全部变卖为奴隶。

公元前332年，亚历山大军攻陷腓尼基要塞港口推罗，杀戮8 000余居民，将3 000余居民变卖为奴隶。

公元前331年，亚历山大军攻陷波斯都城苏萨，劫掠各个波斯王宫巨额财富不计其数。

公元前331年，亚历山大军攻陷波斯波利斯，怒其投降太晚，杀戮全城居民。这是世界历史上的第一次屠城记录。

公元前329年，亚历山大军攻陷中亚的索格狄亚那城，严酷镇压居民反抗，杀戮数目不详。

公元前328年，亚历山大手刃劝谏其力戒骄狂的司令官克莱托斯（Cleitus）。

公元前323年，亚历山大病死于巴比伦古城。

总体上说，亚历山大的战争政策处于非常低劣的野蛮状态，其战争文明水准远远低于数百年后的阿拉伯帝国。从历史实践看，波斯人的战败是决定性的；它使西亚地区民族群失去了抵抗残酷殖民战争的轴心，导致了西亚国家的一时溃败，也导致了煌煌短暂的亚历山大帝国的建立。可以明确的是：第一波斯帝国时期，尚没有发生文明冲突性的战争，其与马其顿亚历山大帝国的战争，是传统意义上的国家战争——争夺生存空间的基本性冲突。

2. 文明冲突的生发：新波斯帝国与罗马帝国

此后，亚历山大倏忽暴亡，亚历山大帝国也崩溃解体。

波斯民族，则消散于亚历山大所留下的希腊化国家群中去了。

将近100年后，逃亡的波斯民族才渐渐重新集聚于西亚一个古老的国家帕提亚国——中国史书称之为"安息"——的局部地区。因为帕提亚一度曾经是老波斯帝国的属地，帕提亚民族也与波斯民族一样信奉"拜火教"——琐罗亚斯德教。如此，波斯人一直顶着"帕提亚人"的名义，度过了400余年。在这400余年中，颇具素质的波斯民族非但没有被同化解体，反而隐秘地渐渐聚结成了一支能够控制相当区域的实际力量。在其中某个时段，帕提亚国王不得不承认了波斯人控制的区域，设立了由波斯人担任的"波斯总督"这一职务，专门管理波斯民族聚居的区域。

226年，帕提亚国势衰减，社会陷入动荡。其时，波斯总督帕帕克（Papak）年老，其子阿尔达希承袭了父亲的职务，已经成为波斯人的实际领袖。当此动荡之际，阿尔达希乘机聚结波斯人建立了一支军队，一举脱离了帕提亚，再次独立建国。在举兵起事之时，阿尔达希自称是波斯古典贵族"萨珊"家族的后裔，历史便将新建的波斯王国称为"萨珊王朝"。

波斯民族对世界文明的影响，从此以新的方式开始了。

次年，新波斯立即攻灭了帕提亚国奄奄一息的政权，归并其土地人口，将帕提亚国变成了"新波斯国"，发展成为伊朗高原一个较大的国家。再经多次小战，波斯人终于再次统一了伊朗高原，新波斯国成为一个地区大国。两年准备后，雄心勃勃的阿尔达希王，率军与已经楔入西亚地区数百年的宿敌——罗马帝国大军开战。第一战，新波斯军大胜罗马皇帝塞维鲁（Severus）的罗马军团，迫使罗马帝国势力向西大为退缩，并迫使罗马附属国亚美尼亚臣服波斯。

从此，新波斯实力空前强大，以帝国的面目出现于历史舞台。

此后，阿尔达希王着手整肃国内，主要确立了三个基本方面的政策。

其一，宗教认知政策。大力整肃恢复琐罗亚斯德教，严格归正教义。下令严禁帕提亚遗民供奉不符合"拜火教"正统教义的任何偶像；同时，下令僧侣领袖将正统教义书写成正式经文，颁布社会，史称"阿维斯陀经"（Avesta），以供僧侣传播与信众念诵。

其二，提高僧侣阶层地位，强制实行举国信奉琐罗亚斯德教的"国教"政策。事实上，所谓"国教"是狭义的，是专指波斯人所信奉的"正宗"琐罗亚斯德教，而不包括帕提亚遗民所信奉的"非正宗"琐罗亚斯德教。应该说，新波斯帝国是最早强制奉行国教政策的国家。因为，此时的罗马帝国在是否强制国民信仰基督教的问题上，还处于不确定状态；一度，罗马帝国还颁布了自由信奉基督教的皇帝诏令。但是，新波斯的国教政策，毕竟还是世俗政权对宗教地位的一种认定，而不是让宗教升格为共同的统治权力。这一点，与后来阿拉伯帝国政教合一的历史性质，还是有很大不同的。在后文论及阿拉伯帝国时，我们对此将会看得更为清楚。

其三，废除帕提亚国原有的诸侯领地制（或称领主制），除保留亚美尼亚的"土王"位置之外，将全国划分为 18 省，国王任命省长，治权集中于王室中央，形式颇接近于秦帝国的中央集权制。200 余年后，新波斯帝国中期的 6 世纪中叶，科斯洛埃斯（Chosroes）皇帝又在分省的基础上增加了"大区"设置，将全国分为四个"大区"，每个"大区"设巡抚，专一督导各省政务。这一制度增补，使新波斯帝国的国家治理制度更趋完善。

从西亚地区的历史传统说，新波斯帝国的这一番政治改革，具有很大的地区政治文明的突破性，是第三历史时期很少见的政治文明领域的移植性创造。因为，在当时的世界国家文明格局中，这是中国的政治文明模式——郡县制基础上的中央集权制。而世界其余地区的政治文明，其时基本上还都是领主制或诸侯制的分治模式。两相比较，在农牧经济条件下，中央集权制的统一治理模式对社会管理的有效性与对族群的凝聚力，显然要高于领主制或诸侯制的分治模式。

从此，新波斯帝国实力大增，成为西亚地区的主宰力量。

必须注意的是，在新波斯帝国开国之后100多年的时间里，新波斯帝国奉行的国教政策，一直是国内政策，仅仅在国内实行。没有过因神祇信仰不同而与周边国家产生实际冲突的状况。这一时期，新波斯帝国同罗马帝国发生的战争，以及与其他国家发生的战争，也都还不是基于文明差异（宗教差异）方面的原因，还都是传统的生存空间争夺战争。

为什么要强调新波斯帝国的宗教政策？

一个基本的历史事实是，西亚地区是世界古典国家文明时期宗教信仰（包括没有严格教义的神祇崇拜）形式最为集中、最为多元化的地区。后来在历史上形成的世界三大宗教（犹太教、基督教、伊斯兰教），其发源地都在这里，其宗教圣地也都在这里。在第三历史时期的西亚地区，既有原本生长于斯而后又由罗马帝国"反哺"带来的殖民宗教——基督教，也有古希腊殖民族群落带来的缺乏体系化教义的各种神祇崇拜，更有西亚地区诸多原住民族群信奉的各种形式的宗教，以及各种形式的神祇崇拜。所以，任何一个西亚国家要站稳根基，或者任何一个外来国家要在西亚立足，要聚结国民人众，其首先要解决的一个基本问题，就是如何面对交叉存在于社会人口中的信仰丛林。否则，任何国家，任何势力，都将被这一地区丛林般的信仰群毁灭于无形，绞杀于无形。惟其如此，了解西亚地区宗教冲突的历史脉络，实际便是掌握了打开早期世界文明冲突奥秘之门的历史钥匙。

事情的变化，发生于新波斯帝国建立111年之后。

这一年，是337年，新波斯帝国的皇帝是沙普尔二世，罗马帝国的皇帝是君士坦丁一世。从这一年开始，新波斯帝国与罗马帝国突兀地开始了一场长达十余年的特殊战争——因宗教认知不同而发生的战争，史称"第一次（对罗马）战争"。为什么会有"第一次战争"这样一个历史认定？就历史实践说，早自罗马帝国向西亚拓展殖民地开始，西亚国家与罗马帝国的战争就开始了，新波斯帝国与罗马帝国的战争更是常态化。之所以被称为"第一次战争"，是因为在如此特殊的宗教起因的意义上，它是第一次。

这场历时十余年的"第一次战争"，导火索简单而特异。

此前，新波斯帝国一直奉行从阿尔达希王开始的、以琐罗亚斯德教为国教的政策，在国内严厉禁止基督教的传播。沙普尔二世即位后，重申这一国教政策，并在国内镇压了许多秘密进行基督教活动的基督教徒，引发了基督教徒从波斯帝国四出逃散的事件。这时的罗马帝国，已经改变了此前强迫国民信奉基督教的政策，准许罗马人自由信奉基督教，允许不信奉者存在，并宣布要担负起保护基督徒的国家责任。在这样的国策格局下，罗马帝国皇帝君士坦丁一世，对新波斯帝国提出了强烈抗议，要求保护基督教信众的宗教活动，不得迫害基督教教徒。新波斯帝国以皇帝沙普尔二世为轴心的政治集团，认为罗马帝国皇帝的抗议是无理干涉，立即以此为理由，对罗马帝国宣战。

战争的根源，决定了战争的性质。

显然，这是世界历史上第一次以宗教信仰之差异为根基，以宗教冲突为表现形式的文明冲突暴力化的开端。战争开始的头几年，双方互有胜负，保持着大体的均势。其间，新波斯帝国在国内与可控制地区，继续强化对基督教信徒的镇压，迫使残余的基督徒继续逃离波斯。罗马帝国却发生了另外一种形式的变化：后期的强势皇帝君士坦丁一世恰恰在此时病逝了，三个儿子一时分裂为三个集团势力，分土而治（后来重新合并），实力衰弱了许多。

当此形势，波斯帝国发现有机可乘，立即发动了攻势。

348年，沙普尔二世的波斯大军继续推进，在美索不达米亚的辛卡拉城之战中，一举战胜了君士坦提乌斯二世（罗马帝国皇帝君士坦丁一世的次子集团）的罗马军团，波斯帝国开始对罗马帝国居于比较明显的优势。然而，波斯帝国在此期间也遭受到匈奴部族群与其他部族群的多方进攻，骚扰掣肘甚大，与罗马帝国的这次战争始终未能分出决定性胜负。但有一点可以明确，两大帝国之间因这场宗教冲突而发动的战争，历经十年，双方均有惨重损失；此间所产生的国家仇恨及民族仇恨，尤其是相互之间的文明歧视与宗教仇视，已经无可挽回地深刻化了。

历史实践的进展，很快地证明了这一点。

359—363年，新波斯帝国国势稳定。于是，波斯人立即开始发动了对罗马帝国的"第二次战争"。这次战争，已经没有什么具体事件的起因了，实际就是"第一次战争"的继续。这次战争，新波斯帝国连续三次大败罗马军团。最后一战，是363年的萨玛拉（Samarra）之战，新波斯帝国大军在战场杀死了罗马皇帝朱利安，迫使罗马新皇帝约维安（Jovianus）妥协媾和。

这次，波斯帝国提出了极为苛刻的三个条件：第一，归还原先因波斯战败而割让给罗马帝国的底格里斯河流域的五个省；第二，将罗马帝国的辛卡拉等三个军事要塞割让给波斯；第三，双方缓冲地带的亚美尼亚（原为罗马帝国附属国），退出罗马帝国势力范围。处于动荡之中的罗马帝国，不得不屈服了。第二年，罗马新皇帝又将美索不达米亚平原割让给了新波斯帝国，以减缓强大压力。

此后，罗马帝国内乱不断，实力处于缓慢地重新整合之际。

趁此机会，371年，新波斯帝国又发动了对罗马帝国的第三次战争。这次战争历时六年，双方均无显著胜负。第三次战争结束后不久，379年，新波斯强势君主沙普尔二世病逝了，新波斯帝国陷入了内乱迭起的国势衰弱时期。同时，新波斯国内又有了"摩尼教"兴起。新波斯帝国继续坚持国教政策，处死了新教开创者摩尼。摩尼教的残余教众星散逃亡，其中的一支进入了中国。到385年，无力发动大战的新波斯帝国，开始与尚未从疲软状态恢复的罗马帝国讲和。此时，距离罗马帝国东迁与东罗马帝国建立，尚有十年时间。

皆处虚弱之中的两强达成合约之后，双方大体休战了十余年。

在这个短暂时期，两大帝国没有爆发剧烈冲突，西亚地区的文明摩擦与宗教冲突稍微趋于缓和。一个显著的历史事实是：409年，新波斯帝国皇帝耶思提则德（Yazdegerd）下令，准许基督教会在波斯帝国境内传教。此后，这一政策大体延续了十年左右。

3. 文明冲突的深刻化：新波斯帝国与东罗马帝国

395年，罗马帝国两分，东罗马帝国建立了。

恰在东罗马帝国建立之际，新波斯帝国的情势也变了，曾下令实行缓和宗教冲突的耶思提则德皇帝病逝了。420年，波斯新皇帝巴赫拉姆（Bahram）改弦更张，重新下令：恢复国教政策，重新严禁基督教在波斯境内传播，并镇压基督教活动。于是，曾经的一幕再次出现——基督教徒开始大批逃入刚刚建立的东罗马帝国，请求保护。东罗马帝国刚刚建立，不能示弱，立即发出了抗议。

波斯新皇帝巴赫拉姆秉承祖先传统，立即下令与东罗马帝国开战。

至此，新波斯帝国与东罗马帝国的宗教战争，便这样在毫无酝酿的形势下突然爆发了。从历史根源说，这是波斯帝国与罗马帝国宗教战争的延续。从现实状态说，是波斯人与一个从本体分离出来的新国家——东罗马帝国的新战争的开始。这次开始于 420 年的战争，由于受到一个意外因素的干扰，一时没有结果：新波斯帝国在战争开始后，突然受到白匈奴部族[1]的大举侵袭，不得不分兵应对。而此时的东罗马帝国，也尚在疲软之时。是故，双方开战年余均无所获。于是，422 年，新波斯帝国与东罗马帝国讲和。形势所迫，新波斯帝国作出了一定妥协：允许基督教信众逃往东罗马帝国，同时在国内也相对缓和了严禁基督教的政策。

这次与东罗马帝国讲和之后，新波斯帝国开始专心解决白匈奴等周边之患。427 年，新波斯帝国大举反击白匈奴，在战场上击杀白匈奴王。之后数十年，白匈奴不敢再来侵犯，新波斯帝国获得了一段没有骚扰的安定时期。但是，此时的欧洲与西亚又突然出现了一个新的力量元素——匈奴帝国的阿提拉称王，大军横行欧洲，极度压迫西亚。此时，无论是西罗马帝国还是东罗马帝国，或者西亚的新波斯帝国，都承受了巨大的军事压力，以及不断向匈奴帝国"纳贡"的巨大财政压力。因此，西亚地区的文明冲突暂时沉寂了一个时期。

但是，既往累积的文明冲突因子，没有因外部纷扰而真正平息。

5 世纪中后期，两个重大事件的发生，很快使事情回归了本来面目。先是 453 年，被欧洲呼为"匈奴之王"与"上帝之鞭"的阿提拉死了，强大不可一世的匈奴帝国，也随之在政权争夺的内乱中崩溃了。接着是 476 年，主宰欧洲的西罗马帝国，因内乱引起严重内战，最后一任皇帝被杀，西罗马帝国也解体灭亡了。对于当时的欧洲与西

---

1 在中国史料中，白匈奴人被称为"嚈哒（音 yàn dā）人"，认定其来自西域古国"滑国"；东罗马史学家称其为"白匈奴"。该族原居阿尔泰山南，4 世纪末西迁至阿姆河流域，5 世纪多次西攻波斯。

亚，这不啻是压在头上的两座大山的崩塌，国家之间的大格局再度发生变化是必然的。

很快，欧洲裂为一堆碎片，欧亚结合地带的两大强国矗立起来。

在此后数十年时间里，东罗马帝国在内外交困中渐渐恢复，在强势皇帝查士丁尼执政时期，东罗马帝国之国力达到了一时高峰。同时，新波斯帝国也基本上解除了白匈奴之患，渐渐走出了困境，虽然并不如何强盛。

于是，528年，刚刚就位的东罗马帝国强势皇帝查士丁尼，基于此前与波斯帝国累积的仇恨，立即对新波斯帝国发动了"第一次波斯战争"，力图为宗教战争中的失败复仇。可是，历经四年有余的苦战，东罗马帝国虽有小胜，却总是无法获得根本性胜利。此时，新波斯帝国的老皇帝库巴德（Kavadh）病逝，波斯中后期最为精明强悍的皇帝科斯洛埃斯继任。波斯帝国很快从战争疲软状态中摆脱出来，顶住了东罗马帝国的攻势。显然，东罗马帝国很难继续胜利了。如此形势之下，东罗马帝国皇帝查士丁尼在战略上改弦更张，决定放弃与波斯人的纠缠，全力向西发展，以图恢复罗马帝国在欧洲的势力圈。于是，东罗马帝国主动提出与新波斯帝国议和。很快，两大帝国于533年订立了"永久性和约"，宣布结束此前的战争状态；同时，东罗马帝国向新波斯帝国补偿了黄金11 000磅。

此后，新波斯帝国在科斯洛埃斯皇帝时期，国力达到了鼎盛阶段。

但是，东罗马帝国的西方回归梦却一无进展，反在多方袭扰中趋于颓势了。

于是，540年，也就是"永久性和约"签订七年之后，新波斯帝国开始重新发动对东罗马帝国的大规模战争。这场战争历时22年，是一场导致巨大的文明冲突后患的战争。梳理这场战争的脉络，主要阶段如下：

540 年，波斯帝国大掠东罗马第二大城安提阿卡（战争序幕）。

542 年，波斯军作战不利，东罗马帝国瘟疫流行，双方再度媾和。

545 年，东罗马向波斯献金 2 000 磅，订立"五年休战和约"。

549 年，东罗马援助波斯反抗势力，再度引发波斯人开战。

562 年，基于长期战争威胁，东罗马帝国皇帝查士丁尼与波斯人妥协，订立"50 年和平条约"，每年须向波斯人纳金币 30 000 枚。

至此，这场历时 22 年的战争在形式上宣告结束。但在实际上，两大帝国并没有因为签订"50 年和平条约"而真正休战。依据历史记录，此后还是战事不断。首先是 575 年的小战无胜负，双方再次媾和；再是 576 年，双方大规模的梅利泰内（Melitene）之战，东罗马帝国获胜；第三次是 579 年，由波斯帝国发动的复仇进攻战，并无大胜；第四次，是从 603 年开始，由波斯人再次发动的对东罗马帝国的变身——拜占庭帝国——的长达 20 余年的最后一次战争。

四　文明对冲极端化：拜占庭帝国与新波斯帝国

拜占庭帝国，是这一历史时期最重要的大国之一。

之所以重要，不是因为它是东罗马帝国的直接继承者，也不是因为它的广阔疆域、众多人口与诸多战争成就，甚至也不是它所留下的那部比较有价值的《查士丁尼法典》。从文明史的意义看，拜占庭帝国之所以重要，是因为它是一个历史性的"黑骷髅"标志——以暴力绞杀方式解决文明差异问题、以战争方式征服异端文明的始作俑者，是"十字军"的鼻祖，是将这一时期带入黑暗与野蛮的"头狼"。不了解拜占庭帝国的历史，就不了解世界以绞杀灭绝方式对待文明差异的历史根源，不了解欧洲中世纪陷入黑暗愚昧的由来，也就不会了解西亚国家群从那时起直到今天的动荡与仇恨的历史根源。

1. 拜占庭帝国的历史脉络

要说清拜占庭，得从罗马帝国后期开始。

330 年，罗马帝国皇帝君士坦丁一世，将都城迁于东部地区的一座城市。这是由原来的古希腊邦联的迈加拉（Megara）城邦的移民，在博斯普鲁斯海峡边缘所建立的一座规模不大的殖民城市，西与希腊岛屿群遥遥相望。最初，这座城市的希腊语名称叫作"拜占蒂翁"，很可能是当时组织建城的希腊人领袖的名字。这个希腊语名称，在罗马帝国通行的拉丁语里写作"拜占庭"（Byzantium）。此前，罗马帝国已经看中了这座城市地理位置的重要性，在这座城市的老城区之外又另建了一座罗马城——罗马帝国之罗马人的城市。迁都之时，罗马人又以皇帝君士坦丁一世之名，将"拜占庭"改名为"君士坦丁堡"——君士坦丁之城。

迁都之后的 60 余年里，以君士坦丁堡为轴心的罗马帝国东部地区，已经成为整个罗马帝国新的政治、经济、军事中心。395 年，罗马帝国皇帝狄奥多西一世在米兰病逝。临终前，这位罗马皇帝将整个罗马帝国分为东西两部，以两个儿子分别为东部罗马帝国皇帝与西部罗马帝国皇帝——长子阿卡迪乌斯（Arcadius）为东部皇帝，次子洪诺留（Honorius）为西部皇帝。

从此，东部罗马地区成为东罗马帝国，以君士坦丁堡为都城，领有巴尔干半岛、小亚细亚、叙利亚、巴勒斯坦、埃及、美索不达米亚及南高加索一部分。西部罗马地区，也就是罗马帝国的欧洲部分，则成为西罗马帝国。以罗马帝国东迁后的历史条件看，以老皇帝的长子阿卡迪乌斯为皇帝的东罗马帝国，事实上更具有正统性，在土地与人口实力上也要更为强大一些。这一正统性与实力根基，是此后的东罗马帝国及演变而来的拜占庭帝国，能够长期主导或施加重大影响于欧洲（西罗马帝国）的重要历史原因。

395—610 年，这 200 多年的东罗马帝国政权，一直是罗马帝国皇帝的血统传承。对这一历史时期，世界历史意识一般仍然称作"东罗马帝国"。作为历史名称的"拜占庭帝国"的出现，主要基于三方面的历史变化。

首先，是皇帝血统的改变——改朝换代。 602年，东罗马帝国发生兵变，皇帝莫里斯被杀死，军事首领福卡斯（因其担任过低层军官百夫长，也被史书称为"百夫长福卡斯"）被拥立为皇帝。其后，罗马帝国的宿敌新波斯帝国，以为东罗马皇帝莫里斯复仇的名义，发动了对东罗马新政权的大规模战争。虽然东罗马帝国因此陷入了巨大的动乱，但新波斯帝国也未能彻底战胜福卡斯的新政权，大局依然在动荡中延续着。

到610年，东罗马属地迦太基总督决意起兵"安定"大局，派自己的儿子希拉克略为统帅，率军进攻君士坦丁堡。这支迦太基军队杀死了"百夫长皇帝"福卡斯，拥立希拉克略为东罗马皇帝。从此，东罗马帝国开始了希拉克略王朝。东罗马帝国的皇帝血统，变为了属地迦太基的希拉克略家族的血统传承。这就是东罗马帝国的改朝换代。

其次，官方语言的改变引起的文化转折。 希拉克略新王朝继承了东罗马帝国的历史遗产，并在此基础上巩固根基，此举基本上是自觉的。但是，新王朝在开始期却立即实行了一项新的文化政策——以希腊语为帝国官方语言。这是一个很重要的文化转折。因为，以希腊语为官方语言，意味着罗马帝国传统拉丁语言的官方地位丧失，语言地位大大下降。这一重要的文化转折，实际宣示的意义是：新的帝国将不再原封不动地继承罗马帝国的文化传统，而是在某种程度上回归亚历山大帝国时期的希腊化传统。其后，希腊语很快成为东罗马地区的通用语言，文化意义上的东罗马帝国变成了希腊化世界的一员。

再次，对原罗马帝国文明传统的改变。 东罗马帝国的领土，事实上大体都是希腊扩张时期的"亚历山大帝国"遗留下来的占领区。亚历山大死后，帝国解体，曾经的"亚历山大帝国"占领区被欧洲人看作"希腊化"了的国家与地区。另一个历史原因，东罗马帝国都城的历史，起源于古希腊时代的希腊人的殖民开拓。凡此种种，基于希腊文明传统某种程度的复活，改变了原东罗马帝国自身的文明传统，与秉承原罗马帝国传统的西罗马帝国，有了文明传统传承方面的若干差异。

这种差异，随着国家竞争的深化日益深化，终于发展为国家文明意义上的重大差异。在后来最为黑暗的蒙昧主义时期，这种本属于历史文化的差异，被双方无限放大。拜占庭帝国（东罗马帝国）与西罗马帝国遗留的欧洲国家群，双方互相视为异端，最终爆发了难以避免的激烈的文明对冲；拜占庭帝国（东罗马帝国）也被欧洲国家群发动的"十字军东征"反噬了。

故此，西方历史意识始终将东罗马帝国的希拉克略王朝，称为"拜占庭帝国"。显然，其潜在意识是明确其希腊化特征，并隐含一种异端指认的意义。也就是说，从欧洲中世纪开始的西方历史意识中，拜占庭帝国并不是一个正宗的"西方国家"，而是一个仅仅具有某些西方文化根基的异端化国家。

从文明史的意义上看，名称的变更并不重要。重要的是，拜占庭帝国是以第一罗马帝国为历史基础，再以东罗马帝国为直接基础而生成的一个国家。虽然，在官方语言、文明继承及宗教教义的若干方面，拜占庭帝国与第一罗马帝国、西罗马帝国，以及中世纪欧洲国家群有所不同；但在文明形态的历史根基上，拜占庭帝国在相当长的历史时期，与西方国家群保持着同一核心价值观体系，并没有根本性差异。在当时极为看重的宗教信仰的归属上，它们之间更无二致。

事实上，在相当长的历史时期，东西两个罗马帝国，及后来的拜占庭帝国，与罗马帝国的历史遗产——欧洲国家群之间，都是相互认同的，是相当紧密的同盟关系。在对新波斯帝国及阿拉伯帝国两大"异端"的长期战争中，更是一体化同盟。因此，在文明形态的意义上，将东罗马帝国与拜占庭帝国看作一体，当作欧洲文明在东方的扩展结果，当作欧洲中世纪蒙昧主义的东方版本，并无不妥之处。

从 610 年的希拉克略王朝算起，拜占庭帝国经历了九大王朝：

希拉克略王朝：610—711 年，历时 100 年上下。

伊苏里亚（Isaurian）王朝：717—802 年，历时 80 余年。

阿摩里（Amorian）王朝：820—867 年，历时 40 余年。

马其顿王朝：867—1057 年，历时 200 年上下。

科穆宁（Komnenos）王朝：1057—1185 年，历时 100 余年。

杜卡斯（Ducas）王朝：1059—1067 年、1071—1078 年，历时 16 年。

安基卢斯（Angelid）王朝：1185—1204 年，历时 20 年上下。

拉丁帝国政权：1204—1261 年，历时约 50 年。

巴列奥略（Palaiologan）王朝：1261—1453 年，历时约 200 年。

以上九个政权时期，连同希拉克略王朝之前的 200 年左右的正宗东罗马帝国，拜占庭帝国的存在时期大体为 1 000 年稍多，从 395 年到 1453 年。

2."潘多拉盒子"打开：拜占庭十字军实施文明绞杀战

东罗马帝国变身期间，东罗马帝国与新波斯帝国都发生了重要的转折性事件。

首先，565 年，东罗马帝国强势皇帝查士丁尼病逝，东罗马帝国政局开始动荡并呈现出明显衰落。其次，579 年，新波斯帝国的强势皇帝科斯洛埃斯病逝，新波斯帝国也开始走向下滑之路。再次，602 年，东罗马发生了严重的军事政变，叛乱势力杀死了皇帝莫里斯，发动政变的军事领袖——"百夫长福克斯"自立为皇帝，东罗马帝国陷入空前动荡之中。

东罗马帝国军事政变发生两年后，不怎么有头脑的波斯帝国新皇帝胡斯罗（Khosrau）二世认定有机可乘，打着一个很没有说服力的理由——为自己既往的敌人（被推翻并被杀死的）东罗马帝国皇帝莫里斯复仇——汹汹然发动了进攻东罗马帝国的战争。但是，波斯军队的战力此时已经大为下降，没有获得决定性胜利，更没有推翻福克斯的新政权，只能颇为尴尬地回军。

四年之后，也就是 610 年，东罗马帝国的迦太基总督（非洲总督）起兵，以其长子希拉克略为统帅，率军攻占君士坦丁堡，在城内暴动力量配合下杀死了政变皇帝福克斯。很快，在东罗马贵族与民众的共同支持下，希拉克略成为新的东罗马帝国皇帝，建立了新政权，史称"希拉克略王朝"。从历史实践看，东罗马帝国的这次政变，直接导致了东罗马帝国的改朝换代——希拉克略王朝建立，因此具有特殊的转折意义。

如上重大事件的发生，使西亚地区的实力格局发生了重大变化。最为重要的一点是，东罗马帝国在动荡中涌现出了一个相对强大的新政治集团。他们相对摆脱了第一罗马帝国已经趋于古老僵化的腐朽性，开始以新的方式重建国家实力，使变身后的拜占庭帝国开始拥有了前所未有的战争力量。

与此相对应，新波斯帝国却恪守着原有的历史传统，没有以新的方式整合国家，外在虽然依旧强盛，实际却已经发生了严重的国力萎缩。重要的是，新波斯帝国在这一历史转折时期的国家行为，仍然奉行一以贯之的绝对化及单一制的"国教"政策，无论对相邻国家的"异教"（包括国内同属"拜火教"的不同教派），还是对外来的西方基督教，都采取了强烈排斥的国策，诸多冲突由此而起。

虽然新波斯帝国曾频频战胜罗马帝国与东罗马帝国，使其几乎成为后期罗马帝国的噩梦；但是，新波斯帝国并没有因为曾经战胜罗马帝国与东罗马帝国而对基督教信众采取宽容政策。相反，新波斯帝国在战胜之后，反而加强了对基督教的仇视与镇压国策。时当东罗马帝国变身为拜占庭帝国的开始时期，新波斯帝国仍然如此，一面猛烈进攻拜占庭，一面加紧镇压基督教。

在这样的历史积累中，世界性的文明对冲掀开了最黑暗的一页。

应当注意到：610 年，拜占庭帝国在动荡中建立的时候，新波斯帝国对东罗马帝国发动的最后一次长期战争，已经开始七年了。显然，作为继承了东罗马帝国历史遗产的拜占庭帝国，必须在对波斯人的战争中获得彻底胜利；否则，这个变身帝国不可能拥有任何意义上的立国根基。当然，更为实际的威胁是，如果战败，拜占庭政权必然在这场旷日持久的文明对冲战争中灭亡。从客观的历史立场看，这时候的拜占庭帝国是濒临绝境的背水之战，希拉克略王朝必然拼尽全力，与正处强盛势头的波斯大军展开生死苦战。

让我们来梳理一下，自 610 年希拉克略王朝建立后的战争脉络。请注意，此时的战争已经开始了七年，且此前一直是波斯人占据优势。

610 年，希拉克略王朝建立，东罗马帝国变身拜占庭帝国。

611 年，波斯人攻陷叙利亚首府，严重威胁拜占庭。

613 年，波斯人攻占大马士革，紧逼拜占庭都城外围。

614 年，波斯人攻占耶路撒冷，大肆劫掠并毁坏圣十字架。

615 年，面对波斯人攻势，拜占庭帝国计划迁都迦太基。

616 年，波斯人占领埃及地区（拜占庭属地）。

617 年，波斯人进逼到君士坦丁堡一英里之外。

619 年，拜占庭匆忙实施迁都，因大主教强力劝阻而中止。

620 年，拜占庭与敌对的阿伐尔（Avars）部族国再度媾和，减轻压力。

621 年，皇帝希拉克略寻求基督教会支持，开始酝酿新力量。

622 年，在基督教会全力支持下，拜占庭十字军建成，由赫拉克利乌斯（Heraclius）任将军，向波斯大军开始发起反攻，开始有了小胜。

627 年，发动尼尼微之战，拜占庭十字军大败波斯大军，一举攻占波斯都城泰西丰，波斯皇帝为部下所杀；拜占庭信众军大肆屠杀一切反对势力，就此获得稳定。

很清楚，最重要的一点是拜占庭十字军起了关键的转折作用。

这是一支什么样的军队？

如前面所梳理的，在这场战争的绝大部分时间里，都是拜占庭帝国面临危险处境；由此我们明白，拜占庭十字军绝不是一支正常征召而来的军队，而是在国家危亡的严峻时刻，由教会领袖发动，由基督教的忠实教众组成的一支敢死队性质的捍卫信仰之师。他们佩戴着十字架徽章，骑着具有防护装置的战马，挺着长矛盾牌或骑士铁剑，怀着必死的决心与背水一战的斗志，义无反顾地踏上保卫信仰的战场。也就是说，仅仅在这个历史时刻，仅仅在这场战争的开端时刻，这支异常的军队还是有着某种正义资本的。

虽然是仓促聚集，也未必人人都是训练有素的超强武士。但是在这个基督教帝国面临严重威胁的时刻，这些都成为很不重要的因素。重要的是，这场战争中的教会领袖人物异乎寻常的坚定性。这种坚定性，无疑来自教众的支持。在希拉克略王朝迫于波斯人的威势，已经开始部署并实施紧急迁都的慌乱时刻，是君士坦丁堡的大主教——"牧首"（地位等同于后来的欧洲教皇）——的坚执劝阻，才使拜占庭的核心力量没有因为迁都而解体。

一个最基本的逻辑是：君士坦丁堡的教会牧首，能说动皇帝放弃紧急迁都，一定是极具情感地强调了三个基本方面的理由。一则，波斯人对罗马基督教的敌对仇恨由来已久，不可消解，迁都无异于放弃

　　　　　　　　　　　　　　　　　　　　　　　　国家时代

抵抗、亡教亡国，绝对不能走这条路；二则，罗马人有上帝保护，拥有不可战胜的神力，拥有欧洲教会的后盾力量，应坚守都城君士坦丁堡；三则，应该立即联结欧洲教会（或者在实际上已经开始了），激发忠实教众，组成拜占庭十字军，保卫基督教，对波斯人发动强大的宗教力量反攻。

在最危急的时候，皇帝向基督教会发出了紧急求救呼声。教会领袖则基于宗教仇恨意识，坚定地支持了希拉克略皇帝，发动了连同欧洲教会在内的宗教力量的聚合，为拜占庭帝国成立了名为拜占庭十字军的教众军队，开始了对波斯帝国大规模的宗教复仇战争。

如果仅仅到此为止，历史对拜占庭十字军并无谴责的理由。

可是，从更为广阔的历史根基与后续变形发展的事实看，远远不是这样。历史实践的源头显示，亚历山大帝国也好，罗马帝国也好，东罗马帝国也好，拜占庭帝国也好，都是远离其原居住地而强行入侵东方的殖民帝国。这些帝国的军队，都曾经在西亚与北非地区长期奉行残酷杀戮的"丛林法则"，在暴力征服的基础上强行建立殖民帝国政权。同时，也正是这些殖民帝国，将原本诞生于西亚地区旨在激发普通民众抗暴的早期基督教，改造为驯化罗马民众的"变身"基督教；此后又"反哺"而来，欲图强行植入西亚各个国家，进而驯化西亚族群。如此伴随着暴力征服，又具有精神驯化目标的"反哺"型基督教，自然很快变味，成为政治色彩极为浓厚的殖民宗教。惟其如此，自然难以避免地引发原住民族群与原生国家的极端仇恨。

举凡殖民帝国如此这般的历史作为，其所留下的文明差异的鸿沟，都是非常深远的，是难以磨灭的。检索西亚地区的历史冲突，其主线始终是各个历史时期的殖民帝国与原生国家的剧烈冲突。深刻的历史根源，正在于久远的殖民帝国与殖民宗教所埋下的历史隐患。

在这样的历史根基上说，波斯民族与阿拉伯民族先后对罗马帝国、东罗马帝国、拜占庭帝国发动的长期战争，本质上绝非侵略扩张战争，而是古典国家文明时期具有历史正义性的反侵略、反扩张、反殖民战争，没有无端谴责的理由。波斯人与阿拉伯人，对这些殖民帝国以强力为后盾传播殖民宗教，抱有强烈的排斥态度，同时长期奉行禁止基督教传播的国教政策，本质上是反击文化侵略的历史运动，是无可非议的。

历史大现象的定位，不能纠缠于每次冲突的"具体起因"这样的历史细节，从而导致背离历史本质的正义性，将反击殖民主义征服战争的运动，扭曲成一个个具体案件的是非之争。只有立足历史实践的基本方面与根基方面，我们才能真正接近历史的正义性。就后续历史实践说，拜占庭十字军在尼尼微战役中大败波斯军队后，立即对波斯人、犹太人及所有支持波斯人的其他族群，一体化地展开了残酷的大规模屠杀；这种惨无人道的大屠杀，已经远远超越了"保卫"不那么正义的殖民帝国与殖民宗教的界限，明确地变成了基于文明仇视的屠杀与毁灭。

到此，这支拜占庭十字军的历史内涵，已经发生了重大变化，由捍卫自身宗教信仰而成立的一支具有起步正义的宗教军队，演变为了以暴力杀戮方式消灭异端教众的文明绞杀者。

五　文明对冲极端化：十字军东征 200 年绞杀战

按照历史实践顺序，拜占庭十字军之后的欧洲"十字军"的历史，应当在阿拉伯帝国时期再来涉及。但是，基于罗马教皇与欧洲国家群发动的"十字军东征"与拜占庭十字军具有直接的国家精神继承性，我们在这里作为上节所及问题的延展来连接展开。

新波斯帝国灭亡之后，拜占庭十字军挽救拜占庭帝国，并在大肆杀戮劫掠中获得丰厚战利品的范例，随着参加拜占庭十字军的欧洲教众绘声绘色的争相流传，在已经成为"碎片"世界的欧洲，渐渐引起了深远的影响。300 余年之后，当阿拉伯帝国在西亚地区崛起，成为东方文明的西部门神时，西方文明在西亚地区的支柱——拜占庭帝国，已经处于严重衰落时期了。同时，拜占庭帝国因为与欧洲国家群的基督教教义分歧及教会矛盾，已经被欧洲的教皇势力与众多欧洲国家，视作接近于异端的另类了。

此时，在欧洲教皇势力与几个大"碎片"国家的历史目光中，世界形势是非常严峻的。拜占庭已经异端化，不足以成为西方在东方的强大根基与主宰力量；欧洲基督教与欧洲国家群，若不在西亚地区征服阿拉伯帝国并镇压西亚地区异端宗教势力，欧洲基督教文明很可能在欧洲最终失去神权统治地位；作为欧洲碎片国家群的世俗政权，若不进行新的开拓与征服，则将失去从东方土地攫取丰厚生存资源的可能性。这就是神权统治势力与世俗领主国家在利益上的重合点。有了这样的重合点，便有了滋生武装征服力量的社会认知基础。

在这样的历史条件下，1095 年 11 月，罗马教皇乌尔班二世在法国南部城市克莱蒙的宗教会议结束后，以极其焦虑的心绪对与会教众发表了演说。他激情地鼓动欧洲国家的基督教信众行动起来，对东方进行远征，夺回基督教圣地耶路撒冷，恢复基督教文明的统治地位。请注意，这是一个具有决定性意义的信号。当然，对于教皇及教会在"十字军"历史上的决定性作用，我们还将在后文论述基督教蒙昧主义时专门展开。

教皇的这次演说，立即得到了当时欧洲实力状况较为不错的法国的积极呼应。法国的四个领主（公爵）发动教徒，很快组成了四支骑士队伍，由四个公爵亲自统率，开始了第一次十字军东征。这支十字军完全仿效拜占庭十字军的装备方式，外衣缝制基督教的十字架作为标记，全部清一色的骑兵——战马与长矛、剑盾的组合。

在近 200 年间，欧洲八次十字军东征的罪恶历史清单如下：

1096—1099 年，第一次十字军东征，历时三年余。后期夺得耶路撒冷并建立四个殖民国家，建立"圣殿骑士团"与"医院骑士团"。

1147—1149 年，第二次十字军东征，历时两年余，总体失败。

1189—1192 年，第三次十字军东征，历时三年余，总体失败。

1202—1204 年，第四次十字军东征，历时两年余，反噬拜占庭帝国，君士坦丁堡被占领，拜占庭皇政权被推翻，"拉丁帝国"建立。

1217—1221 年，第五次十字军东征，历时四年余，总体失败。

1228—1229 年，第六次十字军东征，历时一年余，占领耶路撒冷。

1248—1254 年，第七次十字军东征，历时六年，没有决定性胜负。

1270 年，第八次十字军东征，以埃及与突尼斯为目标，其间因统帅路易九世死于瘟疫，东征结束。

1291 年，西方十字军被完全赶出西亚与地中海东部地区。

欧洲教皇狂热推动的"十字军"战争，对东方文明——地中海东岸亚洲地区——进行了长达近 200 年的暴力毁灭战争，其所到之处大肆烧杀、大肆劫掠、大肆奸淫的深重恶行，远远超过了历史上因以暴力席卷西方而著称的匈奴之患。虽然，十字军东征在客观效果上，也起到了促进东西方文明交流融合的一定作用，但与其造成的毁灭性灾难及深远的文明对冲后患相比，实在是不足称道的。

八次十字军东征中，最惨无人道的要数"儿童十字军"的生灭。

公元 1212 年，在第四次十字军东征之后，第五次十字军东征之前，当时的法兰西王国与神圣罗马帝国结盟，匪夷所思地共同征发了大量 12 岁左右的儿童与少年，组成了一支"儿童十字军"开向东方。[1] 这支疯狂而残酷的少年儿童军的组建，是欧洲中世纪蒙昧主义时期最为变态的恶性事件。在冷兵器时代，这些连马匹与长矛、剑盾

1　关于儿童十字军的规模，文献说法不一，从几千人到 5 万人不等。

的配合使用都很难顺利实行的孩童们，在素有尚武传统的西亚大军面前，无异于砧板鱼肉。对此，狂热的教皇与欧洲国家群的君主们，及提供儿童的领主们不可能不知道。但是，为了他们狂热的征服异端的黑色理念，这些儿童还是被驱赶到东方战场去了。

这支"儿童十字军"的结局是非常悲惨的。其中一部分，未上战场便被领主暗中支持的人口贩子拐卖为奴隶；大多数儿童骑士，则在残酷的战场"战死"；还有一部分，被冷兵器时代严酷的军旅生活所带来的疾病、伤痛，活活地折磨死了。更令人齿冷的是，如此疯狂而惨无人道的国家行动，竟然得到了当时的教皇——英诺森三世的大加赞赏。

历史实践表明，拜占庭十字军以对峙绞杀战来解决文明差异问题的方式，已经在后来的历史上成为西方国家群在文明冲突中的长期法则。即或在近代史开端的扩张战争中，西方国家群仍然奉行这种暴力法则。这种残酷毁灭异质文明的方式，与西方国家群与生俱来的弱肉强食的"丛林法则"是天然吻合的。自亚历山大向东扩张，建立殖民帝国开始，西方国家群就开始了以残酷血腥的屠杀方式争夺生存空间的历史；自拜占庭帝国开始，西方国家则又开始在文明冲突中推出了残酷血腥的暴力方式。

虽然，后来的拜占庭帝国也同样被西方世界指斥为异端，同样被自己发明的"十字军"残酷反噬；但是，进行公正客观的文明历史评判，不能因此而忽视拜占庭帝国打开"潘多拉盒子"的历史恶行。在其后的历史进展中，我们将更加明晰地感知这一恶行的历史后果。

六　拜占庭帝国的"黑色历史线"

在长达千余年的时间里，拜占庭帝国的国家行为，始终呈现出一条异常粗大的"黑森森"的主线——与周边族群、国家之间绵延不断的文明对冲与残酷战争。拜占庭帝国所发动或应对的绝大多数战争，都不是基于生存空间争夺而发生的传统战争，而是基于文明差异自觉发动的一种征服异端文明的宗教战争。

在 1 000 余年时间的九大王朝中，拜占庭帝国对基督教之外持不同信仰的族群与国家，一律视为异端，但凡有可能，便会发动战争。虽然，这些连绵不断的战争中，也有基于生存空间争夺的战争；但是，主要的战争、大规模的战争、最残酷的战争，以及战争的主要原因，几乎都是蒙昧主义的宗教歧视。

为此，拜占庭帝国在长期战争中，征服了许多周边小国。同时，也遭到了周边国家的强烈反抗，它们纷纷将反抗、应对发展为对拜占庭帝国的长期进攻战。虽然，在整个过程中各方有胜有败；但是，拜占庭帝国最终灭亡于连绵不断的战争海洋，却是不争的历史事实。这里，将拜占庭帝国与波斯帝国、阿拉伯帝国两大民族群的长期战争除外，依历史顺序，来排列一下拜占庭帝国与其他"异端"国家之间的战争：

8 世纪末至 11 世纪初，与保加利亚人多次交战，互有胜败。

9 世纪末，发动对小亚细亚保罗派共和国的宗教战争。

10 世纪初，与进攻的基辅罗斯大公国开战，失败。

1041 年，诺曼人对拜占庭之意大利南部领地发动战争。

1064 年，匈牙利人与塞尔柱突厥人同时对拜占庭发动战争。

1096 年，西欧国家群发动第一次十字军东征，协助拜占庭。

1147 年，诺曼人再度发动进攻，西欧十字军第二次援助战。

1154 年，拜占庭发动对意大利南部诺曼人的战争，失败。

1176 年，拜占庭发动对塞尔柱突厥人的米里奥塞法隆（Myrioke-phalon）战役，大败。

1185 年，诺曼人再度进攻，拜占庭大败，科穆宁王朝灭亡。

1204 年，欧洲第四次十字军东征，攻占君士坦丁堡，建立拉丁帝国。

13 世纪初，蒙古人、保加利亚人先后进攻拜占庭之拉丁帝国。

1261 年，内战，拜占庭之巴列奥略王朝建立。

1273 年，西西里人入侵拜占庭。

1304 年，拜占庭对新建的奥斯曼土耳其发动战争，获胜。

此后直至 1453 年，拜占庭帝国始终深陷政变、内战，及与强大的塞尔柱突厥人、奥斯曼土耳其人的战争旋涡中，直至灭亡。

拜占庭帝国在这些对"异端"国家的战争中，奉行的是非常残酷野蛮的杀戮政策，其战争文明的水准之低下，可谓野蛮。1014 年，拜占庭帝国的巴西尔（Basil）皇帝在打败保加利亚国王萨缪尔率领的军队后，下令对俘虏的 1.5 万余名保加利亚将士尽行挖去双目，仅在每 100 人中留 1 个人的一只眼睛，以"释放"他们认路逃回。在战场被俘的保加利亚国王萨缪尔，当场气愤死亡——被活活气死。由此，巴西尔获得了一个残暴的名号——"保加利亚人的屠杀者"。

拜占庭帝国始终奉行残酷杀戮的文明绞杀战政策，强烈地激发了其他"异端"族群以暴易暴的复仇精神。诸多国家与诸多族群，在对后期拜占庭的战争中，曾反复出现惨绝人寰的大屠杀。1452 年，奥斯曼土耳其帝国对拜占庭发动最后一次灭国之战，残酷的大规模进攻战持续将近一年。当时，包括神圣罗马帝国在内的西方诸国，慑于奥斯曼土耳其大军的复仇气势，迟迟不敢发兵救援。在拜占庭皇帝派出特使紧急乞援的时候，竟只有教皇尼古拉五世派出红衣主教伊西多尔（Isidore），率数百人的雇佣兵前来救援。在最后的复仇攻杀中，连拜占庭最后一任皇帝君士坦丁十三世，也被乱军当场杀死。

在世界国家文明的第四历史时期，拜占庭帝国的存在，及其发端的以"征服异端文明"为根基理念的国家行为，是世界国家文明在这一时期极其重要的历史表征。拜占庭帝国自觉奉行的对"异端"国家的征服与灭绝战争，与其同时推行的争夺生存空间的扩张战争两翼并举，对这一时期的世界国家文明群存在构成了巨大的畸形冲击，产生了非常深远的恶性历史影响。

既往的历史实践表明，人类各个民族所创造的国家文明，一开始就存在着种种形式的差异；尤其是神灵崇拜与宗教信仰，其种类之丰富堪称千差万别。这是文明形态的多元化发展，是健康正常的历史现象。对于文明多元化的差异，世界国家群在第一和第二个历史时期——生成时代和轴心时代，大体都保持着程度不同的包容精神。直到第三历史时期，文明差异所导致的民族与国家冲突，还处于局部地区，是少数国家之间的中小规模状态。从世界范围看，第三历史时期具有文明冲突起因的战争，大体还局限在西亚地区的国家之间，主要表现在新波斯帝国与罗马帝国东扩所引发的冲突中。

就是说，在人类国家文明的前三个历史时期，生存空间的争夺是主要的冲突形式。国家之间基于文明差异而产生冲突或战争的现象，在此前的历史上还处于青萍之末的酝酿生成时期。可是，从拜占庭帝国开始，给人类文明带来无尽灾难的"黑色风暴"，迅速地进入了发作期，又骤然地进入了剧烈期，突兀爆发为古典国家文明最后时期的最大灾难。

"黑色风暴"发端，是指这样一个最基本的历史事实：拜占庭帝国首先在西亚地区，继而在与欧洲国家群的关系中，最先自觉地建立了宗教武装——拜占庭十字军，开创了以大规模暴力毁灭的方式来解决国家文明差异问题的恶例。这一具有历史罪恶性质的国家行为，一举打开了文明冲突的"潘多拉魔盒"，立即引起了强烈的连锁效应。首先，深刻激发了周边"异端"国家基于文明自卫而掀起的"圣战"浪潮。其次，诱发了欧洲国家群同样以十字军东征的战争方式解决文明差异问题，以国家毁灭方式解决文明差异问题的蒙昧主义浪潮。

具有讽刺意味的是，此后西方国家群的十字军东征，无情反噬了与西方信奉同一基督教而仅仅是教义理解不同的拜占庭帝国。这就是第四次"十字军东征"——攻占了君士坦丁堡，建立了统治拜占庭长达 57 年的拉丁帝国。所谓拉丁帝国，就是将拜占庭帝国改用希腊语为官方语言的政策推翻，重新回到罗马帝国以拉丁语为官方语言的历史传统上来。这一"回归"说明，欧洲罗马帝国留下的中世纪碎片国家群的文明理念已经非常的封闭偏狭，已经发展到将琐细的教派教义之争或使用语言之差异，视为文明之争，必灭异端文明而后快。

　　从文明发展的意义上说，这一黑色发端，对不同文明之间通过和平交往而融合，或通过有限冲突而磨合的良性历史道路，造成了毁灭性的重创。拜占庭黑色风暴之后，世界国家文明之间的交流与融合倍显艰难，长期的文明冲突战争所留下的种种历史障碍，直到今天还难以有效消除。其恶性影响之深远，几成迄今为止世界文明难以医治的恶性痼疾。

七　欧洲国家群文明对冲意识的历史基础

　　继承东罗马帝国的拜占庭帝国，为何很快延续了与波斯人的文明对冲？在拜占庭十字军之后 300 余年，为何欧洲国家群仍然延续了拜占庭帝国与东方国家群的历史仇恨，且重新恢复了拜占庭十字军以信众武装的暴力绞杀方式解决文明差异问题的传统？如果将欧洲殖民战争的历史贯穿起来，时间就更长了——亚历山大帝国、罗马帝国、东罗马帝国、拜占庭帝国、碎片欧洲的十字军，截至 13 世纪末 14 世纪初，大体是 1 000 余年。在这漫长的千余年里，西方国家争夺生存空间的殖民战争，以及以宗教冲突为主因的文明对冲战争，其所奉行的向东方扩张的脚步，从来没有停止过；其残酷的大屠杀、大劫掠的国家灭绝政策，其血腥恐怖的丛林法则，也从来没有改变过。

为什么？

欧洲国家群的土地那么早就不能满足生存需求了么？

或者，欧洲国家群果真认定应该由它们的基督教来统治世界？

我们已经分析了波斯人与阿拉伯人对殖民帝国、殖民宗教产生仇恨并形成剧烈冲突的历史根基。但是，从拜占庭帝国的视角出发，从西方一些史学家的视角出发，问题显然不是这样的。因为，西方史学主流学者基本上都是为殖民主义历史寻求合理性的。他们对诸如亚历山大帝国、罗马帝国、东罗马帝国、拜占庭帝国，以及欧洲碎片国家群组成的十字军的暴力扩张历史，大多给予肯定与颂扬。举凡扩张成功的君主，几乎都被这些史学家赐予"大帝"名号。对这些帝国在与世界各个族群的文明冲突中的残酷暴行，以及最为变态的"文明绞杀"——对八次十字军的叙述与评价，大体都带有罗马人在斗兽场欣赏奴隶角斗士相互杀戮时的闲适心情，时而发出一声耸人听闻的尖叫，时而留下一声深表遗憾的叹息。

我们无法强求作为欧洲帝国后裔的那些学人们秉持历史的正义性。

但是，历史的正义性，终究具有无法被扭曲的坚实根基。

在这里，我们要对拜占庭帝国以极端暴力方式灭绝异端国家文明的绞杀行为，寻找到国家动机——国家意识形成的历史基础。就是说，应当审视拜占庭帝国当时的立场，寻找到这个"黑匣子"中最为关键的转折性起点。从国家精神形成的意义上说，它应当有一个起点。虽然通常学人们并不愿意讨论这样的静态起点，因为很容易被指为"缺乏资料佐证的臆断"。但是，我们确信，历史实践就是最大的历史佐证，文明研究没有理由避开应有的发掘与探索。

从历史根基说，拜占庭帝国既是东罗马帝国的直接继承者，也是亚历山大帝国开创的"希腊化"文明圈的继承者，其人口载体自然也以殖民人口——广义的罗马人为主，而不是以西亚原住民为根基。基于此，拜占庭的国家精神，会自然形成殖民人口群对强大的罗马帝国与强大的亚历山大帝国的国家认同感，会形成在此基础上确立的殖民宗教——罗马基督教信仰的神圣感，以及同时拥有西方两大文明遗产继承者地位的巨大文明优越感。从国家行为的层面说，拜占庭帝国秉承了亚历山大帝国与罗马帝国的军事扩张传统，也秉承了东罗马帝国的殖民宗教精神——以基督教为世界最神圣信仰，其余宗教皆为"异端"宗教的文明关系定位。同时，在国家发展的道路上，拜占庭帝国也自然如同西方国家群一样，奉行无限度扩张且又残酷血腥的丛林法则。

举凡上述，在拜占庭帝国的历史上都曾经反复地呈现出来。

必须注意的是，西方国家群的这种无限度扩张理念，与中国古典国家文明中的有限扩张理念，是完全不同的。因为，任何时代的任何国家，在主观层面上几乎都有扩张发展的本能冲动；在实践层面上，举凡稍微有实力的国家，也都或多或少地有过扩张发展的国家行为，否则，就没有大国、小国之分了。这里，关键的问题，不在于一个国家有没有过扩张行为，而在于国家文明层面上的扩张理念是否具有一定历史视野内的合理性。

所谓"无限度扩张"，是指从来没有在战胜之际产生过"适可而止"的收缩巩固政策的一种较低水平的国家认知状态。从本质上说，它是基于文明特质所形成的国家精神层面上的一种最基本的发展战略理念；从国家行为上说，它既可能是已经发生或正在发生的超出既定实力而竭力扩张的事实，也可能是一种未曾实现其"宏大构想"便告灭亡的极度扩张欲望——中途破碎的帝国梦。历史上屡屡出现这种国家，却很少有国家真正地吸取教训。亚历山大帝国的扩张战争是这样，罗马帝国的扩张战争也是这样，现代史上的法西斯德国与法西斯日本，同样是这样——只求猛烈扩张，完全不计后果，到头来回到"零下"状态。

总体上说，这是两种不同的国家文明发展理念。对这一点，我们将在后文中国文明部分再行专门讨论。

那么，面临实力相当强大且保持长期攻势的新波斯帝国，面临刚刚创建阿拉伯帝国的强大阿拉伯民族群，拜占庭帝国的国家意识会是什么呢？依据最基本的历史事实及国家行为逻辑，当时的拜占庭帝国有两个方面的国家意识是很清楚的：一是文明歧视，二是既往仇恨。

一方面，基于较高的社会组织水平（举国实行军政合一的军区制等），基于相对强大的国家实力，更基于西方两大文明继承者的优越感，拜占庭对周边地区信奉不同宗教、秉持不同生活方式的民族与国家，其国家意识中几乎必然地滋生出一种鲜明的不适感。这种鲜明的不适感存在于社会各个层面，从民众意识中的看着不舒服，到国家层面公开发布的歧视性评价，都是国家精神的构成元素，都具有不可忽视的重要性。

我们要强调的是，无论是国家文明歧视，还是国家既往仇恨，其第一层面的基础都是普遍的国民意识，其次才是国家层面的决策意识。就既往的战争仇恨而言，不计其数的死难者家族的仇恨，首先就是一个广阔而深刻的意识海洋；若再将国家精神的激发因素计算在内，这种既往仇恨与文明歧视结合所产生的社会精神，无疑是非常难以消弭的一种可怕的国家精神。假如仅仅是拜占庭帝国权力层的仇恨与歧视意识，那么绞杀"异端"的战争长达千年是无法想象的。这种基于文明歧视与既往仇恨而产生的特定国家精神，即便在当代的国家关系或国家集团关系中，仍然在普遍延续，绝非不可思议。

在此方面，可与之相比拟的，除了第二次世界大战前后的德国与日本举国一体的狂热精神之外，尚有一个更加复杂的事例，或可具有更好的说明力。美国当代军事历史学家贝文·亚历山大（Bevin Alexander）的著作《朝鲜：我们第一次战败》，其最后一章的标题是

"朝鲜战争的长期阴影"，其中如是说：

> 美国未能打赢朝鲜战争，这使美国领导人深感不安。因此，他们在战后二十多年的漫长岁月里，总在想方设法伤害阻挠美国取胜的红色中国。
>
> 其实，中国对美国并不构成威胁……然而，由于美国领导人心怀强烈的报复欲望，所以针对中国还是投入了过多的精力。
>
> ……
>
> 当朝鲜战争最后停火时，美国最高军政领导人向美国人民传达了一个乐观的信息。他们带给人们的印象是：美国实际上赢得了胜利，因为它遏制了共产主义的发展。在很长时间里，美国人民整体上接受了这一看法……
>
> 但是，在美国高层领导人的心灵深处和私下商讨中，却有着一种深深的受挫感，这种情感因无法向公众透露而变得特别强烈……
>
> 战胜曾经打败过美国的敌人，当时已成为美国外交政策的一个主要目标。的确，从朝鲜战争的挫折中产生的敌意，已使美国领导人对人民共和国的怒火骤升为一种血海般的深仇，其中的狂热、固执与非理性完全同实际危险不相一致，也跟它和其他任何国家（包括苏联在内）之间平息下来的争执截然不同……他们对北京所抱的仇恨，远比对克里姆林宫的要深得多。[1]

在这样的综述之后，贝文·亚历山大列举了数十年来的大量实例，说明了美国对中国的政策毫无来由的荒诞性，基本都是来

---

1 见［美］贝文·亚历山大：《朝鲜：我们第一次战败》，郭维敬、刘榜离译，新星出版社，2012年，第573—574页。

自曾经失败于这个国家的仇恨心绪。这是一个很能说明国家仇恨的历史形式的事例，它无疑有助于我们思考那个时代拜占庭帝国的国家精神。

前述事实已经明白，新波斯帝国曾经在100余年中多次战胜罗马帝国，也多次战胜拜占庭帝国的前身——东罗马帝国。尤其是因宗教冲突而引发的新波斯帝国对罗马帝国的"第一次战争"，及作为其直接延续的第二次战争，波斯人都取得了优势很大的胜利。如此反差之下，要说拜占庭帝国没有仇恨心绪，是不可想象的。同时，要在西亚地区强势立足，一个必须的基本点，也是要首先战胜信奉异教的新波斯帝国与阿拉伯帝国，其次再征服其余的异教国家。我们将从下面的历史事实看到，作为拜占庭帝国实际开端的希拉克略王朝，其国家行为正是这样的逻辑。

希拉克略王朝刚刚建立，新波斯帝国的大军就逼近了君士坦丁堡。希拉克略历经狼狈，而后在教会势力全力支持下组成拜占庭十字军发动反攻，并在尼尼微战役中大败波斯军队，全面屠杀西亚族群，并"收复"了丧失于新波斯帝国的全部"失地"。自此，拜占庭帝国以强力方式应对文明冲突的国家精神，已经在历史实践中明确化了。

从宗教冲突的根源说，两大帝国的主流宗教是不同的。

拜占庭帝国是东罗马帝国的变身，是罗马基督教国家，信奉上帝，有庞大的教会组织。新波斯帝国的国教，则是琐罗亚斯德教。这是公元前6世纪由波斯人琐罗亚斯德（古波斯语作"查拉图斯特拉"，意为"驾驭骆驼的人"或"骑骆驼的人"）所创建的一种宗教；信奉《波斯古经》为最高教义，崇拜善性之神——阿胡拉·玛兹达，认为火是光明与善性的代表，以礼拜"圣火"为主要仪式。故此，中国史书将波斯教译为"拜火教""火教""祆教"。

从文明的包容性看，宗教是人类精神最为偏狭的一个领域，最缺乏的就是包容精神。一个内在逻辑是：举凡宗教之不同，必是信仰对象之不同；信仰的特质是唯一性，不容二在；因此，任何宗教之信众，都必然地认定只有自己的信仰对象才是神圣而唯一的世界主宰；若是另有宗教团体推出不同的神性主宰，那必然对自己信仰对象的唯一性形成亵渎，信众会因此而蒙受耻辱。

这一逻辑所导致的最终认知，很容易形成"异端即敌人"的结论。

也许，这是唯一能够解释宗教冲突之所以引起文明冲突的内在逻辑。

尽管，这种逻辑是人类精神的历史缺陷造成的。从本质上说，它具有没来由的无端偏狭性，与文明的包容性是天然矛盾的。但是，人类都生活在某个特定的历史时期，人类精神的缺陷性总是无法在某一特定时代得到全面矫正；具体的历史冲突，会必然地隐藏在这些巨大的历史缺陷之中。我们只有研究它们，解析它们，才能逐渐蕴育出宽阔的文明胸襟。

八　文明对冲的黑马：阿拉伯帝国的横空出世

新波斯帝国灭亡之后，西亚地区接踵兴起的是阿拉伯帝国。

7世纪初中期，西亚地区经历了一个混乱黑暗的历史时期。

当时，这个广阔的沙漠地区恰逢气候异常，连续七年大旱，牛羊人畜的生命都面临极大威胁，民众灾难极为深重。[1]同时，主导这一地区的拜占庭帝国与残存的波斯帝国，都处于相互对峙的后期阶段。从国家治理与社会实际情况看，两个帝国都处于程度不同的僵化

1　参见［美］汤普逊：《中世纪经济社会史：300—1300年》（上册），耿淡如译，商务印书馆，1961年，第234页。文称："在穆罕默德时期以前，那里发生了大旱灾，在七年时期中没曾下过雨。因此，食粮和饮水奇缺，几乎整个部落终于不得不迁移他去……于是，阿拉伯人开始了从没有过的迁移运动……他们的骆驼死于口渴，他们的羊群找不到牧场……"

时期，政治的黑暗腐败带来的社会灾难普遍而严重。王小强的《"文明冲突"的背后——解读伊斯兰原教旨主义复兴》一书，这样表述那个时期的社会状况："在奴隶制晚期，腐朽的拜占庭与同样腐朽的波斯在中东地区争霸拉锯，军队烧杀抢掠，帝国横征暴敛，教会乌烟瘴气，富豪骄奢淫逸，百姓水深火热，社会两极分化，人民信仰危机。"[1]虽然，对波斯帝国与拜占庭帝国是否要同等位格评价，还可以商榷；但是，这段表述的总体真实性是无可怀疑的。

著名的伊斯兰教与中东历史学家伯纳德·路易斯（Bernard Lewis）则在其《中东：激荡在辉煌的历史中》，这样认定那个时期："是该发生革命性变化的时候了。就深层意义来说，伊斯兰教的到来本身就曾经是一种革命。"[2]

忽视了这一时期的残酷现实，就无法理解伊斯兰教（穆罕默德创教时期）的勃发。

作为阿拉伯帝国出现的两大背景国家——拜占庭帝国与新波斯帝国，其历史根基是不同的。从表层历史看，这两个帝国当时都是压在阿拉伯民族头上的大山，也都处在奴隶制帝国的晚期，其表现出某种相同形式的腐朽与僵化，几乎是难以避免的。我们要强调的是，这两个帝国的深层历史根基是不同的，各自与阿拉伯帝国的矛盾冲突的性质，也是不同的。从阿拉伯帝国的视角来看，与拜占庭冲突的性质和与新波斯冲突的性质，是有重大区别的。

从根本上说，拜占庭帝国是西方楔入西亚地区的殖民帝国；波斯民族群前后建立的两个波斯帝国，则是这一地区民族群的原生国家，且是抵抗亚历山大帝国、罗马帝国、东罗马帝国、拜占庭帝国

1　见王小强：《"文明冲突"的背后——解读伊斯兰原教旨主义复兴》，大风出版社（香港），2007年，第16页。

2　［英］伯纳德·路易斯：《中东：激荡在辉煌的历史中》，郑之书译，中国友谊出版公司，2000年，第93页。

等殖民主义国家的第一历史屏障。从历史本质上说，后起的阿拉伯帝国，是直接延续了新波斯帝国历史使命的，两者在最具有历史意义的国家根基方面，是一致的。阿拉伯帝国与新波斯帝国的矛盾冲突，基本上是国家之间争夺生存空间的传统冲突，虽然不排除具有宗教差异的因素。

因此，从历史表象看，虽然阿拉伯帝国同时对拜占庭帝国与新波斯帝国发起了战争，但作为一种客观理性的评判，应当注意到这场"三角"战争中各对关系的重大区别。

此前时期的阿拉伯人，是一种什么样的状态？

穆罕默德之前的阿拉伯民族，原本是分散流动在阿拉伯半岛广阔的沙漠地带的半农、半牧族群。由于生存环境的残酷，大约在公元200年，也就是罗马帝国时期，阿拉伯民族各群落已经开始向罗马东部殖民地的几个行省迁移了。此后，阿拉伯人开始渐渐在东罗马帝国、拜占庭帝国，以及新波斯帝国各个区域的缝隙地带，分别定居下来。著名的美国学者汤普逊曾经在他的《中世纪经济社会史：300—1300年》中，引用了欧洲1917年的《民族》杂志上的一篇关于阿拉伯民族的调查文章，对阿拉伯民族的早期历史作了这样的表述：

> 尽管他们承认（甚至在穆罕默德时期之前已经承认），按语言的统一，按生活和文学的类型，他们都是属于阿拉伯族，但他们分裂为个别的而且常常敌对的部族，住在地理上由山岭或移动的沙土间隔的地区。这样，他们过着和他们的牛羊群相同生活，跟着他们部族界限以内的牧场而移动，或者草率地耕种着各人所可得到的小块土地。他们的历史是一个掠夺牲口因而常常发生流血斗争的历史，也是各种部族势力甚至霸权的消长、漫无止境的强凌弱的冲突的历史。但是在这历史的背后，一切都在培养着阿拉伯人的民族自觉心；而这自觉心是由一种奇异的、具体的可是

主观的力量（它是至少在一个时期曾升为世界上伟大力量之一）所激发出来的，而且正在等待时机，来投掷一块新酵母于世界各民族之间。

之后，汤普逊接叙：

地势曾把它的烙印盖在阿拉伯人的性质之上。由于情势所迫，他变成了不安定、浮动、漂泊和好战……各部族都处在极端骚动的状态之中，它们特别容易接受任何一个新的领导，只要他替他们指出一条生路，逃脱那沙漠中的苦恼生活。[1]

1981 年出版的《古兰经》中文译本，为北京大学文学院马坚先生于 1949 年翻译。马坚先生在序言中这样说：

阿拉伯半岛，原是一个偏僻的地方。阿拉伯人，原是一个无名的民族。阿拉伯语文，原是无地位的。在《古兰经》以前，阿拉伯人并无书籍。虽有很多的诗歌，然而都是非常鄙俚非常浅薄的……[2]

基于如此残酷的现实苦难，奠定阿拉伯帝国社会根基的伊斯兰教（穆罕默德创教时期），在这一历史时期勃发而起，适时出现了。它以极富平等、理想与正义追求的教义，如精神风暴一般迅速覆盖了西亚国家与周边地区。著名德国历史学家奥斯瓦尔德·斯宾格勒在其《西方的没落》中，这样记述这一精神风暴现象：

1　参见［美］汤普逊：《中世纪经济社会史：300—1300 年》（上册），耿淡如译，第 233—234 页。
2　《古兰经》，马坚译，中国社会科学出版社，1981 年，第 5 页。

只要伊斯兰教徒一出现，成千上万的基督徒就跑去参加他们的行列。而在北非——奥古斯都（罗马帝国第一任皇帝）的老家——所有的人民，顷刻之间都投入了伊斯兰。穆罕默德死于632年，到641年时，整个（基督教）一性论教徒，及（当时中国的基督教）景教徒区域，都已经为伊斯兰教所占领。[1]

伊斯兰教（穆罕默德创教时期）的兴起，实际是阿拉伯帝国诞生的快速前奏。

因为，阿拉伯帝国是一个完全在信众基础上聚合诞生的宗教国家。在整个世界古典文明大国的形成历史上，除了埃及这个最古老且已经灭亡了的政教合一国家，阿拉伯大概是最具典型性的宗教国家特例了。就是说，它没有作为国家基础的民族群联盟政权的前期历史，而是以宗教传播的巨大威力，生生创建了一个实力强大的文明帝国。从历史实践的脚步看，阿拉伯立国的历史与伊斯兰教（穆罕默德创教时期）的形成历史，保持着惊人的高度一致性。历史脉络如下——

571年，麦加城出生了一个不寻常的人——穆罕默德。

从610年开始，年届40岁的穆罕默德开始传教生涯。

大约十年之后，穆罕默德创立的伊斯兰教基本形成了信众规模。

622年7月2日（或作15日），穆罕默德离开麦加出奔麦地那，在麦地那发动教众建立了第一座礼拜寺（清真寺），教众势力获得了第一个布教根基。此后，伊斯兰教迅速发展壮大。

632年，穆罕默德逝世，伊斯兰教已经基本覆盖阿拉伯族群。

同年，门徒将穆罕默德受到启示陆续口传的《古兰经》的章节收集抄录成将近8万字的《古兰经》定本，有诗6 239首；同时，门徒

---

1 转引自王小强：《"文明冲突"的背后——解读伊斯兰原教旨主义复兴》，第17页。

与信众共同推举阿布·伯克尔为最高领袖，称"哈里发"（意为继承者），集宗教、军政大权于一身。

伯克尔任内，阿拉伯族群有欲图独立者，俱被哈里发政权平定。

至此，伊斯兰教阿拉伯国正式诞生，其后很快发展为强大帝国。

通过上述背景与宗教历史脉络，可以清楚看出，伊斯兰教（穆罕默德创教时期）与阿拉伯帝国的骤然兴起，实际有着深厚的历史基础。这一基础的最主要方面，就是阿拉伯民族长期苦难的现实生活，及其在残酷环境下所沉积凝聚的"民族自觉心"。就其本质而言，这是一个民族群在残酷生存环境下极度渴望改变生存现状所催生的一种普遍精神——激切而焦灼的寻求历史出路的心态。

恰在此时，穆罕默德出现了。

就一个伟大人物在历史实践中所能达到的业绩高度说，穆罕默德是一个天才的思想家、天才的神学家、天才的诗人，更是一个天才的政治家。除了贫穷苦难而一盘散沙般的阿拉伯同胞，除了丰厚的精神世界，他一无所有。在如此赤裸裸的背景下，他以自己的道德人格魅力，以同胞民众易于理解而又深藏政治理想的通俗教义，以宗教仪式中特殊的"行为方式"设置，将一种全新的民族凝聚理念创造出来，传播开去，与阿拉伯民族群奋争图存的精神状态轰然共鸣。于是，产生了人类历史上最具威力的宗教风暴。

如此社会精神，是阿拉伯帝国产生的主观性历史基础。

但是，作为国家形成的历史基础，仅仅有精神层面的"自觉心"也是不够的。还必须有一个更基本的客观方面，那就是合适的历史条件。此时，西亚地区的两大主宰力量——拜占庭帝国与波斯帝国，恰好同时处在走下坡路的黑暗衰朽时期。拜占庭帝国正在下坡半道，骨架尚在，击溃新波斯帝国的余威尚存，但无疑已经从高峰期走过，进入了八面漏风的衰落期。新波斯帝国则已经滑到了谷底，一片破败之象，已经处于即将灭亡的最后时期。同时，这一地区的其他族群和国家力量，则都不足以形成与阿拉伯族群抗衡的强大势力。

所有这些历史因素，都适时地聚合在了一起，就形成了阿拉伯帝国"横空出世"的客观性历史基础。用今天的话说，这就是非人力所能创造的历史机遇。

伊斯兰教（穆罕默德创教时期），就是在这样的客观历史基础上矗立起来的。

伊斯兰教（穆罕默德创教时期）与阿拉伯帝国的一体化快速诞生，是令人惊叹的历史奇迹。

其一，能在 22 年时间里（截至穆罕默德逝世）惊人地发展为覆盖阿拉伯半岛乃至西亚区域的特大宗教，其速度之快是世界任何宗教都远远不能比拟的。其二，其教众组织之严密，同心凝聚之精诚，组织能力与实施能力之强大，是世界所有宗教都无法望其项背的。直到1 000 余年后的今天，我们还能看到以伊斯兰教（穆罕默德创教时期）为历史基础的伊斯兰世界这种与生俱来的历史基因——全球教众紧密的同道性，强大的凝聚力。

正因为如此，伊斯兰教（穆罕默德创教时期）的第一代信众，才能在完全没有任何政权基础的状况下，迅速在穆罕默德死后立即组成庞大而严密的教众国家，立即开始了国家行动，如风暴骤起一般席卷西亚与世界。

九　政治精神：伊斯兰教（穆罕默德创教时期）的历史特征

要了解阿拉伯帝国的特质，必须了解伊斯兰教（穆罕默德创教时期）的教义精神。

在一般意义上，当代人总是将伊斯兰教（穆罕默德创教时期）与伊斯兰教看作一回事，但是，依据历史实践所呈现的变化，7 世纪的伊斯兰教（穆罕默德创教时期），与后来弥漫于全世界的伊斯兰教，还是有某种区别的。虽然，我们很难说它们之间有本质性的区别。但是，许多重要方面的阶段性差别，显然是存在的。若将二者混同一体，以当代伊斯兰教的教义与实践为基础，去分析并透视7世纪发端的那场历时数百年的伟大的阿拉伯风暴，就有可能会出现许多历史困惑与认知偏差。

譬如，阿拉伯帝国初期，认真实践了伊斯兰教（穆罕默德创教时期）的民主平等精神，实行了领袖哈里发推举制。可是，40余年之后，这一制度就被废除了。从阿拉伯政教合一的历史实践看，这一政治变化自然意味着宗教本身的变化。也就是说，这一政治实践的先期序幕，必然是教义的改变。

因此，这里仍然依据历史实践，使用"伊斯兰教（穆罕默德创教时期）"这样的名称，以表示这一宗教的历史阶段性质；而不将后来已经广泛化的"伊斯兰教"这一名称，作为我们透视阿拉伯帝国精神与实际政策的历史认知基础。

伊斯兰教（穆罕默德创教时期）与阿拉伯人据此创立的国家，是二位一体的。

国家就是宗教，宗教就是国家。这既是作为国家的阿拉伯帝国的宗教本质，也是作为宗教的伊斯兰教（穆罕默德创教时期）的国家本质。如此特质的文明大帝国，历史上唯此一例。历史更早的古埃及，虽然曾经也是政教合一的文明大国，却实在不是一个实力强大而蓬勃鲜活的帝国。虽然，古埃及在公元前3 000余年的历史上，一直断断续续地延续着文明生命。但是，它是一种过于趋向内敛的文明，辐射力与相应的扩张力都太过微弱，甚至远远不能与同时期的古巴比伦相比。到公元前4世纪中叶，也就是中国的春秋末期，国家意义上的古埃及文明便宣告灭亡了。此后的埃及历史，几乎一直是漫长的殖民地历史。从这样的意义上看，古埃及这个以"法老政治"为轴心的政教合一国家，是远远不能与同是政教合一的阿拉伯帝国的历史生命力相比的。

那么，阿拉伯帝国是否会因为宗教本身的神秘性，而使我们无法在国家文明的意义上开掘其价值观体系，及其实际推行的当时政策？历史告诉我们，阿拉伯人不会隐瞒自己的历史脚步。伊斯兰教（穆罕默德创教时期）的勃然发动，阿拉伯帝国的拔地而起，都是历史实践所公开的事实，本身并不具有任何神秘性。只不过因为岁月沧桑，因为中世纪西方蒙昧主义的着意扭曲，而使历史真相模糊化、神秘化、狰狞化了而已。西方人士延续了既往西方历史意识对伊斯兰教（穆罕默德创教时期）的仇视，又基于当代西方对当代伊斯兰世界的仇视，有意识地对作为伊斯兰世界历史根基的伊斯兰教（穆罕默德创教时期）采取讳莫如深的冷漠态度，而使关于伊斯兰教（穆罕默德创教时期）与阿拉伯帝国的历史探究，变得神秘化了而已。客观地深入历史，我们就会发现，阿拉伯帝国横空出世，并成为一场历时数百年的巨大历史风暴，其最根本的原因，便隐藏在伊斯兰教（穆罕默德创教时期）的历史突破性上。

揭示伊斯兰教（穆罕默德创教时期）的内涵特征，是了解阿拉伯帝国历史的钥匙。

翻阅《古兰经》，并将鲜活的历史因素融入进去，我们会惊讶地发现：这个宗教的教义精神，及其所延伸要求的生活方式与价值观体系，或者其所直接表述的针对当时现实的政治主张，都是非常具有历史魅力的，能够充分吸引普通人民。就国家文明所涉及的最基本的各个领域看，伊斯兰教（穆罕默德创教时期）的整体风貌及其教义延伸，或直接提出的基本主张，至少有如下几个方面鲜明的历史特征：

1. 传教方式的通俗性与生动性，使其具有强烈的人民性

阿拉伯族群早期生存环境的严酷性，决定了普通民众文化知识的

普遍缺乏。为此，他们不可能对深奥的、冗长的、精致的、哲学化的教义，达到真正意义上的理解并迅速产生灵魂深处的共鸣。穆罕默德的伟大天才之处，在于他深刻洞察了此间奥秘，以两种方式来解决这个难题：一是采取通俗易懂的口头语言传教，二是以独特的"行为方式"体现教义规范。这两种路径的实践展开，都成为伊斯兰教（穆罕默德创教时期）鲜明的历史特征。

穆罕默德从 40 岁开始传教，历经 20 年教众大成，其间并没有形成可供布教的系统教义的"文本"。对此，马坚先生是这样说的："穆圣有几位书记，专负记录……穆圣把新的启示口授他们，他们就把它记录在一块皮子上，或一片石板上，或海枣树枝上，或驼羊等的肩胛骨上。"[1]

历史实践已经证明，越是古典时期，人们的诗性精神就越强烈。世界诸多民族的早期历史，都是通过庞大的长诗而传播，就是鲜明例证。富于节奏感的朗朗上口的诗性语言，其感染力与传播性都远远强于任何文本形式的书写记录。《古兰经》中收集的 6 000 多首诗歌，自然都是穆罕默德在布教中引用过的。他对诗性教义的传播速度一定是深有感悟的。

就流传后世的文本看，与基督教的《圣经》相比，或与佛教众多的经文文本相比，《古兰经》具有一个鲜明的历史特质，那就是其通俗性、故事性、诗歌性、情感性等人民化的因素要远远强于基督教与佛教的经书文本。这种已经凝固在经书中的静态差别，正是他们在历史中曾经表现出来的动态差别。

历史实践证明，语言切合实际生活的通俗性，对于两个领域特别重要，一是政治领域，二是宗教领域。对于这一点，最能揭示其本质的，是中国战国时代的大政治家商鞅关于破除法令语言神秘性的一段话。

---

1 见《古兰经》，马坚译，第 3 页。

《商君书·定分》云："夫微妙意志之言，上知之所难也……故夫知者而后能知之，不可以为法，民不尽知。贤者而后能知之，不可以为法，民不尽贤。故圣人为法，必使之明白易知，名正愚知……行法令明白易知，为置法官吏为之师以道之，知万民皆知所避就，避祸就福，而皆以自治也。"

　　《古兰经》留下的教义表述，根本没有那些"上智"都很难搞懂的"微妙意志"之言。而基督教《圣经》与佛教经典，乃至中国道教经典，则多有这种"微妙意志"的哲理之言。虽然，它们满足了思想史家们的哲学探究癖好，但是，却违背了宗教语言通俗化的本质要求，成为教众规模难以扩大的原因之一（当然，有鉴于此，基督教、佛教中的有识之士也寻求通过通俗明白的其他方式传播信仰）。当代宗教之所以总是费力地寻找最通俗响亮的语言表述自己的核心精神，以致佛教索性将广场传播形式归结为一句可说可唱的"南无阿弥陀佛"，原因尽在历史的经验警示——高雅难成教义。

2. 伊斯兰教（穆罕默德创教时期）的行为风貌，具有鲜明的超脱尘俗的进取性

　　穆罕默德的另一个伟大之处，在于以"生活方式"体现教义。伊斯兰教（穆罕默德创教时期）的鲜明特征之一，在于以统一某些生活细节而形成一种特殊生活方式来体现教义精神。这些特殊的生活方式，既能作为信奉者与众不同的社会标尺，又易于实行，易于识别，更易于记忆传播。具体说——

　　　　大袍包裹身体：寓意隔断尘俗，自我净化。

　　　　衣着统一：寓意看重同心并激发群体共性。

　　　　饮食精洁：寓意追求生活内在的纯洁高尚。

　　　　严格肉食选择：寓意同心共食，聚结自立。

禁止赌博：寓意滥掷钱财为罪恶行为。

　　禁止饮酒：寓意珍惜粮食，厌恶昏乱。

　　说话低声柔和：寓意言行举止的教养性。

　　举凡此类对生活方式的基本要求，都体现出一种不同凡响的内在精神。穆罕默德创立的宗教与世界任何宗教相比，有一个外在层面的最大不同——对信奉者的"生活方式"有一套寓精神内涵于其中的外在风貌要求。这个精神内涵，就是保持高尚而简朴的进取精神，体现人的尊严感、身份感与矜持感。这种外在风貌，不是基督教的"修士"风貌，那是基督教神职人员的外在风貌，而不是基督教信众的外在风貌。同样，佛教信徒的"光头与僧袍"风貌，也是实质上的佛教"神职人员"或职业佛教人士的风貌，民间的佛教信徒或"居士"，则并无什么特殊的外在要求。伊斯兰教（穆罕默德创教时期）的教众，则全部都在衣食住行方面具有高度统一的外在风貌。

　　不能不说，这真是一个天才构想。

　　所有这些见诸"生活方式"的宗教要求，都具有简单易行的特点，并建立在阿拉伯人简朴实在的长期生存传统之上。同时，它又能满足信众在精神层面对趋于高尚进取性的那些形式美感的追求。教众如此这般生活，会有一种与众不同的"身份"感，其内心的骄傲是油然而生的。这些"生活特征"式的教义，容易形成恒久的精神烙印，传播起来比繁难的教义要简单许多。总体上说，伊斯兰教（穆罕默德创教时期）所要求的生活之节俭，操持之勤劳，饮食之精洁，禁止赌博、酗酒恶习之严格等，都使身处腐败乱世的人们精神为之一振，倍感清新扑面。

　　正因为如此，7 世纪中期快速形成的伊斯兰教（穆罕默德创教时期），才形成了一种基于朴实自律的信仰魅力而产生的教义精神号召力。西方著名学者汤因比，在其《文明经受着考验》一书中，基于伊斯兰教（穆罕默德创教时期）的历史特质，对当代伊斯兰教的实质精神作出了这样的评价："伊斯兰教和共产主义一样，创造了它为革除当代基督教实践中表现出来的种种恶习的斗争方式。"[1]

3. 教众人人平等，立起了政治人民性的旗帜

7 世纪的穆罕默德，面临着两重巨大的现实压力。

首先，是当时黑暗的帝国政治的巨大压力。当时的西亚、欧洲、北非，都是奴隶制帝国统治的时代。现实的生存空间，不是奴隶制帝国政治，便是奴隶制帝国的殖民地政治，或者是奉行奴隶制的一些不稳定的原生中小国家与流动族群的愚昧政治。如此严酷的历史条件下，苦难而散落的阿拉伯人，无论流散生活在哪个夹缝区域，都注定要成为奴隶，注定是最没有尊严感的。为此，具有天才政治意识的穆罕默德，必然要为苦难的同胞呼吁，要为自己的同胞寻求生存的正义性，寻求阿拉伯人生存的尊严感。人人平等的教义精神，正是为阿拉伯人与一切苦难者寻求生存权利与生存尊严的最强烈呼吁。作为一种实际目标，穆罕默德也力图将这种平等精神灌输到现实政治中去，变成现实政策去推行。

其次，是两大宗教势力的压迫。就 7 世纪的西亚地区而言，一方面，是已经历时数百年的殖民宗教——拜占庭帝国的基督教，另一方面，是西亚本土的特大宗教——新波斯帝国的琐罗亚斯德教，这两个最大而又具有普遍覆盖力的宗教势力，都是历经长期发展，并且具有严密宗教体系，同时享有"国教"地位的高度组织化的宗教；其教会内部的森严等级制，在两大宗教中都已经发展到了相当成熟的阶段。这一点，尤其在基督教教会组织中体现得最为明显。如果穆罕默德也

1　［英］A. J. 汤因比：《文明经受着考验》，沈辉、赵一飞、尹炜译，浙江人民出版社，1988 年，第 240 页。

循此法则，去创立自己的宗教，几乎可以肯定地说，穆罕默德教不会具有如此巨大的历史魅力。

穆罕默德的天才性，在于他反其道而行之，创建了彰显平等的人民性宗教。当时的伊斯兰教鲜明奉行"教众平等，人人自己与真主沟通"的教义原则，不设教会组织，力行一种"自愿聚合"式的宗教。从宗教活动的实践性上说，它是非常宽松化的，并且是能够给每个人带来愉悦、坦诚的精神享受的一种新宗教形式。而且，这种平等精神也自然有效地延续为一种政治理念——对教政领袖实行推举制。穆罕默德死后，其教众领袖"哈里发"（也是当然的国家元首），实行的就是信众推举制，而不是血统继承制。其后，这一制度有效地实行了40余年，直到第八任"哈里发"，才被改变为血统继承制。

这一历史事实说明，伊斯兰教（穆罕默德创教时期）与后来的伊斯兰教，还是有区别的。

当然，主张平等精神，并不意味着伊斯兰教（穆罕默德创教时期）没有任何组织形式，或者陷入自发性的一片混乱中。宗教活动中的平等性，首先是价值理念上的人格平等。其次，是每一个宗教活动的环节，都不以等级制的方式进行，而以体现"人人平等"的方式进行。工作位置的差别——带领信众进行礼拜仪式的人、对信众布教的人、解释《古兰经》的人——并不是"教职"意义上的等级差别。所有进行宗教活动的信众，都是平等的，都是没有"教职"高下之分的；任何人都不需要，也不可能以"特殊声望或特殊等级"，来为自己举行特殊的"圣礼"仪式。

相反，这些体现于宗教活动中的等级制，在诸如基督教、琐罗亚斯德教中，都是很鲜明的。基督教的中央教义机构，及主教、红衣主教、红衣主教团、教皇等神职权力地位的设置，在伊斯兰教（穆罕默德创教时期）中是统统没有的。在这一点上，即便是当代伊斯兰教宗教活动的五大仪式——祈祷、礼拜、天课、斋月、朝圣——也是同样的；每个环节都体现了教众之间人人平等的正义社会的形式特点。这种朴实亲和的宗教活动，对于每个参加者来说，都是欣慰的，都具有精神宁静感；其效果，也是大大有利于形成凝聚力的。

这种由宗教精神的"人人平等"发端，进而延伸为政治上具有人民性与正义性的某些重要制度，应当是伊斯兰教（穆罕默德创教时期）的初衷。譬如后来的阿拉伯帝国对占领区其余宗教的包容并存政策，显然就是教义精神的延续。虽然，在后来的历史实践中，它并没有一如理想被坚持下来，但是，我们仍会看到，阿拉伯帝国时期的诸多实际政策，的确都体现出了远远高于拜占庭帝国与波斯帝国的文明水准，在当时确实具有革命意义的冲击性。这种文明水准的根源，正在于伊斯兰教（穆罕默德创教时期）的教义精神之中。

4. 伊斯兰教（穆罕默德创教时期）直接与政治合一，具有鲜明的现实改造目标

穆罕默德教最为鲜明的历史特征，莫过于政教合一。

关于这一点，无论是当代的穆斯林研究家们，还是伊斯兰世界的政治领袖们，已经说得非常多，非常清楚。其中最著名的说法，应当是伊朗宗教领袖霍梅尼的概括："伊斯兰教本身，就是完美的政治学说。"另外，穆斯林兄弟会创始人哈桑·班纳（Hasan Bana）也从澄清一般性误解的意义上，说明了伊斯兰教与其余宗教的区别。他这样说："那些相信伊斯兰教义只同生活中的精神生活有关的人，是错误的。伊斯兰是意识形态也是礼拜，是家庭也是民族，是宗教也是国家，是精神也是工作，是书也是剑。"[1]

从历史实践看，伊斯兰教（穆罕默德创教时期）从一开始就从社会基础与社会功能的意义上，拉开了与既往所有宗教的区别。它摆脱

1　以上两处均参见王小强：《"文明冲突"的背后——解读伊斯兰原教旨主义复兴》，第33页。

了严格服从于国家政权需要而产生的对人民的社会教化职能——伊斯兰教不替国家教化民众；也摆脱了严格服从于教会的对教众的精神驯化职能——伊斯兰教也不为教会组织驯化教众。它同时具有国家与宗教的两大根基，进而将教义精神直接跃升为针对现实社会的一系列政治主张。

历史地看，政教合一的历史特质，既赋予了伊斯兰教（穆罕默德创教时期）强大的立足于现实社会改造的理想主义生命力，也使它走向了一个特定的历史选择——既与宗教存在的本质不一致，又与国家存在的本质不一致。关于这一点，我们将在后文专门说及。

5. 伊斯兰教（穆罕默德创教时期）的实际制度与政策，具有巨大的历史影响力

迅速建立国家架构后，伊斯兰教（穆罕默德创教时期）立即诉诸国家政策。

633年（中国唐初的贞观七年），阿拉伯帝国开始了接近于"多面打"的战争行动：对拜占庭帝国，对残存的新波斯帝国，同时也对周边的埃及、伊拉克、叙利亚等国家与地区，先后或同时发起了连续性战争。在惊叹于阿拉伯帝国异乎寻常的强大战争能力之外，我们要强调的是，在如此长期的连续战争中，阿拉伯宗教帝国所奉行的一系列政治制度与战争政策，在世界已经处于黑暗文明对冲及蒙昧主义横行状态的中世纪时代，确实具有鲜明的历史进步性。

首先，阿拉伯宗教帝国在开始的40余年里一直奉行的"哈里发"推举制，在当时奴隶制帝国的黑暗世界，无异于一缕强烈的曙光，对当时的世界政治文明产生了强大的震撼与冲击。可以说，继古希腊的贵族民主制与古罗马的贵族共和制之后，这是亚洲地区在欧洲中世纪蒙昧主义弥漫的黑暗时刻，突然爆发出的一丛"古典民主政治"的火焰。无疑，具有很大的历史意义。

其次，阿拉伯帝国在国家管理体制上，虽然也有"省"的划分，但在治理方式上却仿效了拜占庭帝国的"军区制"，实行军政合一制度。对于这一点，我们很难评判其进步或落后。但有一点是清楚的，依据阿拉伯帝国的政教合一特质，军政合一相对适合于其自身的国家形态。

汤普逊在《中世纪经济社会史：300—1300年》中说："关于政体，阿拉伯人采用了拜占庭的行政制度。"他以曾经被阿拉伯帝国长期占领并治理的埃及为例，指出：阿拉伯人没有在占领地强力推行自己的语言，"甚至希腊语在以后百年多的时期中仍然是埃及的官方语言，直至阿拉伯人口和皈依者人数的增加使阿拉伯语成为大多数居民的自然语言。近三十年来，在埃及出土的大量的'草纸'——官方报告、土地登录簿、租税卷册、丈量簿——对这问题提供了很多新的材料。"[1]

第三，阿拉伯帝国在占领区实行了一系列适合当地的经济政策，及合理的租税政策，也实行了普遍的宗教信仰自由政策，这些都具有很大的历史进步性，也产生了非常深远的历史影响。对此历史情形，汤普逊曾经作出这样生动而深刻的表述：

> 伊斯兰教徒在战争中固然凶狠，但却是仁慈的胜利者。他们对被征服的人民所提出的著名口号是"古兰经、贡赋或宝剑"，使波斯人、叙利亚人、埃及人、犹太人（作为"被保护"的民族）得自由保留着他们自己的宗教、自己的风俗、自己的语言、自己的生活方式；他们在缴付人头税的条件下，可获得政府保护的保证……但是，妇女和未成年者、真正衰老者、真正贫穷者是可免缴的。

1　见［美］汤普逊：《中世纪经济社会史：300—1300年》（上册），耿淡如译，第247页。

由于征服的结果，伊斯兰教继承了那灭亡了的波斯的领土以及"基督教国家"的亚非各省领土……（对此，）伊斯兰教采用了一项贤明的政策，即承认这些非伊斯兰教属民是"盟约的人民"，准许他们保留他们自己的宗教、自己的语言、自己的社会制度；这样一来，那些原来也许会倔强的属民变为安静而勤劳的公民了。阿拉伯权力之所以能均衡地发展起来，是可归结到这一政策的。应该指出，甚至当伊斯兰教本身的宗派主义使巴格达哈里发朝的政治统一破裂的时候，它的文化统一，无论物质的或精神的，还是保持着的。

　　那些曾呻吟于拜占庭帝国所实施的宗教迫害和财政压迫之下的千千万万人民，利用了这个新的宗教形式和社会自由，这是不足为奇的。另一方面，伊斯兰教也得到好处。因为阿拉伯人需要农民阶层心甘情愿的劳动，基督教手艺者的精巧技术以及亚历山大、安提阿、大马士革、阿勒波各大城市中商人阶层的商业进取心。

　　为了免付人头税，为了取得资格在军队中任职（文官职位是公开地对非伊斯兰教徒开放的），很多人转信伊斯兰教了。基督教徒对穆斯林在人口比重上的优势也慢慢地下降了，而且越来越有利于伊斯兰教，因为伊斯兰教人口的增加率在速度上远过于本地的基督教人口。[1]

　　读着对这些被历史定格的画面的表述，我们不得不惊叹于那个时候的阿拉伯帝国的伟大与深邃。因为，对占领地的野蛮屠杀与灭绝政策，是人类直到20世纪第二次世界大战还难以消除的可悲痼疾。与世界同一时期，欧洲各帝国的大屠杀、匈奴帝国的大屠杀、蒙古人的

1　见［美］汤普逊：《中世纪经济社会史：300—1300年》（上册），耿淡如译，第244—245页。

大屠杀、清入关的大屠杀，等等这些战争政策相比，阿拉伯帝国开明进步的政策发出了鲜明的历史光焰。

在这样的意义上应当说，阿拉伯帝国是黑暗的文明对冲时代的一匹历史黑马，一匹善性的威猛黑马。它的出现与纵横世界的威力，给当时的世界文明注入了一股强大的生命活力。假如不是它的后期变化，或者它的生命力能够再长一些，扩张力能够更强一些——譬如有效占领并统治整个欧洲——中世纪的蒙昧主义肯定会结束得更早一些，世界历史的命运也将是另外一番情形。如此设想，类似于英国历史学家尼尔·弗格森的《虚拟的历史》中的探索命题。他曾在该书中假设了一系列不存在的历史事实作为命题——如"假如希特勒打败了苏联会怎样"，等等——来深化对历史的开掘，进而使历史逻辑的延长线能够清楚一些，并打破人们对非逻辑发展的历史实践所抱有的神秘感或不可知主义。这里的假设命题也一样，只是划出一条可能的历史延长线，来表述某种历史逻辑而已。

十　阿拉伯帝国的历史命运：一条兴衰曲线

阿拉伯帝国一建立，便开始强力介入西亚地区剧烈的文明对冲。

新兴阿拉伯帝国主要的战争方向，是同时对拜占庭帝国与残存的新波斯帝国发动连续攻势。此时的拜占庭帝国，正处在刚刚击溃新波斯主力大军之后的强势阶段，拜占庭十字军的战斗力正盛。此时的新波斯帝国，则在627年的尼尼微战役大败于拜占庭帝国之后，都城失陷，国王被杀，新波斯王耶斯提泽德刚刚于634年即位，其残存实力已经大为衰落。这里，我们将阿拉伯帝国初期40余年对拜占庭帝国与残存新波斯帝国的战争足迹，以及阿拉伯帝国重要的政治事件开列如下，也许能从中发现一些问题：

633 年，阿拉伯帝国立国数月，立即第一次进攻拜占庭帝国。

634 年，阿拉伯帝国进攻拜占庭属地叙利亚。

635 年，阿拉伯大军攻陷叙利亚都城大马士革。

636 年，再攻拜占庭帝国，于雅尔穆克一战大胜，同时大败波斯军。

637 年，攻陷波斯帝国都城泰西丰，征服波斯大部，同时攻占耶路撒冷。

638 年，攻占拜占庭帝国之属地美索不达米亚。

639 年，攻占拜占庭帝国之属地埃及。

640 年，攻占波斯帝国领地亚美尼亚，在尼罗河三角洲大胜拜占庭帝国。

641 年，攻占拜占庭帝国属地埃及之亚历山大里亚，次年埃及人投降。

642 年，大举进攻波斯帝国，大胜后分六路进军，波斯王逃亡。

644 年，**奥斯曼当选新哈里发**，改朴实之风，任用族人，各派不满。

645 年，拜占庭帝国舰队进军埃及，击败阿拉伯军，夺回埃及。

647 年，全面进军埃及，与拜占庭帝国激战数年；波斯王向中国求援。

649 年，攻占拜占庭帝国之塞浦路斯岛。

650 年，攻占拜占庭帝国重要海岛阿瓦德（Arwad）。

651 年，攻杀波斯王耶斯提泽德，波斯萨珊王朝灭亡。

652 年，攻占拜占庭帝国之亚美尼亚全境。

655 年，阿拉伯帝国内乱，奥斯曼被杀，穆罕默德女婿**阿里继任哈里发**。同年，阿拉伯帝国海军在利西阿（Lycia）海面大胜拜占庭帝国舰队。

657 年，**阿拉伯帝国第一次内战**：叙利亚总督穆阿维叶起兵为奥斯曼复仇，与阿里军未能分出胜负，商定用仲裁解决纠纷，次年媾和。

659 年，穆阿维叶与阿里两方各携 400 人会商，**废除阿里之哈里**

发名义。

660 年，穆阿维叶率海军战胜拜占庭帝国。

661 年，波斯王后裔来中国求援，欲图恢复波斯王朝，唐高宗以鞭长莫及为由拒绝。同年，**阿拉伯帝国第一次政变**：阿里被暗杀，其子哈桑被迫放弃哈里发继承权；穆阿维叶率军迁都大马士革，建立倭马亚王朝；阿里余党密谋推翻之，称"什叶派"。

662 年，阿拉伯倭马亚王朝大举进军拜占庭帝国之小亚细亚。

663 年，在阿拉伯帝国强大压力下，拜占庭帝国向西迁都于罗马。

664 年，阿拉伯帝国东侵阿富汗、印度河下游地区（**第一次扩张战争**）。

669 年，阿拉伯帝国大举进攻拜占庭帝国都城君士坦丁堡，又解围而去。

673 年，大举进攻拜占庭帝国，遭"希腊火"阻击，历时七年无功而退。

675 年，从北非海上进攻西班牙，被西哥特舰队击败（**第二次扩张战争**）。

676 年，**穆阿维叶废除选举制**，立其子叶齐德（Yezid）为哈里发，变为血统制。

678 年，穆阿维叶与拜占庭帝国缔结**"30 年和平条约"**。

680 年，**阿拉伯帝国大分裂**：穆阿维叶死，其子叶齐德继任哈里发；阿里次子侯赛因为波斯萨珊王朝末期王之女婿，欲觅新地另举哈里发，途中被截杀；叶齐德势力称为"逊尼派"，主张凡有德者皆可为先知继承人；自此，主张选举制的"什叶派"，以侯赛因与波斯人之关系原因，盛行于波斯人区域。

从阿拉伯人前 40 余年的足迹，可以看出其变化的轨迹：

其一，前十年阿拉伯大军所向披靡，只对拜占庭帝国与波斯帝国作战；其二，奥斯曼任哈里发七年余，战争轨迹未变，内乱却在酝酿；其三，自穆阿维叶起兵复仇，阿拉伯帝国连续六年内乱；其四，自穆阿维叶迁都开始，阿拉伯人开始了殖民扩张战争；其五，倭马亚王朝实行血统继承制，背离选举制，阿拉伯人的政治制度明显倒退。同时，阿拉伯一度放弃了与殖民帝国的文明对冲战争，与拜占庭帝国缔结了"30年和平条约"。其后连续发生政变，"逊尼派"与"什叶派"最终形成，导致阿拉伯世界的永久性分裂。

其后数百年，阿拉伯世界的战争冲突或政治生活，都已经不再具有清新扑面的革命性。但是，阿拉伯帝国仍然持续着对十字军的抵抗战争，也取得了很多胜利。从文明辐射力说，阿拉伯世界的文明水准与富庶生活，对当时异常贫困落后的西方国家群的社会文化产生了许多方面的重大影响，直接促成了西方的文艺复兴思潮。遗憾的是，此时的阿拉伯世界，已经失去了内在的革命性动力，内战与政变连绵不断，且夹杂了大量的殖民扩张战争。凡此等等，都使一个强大清新的文明帝国改变了历史风貌，开始了相对衰减没落的趋势。

这实在是一条值得人们深思的历史曲线。

也许，阿拉伯进入帝国阶段，应该从倭马亚王朝开始算起才是合适的。因为，从穆阿维叶迁都之后，阿拉伯人才有了殖民扩张性质的战争。这个极具历史特质的政教合一帝国，也因为迁都变身，在历史上被称为"萨拉森帝国"。在中国史料中，阿拉伯帝国长期被称为"大食"，又以其各个王朝颜色崇拜的不同，分别被称为"绿衣大食""黑衣大食""白衣大食"等。这说明，在相当长的历史时期内，当时的中国与这个强大的西亚帝国始终保持着密切的往来。

751年，阿拉伯大军与中国也发生了一场战争。当时，正逢唐玄宗时期的安禄山掌兵，周边一个小国——石国的王子图谋引来强大的阿拉伯大军进攻唐王朝的边境四镇。于是，唐军将领高仙芝统率5万余军队，先发进攻阿拉伯。唐军进至怛罗斯城——今哈萨克斯坦之江布尔——两军遭遇。战场结果是，高仙芝所部大败，3万人战死，2万人被俘，全军覆没。这次对中国（唐）战争的胜利（虽然阿拉伯军队的伤亡人数胜过唐朝军队），说明当时的阿拉伯帝国大军确实已经成为强悍无伦的一支力量。

在整个8世纪前后，阿拉伯帝国继续扩张，成为横跨亚、非、欧三大洲的强大帝国。同时，伊斯兰教也随之广泛传播，成为世界性宗教。在此间数百年中，阿拉伯帝国先后建立了三个政治与宗教中心：先在麦加、麦地那，其次在大马士革，最后在巴格达。进入10世纪，阿拉伯帝国开始了大幅度的衰落。到10世纪末期，也就是第四历史时期的开始期，阿拉伯帝国哈里发的领地，已经只有巴格达及其近畿一带了。

1055年，塞尔柱突厥人攻占了巴格达，以强力方式对阿拉伯帝国的国家结构进行了根本改制——废除了"哈里发"的世俗政权领袖的地位，只保留"哈里发"的伊斯兰教教主地位。自此，阿拉伯帝国自穆罕默德开创的政教合一体制解体；作为国家实体结构支撑力量的阿拉伯民族群，实际上也溃散了。

其后，阿拉伯帝国的"哈里发"，只能在宗教领袖的意义上，竭力聚合已经失去权力制约因而大为松散的阿拉伯族群了。加之，阿拉伯世界的教派分裂更为细碎，其再度凝聚的可能性，越来越艰难了。这种状况延续了100余年，阿拉伯人已经星散于西亚、北非，成为后来阿拉伯世界诸多小国家的基础。作为阿拉伯最后都城的巴格达，实力也已经大大衰微。至此，阿拉伯世界终于渐渐重新沦落为贫困落后的国家群与民族群。1258年，时当强盛的蒙古人攻陷巴格达，阿拉伯帝国最后的政权形式也最终宣告灭亡。

在600年左右的时间中，阿拉伯帝国的命运呈现出三个大的历史阶段：

前40余年，是政治文明创造期，是正义性反殖民战争的发展时期。

中间 200 余年，是反殖民战争与自身殖民战争同时进行的大举扩张时期。

随后 300 年左右，是一般性战争扩张及起伏时期。

最后 100 余年，是文明全面衰落、实力全面萎缩的时期。

这个最后阶段的 100 余年的阿拉伯，便是本章所说的第四历史时期——国家文明泥沼困境期的阿拉伯世界。

十一　阿拉伯帝国的历史命运：关于政教合一

阿拉伯帝国的历史命运，是国家文明普遍性之外的一则个例。

从一开始，这个国家便具有迥然相异于其他国家文明的历史特质。最重要的一个基本点，它是整个古典国家文明时代中为数极少的"政教合一"的文明大国之一。或者可以说，它是这一类型的古典文明国家中最大、文明辐射力最强的一个。这个最重要的基本点，决定了它不同于大多数国家的历史命运。

基于宗教国家的特质，阿拉伯帝国的对外战争有两个明显的不同。

其一，阿拉伯发动的战争，具有鲜明而自觉的信仰自卫意识。这种战争意识，就是抵御外来文明征服的"圣战"精神。就历史实践说，这一意识是与抵抗殖民帝国的战争意识融为一体的。就其本源而言，阿拉伯人在这一时期提出并确立的"圣战"精神，是具有历史正义性的。阿拉伯帝国的"圣战"精神，不是以自己的文明征服其余国家，而是要以奋起抗争的方式抵御外来文明的征服战争。

阿拉伯帝国生成勃发之时，正是当时的拜占庭帝国发动的拜占庭十字军大肆血腥屠杀战的开始时期。300 余年后，基督教势力与欧洲国家群发动八次十字军东征，恰逢阿拉伯帝国在西亚"担纲"之时。当此历史情势，阿拉伯人针锋相对地提出了"圣战"理念，明确地将对外战争的出发点确立在捍卫自身文明存在的意义上。阿拉伯人的逻辑很鲜明：你将我当作"异教"而发动"十字军"战争；那么，你也是异教入侵者；必然结论是，我就要发动保卫信仰自由的"圣战"——捍卫自身神圣信仰的战争，在信仰上战胜你，在世俗上摧毁你。显然，这完全不同于生存空间争夺的传统战争与传统意识。

其二，当时的阿拉伯帝国，在对外战争中实行的占领地政策，具有相当高的文明水准，远远高于当时西方国家的"占领地奴隶化"的野蛮毁灭政策，也远远高于匈奴帝国游牧族群对外战争的残酷方式。应该说，这是那个时代的阿拉伯帝国文明的伟大之处。

同样是对外扩张，其战争文明的高下水准也是有区别的。我们不但应该注意到这种区别，而且应该给体现高水准战争文明的一方以历史性肯定，对野蛮一方给予历史性批判。欧洲国家群在古典文明时期长期奉行的"占领地奴隶化"政策，是那个时期最为野蛮的战争政策，需要断然否定；包括阿拉伯帝国在内，同时期诸多东方国家相当高的战争文明政策，值得充分地给予历史肯定。因为，高度的战争文明理念，是人类理性精神的呈现；野蛮的丛林法则，则是动物性的本能；能否有效地弘扬前者而遏制后者，是人类文明发展的希望所在。笼统地指斥一切对外战争，笼统地否定对外战争中的一切政策，从而在本质上将野蛮的"丛林法则"与文明的战争政策等同起来，都不是具体问题具体分析的理念，而只能是绝对的、简单的、笼统的教条思维而已。

阿拉伯帝国在最后百余年走向灭亡，其最深刻的根源在哪里？

最深刻的历史根源，还是隐藏在国家实体的文明结构之中。

阿拉伯帝国是"政教合一"的国家文明形态——既是一个宗教团体，也是一个国家实体。历史实践已经证明，国家结构体系的天然本色是世俗性，而不是神祇性。这两者对社会人群（在国家是国民，在宗教是信众）的要求，是有很大差异的。国家的世俗性，决定了它只能要求国民在行为意义上的统一性，而不能消灭广大人群在思想精神上的多元性与松散性；否则，这个国家一定会爆发各种各样自身无法解决的严重冲突。尤其是人口众多的大国，若强制思想信仰的一致化，必然会导致迅速崩溃。宗教的神祇性，则基于崇拜对象的神圣性，而必须要求信众在思想精神上保持高度的一致；否则，宗教群体无法有效存在。

一个政教合一的宗教国家，会如何对待这两种不同的体系需求？

两大权力体系兼于一身，自然要求两大社会基础所必需的那些最重要的权利全部得以充分实现，否则无法合一。如此，则国民范畴与信众范畴，必然要重叠起来，要一体对待——信众就是国民，国民就是信众；教义就是法律，法律就是教义；法律与教义若出现冲突，必以教义为准。

从静止状态说，如果这个国家永远奉行不扩张政策，人口群体始终处于原发信众的范围，国家规模始终在较小状态；至少，在理论上这种政教合一的国家实体还能延续下去。世界迄今存在的一些政教合一的实体，事实上都是一些生存环境较为偏远的地区小国。

可是，伊斯兰教（穆罕默德创教时期）教众组成的国家迅速爆发，远远超出小国家体量，非但包括了阿拉伯半岛庞大的阿拉伯民族群，而且还要全力扩张自己，要在反击文明征服的同时自己也做文明征服的强大帝国。如此，则其"政教合一"的国家性质，必然要与超大规模的国家形态，发生内在的不协调。阿拉伯帝国实行的高文明水准的占领地政策，是一种履行文明国家责任的纯粹国家行为。这样的政策实施，实际上恰恰违背了宗教群体本质，不是宗教主体的行为。

如此这般的内在不协调，在一个个占领地长期积累，必然使这个宗教帝国的国家性质不断彰显，也必然使这个宗教帝国的教团性质不断减弱。其实际的历史后果，则是作为国家最基础人口的原发信众的不断离心、离散；最终，则是国家实力的严重弱化。穆罕默德逝去仅仅40余年，为什么他所确立的"哈里发"选举制就会被废除？甚至连其女婿阿里，一个享有极高威望的宗教领袖也不能扭转？

究其本质，正是这个教团的信仰体系与国家权力体系的利益要求，发生了难以调和的内在不协调。在教团势力与国家利益集团的冲突中，教团势力难以避免地归于失败。在实行血统传承制后的阿拉伯宗教帝国，这种内在不协调的张力所引发的崩溃与分裂，更为发展。作为一个强大的宗教帝国，阿拉伯帝国后期的"哈里发"领地与人口不断严重萎缩，正是这种内在不协调累积的必然结果。

从本质上说，"政教合一"与国家文明的天赋特质相违背。

阿拉伯帝国走过的历史道路，正是这样一个无法解决内在不协调而不断衰减僵化的历史过程。假如说，676年废除"哈里发"推举制度，是世俗权力（国家体系）对教团信仰提出的挑战；那么，680年的伊斯兰教大分裂（教众分为"什叶派"与"逊尼派"两大部分），则是阿拉伯教团精神对国家性质的挑战——你要国民统一性，我就要实行教派分裂。

此后，阿拉伯宗教帝国的政变阴谋与权力争夺日益频繁，国家结构自身的内在冲突日益加剧，教众派系日渐增多，教团实体的紧密结构不断趋于瓦解。在此期间，阿拉伯帝国的战争能力虽然并没有大幅度衰减，但阿拉伯世界由基础凝聚力而产生的生命力，却大为衰减了。背后的真正原因，恰恰是那些自身无法解决的内在不协调撕裂了实体自身。

阿拉伯帝国的兴亡生灭，是国家文明研究领域的巨大财富。因为，阿拉伯帝国的历史命运，不仅仅是国家文明第四历史时期的历史密码之一，也是揭示阿拉伯世界现实困境的历史密码。

07 章

黑暗蒙昧：欧洲中世纪的神权政治

在世界古典文明的最后时期，欧洲国家文明是最重要的一个板块。

欧洲国家文明，在世界古典国家文明的最后时期之所以特别重要，是因为欧洲国家文明的内在发展在这一历史时期的最后阶段——14世纪开始的300余年里，领先于当时的世界国家群，在世界范围内率先结束了古典国家文明，进入了近代资本主义社会；为人类文明向更高形态发展，开辟了工业时代新的历史通道。因此，欧洲国家群是人类古典国家文明时代的掘墓人，是近现代国家文明的先行者，这是整个人类必须牢牢铭记的伟大历史功绩。

清晰了解欧洲国家文明的内在发展，尤其是西欧国家文明在世界古典国家文明最后时期的历史实践，是了解欧洲之所以领先于世界古典国家文明最后时期的最基本路径。其中，对欧洲国家群在中世纪封建社会的政治文明进行深刻的历史解析，是最重要的一个环节。因为，此前国家文明的历史实践已经揭示出，没有政治文明的历史性突破，要开辟一个新的国家文明时代是不可能的；轴心时代的中国秦帝国是这样，封建社会末期的欧洲国家也是这样。

一　欧洲封建社会的历史脉络

欧洲封建社会，是从罗马帝国解体之后开始的。

476年，西罗马帝国灭亡，欧洲逐步进入了碎片国家群状态下的封建社会。之所以是逐步进入封建社会，是指在以下历史基础上形成相对稳定的社会形态的历史过程：无论是古希腊，还是古罗马帝国，它们都没有在欧洲国家群建立统一的文明形态；尤其是罗马帝国时代，普遍基础是奴隶制社会，但其在本土之外所征服的所有国家，除了被征服国家的基本人口全部成为帝国奴隶群外，这些已经成为奴隶群的部族与民族，都还在原有土地上保持着本民族的原生文明形态；所以，在罗马帝国轰然倒塌后，帝国时代的轴心文明及主体民族也随之弥散消亡；帝国范围内原先被征服土地的民族或部族，在新领袖阶层的率领下又纷纷恢复了本民族原来的国家形态，各自独立，互不统辖。这就是在短短时间内骤然涌现的缺乏内在文明同一性的"碎片国家群"现象。

依据历史实践，这些纷纷各自独立的地区国家群，既不可能立即地、全部地取缔残存的奴隶制，而自觉地实行领主分治的封建社会；也不可能迅速地、普遍地建立全新的政治文明体系。因此，在罗马帝国这个庞然大物灭亡后相当长的时期内，欧洲国家群整体处于混乱无序的状态。

这里，必然有一个逐步磨合的历史过程。

基于这种磨合过程的客观存在，一般认为从10世纪到14世纪的400余年，才是严格意义上的欧洲封建社会——476年到9世纪的300余年，是形态相对杂乱的封建社会形成时期，即历史磨合时期；15世纪之后，则是社会新思潮涌动，且社会开始发生重要变化的资本主义酝酿期。这样一个总体脉络，是符合历史实践的。

那么，300 余年的历史磨合期，其完成磨合的基本要素是什么？

现代西方历史学界认为，主要在于三个最基本的历史要素。其一，古希腊与罗马帝国所遗留的国家文明传统，是欧洲走向封建社会的历史基础；其二，这一时期处于原始社会末期的日耳曼民族原生文明的活力，给欧洲国家文明带来了粗犷、新鲜、蓬勃的新起点，尤其是日耳曼民族的习惯法传统——法律大于王权的理念，是欧洲政治文明的新内涵；其三，欧洲大地广泛化的基督教会力量，对趋于稳定的社会起了联结、粘合及精神主导作用。

一种相对具有一致性的地区国家群的社会形态形成，肯定有诸多方面的历史综合因素，而不会仅仅是这三个历史要素发挥作用。但是，西方史学界提出的上述三个基本历史要素，无疑是最重要的三个历史方面。据此考察欧洲封建社会（中世纪）的国家文明，三个历史要素中最重要的核心点，是基督教教会在欧洲封建社会国家文明中的功能与作用。从基本面说，解析欧洲封建社会国家文明的任何历史现象，几乎都离不开基督教教会的力量。

历史实践鲜明地呈现出，基督教教会在欧洲中世纪的国家政治文明中起到的是主导性作用。这就是几乎人人皆知的欧洲中世纪神权政治，甚或是神权统治。

欧洲基督教会在这一历史时期的重要性，不是它在符合宗教团体本质的意义上，起到了正面推进人类文明进步的作用；而是恰恰相反：它在违背宗教团体本质的意义上，以极度膨胀的政治企图心，以国家教会的强势地位，以聚敛于国家及信众的巨大财富，以独立于国家监控之外的寺院经济为根基，聚结成了一种国家结构之外的"教权体系"力量；进而以极端化的基督教信仰为标尺，将丰富多元的人类文明、人类精神、人类思想，简单地两分——不是基督教信徒，便是异端分子。这种蒙昧主义的认知水准，迅速笼罩欧洲，蔓延西亚，鼓荡起以战争毁灭方式解决文明差异问题，以酷刑镇压方式解决宗教差异与思想差异问题的罪恶潮流。

如果说，这一时期兴起于西亚阿拉伯半岛的伊斯兰教，是古典国家文明最后时期一丛耀眼的精神光焰；那么，这一时期的欧洲基督教会，则是古典国家文明时代最具黑暗性的罪恶实体。可以说，在整个人类文明史上，从来没有任何一个强大的帝国，从来没有任何一种专制力量，对人类文明与人类精神的摧残破坏能够与欧洲中世纪的基督教会相比。因此，了解欧洲中世纪的基督教会，是了解这一历史时期欧洲国家文明史最为重要的一个方面。

二 欧洲基督教变身发展的历史脉络

就其本源说，基督教是发端于西亚地区的一个地区性宗教团体。

在经过创始期之后，基督教的影响力迅速扩展，很快成为波及罗马帝国的世界性宗教，其核心区域也逐渐转向欧洲。历史实践已经说明，基督教在古典国家文明最后时期的恶性作为，及其恶性的历史影响力，以欧洲基督教会的历史罪恶为核心。故此，我们以欧洲基督教教会力量为中心点，来梳理基督教发展的历史脉络，并不会有"基督教仅仅是欧洲的"这样的局限性含义。

基督教的发展可以分为四个历史阶段，这里列出标志性的年份与事件：

第一历史阶段（创始与遭受迫害时期）——

公元前 6 年或前 4 年，耶稣诞生（教义说法，耶稣诞生于公元 1 年）。

28 年，耶稣开始在罗马帝国西亚殖民地人口中传教，反对罗马暴政，主张平等博爱。

30 年，耶稣被罗马帝国在西亚的犹太行省总督钉死于十字架上；耶稣死后，门徒彼得成为使徒之首，建立教会。

从 35 年开始，保罗与彼得开始共同成为西亚地区传教领袖。

64—303 年，罗马帝国对基督教会先后进行过十次大规模迫害，基督教史称之为"十大迫害"。自创始期到此的将近 300 年间，基督教的基本阵地在罗马帝国的西亚殖民地上，其性质具有强烈的人民性。

第二历史阶段（变身国教时期）——

311 年，罗马帝国宣布宽容敕令，停止大规模迫害基督教徒。

313 年，西罗马皇帝君士坦丁一世和东罗马皇帝李锡尼共同颁布《米兰敕令》，赋予基督教合法地位，对基督教由迫害转为利用。此时，基督教主要信众仍在西亚殖民地区。

337 年，君士坦丁一世重新统一罗马帝国，病逝前皈依基督教。这一事件，标志着基督教教义已经变为罗马统治阶层乐于接受的信仰。此时，基督教信众开始向欧洲大量转移。

341—359 年，基督教教会与罗马两任皇帝合作，不断就教义修改召开宗教会议；东西罗马两大教会，有重大教义分歧。

380 年，统一的罗马帝国皇帝格拉提安与狄奥多西一世（共治皇帝），共同颁布敕令，在罗马帝国以正统派基督教为唯一宗教。自此，基督教成为罗马帝国国教。

381 年，狄奥多西一世召开第二次公会议，确认正统教义《尼西亚信经》，确立"三位一体"教义，谴责异端。

382 年，狄奥多西一世颁布命令，镇压异端教众。

392 年，狄奥多西一世下令严禁异教，标志基督教正式成为罗马帝国国教，此后对异教徒的迫害延续 30 年。

第三历史阶段（中世纪黑暗时期）——

476 年，西罗马帝国灭亡，欧洲进入碎片分治的中世纪封建社会。

476 年—11 世纪初，基督教会之东罗马部分（延续为拜占庭帝国）、西罗马部分（延续为欧洲国家群）教义之争日趋激烈，无数次教会会议均未能达成一致。

1054 年，东方拜占庭教会与欧洲罗马教会发生"色路拉里乌分裂"（the Schism of Cerularius），天主教与东正教正式分裂为基督教两大教派。

1075 年开始，以教皇格列高利七世与神圣罗马帝国皇帝亨利四世对主教叙任权的争夺开始，罗马教皇势力的政治企图心大为膨胀，与欧洲各国君主展开了以"教权至上"论为根基的世俗权力争夺。这一争夺延续到 18 世纪末，以教会势力失败告终。

1095—1291 年，发动并强力支持八次十字军东征，在文明冲突中延续了拜占庭十字军以暴力毁灭方式解决文明差异问题的罪恶法则，恶性影响至为深远。

1205 年，教皇英诺森三世颁布诏书，严禁对异端提供任何帮助。

1229 年，欧洲教会在法国图卢兹召开宗教会议，决定系统成立宗教裁判所，镇压异端。自此，欧洲教会与各国君主配合，以火刑等惨烈方式镇压异教徒与自由思想者、科学家。这一残酷政策，一直延续到 19 世纪初。

第四历史阶段（16 世纪宗教改革）——

1517 年，马丁·路德发表《九十五条论纲》，反对出售赎罪券，宗教改革运动开始，迅速形成基督教新教派。

16 世纪中期开始，新教势力在欧洲各国开始渐渐壮大，形成基督教三大教派：天主教、（东）正教、新教。此后 300 余年，欧洲基督教与世界其余地区之基督教，在近代资本主义国家群出现后渐渐淡出干预世俗权力的争夺，渐渐步入近现代宗教阶段。

梳理欧洲基督教的历史脉络，可以看出两个基本问题。

其一，基督教的原发基础，是反抗罗马暴政，主张平等、博爱，因而具有相对强烈的人民性；其根本精神发生变化，转折点在于 300 年后与罗马帝国统治阶层的结合。

其二，基督教的核心时期，是变身为国教之后直到 19 世纪，时长大体为 1 500 余年。在这一漫长的历史时期中，基督教对人类文明的影响，基本上是负面的。尤其是在欧洲中世纪的 1 000 余年，欧洲基督教教会势力对文明发展的三大恶行——发动支持十字军东征、推行蒙昧主义并残酷镇压"异端"思想、推行"教权至上"的黑暗神治——所产生的恶性历史影响力至为深远，也给世界古典国家文明的最后时期带来了巨大的灾难。

三　基督教精神变迁的历史解析

一个基本的谜团是，基督教为什么会发生如此巨大的历史变化？

将世界三大宗教的历史实践作一比较，可以看出，任何宗教都有或强或弱的世俗精神，也都曾经有过干预（改造）社会生活的历史作为。以对世俗生活的干预程度论，佛教相对浅层，也相对含蓄；伊斯兰教最有力度，也最直接，是全面的政教合一；基督教之干预世俗社会，则最深刻，最全面，也最冷酷。

虽然程度各异，但在本质上是同一的。就是说，任何宗教团体对世俗生活，都有乐于介入的企图心，都不甘于被完全湮没在清冷修行的寺院生活之中。这是因为，任何宗教的产生根源，都是对现实社会状况的不满。反向地说，任何宗教群团，都是对现实社会抱有强烈欲望与鲜明主张的具有同质精神的人群结构。他们组成信念群体之后，只要条件许可，都会积极踊跃地介入到现实中来。真正"跳出三界外，不在五行中"的宗教信徒，是极少极少的，少到不足以影响任何宗教群团之基本精神的程度。

前文引述过的美国学者汤普逊说过：

十九世纪对比较宗教史所作的研究，揭露了一项为过去学者所未认识到的历史真理，就是，一切伟大宗教的创立，与其说由于神学，不如说由于社会原因和经济条件。佛教的传布，不是因为它的"涅槃"说受人欢迎，而是因为它主张取消种姓……社会上存在的力量，在教会的历史里，和在其他领域的历史里同样起着作用。如果不先了解公元最初四个世纪中罗马世界的经济社会状况和流行的理想，我们就不能了解基督教的兴起、传布和影响。[1]

世界范围内的研究已经揭示出：早期基督教，经历了由乡村宗教到城市宗教的转变过程。在耶稣布教及其之后的一段时期，基督教是一种流播于巴勒斯坦北部乡村的早期乡村宗教。从耶稣死后，保罗与彼得的传教时期开始，基督教在数十年之中，很快转变为主要在古罗马各城市流播的宗教，而不再是乡村宗教。

早期城市人口，是当时的罗马帝国统治范围内，一切地方社会在人口结构上的主要特征。在他们生活其中的早期城市中，各个族群、各种行业、各个领域都有自己的秘密组织，且秘密组织颇为流行。它们的普遍出现，无不基于当时人群面临的现实处境。古罗马帝国是基于诸多征服、扩张而形成的一个土地广袤、族群众多、文明各异的庞大帝国。所有的被征服民族群，基本上都是古罗马人的奴隶群，又都保存着原来的生存方式与文明特质。当时的罗马帝国，没有做到如同东方秦帝国那样的统一域内文明；是故，被征服而成为奴隶人口的诸多族群，便以形形色色的文字差异、神祇崇拜差异、生活方式差异、政治传统差异、交易规则差异，等等，汇聚成"碎片文明"的汪洋大海。各个行省的罗马总督的治理，则由于不同程度的力不从心而显得疏漏百出。各个奴隶族群的各种生存权利，无法得到有效实现，是最

1　［美］汤普逊：《中世纪经济社会史：300—1300年》（上册），耿淡如译，第69页。

为普遍的社会问题。

在这样的大背景下，汇聚于古罗马帝国早期城市的各个奴隶族群中，多有被征服前身为贵族的人存在；各个领域、各个行业中，也多有知识者与能事者存在。基于生存竞争的需求，他们必然会秘密联结同类或同行，建立起不使自己群体利益受到来自各方面毁灭性伤害的协作规则。于是，秘密组织与秘密集会，不期然成为普遍流行于古罗马城市生活的现实。

在这样"碎片汇聚"的历史背景下，基督教以"反抗暴政""平等博爱"为核心精神的教义，获得了丰厚的生长土壤。汤普逊在他的《中世纪经济社会史：300—1300年》中，引用了吉尔柏·墨累的《希腊宗教的四个阶段》一书的调查结论来说明这个问题，该书这样说：

> 基督教在早期几个世纪的性质，与其从它所宣示的教义中去找寻，毋宁从它所依靠的组织中去找寻……（对基督教）作为一种互助的有着神秘的宗教基础，半秘密性的会社来理解；起初，它流传在安提阿和利凡得的许多大商业和制造业城市的下层社会；然后由于本能的同情，它传入罗马和西方的类似阶层中间；并且，和其他一些神秘教派一样，由于特别感动了妇女，它的影响就扩大起来了。在那个时候，历史上各种的谜底，就开始被揭穿了。

之后，汤普逊对早期基督教的矛盾状况作了如实呈现，他说：

> 从古以来，在古代东方各帝国里，大城市里的下层劳动人民，已习惯于组成同行业的团体。这些组织从埃及和叙利亚传遍于希腊和罗马世界……这些团体在早期基督徒的组织和传布里，曾起着一个相当重要的作用。由于初期的基督徒本身就是来自罗马社会的劳动下层，所以这些团体往往成为早期教会组

织的所在地。团体所在地的所有成员都成为基督徒之后，有时就是他们的集会场所，这种团体的宗教仪式曾影响着早期基督教的礼拜仪式……

毫无疑问，早期基督教教义，在和罗马世界当时的经济和社会制度相比之下，是非常激烈的；如果实行起来的话，那会颠覆古代文明中最稳定的状态。但是，不管早期教会所抱有的经济的和社会的观念怎样激烈，它却从没企图将这些观念付诸实施。它把它的活动局限在实际条件内。博爱和慈善的福音，反映在施舍方面：如救济孤儿、寡妇、疾病残废者的苦难，救济第三世纪中那些被送到石场里、矿井里的基督徒囚犯……照顾那些旅行途中的基督徒……在这些社会服务方面，早期基督徒的工作，都是慈善性的……

如果认为早期教会，曾倡议过什么革命的社会性质的运动，甚至什么彻底改良性质的运动，那会是一个错误。在古代文明的最危急时期，教会在理论上和实践上都接受了现成的制度。它可能曾作过努力，来减轻奴隶阶级中难免的苦难，可是，它从没否认过奴隶制度的合法性。它曾给奴隶以物质的和精神的慰藉；可是，它承认奴隶制是当然的事实……它从没主张过像那常说的"劳动的尊严"；它所教训的是忠实劳动的义务，以及劳工应得他雇佣所值的报酬……[1]

汤普逊的研究，以及他所引用的资料所呈现的历史风貌，使我们可以看出，基督教在前期200余年里，有两大基本的历史特征：

其一，早期基督教信徒的主要构成，几乎全部是下层平民、奴隶、自由人、手艺者和商人；其活动方式与无数民间会社一样，具有

---

1 ［美］汤普逊：《中世纪经济社会史：300—1300年》（上册），耿淡如译，第70—76页。

秘密的或半秘密的团体性质。

其二，基督教的教义精神与基督教的社会实践，有巨大的矛盾性——教义的革命性与社会实践的温顺性，构成了精神与现实反差鲜明的巨大分裂。这是一个历史谜团：革命的教义与温顺的实践何以共生？

出现稍晚的伊斯兰教（穆罕默德初创时期），是革命性教义与强烈的社会实践达到了高度一致的宗教国家现象。相形之下，在早期基督教的历史实践中，为什么会出现如此巨大的教义精神与教众实践相脱离的矛盾现象？是彼得与保罗领导教会走向了"修正主义"吗？

对于这一历史疑问，如果仅仅从教义理论中去寻找它的内在矛盾，也许是一条理论上的可行之路，却无法触及本质。汤普逊本人曾针对上述问题，提出了一种看法：早期基督教社会作为的软弱，是受到了古希腊、古罗马时代悲观主义的影响——承认现实苦难，忍受人生痛苦，将希望寄托于彼岸世界。[1]但是，即或这是一种可能，也只是就外部影响而言，并不是基督教早期教义精神的直接表述。因此，对于这种经院哲学式的教义探讨，我们还是留给神学家们去完成。我们只需要明白一个基本点：早期基督教的教义精神与教众实践是相背离的，如同存在人格分裂一样，早期基督教的"教格"是分裂的——理论一套，现实一套。我们所能做的，是最大限度地探究造成这种"教格分裂"的现实原因，也就是根基原因。

任何宗教都是社会群团，其变化的根基必然隐藏在社会现实之中。

早期基督教，在历经十次大迫害之后，在三个方面发生了始料未及的变化。

首先一个变化是，基督教开始获得广泛的社会同情，信众较前反而增加，而且也有富人与贵族开始入教了。大约在第十次大迫害之前

1　［美］汤普逊：《中世纪经济社会史：300—1300 年》（上册），耿淡如译，第 76 页。

的公元 250 年前后，基督教出现了第一次大扩展；当时的意大利约有 60 个教区，罗马教会大约有三四万名教徒（以奴隶与自由人居多）。

其次一个变化，在连续的大迫害中，早期基督教中"许多最勇敢、最优秀的人才都被杀害了；剩余的宗教核心人物，都是那些属于起码等级的人，懦弱而缺乏勇气，为了策略而竟愿牺牲原则；为了保全自己的生命和财产，他们妥协了，甚至变节了"。[1] 这是教会上层核心的变化，也是最重要的精神变化的开始。

第三个变化，从 313 年的《米兰敕令》开始，基督教成为合法宗教，进而在数十年后成为"国教"，这给基督教带来了巨大变化。这一变化的最主要方面是：信众人数大量增加，信众成分急剧改变，教会财富及教会首领财富惊人增加，教会性质发生根本变化。

> 跟着君士坦丁之后，统治阶级、富人和奔走名利之徒，遂大批地涌入了教会，他们同时带了他们的原有的道德品质和社会准则以及他们所习惯的行为方式。结果，教会和世俗的界线被模糊，宗教从属于政策和政治，"起码"的男男女女侵入了教会，理想越来越低，突如其来的巨大财富，起着腐蚀作用，而精神也硬化了。

> 第四世纪中，教会历史上的突出事实是教会急剧转变。它不复是一个由穷人和中等阶层的人所组成的宗教社会，而变成为阶层式和官僚式组织的团体，崇尚奢靡、争权夺利的团体了。为了获得那有财有势的异教贵族的支持，为了取得他们的财产，教会向世俗投降了。教会权威的增加，是用丧失精神活力的代价来取得的。这种道德堕落的速度令人惊异，和它腐化程度一样……研究第四世纪教会的道德和宗教生理，不是研究它的健

---

1 ［美］汤普逊：《中世纪经济社会史：300—1300 年》（上册），耿淡如译，第 79 页。

康状态，而是研究它的疾病；研究它的精神损伤、它的各种腐
败和弊端。[1]

正是上述社会现实的变化——国家宗教政策的变化所带来的连锁
反应，早期基督教很难避免地沦落了。这样一种巨大的沦落，最根本
的原因还是蕴含在早期基督教所奠定的社会实践的传统之中。尽管早
期基督教的教义是激进的，甚至是革命的；但是，它善于向世俗妥协
的行为方式，却几乎必然地决定了它在强大的世俗利益的洪流中一定
陷落的变异结局。

这就是说，从 4 世纪初获得合法地位开始，到 4 世纪末成为国
教，欧洲基督教在 80 余年之中完成了根基性的历史变身——相对纯
洁的宗教精神彻底丧失，沦落为世俗利益集团中的一股特殊力量。对
于这一变化，西方的清醒学者这样表述：

> 基督教会被迫害火焰炼得纯洁的时候，对有野心的俗人来
> 说，是没有什么吸引力的。担任教士职位是太危险了。所以除了
> 纯洁而又热心的基督徒以外，再也没有人要担任它了……然而，
> 当教会的世俗地位，由于它在整个帝国中的优势，无可估计地提
> 高之后，它遂成为实现野心的途径；同时它的财富，对懒惰和荒
> 淫之徒提供了淫乐放纵的前景。[2]

自此，基督教精神的纯洁性与激进性，全面沦落为世俗利益
观念。

与此同时，基督教会在中世纪的脚步，也越来越趋于罪恶化了。

1　[美]汤普逊：《中世纪经济社会史：300—1300 年》（上册），耿淡如译，第 79—80 页。
2　里亚：《僧侣独身制度》，第 63 页；转引自上书，第 86 页。

四 宗教裁判所与火刑：基督教会镇压异端之残酷

就一种恶行机构的历史影响而言，基督教会的宗教裁判所可谓无可比拟。

自从基督教诞生，其教义之争从来就没有停止过。1世纪中期，保罗、彼得先后死去，基督教之"使徒时代"结束，"教父时代"开始。所谓教父，就是那些接近于职业化的神学家（包括了某些专业神职人员）中对教义能够做出理论性解释与人格引导的人物。所谓教父时代，就是以神学家的教义解释引领信众认知与提纯教众精神的时代。大约从这一时代开始，教义之争开始具有理论化形式，也开始了对异端的指责，并开始清理异端分子的教籍。

从"教父时代"开始，教会关于教义之争的核心点是关于"上帝"的性质（或本质）的争论。就基督教历史看，关于这一核心点所形成的基本理念有三种：

其一，以历代教皇为轴心的欧洲教会所主张的"三位一体论"，认定圣父、圣子、圣灵三位一体。这一教派，是后来形成的天主教的历史基础。

其二，最早以东罗马教会为代表的"一性论"，认为耶稣基督只有神性，没有人性。这一教派是后来东正教的历史基础。

其三，最早以西罗马教会为代表的"二性论"，认为耶稣基督既具有神性，也具有人性。

从总体上说，无论何种教义主张，基督教各教派对现实社会的积极干预态度，都是共同的。主张清心修行的清教徒派，影响力极小。在基督教的历史上，几乎所有的宗教会议、教派争斗、教派分裂或教派联合，都以对"神之性"的定位理论为核心。至少，在形式上是核心。

因此，在基督教的历史上，出现了"异端"这个其余宗教世界所没有的概念。就实际情况说，任何宗教都有教义之争，都存在教派差异。但是，任何宗教团体都没有基督教的教义争论那样激烈，那样鲜明，那样势不两立，那样将分歧者看作敌人，也没有充满仇恨感的"异端"定义，更没有异常残酷的消灭一切"异端"的实际政策。譬如佛教的教义分歧形成了诸多教派（宗），但绝然没有从肉身上消灭对方的实际政策。就基督教的历史实践看，所谓异端，实际上就是那些不被强势一方所承认的教义理念持有者。也就是说，作为理论的正统教义与异端教义，在本质上并无真理与谬误之分。

中世纪基督教教会，为什么将正统与异端之争看得如此严重？

根本原因，就是基督教大沦落之后的各教派之间的利益争夺，并由此延伸出的广泛化的社会思想统治权的争夺。教义之争的实际内涵，是教会各方对正统权的争夺；正统权的实际指向，则是教会的最高领导权；教会的最高领导权，则可能伸展为极大的世俗社会的政治权力。在中世纪的欧洲基督教会，最高领导权的实际执行力，几乎等同于国家君主的执政权，教皇等于君主，几乎是毋庸置疑的。在"教权至上"的特定时期，教皇权甚或超越于国家君权之上，以上帝的名义统领世俗社会的一切。

这就是教义之争所延伸出来的现实利益链。

在这个利益链中，谁成为原发点上的教义正统者，谁就获得了以神的资格行使现实权力的巨大利益；谁一旦被指认为异端者，则其所有的利益都必然丧失，甚或遭到严重的人身迫害。这条黑色的现实利益链，潜藏着一个隐秘的逻辑：正统地位所拥有的巨大利益，激发了教会上层争夺正统方的欲望；而要实现正统方欲望，对教义作出极端化的神性解释，对异端作出最严厉的姿态，无疑是一条表现纯正性的有效途径。所以，主张"三位一体"这种能够延伸覆盖整个社会的神性理念，有利于扩张为"教权至上"的现实主张；而主张严厉镇压异端，则不但有利于彻底毁灭教会中的反对势力，而且有利于消灭社会人口中的非本教信徒（其余宗教的信徒），同时有利于消灭种种敢于挑战上帝权威的自由思想家与科学家。

那么，异端所指，其实际覆盖面究竟有多大？

异端一，教会内部之反对派；异端二，社会人群之非基督徒；异端三，现实社会中一切与基督教不相符合之思想精神、科学理念之发明者与持有者。由此可以想见，基督教的镇压异端政策，包含了何等巨大的覆盖全社会的政治图谋。从本质上说，中世纪欧洲基督教会奉行的镇压异端的酷刑政策，绝非宗教精神之要求，而是黑暗专制的教会集团维护其现实统治权的需求。教会对异端的镇压，也绝不仅仅限于教众范围内的思想出轨者，而是对全社会范围内一切有违基督教教义的自由思想的镇压。

在后来的启蒙运动时期，欧洲那些严肃的思想家们，将中世纪基督教会对社会文明现实的认知水准作了一个基本评判，送给后者一个非常准确的名号——蒙昧主义。也就是说，基督教会对人类文明的多元化、对人类精神的多元化、对科学理念的多元化视而不见，对整个人类世界的丰富性、多元性、生动性也统统视而不见，而只简单化地认定：这个世界只有两种存在，基督教正统信仰与庞大的异端世界；除基督教正统教众之外，持有其余思想的社会人群全部是异端。非此即彼，水火不容。显然，这是一种还处于愚昧状态的认知水准。

中世纪基督教会的恶性，不仅仅体现为其低劣的认知水准。

依据种种公开资料，基督教会在中世纪的历史真面目是令人惊悚的。从基本面说，欧洲基督教会在中世纪的主要作为有三大基本项：镇压异端人群；与世俗国家争夺权力；发动主导十字军东征。在这三大恶行中，镇压异端思想对文明的破坏力最为深远，堪称三大罪恶之首。

镇压异端思想，主要集中于"宗教裁判所"普遍存在的历史时期。

宗教裁判所，是建立于 13 世纪而结束于 19 世纪，隶属于欧洲天主教会的一种侦察、审判并处置异端分子的机构；又称"罗马宗教裁判所"或"宗教法庭"。之前的 1198 年，教皇英诺森三世为镇压法国南部"阿尔比派异端"，曾建立了教会的侦察和审判机构，是为"宗教裁判所"的发端。在洪诺留三世继任教皇后，于 1220 年通令西欧各国教会，正式建立宗教裁判所。到教皇格列高利九世，又重申前令，强调设置这一机构的重要性，并任命由其直接控制的托钵僧为"宗教裁判所"之裁判官，并要求各地区主教予以协助。

由此开始，宗教裁判所在西欧天主教国家普遍成立。

宗教裁判所的运作方式，是以僧侣裁判官为中心展开的。僧侣裁判官，主要由"多明我派"修士担任，也有少数"方济各派"僧团成员。这些神职人员裁判官，被教会赋予搜查、审讯和判决本地区异端分子的大权；地区主教和世俗政权，有协作支持的责任，但无制约或干预的权力。

宗教裁判所的镇压流程，是秘密的，也是残酷的。

第一阶段，"异端罪"确认。以秘密侦审的方式进行，控告人与见证人的姓名都是保密的；罪犯、恶棍乃至儿童，皆可作"见证人"。某人一经被控，几无幸免之可能；若有人为被告作证或辩护，则本身也有被指控为异端的可能。因此，当时几乎无人敢为"异端罪"辩护。

第二阶段，确定刑罚。被告如认罪并检举同伙，则可"从宽轻罚"。所谓从宽轻罚，指苦行生活、斋戒、离乡朝圣、在公开宗教仪式中受鞭打、胸前或身后缝缀黄色十字架并受群众凌辱等。对不认罪、不悔过者，则刑讯逼供，从严定罪，处以徒刑或死刑（火烧致死，谓之火刑）。

第三阶段，执行刑罚。对各种羞辱性"轻刑"，教会力量会亲自实行。对于以火刑为主的死刑，宗教裁判所与教会并不直接执行，大多交由世俗当局执行，以维护"上帝的仁慈"形象。对被判死刑或徒刑者的财产没收，则教会可以介入执行，并和同时执行的世俗政权分成。

宗教裁判所存在的数百年，堪称中世纪欧洲最黑暗的岁月。

1216年，教皇洪诺留三世建立了一个直接听命于教廷、专事追究异端的新僧团——多明我会，号称"真正信仰的警犬"。1223年，又建立了一个专事镇压异端的新僧团——方济各会。此后，这两个教会组织，成为天主教会推行思想专制最残酷的"文明绞肉机"。

1232年，格列高利九世颁布了一部名为《总法规》的镇压令，宣布把一切异端分子开除教籍；不久，又委派了对追究异端者拥有全权的专职宗教裁判官。1233年，下令由多明我会修士全部取代各教区原来由主教充当的宗教裁判官，并授予他们"由法庭追究异端"的全权。

1252年，英诺森四世发出《论连根拔除》的训谕，规定在各教区设立"清算异端"的专门委员会，授以逮捕、审问、惩罚"异端"，并没收其财产的巨大权力。这一时期最重要的神学家托马斯·阿奎那，也在《神学大全》中公然论证镇压政策的合理性，提出了一种号为"仁慈"的镇压理论：有充分得多的理由，把异端分子开除教籍，判处死刑。但教会是仁慈的，开除出教的异端分子必须由世俗审判机关判处死刑来把他从世界上消灭掉。

宗教裁判所普遍建立后，在教会力量的精心组织下，很快形成了一套能够随时启动，且有很高效率，并善于制造大规模冤狱的制度。宗教裁判官通过收买、胁迫等种种手段，拥有一大批"亲属"告密者、狱卒、仆从，及其他志愿人员。裁判所通过这些人员，发动了无孔不入的大规模的告密。尤其是那些厚道朴实的教徒们的忏悔，更成为神父们告密的丰富信息来源。依照英诺森四世的说法，这是让一切异端者"最明确地招认错误"的有效方法。

在拷问室中，等待着"异端分子"的，是拷问架、刑梯、鞭子、短刀、烙铁等种种刑具。各种严厉的刑罚，从鞭笞、烙印、拉四肢、水刑、饥渴、严寒、酷热，到剥掉他们的皮肤，一块块钳下他们的肉，诸般残酷，无不具备。对于那些坚持"异端"或"异端累犯"，则一律处以火刑——架起火堆活活烧死。

基督教是"仁慈"的，其对火刑是有执行"程序"的。首先，宣布将异端分子开除教籍；其次，宣布"释放"他们；再次，将火刑判决通知世俗政权，由世俗政权再度逮捕，继续关押，并执行火刑；第四，举行火刑宣判及执行仪式，将行刑安排在一些重大节庆日举行。这一仪式也是有"程序"的：首先，由宗教裁判官和罪犯的"亲戚"率领有名望的市民群，押着犯人进行盛大的游街示众；然后，再举行弥撒、布道，宣示"上帝"的神圣性；再次，宣读判决书；最后，把犯人押上火堆，活活烧死。收尾程序是：把异端分子的骨灰仔细收集起来，撒入河中，消灭一切痕迹。

何等精细，何等令人毛骨悚然的黑骷髅"仁慈"游戏。

五　基督教会黑暗镇压之总体及分类状况

综合公开资料，一个大致的历史清单是这样的——

数百年间，遭受镇压的著名教派与团体数不胜数。包括阿摩利派、圣灵兄弟姊妹会、使徒兄弟会、自由神信徒会、属灵派、小兄弟会、鞭笞派、犹太教信徒、摩尔人、新教教徒、作家群、思想家群、科学家群、人文主义者群体，等等。

西班牙教会在 350 年间，迫害了 38 万人，其中 32 000 人被火刑烧死。

人口不足百万的葡萄牙，火刑 576 人，1 252 人死在狱中。

妇女尤其是教会迫害对象。在 200 余年追捕巫师和巫女的狂潮中，大约有 10 万人以上遇难，其中大多是妇女。

数百年里，欧洲教会烧死了将近 100 万巫师、术士和异端分子。

数百年里，欧洲教会残害了至少 50 万名思想自由人士与科学家。

基督教黑暗镇压的分类情况例举——

被欧洲教会残酷迫害的著名人物

胡斯，正直的天主教主教。因反对教会对捷克的压迫，于1415年被诬为异端，火刑烧死。

贞德，法国爱国者，女将军。在抗英战争中被出卖，1431年，教会以穿戴男人服装为罪名，并加以女巫的名号，将其火刑烧死。后罗马天主教会追认贞德为圣女。

哥白尼，意大利科学家。著《天体运行论》，遭到教会残酷迫害，致1543年5月20日病逝。

维萨里（Vesalius），意大利科学家。1564年，因解剖尸体而为宗教裁判所判处死刑，虽获赦免，但仍被迫去耶路撒冷朝圣。这位《人体结构》的伟大作者，失踪于从耶路撒冷返回的路途之中。

阿斯科里（Ascoli），意大利科学家。因为论及地球是球形的，1327年被宗教裁判所判处火刑，活活烧死。

塞尔维特，医生。因写文章《论三位一体的谬误》，被教会追捕并判死罪，1553年被教会下令用慢火烧烤两小时后死去。

布鲁诺，意大利科学家。接受哥白尼的太阳中心说，在教会的迫害下四处流亡。后被教会诱捕，1600年2月7日被火刑烧死。

康帕内拉，意大利空想社会主义者，代表作为《太阳城》。被教会关押长达27年，1626年方才出狱。

伽利略，意大利科学家。因捍卫科学真理，于1633年被迫害，1642年不幸病逝，其时已双目失明。

阿莫里（Amaury），巴黎大学教授。1210年因宣扬泛神论被死后追审，墓穴被挖，十个弟子全被处决。

西克尔（Siger），巴黎大学教授。因在物理学领域持异端言论，被教会活活打死。

罗杰·培根，英国伟大的思想家科学家。因从事科学研究，被教会长期关押，1292 年 78 岁时才出狱，两年后逝世。

薄伽丘，意大利小说家。因写《十日谈》揭露社会黑暗，遭到教会迫害，几乎焚烧自己的著作，1375 年去世。

拉伯雷，法国文学家。因撰写《巨人传》讽刺教会，遭到迫害，其出版商朋友被烧死，他被迫流亡国外。

艾蒂安·多莱（Étienne Dolet），人道主义者。因为译了柏拉图的一段对话，里面否定了灵魂不朽说，1546 年，在巴黎被火刑活活烧死。

塞万提斯，西班牙伟大作家。遭到教会迫害，被剥夺教籍，从此失去就业资格，1616 年病逝于贫民窟，教会拒绝给他立墓碑。

伏尔泰，法国启蒙思想家、文学家。因宣扬自由思想，被教会迫害，两次被抓入巴士底狱，并遭受酷刑。

卢梭，伟大的启蒙思想家。宣扬平等思想，遭受教会的屡次迫害，被迫流亡瑞士。

欧洲教会禁书状况

1239 年，格列高利九世下令收缴并焚毁了所有的犹太教书籍。

1248 年，巴黎有满载 20 辆大车的书籍被付之一炬。

1319 年，犹太教典被烧。

数百年间，各类被禁书籍约 5 000 册，被禁的作家包括马基雅维里、但丁、薄伽丘、哥白尼、开普勒、布鲁诺、蒙田、休谟、洛克、伏尔泰、狄德罗、卢梭、康德、吉本、左拉、司汤达、福楼拜、柏格森、邓南遮（Gabriele d'Annunzio）等。

16 世纪的一本《禁书目录》，记载了之前的 36 宗焚书事件。

上述历史清单，仅仅是对发掘并记录下来的公开史料一种很不完善的整理。虽然，它已经非常触目惊心了。但是，还远远不是欧洲基督教会镇压"异端"的历史罪恶的全部。有欧洲人士曾经说："那时做一个基督教徒，能死在自己的床上，已经算是幸运了。"

六　基督教会专制政治之历史根源

什么是思想专制？欧洲中世纪基督教会作出了最为典型的历史诠释。

一个必然的问题是：在整个人类古典国家文明的最后时期，为什么独独在欧洲出现了这种非常另类、非常变态的"教会专制"的黑暗历史现象？世界其余地区的古典国家文明的发展，在这一时期也同样僵化，为什么却没有出现如此异常残酷又异常变态的教会黑暗专制？

在人类社会进入国家文明时代后，常态的历史实践是：只有建立在包容性能达到最大化的"国民社会"基础上的国家政权，才有制定与推行思想文化政策的权力资格与实际力量。这一权力资格，是国家基础所决定的国家文明的包容能力；这一实际力量，是国家权力体系与国家强力机构系统。与此相反，建立在几乎没有包容性的教众社会基础上的宗教团体，只是诸多社会思想精神力量的一个支脉，它既没有制定并推行面对全社会思想文化政策的权力资格——缺乏包容性，也不具备将这种政策付诸实施的实际力量——缺乏强力体系。从这一历史常态出发，一个宗教团体能够在一个国家群存在的广袤地区超越国家权力，而独立制定并推行镇压本教派之外一切"异端"思想的政策，其本身实在是一个绝大的"异端"，绝大的另类，绝大的变态。

变态的历史根源在哪里？

从历史根源去探究，还得回到欧洲国家文明的历史特质上去。

在古希腊与古罗马时代，欧洲的国家文明，就表现出具有各文明形态联合体的历史特质。也就是说，欧洲的希腊邦联与罗马帝国，都具有各个城邦文明联合体——由形态各异的城邦文明或民族文明组成的一种松散的国家文明形态——的历史特质。在这种历史特质的国家文明中，国家是根本的决定性因素，文明则是独立存在的依附因素。

这种对"文明"表现出某种游离的"国家"（政权）一旦灭亡，就永远地丧失了再生的可能；而在这个"国家"中始终独立存在的各种文明实体（城邦或民族），便会立即滋生出新的"国家"。

在这种历史特质的国家文明状态下，国家对于某种形式的"文明体"——民族群或信众团体的出现与发展，其控制度是非常松的；有民族、城邦人口群或信众人口群作为实际依托的文明体的生命力，是非常顽强的。而缺乏同质文明依托的国家的生命力，则是相对脆弱的，是难以对文明体的出现与成长加以有效控制的。

在这样的国家文明形态下，一种宗教信仰，由于信众的不断增多而扩展为强大的教会力量，并进而发展为具有相对独立性的文明体的可能，就是非常大的。在罗马帝国时期，早期基督教之所以能够被控制、被镇压、被迫害，是由于这一时期的罗马帝国作为国家的那些实际因素，还是强大的，还是足以接受一个宗教团体挑战的。到罗马帝国后期，也就是 4 世纪中后期，当罗马帝国的国家特质不断疲软时，罗马帝国才无可奈何地选择了放弃镇压基督教的政策，而转为实施利用基督教的政策。

在这一历史转变中，基督教是实质性的胜利者。此后，再度统一的罗马帝国也好，西罗马帝国也好，东罗马帝国也好，都先后对基督教教会势力表现出一种矛盾态势——既积极支持（政治上包容，经济上扶持），又严密控制（直接介入教义争论与教会首领任命）。之所以如此，其实质原因，在于仍然力图以世俗政权的力量控制这个特定文明体的发展。

可是，西罗马帝国很快于 5 世纪下半期（476 年）灭亡了，东罗马帝国对于欧洲又未免鞭长莫及。在这样的背景下，欧洲国家群很快变成了国家文明的一堆碎片，既无强大的国家力量，又无足以覆盖整个地区国家群的强大文明体以及相关的价值理念体系。于是，历史缝隙大为扩展，甚至已经是千疮百孔了。当时，只有已经成长壮大起来的基督教教会，成为一股既超越国家疆域，又超越所有人群文明体的独立力量。任何一个刚刚从西罗马帝国的衰朽母体中诞生的碎片国家，都难以抵制教众弥漫整个欧洲甚或弥漫全世界的基督教会力量。

这种"欧洲碎片群"的地区文明形态，已经失去了对一种教会势力的极端恶性膨胀所应该具有的社会控制力。甚或，连正当的警觉性声音，也被庞大的基督教会势力淹没。正是在诸多"碎片"的夹缝里，欧洲教会穿透了正常国家文明的控制力量，成长为弥漫原野的疯狂野草，给欧洲带来了巨大的历史灾难，也给世界文明的发展带来了深远的负面影响。

曾经的欧洲基督教会，是人类文明史上一片最为丑陋的伤疤。

七 十字军东征的罪恶发动机

在基督教会的历史上，主导十字军东征是它的又一桩文明恶行。

在上一章中，从文明冲突中出现以暴力毁灭方式解决文明差异问题的意义上，我们已经初步叙述了当时的欧洲教会势力是如何发动十字军东征的。但是，我们还没有从真正动力的意义上，具体论及欧洲教会在十字军历史上的核心作用。这里，我们略去那些细微枝节，来看看当时的欧洲教会是如何利用自己的经济力量、政治力量、信仰力量，在当时异常散漫、贫困的欧洲，发动了这场几乎毁灭东方文明的恶性洪流的。

依据近代以来的世界史研究，十字军东征所以形成为一个持续200年的弥漫世界的"白祸"冲击，是有一个较长的酝酿时期的。做成这个"白祸曲"，并诱发这个"白祸曲"猛烈发酵膨胀的，是欧洲基督教教会力量。

这个历史过程表现为：以发动大规模的"朝圣之旅"为开端，使贫困落后的欧洲人越来越多地亲眼见到东方世界的繁华富庶；在反复的朝圣往来中，形成了西方学者所称的"觉醒着的集体意识"与"集团心理的运动"。从集体进香、聚众胜迹崇拜、捐助教堂建造等群体朝圣活动，逐渐引发出了农民骚动、经济不满、商业冒险、异端集团、瓜分意识等欧洲人的群体骚动心理。在这些反复酝酿出的诸多意识中，最主要的是"骚动不满"与"瓜分意识"两个方面。前者，是对自己的贫穷落后不满；后者，是对东方文明之风华富庶涌动出的瓜分意识，也就是掠夺与征服精神。

据有限资料的统计，在第一次十字军组成之前的 300 年上下，西方大规模"朝圣之旅"，呈现出猛烈增加的趋势。8 世纪有 6 次朝圣运动，9 世纪有 12 次朝圣运动，10 世纪有 16 次；到十字军东征初期的 11 世纪，朝圣运动则猛增到 117 次。在反复涌流的朝圣过程中，一个个富庶地区在欧洲人的意识里留下了强烈印象，这些地方后来也因为富庶繁荣而成为充满杀戮的战场。

对于西方这些朝圣、旅行、经商、冒险混杂在一起的大规模人口的东来，汤普逊这样评估：

> 这些远行队，还算不得十字军。它们除了参加者人数较多之外，同普通朝圣没有什么不同之点。然而，它们在十字军起源的历史上曾起过重要作用。因为它们使西欧人熟悉到巴勒斯坦路上的各站；那有助于决定后来十字军所采取的路线；它们还鼓起了欧洲人对圣地的狂热心理。[1]

> 从心理来看，十字军表明了大批群众怎样在强烈的情绪刺激的压力下，竟会一起染着神经错乱症或癫狂症的。[2]

欧洲一位作家曼兹柏立·威廉则这样描述：

---

1 ［美］汤普逊：《中世纪经济社会史：300—1300 年》（上册），耿淡如译，第 480—481 页。
2 同上，第 472 页。

不管多么辽远，多么偏僻，（对于十字军）没有一个国家未曾出过力……土地荒废，无人耕种，房屋无人居住，竟有整个市镇一起迁移（到东方）的。[1]

汤普逊接着写道：

十字军的根苗已深植于中世纪的历史土壤里。其中最长而又最深的根苗，是朝拜"圣地"的惯例，这是早在第四世纪已经开始的惯例。[2]

西方一些历史学家认为，在第一次十字军之前的 11 世纪中，欧洲已经有过三次类似于十字军的战争行动。虽然它们不是"东征"的十字军，但在以暴力方式解决文明差异问题的本质上，是一样的。

这三次"类十字军"的战争分别是：1072—1099 年卡斯提尔的反摩尔人的战争，1016—1090 年诺曼人征服亚普利亚（Apulia）和西西里的战争，及 1066 年诺曼人征服英国的战争。"这三件大事，以它们的榜样和影响感染力，曾刺激西欧民族的好战精神和经济欲望。有大批参加过上述事件中某次远征的冒险分子，后来也参加了十字军的东征。"[3]

在上述的"白祸发酵"过程之后，欧洲基督教会（尤其是克里尼教派）开始正式酝酿并提出，将反对阿拉伯东方世界的战争作为理想化的"正义战争"。为了实现这一目标，欧洲教会的僧侣们首先提倡禁止风行于欧洲的私斗恶习，同时设法宣扬对东方战争的正义与利益，力图将欧洲的私斗恶习引导到对东方的战争中去。据汤普逊的评估，"这些观念最后约在 1150 年的格累细亚'诏令'里确立起来。

1　［美］汤普逊：《中世纪经济社会史：300—1300 年》（上册），耿淡如译，第 472 页。
2　同上，第 473 页。
3　［美］汤普逊：《中世纪经济社会史：300—1300 年》（下册），耿淡如译，第 482 页。

'当时，军事精神和宗教狂热混在一起，僧侣和军队汇成为宗教—军事团，上帝战争代替了上帝休战了'"。[1] 当时，由教会主导的宣扬对东方战争的各种宣传品在欧洲大肆发行，教皇训谕、传阅文件、外交文件、官方布告、十字军信札、纪事、传说、诗歌，数量庞大。"这些宣传品很多是纯粹虚构的、临时捏造的，旨在鼓起兴趣……叙述（东方人）污辱圣墓和对朝圣者的暴行……所有这一切，不管真伪如何，都属于所谓'鼓动文学'这一类型。"[2]

在 1095 年，历史性"白祸"开始发动了。

这一年，教皇乌尔班二世正式发表了发动十字军东征的演说。这篇演说被四个听讲人记录了下来，虽然不能确定句句都是原话，但基本意思是明确的。首先，教皇在演说中愤激地揭示了东方阿拉伯人、土耳其人等对基督教徒的"暴行迫害"，动情地叙述了基督教徒在东方遭受的痛苦；其次，教皇以"狂热的语调"号召教众去解救这种苦难，号召穷人去征服东方，并夺取他们的财富；最后，教皇郑重许诺，凡愿去东方救难者完全赦罪，并将获得其他方面的实际支持，封建主则可能获得更大的采邑。其中，教皇针对法国的穷困、动荡情况，作出了激情的评判："（法国）这片地方太狭小；这里物产也不丰富；它产出的食物少得可怜，远远不够耕种者果腹。因此，你们才相互残杀，才发动战争，才因为相互伤害而死亡。"[3] 延伸的结论很明显，要克服法国这样的贫困状况，只有向东方扩张，征服那些异端国家，夺回圣地与财富。

演说之后，欧洲几个主要国家的大领主们纷纷开启了行动。此间，最清醒、最有力的实际支持与政策激发，来自基督教会的一系列实际政策。这些政策，分为激发组织与解决实际问题两大类。就激发

---

1 ［美］汤普逊：《中世纪经济社会史：300—1300 年》（下册），耿淡如译，第 483 页。

2 同上，第 483 页。

3 ［美］弗兰克·萨克雷、［美］约翰·劳德林主编：《世界大历史 1571—1689》，闫传海译，新世界出版社，2014 年，第 38 页。

组织方面说，教皇集团并没有将全部希望寄托于领主们的行动，而是"委派一批正式传教士到欧洲各地，向骑士阶层宣传十字军运动"；同时，教皇派出宣传力量，还要组织好那些狂热的、以自愿者身份出现的"马路演说家"；另外，还要组织好自告奋勇加入十字军的大量农民，将他们交到十字军的统军将领那里。

更重要的，是教皇集团的一系列实际的经济激发政策。

当时，这些政策被称为"十字军特权"，主要是：

（1）凡参加十字军者（军士骑士），教会得为其消除罪孽。

（2）凡为十字军捐款捐物者，一律免除其罪孽（史称"赎罪券"）。

（3）十字军战士离开期间，不得因为债务而受到控诉。

（4）十字军战士终身或在特定时期，豁免一切税收。

（5）十字军战士在出发前，无须领主同意便可转让他们的土地。

（6）凡教徒为十字军战士，便在法律程序上享有僧侣特权，不得被传唤到世俗法庭受审。

（7）十字军战士的妻子、儿女、财产和所有物，受各教区主教之保护。

（8）十字军战士在返国前，或在死亡未证实前，对其财产不得提起任何诉讼。若有人对十字军战士提出财产诉讼，将处以宗教谴责。

（9）十字军战士可以延期两年偿付债款，可以免付债款之累积利息。若有债权人勒索利息，应以宗教惩罚迫使其退还所收利息。

（10）十字军战士若为债务人，离开期间，债主不得对其提起诉讼。

（11）农奴参加十字军，有权向领主要求自由身份；若领主拒绝，农奴可径自参加十字军，领主不得干预。

上述这些政策，都曾先后见诸当时历任教皇的诏令之中。其中，有些是完全违背经济生活传统的，因而也激起了欧洲各国封建领主某种程度的反对。当时的世俗评论认为："教皇的财政政策对欧洲有产者和债权人是不公平的，对商业又是有破坏性的。"历史学家则认为，"毫无疑问，教廷所颁布的这种横暴而不合商业常规的立法，使欧洲的统治阶级、拥有产业的阶层以及爱钱若命的中产阶级对教廷的不满情绪大大加剧起来"。[1]

虽然，这些"十字军特权"政策不符合当时欧洲的经济传统；但是，它却非常符合基督教会在世界范围内镇压"异端"的黑色政策的历史需要。客观地说，若非教皇势力的猛烈激发，欧洲的十字军东征不可能兴起；即便兴起，也不可能坚持 200 年之久。正是因为有了这些被历史学家称为"献媚于群众"的"十字军特权"政策，欧洲"碎片群"国家才出现了持久的宗教狂热，才使当时欧洲各国穷凶极恶的恶徒呼啸聚拢，对东方文明展开了毁灭性攻势。

让我们来看看，滔天洪水般的"白祸"是怎样的一幅画面：

参加十字军成为有利可图的职业。因为热心的亲戚朋友往往以金钱、马匹和盔甲等礼物，慷慨地馈送给行将出发的十字军战士……在西欧……当看到这批穿着盔甲的捣乱分子向东方驰骋而去的时候，人们一定会立刻深为庆幸的。好战的本能，已由停止私斗运动部分地压制下去，而现在又找到了新的活动场所……在很多城市里……西欧犹太人成为经济上广受妒嫉的牺牲品……群众痛打他们，屠杀他们，都成为家常便饭；我们可把这个时期作为中世纪城市里犹太人区的开端……

穷人、负债者阶层当然是欢迎（十字军战争）的；因为这批人乐于一笔勾销了他们的债务或减去他们债务的一半……在许多地方……出现了农民的自发队伍，而他们原来是顺服地忍受着

1　［美］汤普逊：《中世纪经济社会史：300—1300 年》（下册），耿淡如译，第 506—507 页。

农奴的命运的。当十字军的号角一声响起，成千上万农民群众离开了他们所附着的土地，摆脱了他们所负担的庄园义务，离乡背井，走上了十字军道路。

在农民队伍出发几个月后，武装贵族和骑士也走上了征途。但他们一到君士坦丁堡，就以贪婪和妒忌心理来注视这个大城市。的确，在西欧方面，再也没有一个城市，如此宽广，如此富饶，如此富于壮丽的宫殿、教堂、广场、街道、浴场像君士坦丁堡那样。沙脱尔·富耳奇惊叹地喊着，"多么伟大的城市，多么华丽，那里有这样多的寺院和富丽堂皇的宫殿。这城内的制造业，使人一看到就感到惊奇。如果我们把城内的一切好东西，黄金、白银和贵重衣料怎样丰富的情况叙述一番，那会令人吃惊的。它的港口时时刻刻有船进口，满载着一切为人类所需用的东西。"……希腊人也把西欧人看作可怕而粗暴的野蛮人。

还有另外一批人蜂拥而来，他们是最坏的分子，是西欧社会的渣滓：码头流氓、海岸拾荒者、陆上小偷、水面小偷、乞丐、走江湖者、亡命之徒、得到假释许可状的犯人、逃犯、释放犯，等等。[1]

在十三世纪，教廷正在极盛时代；当它对半个欧洲政治命运挥舞威风凛凛的大棒时，诸多东方大城市正在成为十字军的牺牲品……对文明的抢劫，是欧洲历史上最黑暗的一页。君士坦丁堡，原本是基督教国家中一脉传承古希腊以来高度文化和物质文明的大城市代表。现在，几乎全部珍奇遗产都被破坏无遗。图书馆、宫殿和浴场，均化为瓦砾。

（一个指挥官）写道，"所得的战利品，多得不得了，没有人能告诉你究竟有多少。黄金、白银、器皿、宝石、锦绣、银线布

1　参见［美］汤普逊：《中世纪经济社会史：300—1300 年》（上册），耿淡如译，第 486—507 页。

四、长袍、灰鼠皮、银鼠皮以及各种最精致的东西，都散乱在地上……。自从世界创造以来从来没有任何一个城市，可获得这么多的战利品。过去的穷汉，现在又富又豪华了。"

1201年，耶路撒冷的救护团团长在写给英国的骑士团采邑区的信里，说道："我们由于萨拉森人（阿拉伯人——引者注）的无限资源而感到战栗，当他们财富又由很多商人运来的商品而增加起来的时候，这种感觉就更强，这一情况使我们异乎寻常地感到震惊。"[1]

欧洲由于愚笨，由于虚伪，由于不公平，失掉了对东方要求任何权利的根据。由十字军带来的移民在物质和精神方面堕落的事实，已经是无可争辩的。

历史地看，十字军东征是欧洲基督教会发动并主导的一场长达200年上下的文明毁灭灾难。但是，历史的发展有自己的逻辑，罗马教皇集团当初发动十字军杀向东方的时候，无论如何也预料不到这样一个历史结局：以"十字军"为基础的欧洲人从对东方的劫掠与战争中，看到了一个文明新天地，看到了一片远比欧洲文明更优雅、更扎实、更顽韧、更明亮的东方世界。由此，激发了西方人对欧洲黑暗现实的诸多深刻反思，一场文艺复兴运动不期而来，接踵而至的又是启蒙运动。这些由非基督教世界迸发的思想浪潮，带来了新的革命，而首当其冲的崩塌者，便是愚昧专制的欧洲基督教会。

对这样的历史过程，西方历史学家库格勒是这样表述的："我们几乎不可能找出一个政治的、军事的、商业的、工业的、科学的、艺术的，甚至宗教的生活领域，没有从东方获得某种影响而丰富起来的。"[2]

1　［美］汤普逊：《中世纪经济社会史：300—1300年》（上册），耿淡如译，第515、527页。
2　同上，第537页。

汤普逊本人，则说得更为形象具体一些：

东方的灿烂文明，在基督徒看来是如此新鲜，如此不同于他们在西欧城堡里所过的狭窄而又单调的生活，所以，不久他们向它屈服了……封建式的而又好战的西欧之粗鲁方式让位给东方文雅态度了。战士典型的好斗的男爵转化成为一个有文化的、有优良的（虽非典雅温柔的）风度的绅士……西方人的精神生活，由于十字军在东征过程中所得到的知识和经验而活跃起来……（西欧人）对东方的兴趣……（使）科学研究也获得了一大的刺激。西欧人对于奇异的植物和走兽，发生高度趣味，因而他们设立了动物园和植物园。十字军还导入了一个航海和发现的时期，那终于导致新世界的发现。总之，十字军增加了欧洲人的知识，扩大了他们的兴趣，刺激了他们的思想。如果没有十字军，文艺复兴不会蓬勃发展，不能像他所表现的那样的。

甚至教会也受到影响：欧洲人对它的尊敬已经丧失，而对它的畏惧也开始下降。当欧洲的其余部分已转向一个更宽大的容忍态度时，教会和教廷却依然是旧的宗教狂热的堡垒，还在策划组织更新的、更锐利的不容忍方式……并允许提高报酬来鼓起人们作进一步的努力去反对伊斯兰教，教会竟然对献金的人和投效参军的人都一样给予赦免权……

历史的讽刺，再也没有比在这些事件里表现得更为明显了。教廷一向是十字军最热心的提倡者，而现在亲眼看到它所提倡的运动反过来竟然打到自己的头上了。[1]

从文明史的理念说，十字军东征在客观上是有历史推进作用的，

1　［美］汤普逊：《中世纪经济社会史：300—1300 年》（下册），耿淡如译，第538—540 页。

它推动了文明的融合。最基本的一点，是欧洲人经由两百余年的十字军历史，第一次在广泛而深刻的基础上，在实际接触中直接地认识了东方文明的伟大。由此，欧洲人打开了文明眼界，开始从愚昧、自大、顽固的集团心理中摆脱出来。在深刻而强烈的对比刺激下，欧洲人对自身的文明历史开始反思，对古希腊与古罗马文明产生了重新认识，开始从现实的基督教狂热中清醒过来，对"神权"与世俗专制政权相混杂的黑暗状态产生普遍不满，终于酿成了文艺复兴思潮，数百年之后又进而形成了革命性的启蒙运动。

但是，这种客观性的历史作用，与欧洲基督教会是不能画等号的。

基督教会发动十字军东征的理念是非常自觉的，是明确地以消灭"异端"文明为历史目标的。最终结果事与愿违，绝不意味着基督教主导的十字军战争有任何的历史合理性。这就是"历史的报应"——被报应者的罪责，绝不会因为未能最终实现自己的罪恶目标而有所减轻。

八 基督教会对世俗社会的黑暗统治

基督教会的另一不良，就是在中世纪对世俗社会的黑暗统治。

在中世纪欧洲，基督教会的世俗统治权，绝不仅仅是一种表现于教义的野心，而是实实在在的历史实践。长期以来，在西方某些有基督教倾向或直接就是基督徒的思想家的著作中，这一曾经实际存在的黑暗时期，被大大淡化了。

让我们先来听听已经于 1942 年逝世的汤普逊的看法。

他在《中世纪经济社会史：300—1300 年》中说："十三世纪之前，所有的历史家都是教士——即在这一世纪其中大部分还是教士——对于他们的记载，必须谨慎使用。因为他们当然不会说不利于己的或不利于他们僧团的话。所以，我们必须以保留的态度来看待他们所宣扬的人道主义和利他主义。"[1]

请注意，这不仅仅是一种对史料的甄别方法，更是一种注重历史实践的整体研究精神。汤普逊的学术生涯集中在19世纪末至20世纪中期，其时基督教会的面目尚未有今天这般"现代化"，其通过种种途径对自身历史所作的辩护比今天要激烈得多。至少，那时的天主教教皇还没有从形式上取缔"宗教裁判所"，而仅仅是将其更名为"圣职部"，1965年又更名为"信理部"；更不会对中世纪的宗教裁判所所犯下的罪行表示忏悔。因此，汤普逊在著作中特意提出了这样一则所有研究者都应该注意到的普遍原则——若是一个学派或一个教众团体长期把持了历史记录的权力，那么，对待出自他们的史料和论述，应该采取审慎态度。

方法之外，我们还得听听汤普逊对基督教世俗统治的总体表述：

> 对于一个近代人来说，很难掌握着一种国家教会制度的真实性，像它在中世纪时代存在于全欧洲的那样。中世纪教会，与近代教会（无论旧教或新教教会），是大不相同的。它到处行使的不仅是宗教的统治，而且行使政治、行政、经济和社会的权力。它的管辖权推及到"基督教国家"中的每个（世俗）王国。它不仅是每个国家中的一个国家，而且也是一个"超国家"……它是一个统一而又遍及各国的机构，它的管辖权是越过所有种族、民族、语言的分界线而通行无阻的。一切基督徒一方面是某个国家的属民，受自然法和他们的国家法的保护；另一方面他们是教会的属民。教会虽然未曾要求过撤销封建法律，但它坚持要加上一种更高级的法律……
>
> 教会的行政组织，是和国家的行政组织相同的；但它比封建

---

1 ［美］汤普逊：《中世纪经济社会史：300—1300年》（下册），耿淡如译，第301页。

王国的组织更加巩固并更加统一。它的统治者是教皇，它的省长是大主教或主教，它是以宗教大会和会议作为自己的立法会议；它制定自己的法律，设立自己的法院和自己的监狱。教会拥有庞大的土地基金；它对每个社会中一切人们课征一种经常税即什一税……

在中世纪时代，罗马教会是一个行政长官、大地主、收租者、征税者、物质生产者、大规模的劳动雇主、商人、手艺人、银行家和抵押掮客、道德的监护人、关于节约法的制定者、校长、信仰的强制者——这一切身份都集中于一身……所以有人常常很正确地说：中世纪历史基本上是中世纪教会的历史。的确，教会在一个惊人的程度上把宗教活动和世俗事务、理想观念和实践行为联在一起。如果说，它的头是在天堂上，它的脚则一向是立在地面上的。[1]

对于欧洲基督教会在中世纪覆盖一切世俗生活的历史现象，主要有四个方面的解释：

其一，罗马帝国晚期几代皇帝实行的一系列对基督教倾斜的经济政策，奠定了基督教伸展于世俗社会的经济基础。

其二，教会成长为世俗社会的大领主后，随着时间的进展，不断带来优越的社会地位与政治权力，使其具有了与国家权力相抗衡的政治基础。

其三，基督教会本身对世俗权力的自觉意识，以及教会出色的组织能力与管理能力，使其拥有了实施世俗统治的能力条件。

其四，欧洲国家群对社会统治权的滥用，加上封建领主庄园经济的残酷性，以及对民间教堂的不正当掠夺等，导致农奴人口、手工业群体、民间教堂群，甚或中小领主阶层，在很长时期里倾向于接受教会辖制，使基督教的世俗统治有了部分的社会基础。

---

1 ［美］汤普逊：《中世纪经济社会史：300—1300年》（下册），耿淡如译，第261—262页。

汤普逊在他的《中世纪经济社会史：300—1300年》中告诫后来者，"在讨论教会在封建时代所充当的角色时，我们不应武断。那个时候的制度、社会结构和理想与今天所存在的，是截然不同的"。[1]汤普逊提醒后世应该注意到的方面，其实际所指就是上述四个因素的后两个方面——教会自身的条件，以及欧洲封建国家本身的缺陷。实际上，除去这两个相对客观的推进因素外，还有一个历史因素，那就是当时欧洲国家群的"碎片"状况，留下了许许多多接近于"管辖真空"的缝隙地带，在客观上也给基督教会世俗统治权的伸展提供了广阔的空间。

欧洲基督教会对世俗社会的伸展与统治，下述几个方面最为重要。

1. 基督教会对世俗社会最高统治权的争夺

这一问题的实质，是基督教会与国家力量争夺社会统治权。这一方面历史资料的呈现很多，我们不须作详尽的列举与论说。基本的大脉络是：在中世纪早期，也就是西罗马帝国灭亡之后的初期300余年的历史磨合期，教会就开始传播关于神权普遍性的理论。当时，曾担任过希波主教的神学家奥古斯丁（354—430年）竭力为"神权"的普遍性呼吁。他认为，国家是由于社会交往而联合起来的人群。国家的任务仅仅是为满足世俗的目的，而没有真理。它只是一种力量的统治，与强盗匪帮并没有什么区别。只有神国，即教会，才拥有真理；并且也只有在这样的神国中，才会实现团结一致和永久和平的普遍愿望。国王应该以自己的权力来为上帝服务，严酷地惩治教会的敌人，对于异端和散播纠纷者，应和毒杀犯一样从重处刑。[2]

因如此理论，奥古斯丁被启蒙运动思想家看作蒙昧主义的早期代表人物。

1　［美］汤普逊：《中世纪经济社会史：300—1300年》（下册），耿淡如译，第263页。
2　参见［苏联］凯切江、费季金主编：《政治学说史》，法律出版社，冯憬远、巩安等译，1959年，第117页。

但是，刚刚成为国教的基督教会，在实际上还只能依附于王权，受王权保护，对世俗生活并无实际干预的权力。但是，到了教会拥有"天主教世界"（欧洲西部大陆国家群）三分之一左右的地产，成为欧洲最大的封建领主之时，它已经无孔不入地渗透到中世纪欧洲的社会、经济、政治和思想文化的每个毛孔中了。当时，天主教神学是唯一具有跨越国界性质的普遍意识形态，是欧洲封建社会的最高理论和社会纲领，一切世俗知识、哲学和科学都是它的奴仆，教会俨然具有"万流归宗"的最高意识形态地位。

当时，被天主教会冠为"神学界之王""整个哲学和神学的导师"名号，同时也是大僧侣、经院哲学家的托马斯·阿奎那（1225—1274年），是论证"神权"最彻底的神学家。他的基本理念并没有超出奥古斯丁，却比奥古斯丁更为全面彻底，并因此成为为基督教会与世俗权力争夺"最高真理权"提供助力的理论体系。

此时，教会势力已经在实际上开始了政治权的争夺，力图凌驾于世俗社会的国家政权之上，成为欧洲国家群的最高主宰。教皇公开提出了政治主张，向各国君主索要能够体现"神权至高无上"的统治资格赋予权，也就是对各国皇帝的加冕权与罢黜权。可以说，教会要求的这种凌驾于国家权力之上的"上帝权力"，在整个人类文明史上是从来没有任何团体提出过的。即或是氏族部族政权时代的大巫师们，也从来未曾奢望如此骇人的"神权"地位。

当时的教皇格列高利七世，曾经于 1075 年发布《教皇敕令》，宣称"教皇权力高于一切"，并提出"教皇有权废黜皇帝"。其时，教皇势力与神圣罗马帝国皇帝亨利四世，在"主教叙任权"问题上争夺激烈。格列高利教皇趁神圣罗马帝国局势不稳之际，下令革除亨利四世的"教籍"；迫使帝国皇帝亨利四世于 1077 年初，冒雪亲自到意大利卡诺莎城堡的教皇驻地门外，赤足伫立三天请罪求赦。可见，其时教皇威势之重。

英诺森三世更进一步，提出教会所代表的"上帝"是"万王之王，万主之主"，并赫然宣布"教权是太阳，君权是月亮"，各国君王只有虔诚地侍奉教皇，才有权统治社会。

这一时期，教皇的政治权力被推到了顶峰。从6世纪的教皇保罗一世，到16世纪的教皇儒略（Julius）二世，历时1 000年左右，先后共50任教皇。其间，教皇为世俗君主"加冕"的政治资格赋予权，曾经有效地实行了相当长的历史时期；对各国皇（王）室的国家事务干预程度，也相当深广；对包括欧洲最大国家——神圣罗马帝国在内的各国皇帝的各种处罚，也相当广泛。但是，随着各国力量不断增强的抵制，教会对最高国家权力的争夺，并没有最终发展到教皇取代世俗君主、教会取代世俗政权机构的地步。

2. 基督教会对社会经济生活的实际控制：征收什一税

教权的世俗统治权中，最基础的方面是征收"什一税"的制度。

这是一种囊括广泛的最基本税收，适用于寺院土地、僧侣庄园土地、教众土地，以及教会之下的一切土地。其中，许多大僧侣占有的土地及辖制的农奴数量是非常之大的。一则资料估计，9世纪最富的僧侣有田75 000—140 000亩，普通僧侣有田25 000—50 000亩；最穷的主教和主持，也有田4 000—7 500亩。在这一政策下，受到最实际威胁的，还是占有少量土地的普通教众。库尔敦的《中世纪的村庄》，这样记叙这一税收：

> 什一税本质上是一种土地税、所得税和死亡税，比起任何近代所知道的税收要苛重得很多。不仅农民和茅舍人必须缴纳他们所有产品的十分之一——按理论，至少直到他们花园中的盆花为止——而且，商人、店员甚至最穷苦的手艺人，按照同一的理论必须缴纳这同一的税，就是从他们的个人所得的每镑里应缴付两先令税……收取羊毛的什一税被认为也应包括鹅毛在内。连从路

旁割下的青草，也应付它应负的税；如果有农民在缴纳他谷物的什一税之前先扣除了工作上的费用，他将因此而自投地狱。[1]

惟其利益如此巨大，当时所有的寺院都力图争取到征收什一税的权力。为此，查理曼时代明确规定，什一税只能由主教征收，所得款项由教会来严格分配用途。但是，在实践中仍然大量出现教会对税收进款的滥用，因而引起了世俗政权的抵制，同时也引起宗教利益集团内部的反对。到1789年法国大革命取消什一税的时候，这一税收已经大部分属于世俗政权了。

3. 教会对民间教堂及其土地有庇护权与占有权

在中世纪，建立教堂不仅仅是教会的事情，实际上领主也喜欢在他们的领地建立一座甚至几座教堂，由领主所建的教室数量上可能更多。领主们通过建立教堂的形式，来和教会争夺利益：领主推荐神父，也占用教堂的捐赠金、洗礼费、悔罪罚款、埋葬费用等。在这样的情况下，便出现了教会与领主对自建教堂的庇护权、管理权，甚或占有权的争夺。

教会内部曾发起"希尔德布兰（即后来的格列高列七世）宗教改革运动"，主张取缔领主（私人）教堂之弊端，并使教堂财产从"俗人所有权"或控制权里"解放"出来。此后，有大量的领主（私人）教堂为避免封建领主的掠夺，倾向于接受教廷保护。为此，教皇成为广泛散布在欧洲土地的教堂和寺院土地的最高所有主。后来，在格列高利七世时期，教廷把它的庇护权推广到德意志、法国和意大利的千百所教堂和寺院。此风蔓延，甚至有私人贵族乃或城市，都作为"被监护者"，向教廷缴纳保护费。

1　转引自［美］汤普逊：《中世纪经济社会史：300—1300年》（下册），耿淡如译，第267页。

4. 教会庄园军事化，教会首领"男爵"化

面对林立于各国的教会庄园，教会势力基于保护这些庄园不受各种劫掠，也基于与世俗政权争夺统治权的需要，不可避免地建立了寺院军事化的制度，以武装形式维护自己的世俗统治权。这样，教会庄园渐渐变成了世俗采邑，主教与主持也渐渐变成了"男爵"——世俗领主。

8世纪的通行方式是，土地占有权必须附带兵士服役的义务。从此开始，教会对其占有土地上的农奴人口实行征兵，所征兵士由主教统率，于是渐渐出现了许多"好战斗"的主教。在公元880年的战争中，欧洲曾经有两个主教死于战场。此后，教会还出现了许多"猛将"——奥格斯堡的主教、十字军的阿德马尔（Adhémarde）主教、波维（Beauvais）主教腓力。参加过战争的教皇，有约翰八世、约翰十世、利奥九世。当时，教众服役也成为一时潮流。在德意志公元981年的兵员名册里，有四分之三的兵员是教徒；洛泰尔二世（Lothar Ⅱ）1136年出兵意大利时，教会提供了70%的兵力。

教会庄园的军事化，主教阶层的首领化，意味着教会势力集团已经全面转型为世俗社会的实体结构，而不再仅仅是宗教团体了。它们不但有各种军队，各种庄园经济，还有法庭（宗教裁判所）、医院、学校、神学院、教堂群、慈善机构群，更有从各国皇（王）室成员到农奴阶层的大量教众。从社会结构看，这些伸展于社会各个角落的团体，其辐射力几乎覆盖了整个社会。因此，说欧洲在中世纪是"神权统治"的社会，是合乎实际的。

5. 教会激励大肆兴建教堂，社会财力被吸进教会黑洞

在十字军东征之前，欧洲是非常贫困落后的区域。当时的欧洲，除了一些大型教堂相对富丽堂皇，几乎看不到社会生活的风华富庶。从大规模"朝圣"之旅开始，再到十字军东征，欧洲人才万般惊讶地目睹了东方世界真正的富裕与文明。它们以极端的贪婪、极端的残

酷、极端的战争，几乎是大拆卸、大搬家，大规模掠夺了东方阿拉伯世界与拜占庭世界的绝大部分财富，才开始有了像样的生活，有了所谓的"剩余"财富。

这时，正是基督教会的全盛时期。教皇与教会为了宣示"神权"的庄严崇高，不但自己大力修建教堂，更是大肆鼓动社会力量修建教堂。在相当长的时期之内，罗马式、哥特式教堂漫布欧洲，形成了非常庞大的一笔"时代开支"。汤普逊是这样表述这一历史现象的：

> 今天使游客们流连忘返的大礼拜堂和寺院，在当年曾消耗了浩大的建筑费；而它们为维持日常仪式和祭坛所需的常年经费也是庞大的。而这些经费都是从欧洲人民的勤劳和储蓄方面搜刮而来的。教会为了建造大量的宗教建筑物和为了举行许许多多不必要的宗教仪式所征收的捐税和所消耗的资金与劳动力，一定曾是非常繁重的。数字指出，教堂增加的比例，远超过欧洲人口上增加的比例。在1100到1400年的三百年时期中，英国人口约增加了七十万人，即每一世纪约增加百分之十。可是在整个英国，在1066到1216年的一百五十年间，单从所建造的寺院来说——不包括教区教堂和大礼拜堂——就有四百七十六所寺院与修道院，八十七所侨民修道院。
>
> 不该让崇高的动机来蒙蔽我们，因而看不见那些加在人民身上的重大牺牲或强迫负担。"虽然这些建筑物在某种程度上是热烈信仰的反映，可是更多的还是那些建造它们的主教们的夸耀表现……我们不该看不见他们已尽了搜刮之能事。"……因而我们不能天真地认为所有这些壮丽的大礼拜堂、寺院和修道院都是从纯洁而又热烈的宗教情绪产生出来的。[1]

1　［美］汤普逊：《中世纪经济社会史：300—1300年》（下册），耿淡如译，第315—316页。

6. 教会以种种名目搜刮财富，残酷远甚于世俗领主

基督教会在中世纪欧洲的财富搜刮手段是惊人的，其残酷程度远甚于世俗领主。综合各种资料，它们的方式主要有两种：

其一，教皇集团以商业经营手段出卖教职，出卖"上帝恩惠"。主教的任命是有价格的（教职金），在14世纪时，主教的价格在5 000—10 000金币；"上帝"的赦免也是有价格的（赎罪券）；只要付出巨款，甚或可以从"上帝"那里赎免"两万年的炼狱痛苦期"。

总体上说，"教会把权力化作资本来弥补亏空，并使用赦罪符、特免、捐费、酬费和'主教的首年酬费'来填充它的钱柜"。[1]欧洲历史学家评论最善敛财的英诺森四世时这样说："世间最伟大的权力遂落入一个精明强干的商人和一个无与伦比的法律家手里……他将非常重商的……狡猾手段，运用到教廷资源方面。"[2]

其二，主教、主持等高层教职人员，在各种宗教活动中进行高额收费。

教众对教堂的捐助是额外的，自然的。教职人员更经常的收入，在于弥撒、祭坛、葬礼、奉献典礼等"神圣仪式"。一个大主教这样说明收费原因："我不是出售教堂。我只是出售我的恩惠。为什么有人要获得我的恩惠而不应付出相应的代价呢？"主教们常用的另一个手段，是将"教堂圣俸"（教会资助金）拨付给他们尚在幼年的侄子，而后以"保护人"的名义长期据为己有；也将教堂神职赠送给"永不做好事"的亲戚们，以给予他们生财之道。

当时的批评家们这样评价：主教比崇拜太阳神教的僧侣还要坏，因为主教强制他们的下属宣誓：他们将想尽一切的办法来勒索酬费与

1　［美］汤普逊：《中世纪经济社会史：300—1300年》（下册），耿淡如译，第317页。
2　同上，第318—319页。

罚款，以奉送给主教的宫廷……一些有正义感的教士痛斥教会的腐败、世俗性、硬心肠、唯利是图的特性，以及对社会的傲慢，使教众深为失望。主教不再是他们羊群的牧人，而已经变为狼了。[1]

7. 教会对农奴的残酷统治超过了世俗政权

中世纪的欧洲，农奴普遍存在于教会庄园和世俗领主庄园。两种农奴的状况相比较，教会庄园的农奴遭受的剥削更为残酷。教会对农奴制是维护的，而不是反对的；对奴隶贸易现象，教会也是不反对的。就是说，在事实上，奴隶人口群的存在，始终是教会庄园经济的社会基础。那时有些僧侣甚至主张：农奴制不仅是必要的和合法的制度，而且是一种"神命"的制度。在这样的历史基础上，教会庄园的农奴状况，是最糟糕的。当时的两个英国学者朴洛克（Pollock）、麦特兰（Maitland），在《英国法律史》中这样表述：

> 现有大量资料可以说明：在一切领主中，宗教机关是最残酷的领主——它们不是压迫最重的，但是对自己的权利是紧握不放的领主；它们专心于维持一种纯粹农奴的租地制和农奴的人身关系。那不死而没有灵魂的法团教会具有精确的财产记录；它不愿交出寸土尺地，不愿释放一个农奴，不愿放弃一所房屋。实际上，世俗领主比它仁慈得多，因为他具有更多人性，因为他是粗心的，因为他需要现款，因为他会死去……我们看到，农民所提出最严厉的控诉，正是针对他们（僧侣）的。[2]

比利时历史学家梵得京特尔的结论相同：教会土地上的农奴的地

1　［美］汤普逊：《中世纪经济社会史：300—1300 年》（下册），耿淡如译，第 319 页。
2　同上，第 302 页。

位，比起在世俗土地上的农奴地位更低。当时的教会制度，拒绝将农奴列为基金资助者；寺院的农奴，永远不得被交换给任何其他领主；农奴家庭不得被拆散，以保证农奴人口的延续；寺院的僧侣们，可以随意使他们的农奴饿死；农奴的谷物，必须全部送到寺院住持的磨坊里去磨粉，以保证无偿将剩余部分提供给寺院牲畜作精饲料；寺院的工匠奴隶群的生产成本极低，其产品被寺院拿到市场以极低价格出售，直接打击了世俗社会的手工业。凡此种种，激发了13世纪广泛的农奴反抗运动。[1] 这些运动，具体起因几乎都是反对教会庄园制度、反僧侣制度。

直到14世纪，教会还是坚持反对释放农奴，反对解放手工业奴隶。这是欧洲奴隶制长期延续的最基本原因。当时，几乎所有大批释放农奴的事件，都是世俗领主所做的，而不是宗教领主所为。

九 宗教治世的天赋黑暗性

综合本章所述，基督教会现象是非常值得深思的。

基督教会在中世纪欧洲的历史作为，是人类文明史上一道黑暗丑陋的伤疤。其基本的恶性影响在于：它使蒙昧主义思潮，及这一思潮之下的各种罪恶理念与实际政策，长久地覆盖了欧洲，并给此后的欧洲文明发展打上了深重的黑色烙印。自走上近代资本主义扩张道路之后，欧洲国家群在全世界所奉行的残酷掠夺与无限杀戮政策，无不具有中世纪教会十字军的历史特质。也正是这样的蒙昧主义烙印，使资本主义国家集团在第二次世界大战后，仍然对世界文明的多元化视而不见，愚昧地坚持自己的社会制度与意识形态是人类文明唯一正确的道路，其余皆为异端，必欲征服而后快。同时，基督教会与世俗国家

1　［美］汤普逊：《中世纪经济社会史》（下册），耿淡如译，第302—303页。

争夺社会统治权的长期斗争，也给世界宗教文化史写下了极不光彩的一页，给世界宗教文化的正常发展，带来了巨大的历史后患。

人类国家文明的发展，已经走过了 6 000 余年。在这漫长的 6 000 余年中，各个国家与各个民族已经逐渐从"巫师时代"的蒙昧中摆脱出来，也已经从"宗教真理"的愚昧中渐渐摆脱出来。从当代世界来看，以某个区域的"神祇崇拜"为唯一标准，而"统一"缤纷多彩的世界各民族的精神活动与价值观，无疑是一件很荒诞的事情。

但是，"上帝唯一"这种中世纪基督教会的残梦，依然普遍存在于西方国家。他们又因为在经济实力和技术力量方面处于世界优势地位，便更加显得不可一世。因此，从人类文明发展的总体趋势看，这种"宗教残梦"所带给我们的蒙昧主义，还将经常性发作。甚或，在某个时段，仍然会给人类带来毁灭性的灾难。

从历史实践看，自西罗马帝国于 5 世纪下半期灭亡，其遗留区域自动分裂为诸多"碎片国家"，欧洲便失去了在统一大国内有效辖制基督教会疯长的力量。尤其在各国接壤的山地、滨海、岛屿等荒僻贫困地带，国家法令与实际辖制几乎难以到达，而宗教传播却可以无孔不入。在诸多中小国家共存的状况下，几乎没有任何一个国家强大到足以单独作基督教会的监护者，并能有效地使它在正常轨迹上运转。于是，在这样的"碎片"国家群状态下，基督教自然而然地成长为一种势力庞大的"上帝力量"。

但是，从历史实践更本质的方面说，即便充分考虑到了上述多方面因素，我们对欧洲基督教会在中世纪的世俗统治，仍然是持根本否定态度的。因为，宗教之为宗教，本质上的常态只能是一个信仰团体。历史实践法则给宗教的地位，只能如此，不能扩大。因为，任何一种宗教，都是人类认知世界的某种特定结论体系，而不可能是人类全部认知的综合；所以，一种宗教的信仰认知，只能对赞同者发生效力，而不能对整个人类发生效力。如果一种宗教团体可以如同国家那样建立自己的强力体系，并以此为基础强制全社会皈依本教信仰，不皈依者则消灭之；那么，人类社会因丰富多元而形成的蓬勃生命力，一定会被彻底窒息，人类将堕入愚昧化的永恒黑暗之中。

国家则不同。自从人类第一个国家出现，6 000余年以来，历史实践非但没有淘汰人类创造的以"国家"为载体的生存形态；反而是，人类在地球各个区域相继建立了国家，并相继进入了"国家文明"的生存形态；由此，国家文明成为覆盖整个人类生存的最高方式。

至少，在我们的想象力中，还没有哪一种生存方式，可以有效取代给人类也曾经带来无数灾难的"国家文明"的生存模式。尽管，人类各群体对各自的国家都有诸多的不满，甚或无尽的抱怨与愤恨，但是，我们仍然无法抛弃"国家"这个载体。我们的历史选择只有一个：改造自己的国家，使其尽可能地接近于我们的理想要求。

为什么如此？

最根本的原因，已经在人类漫长的历史实践中反复地展现出来。

这就是，迄今为止，国家生存方式是唯一能够从两个最基本方面满足人类的生命冲动，并保证人类不因生命冲动的满足而自我毁灭，并能保证自身不断向前发展的历史平台。具体来说，人类生命冲动的两个最基本方面，一是人类永恒不息的生存竞争（争夺）欲望，一是人类丰富多元而永远不可能真正同一的自我精神的发展欲望。可是，人类的理性精神也是清楚的：虽然我们不能不竞争，不能不生发精神；但是，这种生存竞争与精神生发，都必须建立在一个最基本的前提下——人类不因生存竞争与精神竞争的冲动而自我整体毁灭。

正是在人类历史所产生的最大需求中，"国家"被创造出来。作为人类分群生存的有效载体，"国家"的意义在于三个方面：其一，能相对有效地克服氏族部族时代的局限性，在更大范围内凝聚群体力量，进而展开更大规模的生存竞争；其二，能相对有效地克服氏族部族时代的大巫师阶层对人群的精神辖制，相对广泛地包容并支持社会思想的多元发展，从而给丰富的个体精神发展提供相对广阔的空间；其三，能够以强力体系消除国家范围内的无序竞争，使人类首先在个别地区实现真正的有序发展，有效避免人类因普遍自相残杀（无序竞争）而导致整体毁灭的危险。

就是说，从一开始被创造出来，"国家"便有超越所有社会团体的天然高度。虽然，在这个家伙"发挥不好"或处于病态的时候，它也会反噬社会，给我们造成或轻或重的伤害与灾难；但从全面意义说，仍然没有任何一个由人群结构而成的社会平台，能够超越国家的包容性与规范性。因此，历史实践所表现出的选择，是将"统治"社会的最高权力交给"国家"体系，而不是交给任何一个哪怕看起来要高雅许多的宗教团体。

任何一个宗教团体，都会论证本教教义的正义性，也都会宣扬本教思想若实施于现实，将会带来何等美好的社会生活等神话。但是，任何理论，包括宗教团体的教义理论，都远远不如历史实践的证明更为有力，更为有效。从历史实践展现出的宗教团体的历史足迹看：任何宗教团体一旦介入国家政治，或者取代世俗政权，对社会进行辖制管理，其带给社会的无不是思想谬误横行、政治灾难百出，其结局无不是社会的普遍动荡与文明的大幅度衰退。

欧洲中世纪的基督教会，尤其是这一极端化的典型。

*08*章

古典中国文明的衰减僵化

一 探究古典中国文明内在衰落的必要性

在对人类国家时代的历史透视中，我们特别重视四个基本方面。

其一，保持世界国家群的广阔视野，而不是以任何地域或任何个别国家的视角去探究一个地球整体问题。视野的世界性，来自我们的探究目标——为人类在国家时代最终实现接近于理想的重大文明突破，寻求相对可行的历史路径。

其二，人类进入国家时代的初创时期的历史脚步，是特别重点。因为，国家文明初创时期，是各个民族创造本民族特定国家基因的国家文明的静态出发点；我们所熟知的现当代国家的一切特质，都包含在那些古老而遥远的出发点中。

其三，世界国家文明的轴心时代，是必然重点。因为，轴心时代是人类世界走向国家时代后的第一个文明大爆炸时期，是世界国家文明体系最早形成的时期，是东西方国家文明显示出不同发展趋势的标识显现点；同时，也是人类精神世界在国家时代的第一次大发展——世界主要宗教体系形成的时期。

其四，世界古典国家文明的衰落时期——国家时代第四历史时期，是我们的关注重点。生命事物一旦诞生，对生命死亡奥秘的探究就显示出空前深刻的必要性意义。揭示这些深深隐藏在历史帷幕之后的死亡奥秘，无异于给现代国家存在提出了"可以重建国家文明基因，剔除其在曾经的古典时期导致死亡的基因元素"这一新的历史命题。毕竟，人类借助国家平台走向文明更高发展阶段，其最重要的历史条件，是永恒地隐藏于人类自身不断创造、不断前进的努力之中的。

在以上结构性重点之外，还有一个必需性基本点——对中国国家文明形态的体系性历史探究。确立这一基本点，不仅仅因为研究者是中国人，是中华民族的一员，因而探究中国文明的体系独立性，并揭示其常常不为人知的内在平衡性优势及在发展历史上积累形成的病态结构，是探究者义不容辞的责任；更重要的一点是，中国是人类从早期国家时代、古典国家文明时代跋涉到现代国家之林的唯一幸存者。但是，中国国家文明体系中隐藏的生命密码，迄今为止却仍然是一个包括中国民族群也尚未自觉认知的"神秘"系统。近代史以来数百年，西方国家群对中国兴亡作出的所有预判，无论是神秘预言还是智库预测，抑或政治家个人的事先评判，很少有准确的。

这一事实说明，在世界国家文明进入以资本主义国家群为领头羊的时代，资本主义国家文明所拥有的认知能力仍是非常有限的。人类世界所开创的国家时代要继续发展，仍然得依靠人类最为广阔的智慧海洋，在不同时段都同样保持兼容并蓄的强势国家精神，寻求不同的历史钥匙解决不同的时代难题，而不是回归欧洲中世纪单一僵化的蒙昧主义。

在人类文明进退维谷的当代，在第二次世界大战之后形成的世界文明困境中，探究中国文明的生命基因组合并揭示其内在奥秘，将给世界国家文明的发展带来巨大的历史启示。如前文所述，西方史学界有一个一般意义的共识：罗马帝国灭亡之后的欧洲之所以能经历300余年的磨合震荡，发展到稳定的封建社会，历史因素之一是日耳曼人的原始文明带来的粗犷、朴实而又充满生命力的生存方式，给欧洲政治文明带来了新起点。如此类比，探究尚未被世界充分认识的中国文明的历史发现，对于世界文明发展的意义将是不可替代的。

因此，本书将对中国国家文明发展历史的探究，放到了全书所论述问题的大结构的层面去对待。而在对中国古典国家文明的探究中，揭示其走向衰落僵化的历史跌落过程，是本书在这一领域的重点。

二　古典中国文明的三次大跌落

研究世界古典国家文明第四历史时期，中国宋代是一个基本方面。

中国的两宋（北宋、南宋）时期，是世界古典国家文明第四历史时期的东方典型。宋代政权（960—1279年）正与欧洲封建社会最黑暗的教会蒙昧主义处于同质、同步时段，这一历史时期世界范围内的两大基本现象——国家文明的僵化腐朽与不同文明的剧烈对冲，在中国宋代都有十分典型、十分集中的历史表现。同时，作为中国统一文明创建后的最大跌落时期，不了解宋代中国文明的内在变异，就无法了解中国文明在其后元、明、清三代的枯化。

从如上方面说，当时同属东方世界的新波斯帝国、阿拉伯帝国、拜占庭帝国，在第四历史时期所表现的没落特质，都不如宋代中国深刻、典型。因此，解析宋代国家文明的历史，不但是研究世界古典国家文明衰落化的一个基本方面，更是研究中国统一文明走向僵化并发生变异的最重要方面。

自秦帝国于公元前221年创建中国统一文明，到1279年南宋王朝灭亡，历时恰好1500年。这1500年中，中国历经了三次跌落式的文明变异时期，分别是西汉中期、魏晋南北朝时期、两宋时期。这三个时期的共同点，是在国家意识形态领域，都呈现并完成了一种特定的社会文化霸权与国家精神变异，这使它们成为中国古典文明走向持续性衰落的最重要的历史节点。

1. 第一次——西汉中期国家文明的变异跌落

西汉王朝在汉武帝时期，确立了"罢黜百家，独尊儒术"的思想文化国策，丢弃了中国文明在春秋、战国、秦帝国三大时代开创确立的思想文化多元化传统，建立了"一元独尊"的教化模式，使中国古典文明走向以驯化社会精神为国家意识形态目标的思想专制道路。中国古典文明的生命源头，由此日渐衰减，并一步步走向僵化枯竭。这一跌落，我们后文将详细解析，此处作为总体性揭示，不再赘述。

2. 第二次——魏晋南北朝时期国家文明的变异跌落

魏晋南北朝之变异，是一种病态文化的出现。此时，以国家贵族士大夫阶层为发端与轴心，形成了如下一种生活方式：崇尚在醉死梦生情境下漫无边际地玄思清谈，追求个人的肉体与精神享受，无视官员职务所承担的任何义务，并蔑视一切经世致用之学，蔑视社会实践精神。这就是弥漫魏晋南北朝时期的病态"玄学"潮流。表象地看，它似乎只是士大夫（身居官位的知识分子阶层）群的一种治学之风；本质地看，它则是国家鼓励或期许树立的一种社会精神。这种玄学清谈的病态文化的弥漫，大大淡化甚或丢弃了古典中国文明核心价值观中注重实用、讲求实干、崇尚救世、激励功业、勇于担当的种种社会实践精神。

这一病态文化的历史效应是，它迅速成为渗透西晋王朝贵族权力阶层的惬意舒适的"鹤顶红"，导致西晋在刚刚重新统一中国后仅仅

50 年之内，就爆发了国家最高权力阶层的全面溃疡——以皇帝"斗宝"为典型的全面大腐败，以"八王之乱"为动荡爆发点的全面大溃散。直到晋王朝政权迁往江南，成为偏安一隅的东晋，其门阀世族糜烂的末世心态依然如故；士大夫阶层的实践精神沦落如故，职业道德荡然无存，荒废公务而依旧热衷不着边际的空谈。此种藐视务实而崇尚玄谈的颓废之风，导致当时的占卜、星象、相术等神秘文化一时勃发，与对现实绝望的玄学互为呼应，使整个社会精神陷入了严重的自我颓废。

自此，"魏晋玄学"成为古典中国文明历史上破天荒的远离社会实践、脱离务实传统，而又不着边际的一种病态的变异学术。以逃避职业责任与社会担当为内核的"魏晋风度"，成为中国士大夫阶层逃遁现实的精神根基。与这种逃遁现实的病态文化潮相比，这一时期奋力挽救民族文明危机的"北伐精神"，显然已经不是主流社会意识了。历史地看，中国统一文明体系的这块病态溃疡，是一种顽固的文明颓废元素。这一颓废元素，与春秋、战国、秦帝国三大时代的"大争"精神适成两极对比。这一病态文化形成的历史过程，是从社会核心阶层的沉沦糜烂的生活方式开始，迅速以全面腐败的形式衍化于全社会，终于沉积为一种"不作为"的病态生存价值观。

3. 第三次——两宋时期之文明变异，是更为深刻的全面衰减

宋王朝变异的深刻之处在于，它全面扭转了隋唐两代以来中国文明有可能重新回归多元化传统，重新回归强势生存价值观的历史趋势。隋唐两代，虽然儒家独尊的国家意识形态并未从理论上废除；但是，隋唐两代的政治大开放、民族大融合、道教与佛教大兴盛、社会诗性大勃发等历史实践的坚实步伐，都使中国古典文明有依稀回归之势，出现了向奔放开阔的社会文明多元化的历史传统再度回归的可能。隋唐之后，五代十国 50 余年的分治割据，各地方国之文

明文化的发展，呈现出极不均衡状态，给中国文明的多元化回归创造了接近于春秋、战国那样的历史条件。在这样的大背景下，宋王朝再度统一中国，中国文明的发展也就再一次面临一个可能转型的十字路口。

可是，两宋的历史实践，无疑使我们失望。

面对隋唐时期及五代十国时期留下的纷杂混乱的意识形态乱象，宋王朝重新回归到权力集团的惰性本质——以维护政权稳定为最根本的国家制度目标，作出了另一种"反向回归"的历史抉择。

宋王朝的历史实践是：以"重文轻武"为政权体系重建原则，以"文治修正"为思想文化重建原则，大力恢复并全面巩固儒家学说的"独尊"地位，并进一步将保守主义的儒家学说全面"提纯修正"，产出了以"存天理，灭人欲"为根本诉求的"理学"体系。至此，自西汉以来确立的以"教化"人民为总体目标的国家意识形态，克服了孔孟原生态儒家相对粗疏的历史缺陷，发展成为一个空前庞大、空前精致、空前完整的意识形态体系。其后，经由明代增补，理学体系终于大成。古典中国文明，终于在最后时期为自己打造了一具拥有最完善的自我封闭系统、自我驯化系统，以及自我萎缩系统的国家形态的文明棺椁。

宋代国家文明的自我"文"化——质的要求已经退出了宋王朝视野，其导致的最基本的直接后果，就是以权力集团为轴心的国家精神萎靡不振，民族精神明显趋于孱弱化、弥散化，军队整体战力比隋唐时代大幅下降。由此，在这一时期的文明对冲性质的长期连续对外战争中，两宋在国家层面上的表现，下降到了中国历史上空前的低弱点。高层抵抗意志持续衰减，大行绥靖政策，屡屡割地赔款，屡屡失地求和，以致对敌国政权宁可自我贬低为卑贱的儿孙辈，自认"儿皇帝""孙皇帝"。爱国将领备受掣肘，杰出者多遭迫害；战俘皇帝、汉奸政府、汉奸大臣、汉奸军队、汉奸将领等丑恶现象，首次在中国历史上大规模涌流。在敌后开战抵抗运动的非政府武装力量，均被视为"肉中刺"，放任其被敌方消灭，或暗中配合敌方剿灭这些力量。

凡此等等，宋王朝在国家战争中的软弱丑陋之行层出不穷。

4. 古典中国文明的最后阶段——明清两代直线下滑

推翻蒙古贵族建立的元代政权之后，明代政权直接继承了宋王朝"以文立国"的治国道路。在国家意识形态领域，明王朝继续推进"存天理，灭人欲"的理学体系，进一步明确提出"灭心中贼"的国家意识形态方向；继续尚嫌不够完美地精细修补这具国家文明棺椁，同时也继续着宋代华丽糜烂的死亡过程。这种持续僵硬、持续脆弱的"文"化道路的延续，使明代国家意识中强势生存的精神根基基本丧失。

见之于历史实践，明代之孱弱令人不忍卒睹。翻开明史，处处可见阴谋丛生、内乱迭起，大明王朝在周边诸多小邦国的任意侵扰欺凌中艰难挣扎。最为荒诞的例子是，数千人的"倭寇"——日本浪人的流窜抢劫之患，也成为明代较长时期内最重大的外患。辽阔大国衰弱如此，确实是中国历史上一道末世奇观。

此后，这具庞大而精美的文明棺椁，几乎将我们窒息至死。

在这具经由宋、明两代600余年打造的文明棺椁中，清王朝可以顺利地征服各种"反清复明"的反抗涟漪，可以轻松地大兴亘古未有的奇异"文字狱"，还可以轻松地使几乎所有"读书人"都只能在"考据风"中陶醉自己，并将这个时期称颂为"盛世"。当然，还可以轻松地将"奴才"这样的自我贱称，化为所有官员的自我荣耀，进而化为弥漫整个社会的群体奴才意识，更可以轻松地将总理国务的丞相，变成名为"上书房行走"的办事官员。

如此普遍而深刻的自我奴化，如此普遍而深刻的思想专制，显然已经超过了宋明理学"灭人欲"的极端诉求，是不可想象的，是匪夷所思的。放眼世界国家文明，大约只有欧洲封建社会的蒙昧主义可以与之相比。如此清代之古典中国文明，到近代资本主义列强的炮舰开来时，中国人连基本的想象力都没有了。极端的例子是：某地总兵竟将英国横行广州海面的军舰"火器"视为妖孽，下令民众以猪血、狗血、人粪尿之类的"污秽之物"泼向炮舰，以求"破邪"获胜。

凡此等等，不知伊于胡底。

三　僵宋黄昏：宋代国家文明的解析路径

对两宋时期的历史解析，我们不能走寻常学者仅仅从"文献经典"出发的道路，不能到包括官方修史在内的学者著作中去寻求历史真相。那是一条误人至深的死巷。因为，已经深刻儒化的宋、明、清三代的学者们，对那个时代的溢美之词如汗牛充栋，自我陶醉得无与伦比。对他们的著作和言论，我们一定要采取审慎选择的态度。关于这一点，20世纪的美国历史学家汤普逊的史料选择理念，是值得借鉴的。他指出：关于中世纪基督教的历史作为，必须审慎选择中世纪宗教历史学家记述的看法；很多史学家都是基督教教士，他们的说法大多都是赞美基督教的，是不可取的。这一理念，值得我们认真参考。

科学精神的基本点，是质疑与批判。

我们要走的路，是立足历史实践，从史书所记录下来的国家行为中寻找文明变异的根源。最基本的方面是，我们需要把握世界古典国家文明在这一历史时期的两大普遍特征——严重的僵化腐朽，剧烈的文明冲突。历史实践已经证明，这一时期的中国文明并没有脱离世界古典国家文明的总体历史趋势，同样是陷入了严重的僵化、弱化泥淖，同样面临着剧烈的文明冲突。我们所能做的，就是以这两大方面的国家实践为历史依据，去发现、表述这个时代的本质方面。

因此，我们将较为细致地清理两宋时期作为国家实践的"文治"与"武功"两大方面的实际作为，并发掘这些"国家作为"之后隐藏的文明变异因素。文治与武功，都是古典政治概念。文治，特指一个国家政权的社会治理政策及其业绩；文治的中心点是政治文明（包括意识形态政策和社会文化政策）。武功，特指国家政权对战争的战略驾驭能力，及在抵御外患、开疆拓土方面的成就；武功的中心点是国家的战争精神、战争理念，及表现于实践的国家战绩。

只有紧紧盯住国家政权在这两大方面的实际作为，才能使一切为某个时代政权作辩护的统治群的说辞无所遁形，也才能使其后世以至当代的虚假历史评判，显出其缺乏历史根基的"流沙"性质。

作为历史解析的前提，这里先将两宋的历史脉络名片式展现如下：

960 年，宋始建，首任皇帝赵匡胤，都城东京开封府，史称"北宋"。

1127 年，金军攻陷东京俘虏两皇帝，北宋灭亡。

北宋历时 167 年，历任皇帝 9 位，年号 35 个。

1127 年，康王赵构在南京（今河南商丘）即位，宋政权恢复，史称"南宋"。

1129 年，宋政权南逃杭州，改其名为"临安府"。

1276 年，元军大举进攻，占领临安，宋恭宗降元。

1279 年，陆秀夫携南宋幼帝赵昺蹈海死，南宋政权彻底灭亡。

南宋历时 152 年，历任皇帝 9 位，年号 22 个。

两宋总计历时 319 年，皇帝 18 位，年号 57 个。

四 宋代文治畸形膨胀的历史实践

评判一种历史趋势，要有大量的同质性事件为依据。

本节探究的第一项入门工作，是依据翦伯赞先生主编的《中外历史年表》（校订本），结合参照沈起炜先生编著的《中国历史大事年表》，开列一个两宋政权的重要政治作为与文化作为的历史清单。之所以选择这两部年表为依据，是因为翦伯赞先生主编、齐思和先生于2008年校订的《中外历史年表》，是最能体现广阔的世界文明视野的历史编年著作。同时，沈起炜先生编著的《中国历史大事年表》，对中国历史事件的基本过程概括完整，脉络清晰，这是难能可贵的。之所以申明选择史料的依据，是因为中国的纪事历史资料浩如烟海，问题事件与问题人物太多，不申明依据根基，几乎说不清任何一件事。

这个历史清单中的事件，远不是宋代历史上的全部"文治"事件，而只是政治文明与文化建设意义上的开始事件、重大事件，或反复出现的事件。这个清单中，也不包括一般性的社会经济政策，譬如赈灾、赋税调整，等等。此类事件，任何时代的任何国家都必须作为，否则不成其为国家。这些一般性政策的改变，只有在大变法时期才具有重大意义；若非根本性变法，这些一般性政策说明不了文明发展的历史趋势。故此，对于一般性社会经济政策，不纳入这个历史清单。

一个时代若有偶然的几个同一性质的政策，是不能判定为历史趋势的。只有大量出现的同一性质事件，才能据此判定一种植根于国家自觉意识之中的政策趋势。因此，从历史实践的意义上说，只要排列出特定时代同类事件的出现概率与出现数量，就不难看出这一时期的社会精神变化、国家意识变化的历史轨迹。

北宋167年之中，"文治"事件清单如下：

960年正月初四，后周将领赵匡胤发动兵变，宋王朝立。**（时当欧洲中世纪）**

960年2月，废除宰相"坐论"之礼。自此，官员朝议皆站立说

话。（**奇举**）

960 年 7 月，颁《更戍法》，规定将军不得经常统率一支军队。（**不得专兵**）

961 年正月，修《唐会要》完成。5 月，修《三礼图》成。8 月，修《周世宗实录》成。自此，宋开始全面整理历史文献，修书制度化，并日见增多。

961 年 3 月，赵匡胤原本担任过的"殿前都检点"一职，不再授予任何将军。之后，赵匡胤大宴群臣，解除诸大将兵权，史称"杯酒释兵权"。

962 年，下令，禁止节度使并下属镇将干预地方政事。

963 年正月，始行文臣知州事制度，设诸州通判，统领一州政事。县令直属朝廷任命，始行京官知县事制度：京官可以直接派作县令，或过问指定县的政务。自此，州县治权从节度使辖下剥离。（**职官分离，奇举**）

963 年 7 月，修《五代会要》成。同年，编定并刊行《重定刑统》，史称"宋刑统"，是中国第一部印行法典。

963 年，用赵普谋划：凡异姓王或重臣，因死去、致仕等空缺，皆以文臣取代。

964 年正月，效法西汉，恢复"举贤良方正"制度。

965 年，行转运使制度：转运使执掌财政，负责诸州赋税直送京师，不经节度使。自此，方镇政务权日益缩小。

966 年 6 月，禁止将帅选取精锐兵卒作护卫部队（牙兵）。（**防兵防将，用心深刻**）同年，下令各级向民间访求遗书。

968 年，始行新制度：凡品官子弟应举，须得复试。

969 年，太祖效前法，设宴罢去几个强势节度使兵权，改任虚职高官。自此，方镇州府之重职大多以文职官员取代，始行文臣将兵制度。

970 年 3 月，第一次赐给进士、举人前 15 名"出身"。

972 年闰二月，第一次实行进士"殿试"。9 月，禁私藏天文、图谶、太乙、雷公、六壬、遁甲之书。11 月，禁僧道私自修习天文地理之学。

973 年 3 月，宋皇帝亲试举人于讲武殿，自此"殿试"成为制度。同年 4 月，整饬诸州举人考试，严禁私荐，完善科举制。同年，修《开宝通礼》《神农本草》成；始修《五代史》，次年成。

975 年，于江南普遍开科，录进士 30 人；至此，宋开科已达 17 榜（次）。

976 年 10 月，太祖赵匡胤死，传位其弟赵光义，破传统长子承袭制。

977 年正月，大增科举名额，一科录 500 人；始行进士分等、分科制度。

978 年 10 月，命孔子后裔袭封文宣公，免其家族租税。

980 年 9 月，修《太祖实录》成。

984 年正月，再度下令访求民间遗书。

986 年 12 月，修《文苑英华》成，凡 1 000 卷。

987 年 11 月，始行官员实物俸禄制（不以金银钱币支付俸禄）。

992 年 3 月，贡举考试实行"糊名"制度（不显示应考者姓名）。同年 10 月，设立磨勘院，考课官员品行业绩，分审官院、考课院。

995 年 8 月，禁止边民与藩戎（周边少数民族）通婚。

997 年 9 月，封孔子后裔孔延世为曲阜令、文宣公，掌地方治权。同年 3 月，宋太宗死，太子赵恒即位（真宗），恢复长子继承制。

998 年 8 月，修《太宗实录》成，次年又重修《太祖实录》成。

1001 年 2 月，仿效西汉，下令举荐"贤良方正能直言极谏者"。同年 9 月，修《续通典》，校订《周礼正义》成；又令收购逸书。

1005 年 5 月，国子监藏书版数达十余万，称"经史正义皆备"。同年 7 月，再度下诏举荐"贤良方正"等六科人士。

1007 年，宋真宗听大臣王钦若，造作"天书"，欲行封禅"大功业"。一时间，民间凡进祥瑞之言者，皆显荣。

1008年，宋真宗以多处有"天书"下降，改元"大中祥符"庆贺，并举封禅大典，耗费达800余万贯；至曲阜，加封孔子为"玄圣文宣王"。

1009年，始大修"玉清昭应官"，耗时七年，供奉"天书"等祥瑞之物；又下令天下各修"天庆观"以贺，耗财无数。自此，道教于唐后复盛。同年，封孔子弟子颜回等72人为公侯，封左丘明等为伯爵，配享孔子庙。

1010年12月，修《诸道图经》成，计1566卷。

1011年5月，诏令各州修建孔子庙。

1012年，真宗又称"天尊下降"，大事庆贺。

1013年，王钦若等修《君臣事迹》成，赐名《册府元龟》，凡1000卷。同年，加老子尊号为"太上老君混元上德皇帝"。

1015年5月，修历代后妃事迹成，真宗赐名《彤管懿范》。

1022年，宋真宗死，13岁太子赵祯（宋仁宗）继位，太后刘氏听政。

1030年6月，新修《国史》成，首开当代编撰自身历史之先例。

1032年2月，修《三朝宝训》成。

1033年，刘太后死，仁宗始亲政。

1035年9月，修《中书总例》成。

1037年6月，颁行《礼部韵略》。

1038年10月，下诏"禁百官朋党"。

1039年，知枢密院事王德用因长相酷似宋太祖，被罢官。（**史无前例之奇举**）

1040年，修《武经总要》成。

1041年12月，新修《崇文总目》成。

1043年，下诏罢武学。（**朝廷废除研究军事的机构，科举制不再**

设武科）

1044 年，修《国朝会要》成。毕昇活字印刷术约在此时数年间发明。

1051 年，修《方域图志》成。

1055 年 3 月，改封孔子后裔为衍圣公。

1058 年 12 月，立定《制科等第授官法》。

1060 年 7 月，修《新唐书》成。

1061 年，诏令"凡良民子弟被诱入军籍者，百日内许出籍"。（**渣滓人口大量入军**）同年，枢密院呈上所编"机密文字"1 161 册。同年，三馆秘阁呈上所编、校书籍 9 450 卷。（**文事空前大盛**）

1063 年 3 月，宋仁宗死，英宗继位，曹太后垂帘听政。

1065 年 5 月，枢密院又呈新编"机要文字"981 册。9 月，修《太常因革礼》成。

1066 年 4 月，司马光奉诏编历代君臣事迹，后赐名《资治通鉴》。

1067 年正月，宋英宗死，神宗继位。王安石封为翰林学士。

1068 年，宋太学设"外舍生"百名；国子监以 900 人为定额。

1069 年 2 月，王安石为参知政事，设"制置三司条例司"，筹划变法。同年，修《仁宗英宗实录》成。（**修书成癖，速度极快**）

1070 年，王安石为丞相，财政变法相对深入展开。

1071 年，修改贡举法，废除诗赋明经诸科，以经义、策论为进士考试科目。同年，又立《出官试律令法》，又立《太学生三舍法》。

1072 年，诏令设"京城逻卒"，监察民间谤议时政者。（**公开禁言**）同年，恢复"武学"科举，员额限定 100 人。

1073 年，设置"经义局"，专修《诗》《尚书》《周礼》三经；又置律学。同年，王安石罢相，五年财政变法失败。

1075 年，王安石恢复丞相位；诏令颁行王安石之《三经新义》，令应试者必宗其说。9 月，又立《武举绝伦法》。

1077 年前后，理学倡导者周敦颐，理学家邵雍、张载、程颐先后死去。

1079 年，大增太学生名额：外舍 2 000 人、内舍 300 人、上舍 100 人。同年，颁行《升舍考试法》。

1081 年，宋再修《国朝会要》成。

1082 年，宋大改官制，设中书、门下、尚书三省，但均不设长官。（**有官无长，奇举**）宰相改为"尚书左仆射兼门下侍郎"，相权大为削弱。同年，又修《两朝正史》成。

1084 年，司马光《资治通鉴》修成。

1085 年，宋神宗死，哲宗继位，高太后听政，司马光为相（门下侍郎）。

1086 年，改封孔子后裔为"奉圣公"。（**折腾封号甚多**）同年，司马光全面推翻王安石变法所立政策；王安石、司马光死。

1087 年，再度设置"贤良方正"等科。

1094 年，王安石变法之法令有所恢复，变法派有所抬头；党争之祸开始。同年，废除"十科取士法"，废除进士修习诗赋，专取经义之士。

1095 年，设置"宏词科"，限取五人，由进士登科者申请考取。

1098 年 10 月，下诏实行武官置换文官资格的制度。（**欲官员皆以文职资格出现**）

1100 年，宋哲宗死，徽宗继位，太后向氏听政；欲消党争，改元"建中靖国"。

1102 年，大兴学校，减少贡举名额三分之一，以予太学上舍出身者。同年，立元祐党人碑，禁元祐时期之学术。（**党争后患**）

1103 年 4 月，销毁"元祐党人"文字。

1104 年，设置书、画、算三科，取士法如太学。增补"元祐党人碑"达 309 人，立于朝堂，党争更烈。11 月，全面废除贡举制，取士悉由学校。12月，再改封孔子后裔为衍圣公。

1105年，立《武学法》。

1106年，因"星变"，大赦元祐党人；又废除书、画、算、医四科。（**贬黜实用之学**）同年，又废除诸州武学，刚刚颁行的《武学法》告废。（**再度废除军事研究**）同年，又立"武士贡法"（武士可以进入科举考试）。

1107年，蔡京先后任丞相、太尉。又改科举制，立"八行取士法"。

1110年，修《大观礼书》成。又罢宏词科，改立词学兼茂科。

1111年，下令毁东京祠庙1 038座。

1112年，又改官制，恢复三公（太师、太傅、太保）皆为丞相，三孤（少师、少傅、少保）皆为次相。同年，又访求民间遗书。

1113年，修《政和五礼新仪》成。徽宗言梦见老君，下诏求道教仙经。

1114年，设置道教阶位以任命道士，令各路选拔道士十人进京讲习。

1117年，徽宗自称"教主道君皇帝"；起运花石，大兴宫观。

1118年，国势危机，又立《道学升贡法》，并于太学设道经博士。

1119年，徽宗欲贬佛教，下诏改佛为大觉金仙，和尚为德士。

1120年，以儒、道已经合一为由，废除道学。同年，方腊起义。

1121年，先废除花石纲，再恢复花石纲。

1122年，修建"艮岳"成，赐名"万岁山"，周长十余里，多置奇花异草。

1124年，设书艺所，又禁止苏轼、黄庭坚文字。（**时西方第一次十字军东征发动**）

1125年，宋徽宗自称"教主道君太上皇帝"，禅位于太子桓（钦宗）。

1127年，靖康之乱，徽、钦二帝被俘，北宋灭亡。

此后，宋王朝残余力量逃亡江南，建立了南宋政权，统一的宋王朝已经变成了偏安一隅的"半壁政权"。在南宋的百余年时间里，应对政治动荡与战争危机是最急迫的任务。按照正常逻辑，饱尝耻辱的大宋应该已经接受了长期醉心于国家文明"文"化的严重历史教训，从此振作更新收复失地才是。

可是，南宋政权的历史表现，同样令人失望。

对于南宋的"文治"，不再专门开列历史清单。确定无误的历史实践是，烽火连天的南宋在喘过一口气后，仍然在孜孜不倦地内耗着，仍然在孜孜不倦地编书、修史、折腾科举制、侍弄理学、遏制军队与抗战将领，国家的"文治"轨迹没有任何变化。所以，对两宋时期的"文治"，我们只以理清北宋时期的基础性事件为要；南宋的"文治"，只要了解基本的延续轨迹，就足以说明问题了。

五　病态自用：宋代国家文明的内在变异

孤立地看，宋代的文治国策似乎无可厚非。

在文化史的意义上，宋代作出了三个实际方面的贡献。这是宋代所以在后世留下某种灿烂印象的最根本原因。

一是整理历代文献并使之系统化。除了《资治通鉴》《武经总要》《大观礼书》《宋刑统》一类的政治、军事、法统及历史文献的整理刊行，还有诸如《太平广记》这样的大型类书，《方域图志》这样的工具书，等等。

二是文化与科技领域的发展成就。包括科举制的完善化，太学（高等教育）的完善化，四大发明宋有其二——活字印刷术与火药的发明，酿酒蒸馏技术的发明（高度白酒出现），宋体字、宋版书的发明，以及诸多领域的标准化制度的推行，等等。最显著者，宋代第一次系统化地规定了所有兵器的形制、材质、重量等规格，使兵器制造在秦帝国之后再度实现大规模标准化生产。

三是在大兴文风的时代氛围下，社会文化与个体创作都达到了一定的高峰。宋词现象的出现，市井文化的活跃，一大批文章大家与文学大家的经典作品的出现，《梦溪笔谈》等实用著作的出现等，都是中国文化史上的重要贡献。

还有值得注意的一个重要方面，即宋代在社会教育、私学思想普及方面的历史成就。基于宋代政权自觉的国家意识——推进社会向"文"的方向发展，经由宋代君臣与士大夫阶层全面细致的、长期不懈的、身体力行的提倡，宋代的整个社会生活弥漫出一种空前未有的精致化气息，文华风习渗透社会各个角落。其时，农耕时代的城市化水平，商品经济的发展水平，市井文化的发展水平，在中国历史上都达到了罕见的高峰。

对此，《宋史·太祖本纪》有赞语云："建隆以来，释藩镇兵权，绳赃吏重法，以塞浊乱之源……务农兴学，慎罚薄敛，与世休息，迄于丕平；治定功成，制礼作乐……考论声明文物之治，道德仁义之风，宋于汉、唐，盖无让焉！"

虽然，《宋史》是元代在宋人编修的《国史》基础上编写的，但基本上没有大动，因而不免有宋人自诩的成分。不过，从其余种种野史、笔记等社会文献的参照叙述看，配合地下发掘的历史遗址的内在呈现，《宋史》的这一描述大体是符合历史事实的。客观地评判，从文化建设的层面说，宋代的成就比之后的元、明、清三代要高出许多，是中国文化史、中国科技史上一个极其重要的时代。

1. 国家文明形态在宋代的严重失衡

但是，从国家文明形态的内在均衡性看，宋代是根本失败的。

文明有别于文化。文明，是最高层级的社会范畴，它的完整说法应该是"文明形态"。一个国家、一个民族的文明形态，其实际内涵是一个民族、一个国家的社会存在方式——以什么样的社会方式（形态）而生存。文化，只是全部社会存在的一个方面，无论它如何重要，某种程度上甚至可以是人类群体的灵魂；但是，它仍然只是一个方面，而不是全部；只有将"文化"这个部分纳入民族群的整体生存结构中去看，才有评估的意义；孤立地评说文化成就，离开皮说毛，是没有国家文明意义的。一个时代的文化成就，不能等同于一个时代在国家文明形态发展上的成就。

这里需要强调的一个问题是，在中国古典概念中，"文"是一个大范畴，与之对应的大范畴是"质"。具体说，"文"包括了文化，但不能仅仅等同于现代人所说的文化；作为大范畴的"文"，在实际上是国家文明形态的全部"软体系"部分——非物质体系，其中心是国家法律制度及政策体系。"质"则是国家文明形态中的"硬体系"——国家结构的一切有形力量与物质力量，其中心是政府体系、官员体系、监狱体系、军队体系等。因此，我们论及宋代的"文"化趋势，虽然也将具体的文化形式的发展成就包括在内，却绝不是要旨所在。这里的核心点，是对该时代国家文明"软体系"力量的历史评估。

一种国家文明形态是否强大，其最本质的标志有三个方面。

其一，以国家制度体系为核心的政治文明体系的发达程度，及以思想形式、文化形式为载体的民族精神、民族智慧、国家理性、社会意识、理论思想、文学艺术等所能达到的历史高度。这是文明形态的"软体系"方面，是"文"的一面，也是国家文明形态是否具有最本质力量的根基方面。

其二，社会尚武精神的深刻度与普遍度，以及所延伸出来的军事体制的坚实程度、战争能力之高下、战争文明水准之高低等方面，能否在国家竞争实践中具有保护国家文明的存活能力——生命延续能力，并能使其在开拓能力、抵抗内外风险的能力方面达到新的历史高度。这是一种文明形态"质"的方面，是"硬体系"的一面。

其三，国家文明形态内在结构的平衡性是否合理，是否达到了最佳的内在抗震荡结构。一种国家文明形态的生命力，在根本上并不取决于"软体系"或"硬体系"的单极发展，而取决于两种体系在国家文明形态中的组合结构是否合理，是否具有最高的平衡性。不具有平衡性内在结构的国家文明形态，其结局往往都是毁灭性的。国家文明形态内在平衡的结构性能力，首先表现在"软体系"与"硬体系"都要同时达到当时所能达到的时代高度，不能倾斜于任何一方。其次，表现为国家理性对结构平衡性适时"微调"的国家认知水准；这就是国家理性在各种历史潮流或历史风暴面前的自我调整意识、求变精神、应变能力、自我修复等方面必须具有的高度，是国家文明形态的"活性"方面，也是"弹性"方面。再次，表现为遭遇历史转折时期，是否具有国家政治文明的再造能力，是否具有文明重建的民族精神、民族智慧，以及相应的国家意识。

从人类进入国家时代之后几个时期的主要大国的文明形态看，有两种普遍的偏颇现象。一种是古埃及、古希腊、古巴比伦、古印度这样的国家文明，都偏重于"文"的发展，属于"文胜于质"的一种国家文明形态。它们的"硬体系"强度不够，活性与弹性也不足，在一时风华灿烂之后，都很快灭亡了。另一种，是亚述帝国、亚历山大帝国、罗马帝国、第一波斯帝国，及中世纪时期的拜占庭帝国、新波斯帝国、阿拉伯帝国、奥斯曼帝国、神圣罗马帝国等国家文明，它们都是偏重"硬体系"发展，属于"质胜于文"的国家文明形态。它们的"软体系"底子太薄，国家文明自我调整的活力与弹性不足，不具备有效传承所需要的灵魂性与内在结构的合理性，一时威风凛凛之后，都轰然倒塌了。

从公元前4000余年开始，在国家文明的历史上，只有"中国"

这个文明实体一直绵延传承，以从未中断的原生文明根基一直走到成功进入现代国家行列的历史时刻。仅仅就这种全世界独一无二的生命力方面说，中国文明堪称"文、质、活"三方兼备的世界最优秀结构的文明形态了。

可是，我们依然有历史性缺陷，甚至是严重的缺陷。

至少，从西汉中期开始，我们的统一国家文明，就开始在变异中呈现出弱化趋势，并且逐步地跌落了。到宋、元、明、清四代，也就是世界古典国家文明进入普遍僵化与普遍衰朽的第四历史时期，我们并没能独领风骚，而是同样地几乎跌入了万劫不复的深渊。若非中国文明在前3 000年奠定的强势生存精神非常之强大，以至于我们虽然多次濒临深渊，却总是有一股冲天的民族救亡激情，能够将这辆庞大无伦的文明战车拖出绝境，否则，"中国文明"这四个字也许早早已经成为历史陈迹。虽然，从本质上说，中国文明多次脱离绝境的生命力，不能仅仅用"侥幸"二字概括；但是，检索我们曾经的历史危亡时刻，仍然是每一次都令人非常震恐的。如果我们在今天的现代文明高度上，还不能认真思考我们曾经令人脸红的地方，而只是盲目地赞颂我们的历史，我们就不配将这一伟大的文明形态延续下去。

2. 偃武修文：宋代治国理念的严重倾斜

宋代的治国理念是如何一步步倾斜于"文"化方向的？

赵氏集团，是在强盛庞大的唐王朝倒塌之后，在五代十国的纷乱局面中不期然崛起的。宋王朝建立之时，多方政权割据、天下纷扰不息的乱局，还远远没有结束。其时，宋王朝的创始之君——太祖赵匡胤，在实践上始终投身于平定割据势力的战争之中，在治国理念上也很快表现出一种相对明晰的自觉意识——尽快从战乱中摆脱出来，以稳定赵氏政权为最重要目标，使天下回归"治世"。无论从中国政治文明的传统说，还是从今天的历史高度说，这一思路的指向都是无可厚非的。

这里的关键问题是两个。其一，以什么样的方式与路径稳定赵氏政权？其二，回归一个什么样的治世？

赵匡胤虽然是武职将领出身，但在实际上却是一个思虑深沉、警觉性极高的政治领袖。有两个基本事实，是颇值得注意的。

其一，赵匡胤晚年曾万般感喟地说："帝王之兴，自有天命，周世宗见诸将方面大耳者皆杀之，我终日侍侧，不能害也！"（《宋史·太祖本纪》）客观地说，即或真有天命，也仍然需要真本领。能在周世宗这样疑忌而警觉的强势君主面前，一直安然无危，又长期被信任为股肱大将；同时还要秘密聚集人才，筹划并积累兵变势力而不被察觉，如此这般，没有一番独特的在韬光养晦中壮大暴起的硬功夫，是绝对不能想象的。

其二，对心腹干员赵普的任用方式。在一般历史意识中，赵普是以"半部论语治天下"而闻名的儒雅贤者。但实际上，赵普是一个精明强悍的能事干员，根本不是儒家学人。在青年时期，赵普得当时的后周宰相范质举荐，以"军事判官"之职，成为赵匡胤部属。在赵匡胤父亲卧病的一段日子里，赵普精心全力侍奉，"朝夕奉药饵"，被赵父"由是待以宗分"——看成宗亲自家人，足见其精明能事过人。（《宋史·赵普传》）此后，在赵氏集团预谋兵变的过程中，赵普与赵匡胤胞弟赵光义是最主要的两个秘密骨干。对如此一个精明强悍人物，赵匡胤在新政权建立后，却并没有立即委以高职。赵普成为丞相，已经是宋初丞相的第三任了。为何如此？答案只能是一种颇具意味的用人策略。因为，赵普涉密过甚，且始终是一名"为政颇专，廷臣多忌之"的强势人物；同时，赵普也始终是赵匡胤倚重的"秘密利器"式的人物。对于此等人物，是不能立即使其居于领国地位的。从后来的领国实践看，赵普的顽韧与强硬，也确实给宋初的政治生活带来了诸多尖锐的矛盾，既使赵匡胤尴尬，也使赵普难堪。

如此一个宋太祖，是通过什么路径来稳定赵氏政权的？

986 年，也就是宋雍熙三年，宋太祖亲率大军北上攻劲敌契丹——辽国前身，将近一年战事不能了结。此时，老资格大臣赵普给前方的太祖秘密送去了一封"手疏"——亲笔书写而未经正式誊写的非正式奏章，激切地表达了几层重要主张：其一，否定对契丹战争，认为北征是"老师费财，诚无益也"。其二，轻视外部敌对势力的存在，认为外患不足介意。其云："远人不服，自古圣王置之度外，何足介意。"这是中国历史上少有的漠视外患威胁的说法。其三，提出对外战争有可能引起内部动荡的危险，认为长期战争可能导致兵变。兵久生变，深为可虑，"伏望速诏班师，无容玩敌"。其四，提出战争是国家之"祸"，认为君主不能追求武功。"陛下乐祸求功，以为万全，臣窃以为不可。"在一个政权的初创时期，即明确主张放弃武功，在历史上是极为罕见的。

赵匡胤立即回书，简述了战况，又表示了要认真考虑之意。赵普又再度回书，明确提出了建立"文治"大功的根本性，也再度明确否定了重视"武功"的国家意识，再度否定了对外战争；其说法是："陛下登极十年，坐隆大业……所宜端拱穆清，啬神和志，自可远继九皇，俯观五帝。岂必穷边极武，与契丹较胜负哉？"这封手疏，颇有头脑的赵匡胤交由前方一些大将文臣们看了，竟然是"观者咸嘉其忠"——都赞同并且都赞美赵普的忠诚。（以上引文参见《宋史·赵普传》）显然，这是着意引导出来的效果。

如果说，陈桥兵变后的解除方镇兵权、削弱丞相地位等实际举措，已经初步昭示了宋赵王朝的"治世"目标——以稳定政权为第一要务，那么，十年后的这次君臣对书，则明确了宋赵王朝走向"治世"的路径——"偃武而修文"。用现代语言说，就是以遏制军权为宗旨，多方改革军制并大大降低反击外患的战争强度，甚或放弃某些反侵略战争（偃武）；同时，全力推进国家政权体系在组织上的"文官化"，大兴文治之风，奉行"崇文抑武"政策，使整个社会循着"文"的道路向前。从目标意义上说，就是不求尚武强军，但求政权安泰；不求对敌强大，但求升平治世。

这一治国总理念，在北宋其后八任皇帝的在位时期内，都有不断强化的趋势。尤其宋太宗之后，宋代政治对武事与战争的态度，已经是恐惧与厌恶交加，很不愿意提及"修武备"之类的话题了。《宋史·真宗本纪》之后有这样的评判："宋自太宗幽州之败，恶言兵矣。"应当说，这是宋政权真实的国家心态。

自此，宋代进入了"崇道德而黜功利"的社会"文"化时代。

任何一个时代，崇尚"文治"都是没有错的。问题的关键是，作为民族存亡的生命平台，文、武两个基本方面必须是同时发展，同时并重的。其间，武备是绝不能忽视的，武功也绝不能简单化地当作寻常"功利"而加以贬黜。批评任何一个时代的"文治"，一定是与其对"武功"的削弱或废弃相对比的，而不是简单化的单一指斥"文治"本身。

3. 理学产出：宋代国家意识形态的僵化

宋代理学，是宋代国家文明形态的重要组成部分，是国家意识形态。

在严重贬黜武备、武功以及一切社会功利，同时严重削弱社会尚武精神的历史实践中，宋代基本上抛弃了古典中国文明传统中的务实精神与事功精神，国家主导的核心价值理念发生了重大变化。如此趋于僵化的国家精神，推动整个社会进入了脱离实际需求而追求"道德修为"的虚妄境地。宋政权自诩的"崇道德而黜功利"，实质上正表现了国家文明形态的严重失衡，是一种畸形的弱化发展。在如此这般的国家理性引领下，宋代文治系统及其意识形态体系，畸形化地蓬勃发展起来。由是，备受国家推崇的宋儒学派，对原生态的儒家理论体系进行了以纯粹化、道德化、天理化为三大目标的大规模改造，一种适应国家"文"化精神需求的新的理学体系应求而生。

宋代理学，究竟建立了一个什么样的价值理念体系？

首先，宋代理学家们全面清理了儒家的历史根基。这种清理，主要体现在对待荀子、孟子两个主要人物上。大大抬高了此前历史影响力并不如何显著的孟子的地位，大大贬黜了此前历史声望极高的荀子的地位。贬低与抬高，是从三个方面进行的。

其一，改变了两位战国大师在国家正统尊崇的孔庙祭祀中的"享祭"地位。《宋史·文宣王庙》记载：孟子在孔庙与颜回并配，封邹国公，并得于兖州邹县独立孟子庙，孟门诸弟子配享祭祀；荀子则被贬为"兰陵伯"，位列左丘明之下。

其次，进行了大规模的思想学说清理，大幅度地重新阐发孟子思想；认为孟子是"醇而醇之"的儒家大师，将孟子抬上了"亚圣"的地位。荀子思想，则被分析认定为"大逆不道"的圣教罪人。理学代表人物朱熹认为："荀卿则全是申韩""其要，卒归于明法制，执赏罚而已"（《朱子语类》卷一三七）。理学另外两个代表人物程颢、程颐兄弟的评判，则更具攻击性，认定："荀子极偏驳，只一句性恶，大本已失""荀卿才高学陋，以礼为伪，以性为恶，不见圣贤，虽曰尊子弓，然而时相去甚远。圣人之道，至卿不传"（《河南程氏遗书》）。

再则，在教义改造上，宋代理学对相对粗疏的以孔子语录为根基的儒家原生态学说，进行了彻底的改造；以孟子的"人性善"与纲常伦理学说为根基，将原生态儒家体系中的复古政治理念彻底剔除，将儒家思想体系推演为纯粹化的"性命之说"与"人伦之学"；使儒家学说发生了一个极大的"变身"，从鲜明的政治学派，变身为一个纯粹的伦理学派。

对如此改造所要达成的现实目标，宋代最著名的理学家朱熹这样概括："圣贤千言万语，只是教人明天理，灭人欲"（《朱子语类》卷十二）"学者须是革尽人欲，复尽天理，方始是学"（《朱子语类》卷十三）。显然，这既是宋代理学家们从既往儒家学说中"发掘"出的"真经真义"，更是宋政权国家意识形态所要达到的社会目标——存天理，灭人欲。这一价值观体现于社会实践，显然有利于国家遏制社会人口群的合理需求，有利于国家推行巩固皇权的制度与政策。因为，"人欲"是应该灭绝的，而"天理"究竟是什么内涵，则是难以辩说的，且大半是由国家掌控解释权的。

孤立地从纯粹学理的意义上评判这个命题，是很难说清的。或者说，这个命题本身，也包含了一定意义上的学术合理性。可是，只要将这一命题带入当时的社会实践，与宋代整个"文治"理念及其社会效果联系起来，就很容易发现：理学体系是应宋代国家统治需求而出现的一个意识形态体系，以其为基础所建立的核心价值观体系，是社会精神的自我弱化，十分有害于社会健康发展。

与这一时期欧洲封建社会的蒙昧主义神权意识形态相比，宋代的理学体系无疑具有同质性。实际控制欧洲国家群的基督教会，以上帝的名义，使欧洲国家群的政治文明严重僵化，堕入黑暗的蒙昧主义，扼杀一切独立自由与科学精神。东方中国的宋政权，则以从儒家圣贤中发掘出来的"天理"为无形神祇，消灭一切鲜活的人性欲望，遏制一切实用功利的追求，使整个社会精神趋于僵硬形式的蒙昧，这与黑暗的欧洲中世纪有何二致？

六　宋代政权在对外战争中的黑色清单

宋王朝的战争实践，与其"文治"发展形成了巨大的历史反差。

第二次世界大战后的现代理念，将一个国家在战争方面的展开方式看作国家文明的有机构成部分，我们可以把它称为"战争文明"。作为一个现代文明范畴，"战争文明"的提出与美国文化人类学家鲁思·本尼迪克特（Ruth Benedict）的《菊与刀》有密切关联。具体地说，它指一个民族的文明形态中基于历史传统而形成的那些关于战争的核心价值观、战争理念，及特定国家已经形成的传统战争方式等。以战争文明的理念研究一个时代、一个国家的战争现象，是更加接近战争本质的一种研究，同时也是更加接近某种特定文明形态之本质的一种研究。透过对战争现象的总结，进而达到对某一特定国家文明生命力的根基性把握，是研究战争现象与战争文明最基本的目标之一。

　　客观地说，自从有了人类，战争便从来没有停止过。不管我们如何谴责战争的存在，人类的战争还得继续下去；至少，在可见的将来，战争还远远不会消失。更具体地说，自从人类进入国家文明时代，战争对于整个人类的生存更加有着一种特殊的意义。最基本的一点，战争是国家文明强度的破坏性实验场。一个国家、一个民族的文明形态，是否具有强大的生命力与竞争力，非经战争无以检测。脱离战争实践而侈谈文明高度，是无根之水；脱离"软体系"基础而侈谈战争业绩，是兽性暴力。健全、强大的文明形态，一定拥有高度"软体系"水准基础上的高度战争文明水准。二者缺一，一种文明必然崩溃。

　　6 000年以来的历史实践，已经反复地证明了这一点。

　　请注意，我们这个历史清单中的宋代中国的战争表现，并不包括中国传统理念中的"武功"，即开疆拓土部分，而仅仅包括对外反击侵略战争这一个方面。因为，反侵略战争，是一个民族、一个国家是否进行反抗战争的底线，是最没有争议性的一则验证国家战争文明水准的历史公理。

　　另外一个方面，宋代对向外开拓生存空间的战争，是丝毫不感兴趣的。宋代政权，是中国历史上第一个主张主动放弃边境若干"穷僻之地"的政权。整个宋代的武功开拓部分，远比自动放弃的失地部分（燕云十六州等）要小得多。即或是宋代前期的统一战争，也是在传统中国的腹地范围内消灭割据政权的战争，而远不是以强盛时期的中国领土范围为标准而实现统一的战争，所以不存在诸如隋唐时期那样的"四面靖边"的对外征战。从宋太宗后期起，宋代战争的绝大部分，都是关乎国家兴亡不得不反抗外敌的反侵略战争，无关乎主动伸展，只关乎国家与民族的存亡。

一个国家，不主动发起对外侵略战争，当然是文明崇高的表现。可是，一个国家如果缺乏抵御侵略战争的最基本的强势精神，则无疑是文明的耻辱。我们需要风华文明的生活，可是我们更需要国家与民族的安危存亡不受无端侵害。如果一个时代给了我们一时的风华富庶，可是也带来了外敌肆无忌惮地大举入侵与国家灭亡之后的大规模牺牲，那么我们应该如何评价这个时代？

一切以事实为依据，且让我们看看宋代的战争表现清单：

960—979 年，宋灭北汉，初定中国，时兵力规模达 60 余万。

980—1003 年，宋对契丹等外患采取攻势。

1004 年，契丹大举侵宋，太宗亲自率军反击于澶州，僵持不下，始议和。年末议和成，立澶渊之盟：宋每岁予契丹银 10 万两，绢 20 万匹，双方罢兵。是为绥靖政策之开始。

1028 年开始，西北党项族群壮大，不断侵扰宋边，数年内宋反应迟钝，基本不理。

1029 年，契丹饥民流入宋境，宋以闲置土地安置；对契丹岁币不断。

1038 年，党项立国为夏，宋开始对党项之患作出反应：禁绝贸易，派兵戒备。

1039 年，宋仁宗下诏：夺党项首领赵元昊"国姓"，并告知契丹。

1040 年，西夏一年三次攻宋，宋皆无国家反应，听任边将败军。

1041 年，宋攻西夏，大败。此后，西夏多次攻入宋境，互有胜负。

1042 年，契丹不满岁币收入，遣使向宋索地。宋一则选将备兵，一则遣使和谈；于 9 月达成和约：每年向契丹增加岁币银 10 万两、绢 10 万匹。同年闰九月，宋兴兵攻西夏，大败，大将葛怀敏等战死。宋派商人秘密议和。

1043 年，契丹在宋增加岁币后，压迫西夏与宋议和。

1044 年，宋、夏议和成：西夏称臣，宋"岁赐"西夏银 7 万两、绢 15 万匹、茶叶 3 万斤。

1049 年，契丹大举攻西夏，大败；事前，契丹曾通告宋廷。宋裁濒临西夏之陕西兵员 3 万余，省钱 200 余万，尚以此自慰。

1050 年前后，契丹与西夏互相攻伐，宋范仲淹等守西北，边情相对稳定。宋庆历年间（1041—1048 年），总兵力达 125.9 万人（禁军 82.6 万），规模惊人。

1053 年，士兵出身的名将狄青南下，平定广西割据势力，大胜。宋仁宗欲重用狄青，大臣反对，未成。

1057 年，西夏攻宋，宋军大败于断道坞。

1060 年，交趾几次侵扰宋南部边境，皆无反应。

1064 年夏，西夏大举攻掠西北，杀民数万；宋遣使质问抗议，无反击。

1065 年正月，西夏再度侵掠，宋廷再度抗议。**(号为"戒责之")**

1066 年 9 月，西夏攻宋大顺城；10 月，宋廷遣使提出抗议，并断绝西夏"岁赐"。是年，契丹改国号为"辽"。

1068 年，西夏王李元昊死，宋廷恢复"岁赐"，再度开始每年提供银、绢数十万。

1070 年，西夏几次侵扰宋边，时当王安石变法，宋亦未反应。

1072 年，宋攻青海羌人，战胜。

1075 年 7 月，宋与辽议和划定河东分界，宋失地 700 里；同年，交趾攻陷南部钦、廉二州，宋廷皆无反应。

1076 年正月，交趾攻陷邕州，屠杀民众 58 000 余人；宋发兵攻交趾，战胜。

1081 年 7 月，宋大举攻夏，先胜后败，11 月粮道不济，大溃散。

1082 年 9 月，西夏攻陷永乐城，宋军大溃败。

1083 年，西夏多次小侵掠，败于宋军，与宋廷议和，宋廷准许。

1084 年，西夏四次侵入宋境内，无分胜负。同年，宋廷与交趾议和划界，宋以己方六县三峒之地予以交趾。

1086 年，宋廷关闭与辽国边境贸易；辽禁止战马出售于宋。

1087 年，西夏三次袭扰宋边军，皆无反应。

1088 年，西夏两度侵宋。宋廷则"册封"西夏李乾顺为王。

1089 年，宋廷下诏：禁止边将侵扰西夏边境。**（主动退缩，是为奇观）**

1090 年 2 月，西夏归还宋军战俘，宋廷归还所"占"夏地。**（并无占地，实为割地）**

1091 年，西夏两度侵扰宋"三路"（三军区），并麟、府二州，皆无反应。

1092 年，宋廷下令整饬边防。西夏再侵宋环州。宋无反应。

1096 年，西夏四次侵入宋境，并将累积的宋军战俘献于辽国。宋廷无反应。

1097 年正月，宋在边境与西夏战，胜；3 月，再胜西夏军于长波川，并乘胜进军。

1098 年，西夏与宋军互相袭击，宋军胜多，西夏内政不稳而势衰。

1099 年，辽国出面为西夏求和，宋廷准许，并恢复对西夏的"岁赐"款项。

1102 年，女真族（金）兴起，屡败辽国；宋徽宗高层醉心文事，毫无警觉。

1105年前后，宋在西北略有伸展；西夏复起，屡扰宋边；辽为西夏请和罢兵。

1106年，辽遣使要宋廷归还所占西夏之地，宋廷遂将近年收复之失地归还西夏。

1110年，宋以饥民补充禁军数额。

1111年，宋徽宗派童贯入辽示好，又接受李良嗣"结好女真以图辽"之策。

1114年，女真族群起兵反辽，两次大胜；宋廷无应对。

1115年，女真首领阿骨打称皇帝，立国号"金"；辽军大举攻金，大败；宋廷乘机进军西夏，大胜又大败；金人再胜辽军，势力大涨。

1116年，西夏袭击宋边靖夏城，屠杀全城民众；宋廷无反应。

1119年3月，宋军攻西夏，大败；4月再攻，小胜；5月又大败于灵武。

1120年，宋廷遣使入金，约定夹攻辽国；因内部农民起义事，未成。

1122年，金军屡胜辽军，灭辽势成；宋廷不接受辽残余势力之结盟请求，欲夹攻辽军；辽军余部在耶律大石率领下，于白沟大败宋军，宋遂班师撤退。10月，宋再度拒绝辽太后请和，出兵攻辽燕京，又遭大溃败；金使入宋，以宋军战力太弱，仅许宋战后占领燕京六州之地。年末，金军大举攻陷辽都燕京，辽人北逃。

1123年2月，宋、金议定战后分割：金将燕山六州交宋；宋每年与金岁币40万，再纳燕山代税100万缗。

1125年，辽最后之天祚帝为金所俘，辽亡。9月，金兵立即攻宋，宰相等匿而不报。同年12月，金军大举南侵至太原，宋廷几无反应。

1126年，宋钦宗即位，年号"靖康"，最后灾难来临。正月，金兵进攻东京，太上皇宋徽宗东逃，宋钦宗欲逃，李纲谏止；宋廷遣使议和，金军提出割让三镇并以亲王、宰相为人质，宋皆接受；2月，宋金复战，互有胜负；宋廷罢黜主战派李纲丞相职；自此最后时刻，宋廷之议和派、投降派始终占据上风。

1127年1月，靖康元年闰十一月，金军再度大举南下，攻破东京，俘虏徽、钦二帝，史称"靖康之耻"。宋廷割让河北、河东于金，两河民众拒绝奉诏，纷起抗金。正月，宋军副元帅宗泽两次战胜金军，宋廷充耳不闻。2月，宋两帝及皇亲公主后妃诸王全数被押送金营。3月，金立张邦昌为皇帝，国号"楚"，都金陵，是为史上第一个汉奸政府。5月，康王赵构南逃，在南京（今河南商丘）即位（宋高宗），自此，遏制主战派成为南宋国策。是岁各地大乱，民众抗金潮流大起，南宋政权不闻不问。

自"靖康之耻"骤然降临，宋王朝开始了规模空前的大雪崩。

究其实，当时的宋廷只是被打懵了，军事力量被打乱了。实际上，宋之国家实力，还远远没有受到实质性的根本伤害。在朝，宋廷尚有诸多主战派将领，尚有许多有组织的军事实力分布于要害地区；在野，更有广泛的民众抗金大潮的支持。任何一个稍微具有认知能力、抗争精神、复国心志的新君主及其政治集团，都会充分激发这一普遍存在的可见条件，迅速坚定地凝聚人心，整合各种力量，及时发起遍及大江南北的抗金反击战。

依据后来的历史实践，只要宋廷新政权不昏聩、不软弱，取得抗金胜利几乎是必然的。与前代相比，宋之流亡政权至少应该做到与唐末"安史之乱"发生后唐肃宗集团的强硬度不相上下，方可达到差强人意之境。尽管，唐肃宗艰难平乱，在中国历史上已经是大失硬度的软弱之期了。但是，晚唐平乱之表现，仍然比南宋的大雪崩与始终畏葸不前高出许多。

让我们再来简要看看南宋初期的"大雪崩"。同样开出一个清单：

1128 年，宋高宗一面流窜，一面不断遣使询问金国。夏天之前，金军持续进军；宋文事成癖，仍于流亡中开科举考试。7 月，东京留守军统帅宗泽坚请宋高宗回京，以号召组织抗金；高宗拒绝，宗泽愤激，连呼渡河之后活活被气死。8 月，金"封"战俘宋徽宗为"昏德公"，宋钦宗为"重昏侯"。12 月，宋济南知府刘豫投降，组成卖国军队。

1129 年 2 月，宋高宗南逃杭州，改杭州名为"临安"，旋遭政变，被迫禅位，4 月又复辟称帝。6 月，磁州知府投降金国，又组卖国军队。11 月，金军南进，高宗赵构闻风再逃亡。

1130 年，赵构逃亡温州水域，金军以舟师追击，未获。2 月，金军在江南大肆屠城掠地，后撤军北上。4 月，赵构继续逃亡，又到越州。9 月，金立刘豫为皇帝（齐），又一个卖国政府成立。

1131 年 2 月，宋以逃回的秦桧为领政大臣（参知政事），8 月升任丞相。8 月，宋将吴玠两败金军于和尚原。11 月，金以陕西地"赐"刘豫卖国政府辖制。

1132 年，高宗赵构逃回临安。5 月，宋将孔彦舟叛降刘豫卖国政府。本年，岳飞、韩世忠、吴玠等将领皆自发抗金，时有战胜业绩。

1133 年 5 月，南宋与金议和，下令禁止宋军进攻刘豫卖国政府。同年，宋不思危亡，又折腾"文治"，折腾科举改制。

1134 年，宋将关师古叛降刘豫卖国政府。9 月，高宗秦桧势力再度遣使赴金"探询"（实惧两俘虏皇帝被放回）。同月，刘豫卖国政府联结金军，大攻宋军，被韩世忠部击败。

1135 年之后数年，刘豫卖国军队大为猖獗，连续进攻宋军，多次获胜。

1137 年，刘豫声名狼藉，被金国废除，其积累掠夺之巨额财产皆为金有。

1138 年，宋以丞相秦桧"专主"与金议和事，凡反对议和者皆遭贬黜。

1139 年始，数年之内，宋屡屡议和割地；岳飞等连胜金军，进至中原。

1141 年 4 月，罢黜岳飞、韩世忠、张俊兵权。10 月，岳飞被诬陷下狱。11 月，宋金议和成，宋放弃淮河以北所有中国土地，每年向金纳贡银 25 万两、绢 25 万匹，宋高宗赵构得向金"称臣"。12 月，爱国将领岳飞，被杀害于杭州大理寺狱中。

1142 年 2 月，宋廷向金进呈"誓表"（发誓表忠心的文书）。3 月，金国"册封"宋赵构为"皇帝"，宋为附属国。

……

此后的宋廷表现，实在不需要再列下去了。

历史实践的呈现是，南宋政权在此后 100 余年的岁月里，从来没有认真图谋过北上收复失地（南京较有作为的孝宗皇帝进行的隆兴北伐，因举措仓促、孝宗本人战和不定、前线将领内部不和等原因失败），一如祖先，深深地陷入了"文癖"的恶习；偏安一隅，孜孜不倦地折腾科举制，狂热不懈地编修书籍，无休无止地讨论理学经义。同时，上下热衷权术倾轧，一心遏制主战力量，醉心于风华奢靡，痴迷于无尽腐败。从根本上说，这一时期的南宋偏安小朝廷，实实在在地充斥着一群修炼成了"灭尽人欲"，却充斥"物欲"的丧失灵魂的苟且者。及至金军南下及蒙古人崛起，南宋再度面临更大灾难的历史时刻，南宋政权的表现就更为人所不齿了。

这里，我们只将几个标志性事件列单如下：

1164 年 11 月，南宋请议和，金、宋为叔侄之国，宋称侄，年贡岁币如旧。

1208 年，宋、金再议和，改叔侄为伯侄，宋贱称侄国，岁币大量增加。

1215 年，金兵败于蒙古，两方议和，金坚决不肯割地，不肯称臣。

1235 年，蒙古崛起，宋又遣使"通好"蒙古。

1236 年，宋廷下"罪己诏"，自认"开衅蒙古，有罪"。

1275 年之后数年内，宋多有民间力量与朝臣自发抗元，皆不得宋廷支持。

1276 年，元军大举进攻，占领临安，宋恭宗降元。

1279 年，南宋末帝死，宋宣告灭亡。

七 宋代政治文明的严重偏执性

宋王朝灭亡，给后世评判文明生命力留下了一个复杂的课题。

在古今中外的历史上，"积贫积弱"历来是表述国家危机状态的一个整体性成语。凡弱，总与贫联在一起，弱与贫互为根源，贫与弱互为表现。在正常状态下，贫穷落后的国家，总是孱弱的。这个成语的潜在反意显然是说，凡是富庶的国家，都是强大的国家。

可是，这样一个尺度，很不适合宋代中国。

以现代国家文明的理念评价，宋王朝是一个十分怪异的时代。首先，富而积弱，国家实力与战争表现远远不成正比。从国家实力——无论是经济实力还是军事实力——的意义上说，宋代中国远远强于同时代的辽、夏、金、蒙古（元），更强于南部的交趾、大理两小国，完全不存在养不起兵、打不起仗的问题。就经济层面说，宋代是中国历史上少有的富庶时期。官员俸禄之高、商品经济之发达、城市化水平之高、民众生活之普遍小康，在当时的世界格局中都是非常显眼的第一流国家。可以说，宋代中国之富庶风华非但远远强于周边四大强国，即或放眼世界格局，也比当时西亚的阿拉伯帝国、拜占庭帝国、波斯帝国要超出许多。至于十字军东征之前一片穷困萧瑟的欧洲国家群，更是无法与宋代中国相比。

从军事层面说，宋代中国的军队规模，已经达到了中国历史上的又一次高峰时期。宋在基本统一中国后的宋太宗时期，已有可战大军60余万，强于周边任何国家一大截。北宋中期，宋之军队规模已经达到了120余万，其中直属皇帝系统辖制的禁军（中央军）就有80余万，驻守各地的"厢兵"（地方建设军队）有40余万。以军力规模言，辽、夏、金、蒙古（元），皆无法望其项背。以兵器与装备水平而言，宋代有以《武经总要》为官府文本的标准化生产制度，兵器与装备的精良程度，要远远高出尚处于游牧经济阶段的辽、夏、金、蒙古（元）。

从战争胜负的"硬件"基础看，宋代中国是炫目的。

那么，宋代中国究竟缺少什么？

1.巩固皇权：政治顶层设计的核心目标

历史已经没有秘密。宋代缺乏者，国家战争意志也。

在这样一个完全不乏国力的时代，宋代中国的战争文明水准却滑到了空前的低谷；宋代中国在对外战争中的软弱崩盘，达到了惊人的丑陋程度。应该说，这是世界文明发展史中极其罕见的现象。要揭示这一自相矛盾现象的根基原因，还是得回到历史实践而不是任何经书中去。要找出那个为什么，我们就得走进历史实践的深处，一步一步地从宋王朝的历史作为中，发现那些内在的、实质性的缝隙地带。也就是说，我们必须一个环节、一个环节地揭示那些导致国家意识沦落、战争意志溃散的历史因素。

这里的关键词，是国家理性。

客观地分析宋代历史，其民众基础较前代更有提升，其社会经济更是超出同时代周边国家，其诸多制度设置，也有超越当时世界国家文明水准的技术性质的创造力（譬如文职国防部长的出现）。但是，当这些社会元素综合为国家结构形态而整体运转时，尤其是体现于国家板荡之际与战争实践时，其实际效果却是非常令人失望的。就是说，孤立的制度与孤立的元素，一旦进入了动态的国家结构，便立即发生了严重变形。

此间关键何在，就在国家政治文明失去了引领与创造的活力。

具体说，就在决定结构运转效果的那些目标理念上。从理论上说，这是一个价值互动的过程：国家意识所自觉追求的价值目标，是否与制度体系的功能目标相重合，是决定制度体系实施效果的根本性因素；若国家意识中的价值目标，与制度体系的功能目标有距离甚或严重偏差，则国家意识的主体——最高统治阶层，一定会以某种方式直接改变或间接影响制度体系的运行轨迹，从而力图使制度体系的功能目标回到符合国家价值目标的轨道上来。于是，严重的实践变形就不期然发生——制度是好制度，可总是没有好效果。

这就是宋代以合理制度而每每失败的"历史别扭"。

客观地说，自从人类进入国家文明时代，任何时代的任何国家，其顶层设定的目标体系中，维护政权存在都是一个非常重要的现实目标，甚或是第一位的目标。但是，历史实践的发展也同时表明，各个时代的各个国家，在评估这一目标的价值意义与重要性，及具体实现这一目标的动态应对时，还是有不同差别的，甚或是有重大差别的。总体上说，第一历史时期（公元前 4000 余年至前 700 余年）的世界国家群，及第二历史时期即世界文明轴心时代（公元前 700 余年至前 100 余年）的世界国家群，普遍在维护自身政权的稳定性上，要更多一些与社会基础的联结性。那时的国家，大体上都是以稳定社会基础为前提，进而达到稳定国家政权的目标；只有在社会阶级矛盾难以调和的剧烈冲突时期，国家才以政权存在为直接的第一性目标。历史实践已经从各个方面证明，那时的世界国家群范围内，很少有绝对以稳定国家政权为唯一最高目标的国家。

在古典国家文明的最后两个历史时期，古典国家文明不断趋于衰落，王权专制日益成为普遍主宰世界国家群的轴心目标。国家权力神圣性的价值理念，也日渐跌落为世界国家群普遍的顶层设定价值观。在这样的历史条件下，绝对化的以维护国家政权生命延续为唯一的、最高的现实目标的顶层设定理念，就在世界各个君主制国家普遍出现了。就是说，后两个历史时期的世界国家，尤其是第四历史时期的世界国家，相比较于前两个历史时期的国家，政权稳定目标已经从与诸多治国目标——社会基础稳定、民族存亡、文明发展，等等——的联系中脱离出来，成为绝对化的、唯一的顶层设定价值目标。

在这样的顶层设定理念下，一切制度与一切政策，不论其功能目标如何，只要它在实行中有稍稍不利于皇（王）权稳定的迹象，都会立即被扭转——要么该制度与该政策被废除，要么在严重变形的结构中延续下去，发展为与功能目标严重脱节的糟糕结局。宋代有诸多好政策、好制度，之所以事与愿违，之所以产生别扭难堪的丑陋效果，原因盖出于此。

那么，巩固皇权的顶层价值目标是如何一步步实现的？

2. 全方位遏制将权，严防军人致乱

宋王朝是发端于军事政变的一代政权，最高层对于军事集团的可能性威胁，有着天然的敏感与直觉。因此，赵宋政权刚刚建立，便立即开始采取防范军事政变的实际举措。第一步骤，是在政变成功的半年后，立即颁行《更戍法》，其核心规定是：军兵得成建制地驻扎某地，率军将领则必须经常调换，大将不得专一执掌一支部队。此谓之"将不得专兵"。

次年七月初九日，宋太祖又"杯酒释兵权"，借庆功宴会之机，收回军权印信，剥夺了几位带兵大将的兵权。同时，将赵匡胤曾经担任过的"殿前都检点"一职，明令冻结，不再授予任何人。此后几年，又几次分头以迁职、换防、虚升等各种方式，将握有实际兵权的将领基本全部"淡化"处置。

在这些制度与举措之外，赵匡胤集团又开始精心谋划两项遏制将权与功臣的制度。第一项，对功臣异姓王与有功重臣，实行逐步置换之法。这是谋臣赵普提出的一个谋划，当即被赵氏兄弟采纳：凡异姓王与有功重臣死去，或致仕（退隐），其所掌权力职事一律由文臣取代；若无法取代，则直接取消该位置。此法实行，开国初期的异姓王与有功大臣日渐减少，"将门"后裔很快衰落。

第二则，剥离方镇将领的地方政务权，具体实行两种制度。第一，州县主管官员的任免权直接归属朝廷，方镇大员不得干预州县政事；第二，州县地方财政收入的上缴，及地方实物税输送京师等经济实权，一律交由朝廷专设的"转运使"机构完成，方镇不得干预。数年之后，宋代方镇将领（节度使等）便从地方治权中全面退出。

此后，宋王朝因边战多生，惧怕守边将领擅自作战，又对边军出战的战术作出了诸多规定。北宋中期文职名臣范仲淹，初任庆州对西夏作战，在西夏突袭之时立即决定全军出动对攻，却遭到部属反对；理由是朝廷有制度，敌军来犯，官职卑微者先领军对敌，不能全军出动。范仲淹震怒，严令全军 18 000 人立即集结进攻，自己承担一切后果。后因战胜之功，宋廷没有追究此事，范仲淹在西夏前线任期内也获得了相应的自主作战权。但是请注意，这不是制度规定的改变，而只是"特许"的个例。

至此，宋代的武职将军层跌落为中国古代历史上几乎最接近"傀儡"群体的一个阶层。没有经常带领的军队，高爵显位不能传承，不能组建精锐卫队，不能插手驻守地区的政务，临战之时只能率领自己根本不熟悉的军队作战，对敌作战没有自主权，社会尊崇度远远低于文职大臣，等等。如此制度沿袭之下，宋代文职大臣，即或守边有功如范仲淹、韩琦等，也坚辞朝廷欲将其转为武职大臣的要求。这种武职大臣的空前沦落，实在是古典中国社会的奇葩现象。

3. 贬抑架空相权，严防文职重臣专国

遏制将权的同时，宋廷从文官制度着手，着意防范文职重臣专国。

这一制度的建立，是从贬抑相权的尊严性开始的。相权者，丞相权力也。在古典中国政治文明传统中，相权历来居于总领国家政事并统辖百官的重要地位。从朝政意义看，早期丞相职务有三个显著特点：一则，开府权。在王城之外开辟独立的包括所有属官机构在内的办公府邸，丞相可以独立召集朝臣议政处事，拥有相对完整的国家政务执行权。此谓开府丞相——在相府处置国务而不需日日上朝。二则，丞相府是唯一有权直接过问军事领域的最高综合官署。三则，丞相是统辖百官政务的中枢大臣，是文臣武将之才高功大者均可担任的领国职务。由是，丞相的权力地位在国家政务中举足轻重，由政变发端的赵氏集团自然不会任其尊贵。

自战国变法大潮开始，相权的变化大体上经历了四个阶段。

第一阶段，战国时期与秦帝国时期，明确相权总领百官政事，实行"开府"丞相制度。某种程度上，开府丞相制接近于现代国家的"内阁制"。第二阶段，从西汉中期开始至于隋唐，国家政务被分割为三省：尚书省、中书省、门下省；突出君权，分散相权，相权由此大为削弱。第三阶段，就是宋明两代对相权的进一步削弱。第四阶段，清代丞相已经徒有虚名，仅以名称"上书房行走"看，便已经沦落为皇帝的办事员了。

历经隋唐两代，相权本来就已经大为分散，大为空洞了。及至宋

代开国，"相权"所能保留者，惟传统光环与礼仪尊严等形式化的东西而已。纵然如此，赵匡胤、赵光义兄弟仍然视为隐忧，立即给予贬斥。这种贬斥，先从礼仪环节开始。从殿堂礼仪的历史传统说，往前越趋先秦，君臣礼仪越见臣的人格尊严。可以说，秦及秦之前，是不存在官员在君主面前贬损尊严的礼仪设置的。殿堂议事，人人有座，并有文具配置以备忘纪事。其间差别，无非是任何时代都存在的座位排列次序与形制规模不同而已。那时，官员阶层的人格尊严感是很强烈的，对于礼仪的荣誉要求，也是有基本界限的。一个广为人知的故事是，赵国上将军廉颇与上卿蔺相如发生冲突，就是从蔺相如的殿堂座次突然排在了廉颇前面而引发的。

此等维护朝臣人格尊严的礼仪，在西汉中期之后随着皇权加强，渐渐地变质了，渐渐地向贬损朝臣人格而提升君主神圣性的趋势发展了。虽然如此，历经开放程度很高的隋唐两代，尊重臣下的一些基本礼仪制度，仍是存在着，甚或对历史有所恢复。其中最显眼的一条，便是宰相入朝的"坐论之礼"仍然保持。所谓坐论之礼，就是宰相与皇帝对话，宰相是坐着说话的，有座席或座位，以示对重臣之人格尊敬。从实际上说，"丞相坐论之礼"的保留，意味着事实上也不可能全部废除其余大臣的座位设置；尤其是与丞相同爵的三公（太师、太傅、太尉），以及一些亲王、功臣异姓王等，座位肯定也是要有的。就是说，废除"宰相坐论之礼"，牵涉着整个庙堂礼仪的重新设定，绝非仅仅针对丞相一人。

赵匡胤本人是从军营磨砺而成，也许认为那种大将两列听令的整肃场面特别有权力感，而对一国殿堂在皇帝御座之下竟然还保留着一些大臣的座位，竟然还有一些人坐着对他说话，感到万分别扭。总之是，赵匡胤从这里开刀了。960年正月，政变成功；二月，赵匡胤便宣布废除"宰相坐论之礼"——宰相也得与朝臣一样，站着开会，站着说话。如此一来，所有大臣自然也得站着说话了。丞相为百官之首，丞相都站着了，谁能坐下来？

这一制度的野史（笔记）版本是：丞相范质等人每奏事，必事先写好札子进呈，而后再取皇帝批下的圣旨；每次，宋太祖必说自己"目昏"——老花眼，要范质近前来指点札子上的文字。一次，后面的宦官按照太祖事前秘密叮嘱，在范质上前时立即悄悄搬走丞相的座椅或座案；如此反复几次，聪明的丞相们也只有默认，于是站立奏事便成了殿堂制度。[1]

赵匡胤是否如此鄙俗，已经无法考证。总归是丞相们已经站着说话了。从此，宋、元、明、清四代的殿堂最高会议，便变成了类似于今日电视剧表演的"自助餐"形式，被戏剧化地固定为"站班列队，出班奏事，有事奏来，无事散朝"，比小学生还整齐。

4. 职官分离，严防官员久执事权

赵匡胤之后，"职官分离"制度很快出现了。

宋代之前，职与官几乎就是一回事。有一定职务的从政人员，一定是官员；只要是官员，就一定有相应职务。历代的"职官表"，也是将职官一体化对待的。偏偏是宋王朝的顶层政治设计用心深刻，发明了"职官分离"制度——一种非常奇葩的二分制度。顶层设计理念是，使任何官员与实际权力游离开来，确保一切政务权集中于皇帝独断。

这一制度的实际规范是：官为阶位，职为事权；两相分离，官位虚化；看紧理事权，放松议政权。这一制度设定的价值理念前提是：国政谋划为大道之行，实际事权为卑俗琐务；官员以大道为主，以理事为次；故，官只论道谋政，职尽奔波理事。

这一制度的运行方式是：官，只是一种设定的资格待遇；官之

---

1 见（宋）邵博：《闻见后录》，卷一。

大小差别，只在领取俸禄、殿堂议政、国家礼仪等场合才有实际显示的意义；各级官府的政务处理，则一律看作事务，以皇帝任命的各种"知（职）事"承担；"知某事"之任命，不与官位挂钩，高官可以低"知"，小官可以"高知"；官员务道，没有实际事务；职者任事，承担理政之权；官须有"知"，才有事权；官若无"知"，则无事权；官员任期可以很长，职务任期则随时任免。

如此职官分离制度，任何官员几乎都不可能专权。因为，官高未必有实职，官低未必权力小；官员任期长，却没有权力；职务有权力，却可以被随时任免。总体结果，权力总是处在不固定的游移状态，谁也不可能牢牢抓在手里。只有皇帝有随时决定一切，并全面覆盖一切的权力。

这一现实，正是宋代皇权所需要的结果。

职官分离之下，地方官署的政务官，一律由皇帝以"知县事""知州事""知府事"的职务名称，从所有官员中挑选任命；被当时社会简称为"知县""知州""知府"等。即或在京高官，也可以被任命为"知县事""知州事""知府事"，产生以中央高官之级别而任地方职务的特殊历史现象。这就是宋代的"京官可以知县事"的实际运行特征。传统戏文中，有"包龙图打坐开封府"唱词。其中的"龙图"二字，是中央设置的"龙图阁大学士"的简称，是包拯的官员级别及资格待遇，很高，但并无实际意义；有实际意义的，恰恰是"打坐开封府"，也就是"知开封府"这个并不很高的职务。所以，看宋代官员是否为真正的权力重臣，不是看其官称有多高，而是看"知称"有多大。

国家层面的"朝政"运行，也是一样的职官分离。

举凡在朝丞相等高官，虽然拥有诸如"开府仪同三司"及"同中书门下平章事"，或"王"或"公"等一系列光彩炫目的官号，却只是高俸禄、高待遇而没有处置日常政务的权力。宋王朝处置国家日常政务，也有一个"知事"位置，行使大体接近于丞相领政的实际权力，名号是"参知政事"。这一权力位置的性质体现，也是"知事"两字；与知县事、知州事是同样性质，不过是更大范围的"知国事"而已。虽然性质相同，但毕竟是中央职务，与地方职务的名称还是有细微差别的。"参知政事"之职，多了一个"政"字，处置的是国家"政事"，而不是以含混一体的一个"事"字了结。如此，国家事权的尊严性，就有了"道"的体现；当然，对这一职务的地位也有些许提高。

宋代顶层筹划之精细，之偏执，不得不令人惊叹。

参知政事一职设立得很早，宋太祖赵匡胤初政时期，就设置过一个"特赐"形式的"临时与闻国政"的职务，名称就是"参知政事"。虽然，其时尚未稳定化、制度化，但是，宋廷防止高官重臣专权的自觉意识，无疑很早就确立了。宋太宗之后，参知政事制度很快与官职分离制度融合，遂成为国家政务运行的实际方式。宋代的参知政事，一般情况下不会由高官高爵者担任，而由皇帝非常信任的干练中级官员担任；其政治地位并不显赫，却恰恰是传统所言的"用事"位置，极其重要。

宋代的几次政事改革与小规模变法，主持大臣如范仲淹、王安石等，都是以参知政事的职务，行使国家政务处置权的。一般情况下，参知政事被免职之后，都会获得一个很高的官位。从根本上说，宋王朝设置参知政事职务，其目标是全面架空丞相权力，严防丞相权力坐大。这一制度施行后，宋代政务的实际运行方式是，事无巨细皆听命于皇帝。只要看看王安石变法时，皇帝对王安石变法举措过问的详细程度，就完全可以明白皇权在宋代覆盖一切的意义了。

从实际效果上说，职官分离制度非常不利于国家权力的运行效率。

高位官员想办事，没有实权；知事官员想做事，地位又低，往往事倍功半。尤其是某些知事官员要实现一些有价值的政策主张时，往往大费周折；能够进展到自己的上书送到皇帝案前，或者能够当面请示皇帝并聆听圣谕的阶段，已经是很难了；而后还须经高位大臣们多方议论，一件事往往众说纷纭，莫衷一是；待到主张被皇帝准奏，或被明确否决，往往已经是时过境迁了。

之所以如此，在于这一制度的实行特点是：紧盯理事权，放松议政权。在此制度下，作保守派、反对派很容易，也很风光，提出什么反对意见都很容易被评价为"老成谋国"。但是在此机制下，办任何有意义的实事，都是倍加艰难。在宋代历史上，无论是范仲淹任参知政事时期的小改革，还是王安石主政时期的局部变法，每件事的落实，都是争议多多、断续反复。我们在后边还会看到，苏东坡任"知定州"时，曾两次上书提出恢复弘扬民间"弓箭社"的守边主张，可是都如泥牛入海。此后不久，民间"弓箭社"还是被废除了。

如此文官制度，与上述遏制军权的制度相配合，宋自皇权以下对权力的制约无疑已经非常完善了。但是，宋廷还是紧绷着巩固皇权之弦，继续着全面遏制一切离心迹象的偏执化努力。

5. 募兵制：严防军事力量失控

兵制，是历代国家战争力量的基础部分。

正常状况下，一个国家实行什么样的兵制，是以该国当时的社会状况与战争需要两个方面为基础的。兵制的核心，是确立兵员来源的国家制度。其余如军队编制、作战制度、战区设置等，都是以兵员来源制度为基础的支系制度。从政治层面说，兵制是距离巩固皇权这一核心目标较远的制度设定。因此，各个时代的国家，大体都能以客观形势而决定兵制。

中国自战国、秦帝国以至两汉，大体实行的都是征兵制——全国范围内的不固定征发兵员的制度。魏晋南北朝到隋唐，则在很长时期里实行了"府兵制"。这是一种"兵农合一"的征发制度。其具体实现方式是：设置相应的基层组织，泛称军府（比如唐代的折冲府）；遇有战事，则军府辖地内的适龄男子皆在征发范围之内；商旅市井人口数量少，不固定，难以征发，主要以农耕人口为主要对象；农人遇到征发之时，须自己携带马匹和基本兵器入军；在军期间，除作战物资与衣食由军队无偿提供外，还可领取很少的基本花销费；战事结束，军士返乡继续农耕，国家不再负担军费。

我们所熟悉的《木兰辞》，描述的就是南北朝时期府兵制征发兵员的情形。那是一种令人感动的时代朴实："……昨夜见军帖，可汗大点兵。军书十二卷，卷卷有爷名。阿爷无大儿，木兰无长兄。愿为市鞍马，从此替爷征。"之后，木兰走遍了南市、北市、东市、西市，买好了马匹与装具，这才上路了。后来战争结束，木兰又回归乡里。这既是木兰所愿，也是当时的军制允许的。

府兵制长期实行，对国家有利，也有弊。

有利之处在于三点。

其一，国家不需在和平时期养兵，只需要负担战时征发的军费，因而国家军费开支减少；若较长时间没有战争，军人归乡耕田不需国家负担，则军费还可以大幅度降低。宋代王安石变法，曾一时废除募兵制而推行"保甲制"，向府兵制方向靠拢，其因盖出于此也。

其二，可以保持军队战力的相对稳定，甚或强大。兵源地人口与地方军府两相稳定，军兵与将领相互知根知底，利益捆绑，上下同心，指挥有效，作战效果较好。历史地看，自东汉末期形成的各种地方军——陇西军、河西军、河北军、朔方军、荆州军、辽东军、郭子仪汾阳军、安禄山边军，甚或我们所熟悉的北汉麟州的杨家军（后投北宋的杨家将），等等，多有实力强大者，皆出于此因也。

其三，藏兵于民，举兵于民，有利于社会尚武精神的培养，尤其有利于边陲地区民众自发打击小股敌军的骚扰袭击。隋唐时期，诸多边地并不驻守经常性大军，北方诸胡却很少小股侵袭骚扰，其因盖出于此。若明代实行府兵制，小股倭寇在沿海边地的袭扰，当不能成为长期大患。关于这一点，宋代苏轼在定州任职时曾有精辟论说，我们在后边将会论及。

但是，府兵制也有几个程度不同的弊端。一则，人口稀少的边陲地区，军队兵员不足，容易形成大规模战争时期边疆防御的薄弱环节。二则，国家对军队的统一调动往往受到限制；一地若受敌侵犯而兵力不足，则他方救援往往迟滞。三则，若遇不良地方将领，则形成军队鱼肉百姓、无限征发、压榨地方等灾难，国家很难及时有效地制约。四则，容易形成以地方将领为轴心的割据势力。若中央政府的控制力减弱，则容易形成地方动乱而导致国家倾覆。唐代的"安史之乱"就是一个最典型的例子。

养兵利民：宋代募兵制的功能目标

因了府兵制之种种缺陷，唐自中期，开始部分实行"募兵制"，也就是直接由国家发放工资而建立职业化的军队。但是，唐中后期以至五代十国共计100余年，募兵制虽然断断续续地普遍实行，却都没有稳定下来，也没有获得很好的效果。总体说，还是不成熟的募兵制时期。宋初建政，则立即决定实行全面的募兵制，并坚持推进，且北宋、南宋300余年一直没有改变。可以说，两宋时期是中国历史上唯一一直实行募兵制的时代。

宋代募兵制的具体实施，有六个制度性的关节点。

首先，在税收比率中将国家应付军费列出，并摊入税收，从民众中一体征收。其次，由国家从整体税收中按预定比例单独划拨经费，统一在社会人口群中有偿招募兵员，组建军队。第三，举凡被招募的兵员，不须个人置办基本兵器与装具，只须人身入军；兵员由国家发给军俸，成为以"兵"为职业的一个社会阶层。第四，兵员招募的来源，主要是饥民群体、流民群体、市井村社中的各种无赖闲汉（战国时代谓之"疲民"的人口），以及各种罪不至死的犯人（宋代所谓"刺配某地"，即是发往某地从军）等。第五，举凡市井的正常人口群、村社的正常人口群，不招募兵员，此所谓"良民子弟不入军"。第六，地方政府、地方村社，及其所辖民众，不再承担额外的军费缴纳与实物军费。就是说，老百姓除了缴纳各种税收之外，不再负担如府兵制时代的装具、兵器等实物性质的军事费用，也不介入成军事务。

为什么宋代会如此自觉地推行募兵制？

最为后世诸多史学家们称道的，是实行募兵制的"利民动机"。宋王朝高层曾有言论表明，实行募兵制是为了减轻民众负担，军费由国家税收统一负担起来，由"国家养兵"。宋太祖有云："可以利百姓者，唯（国家）养兵也。"（晁说之：《元符三年应诏封事》）宋仁宗朝名相韩琦曾具体论说其好处："养兵……非但不可废，然自有利民处不少。古者（征兵制与府兵制）发百姓戍边无虚岁，父子、兄弟、夫妇常有生死离别之忧……今收拾一切强悍无赖游手之徒，养之以为官兵，绝其出没闾巷、啸聚作过扰民之害，良民虽税赋颇重，亦已久而安之乐输，无甚苦也，而得终身保其骨肉相聚之乐，此岂非其所愿哉！"（沈作喆：《寓简》卷五）应该说，这是募兵制设置的功能目标：一则减轻民众负担，二则减少社会滋扰。这一功能目标被宋代皇帝与大臣们清楚地说了出来，理论上应该是正向的。

应该注意的是，韩琦的"良民虽税赋颇重"这句话。

宋代之前，评价"治世"的最基本标准，是"轻徭薄赋"——低税收与低征发。西汉"文景之治"，唐初"贞观之治"，都是这样。那时，轻税政策之所以能实现，有一个非常重要的条件，就是征兵制与府兵制之下，国家军费的一大半都"藏之于民"的事实。宋代伊始，其时关于税负问题与社会其余负担问题的评价，出现了混乱矛盾的状况。从募兵制的功能目标与皇帝们的角度看，民众负担是大大减轻了；从理政大臣们的角度看，却普遍认为民间税负太重，多呼吁减税、减负、减徭役。从宋代范仲淹、王安石等改革家的角度看，则认为一方面要减（民众税收太重），一方面要增（国家财政困难）。

总体上说，对宋代税收财政状况的多种矛盾看法，大体上都与实行募兵制有关。因为，在募兵制下，国家要养120余万的兵力，同时支出庞大的军事指挥机构的费用、关隘要塞的修葺费用、军器制造的费用等相关的整个军事体系费用，无疑是非常庞大的一笔数字。事实上，宋代国家财政的支出，一大半甚或十分之七八，都用在了"养兵"上。这些国家军费，实际上都是从老百姓的收入抽取，税收如何能不重？老百姓虽然不再直接负担实物军费，不再自家操持兵事，但就本质而言，负担是否由此而真正减轻，实在是大大值得怀疑的。主人说怕羊冷，给羊编织了一件羊毛衣穿上，结果羊却更冷了；因为，羊毛出在羊身上。由此而夸耀这个主人爱羊利羊，岂不令人啼笑皆非。

贬斥军人阶层：军队兵源以素质低劣人口群为基础

那么，募兵制在实行中的真实情况如何？

依据历史实践，宋代职业军队的素养与战力，在中国历史上是很低劣的水准。虽然，我们很难认定宋代职业军队的战力是否属于历史最差水平。关于宋代职业军队之战力状况，宋人不乏批评言论。欧阳修在《原弊》中说："今卫兵入宿，不自持被而使人持之；禁兵给粮，不自荷而雇人荷之。其骄如此，况肯冒辛苦以战斗乎？"军士睡觉，要别人拿被子；军士领军粮，还要雇人搬运；确实，这是老爷兵了。苏东坡在《教战守策》中，多方质询职业军队之弊端，多方详述民众精神之孱弱，主张使民习兵以培养社会尚武精神。他对当时职业军队的评价，是非常低的："今天下屯聚之兵，骄豪而多怨，陵压百姓而邀其上。"

宋代职业军队特有的弊端，究竟是如何形成的？

最根本的缺陷，是宋代募兵制设定的兵源人口群。如前所述，宋代法定的兵员人口群，是流民、饥民、犯人，及一切"强悍无赖游手之徒"等社会劣等群体。与此相对应，宋代禁止良民子弟入军，曾明令将凡被"诱骗入军"的良民子弟一律退回。后世谚云，"好男不当兵，好铁不打钉"的现象实始于宋代也。无论宋王朝顶层制度设定的动机多么地具有当时及后世某些人所称颂的良善性——既除社会之害，又利乱民之治——这一兵源制度在实质上是非常荒诞的。

最根基之处，是它极大地、整体性地贬低了军人阶层的社会地位，以及军人阶层最宝贵的精神资源——自我尊严感与社会荣誉感，从而极大销蚀了宋军的战斗精神。一种兵源制度，如果将国家军队整体设定为"藏污纳垢"所在，将入军当作一件很卑贱甚或很卑劣的事情，只有劣等人口才配去做；那么，这支军队绝不会成为一支有强大战斗力的优秀军队。因为，这一兵源制度，直接从整体上剥除了军人阶层的社会荣誉感，职业责任感，也直接导致了军人阶层精神状态的猥琐化——仅仅将入军当作谋生的手段，非常缺乏历代军人阶层最基本的报国精神与牺牲精神。

府兵制萌芽即兴即废，严防藏兵于民

募兵制之利究竟在哪里，宋王朝顶层为什么要坚持实行？

王安石变法时期，关于"保甲制"与"募兵制"的争论与冲突，很能说明问题。据《宋史·志第一百四十五·兵六（乡兵三）》记载：其时，王安石提出"减兵以节财用"的改革主张。拟行的实际制度是，在民间普遍推行"保甲制"，使兵农合一，民众农闲时聚众练兵，藏兵于民，增强守边基础力量；以此为根基，裁减由国家财政长养的100余万的军队规模，以达节省国家财政费用之目标。就是说，王安石对募兵制进行改革，是要一定程度地恢复府兵制的优势方面，从而能够使一部分经常遭受袭扰抢掠的边陲地区，以"乡兵""民兵"取代中央军队驻防，以减少国家庞大的军费负担。

请注意，王安石绝不是要全部恢复府兵制，而只是提出恢复府兵制的优势方面，缩小募兵制的规模，建成一种府兵制与募兵制结合的新兵制。从历史实践说，王安石的这一改革主张是很具创造性的，是符合宋代面临的国防形势的。但是，对于"节财用"有非常迫切需求的皇帝，对于局部地区推行保甲制、建立民间"弓箭社"等，反而是大有疑虑的。

这一时期，宋神宗与保守大臣们对兵制改革表示了严重关切。

第一次，皇帝的问题是："募兵专于战守，故可恃；至民兵，则兵农之业相半，可恃以战守乎？"王安石则对曰："欲公私财用不匮，为宗社长久计，募兵之法诚当变革。"

第二次，皇帝的问题是："保甲诚有斩指者，此事宜缓而密。"王安石委婉地反对说："日力可惜。"皇帝还是坚持不能快，王安石无奈延缓推行。

第三次，保甲制在王安石坚持下，终于在局部地区开始推行，却遭到文彦博、司马光、曾孝宽等老大臣的普遍反对。文彦博提出的论断是："以道佐人主者，不以兵强天下。"时任"知陈州"的司马光反对更烈，其核心评判激烈至甚，一派貌似忠心谋国的严厉指斥："自教阅保甲以来……（国家）万一遇千里之蝗旱，而失业饥寒、武艺成就之人，所在蜂起以应之，其为国家之患，可胜言哉！此非小事，不可以忽。夫夺民衣食，使无以为生，是驱民为盗也；使比屋习战，劝以官赏，是教民为盗也；又撤去捕盗之人，是纵民为盗也。谋国如此，果为利乎？害乎？"

当然，以国家兴亡为最重要目标的清醒者，还是有的。

除王安石变法派之外，另有一种支持民间武装的意见，深具历史目光。这是当时河北地区的两任"知定州"——滕甫、苏轼——在上书中所强烈表达的政策主张。其时，这两人熟悉边地民情，对河朔边地民间组成的"弓箭社"在戍边中的实际作用，有很深刻的了解。他们先后提出，将民间传统存在的"弓箭社"以制度形式固定下来，以使边地防御有坚实机动的基础力量。从实质上说，这是支持王安石的兵制改革——主张募兵制应该向靠近府兵制的方向作出修正，实行某种程度上的藏兵于民，在推行"保甲制"的同时，也恢复其他具有传统基础的民间自发的抗敌武装。

滕甫的上书在1073年（熙宁三年），时正当王安石变法。他这样说："河北州县近山谷处，民间各有弓箭社及猎射人，习惯便利，与夷人无异。欲乞下本道逐州县，并令募诸色公人及城郭乡村百姓有武勇愿习弓箭者，自为之社。每岁之春，长吏就阅试之。北人劲悍，缓急可用。"（《宋史·志第一百四十三·兵四（乡兵一）》）当时，这份上书在王安石主政期间被批准了。由此，河北民间弓箭社在"保甲制"推行的同时，暂时实行了一段时间。

苏轼的上书，是在1098年（元祐八年十一月），即25年之后。其时，王安石变法已经失败，河北的弓箭社制度已经被废除。苏轼为人，向无权谋自保意识，政治上诚实旷达，所到之处历来说实话、办实事。王安石变法时，苏轼据实反对期间的不合理做法，遭到贬黜；司马光保守集团领政后，他又主张应该保留变法时期的一些合理制度，再遭贬黜。由此，苏轼一生多磨难，多坎坷。此时，他以"京官知县事"，职任河朔边地"知定州"，依据自己的实际了解，先后两次上书，请求恢复并弘扬已经被废除的河北民间弓箭社。这两次上书，均被宋王朝冷淡处理了——相关机构"皆不（上）报"。苏轼上书的核心部分，较具体地介绍了弓箭社的组成方式与作用，生动具体，引证如下（《宋史·志第一百四十三·兵四（乡兵一）》）：

北边久和，河朔无事，沿边诸郡，军政少驰，将骄卒惰，缓急恐不可用；武艺军装，皆不逮陕西、河东远甚……自澶渊讲和以来，百姓自相团结为弓箭社，不论家业高下，户出一人。又自相推择家资武艺众所服者为社头、社副、录事，谓之头目。带弓而锄，佩剑而樵，出入山坂，饮食长技与敌国同。私立赏罚，严于官府；分番巡逻，铺屋相望；若透漏北贼及本土强盗不获，其当番人皆有重罚。遇其警急，击鼓，顷刻可致千人。器甲鞍马，常若寇至。盖亲戚坟墓所在，人自为战，敌深畏之……

今河朔沿边弓箭社，皆是人户祖业田产，官无丝毫之损，而捐躯捍边，器甲鞍马与陕西、河东无异，苦乐相远，未尽其用。近日霸州文安县及真定府北砦，皆有北贼掠劫人户，捕盗官吏拱手相视，无如之何，以验禁军、弓手，皆不得力。向使州县逐处皆有弓箭社，人户致命尽力，则北贼岂敢轻犯边砦，如入无人之境？

苏轼的上书，可以看到老百姓是如何真实地、积极地、满怀激情地自愿结社抗敌。司马光等却完全相反，冠冕堂皇地强代民意，将一种完全符合民众生存愿望与国家兴亡要求的兵制变革，生生说成是"驱民为盗""教民为盗""纵民为盗"，其实质是非常清楚的——防"盗"第一，民众生存安全可以不计。

"盗"是什么，历代所指都很清楚，民间反抗朝廷之武装力量也。在司马光等人看来，向使民间拥有合法武装，岂非朝廷自己给自己设置了无数的火药桶？至于民众生存的苦难，受敌抢掠，受敌侵袭，流血牺牲，统统不足道也。这就是司马光这等人物替皇帝说出的内心最深处的畏惧。

如此有利边防的民间弓箭社，宋王朝断然地废除了。

在此后的历史实践中，靖康亡国之耻发生后金军南下，河北地域与太行山地区的敌后民间力量，纷纷自发地武装起来抗敌保国，与金军展开长期周旋。可是，宋王朝从来没有用"国家"名义，给予该当的支持，更谈不上激发民间抗敌了。凡此等等，都说明一点：在宋王朝的国家意识中，民间武装是最大的敌人，外敌则是可以容忍的灾难。这一黑色理念，在其后的时代更为严重。清末慈禧太后曾云"宁与友邦，不与家贼"（《1901 年 2 月 14 日慈禧太后上谕》），将仇恨人民的心理更是赤裸裸宣泄出来。

就宋代情势而言，废除弓箭社，废除保甲制，理由都是相同的。

一则，畏惧民间军事力量成势，难以为朝廷所控制；二则，畏惧私有兵器流布天下，有利民间举事。总归是，有利于国家边防的这个基本面，在宋王朝的顶层设定中几乎是不予考虑的。由此，保甲制、弓箭社等靠拢于府兵制的所有改革方案，都是不能考虑、不予考虑的。事实上，只有募兵制是宋廷唯一可以考虑，可以依靠的制度。说到底，因为募兵制是由国家财政直接"养兵"，这种雇佣兵组成的军队，自然是服从雇主要求的，是可以牢牢掌握在皇权顶层，具有"可控性"的。用宋代皇帝的话说，是"可恃"的。实行起来，募兵制与《更戍法》配合，不但能有效控制军队，还能保证将领阶层与军队游离，使"将不专兵"，同时达到控制将权的目标。若是实行靠近府兵制的改革，则地方将领与民间头目的统兵效能将大为增强，朝廷便会深感不安。

在宋王朝的国家意识中，实行募兵制，是一举几得的大好事。单从遏制方面说，便有三处：其一，可以遏制民间军事力量的发展；其二，可以遏制将领阶层的拥兵自重；其三，可以防止兵器流布于民间。再加上职业军队的可控制性这个最基本的大利，宋王朝何乐而不为？至于边地危机、国家兴亡等，距离皇权集团的利益一时还很远很远，是无须考虑的。

宋王朝的国家理性与国家精神，是一种病态的国家文明。

八　战争意志严重流失，国家平台严重衰朽

有宋一代国家战争意志的自觉沦落，形成了中国历史上的丑陋奇观。

我们已经看到，在宋王朝开国初期，赵普提出了以"偃武修文"为总体目标的治国理念，赵匡胤也是一力赞同并认真付诸实施的。其后各个时期，宋代君臣厌恶谈兵，军备意识与战争精神直线沦落，在中国历史上达到了惊人的程度。这一过程，呈现出了一幅非常荒诞的历史图景：一个国家，长期自觉地保持着一支规模达120余万的庞大军队，可是却"恶言兵事"，全然不研究当时极其严峻的周边形势，不研究当时的战争理念与战争实践，全然不思如何真正面对真实的战争危难。面对周边强国的入侵战争，这个国家只是一味地以富庶风华自居，漠视敌方之强势存在，侈谈"远人不服，何足介意"等诸般大话。于是，这个国家始终以华夏老贵族自居，很不情愿地带着蔑视"蛮夷"的心绪，艰难周旋于辽、夏、金、蒙古（元）的种种胁迫之下，也连续失败于与辽、夏、金、蒙古（元）的战场军争之中。北宋建立100余年后，矜持风华的宋贵族终于轰然垮台，连两个末期皇帝也一起做了俘虏，无数的后妃宫女也成了金人的奴隶，可谓尊严丧尽的历史耻辱。后来的流亡政权，则怯怯地守护着半壁江山，宁愿做"侄皇帝"也不敢奋然反击，依然不思悔悟，依然遏制、迫害国家健康力量，直到其悲惨地灭亡。

一个文明大国，长期颟顸迂腐若此，匪夷所思也。

需要注意的是，宋代这种"偃武修文"的国家意识，其主要基础是顶层统治群奠定的，而不是宋儒理学的直接延伸形成的。也就是说，统治顶层的皇权集团的利益需求，起着决定性的作用。历史实践展现的过程是，宋代理学体系产生于北宋中期，是宋王朝顶层统治群的"文"治设定的推进结果。虽然，理学体系形成之后，深刻契合了国家文明的"文"化顶层需求，又进一步推进了这种颟顸迂腐。但是，就其根源而言，宋代国家战争意志的严重沦落，不能归结于理学的出现。客观地说，理学不过是后来的助力而已。

还在宋太祖时期，宋王朝顶层就已经初步形成了一种奇特的畏战心理。赵普的秘密上书，就已经表现出两个鲜明的倾向：一则蔑视周边大国，"远人不服，自古圣王置之度外，何足介意"；一则，又对战争本身与战争的失败后果，非常畏惧，"战者危事，难保其必胜；兵者凶器，深戒于不虞"。"战斗未息，老师费财，诚无益也"，"大发骁雄，动摇百万之众，所得者少，所丧者多"。由此，赵普提出的治道是："所宜端拱穆清，啬神和志，自可远继九皇，俯观五帝。岂必穷边极武，与契丹较胜负哉？"由是，赵普与宋太祖顶层集团"终身以轻动为戒，后皆如其言"。（以上内容参见《宋史·赵普传》）

到了继任的宋太宗时期，则"自幽州之败，恶言兵矣"（《宋史·真宗本纪》），有了更为明确而普遍的畏战心理。第三任宋真宗时期，则更趋荒诞。时当"澶渊之盟"订立之后，宋廷已经在事实上承认了战争失败。由是，宋真宗异想天开，竟然与心腹臣下策划出连绵不断的举国闹剧——天下大献"祥瑞"物事，"天书"屡次降世，全国多次大设道场；欲图以宏大的"天命"，慑服强大的辽国。在《宋史·真宗本纪》后的"赞"中，有这样的叙述与评判："及澶渊既盟，封禅事作，祥瑞沓臻，天书屡降，导迎奠安，一国君臣如病狂然。吁！可怪也！……然不思修本以制敌，又效尤焉，计亦末矣！"如此荒诞大兴，显然是极端畏战心理导致的一种变态病狂——政治精神病。

其后的宋仁宗、宋英宗时期，主要的战争对象是辽国与西夏。

这一时期，宋代的"偃武修文"理念已经普遍化、凝固化。各种关于弘扬王道、指斥战事的战争精神严重沦落的言论，随处可见。当时，著名大臣富弼主持对契丹（辽）议和事，被时人赞为强硬的议和派。他的基本理念是：宋辽为"兄弟之国"，宁可多多给辽国增加"岁币"（实质上的进贡款项），也要争取做到少割地，或不割地，而绝不要双方开战。契丹人把准了这个底线，屡次强横地提出大片割地要求。最后，辽国虽未在这次谈判中实现割地，却也与醉心于虚设之事的宋廷君臣大搞了一场文字定性战。其时，关于"岁币"的性质，宋廷提出"献"字——古意，敬进曰献；契丹人则提出一个"纳"字——诸侯进物于天子，曰纳（贡）。最终，还是契丹强硬，胁迫宋廷将"岁币"性质定为"纳"字，而且大大增加了每年纳贡的数量。一个国家在失败之后不思凝聚国力再度反击，却迂阔老朽般津津于文字之争，实在是中国历史上罕见的奇闻。

后来，富弼向皇帝辩解说："增岁币非臣本志，特以方讨元昊，未暇与角，故不敢以死争。"后来，富弼长期主张对外息兵。当宋神宗向他征询边事意见时，富弼说："陛下临御未久，当布德行惠，愿二十年口不言兵。"80岁临终之时，富弼给宋神宗留下了一件遗书，以老臣督导的口吻说："天地至仁，宁与羌夷校曲直胜负？愿归其侵地，休兵息民，使关、陕之间，稍遂生理……（对西夏）不若寝罢以绥怀之。"（以上内容参见《宋史·富弼传》）这是宋代大臣第一次提出对外战争的议和底线——可以放弃敌方入侵的土地，也就是放弃失地不要收复。

这一时期，唯一秉持正常国家战争理念的大臣，是范仲淹。在率军对抗西夏时，范仲淹曾对朝廷不思战备提出尖锐批评，"平时讳言武备，寇至而专责守臣死事，可乎？"范仲淹在西北多有战绩，其中很重要的原因，就是敢于临时改变某些极不合理的作战规定。其典型事例，是范仲淹"知延州"之时的战事。其时，宋廷文治怪癖多有，为政极其精细烦琐，对前线将士的具体作战方法也有明确的朝廷规范：各地驻军数量不同，以不同级别的将军分领；敌军侵犯，官职卑微者须得先出战迎敌。范仲淹大不赞同，对头目们说："将不择人，以官为先后，取败之道也！"（《宋史·范仲淹传》）他一反规范，大举阅兵，重新组建了18 000人的军队，相机轮番迎敌，始得战胜之功。幸亏是打胜了，若是范仲淹战败，依照宋廷的诛心之风，真不知会如何声讨这个"燕然未勒归无计"（范仲淹：《渔家傲·秋思》）

的文职将军。

后来，范仲淹回京任职，拟被任命为参知政事主持改革。这位很有历史洞察力的学者将军，在其著名的《十事疏》的第七条就提出："七曰修武备"，约府兵法（部分实行府兵制），募畿辅强壮为卫士，以助正兵。三时务农，一时教战，省给瞻之费，诸道可举行矣。但是，上书之后，恰恰是府兵制这一条，被明确地取缔了。应该说，后来王安石提出的部分恢复府兵制之优势（具体化为保甲制）的主张，是有坚实的实践依据的。尤其是久在边地率军作战的范仲淹的思想，对王安石变法无疑有着奠基的意义。

可惜，所有这些清醒的主张，都淹没于无边的精神沦落潮。

值得深思的是，范仲淹的四个儿子——范纯佑、范纯仁、范纯礼、范纯粹，却都是极端化的畏战罢兵主义者，尤以范纯仁与范纯粹为激烈。范仲淹去世后，四子皆先后在神宗时期与北宋末期为官。范纯粹做"知庆州（今甘肃、陕西北部结合部地区）"时，宋廷与西夏议和并划分边界。范纯粹上书，坚决请求放弃"所取夏地"——实际上是拉锯地带。其书云："争地未弃，则边隙无时可除。如河东之葭芦、吴堡，鄜延之米脂、义合、浮图，环庆之安疆，深在夏境，于汉界地利形势，略无所益。而兰（隋唐皆有兰州，宋设兰泉县，亦在今兰州）、会（今甘肃会宁县地带）之地，耗蠹尤深，不可不弃。"（《宋史·范纯粹传》）

这种将战争拉锯地带，以及连带的周边领土，视为"耗蠹尤深"之累赘，主张坚决丢弃，实在是整个国家文明时代惊人的畏战卖国言论，读之令人瞠目。可是，它竟然被宋王朝安然接受了——"所言皆略施行"（《宋史·范纯粹传》）。

范纯仁的畏战言论，更在当时获得盛誉。其任陕西转运副使时，有一次被召回京，宋神宗问陕西边防事。范煞有介事地回答："城郭粗全，甲兵粗修，粮储粗备。"皇帝愕然曰："卿之才朕所倚信，何为皆言粗？"范纯仁更来精神，以教诲的口吻答道："粗者，未精之辞，如是足矣！愿陛下且无留意边功，若边臣观望，将为他日意外之患。"此言傲慢且显然有渎职之嫌，却由于明确地提出了防范边臣的诛心之论，竟使宋神宗接受了。其后，宋神宗要求范纯仁为他总结历代治乱可为鉴戒的事迹言论，范纯仁立即进献了一部自己的《尚书解》，并为皇帝写出说明云："其言，皆尧、舜、禹、汤、文、武之事也。治天下无以易此，愿深究而力行之。"

如此这般的范纯仁，自然成了王安石的政敌，其对王安石的攻讦如同司马光一般刻毒。更有甚者，范纯仁始终以理学名臣自居，屡次公然申明罢兵息战甚或卖国的言论，竟然获得皇帝与保守大臣们的一片赞誉，可见宋代战争精神沦落之严重程度。宋神宗是一个在王安石的"富国强兵论"与保守集团的"绥靖罢兵论"之间长期矛盾游移的皇帝。有一次，宋神宗对范纯仁直言期望，"卿父在庆著威名，今可谓世职。卿随父既久，兵法必精，边事必熟"。范纯仁"揣神宗有功名心"，便老气横秋地回答："臣儒学，未尝学兵。先臣守边时，臣尚幼，不复记忆。且今日事势宜有不同。陛下使臣缮治城垒，爱养百姓，不敢辞；若开拓侵攘，愿别谋帅臣。"宋代大臣普遍以知兵为耻，历史罕见也。

以宋廷理念，"匈奴未灭，何以家为"者简直就是疯子。

后来，范纯仁的官做大了，擢升为吏部尚书，职务为"同知枢密院事"；实际上是以"中央组织部部长"的官位，做了"国防部"的实际领导者。这一任命本身，就意味着宋廷的对外妥协方向。其间，范纯仁重新提出"罢兵弃地"而与西夏议和的主张。因为，他觉得第一次与西夏议和时，自己提出的"弃地"主张未能全面贯彻，弃地还不够彻底。于是，范纯仁提出增补条款：宋放弃所有"争议"土地，以换取西夏放归汉人；西夏放还一人，向西夏付"十缣（双丝细绢）"。这次，由于范纯仁直接主持议和弃地，"事皆施行"——所有的边疆争地都放弃了，也换回了许多汉人。

当时，范纯粹在关陕任职，与西夏接壤。范纯仁很怕弟弟有"立功之意"，特意写了一封告诫书信，其云："大辂（王车）与柴车争逐，明珠与瓦砾相触，君子与小人斗力，中国与外邦校胜负；非唯不可胜，兼亦不足胜；不唯不足胜，虽胜亦非也！"（以上范纯仁言论参见《宋史·范纯仁传》）应该说，范纯仁的这段言论，在宋代是很具有代表性的畏战卖国论。令人惊讶的是，如此重臣竟然具有如此惊人的自慰精神；分明是畏战怯敌卖国，偏偏却要将直接关乎国家兴亡的战争说成"功名之心"，说成不屑于和"小人"斗力，"非唯不可胜，兼亦不足胜，不唯不足胜，虽胜亦非也！"——战胜了敌人也是错误的。

在宋代，这种近似于变态的政治精神病，普遍存在于朝野。在朝曰皇帝大臣，在野曰理学儒生，在军曰统军边将。就连以诚实坦荡著称的苏东坡也说："国家之所以存亡者，在道德之浅深，而不在乎强与弱。历数之所以长短者，在风俗之薄厚，而不在乎富与贫。"（《宋史·苏轼传》）道德诚深，风俗诚厚，虽贫且弱，不害于长而存；道德诚浅，风俗诚薄，虽强且富，不救于短而亡。

这种雄辩的精神病说辞，其实隐藏着令人汗颜的文明软骨症。

一个时代，一个国家，宁可崇尚贫穷，崇尚孱弱，崇尚"道德"；也不崇尚富庶，不崇尚强大，不崇尚对敌战争；以谈兵为耻，以立功为耻；由此，宁可向敌对国家罢兵、议和、割地、弃地、纳贡、称臣，以至于做"侄皇帝"，也要遏制民间爱国力量的抵抗运动，遏制爱国将领层的对抗反击；那么，这个时代，这个国家，一定是病态的时代，病态的国家。

人类进入国家时代之后6 000余年的历史实践，已经无数次证明：以绝对文治与绝对道德化为治国目标，只能带来国家灭亡与民族流血的大悲剧，恰恰从根本上违背了人类最根本的道德——遏制侵略战争，使人类文明以国家为平台而和平发展。大仁不仁者何，此之谓也。

富庶风华的宋，崇尚道德的宋，其国家风骨荡然无存，其民族精神沦落殆尽，其国家耻辱累积如山。作为后人的我们，究竟应该选择什么，是永远值得我们深思的。

*09*章

中国统一文明的历史基础

一　关于中国文明的世界性困惑

从 6 000 年以来的历史长河看，拥有最顽强国家文明生命力的民族群，只有一个，那就是中国民族群。如果将世界民族群的国家文明竞争起跑线，大体确定在公元前 4000 年上下；那么迄今为止，惟有这样一个东方族群——黄皮肤、黑眼睛、面部线条柔和、写方块字、讲单音节字的庞大民族——完整地保留了自己所创建的统一文明与统一国家，依旧矗立在世界民族之林。

她就是世界国家文明史上唯一的常青树——中国。

更令世界瞠目困惑的，是还鲜活保留在世界近现代记忆里的中国历史进程。这个古老的东方统一大国，几乎是在奄奄待毙的自我闭锁状态中，迎来了世界列强的战争劫掠风暴；历经巨大劫难，而后她竟能自救成功——彻底推翻帝制，创建第一共和；再度发动社会革命，同时抗击东洋侵略，并连续创建第二共和；由此，古老的中国进入了现代国家行列。之后数十年，这个经济濒于崩溃边缘的古老新国家，又在低谷状态发动改革开放，倏忽 40 年之间以惊人的速度成为世界第二大经济体，神奇地实现了初步的民族复兴。

不到 200 年，落后西方一个时代的衰败古国涅槃再造，可谓奇迹。

历经漫长的国家文明兴亡历史，世界各国包括中国自身，都渐渐滋生出了一种模糊但又颇具困惑性的历史感知——中国文明似乎值得重新解读。西方政治家与思想家群，已经开始越来越多地怀疑，曾经以"西方文明中心论"为理论法则，去解释中国问题是否适当。对这个"比历史还要悠久的国家"[1]的惊人生命力，似乎已经远远不能以"中国文明特殊性"这样基于"西方文明中心"立场所产生的理论来解释了。中国文明拥有的超长又超常的生命力，以及在无数危亡关头所表现出来的纠错自救的巨大再造力量，似乎绝不仅仅是拥有某种可能一时有效的"特殊性"力量所能达到的；这种纠错自救与再造力量的目标实现，似乎绝不仅仅是"救亡图存"时期所喷涌出来的挣扎精神所能完成的，也似乎绝不仅仅是倚仗人众地广的客观条件，苟且存活而延续至今。事实上，在世界古典国家历史上的大多时期，中国都是第一流的强大国家。

这种困惑性的历史感知，还有另外一个方面。

在漫长而严酷的历史实践中，中国能够成为唯一跋涉到现代历史"终点"的国家文明实体。中国文明的深处，一定隐藏着某种不同于世界其余国家文明的重大秘密；这些秘密所形成的结构力量及其所表现出的历史强度，绝不是中国所曾经"独尊"的儒家体系所能解释、所能达到的。

因为，稍微熟悉中国历史的人，都会看到这样一个基本事实：在中国历史上，儒家的根基性传承力量——孔子的嫡系传承群（孔府历代帝、王、圣世系），在国家危难的诸多历史关头，都充当了不光彩

1　这是戴高乐在 1964 年一次记者会上的说法："中国是一个比历史还要悠久的国家。"之前不久，戴高乐领导的法国政府刚刚承认中华人民共和国。

的角色；同时，许许多多的儒生，甚或一些标榜于当时的著名"大儒"，也都在国家危难的历史关头，沦入了卖国汉奸的深渊。此等屏弱群体所产出的价值观理论，似乎永远不可能代表一个国家的再造救国精神。真正奋起抵抗并最终再造中国的群体力量，大多是社会各个阶层的本色群体，甚或是对既往"教化"极端蔑视的形形色色的离经叛道者。他们是一个庞大的基数，重视社会实践，富于实干精神；奔流在他们血液中的，是几千年丰厚的历史实践所积累的强势生存精神，是那些类似于遗传本能的精神资源，而不是被灌输的东西。

这一历史实践最充分地说明，儒家的价值观体系与其保守主义政治理念，绝不是中国文明内在的强大生命力，而只是中国思想江河的一条支流，是一个保守主义的侧面。既然如此，中国文明体系的深处，一定还有着迄今为止没有被世界主动发现，也没有被中国人自觉发现的结构性秘密。

秘密在哪里？

第二次世界大战结束后，负有盛誉的马歇尔将军奉命担任美国总统特使，到中国调停国共两党有可能爆发的大规模内战。其结局迅速表明，马歇尔遭遇了政治外交生涯的一次最大失败。后来，马歇尔将军在自己的回忆录中总结这次失败，将根本原因归结为"不了解中国人的思维方式"。马歇尔的困惑是，同样是谈判桌，西方人只要双方同意停战，就停战了；中国人双方都同意停战，可总是要在一些"但是"式的细节上保持分歧，并往往据此再度开战，总是停不下来。这种被马歇尔认定的"中国人的思维方式"，其背后的价值观与认识论根基是什么？马歇尔没有回答，也不可能回答。

2008年，美国金融海啸爆发，导致西方资本主义经济与社会呈现疲软状态。这一现象，引起了世界诸多领域学者的普遍关注与反思。其中，美国斯坦福大学高级研究员、著名学者弗朗西斯·福山，于2012年在美国《外交》双月刊1—2月号上发表了一篇题为"历史的未来"的文章，其中一节的题目是"中国模式构成唯一挑战"。他这样说——

当今世界对自由民主主义最严重，也是唯一的挑战来自中国。中国领导人成功领导了从中央集权的苏联式计划经济向有活力的开放式经济转变的浩大工程，并在这一过程中表现出令人惊叹的能力——坦白地说，比最近的美国领导人在处理宏观经济政策时的表现好得多。很多人现在十分羡慕中国的体制，不仅因为它所取得的经济成就，更因为与过去几年里美国和欧洲同时患上令人痛苦的政策瘫痪症相比，中国的体制能够迅速作出重大而复杂的决定。特别是自从最近的金融危机爆发以来，中国人开始鼓吹"中国模式"，认为它能够取代自由民主主义。

然而，除了在东亚，这种模式不太可能在其他地区真正取代自由民主主义……几乎没有一个发展中国家能够仿效这种模式；那些能够做到的国家，如新加坡和韩国（至少在早些时候），本身已经在中国文化圈里了。中国人自己对本国模式能否输出也表示怀疑。所谓北京共识，是西方的发明，而不是中国的。

这种模式是否持久，也是一个问题……中国政府的高效决策背后，埋藏着定时炸弹。最后，中国未来将面临严重的道德弱点……当这个国家正在迅速发展时，这些问题可以被发展所掩盖。但飞速发展不会永远持续下去，政府不得不为积怨付出代价……因此，不能理所当然地认为，中国体制是稳定的。[1]

显然，对于中国的事情，福山是既赞叹又怀疑。

类似这样关于中国问题的模糊搁置，或"赞叹中怀疑，怀疑中赞

1　引自《福山文章：当代资本主义将面临何种命运》，见新华国际网站，2012年1月13日。

叹"的现象，在世界比比皆是。自西方国家强力打开中国国门以来，将近200年间，所有这些一个又一个不确定的感知，一个又一个模糊的怀疑，一次又一次力图灭亡中国战争的失败，一次又一次关于中国崩溃预测的失败，一次又一次对中国遏制围堵的失灵，一个又一个解释理论的"不适应"，等等，举凡这些事与愿违的实际效果，都使西方社会乃至世界国家群，对中国问题形成了一个日益巨大的困惑——既无法在理论上解释，又很难在实践中应对，测又测不准，打又打不倒。总归是，世界列强使尽了十八般武艺，还是对中国无可奈何。那些在西方世界往往分明是国家崩溃、战争失败的重大症状，只要发生在中国，这个东方大国总是能带着这种症状继续跋涉，直到这种"症状"被消于无形。

对此，西方世界无疑是非常纳闷的，也是非常郁闷的。

长久的问题积累，自然形成了世界性的"中国文明困惑"现象。

也许，只有一种"确定的未知"是明确的：在中国文明基因中，一定具有某种恒定而常态的内在结构，使她能够克服种种危机、忍耐种种苦难而保持恒久的生命力；中国文明所以拥有强大的生命力，看来不是任何临机性的特殊爆发在起作用，一定还有着没有被当代世界乃至当代中国所认识的内在根基。

二　中国：一个古老的文明实体概念

要探讨中国问题，首先必须明白"中国"这个范畴的历史内涵。

中国、中华，是两个接近于同质的古老语词。从词义明晰的意义上说，"中国"概念的形成要更早一些。先秦最早的政治文献《尚书》有《梓材》篇云："皇天既付中国民，越厥疆土于先王"。《尚书》是一部追忆式记载夏、商、周三代治国经验的上古文献汇编；其中的《梓材》篇，是周公告诫康叔有关殷商的政治传统，以使康叔能治理好以殷商遗民为主要人口的卫国。这条记载说明，"中国"这个概念至少在商代已经明确了。

1964 年，陕西省宝鸡地区的贾村，出土了周成王时的青铜器何尊，铭文中有追溯周武王灭商之事的文字，其云："武王既克大邑商，则廷告于天，曰：余其宅兹中国，自兹乂民。"显然，周代的"中国"概念也已经很清楚。另外，经孔子整理记载西周乐词的《诗经·大雅》其中《民劳》篇有云："惠此中国，以绥四方。"同时，在春秋、战国两大时代的诸子百家著作以及当时的诸多历史文献中，"中国"概念出现的频率也很高，这里不一一列举。

在夏、商、周三代及春秋、战国之世，"中国"一词的内涵，有最初的与后来延伸发展的两个基本方面。最初，"中国"一词，起源于宣示"天子之国"的神圣性。夏、商、周三代的实际情形是，诸侯封地叫作国，天子直领的王畿也叫作国——天子之国。《诗经》中的《国风》篇，正是天子之国——王畿民众（国人）所唱的能表意王畿民风的歌词。两种"国"的不同，在于天子之国称为"中国"，具有位置与功能上的神圣性。

历史实践的脚步是，从黄帝时代的早期联盟政权所在地开始，直到夏、商、周三代的王畿之地，即王权治所所在的核心地带，大体都处于黄河中游或接近于这一区域的丘陵平原，事实上也居于当时"天下"（南北东西）之中央地带，正处于诸侯群的中心位置，成为诸侯群的轴心，天下运转的枢纽。所以，古人将大河中游这一文明富庶区域又叫作"中原"，认为它是"万国之中""天下之中"。基于长达 1 000 余年的历史实践，那时的人们形成了一种认识：事物关系的最佳位置在"中"，而不在周边。春秋时期，孔子以"执中"为最佳姿态，以"中庸"为处世法则，正是基于这一理念。

大约在战国时期，"中"和"央"又演变为一个合成词——中央。中央，是法家在对政治文明研究的发展中产生的一个新概念，专指国家最高政权。从字意本源看，中者，居中也；央者，高势也；既在中心，又居高势，是谓中央。《韩非子·扬榷》有云："事在四方，要在中央。圣人执要，四方来效。"这一表述，实际是从政治文明的意义上，对先秦的"尚中"意识在政治文明领域的创造性运用，同时也是一种总结。

如此，天子所直领的"国"，既在事实上居于当时的中心地带，又具有统辖天下四方诸侯国的职能，因而就是具有神圣性的"中国"。早期国家时代的人们，虽然言语简约，却有明确的共同意识。譬如，那时的人们只将具有神圣性的非凡物事以及具有神圣性的非凡人物，冠以"大"字呼之。天下水流只有一条"大河"，其余河流一律称为"水"。天下人物只有一个"大禹"，其余重要人物则无论何称，都不加"大"字。与此相同，万国之中只有一个"中国"，其余之国（诸侯）则以国名称呼。但说"中国"，只能是统率万国诸侯的天子之国。从这一意义上说，"中国"一词，最初显然只是一种最高权力神圣性的宣示，尚不具备国家文明实体的意义。

从春秋战国时代起，"中国"概念开始有了实体指向的意义。

在春秋战国时期，"中国"开始成为一个具有确立国家文明覆盖范围之作用的实体概念。在这两大时代，举凡在论事意义上说到"中国"，其实际所指，都是囊括所有诸侯国与各大战国的国家文明实体。从实际地理范围说，这个文明实体就是大禹治水时期确立的"天下九州"。以本质性的文明理念看，"中国"则是一个超越任何时期的任何具体政权的国家文明形态之实体。

在具体政权的存在之上，再度确立一个超越具体政权的国家文明实体存在之范畴，无疑是一种非常深刻的思维方式，更是一种超越时代的关于国家文明认知的历史架构。在当时地球所有民族创造的所有国家文明中，这一思维方式所达成的历史架构，都是绝无仅有的。

应该说，这种将文明实体凌驾于具体政权之上的历史认知，是上古三代直至春秋战国时代的 2 000 年上下，中国民族群对历史实践深邃洞察的结果。因为，历史实践呈现的，不是静止状态——最早被创造出来的国家政权（夏王国）永恒不灭——而是一个个政权不断兴亡更替的动态的阶段性发展。如此的兴亡更替不断发生，迄至战国，中国民族群终于生成了一种由经验观察而升华的深刻微妙的历史感知——国家的核心是政权，政权是可生可灭的；国家实体，却是天下族群为免于无序争夺的同归于尽而不能离开的，是必须长久存在的。因之，国家文明实体需要恒定存在，需要一个永远不变的实体名号，这个实体名号便是"中国"；历代政权，则是可变的"某朝"或"某王"。如此达成的认知结构就是——朝代可变，然"中国"永远存在。

早期古典语言的哲学思辨表述，与现代人的哲学思辨表达，是有很大区别的。首先的不同，便是古人更为简约笼统，今人却细致复杂。庄子对宇宙无限性只有一句："无极之外，复无极也。"今人却远远不是一句话了结，也不可能一句话了结。这里提出这一区别的意义，在于提醒今天的我们，在理解古人理性认识的时候，不可能做到事事皆有现成的理论表述；古人的理性认知，需要我们从历史实践所展现的逻辑中去推导。任何社会实践的发生，其先决条件必然是相应的社会认知；任何社会认知的形成，其先决条件又必然是社会实践。实践与认知，是一对辩证关系。历史实践的发展，无疑清楚地显示了潜藏在实践逻辑背后的民族认知。

在论及轴心时代的篇章里，我们已经提到，中国民族群对国家形式的动态性认知，自觉得很早，很成熟，也很深刻。这一超越时代政权的对国家文明实体的认知，对国家文明形态与国家政权体系之关系的认知，是古典中国民族群一个核心性的、基石性的历史认知。当"中国"概念衍化为稳定而自觉的民族认知的时候，它使中国民族群理性的国家精神达到了超越时代的历史哲学高度——对政权的兴亡更替，始终保持着哲人般的冷静与超脱；对国家文明形态的捍卫，始终保持着最顽强的浴血奋争激情。

否则，我们无以解释"国家兴亡，匹夫有责"这样的古老成语；也无法解释诸如北宋政权轰然崩溃后，陷入敌后的"两河"民众为什么拒绝接受皇帝的不抵抗命令，反而至死不休地与金军作战。在历代政权灭亡之际，这样反复出现的大规模人民自我救亡的历史现象，在古典中国、近现代中国，都是屡屡发生的历史现实。但放眼世界国家群的历史，不能说没有，却是极其罕见的。

客观地说，在古典国家时代，世界绝大多数民族与民族群，对国家文明实体与政权体系之间的动静关系，是十分模糊的，完全不自觉，没有形成相应的平衡国家与政权两者关系的认知结构。因之，世界早期的大多数民族都在自己创建的国家政权灭亡后，没能再度重建国家政权以延续国家文明形态。这种"一次性国家""一次性政权"的普遍现象，一直延续到世界近代资本主义国家文明出现。虽然，我们不能将"一次性国家"现象的原因，完全归结于一个民族的国家认知水准；但是，它绝然是其中最重要的历史认知根源。

相比之下，作为语词的"中华"，其语源也很早，但其内涵确定则稍晚。

一种广泛的说法是，"中华"一词源于舜帝的名字——华[1]，或重华。自舜帝之后，渐有"中华"之说，语意与"中国"有接近之处。直到唐代，"中华"概念才渐渐趋于明晰化。653 年（唐永徽四年）颁行的、由长孙无忌领衔编撰的《律疏》（后称《唐律疏议》），在卷三《名例》中，对"中华"一词的释文是："中华者，中国也。亲被王教，自属中国，衣冠威仪，习俗孝悌，居身礼仪，故谓之中华。"

1　依据《史记正义》，孔安国考证云：舜，目重瞳子，故曰重华。也就是说，舜之本名为"华"，因目有两瞳，谓之"重华"。又据《史记集解》，舜为谥号。谥法云："仁圣盛明曰舜。"《括地志》记载：舜，姚姓，生于余姚（今浙江余姚市）。《括地志》又记载了《周处风土记》的另一种传说，舜为东夷之人，生于姚丘。凡此等等关于五帝的传说记载，都无法件件确实认定。在文明史研究的意义上，这些不同的细节说法可以忽略不计。

显然，其意在实际上更多地指向一个具有共同文化的人口群。

就基本面看，"中华"一词在历史上的实际运用，其根本点与"中国"概念相同，但更多指向具有共同文化的中国民族群。所谓"华夷之别""华夷大防"等种种历史说法，都是将"华"作为一个具有共同文明认知的特定民族群而言的，是一种饱含骄傲感的说法，以与周边处于野蛮状态的族群相区别。

自近代史开始，"民族"一词被引进后，再冠以"中华"名号，即成为中国民族群的总称——中华民族。从此，"华人""华侨"也成为世界对中国海外人口的普遍称谓。

显然，"中华"是一个主体认知概念，"中国"则是一个文明认知概念。

在国家文明研究的意义上，我们之所以使用"中国"这一概念，是因为它是一个具有明确的文明实体指向的原生语汇。"中国"，既延续着我们悠久文明历史的光荣与梦想，也回应着当下世界普遍使用这一名称时所表现的对这个东方大国的复杂心绪。

三　原生文明：中国文明的根基生成形态

中国文明的生命力，决定于自身生成的历史特质。

这些历史特质，不是上天神灵赐予的，也不是我们生来就有的。相反，它是远古祖先在长期的历史实践中创造出来，并且经过严酷的历史实践的检验而定型，并最终构成国家文明根基的那些最基本的文明元素。理论上说，这些具有天赋基因意义的创造物，就是那些一旦在静态出发点时期被设定，此后便永远不可能变更的历史元素。这些最基本的文明元素，就构成了我们进入国家文明根基生成时期的历史特质，变成了不可变更的国家文明基因。

什么是根基生成时期？什么是静态出发点时期？

从理论上说，静态出发点时期，就是决定事物本质的生发、成长及定型的时间阶段。举凡自然创造物与社会创造物，都是如此。一个物种，在大自然环境中的胚胎生成阶段及生命体的成长阶段、定型阶段，就是它的静态出发点时期。某种海中生物一旦上陆，历经成长时期并定型为与原来不同的某种动物，其生命的本质结构便已经完成，其后无论如何演化（某种功能器官的进化或衰退），其作为某种动物的特殊本质，都不会改变。一种型号的汽车，其设计阶段，及依据或修正设计图产出定型车辆的阶段，就是这一型号汽车的静态出发点时期；一旦问世（上市），其后无论如何修改其外形，或增补其内饰，或增强其功能，都不可能改变其本质——根本结构。

同理，一个民族或多个民族组成的民族群，在特定时期创造出了一种国家形态，并历经一定历史时期的成长，定型为一种稳定的国家文明形态。这个国家文明的生成期、成长期与定型期，就是它的静态出发点时期，也就是决定它的本质结构的时期。此后，无论这个国家文明形态如何因为种种历史条件的变化而变化，或者变强大，或者变弱小，或者最终灭亡，或者一直走到最后，它的那些特定的本质都不会发生重大的变化。

国家文明的静态出发点时期，就是原生文明时期。

我们已经看到，在世界国家文明的历史发展实践中，除了倏忽生灭的许多小国家，世界各地区的主要大国，都有自己的原生文明时期。古希腊有，古罗马有，古埃及也有，古巴比伦与古印度同样有。虽然，因为历史黑洞太多，它们的原生文明时期并不那么清晰。但是，它们都曾经有过一个生成期与定型期，这是毫无疑问的。

以相对清晰的罗马帝国为例，其生成期是公元前800余年的"狼孩"传说时代，直到罗马人开始造城并初建政权；其成长期与定型期，则由罗马早期王政制，到共和制，再到执政官独裁制形成并定型。其后，皇帝制的罗马帝国，只是独裁制的进一步发展，是罗马文明定型化后的国家发展形式而已。就是说，从公元前 600 余年罗慕路斯兄弟建造罗马城而创建国家，直到罗马共和国定型为执政官独裁制（前三雄时期），前后历时 700 余年，是罗马帝国的原生文明时期。其后，罗马帝国生存发展到公元 300 余年时两分；再后，欧洲的西罗马帝国于公元 400 余年时灭亡，最终结束了欧洲最大古典国家文明的生命历史。

那么，中国国家文明的静态出发点时期，应该在哪里？

中国文明的静态出发点时期，就是中国历史上的原生文明时期。历史实践的呈现是：从舜帝时期的大禹治水到夏王朝建立并灭亡，是中国国家文明的生成时期，时长大体为 500 余年（其中夏王朝 400 余年）；从商、周两代到春秋时期，是中国文明的成长变化时期，大体 1 000 余年；从战国到秦帝国，是中国文明的定型时期，大体 200 余年。从总体上说，这三个时期，包括了舜禹时期、夏、商、周、春秋、战国、秦帝国这七大历史阶段，它们都是中国国家文明的静态出发点时期，也就是中国的原生文明时期。

从秦帝国之后，中国文明进入成熟期，始终以统一文明的历史形态矗立于世界国家文明之林。所谓成熟期，就是一种特定的文明形态已经没有了剧烈的形态结构变化，而进入了常态发展的历史时期。此后，决定这种常态发展的生命力强弱的，正是那些在原生文明时期已经形成的历史特质。对这一历史演化过程的详细论说，我已经在三卷本的《中国原生文明启示录》中呈现出来，请有心深入的读者参考，这里不再赘述。

在原生文明时期，中国文明形成了鲜明的三大历史特质。

其一曰实践发散性思维方式，其二曰强势生存，其三曰多元均衡。

从历史哲学的意义上说，这是中国原生文明最重要的三个基本方面。这三个基本方面，是中国文明最深层的原生设定。也就是说，所有具体领域（政治文明、战争文明、经济活动方式、生活方式、思想文化，等等）的结构方式与核心价值观，都是在这三个原生设定所规范的框架内运行的，都是服从于这三个方面的原生设定的。从这三个基本方面的关系而言，它们不是孤立存在的，而是互为条件、相辅相成的有机整体。如同个体生命中的基因排列组合方式所具有的意义，原生文明三大历史特质的有机联结方式本身，就是中国文明历史特质的一部分。没有深厚的历史哲学意识的民族，是"读"不懂文明元素联结方式本身的重大历史意义的。

抽象的根基是具体。我们先来最简约地呈现三大历史特质。

1. 中国原生文明特质之一：实践性与发散性融合的思维方式

国家文明的主体与基础，是特定民族或民族群。因此，主体民族的思维方式，对于它所创造的国家文明，无疑有着决定性的意义。一个必须强调的问题是，我们这里所说的民族思维方式，不是立足于今天的国家民族群的智慧海洋而言的，而是立足于 6 000 余年之前创造国家文明时期的"创世"思维方式而言的。那个时期生存在中国大地的先祖族群们以它们独特的思维方式，创建了我们最早的国家形式。因此，它们的思维方式特点，覆盖了我们这个国家文明的方方面面，成为最具有决定意义的中国国家文明的历史特质。

揭示原初时代的族群思维方式特征，对神话进行比较是一条路径。

神话是什么？神话是一个民族对自己的生命史前状态的追忆，是对自己生存环境所形成的想象（创世）。神话对一个民族的意义，在于它饱含了这个民族对生命创造与生存环境创造的最原初的理解。从这个意义上说，不同的民族一定有着不同的远古神话。

远古神话的意义，在于它最充分地体现了一个民族的原初思维方式，也体现了这种思维方式在开始阶段所能达到的对世界的解释能力、解释方法以及所能达到的解释高度。从文明史的意义上说，远古神话的个性，是各民族在不同的生存环境中所生发的第一组文明基因，是一个民族的思维方式及其所包含的理解力的最初根基。这种特殊的思维方式，特殊的理解能力，朦胧地涵盖了特定族群在此后的文明创造中的一切基本精神。

在世界民族之林的神话园地里，构成中国文明远源的中国神话，与构成西方文明远源的古希腊神话，是最为鲜明的具有两极对立意义的两种神话体系。对这两种神话体系的分析比较，能够相对充分地揭示两种不同的民族思维方式的本质性特征。

如前文所提及的，古希腊神话对人类史前世界的想象是被动性的，是不包括人类的实践奋争在内的。人类的一切原初出发点都是天神赐予的，人类的一切原动力也都是天神赐予的。这种关于神人关系的想象力，渗透出一种区隔分明且静动有界的思维方式。

中国神话截然不同。在中国神话与远古传说中，举凡人类生存所需要的一切根基，都是人群中的英雄人物创造的；完成了创造性业绩的英雄们，或在生前，或在死后，就变成了永远被人群敬仰的神。这就是中国神话传说中的"人神"——从开拓生存的众生中走来，从创造生活的英雄中走来。在中国神话中，人类生存活动的出发点，是人类自身活动创造的结果；神是人类个体英雄在族群精神中的神圣化；神可能成为人，人也可能成为神；神以人为根基，人以神为升华；人与神是可以相互转化的，人与神的生存状态与生存空间，具有同质性，也是可以相互转化的。

中国远古神话的历史特征已经表明，我们这个民族的原初思维方式，具有两个最基本的特质：一是实践性，人类的一切都是人的努力奋争达成的，绝无脱离人类实践的虚妄的天神赐予；一是发散性，事物之间绝无不可逾越的差别或障碍，包括神和人在内的一切都是可以相互转化的，变化性与爆发性是事物的常态，顺应天地人各方变化者方能生存。

这两大思维方式特质，决定了其所创建的国家文明的一切特质。

与大自然之严酷性紧密融合的实践性思维方式，决定了我们民族勤劳奋发、不事虚妄的求实精神；与大自然丰富变化紧密融合的发散性思维方式，决定了我们所创建的国家文明始终具有动态的"求变图存"的自觉意识，具有"顺天应人"的变革意识。尤其是，在世界国家文明进入到西方国家群领先的近代社会后，中国民族仍然能够艰难地打破自我封闭状态，艰难地摆脱衰老腐朽的历史桎梏，放眼世界，寻求新的生命参照系，不畏浴血奋战，在一个具有最古老帝制传统的国家，既推翻了帝制，又先后两次建立了共和，并且推动历史大潮有效地淹没了帝制复辟的几次倒退性努力；其在政治文明形式上实现自我再造的彻底性，已经超越了英国与日本等一批资本主义的"君主立宪"国家。

客观地说，如果不是中国民族特有的立足实践的"求变图存"的思维方式，在这样具有最悠久帝制传统的国家，恢复帝制几乎是必然的历史道路。帝制在中国之所以不能复辟，正在于我们民族思维方式所达成的共同的历史认知，使整个中国社会再也无法形成帝制复辟的强大力量。

2. 中国原生文明特质之二：强势生存之理性竞争精神

一个民族的生存精神，就是一个民族的生命状态。

生存精神，不仅仅是一个民族、一个国家在危难时刻的终端表现——强悍的姿态与果敢的行动，这种终端表现，几乎是世界上所有民族、所有国家在面临危机之时都会有的，只是程度不同，或结局不同罢了；从本质上说，强势生存精神，更是一个民族所创造的国家文明的生命状态所具有的力量特质，也是一种文明形态的硬度特质。它既包括了终端行动阶段，但又不局限于终端行动阶段。从根基上说，强势生存精神最主要的主观基础，在于一个民族的思维方式、认识能力及由此而产生的核心价值观体系，是否为这个民族提供了自觉而清晰的生存目标理念，是否为这个民族提供了强大的精神凝聚力以及坚实的文明自信心，是否为这个民族提供了为目标理念而能顽强奋斗并长期坚持的精神资源与经验资源。

强势生存，绝不是简单的强悍，而是一种深刻的理性竞争的生存精神。

中国民族 5 000 余年的历史实践，已经充分证明了这种理性竞争的生存精神的全部历史内涵。在世界国家文明的历史上，生存竞争是永恒的，是不可避免的；无论它表现为生存空间的争夺，还是表现为人类独有的文明冲突，或者表现为消费资源的争夺，抑或表现为毫无来由的恃强凌弱，总归是国家时代永恒的生存竞争现象。在这样的长期竞争中，一个民族、一个国家是否具有高度的理性精神，是否能够避免盲目争夺式的非理性竞争，是最终决定一个国家命运的最基本方面。如果，一个民族、一个国家，能够具有建立在深刻的历史洞察力基础上的高度理性与丰厚智慧，能够磨砺出自己独有的竞争方式，并以此为根据形成长期的竞争战略目标，从而使自己的国家竞争始终处于"理性规划"状态；那么，这样的国家竞争必然是步步为营，而国家则是稳步壮大的。

这样的生存竞争，就是理性竞争的强势生存。

历史上的中国，并不总是强盛富庶的。中国对生存空间的开拓与扩张，也是非常有限的。在中国历史上，从来没有出现过西亚的亚述帝国、波斯帝国、阿拉伯帝国的迅猛扩张状态，也没有出现过如同欧洲的亚历山大帝国、罗马帝国及中世纪"十字军东征"那样无限度的狂热战争扩张；更没有出现过东亚蒙古人在强盛时期的世界性扩张风暴。中国有过许多次的低谷贫弱时期，也走过许多次的历史弯路，中国的国家文明之舟也有因自身一时病态，不得已被打上"文明补丁"的动荡分治时期。

但是，无论中国如何危难多发，如何几于灭顶，如何走了许多弯路，从整体上说，中国民族强大而坚实的文明自信心从来没有丧失过，中国民族强盛而饱满的生命状态从来没有沦落过。危亡之时，中国民族群总是保持着高度的民族救亡的激情与理性，能够紧紧抓住罕见的历史机遇，奋起反击外侮，迅速融合修复历史伤疤，立即重新回归到文明竞争的大道上来。凡是曾经深深侵入中国民族机体的外来势力，凡是渗透于中国文明的外来文明，都被中国广阔的民族海洋与优势文明的魅力融合了。补丁也好，伤疤也好，最终都变成了中国文明的有机构成部分。

考验一种文明形态的生命力，最重要的标志是"救亡"能力。

从国家硬件力量的意义上说，6 000 年以来的世界上，没有永恒的强国。任何国家都有过高峰与低谷，曲折与沉浮，屈辱与荣耀。但是，从以民族为主体的国家文明的意义上说，强弱之别却是很分明的。一个民族或一个民族群所创造的国家文明是否具有强大的生命力，最主要的分际，便是这一文明在陷入危难之后是否具有强大的"救亡"再生能力。如果一个民族能够屡屡"救亡"而再生，并再度重建国家文明，继续推进其生命拓展历史，那么这个民族文明的生命力无疑就是非常强大的。

在整个古典国家文明历史上，所有文明大国的主体民族在自己的国家灭亡后，都曾有过以持续抵抗入侵势力为轴心标志的短暂的"救亡"运动。但是，却没有救亡成功而国家再生的奇迹。巴比伦、古埃及、古希腊、亚历山大帝国、罗马帝国、西罗马帝国、东罗马帝国（拜占庭帝国）、阿拉伯帝国，等等，都是如此。救亡再生之所以如此艰难，根本原因在于：救亡不仅仅是一种国家灭亡之后重新发动"国家复活"战争的实际能力；在本质上，它更是一种民族文明的生命状态，是一种理性生存精神。这种生命状态，这种理性精神，又取决于特定民族所创建的文明形态，是否为这个民族积累了足够强大的生命意识、足够丰厚的生存经验、足够深刻的理论总结、足够超越入侵势力的战争水准、足够周旋于危境的政治策略智慧。凡此等等，都不是在危亡来临或已经陷入危亡绝境时，仅凭一时仇恨，或仅凭个别人的出色组织能力就能突然全部具备的。文明救亡的真实基础，永远在于整个民族精神的历史强度，以及特定文明赋予这个民族的无与伦比的文明自信心。

惟其如此，救亡成功而能再生，在世界历史上极其罕见。

但是，在中国历史上，"救亡图存"的历史壮举，却屡屡发生。在中国民族的历史意识中，推翻外来统治而重建中国文明，已经不再具有"历史奇迹"的意义，而已经形成了一种无比坚实的必然性认识。

在中国当代社会，流传着一种几类于卖国的民间认识论——"当年日本要全部占领中国，日本早就是中国的了！""当年的帝国主义殖民地要延续到现在，中国早就发达了！"。请注意，这种扭曲的"历史认识"背后，其实也潜藏着一种巨大的自信心——谁也灭亡不了中国文明，谁占领了中国，谁就得将自己赔给中国。但即便如此，中国民族的绝大多数人决然不是这样的想法。

在中国历史上，挽救统一文明而消灭分裂碎片，是中国文明的内部救亡；挽救华夏文明而推翻入侵异族统治，是中国文明的外部救亡；为进入现代国家文明而驱赶一切东西方列强的殖民势力与征服战争，更是中国近代史上最为脱胎换骨的整体救亡。总有人以"历史幸运"之说，来解释中国民族的救亡运动。对于这种理论，我们不能完全绝对化地排除。但是，多有救亡而皆能成功，若将其全部归结于"历史幸运"，显然也是浅薄的。若用荀子评价秦国六世大治的话说，倒是相对合适的——"非幸也，数也"。[1]

数者何？内在之合理性也，事物逻辑发展之必然结果也。

1　见《荀子·强国篇》(荀子答秦丞相范雎 "入秦何见" 之问)。

从历史实践说，强势生存之理性精神的终端体现，就是不畏生灭危难的强大的国家文明综合自救能力。"沧海横流，方显英雄本色"，这句话用在中国文明 5 000 余年所经历的历史风浪上，大约是最为妥帖的了。

一个民族，拥有雄厚的战争能力，但也具有不以武力扩张为国家强大标尺的战争文明核心价值观。一个民族，拥有广阔兼容的文明融合能力，但也具有以"天下大同"为最高目标的处理国家关系的和平相处理念，不图谋渗透或输出自己的价值观于其他国家。一个民族，具有无比强烈的国家认同意识与文明认同意识，但也具有同样浓烈的承认其他文明之合理存在的"四海之内皆兄弟"的"天下"意识……凡此等等，都是中国文明体系中"持正守恒"的深邃理念，都是具有内在均衡性的核心价值观体系。正是这些在历史实践中锤炼出来的生命意识与核心价值观体系，构成了中国文明强势生存之理性精神的最本质方面，也是我们这个民族最为饱满的生命状态的来源。这种强势生存之理性精神，其历史终端之体现，就是中国文明始终以本土为根基、以本民族为主体而巍巍然屹立于世界文明之林的现实。

中国民族始终与自己创造的文明同在，天不能死，地不能埋。

3. 中国原生文明特质之三：多元化与均衡性并存的整体结构

诸多民族所创造的国家文明，普遍呈现出大起大落的历史现象——强则无限扩张，弱则一蹶不振；又普遍呈现出"一次性生命"的历史现象——国家政权灭亡之后主体民族与文明形态也随之消散，而无法在灭国危境中起死回生。

之所以如此，最根本之点，在于这些民族所创造的国家文明体系，普遍具有简单化与单一性的倾向。要么国家文明严重的文质化，如巴比伦、古希腊，等等；要么严重的刚性化，如亚述帝国、罗马帝国、古波斯帝国与新波斯帝国、拜占庭帝国，等等；要么严重的宗教化，如古埃及、古印度、阿拉伯帝国、被天主教全面覆盖的中世纪欧洲国家群，等等。

文明形态的简单化与单一性倾向，导致世界绝大多数古典文明大国的历史命运，也是走向简单化的结局。要么在无限度的扩张战争中崩溃灭亡，如极其短命的亚历山大帝国等；要么在外敌大规模的入侵战争中，因无力反击而被一次性吞灭，如古埃及、巴比伦等；要么在由文明冲突引起的战争中，或直接就是在宗教战争中灭亡，如新波斯帝国、拜占庭帝国等。在世界古典国家的历史上，除了中国，很少有艰难浴血的长期抵抗，很少有反复曲折的长期救亡战争，更少见救亡成功而"起死回生"的成例。普遍情况是，兴了就兴了，亡了就亡了，过程与结局都相对简单。

中国文明不同，它历经无数生死劫难，而一次又一次地死而复生，一次又一次地完成国家文明重建。无论中国文明的历史平台——特定政权，曾经多少次被以内部"革命"形式更换，或在对外战争中被摧毁，它都能够从内战废墟中再度站立起来，或能够再度战胜外敌而迅速重建。这一历史现象，在世界绝大多数民族的历史上都是不可能发生的事情。

中国文明生命力的根本点，在于中国文明的整体结构。

在世界古典国家文明之林中，中国文明堪称独一无二；其基础体系之庞大复杂，其形式结构之均衡严整，是所有其他国家文明都无法望其项背的。所谓基础体系的庞大复杂，是说构成中国国家文明的所有历史元素，都经历了坚实的锤炼与丰厚的积累，具有不可撼动的历史根基。

四 中国统一文明的历史基础

任何一个大国文明，都是在综合性的历史基础上形成的。这些广泛的、综合的历史基础，具体的内涵是什么，在各个文明大国，则是不一样的。对中国这样的文明古国、文明大国，梳理其国家文明形态之所以形成的历史基础，是有重要意义的。

1. 中国生存环境的多样性，是早期文明圈形成的根基

中国民族群从远古时期起，就生存在这个广袤而复杂的自然地理环境中，其辽阔性与全面性，是其他民族群居住区域很少具备的。我们民族群的早期生存环境，有包括了各种地形地貌的辽阔大陆——高山、平原、丘陵、草原、河谷、盆地、江河湖泊，等等；又有包括了近海岛屿与远海岛屿在内的辽阔海域，以及漫长的海岸线与广阔的滨海地带。在如此广袤的大陆与海域之内，中国民族从事着无所不包的生产活动，农耕、狩猎、垦荒、放牧、河海捕鱼、出海探险、制造、陆路运输、水上运输、海洋运输、剩余产品交易，等等，难以尽数。

但是，在辽阔广袤的多样性之外，中国的地理环境还有一个重大特征，就是相对于外部世界的相对隔断性，或曰相对的封闭性。以中国早期族群的活动地域说，这片辽阔的大陆与海域，与早期世界国家群天然地保持着某种隔断。西南有青藏高原，遮绝了来自南亚印度方向的威胁；西部有广阔的山地与沙漠地带，只有一条很久以后才被发现的走廊式通道——河西走廊；东部南部的大部分地带濒临大海，其余地带山峦重叠，阻隔险峻，几无重大威胁。只有北部，虽有辽阔的蒙古高原，有西伯利亚寒冷的原始森林及草原地带隔断，但是，只要一定数量规模的游牧部族形成势力，便能对早期中国构成外部威胁。请注意，这是古典中国时代唯一的外部威胁来路。

也就是说，在国家文明产生之后的整个自然经济时代，中国与世界国家群集中的两大区域——西亚地区和欧洲地区，一直保持着相互之间的自然隔断状态。假如没有青藏高原，假如早期马其顿帝国

的军力更强大一些，亚历山大东征到印度再北进中国，是完全有可能的。古典时期的欧洲军事力量之所以对中国没有任何影响，却对西亚地区国家群造成了长时期的巨大冲击，应该说，地理环境的隔断性起到了决定性的作用。

从国家文明形态生成发展的意义看，这样的地理环境，天然地形成了一个大民族群有可能形成的广泛文明圈——在域外冲击很少的大形势下，只要主体部族群融合统一了这一广阔地域的其余族群，并保持一定历史时期的稳定聚合，一种大范围的国家文明就会相对自然地滚雪球一般形成。从大范围的历史实践看，中国民族群所面对的"天下"，正是形成中国国家文明的历史基础。

客观地说，以当代社会"宜居环境"的标准衡量，世界范围内的美好区域很多，恶劣区域也很多。如果将这一评价体系具体化，比中国自然地理环境好的国家会有很多。至少，欧洲各国以及美国的自然地理环境，比中国这块开发历史很早的大陆海洋区域，要好出许多。

但是，从国家文明生成的历史地理环境出发，从国家抵抗外部打击的地理条件出发，从庞大民族群的社会生存所需要的综合自然条件出发，从历史与现实的综合性看，中国的国家地理环境，仍然是最具综合优势的。在人类几千年的自然经济时代，没有任何一个世界地区的任何一个国家，能够同时拥有辽阔海洋与辽阔大陆兼具的极大纵深地带、内部又没有难以逾越的交通障碍这样的生存空间。

美国，是近代历史诞生的欧洲移民大国。就其早期地理环境而言，也有一定的隔断性——大洋环境的隔断；但其内部纵深的复杂性，仍然不足以与中国相比。俄罗斯，是比美国生发稍早的具有综合地理优势的大国。但其普遍严寒的气候条件，又不能与中国的生存环境相比。可以说，在 11 世纪之前（中国北宋之前）的世界三大国家群聚集地区——西亚、欧洲、东亚之中，中国是最具自然地理环境综合性优势的国家，也是最具自然经济综合优势的国家。

2. 中国民族群的多元构成，是中国文明的主体基础

正是在上述自然地理环境下，生发成型了中国的国家文明。

创建什么样的国家文明，取决于创建者是一个什么样的民族或民族群。

以现代民族理念解析历史，在进入国家时代之前，生活在这片大陆海洋地域的众多氏族群与部族群，还没有形成一个稳定的民族共同体。可以确信的是，从传说中的神农氏时代起（大约公元前4000年），中国地域的人口群已经大体具有了民族群形成的基础——共同的社会生存形态、共同的族群认同意识。《史记·五帝本纪》中，已经明确出现了"神农氏之世"这样的政治范畴，已经认定神农氏是黄帝时代之前的"天下共主"。客观地说，这样的传说时代比罗马帝国以"狼孩"作为早期国家历史的传说时代，要靠谱得多。因此，我们有理由确信，在那个时期，我们的先祖们已经有了大体明确的文明圈意义上的民族群形态。

历经黄帝、颛顼、帝喾、尧、舜（五帝时代）及大禹时代，中国民族群的历史实践，呈现出三大阶段的远古大发展态势。

第一阶段的大发展，是黄帝时代经由普遍战争消灭了普遍的无序争夺，建立了基本稳定的社会生存框架——中国族群第一个自觉的有序联盟政权，并实现了具有历史突破意义的一系列民生经济发明，奠定了国家文明的雄厚基石。

第二阶段的大发展，是颛顼与尧帝时期，联盟政权的政治文明形态以"禅让制"的历史形式，实现了初步的稳定化传承，使远古时期的无序生存状态第一次进入了能够稳定一个历史时期的有序化社会生存。若没有这样一个稳定化的历史时期，之后的舜帝与大禹要发动长达近百年的大规模治水工程，无论如何是不可能的。

第三阶段的大发展，是巨大的洪水劫难激发的一次历史性飞跃。洪水灾难是从尧帝中后期开始发生的，历经舜帝、禹帝两世，前后将

近百年。尧帝时期，先选择了共工领导治水，失败之后又选择了鲧领导治水，又失败了。尧帝两次治水失败之后，退居二线，将领袖权力与治水重任一并禅让于舜帝。舜帝是一个明锐果敢的领袖，"摄政"之后立即整顿联盟权力秩序，惩罚了治水失败的共工与鲧，又将威胁社会生存秩序的"四凶族"流放到了边远地区。同时，舜帝又任用了一批具有真实才干的官员，使他们成为治水时期的骨干力量。在此基础上，舜帝打破偏见，亲自举荐鲧的儿子禹为治水领袖，同时以殷契（商部族）、伯益（秦部族）、后稷（周部族）为共同治水的主力族群。如此，四大族群共同治水，历经 13 年而战胜洪水劫难，中国由此进入了国家时代。

这里要说的是，在神农氏与五帝时代，无论我们的先祖多么一步一步地逼近民族共同体，那时的中国民族仍然是一个生存形态各异的族群联盟体，而不是紧密的民族共同体。五帝时代那些众多的部族名称，实际上便是一个又一个各具生存形态的氏族或部族。包括直到大禹治水时期的四大部族，也都是生存形态各异的人口相对多的大部族。所谓"生存形态各异"，实质上是各族在共同性之外，还都有自己相对独立的"分支文明"。

依据《史记》记载分析，禹族是居于今日河南嵩山地带的以工程为主而兼具农耕的大部族，伯益族是居于今日山东滨海地带以驯兽为主而兼具农耕的大部族，契族是居于今日黄河流域下游地带的农牧部族，后稷族是居于今日山西、陕西地带的农耕部族。所有这些大大小小的氏族部族，都共同接受联盟权力与早期国家权力的生存规范，都有大体接近的相互认知，也有大体共同的生存基础与广泛的共同利益。但是，它们的谋生方式各自不同，风俗习惯更是各具特色，也没有共同的文字（很可能有一些共同认知的纪事符号）。

仓颉造字，应该是对早期纪事符号的统一，并包括创造出接近于文字系统的一套新符号系统，但没有成为有效的普遍认知的文字。仓颉文字到甲骨文字之间的发展脉络，还是一段尚未明晰的未知断点。但是，依据历史实践的逻辑，中国原发文字在黄帝（即仓颉所处时代）到殷商之间的近2 000年内，肯定是不断发展的，甲骨文不会凭空产生。不能因为暂时未知的历史断点的存在，就武断认定甲骨文是中国文字的起点。如果以文字作为民族共同体形成的文明标志，那么中国基本形成民族共同体的时期，早则始于黄帝时期，迟则至少应该在夏代或者商代中后期——甲骨文成熟发展。中国文字的定型时期，应该在西周中期——金文。那么，从神农氏到夏商，再到西周，大体历经了近3 000年的历史时期。

就是说，中国民族共同体，是在各具生存形态的许多氏族部族的历史磨合中形成的，并不是一蹴而就的。中国文明的主体根基，是多样性民族群。春秋、战国、秦帝国之后，中国民族的多样性，更成为一个鲜明的历史特点。从这样的根基上去分析问题，就很容易理解中国文明的多元性——既不是单一宗教，也不是单一民族。中国民族群是天然的多神教，没有国教；世界各种宗教，都早早进入了中国，并且得到了自由长足的发展。中国民族群有最大的汉族主体，也有历史各个时期原生或进入的其余民族群；但是中国从来不是一个单一民族国家。为什么中国民族对外来族群具有如此广阔的接纳胸襟及强大的融合能力？因为中国的国家文明从来都是一个在多样性民族海洋中生成的多元化文明形态，从没有天然排斥其他民族与其他信仰的偏执传统。

3. 民族文明多样性，是中国思想体系多元性的历史基础

多样性的生存环境，多样性的民族构成，决定了中国文明之思想文化形式的多元性，也决定了中国文明之价值观体系的多元性。一种国家文明形态，囊括了如此广泛复杂的群体，其各个地域、各个群体对事物的认识法则与价值观，完全是色彩缤纷而各具特质的。作为国

家文明，不综合接纳这些色彩缤纷的思想、认知、经验与价值观，就会丧失自己的存在基础。

因此，作为国家文明外在形式的中国意识形态，一开始就是多元化发展的。无论政治思想，还是战争思想，还是民生经济思想，甚至实用学问领域、神秘文化领域，都是多元化发展的。在前3 000年的历史上，中国从来没有由一家垄断文化思想的独流现象。

以神秘文化体系与宗教现象说，古典国家文明时期的任何民族、任何国家，都有自己的神秘文化，也都有自己的独特宗教。绝大多数民族与国家，神秘文化与宗教信仰都相对单一。就神秘文化说，或以天文星象之预测为主，或以巫师之占卜祛病为主。就宗教信仰说，古典大国更表现出单一化的特点。一个民族一个宗教，一个国家一个宗教。即或未规定"国教"的国家，实际上也基本如此。

唯中国不同，神秘文化种类之多，令人惊叹。天文预测领域，有星象家；占卜领域有钻龟占卜、周易八卦占卜，还有占气、占云、占日、占风等占候家；直接针对人之形象的神秘预测，有相学家；直接针对马的预测术，有相马学；更有全世界独一无二的针对居住环境与丧葬之地的遴选预测术——堪舆之学（俗称风水）；医学领域的神秘治疗术，有方士丹药的起死回生之学。早期巫师、道教天师之种种，更是寻常。两汉之后，道家兴起，神秘文化更是蔚为大观。

宗教信仰也一样，夏、商、周三代与春秋、战国、秦帝国，除普遍信奉"上天""天帝"之外，多神崇拜、多动物崇拜（图腾崇拜），遍及各个族群。两汉之后，除道教兴起，又有佛教、拜火教、伊斯兰教、基督教等宗教传入。举凡这些宗教，在中国大体都能和平共处。在中国文明史上，镇压某一教派而确立某教为"国教"的事件极少。在世界上其他地区与国家，宗教镇压则是常见的历史现象。

一个国家长期奉行宗教自由的国策，这是一种伟大文明的广阔襟怀。

对当年阿拉伯帝国的宗教自由政策，西方史学界表示了公正的尊敬，评价其为"一个伟大的帝国"。但是，当代西方世界却偏颇地认定中国没有"国教"的历史现象为"没有信仰"，又刻意蔓延为对某种"异端"存在的焦虑感，这实在是不了解中国文明的传统根基。

神秘文化与宗教之多元性，尚且如此，承载各种社会价值观体系的思想文化领域，就更是如此了。战国时代"百家争鸣"的学派大论战，其思想多元化的波澜壮阔直抵中国历史最高峰。西汉中期之后，中国走向"独尊"的思想单一化道路，这既是对中国民族文明多元性根基的最大违背，也是中国文明走向衰落的历史起点，是中国文明的深刻悲剧。

4. 多元性均衡结构，是中国文明最坚实的历史根基

若将文明分解为几个重要方面的元素，那么中国文明几乎在每个元素领域，都具有高水平的历史积累：从民族构成的多样性与融合性，从民族生存方式的稳定性与丰富性，从经济形态的广阔博大与无所不包，从政治文明之核心价值观体系的多样性与深刻性，从战争文明的高度智慧性与强大的战争能力，从思想精神文化诸方面的汪洋博大，无论从哪一方面，中国文明都赫赫然居于世界文明之林的高峰。

这种庞大复杂又高水准的文明架构，是世界文明之林极其罕见的现象。

所谓结构均衡，是说中国民族的社会生存方式与核心价值观体系，没有单一倾向的弊端，而是一种能够达到自身综合平衡的严整结构体系。从历史实践说，中国从远古时期开始，就是从多族群的冲突与融合中凝聚起来的一个民族群，既形成了强大的主导性民

族，又从不排斥外来民族的流入，也能和平接受战败方的民族流入，从而形成民族矛盾冲突相对缓和的一种多民族共生共存的文明实体。

从价值观体系的历史特质上说，中国文明既不是那种严重倾向于"文"的国家文明（虽然也有过严重倾向"文"化的历史时期），也不是那种严重"刚化"的国家文明，更不是那种严重宗教化的国家文明。但是，文化、刚化、宗教化这三种成分，又都被包含在中国文明体系之中，而且各自还都很发达。

从中国原生文明时代形成的多元思想体系说，中国文明既有强大的革新变法思想体系，也有强大的复古保守思想体系，两者相互制约，从而达到总体平衡；这使社会既不可能冒进毁灭，也不可能停滞不前。中国文明有强大的法治传统，也有强大的王道人治传统，两者相互制约，达到总体平衡；这使社会既不可能唯法是存，也不可能人治无度。中国文明有丰富深厚的实用学说体系，也有同样丰富深厚的哲学思辨体系；这使整个社会既不可能实用主义泛滥而唯利是图，又不可能陷入无度清谈而不求实际。中国文明有强大的王权皇权理念，也有强大的民本理念；有雄厚的正统理念，也有雄厚的揭竿而起的反叛理念，等等。林林总总，不一而足。

具体分析，所有这些价值观的任何一种，都成熟得足以形成一个体系。而所有价值观的任何一种，也都有自己同样足以构成体系的强大对立面。从国家文明的层面说，它们各自独立发展，又互相成为"天敌"而彼此制约，最终便在多样性的自由发展中形成了总体上的均衡结构。

形象地说，中国思想文化体系的多样性自由竞争发展，如同商品经济的市场化发展。整体均衡结构的形成，正是在思想自由竞争的"市场"环境中自然形成的。它不需要国家干预，最终却能形成国家文明发展的强大精神资源。一旦这种多元竞争的自然均衡结构被打破，国家依靠强力手段施加干预，将有利于统治集团利益的某种学说强行"独尊"起来，并强力遏制其余思想体系的合理竞争，不使百家并进；国家文明的精神资源就会大大枯竭，国家文明的生命力也会迅速衰落。

历史实践的发展，已经以无数次的亡国危机证明了这一点。

一个多元均衡的文明体系，是一个民族、一个国家最强大的生命线。

10 章

国家魂魄：中国民族精神

一　国家文明生命力的主体根基

民族与国家的历史关系，是一幅相互作用的动态画面。就最基本的历史实践而言，它的历史内涵包括五个基本方面。

其一，民族是由众多人口组成的特定社会群体，具有在长期历史中所形成的若干基本共同性：共同的历史根基，共同的生存地域，共同的语言文字，共同的生活方式，共同的价值观体系等。民族，是人类任何社会性创造物的最大生命主体；人类一切社会性创造物，都以民族为存在基础而分为不同类型，或具有不同风格；脱离开民族特色的人类社会性创造物，是极其罕见的，甚或是不存在的。

其二，特定的民族或民族群，创造了特定的国家。作为民族而存在的社会人口群，既是国家文明的生命主体，又是国家文明的社会基础。一个国家一旦被创造出来，作为创造主体的特定民族或民族群，便成为听命于自身创造物的国民，亦即接受国家辖制的社会人口群。在古典国家时期，这是"臣民"性质的社会人口群。从此，由一个个社会人口组成的民族或民族群，便成为基本上不能直接干预国家系统运转的民众人口。在大多数情况下，一个民族与民族群的生存状况与兴亡命运，取决于其自身创造的国家系统所拥有的对国民的保护能力以及国家拥有的生存竞争整体能力。

其三，国家这一形式，是一个被创造出来的法人主体。从历史需求出发，是特定民族依据特定的生存方式，而自觉创造的一种旨在进入高级形态的有序生存的历史平台；是一种以人类天赋秩序感为基础，对特定疆域范围的人口群具有强制规范功能的社会生存框架。在国家平台整合社会秩序的条件下，民族或民族群虽然不能直接干预既定国家系统的运转，却永远是国家文明与生俱来的活体根基。没有民族或民族群，就永远不能生成任何国家。没有民族或民族群，则任何国家都会灭亡。因此，民族或民族群又能在一个国家的衰亡时期，再度成为重建国家文明的历史力量；以置换国家政权的历史方式，对本民族的国家文明进行再造更新，并以新的政权体系作为民族群体继续发展的新型历史平台。

其四，在本质上，国家文明是民族主体创造（或曰虚拟）出来的一个实体系统，是客体性质的存在，是人类秩序感进入理性认知阶段的产物，是为民族生存发展提供的具有强大组织实施功能的历史平台。但是，一经产出，国家便成为由特定的职业人群及特定的物质体系组成的客体本质的物态主体；国家有生命，国家有意志，国家更有行为能力。从本质上说，国家形态的所有主体特征，都是权力体系从对全社会利益需求的集中中提炼而来，因之能成为以巨大的组织力量保护全民族利益的历史性平台。在此意义上，国家意志堪称民族群利益的集中体现。

其五，无论是一个现实的国家政权，还是一种作为历史存在的既往国家文明形态，其生命力的强大与否，都取决于特定国家的社会活体根基——民族或民族群的生命力。一个生命力屡弱的民族所创建的国家，其生命力往往是疲软的，国家也往往在各种历史动荡中迅速灭亡；而随着国家的灭亡，作为创造主体的民族也往往随之灭亡。

这些方面的总体关系，体现于两者互动的全部历史实践。

轴心民族的生命力，是国家文明生命力的根基。从起源上说，任何一种国家文明，都是特定民族在特定历史阶段的社会创造物，没有脱离民族主体而自动生成的国家。因此，任何被创造出来的国家政权，任何被创造出来的国家文明，其创造者（主体）都是特定民族。虽然，历史上曾经出现过许多的多民族国家，大国之人口构成几乎都是多民族的民族群，近现代以来的大国尤其如此；但是，在任何一个多民族国家中，都有一个起主导作用的轴心民族。

所谓轴心民族，就是在这个国家的创造阶段与后来的历史发展中，在大部分时段里都起着根本性与决定性作用的特定民族。他们的文明水准，决定了这个国家的历史特质。其间，融合流入这个国家的其余民族，一般不可能起到这种主导性作用，不具备这样的轴心地位。世界上除了单一民族国家，任何多民族国家基本都是如此。任何多种社会力量的聚合生存，几乎必然都会有一个运转轴心；由众多民族聚合形成的庞大社会群体，也必然有一个起主导作用的轴心民族。这是人类的天赋组织感与天赋秩序感所必然形成的历史认知，也是在长期的历史发展中自然形成的历史选择。它与当代社会的"各民族之间地位平等"这一价值理念并不冲突，因为它们不是同一范畴的问题。

中国民族群之汉族，俄罗斯民族群之俄罗斯族，是多民族国家中轴心民族现象的历史典型。对于这种在历史上客观形成的轴心民族现象，我们无须因为奉行民族平等价值观而刻意回避。否则，我们将失去历史主义的立场，将无法解释一种大国文明形态独有的历史特质与历史传统；文明历史的脚步，将因为这种无端的意识扭曲而陷入混乱。

一个民族或民族群所创造的国家文明形态，是只有一次性的生命力，还是具有超越国家政权形式而长期发展传承的多次或无限次的生命力，取决于轴心民族三方面的基本特质。其一，轴心民族在创建国家文明时期的智慧水准，是否达到了一定的历史高度，是否赋予了国家文明能够确保其长期生存的内在平衡结构。其二，创建特定国家的轴心民族，其自身凝聚力是否具有坚实的内在强度与稳定性。这种凝聚力的实际意义，是在一代政权灭亡之后，轴心民族是否仍然能聚结一体，浴血奋争，并再度重建国家。其三，轴心民族的生存竞争精神，是否具有非凡的强度与超越性的历史高度。强度，是百折不挠，无坚不摧；高度，是理性精神，丰厚智慧。一个轴心民族的生存竞争精神，具有了非凡的强度与历史的高度，实际上便拥有了国家毁灭之后重建再生的意志与智慧，拥有了能够使国家文明长青不死的内在历史力量。

从长期发展的历史实践看，世界绝大多数民族所创造的国家文明，都只有一次性的生命力。一个国家的政权灭亡了，特定形态的国家文明也就解体了，作为创造主体的轴心民族也随之灭亡，或星散于茫茫世界，再也没有庞大的人口群体来自觉再造曾经的"这一个"国家了。

这种普遍状态，在本质上可以这样表述：这样的轴心民族，其所形成的民族文明，几乎完全等同于自己创建的国家文明，或高度重合于国家文明，而没有更为丰厚广阔的精神内涵可供挥洒。公元 600 余年，阿拉伯民族所创建的阿拉伯帝国，就是这样的历史典型——阿拉伯民族文明完全等同于阿拉伯帝国的政治文明与外在风貌；阿拉伯帝国灭亡之后，阿拉伯民族遂星散为若干小群体，在后世衍化为诸多小国家，再也没有能够重建阿拉伯帝国。

形象地表述这一历史现象就是：作为创造者母体的轴心民族，已经将全部智慧倾尽于一件产品，基本上不拥有"维修更新"其产品的能力；若中途故障发生，创造母体没有可供更换的"零部件"；

若达到"使用期限"之后产品报废，创造母体也没有再造新型产品的设计能力与制造能力。故此，国家的历史命运与轴心民族自身的历史命运完全一体化——国家亡，则轴心民族或灭亡，或流散。

这样的轴心民族所创建的国家，又必然导致另外一个历史现象：国家政权与国家文明高度一体化；一个国家政权灭亡了，一种国家文明形态也就随之灭亡；作为在本质上超越具体政权的更高范畴——国家文明形态，在政权灭亡之后也随之消散，再也不会出现同一国家文明形态下的新一代政权体系。

6 000余年以来，这种普遍发生的"一次性国家生命"现象，揭示了一个极为深刻的历史逻辑：轴心民族是国家文明形态全部历史元素的核心；若轴心民族灭亡了、流散了，则国家政权的重建与国家文明的再生延续，统统成为不可能。因为，丧失了轴心民族这样的主体生命根基，作为客体的国家政权与国家文明，永远不会具有自动生成的功能，而只能在主体生命灭亡之后自然崩溃。轴心民族是皮，国家文明是毛。皮之不存，毛将焉附？

只有在历史长河的不息奔流中，我们才能看到：国家政权与国家文明的生命力，在本质上说就是轴心民族与民族群的生存竞争生命力；国家系统，是被轴心民族创造出来的社会发展推进器，是本质上的历史工具，而不是真正的历史主宰；只有轴心民族，只有民族群，只有被称为"人民"的所有国民群体，才是国家命运的真正主宰。

在当代西方国家群已经出现衰落迹象时，一些清醒的西方历史学家，将西方能否再度崛起的历史关键，看作"西方人是否对自己的文明还有信心"。[1] 实际上，我们面临的也是同样的问题，甚或更为严酷。因为，在我们所不熟悉的工业商品经济时代，我们还缺乏创建新型国家文明所需的相关历史经验，也缺乏相应的操作信心。在这样

1　参见［英］尼尔·弗格森：《文明》，曾贤明、唐颖华译，第303—304页。

的历史条件下，我们走出精神危机的路径只有两条：一条是探索磨炼，逐步重建能够体现当代社会基础需求的核心价值观体系，并积累创建新型国家文明的现实经验；一条是理清我们的国家文明发展史，从自身历史中汲取那些深厚的生存发展的历史经验，重新确立强大的文明自信心。

二　中国民族精神的历史特质

重建新的国家文明之希望，在于重新激活中国民族精神。

对于中国人，民族精神是一个既十分熟悉又十分模糊的概念。近代以来，中国民族多经浴血奋争的救亡危难。在严酷的历史实践中，国人无数次深切融入了民族力量的大爆发，也无数次确切感知了民族精神的历史实在性。将近200年的历史实践证明，没有中国民族精神的强烈爆发，就没有抗击列强外侮的诸多历史性胜利。可是，硝烟未尽，只是危难稍减，民族精神作为曾经无比坚实的历史存在，却迅速地变得微妙起来，被有意无意地淡化，甚或抹去了。举凡关于民族精神的一切理念，几乎都被冠以"民族主义"定义，被指斥为包括了狭隘性、极端性、落后性、封建性、好斗性、盲目性等一大堆弊端在内的负面元素。多年以来，在某些中国人的语言谱系中，"民族精神"这样的语汇，已经几乎踪迹难觅了。

当下的中国，那些人似乎已经忘记了民族精神对于国家命运的根本意义。

激活中国民族精神，是中国实现本质性崛起的历史根基。

激活中国民族精神，是一个伟大的历史目标。要达成如此一个历史目标，以重建国家文明而实现本质性崛起来凝聚全民族力量，无疑是一个艰难的历史过程。为此，不能仅仅凭一腔热血与激情，必须以坚实的理性精神，清除数千年历史上堆积如山的文明报废品，埋葬毒雾茫茫的历史垃圾；依靠当代人文科学理念，对中国文明历史进行新的发现，在新的历史解析的基础上进行新的总结，为我们的民族精神建立具有体系性的理论根基，将可以继承的良性历史遗产升华为更强大的现代理性精神。如此，才能摆脱经验生存的局限性，为民族精神增添新的时代内涵。

首先，我们要清楚地知道，什么是民族精神？

民族的生成，是国家出现的历史前奏。作为鲜活生命群体的民族，相对于被创造物的国家，其历史存在的表现力与延展性要丰富得多。任何一个民族，基于生存发展的实际需求，远在国家出现于人类社会之前，就已经生发出了特有的群体思维方式、群体认同意识、社会组织系统、社会生存秩序以及生存价值观体系等。从一般意义上说，这就是早期的民族文明。

进入国家时代之后，民族文明的先前生成部分，便成为溢出国家政权之管辖范畴，因而具有客观生成性质的更为广阔的生存方式与生活形态。从民族与国家的关系说，这些要素是国家无法干预也是无须干预的。具体说，特定的民生传统、民风民俗、信仰方式、饮食文化、婚姻文化、财产观念、审美理念、艺术表现方式、家庭伦理观念等，都属于"天成"要素。

在一个多民族国家，任何一个民族的文明，都有一部分是与国家文明重合的。这是民族与国家保持同一性的最实质条件。否则，一个民族不可能成为特定国家的创造者，也不可能成为自身创造物所产出利益的获益者。但是，任何一个发达的民族文明体系，都永远不可能与国家文明全部重合、完全同一。在多民族国家中，每个民族都有永远属于自己民族独有的文化传统，甚或独有的生存方式。举凡这些独有的民族文化传统、民族价值理念、生存生活方式，都不是我们通常所说的民族精神的范畴。

民族精神，是民族文明中那些与国家文明重合或紧密相关的部分。

民族精神的最典型体现，是一个民族在国家兴亡时期特有的生命状态。而民族精神的深层表现，是在理性认知基础上逐渐形成的关于国家文明的核心价值观体系。民族精神的最直接表现，则是具有天赋爆发特质的捍卫国家存在的实际行动意识。

在6 000余年以来的世界国家文明史上，没有脱离国家兴亡而存在的抽象民族精神。早期国家如此，古典国家时期如此，近现代国家时期更是如此。从历史实践看，民族精神的大爆发，总是集中表现于国家兴亡的历史时期。此种实例，在世界历史上举不胜举，在中国历史上则尤其鲜明。因为，在世界民族之林中，作为创造国家的轴心民族，绝大多数都只有一次国家灭亡的经历，此后则国家不复存在，民族则流散世界或融合消失于其他民族。只有中国民族，经历了最多的国家兴亡风暴，经历了最多的"救亡图存"的浴血奋争且屡屡成功。

历史实践证明，"救亡图存"是中国民族精神最为鲜明的历史特质。

三　中国民族精神的历史实践形式

见诸历史实践，中国民族精神有两个层面的呈现。

第一层面，是对当下国家政权的实际认同程度。第二层面，是特定时期国家文明重建行动的具体方式——以什么样的历史方式来解决不同历史条件下的政权重建。在这两个层面上，中华民族都克服了诸多民族简单化或单一化的认知，呈现出民族精神更为广阔的历史内涵。这两个层面的现实展开，往往表现为四种历史现象。

第一种现象，外敌入侵国家危亡，爆发救亡大潮。

在此情况下，中华民族的第一反应，都是普遍忠诚于当下任何一代国家政权，并立即发动抵抗运动。即便当下国家政权有重大缺失，诸如种种形式的高层卖国，种种形式的不抵抗主义等。这些国家行为，既对国家与人民造成了巨大的伤害，且当下政权又不能显著悔改。但即便在这样的历史情况下，中国民族群仍然能以极大的忍耐力，在承受着深重的历史苦难的同时，全力拱卫当下政权的中心领导地位；而那些反抗当下政府的民间力量，也大多转而拥戴政府抵御外侮，并自愿接受政府领导。

另一方面，无数民间杰出人士崛起于风尘巷闾，以种种自发形式组织抵抗，尤其是广泛的敌后抗击运动，形成壮阔的民族抗敌大潮。一般情况下，外敌不退不灭，中华民族绝不轻言重建国家。除非当下的国家政权自暴自弃，或已经在逃亡中被消灭，民族力量才会在重新组合中提出重建国家政权的历史使命。

第二种现象，当下政权严重没落、日益腐朽，国家更新机制自行启动。

这是中华民族对待内部矛盾冲突的一种被迫救亡，也同样体现了非凡的理性精神。自从秦帝国开始，中国进入了统一国家文明时代，此时的中华民族已经拥有了丰厚的历史经验，跃升为一个具有非凡生存竞争智慧的广袤民族群。从西汉开始至今，2 000余年的历史事实是：不到万不得已，不到"贫者无立锥之地"，中华民族的对内救亡机制——农民起义都不会爆发。自秦帝国开始，除了特殊历史条件下的几次来自政权最高层的内溃速亡，中国历代统一政权，大多都能在末世之期摇摇晃晃存活相当长时间。在此期间，若逢外敌入侵且中国有可能亡于外侮，则中国民族的爆发力立即会转向抵抗外敌；对内反抗，会普遍转化为捍卫当下的国家政权。

北宋末期与明代后期的历史，是这方面的典型。北宋各地之农民反抗在较早时候本已出现，但在金军大规模南侵的危急时刻，许多农民军与民间反抗力量都或立即转化为抗击金军入侵的官军，或转化为协同官军作战的同盟力量。岳飞的北伐军之所以能打到黄河，几可收复汴京，没有太行山地区与河北地区农民军的呼应支持，是不可想象的。明末农民起义军，本已形成极大规模，且已经在事实上攻克北京消灭了明政权，但是在清军大规模入关后，分散残存的诸多农民军力量，立即转而与明末流亡政权结合，转化为抵抗清军入侵的半官方力量。

民族大义何谓？宁非如此哉！

第三种现象，某代政权已经被推翻，中华民族自然接受新政权。

在中国历史上，无论是某代王朝末期腐朽而被人民起义推翻，抑或外部入侵力量在摧毁某代王权之后又被中国民族群驱逐，从而出现新一代王权体系；作为中华民族的人民，都会普遍地、欣然地接受新政权的辖制，而不会强烈拒绝新政权。即便有极少数先朝政权的遗老遗少群鼓动复辟思潮，或发起复辟行动，但中华民族的主流，一般都不会响应。之所以如此，从根源上说，在于中华民族的国家文明意识已经超越了代次政权，对"改朝换代"而延续国家文明，有一种强大的理性认知，并不认为某一代特定政权就是永恒固化的国家文明形态。春秋时期，中国民族便有了"水可载舟，亦可覆舟"的政权轮转理念；秦帝国时期，则已经有了"王侯将相，宁有种乎！"的君权流转理念。及至宋、元、明、清，"皇帝轮流做，明年到我家"更成为民间巷闾之幽默谚语。凡此等等，皆可见中华民族对代次政权与国家文明之间的清楚区别。

第四种现象，外敌入侵而救亡不能，坚持顽韧的遗民救亡。

中国历史上多次出现过这类现象：骤然遭逢强大的外敌入侵，大部分国土已经在事实上沦陷，外敌已经在中国土地上建立起了异族统治政权，或代理敌方的伪政权。此时，中华民族会展现出一种极为特殊的救亡方式——遗民救亡。这一救亡方式，在世界民族之林中是非常罕见的。具体地说，民众表面上已经成为异族政权的臣民，实际上却以"故国遗民"的内心身份自居故土，绝不会大规模地流散外邦，也很少逃离故土。

国家虽亡，守定本土。这是中华民族在国家灭亡之期保持强大凝聚力的最实际、最重要的历史条件，也是屡屡能救亡图存的最重要、最实际的历史条件。在其后时期，中华民族绝不会真正认同入侵政权的存在合理性，而会以种种形式同心聚结，以或明或暗的各种形式，发动大规模的反抗运动，直到最终将入侵势力全面驱赶出去，并再度创建属于自己民族的新国家政权。

如此波澜壮阔的救亡历史，在秦帝国之后的统一国家历史上多次展现出来，一直存在于中国历史之中。这里的根本，是政权灭亡而民不流散。须知，国家亡而民族散，在世界国家群的历史上是极为普遍的历史现象。流散于世界各地的亡国民族，极少有再次复国的可能。犹太民族被灭国之后，历经2 000余年流散迁徙，能在第二次世界大战后重建以色列国，与其说是犹太民族精神的体现，毋宁说是以英、美为首的列强势力强行打入中东的一个"楔子"。究其实，犹太复国与犹太民族的民族精神，并没有本质上的关联。

上述两个层面的历史实践，充分表现了中国民族精神的强势生存特质。

四　中国民族精神的理性根基

深刻持久的民族精神，绝不是风暴来临时的集体无意识现象。

任何民族的精神与性格，都有特定民族的理性认知系统作为基础。虽然，因为种种历史原因，各个民族在自身历史实践中所形成的理性认知系统各不相同；但是，无论有多少差异，各个民族的理性认知都不是有和无的问题，而是高下文野的问题。在这里，我们不讨论世界各个民族的认知差异，也不讨论世界各个民族的民族精神与民族性格。这里的任务，是对中国民族精神的理性根基做出基本的发现与总结，并进行相应的历史分析。

1. 理性认知国家文明的意义

中国民族精神的根基，是中华民族在国家文明方面的体系化认知。唯有高度理性的认知，而后方能锤炼为民族精神。世界上没有任何盲目的人群，或盲目的民族，能够拥有一种稳定成熟的历史行动精神。因此，具体化地进入中华民族的国家认知体系，了解民族精神的根基所在，是非常重要的一件事情。

关于国家问题的认知体系，主要是三个系列：其一，与现实国家政权相关的理性认知；其二，与国家文明形态相关的理性认知；其三，对现实政权与国家文明之间关系的认知。

一个轴心民族，若在早期国家及古典国家时代，已经对这三个系列形成了较为系统的理性认知，就意味着这个民族已经在国家问题的基本方面形成了相对全面的理性认知系统。尤其重要的是，一个轴心民族，若在创建了特定形式的国家之后，仍然能对国家政权形式与国家文明形态之间的生命互动关系，有相对清醒的认知，能够意识到，国家文明形态是更高层级的历史存在范畴，国家政权体系则是较低层级的现实存在范畴，国家文明形态是国家政权的本质，国家文明形态能够而且应当超越现实的国家政权，进而成为一种拥有久远生命力的历史存在，那么，这个轴心民族，就拥有了一种高度理性意义上的国家文明认知体系，就是一个在国家问题上具有高度自觉性的民族。这种理性认知体系，之所以能催生特定民族独具特色的民族精神，并成为特定民族精神的坚实根基，是因为它是在历史实践中演化锤炼生成的。

从生发意义上说，对国家的理性认知是民族精神的基础。

一个民族的理性认知体系一旦形成，便会超越现实人口群普遍存在的对当下政权的绝对忠诚与绝对服从意识，而形成高度自觉的理性判断精神。这样的理性判断精神，有助于克服愚昧僵化的殉道式忠诚，有助于在广袤的民族人口群生成一种普遍的历史意识——若内在救亡不能，则旧国家政权灭亡之后，可以再度创建新一代国家政权以延续国家文明的历史，没有必要以牺牲全民族为代价而维护一个垂死的现实政权。

中华民族的这种国家再造意识，在历史的烟尘迷雾中，幸存了一个可供我们窥视真相的窗口——战国。战国大思想家荀子在他的《子道篇》中云："从道不从君，从义不从父，人之大行也。"这就是说，一个合格的国民，要服从的最高法则是道（关于国家兴亡的理性认知），而不是盲目服从君主（当下的国家政权领袖）。荀子又在《臣道篇》中主张，可以对不尽国家义务的君主政权采取推翻行动，"夺，然后义；杀，然后仁；上下易位，然后贞。功参天地，泽被生民"。从历史认知的真理性看，荀子的理论完全代表了中华民族的国家认知水准。

另一个法家大思想家是战国时期的慎到，著有《知忠篇》。慎到的这篇文章，是专门驳斥"忠臣护国论"的。文章的基本观念是：国家需要智慧之臣，而不需要忠臣；忠臣唯君命是从，而不会忠于职守，忠于国家。其中名言是："将治乱，在乎贤使任职，而不在于忠也。故智盈天下，泽及其君；忠盈天下，害及其国。"在中国历史上，大约只有这篇文章公开地坚定反对标榜"忠臣"的现象。

可以明确的是，上述两位大思想家所代表的理念，绝不仅仅是他们两个人的想法，而是中华民族在创建统一文明的轴心时代形成的理性认知。此类理念的重要性在于，它打开了一个民族的精神空间，使人民能够迅速地意识到，国家与君主之外，还有更根本的东西——国家文明形态。这种社会意识，在面临衰朽的国家政权时，会很快转化为普遍的社会实际行动。故此，在春秋、战国、秦帝国三大时期，中华民族普遍摆脱了上古国家社会很难避免的愚忠心态，在理性上完全抛开了对衰朽政权的愚忠，确立了国家更新符合国家文明动态本质的理性认知。几次历史实践之后，中华民族自然地形成了一种全新的国家精神。于是，中国民族精神之最初历史形式便出现了。

从成长意义上说，对国家之理性认知是民族精神的根基。

缺乏认知系统支撑的社会行为，一定无法持久，更无法形成稳定的历史传统。在长期的历史实践中，中华民族形成的实际能力以及历史经验，又再度充实和提高了此前形成的理性认知，使之进一步地系统化与深刻化，从而为民族精神提供了更为坚实的根基。历史的另一面是，这种国家文明认同意识越来越坚实地融入本民族的历史传统，从而成为中华民族在国家兴亡时期接近于本能的实际行动反应——起而奋争，救亡图存。在长期的历史实践中，这种本能的实际行动，这种爆发的天赋直觉，历经无数次锤炼，形成了永不磨灭的民族精神。

2. 中华民族的理性认知系统

中华民族在早期国家时代形成的诸多理性认知，并不如何具体地见诸各种经典，倒是非常鲜明地见诸历史实践。从历史形式说，这些理性认知更多地表现为社会风云所锤炼出来的概念与范畴，而不是思想家的个人论著。这些概念与范畴，有一个总体特征，便是理性认知对现实存在的超越性，也就是国家文明认知对现实政权认知的超越性。

在中华民族的历史实践中，任何一代国家政权的灭亡，虽然都会历经艰难割舍的历史过程，但最终都会变成可以接受的事实。但是，要灭亡中华民族所开创的国家文明形态，却是永远不能接受的。在中国人的理念中，任何一代国家政权都是可以更替的，但中国文明形态的存在却不容任何势力挑战。这就是理性认知对现实存在的超越——国家文明的久远性对国家政权可变性的超越。

这种理性认知系统，体现于我们所熟悉的几组历史范畴。

在中国早期国家文明史中，出现了许多与国家意识相关的基本概念。这些基本概念，在后来的历史发展中不断充实发展；至于战国时代，其内涵已经基本定型。因此，我们可以将这些基本概念，称为历史范畴。也就是说，这些基本语汇，不仅仅是一种国家文明理论的基本元素，更重要的方面在于，它是中华民族基于历史实践所总结出的最基本的价值认知的核心点，同时也是中华民族在国家问题上的最基本共识。从内涵的区别性上说，这样的历史范畴有三组。

第一组：天下、中国。
第二组：国家、朝代、朝廷。
第三组：诸夏、华夏、中华、国民。

这三组历史范畴，都不是哪位古典思想家个人发明的概念性语汇，而是在历史实践中历经长期磨合而约定俗成的公众语汇。在上古夏、商、周三代，它们中的一部分，已经出现在最古老的《尚书》之中。这部《尚书》，不是任何个人的著作，而是殷商时代与西周初期的一部国家文献，它记录的不是个人思想，而是国家政治经验及其历史传承的奥秘，同时也是对殷商时代最基本经济民生传统的总结。此外，即便有哪个基本概念不是出于《尚书》的记载，而是"最先"出现于某个思想家的个人著作中，那它也不是思想家的个人发明，而是当时的思想家以既定的公众语汇在说明问题。

孟子对"国家"概念的解说，开首便说明："人有恒言，皆曰'天下国家'。"（《孟子·离娄上》）——人们常常挂在口边的一句话，就是国家如何；其后，孟子才开始解释什么是"国家"，等等。很显然，孟子不认为"国家"概念是自己的发明，而是早就出现且人人皆知的公众语汇。因此可以认定，这些最基本的历史范畴，是中国文明在前3 000年历史实践中的产出，能够最典型地体现中华民族在国家问题上的最基本的理性认知。

以现代文明理念分析，这三组范畴之中，第一组是国家文明范畴，第二组是国家政权范畴，第三组则是民族群范畴。让我们来具体地看看，这三组历史范畴的认知内涵。

第一组语汇是两个最高层级的范畴，一曰天下，一曰中国。

关于"中国"这个很古老的概念，我们在本书前章中已经作了较为详细的考据说明。中国，是一个基于国家认同意识而产生的国家文明概念，是超越具体的代次政权的一种历史存在。虽然，"中国"这个概念，也可以作为任何时期的当下国家政权的代用语；但在本质内涵上，它却不是特指任何一代国家政权的特有概念，而是包括历代国家政权在内的一种历史存在——国家文明的历史形态。也就是说，中国，是一个以"连续的历史存在"方式呈现出来的国家文明实体，而不是或不仅仅是当下的政权实体。

当然，这个历史实体的确立，也就是这个"连续的历史存在"的成立，是有条件的。这个条件就是，同一国家文明形态下的历代国家政权，必须是同一民族群的连续创造物。其间，若外来民族侵占这个国家，并建立了异质文明政权，但这一政权在一定时段后被推翻，中华民族又恢复重建了本民族的国家政权，则有效的历史连续性仍然是成立的。若一个民族创建的国家灭亡，这个民族也随之灭亡，或流散分解于世界民族之林，从此不复重建国家政权，则国家文明的"连续性历史存在"也无由成立。

具体地说，中国的存在，只能是中华民族所创建的一代又一代国家政权的延续。中国土地上的某一代政权，若不是中国民族群所重建，则必由中国民族群所推翻，并再度由中国民族群重建自身文明形态的国家政权。历史实践已经表明，作为历史存在的国家文明，允许短暂地被异质文明政权所间隔，但不允许创造主体——轴心民族的流散或灭亡。

以现代民族理论分析，中国历史上的国家实体"中断"现象，基本上是中国民族群范畴内的非轴心民族政权对轴心民族政权——汉民族政权——的取代，而不是被中华民族范畴之外的真正的异质文明的侵入取代。虽然，作为后世的当代人，不能否定早期轴心民族的"华夷大防""华夷之辩"等理念，也不能否定将汉民族之外的非轴心民族的政权取代作为国家文明范畴区隔的历史实践，及相应确立的爱国主义的具体历史形式；但是，我们仍然必须指出，已经被历史实践所证明、所确立的中华民族，是一个民族群，而不仅仅是人口最多的汉民族；虽然，汉民族是轴心民族，但绝不是在国家政权的组成上唯一的、不可置换的民族。以这样的现代民族理念去重新解读中国历史上的国家兴亡与国家文明的起伏发展，中华民族的国家文明意识就会有本质性的历史提升。

中国某代政权被异族政权所灭亡，或短暂取代的历史现象，与世界其他区域的国家政权灭亡现象有着巨大的不同。在世界进入国家时代之后，欧洲国家群与西亚国家群的普遍现象是：一个国家灭亡另一个国家，会立即将被占领国的国家文明——制度体系彻底废除摧毁，将这个国家的土地、人口完全纳入自己的国家存在框架，此为近邻兼并的典型现象。对于发动远征而吞灭的国家，则完全推翻该国的制度体系，而强行植入一个体现征服者国家文明的新国家，也就是殖民地国家。在世界近代史之前，无论是欧洲国家群内部的相互征伐，还是西亚国家群内部的相互征伐，抑或欧洲国家群与西亚国家群之间的相互征服战争，都采取了鲜明的"国家文明取代"政策，无论它们是自觉的，还是不自觉的。

但是，在中国文明辐射圈内发生的历史现象截然不同。

在古典国家文明时期，灿烂的中国文明以其丰厚的历史魅力，渗透影响着周边广阔地区的民族群与国家群，几若一个文明星系，中国就是那一颗最亮的恒星。可以说，直到 14 世纪之前，"中国星系"仍然是世界上最大的文明辐射圈。在这种独一无二的文明形态环境中，中国文明辐射圈内的普遍现象是：即便中原王朝周边的某个国家或某个民族在军事力量上强盛崛起，其对中国文明仍然抱有深刻的敬畏之心，力图融合其中而成为中国文明的主宰力量。也就是说，中原王朝周边的民族政权，即便与中原王朝为敌，并在军事上战胜了中原王朝，也没有在中国土地上强行植入自身文明的历史企图。如此，诸多以军事力量战胜了中原王朝当时政权的异族——中华民族之非轴心民族，都宣称自己是中国远古圣王的后裔，都在中国文明的根基上嫁接自己的当下需要，从而建立一种能够体现战胜者历史身份但在本质上依然是中国文明形态的新政权。魏晋南北朝时期的北魏如此，蒙古贵族建立的元政权也如此，满洲贵族建立的清王朝同样如此。虽然其形式各有差别，但中国文明形态的本质完全没有改变。

这一历史现象说明：以中国文明为辐射源的世界东方文明区与以欧洲文明为辐射源的世界西方文明区，两大区域的国家征服观念是有根本不同的。欧洲国家群与西亚国家群，普遍奉行"灭亡其政权，铲除其文明"的完全吞灭的历史方式。中国文明辐射圈的国家群，则奉行"灭亡其政权，持续其文明"的历史方式。世界远东地区，所以能有如此长期存在的"灭政权而存文明"的相对具有国家文明理性认知的历史现象，其根本原因在于中国文明的历史影响力。

另一个同层级概念，是"天下"。《尚书·大禹谟》中有"奄有四海，为天下君"的记载；《论语·宪问》中有"管仲相桓公，霸诸侯，一匡天下"的说法。在夏、商、周三代以及春秋、战国、秦帝国时代，"天下"概念的表层含义有二。其一，具体指"天子"管辖下的诸侯群的存在范围；其二，泛指天空之下辽阔的大地世界的所有存在。在战国时代，中华民族对人类世界的广阔度，就已经达到了远远超越视野的程度。尸子已经提出了"宇宙"概念。庄子已经对宇宙的无限性作出了最深刻形象的描述——无极之外，复无极也。

此种理性认知的高度足以说明，中华民族的"天下"概念，既是视野之内的特定范围，又是视野之外的无限范畴。从国家文明的相关方面作通常理解，就是中国文明辐射力所及的地域范围，既包括了中国疆域范围的诸侯群存在，又不局限于中国疆域范围。

从本质上说，古典中华民族所说的"天下"，是中华民族的时空视野所能达到的感知范围。从实际上说，就是中国文明所能影响到的时空范围，同时也是能够影响到中国文明的时空范围。就是说，举凡中国能影响到的范围，同时也能影响到中国的范围，都是"天下"。从这两个方面说，"天下"是一个文明时空概念，显然超越了具体的国家疆域范围。

秦帝国灭亡六国之后，以当时的视野，还尚未最终完成统一中国之大业。只有在大举进军岭南，平定百越族群，大举反击匈奴族群，平定辽阔的北方草原，才最终统一了中国，平定了"天下"。因此，在古典中国历史上，中华民族的"天下"概念，是一个与"中国"概念同等，但又包括了更大相关历史范围，因而更具有拓展性的关于国家文明的历史范畴。

在之后的历史时期，中国文明的辐射力越来越广阔。同时，能够影响中国文明发展的相关范围也越来越扩展，远远超出了周边地域，直到世界范围之内。在不断变化的历史条件下，中国人的"天下"意识也在不断拓展，"天下"越来越大。进入近代史之后，中国人的"天下"意识，实际上已经发展为新的历史条件下的世界意识了。但是，无论经历了什么样的历史发展，中国人的"天下"意识根基，无疑在我们的原生文明时期已经奠定了。

总体上说，"天下"与"中国"这两个最高层级的概念，都是国家文明意义上的历史范畴，都具有历史意识的拓展性。中国者，超越代次政权之国家文明认同也；天下者，超越国家疆域范围之相关历史环境也。从本质上说，中华民族最高层级的国家文明理念，不但超越了具体的代次政权，进而确立了对国家文明作为"历史存在"的实体认知；而且超越了具体的国家疆域范围，进而确立了国家文明在相关整体环境下生存发展的"天下意识"。正是这种国家文明的历史认知，正是这种"天下"意识，使中华民族走出了世界早期民族普遍的偏狭性，而能够从更为广阔的意义上形成坚实的国家认同意识，奠定了中华民族无与伦比的民族精神。

第二组语汇的三个次级范畴，一曰国家，二曰朝代，三曰朝廷。

国家者，春秋时期之合成词也，社会公众话语也。上古三代之制，诸侯称国，大夫称家，组合称谓为"国家"。此间关系，孟子说得明白："人有恒言，皆曰'天下国家'。天下之本在国，国之本在家。"（《孟子·离娄上》）孟子的这段话，有两层意思：其一，天下与国家，都是社会公众话语，被人经常挂在口边（人恒言）；其二，两个根本点合成的"天下"根基，就是国家。孟子的具体意思是：天下（中央天子政权）的根本是国——诸侯国，诸侯国的根本是家——封地大夫群；国与家共生，共同构成"天下"根本。

虽然孟子所解释的"国家"概念，尚不具有很清晰的近现代理论的特质，不是本质上的理论说明，而是一种以"发现根本"为特征的形象化归结，但是，从实际内涵方面说，它则非常接近于现代国家理论的本质。因为，天下（中央天子政权）、诸侯国、大夫这三大板块，无疑构成了国家政权最重要的核心体系——整个国家机器的轴心系统。就其延展性说，这三大板块则包括了全部"国家机器"的最主要部分。在这样的意义上，中国的古典"国家"概念，并不如何偏离近现代国家理论。事实上，中国近代翻译家们用"国家"这个古典语汇，去对应近现代西方理论中的 country，选用得十分贴切。

朝代，所以成为早期公众语汇，由"朝"而来。

朝，本为动词，是古代诸侯拜见天子及一切"下见上"性质的拜访的泛称。至于春秋，"朝"演变成为一代天子或一代中央政权的专用指称，动词演变成了名词。《礼记·曲礼下》有"在朝言朝"之说。这里的"朝"，已经是政权中枢之意了。秦帝国之后，"朝"与"代"合并，演变成了一个公众语汇——朝代，成为一个揭示国家政权代次更替现象的历史范畴。在后来的历史实践发展中，作为名词的"朝"，常常与特定"国号"连用，成为表示代次国家政权的通用范畴，如汉朝、唐朝、宋朝、明朝，等等。

朝廷，本意为君主接受觐见并会商国事的殿堂。至于战国，已经成为表示国家中央政权的一个专用词汇。《孟子·公孙丑下》有"朝廷莫如爵"的说法，这里的朝廷，就是中央政权。从本质上说，朝廷是一个内涵具体但又具有一般意义的中央政权概念。也就是说，它并不确指某代特定的中央政权，也不具有国家文明意义上的延伸性。

总体上说，这一组三个基本概念，都是中华民族在古典国家时期形成的关于国家政权认知的核心。作为关键词，任何一个历史范畴都是一个由相关理念组成的认知系统。在理论构成意义上，这一组概念是对国家政权不同历史侧面的关联性认知。国家，在发现的意义上揭示了作为社会现实存在的国家政权最主要的三个系统——天子政权、诸侯群、大夫群。朝代，则揭示了国家政权更替的历史方式，就是一代又一代中央政权的更替。朝廷，则表现了对国家政权的核心系统，也就是关于中央政权的历史认知。

第三组语汇，关于民族问题的古典认知概念，一曰诸夏，二曰华夏，三曰中华，四曰国民。

如此一组四个概念，是中华民族在前3 000年形成的与国家文明历史紧密相关的族群认知系列。其中，诸夏、华夏两个语汇，意义基本相同。大禹治水时期，开创了第一国家，国号为"夏"。因此，夏之名号，在中国文明史上具有国家文明基石的意义，在早期中国民族认同意识形成的过程中享有极为尊崇的历史地位。400余年的夏代政权灭亡后，"夏"之名号遂成为中华民族永远的桂冠——夏人。故此，战国之前已经产生了许多以"夏"字冠名的中国族群称谓。

具体说，"诸夏"概念，可能产生得最早，使用得也要更为普遍一些。它最直白，尚不具有自我评价——自豪感的内涵。解析字义，"诸夏"的表层意思有两个：其一，是夏代诸侯群的泛称；其二，是夏时国人的泛称，直译就是"很多夏人"。其复合形成的实际历史内涵，则是夏时众多诸侯国之民。应该说，"诸夏"一词，是中华民族在夏代就已经形成的广泛称谓。

华夏，是至迟形成于春秋时期的公众语汇。文献记载，见于《左传·襄公二十六年》的"楚失华夏"之说。根据古代史家与文字学家的考据，单字之"华"，是"荣"的意思；"华"冠于"夏"，而产生"华夏"一词，其本意是体现群体自豪感——光荣的夏人。后来又生出多种解释，力图赋予"华"字以实际含义。《尚书注疏》的解释云："冕服采章曰华，大国曰夏。"《春秋左传正义》云："中国有礼仪之大，故称夏；有服章之美，谓之华。"但是，依据历史实践，此类解释大多为后世的重新定义，已经偏离了本字合成语汇之初的朴实性。故此可以判定，"华夏"一词，其最初内涵就是一种颇具自豪感的自我认定——光荣的夏人。单字的"华"，最初并无民族人口、民族服装或民族文明的指向。

显然，这两个词汇都与国家名称（国号）直接相关，都是以国家名称作为国民（民族）名称的。在早期国家时代，这是世界各个民族很普遍的做法。从本质上说，这是以国家存在作为民族存在的参照物，从而认定民族自身所处的历史空间的思维方式。

第三个最基本的族群概念，是"中华"。在前文我们已经较为详细地考据并论述了"中国"与"中华"两个历史范畴的区别，不再赘述。在后来的历史发展中，"中华"内涵日渐丰厚，成为一个包容广袤且使用最为普遍的民族群概念。这一概念形成的历史过程，就是中国民族群在理性上认知民族与国家文明之关系的过程。在这一理性认知的基础上，中华民族以国家文明认同为先，以"中"为族群名称之冠，以"华"表明这一认同的自豪感与光荣感。

民族谓之"中华"，国家文明谓之"中国"。这一区别的历史意义，在于我们这个民族在国家文明初生时期便已经自觉意识到了创造主体与被创造客体之间的差别。在世界进入国家文明时代后，诸多古典民族都普遍呈现出一个重大的认知缺陷：将民族认知完全等同于国家认知，使民族的历史命运沦入注定被国家裹挟而不能自主的悲剧，演化出普遍的一次性国家生命与一次性民族生命的"超短跑历史"。在如此最为深刻、最为本质的问题上，中华民族能从国家文明的开始时期便保持一种清醒的理性认知，实在是世界民族之林的奇迹。

另一个不同侧面的人口认同概念，则是"国民"。

作为公众语汇的"国民"，最迟出现于春秋时期，其本意与"国人"相同。春秋文献《左传·昭公十三年》，有"先神命之，国民信之"的记载。这说明在春秋之世，"国民"已经是一个普遍语汇。以现代国家理论说，大多数国家使用的概念是"公民"一词，只有日本等少数国家使用"国民"概念。从本质上说，"公民"与"国民"是两个含义接近的法律概念。日本从古就是中国文明辐射圈内的国家，其"国民"概念无疑来自古老的中国文明。

从原初意义上说，"国民"就是特定国家政权辖制之下的人民。请注意，"人民"一词也是中国文明的古老语汇，在战国文献《吕氏春秋》中多有出现。在古老的中国文明中，"国民"虽然不具有近现代国家理论的"法律认可的拥有诸多权利与义务的国家人口"的含义；但是，从更为本质的国家文明理念的意义上看，古老中国的"国民"概念，显然也包含着近现代"公民"理念最基础和最主要的部分。至少，一个"国"字为冠，已经明确了"民"的最重要属性——特定国家的人口，而不是天然（原始）意义上的所谓"大写的人"。

作为历史范畴，"国民"是中华民族对社会人群作出的国家意义上的广泛认定，并且形成了一个超出民族范围的更为广阔的社会人群概念——举凡居住于中国土地的人口群，无论哪一民族之人口，皆曰"国民"。

总体上说，上述三组历史范畴，是中华民族在前3000年历史中累积形成的国家文明认知系统的核心。事实上，这些已经成为当代国人口语的基本范畴，是我们理解中国文明认知体系的历史密码。近代以来，多有中外学人以近现代国家理论武断解读中国文明，断言"中国"不是一个国家，而是一个又一个"国家"的更替；断言中国从来没有过"国家"概念，也没有过国家意识。诸如此类的浅薄说法，基本上都是两个根源。

一则，他们拒绝深入研究中国文明史上的一系列基本概念。对这些出现于2000多年前的基本概念群的深邃性，对于其间的联结性，对于其间的递进性等一概无知，既望文生义，又管中窥豹，必然产生混乱与无知。

二则，他们缺乏系统研究及联结分析的理念，更缺乏对中国文明如同对待西方文明一样的尊重与敬畏。他们浅尝辄止，用孤立的概念去解释表面的历史，不是张冠李戴，就是胶柱鼓瑟。他们随意将其所知道的些许资料，拼凑出光怪陆离的历史图形；再套用西方知识范围的一些定理，为中国文明武断定性。

事实上，他们没有将中国文明的历史实践及中华民族关于国家文明的认知体系联结起来进行整体研究与整体分析。至少，我们在西方人的世界文明研究著作与关于中国的文明研究著作中，看不到任何一种深刻系统的理性分析以及在这一基础之上经得起推敲的结论。无论是西方人的大文明研究（全球文明研究），还是地区类型文明研究，抑或专门的中国文明研究；我们所能看到的基本模式，大体都是这样的——历史地理环境＋某些历史现象＋某些统计数字＋为数不多的中国文献资料＋作者自己的些许评判＝特殊的中国文明。在这样的简单模式下，西方史学家们对中国文明首先冠以"东方文明"的类型定性，其次冠以"特殊文明"的非主流定性。在这两大框架之下，他们对"东方文明"囫囵吞枣，又对"特殊文明"孜孜猎奇。数十年中，西方学者们针对中国文明推出了"东方专制主义"理论，又推出了"大河文明"理论，"治水文明"理论。在这些宏大定性之外，还有诸如较小范畴的"非宗教文明""礼教文明""七大板块文明"等说法数不胜数。从基本面说，这些论著充满了粗暴轻率、漫不经心、望文生义、张冠李戴，也充满了不伦不类、似是而非的浅薄，实在不足以作为中国文明研究的严肃参考。

五　民族凝聚力：国家文明的生命线

任何国家的生灭存亡，都取决于该国民族群内在凝聚力的强弱。

强大的内在凝聚力，是国家文明的生命线，也是民族精神的核心点所在。从历史实践看，内在凝聚力在各民族历史上的强弱度体现，有很大的不同。举凡长期生存于历史之中，创造了辉煌国家文明的民族，都是内在凝聚力相对强大的民族。从国家时代的历史长河看，一个民族的内在凝聚力，最重要、最典型的历史表现，就是围绕兴亡沉浮的国家命运所表现出来的聚散分合状况。

其一，在特定政权走向末路的历史时期，一个民族是否能在新的历史需求下聚结起来，推翻腐朽政权并重建新型政权以延续国家文明，是内在凝聚力是否具有高度理性的历史表现。其二，当外敌大举入侵而国家文明陷入危绝之境时，一个民族是否能同心奋起，以各种形式聚结起来抵抗外侮，并最终完成救亡图存的历史目标，这是内在凝聚力是否具有抗暴强度的历史表现。其三，当国家政权已经在强大的外敌入侵中灭亡，一个民族的主流人口群能否继续居住于本土而不出现大规模的流散逃亡，并以种种形式持续抵抗，直到最终驱赶外敌以恢复重建自己的国家，这是民族内在凝聚力是否具有国家文明认知性的历史表现。

一个民族的内在凝聚力，属于保证一个民族不可能被历史风浪击碎打散的内在因素。这些内在因素，既包括民族生成阶段所形成的人口来源成分、人口结构，也包括民族成长所经历的历史磨合过程的深刻程度，更包括这个民族对自身文明理性认同的坚实程度。这些内在因素综合起来，就构成了民族内在凝聚力所需要的最基本历史元素。

作为已经形成的既定的社会人口群，民族是一个庞大的社会历史主体单元。相对于每个具体的生命成员，民族都是一个具有客观存在性质的社会实体。一个民族所必须达到的历史效应，就是对本民族绝大部分个体人口具有一种强大的文明引力——使本民族每个成员都热爱自己民族的生存方式，热爱自己民族的思想文化，热爱自己民族所创造的国家文明，深刻认同自己民族的核心价值观体系。拥有了这样的历史基础，民族成员便能为捍卫民族生存方式、民族核心价值观、民族文明以及本民族所创造的国家文明，自愿聚结一体，万众同心，浴血奋争，甚或不惜牺牲自己的生命。

民族文明的内在引力，就是一个民族的内在凝聚力。

从世界范围看，能够在上述三种反复出现的破坏性冲击中生存下来的民族，尤其是大民族，是非常罕见的。世界近代史之后形成的大多数民族，都是在古典民族无数次的兴亡离散之后，历经长期的混杂生存，进而重新聚结，并重新缓慢生成的民族。其所以如此，在于历史上的大多数民族，都在自己所创造的"国家"这个生命保护罩被摧毁后，便告分崩离析，消散于世界民族之林了。在6 000余年以来的国家时代，能够创建独立的国家文明，又在无数次的破坏性冲击后生存下来的民族，只有中华民族。中华民族及其所创造的国家文明所以能生存至今，最具决定性的历史要素，便是颠扑不破的内在凝聚力。

1. 民族凝聚力在各个历史时期的表现方式是不同的

就生命次序说，民族产生于国家之前。这就是说，在人类世界还没有出现国家的时候，民族是人类最大的群体生存单元。在人类某些民族相继创造了自己的国家之后，民族才开始成为国家社会之下的人口群基本单元（单一民族国家），或基本单元之一（多民族国家）。就是说，在前国家时代，人类以民族为最大生存单元，不存在多民族共处于一个更大生存单元的问题。

那时，民族之间的关系，是人类世界最基本的板块关系。民族之间的矛盾冲突，也是人类世界最基本的板块矛盾冲突。其时，一个民族生命力的强弱，直接取决于一个民族的内在凝聚力的强弱。在前国家时代，民族凝聚力的历史表现形式，要相对简单许多。一个最基本的历史条件是，那时的一个民族范围之内，不可能再有另外一个民族存在，最多只有所属氏族或所属部落存在。故此，早期的民族凝聚力，只关系到"这一个"民族的内部向心力问题，而不是诸多民族共存于一个国家框架之中的复杂问题。

进入国家时代后，民族凝聚力的重要性显然大增，并呈现出越来越深刻的历史需求。在国家时代，民族凝聚力，尤其是轴心民族的内在凝聚力，开始成为几乎所有国家的生命基础。从基本面说，大体分为两种情况。

其一，大多数单一民族国家或基本是单一民族的国家，其国家内部基本上不存在民族问题——诸多民族之间的文明差异与矛盾冲突现象。因之，民族凝聚力问题，在这些国家尽管也是必需的，却相对不那么绝对重要，其表现形式也相对要简单化一些。

其二，多民族的大国，民族问题便特别重要。如欧洲多民族集成的古希腊邦联、马其顿帝国、罗马帝国，东亚的中国，西亚的两代波斯帝国、拜占庭帝国、阿拉伯帝国等，对于这些多民族的古典大国，民族凝聚力的问题，便成为具有国家生命线意义的根基大事，处理民族问题的国策也表现出更为复杂的历史形式。在这些多民族国家中，民族凝聚力普遍涉及四个层面：一是轴心民族自身的凝聚力，二是国内众多民族之间的凝聚力，三是轴心民族对非轴心民族的文明引力，四是国家处理民族问题的历史效应——国家民族政策所产生的民族向心力或民族离心力。

进入近现代国家时代，民族凝聚力明显表现出更加乏力的态势。大多数近现代国家的民族，都是在古典民族多次兴亡弥散且混杂而居的历史基础上，重新聚合生成的新民族。是故，近现代国家大多都是多民族国家。并且，在近现代国家中，各民族之间的历史恩怨，各民族形成的历史渊源，都具有深刻复杂的交叉演变过程。在这样的历史条件下，民族凝聚力的培育及形成，更是一个倍显复杂的问题。

虽然，当代社会的交通与通信手段已经有了巨大的跃升，工业生产基础上的商品经济高度发达，已经将人们交流接触的频率提高到了古人无法想象的紧密程度。但是，对于民族凝聚力而言，所有现代因素却几乎都具有相反的意义——社会人口群的民族认同感迅速地趋于淡漠化，以"地球人"自居的反民族主义者处处可见。故此，当代世界体现民族文明凝聚力的民族战争，已经鲜有所见。大国解体，众多民族分立，非常普遍地流行于诸如"颜色革命"之类的变异风潮之中。

2. 民族凝聚力的艰难化来自更为基础的民族问题

近现代理论所提出的民族问题，是指这样一种历史现象：当若干民族共处于一个国家框架内时，这些民族之间基于各自文明的不同而必然产生的种种差异与矛盾，以及在这种差异与矛盾根基上所滋生的种种重大社会问题，及其在总体上对整个国家文明形态所产生的影响。在"民族问题"存在的历史条件下，国家内部的民族文明差异与民族矛盾，所导致的民族之间的离心现象，几乎成为历史的必然。惟其民族离心现象难以避免，民族凝聚力才倍显重要。

民族问题的产生，隐藏在国家形成的历史过程之中。

一个国家的形成与发展，包含了诸多民族各不相同的兴衰演变的历史过程的组合。这些无法回避也无法重写的历史过程，形成了一个国家内部各民族关系的第一特征——民族历史地位的差异性。从国家起源上说，任何一个国家的创建发展，都有一个起轴心作用的民族。历史实践的呈现是，举凡众多民族聚居的地域，往往由一个文明水准较高的民族为最早力量，创建了最早的国家——譬如西亚地区的苏美尔人最早创建的国家；其后，这个国家又以种种形式融合吸纳了周边诸多民族，再共同推进了这个国家的发展。这种国家，就是多民族国家；其中最早创建国家的那个民族，就是这个国家的轴心民族。

当诸多民族因为种种历史原因而共处于同一个国家时，国家对各民族之间的诸多现实差别如何处置，就成了一个最大的问题。在古典国家时代，对民族问题的解决方式是简单而残酷的。诸如亚历山大帝国、罗马帝国、拜占庭帝国、波斯帝国、蒙古帝国、中国的元王朝与清王朝等，都曾经推行了两个方面的简单政策解决民族问题。一是大规模地残酷屠杀，有形消灭被征服民族的反抗力量；一是推行严酷的"民族等级"政策，将被征服民族作为战胜一方的奴隶，定位为最下等民族。这就是战胜民族对被统治民族的歧视压迫政策。

进入近现代国家时期，情况有了较大改变。

近代史上的西方强国，也如同古典时期的野蛮国家一样，曾经以大规模的屠杀与压迫政策，来解决殖民地国家的民族问题。第二次世界大战后，人类文明理念出现了基本面的较大提升。在新的历史条件下，为了解决民族问题，几乎绝大多数国家都奉行了程度不同的"民族平等"政策。其实际内涵是：一个多民族国家内的各个民族，其资格地位以及所有方面的权利义务，都是平等的。但是，从历史实践的发展看，这一现实政策所解决的只能是民族问题的皮毛，而远远不是民族问题的最本质方面。

3.民族问题的最本质方面是文明差异

历史铸成的各民族之间的文明差异，以及连带形成的民族历史地位的差异，及由这两种差异带来的诸多现实的社会矛盾，几乎是任何现实政策都难以解决的。民族文明的差异，相对简单分明，这里不再赘述。民族历史地位的差异，一般意义上特指轴心民族与非轴心民族之间形成的某种无形差异。它是历史实践打在每个民族身上不可逆转的特定烙印，是各个民族对国家历史文化的认同感及荣誉感的差异，是各个民族对国家的认同意识的差异。这种差异，是历史形成的"天然"差异，不是现实的民族政策所能解决的。任何时代的任何国家，都无法"补差"民族历史地位的差异，而只能在历史的发展中通过长期融合的方式，大体保持一种"趋同"的方向。

一个国家的轴心民族，是开创了这个国家的生命史，创建了这个国家的文明形态，并在国家文明创建之后的历史上一直发挥着主导作用的民族。任何一个国家的轴心民族，都对自己创建的国家，具有接近于天赋直觉的深刻认同意识；对本民族在国家历史上曾经的开创功绩与曾经发挥的主导作用，更有着巨大的历史荣誉感及历史自豪感。体现于现实社会，轴心民族对于国家兴衰，一般都有着鲜明的主人公意识，也就是国家主体意识。

非轴心民族，则是这个国家在创建阶段及后续发展的历史进程中，或通过战争扩张的形式，或通过战胜敌方入侵势力而融合其遗留人口的方式，或通过和平时期接收外来受灾人口的方式，或通过文化贸易交流吸纳外来人口的方式等所融合的诸多民族。从一般意义上说，后续进入这个国家的诸多民族，对国家的创建与发展，同样也会起到过巨大的推进作用，作出历史性贡献；甚或，有的非轴心民族曾经一度成为轴心民族，主导过国家文明的发展进程。

但是，由于种种历史原因或现实原因，这些非轴心民族的国家认同意识，及对这个国家居于主导地位的文明传统的认知程度，总有相对的距离感，或相对不稳定的认知程度。在这样的历史条件下，或逢国家内部动荡，或逢外部强敌入侵，或逢外部势力渗透鼓动，或逢本民族的分离思潮涌动等，与外部势力有关联的非轴心民族，便会主动向国家发难，以种种方式发起动乱，并最终提出脱离这个国家的"独立"要求。

全世界任何国家的民族问题，无论形态如何复杂，其历史根基都在这里。

民族问题的普遍化，凸显了民族凝聚力的极端重要性。

任何一个民族，当它创造了一个国家，它只是完成了自己在国家时代开端的历史使命。当这个民族所创建的国家发展为多民族国家时，民族凝聚力的强弱，在事实上就成为这个国家的生命线。从历史实践看，民族凝聚力的强弱，一定程度上取决于三个客观方面的要素。

首先，是民族人口的数量比。在多民族国家中，轴心民族的人口数量如果在国家总人口所占比例较低，则无论其自身凝聚力是否强大，其对国家现实所起的作用都会相对弱化，对其余民族的现实"引力"也会相对减小。欧洲的塞尔维亚民族，曾经是前南斯拉夫联邦的轴心民族，但是，由于塞尔维亚民族对本国其余民族的人口优势很小，在外部军事入侵形式的干预下，南斯拉夫联邦终究解体为好几个民族国家；塞尔维亚民族，只留下了自己的塞尔维亚共和国。

其次，轴心民族所达到的文明水准。一个轴心民族的文明发达程度，若在众多民族中不能居于领先地位，不能居于文明主导地位，其作为"质量引力"的文明影响力就必然弱小，也无法在现实的国家文明建设中发挥绝对主力军的历史作用。在如此历史条件下，多民族围绕国家文明的向心力就必然会减弱，多民族的强大凝聚力也无从谈起；多民族国家的解体，也会在一定的历史条件下成为不幸的现实。已知的历史实例是，俄罗斯民族的"质量引力"大大下降之后，最终导致了庞大的多民族国家——苏联超级大国的快速瓦解。

第三，轴心民族与非轴心民族的历史磨合度。所谓民族磨合度，是指国家诸多民族之间在历史上曾经有过什么样的关系史？是以融合为主的和平交流居多，还是以相互之间的侵害杀戮居多？民族之间的这些历史恩怨，是否曾经以列宁所说的某种"历史报应"的方式，使受害民族得到了一定的补偿。若答案是正面的，则这一多民族国家的状态必然趋于相对稳定。

另一个层面的问题是，轴心民族是否具有丰厚的民族亲和价值观，是否在长期的历史实践中，大体都能与国内其他民族融洽相处，也能对周边民族尽可能地奉行和平睦邻政策，从而形成该轴心民族强大深厚的文明亲和力？同样，若答案是正面的，多民族国家一定是文明形态稳定的国家。

所有这些曾经的历史过程，都决定了轴心民族与非轴心民族在事实上的一体化程度。苏联与当今俄罗斯，包括欧洲几个大国，都是因为民族的历史磨合不当而形成困局的典型。格鲁吉亚问题、乌克兰问题、车臣问题、德国法国的穆斯林问题，等等，之所以长期成为难以解决的国家痼疾，根源正在于民族之间的历史恩怨没有得到妥善解决。

六　美国困局：只见人种，不见民族

一个现代国家特例必须引起高度重视，这就是美国现象。

美国现象之特殊性，在于它打破了人类历史上关于国家文明生成与发展的最基本历史法则；以一个人种群体——欧洲白人群体——为轴心力量，创建了一个包括世界所有人种流入人口与世界大多数民族流入人口的庞大国家。如此一个人口复杂性远远超过多民族形态的超级大国，却没有轴心民族的存在。

从正面意义看，美国的出现，是人类进入国家时代 6 000 余年之后的又一次新形态国家的"历史实验"，是一种新的历史探索。但是，美国的未来结局究竟如何，能否对人类的国家时代开创一条新的出路，尚未得到历史实践的验证。也就是说，迄今为止，美国仍然还是一个处在"实验室"状态之下的国家，而不是经过反复测试的可靠"创造物"。

依据宏观历史的科学性——客观性基础上的法则性，一种新的国家形态是否具有强大的生命力，如同一件产品是否经久耐用一样，必须经过反复的或至少一次的"破坏性测试"的证明。在国家实践的意义上，这种"破坏性测试"的历史形式就是，美国必须经历至少一次深刻的亡国危机——强大的外部入侵或剧烈的内部震荡。"测试"的关键环节是看两个方面的结果：

其一，美国面临灭亡危机时，有没有主流人口群来坚定捍卫国家存在？如果有，是什么样的人口群？是人种形态的人口群，还是民族形态的人口群，还是纷纭复杂的单个人口在"美国法治"下的国民聚合人口群？

其二，假若美国在危机中灭亡——政权崩溃，有没有一个强大的人口群浴血奋争，以求再度重建一个美国？如果有，这样的人口群的主导力量是谁，是人种聚合（白人、黑人、黄人等），还是民族聚合，抑或是纷纭复杂的国民聚合？

衡量最终"测试"结果的标准是，在第一种条件下，假如美国成功地依靠不分民族与人种的"国民聚合"为主导力量而度过危机，挽救了国家，则美国的"实验造物"成功；若主导救亡的力量为某个流入的民族，则美国仍然回到了国家时代的法则——以轴心民族为根基，美国的"实验造物"则宣告是一场历史误会，并不是创新形态的国家。在第二种条件下，假如美国不能再度重建，"实验造物"则宣布历史性失败，实践证明这样的国家只有一次性生命力，人类国家时代的轴心民族法则仍然是颠扑不破的。

问题是，这样的"测试"会发生么？

假若始终没有这样的历史测试，我们能够盲目地赞颂它么？

故此，对美国这个历史特例的研究，目前还只能停留在如下层面：以既往的国家文明史为基础，在历史哲学的意义上揭示其"创新"方面，也尽可能地揭示其历史根基缺失的那些方面，同时提出一些可能性的预判。

美国，是一个诞生于近代世界的新国家。美国诞生的最远历史背景，可以追溯到哥伦布发现新大陆，也就是 15 世纪末对美洲大陆的发现。美洲原住民，因被哥伦布误认作印度人，故而被称为"印第安人"。也就是说，此前的美洲一直没有产生国家（当然，学界也有人认为存在着阿兹特克人、印加人的帝国），这里的民族人口群，也从来没有走出美洲与世界沟通的历史经历。故此，在近代史之前，美洲一直没有进入国家文明的序列。自从哥伦布船队发现了这块丰饶的新大陆，美洲才进入了国家文明的视野，尤其是最先进入了欧洲国家群的文明视野。

从 16 世纪开始，西班牙人率先踏上南美洲土地。此后，英国人踏上了北美洲土地，荷兰人、法国人等国家的白种人，也相继踏上了美洲土地，从此开始了欧洲白种人在美洲开拓殖民地的历史。在此后大约 100 余年的时间里，大批日益增多的白种人，一边残酷地屠杀着美洲原住民——印第安人（印第安人的大量死亡也与欧洲人带来的天花等疾疫有关），一边辛勤地开拓着，并相互争夺着一片片丰饶荒芜的土地，开始大批量地建立起了自己的领地、自己的城市与星罗棋布的庄园农场，在种种奋争与冒险中有了自己的新家园。

从社会归属说，当时的这些殖民主义者，还都以海外殖民人口群的身份，接受着各自所在的欧洲国家的管辖。其中的大部分殖民地组织，都是英国人建立的，接受英国宗主国的统治与管辖。尽管，这些白种人先后建立了许多殖民地组织，其中的英国殖民地组织就有13个。但是，殖民地人口群还没有属于自己的国家。

时光前进到1775年，北美中部大西洋沿岸的13个英国殖民地组织起来，联合发起了反抗英国驻军并要求独立建国的战争，史称"美国独立战争"。历经一年左右的战争，殖民地联合组织取得胜利，并于1776年7月4日发表《独立宣言》，宣布成立"美利坚合众国"——美国。七年之后的1783年，作为宗主国的英国，正式承认美国独立。

自此，世界上有了美国。

以国家时代的既往历史为参照，美国最根本的特殊性，就是国家文明的创建不是由一个轴心民族，或轴心民族联合体完成的，而是由移居美洲大陆的白种人群体（尤其是多民族的英国人群体）作为中坚力量完成的。也就是说，在美国创建时期的参与力量中，还没有一个稳定的民族人口群；后来，美国也并没有形成传统意义上的轴心民族。当然，这不是说美国人没有自己的民族归属，恰恰是说，每个美国人都是来自不同人种或不同民族的个体；在创建美国的力量中没有在美国土地上形成的民族人口群；当然，不能包括原住民的印第安民族。

如此，美国没有属于自己的民族，也就没有各个国家都存在的民族问题。同时，美国的诞生、存在与发展，起轴心作用的也不是民族精神，而是美国的宪法精神与法治精神。

那么，美国人口群有什么样的特征？

应该说，美国的领土扩张是基本有度的。在国土辽阔到足以支撑起大国规模的时候，美国停止了战争抢占与强力"购买"土地的政策，基本终止了国土扩张。但是，美国的人口扩张政策，却从来没有停止过，甚或呈现出越来越强势的趋势。尤其是第二次世界大战之后，美国鼓励移民政策，推动了世界上最为强劲的移民潮流。世界范围之内无分种族民族，在美国都有庞大的移居人口群。70余年以来的美国，已经成为世界上人口群最为庞杂的国家。尽管在一般意义上，都将欧洲白人的美国后裔群认作美国的人口主体，又将英裔美国人认作美国人口的轴心群体。但是，白色人种是一个庞大的人种群，其间又分为众多民族，且各个民族都有自己强固的文明。因之，将所有的白种人都当作一个民族群对待，是有极大问题的。笼统的"白人"特质，绝非同一民族之历史特质可比。

如此，美国国民人口群的最大特征就是，只见人种，不见民族。

依据历史评判，这是一个没有民族根基的国家。国家之民族根基，基本点是两个方面。其一，有一个具备足够人口规模的轴心民族，既创造了这个国家的生命，也主导了这个国家的历史发展；如此，只要遭遇亡国危机，这个轴心民族就会成为与国家血肉相融的最主要的救亡图存力量。其二，有基于民族认同而产生的坚实的国家认同；民族认同是基础，只有强烈的民族认同意识，国家认同才有人口活体筑成的历史根基。在这里，民族认同与国家认同的交叉点，就是这个民族与这个国家的关系：只有这个民族创造了这个国家，这个国家就是这个民族的国家；认同国家，就是认同民族；认同民族，就是认同国家。

从这两个方面看，美国都是没有的。

美国没有创造国家文明的轴心民族，而只有中坚人种。美国没有民族认同意识，而只有国家认同意识——人人都乐于承认自己是美国人，而很少有人提及自己是美国某个民族的成员。没有任何一个美国人可以说，是我们的民族创造了这个国家，美国是我们的民族国家。

即或是美国白人，也无法说出这样的话。

同时，作为国家意识，美国的白种人群对黑色人种、黄色人种、西亚阿拉伯人种，都具有相当深刻的歧视意识与防范心理。辄遇社会危机，总是先将控制镇压的锋芒指向这些有色人种。其实，白人也是有色的，"有色人种"这一称谓本身，就标志着美国白人意识中的种族歧视心理。

美国这样的国家，在国家文明历史上是绝无仅有的一个。因此，作为国家实体的美国，其历史命运究竟如何，既往的国家文明史尚无法提供可供参考的经验教训。美国的前途，尚须经过历史考验。

美国，是人类历史上从来未曾有过的全面法治社会。美国对人群生存状态与社会生存的规范，只有一种强制性体系——法律制度体系。法治社会所需要的补充调节体系——各个民族的道德体系、伦理价值观体系、生存竞争价值观体系等，美国都是无法提供的。因为任何道德伦理体系、价值观体系等，都是特定民族文明的传统遗产，而美国人口来自全世界所有人种的所有民族，没有哪一个民族的道德伦理体系与价值观体系，是全部或大部分美国人公认的。如果离开共同认可的法律规范，美国社会立刻就会陷入混乱与动荡。

在这样的人口历史条件下，美国面临的第一个最重大的历史考验，就是法治的历史效能。美国能否仅仅依靠法治精神，克服并消化美国国内的种种社会冲突与利益矛盾，不使美国在后续发展中发生大的社会动荡，从而导致国家政权被颠覆灭亡；并且，能够使美国的国家价值观体系，逐步取代各色人种的价值观体系，逐步在至少数百年的长期稳定中形成新的"美国民族"，最终进入有强大的轴心民族根基的新文明国家的阶段。若答案是肯定的，美国之于人类文明贡献大矣！

11 章

中国古典社会的生存方式

生存方式，是任何时代中任何国家的社会存在基础。

对一个民族生存方式的历史揭示，是国家文明研究的最重要基础。

自进入国家时代，中国古典社会数千年的生存方式究竟是一种什么样的历史风貌？生产方式的具体展开——生产力与生产关系之结合所形成的社会经济运行与民生活动的具体图景究竟如何？对此，历史学家们（尤其是专项经济史领域的学者们）已经留下了许多成果。但是，仍然有许多基本问题长期处于混沌状态，某些重大问题甚至还没有被提出来。尤其是近代史以来，无论是有一定理论体系的总体性研究，还是经济史家的专项研究，其所得出的结论往往都与广阔深邃的历史实践呈现出一种很难解释的矛盾。至少，在几个最基本的相关方面是有明显缺失的。诸如对中华民族在前国家时代的生存方式的研究揭示，对上古井田制的阶段形态及其衍化的研究揭示，对中国殷商时代是否存在普遍的私人商旅活动的研究揭示，对秦帝国之后的中国统一文明社会是否存在商品经济现象的研究揭示，对中国古典社会重农抑商政策的功能目标的研究揭示，等等。

这些基本问题，都是本书必然涉及的内容；但是，本书不欲涉及近代史以来在救亡图存大潮中以西方中心主义为视角，对中国古典社会作出的诸多匆忙的否定性简单结论。诸如疑古主义对中国夏王朝存在的否定，依据斯大林主义对中国古代社会形态的"对号入座"式的简单划分，等等。本书只是力图提供一种基础性研究——深入揭示中华民族进入国家时代后在古典社会的生存方式，从而给诸多领域的具体研究提供一些发现性的历史认知。

保持最大限度的客观呈现性，是本书的宗旨所在。对既往任何理论的涉及，都仅仅限于理论逻辑的连带性，而不是论战性。就是说，本书的任何论点，都是以客观呈现的历史实践为依据，而不是通过论战形式以对既定论说的驳斥为依据。

一 远古社会：公权力主导的多元生存方式

中国民族群的生存方式，在前国家时代就表现出与世界其余民族的不同。

世界各地的考古发掘已经证明，迄今为止人类生存活动的遗迹已经有数百万年的历史。人类有文字记载的历史，不过数千年而已。人类有国家的历史，则只有 6 000 余年。因此，我们不可能仅仅依靠想象力来描述已经湮没在久远的沧桑变化中的远古社会生存图景，我们只能依靠相对可靠的依据——文字史料与考古发掘及具有参照作用的相对清晰的历史传说，去了解人类在国家文明出现前后的生存方式——最基本的经济活动与民生状况。我们的最终目标，是从特定民族群赖以生存的经济活动方式出发，去了解一个民族群生存方式的历史根基，使我们民族的生存传统明晰起来，从而对后来的文明发展有参照性的自觉认知。

近代以来确立的人类学研究，有一个主流结论：在人类远古社会——原始社会，各个地域人群的经济活动形态具有大体的相同性；

尤其是土地占有方式，各地域人群都普遍地、自然地形成了公有制；因此，某些理论对远古社会的人类生存方式有一个基本说法——原始共产主义。

我们要强调的是，无论有多少共同点，各地域人群的不同点总是有的。构成各地域人群后来的不同发展道路的，恰恰是这些在远古社会并不如何鲜明的不同点。正是这种隐藏在久远历史中的不起眼的差异性，才构成了后来不同民族的不同文明形态。因此，我们要努力去做的，不是在人类学与诸多理论的既定成果的积累之上，去描述那些已知的相同点，而是要去揭示几乎被历史时空湮没了的不同点。

远古社会中国民族群的生存方式，与世界其他地域的民族相比，其最根本的不同，是在前国家时代的很长时间里，就已经出现了族群联盟公权力这一新的历史元素；由此，联盟公权力对域内土地资源分配及重大的社会工程性经济活动，进行着相对松散却相对有效的管控；使这一地域范围内的早期中国民族人口群，大体生存在有序状态之下，而没有在残酷的无序竞争中同归于尽。

总体上说，五帝之前的伏羲氏、有巢氏、燧人氏、神农氏等几个公权力时代，[1] 已经相对成功地摆脱了自发性的无序生存状态，初步地进入了简单的刀耕火种的早期农耕经济社会，只是未能进入稳定持续的历史性发展过程。因为，在远古社会末期的神农氏时期，族群联盟公权力松弛了，大规模的无序争夺重新泛滥起来。这就是司马迁记载的"神农氏世衰"的重新陷入混乱的时期。

这一大势变化，催生了以黄帝为开端的五帝时代的开始。

1　中国古典史家及当代学界，对远古社会及三皇五帝有多种说法。其中，司马迁所记载的以黄帝为开端是主流说法。今有诸多学人认为司马迁忽视了伏羲氏、神农氏等远古时期，从黄帝开始不当。我观《史记·五帝本纪》，对伏羲、神农也有记载，只是简单笼统而已。最大可能，司马迁认为更前的几个时期过于模糊，应该从事实较为清晰的黄帝开始，而并非忽略了此前的历史。

黄帝以大规模战争的方式，在较深层面上强力消除了无序争夺，并再度建立了相对成熟的族群大联盟政权。此后，历经颛顼帝、尧帝、舜帝、禹帝四个时期，随着联盟公权力的渐渐成长，其组织全社会进行重大经济活动的能力以及协调各族群生存冲突的能力，都达到了人类早期社会——前国家时代罕见的历史水平。从阶段上说，到尧帝时期，中国远古社会基本上已经接近早期国家文明的有序生存状态，相当的稳定成熟了。

在世界进入国家时代第一历史时期的 16 个国家里，我们还没有发现哪个创建国家的民族能有如此坚实的"前期准备"历史。也就是说，苏美尔、巴比伦、古希腊、古印度、古埃及等早期民族群，在创建国家之前的部族民族的生存状态，都是一团烟雾，连相对有序的历史传说也没有。远古中国民族群进入国家时代的时间，虽然不是世界最早的；但是我们民族进入有组织、大规模的有序生存状态，无疑却是很早的，甚或是最早的，其历史根基是很坚实的。

要具体了解前中国民族群在前国家时代的生存方式，就必须认真对待所能涉及的所有早期社会的相关历史记载，认真分析其中的历史实践因素，最简约地提炼、揭示出远古社会末期的生存图景。轻率地对待前国家时代的早期社会历史，对五帝时期的存在全然否定或基本否定，是一种轻慢的理念，是诸多学人无法深入探索中国历史根基的最大障碍之一。

从历史实践的连续性说，正是有了这样的历史根基，早期中国民族群才可能走出空前的洪水劫难，才可能创建国家，拥有新的生存方式。

如前文所述，洪水时代，是中国早期社会经济民生发生重大转折的最具有决定意义的历史时期，也是中国进入国家时代的直接阶梯时期。因此，对洪水时代的最基本的历史脉络的了解，是我们理解中国国家形态历史根基的第一把钥匙。

具体说，为战胜洪水劫难，尧帝中后期主要做了四件事。

其一，聚集各族首领层会商，明确提出了大规模治水的历史任务，将战胜洪水劫难作为当时"天下"最重大的民生救亡工程来实行。其二，发动了第一次大型治水工程。根据最高层会商议决，以联盟权力机构总掌工程的"工师"，与大部族首领共工同为治水领袖，以共工率领的族群为治水工程的实际劳动力群，以共工提出的"堵截"方法为治水方式。施行多年后，洪水不消反涨，第一次治水宣告失败。其三，再度聚集联盟高层会商，继续发动了第二次大规模的治水工程。这次以鲧为治水领袖，以鲧族人口为治水实际劳动力群。鲧没有创新，仍然采用了堵截方法，只是将防洪墙建得更为高大了而已。历经九年辛劳，洪水未见减退，鲧之治水也宣告失败了。尧帝不得不作出处罚，鲧被流放囚禁于羽山。其四，尧帝在两次治水失败之后，已经步入高龄。其时，尧自感身心俱疲，不能继续推进治水，遂适时选定了自己的后继领袖——舜，将治水重任及"天下"事务全部交由舜帝统领。

舜帝执政时期共 67 年，在走出洪荒的历史中具有最为关键的意义。

舜帝执政的第一步，便是强力整肃天下秩序，重建治水之社会基础。

舜帝代尧，适逢大规模治水两次失败，远古社会陷入一时混乱，治水信心正处溃散状态。舜帝极具洞察之明，立即开始了全面的社会整肃，收拾人心，重开治水。舜帝整肃，主要有五大作为。其一，整肃尧帝时期因急迫治水而松弛了的民生秩序，建立了一批新的民生规范，严厉禁止无序抢掠，使民众在灾难期的生存有了相对保障。其二，建立了五年一巡狩的视察制度，对各族累积的重大矛盾，舜帝都在巡狩中亲自处置。其三，在各族新首领中遴选出 22 位杰出人才，分别担任最高联盟权力的重要官员，为推动第三次最大规模的治水储备了重要的高层力量；在后来的治水中，这批骨干力量都建立了很大的功劳，成为最高联盟权力的干员。其四，公平执法，迅速严厉地处置了前期治水的遗留事端。首先，流放驩兜于崇山——驩兜举荐共工治水，有失察之罪；其次，流放共工于幽州——第一次共工治水失败，尧帝未作处罚；再次，派祝融赶赴羽山，处死了鲧——第二次鲧治水失败，尧帝处罚太轻。最重要的一个方面是，舜帝将尧时乘洪水危机反复叛乱的"三苗"族群，强制迁徙到西部大山地带，使其远离中心地域；又将尧帝一直未能处置的四处抢掠杀戮的"四凶"族，流放到四千里之外的荒僻大山。这五大方面的整肃，为再度治水准备了坚实稳固的社会历史条件。

第二步，舜帝公正地遴选出新的治水领袖。

首先，舜帝发现了禹这个极具天赋的非凡"水工"[1]——水利科学家。虽然这一具体过程，在史料中没有任何直接线索。但是，我们可以确定，舜帝向最高联盟公权力直接推荐了禹，将禹作为治水领袖第一人选。请注意，禹是鲧的儿子，鲧是治水失败而被杀的罪人；在当时，要重用禹，很难获得"天下"舆论与公权力机构信任。故此，舜亲自举荐大禹为新的治水领袖，竭尽全力开创了各种条件。舜帝此举，是中国远古时代阳光政治的典型。

第三步，舜帝推陈出新，确立了新的治水总方略。

从历史实践看，这个新的总方略应该就是"立定轴心，群策群力"。舜帝和尧帝不同，不是仅仅选定治水领袖就完事了，而是既确定了轴心领袖，又确定了治水力量的总体框架。具体是：治水领袖是禹，禹族为治水轴心；同时，还有三支特大族群进入治水联合主力——皋陶伯益族（后来的秦族）、契族（后来的商族）、后稷族（后

1　水工，见诸文献，是战国时代对水利专家的称谓。据此推测，"水工"有可能是远古社会延续的名号。

来的周族）。也就是说，夏、商、周、秦这四个特大族群，在舜帝的精心筹划与全力组织下，组成了中国早期历史上最大规模的治水联盟大军。若是没有强大的早期公权力以及组织大规模生存活动的历史经验，这种有效联盟是很难成立的。

第四步，以最高公权力为平台，总体组织协调天下治水。

大规模治水开始后，四大主力族群与"天下"各族群之间的组织、协调、配合，以及大规模劳动力的征发调遣，粮食、工具、衣物的长期供给与分配，等等，都要经过非常艰难的实际运筹。在禹还不具有权威号召力的前中期，都是以舜帝为轴心的最高联盟权力在起关键作用。可以说，没有舜帝最高联盟权力的深度介入与得力领导，大禹要全力以赴地攻克那些治水难题，几乎是不可能的。

大禹领导治水 13 年，是治水的最重要时期，主要历史功绩是五个方面。

其一，开旷古新思维，创立疏导治水法，堪称人类早期天才巨星。其二，全部攻克大陆洪水乱流不入海的难题，创造了人类早期治水的奇迹。其三，以非凡的组织管理才能，统领四大族群 13 年有效协作奋争，创建了一大批行之有效的号令方式与规则法度，也创建了用于维护治水秩序并攻克治水难点工程的接近于职业化军队的直属武装力量，且培育了一大批富于管理经验的工程官员，奠定了中国族群进入国家时代的社会基础。其四，对早期中国大陆的地理资源，进行了第一次大规模的全面测量与调查。与 13 年治水同步，大禹们勘测了大陆地理，创建了中国最早的地理行政区划，确立了"天下九州"的区域制；勘测并记录了大陆的区域土壤特质，明确了各地种植物的基本品种，以及缴纳贡物的种类与数量；同时，对"天下"山脉河流命名。此谓之"行山刊木""众土交正"，实际上是第一次确立了中国大陆人文地理的结构框架。对上述成果，大禹最终以"铸九鼎"的方式，永久性地在九鼎上镌刻了下来。其五，治水成功之后，立即借助治水时期的权力威望，创立了以"井田制"为根基的经济民生制度。初期井田制，是以公权力大体平均分配可供开垦的土地，并建立配套的生活水井及农田灌溉沟渠系统，以使当时的人口群，能够相对稳定地聚居在有效的农耕区域，并重新建造族群集中居住的城邑。

井田制所以能在治水后涌现，有赖于两个历史基础。一是长期泛滥的大规模洪水消退后，呈现出的大面积冲积平原成为现实的土地资源——否则，不可能产生大规模可供平均分配的土地。另一个原因，是治水历史过程使联盟公权力的威权性大大增加，使其能够有效消除洪水消退后纷纷从山区高地回流平原的各族群人口的混乱争夺，从根基上消弭了族群战争的大爆发。这样，以井田制的确立为根基，辽阔的冲积平原上的可开垦土地，得到了有序的公平分配。中国早期社会的经济民生第一次出现了巨大的可增长空间，也为最高联盟公权力转化为国家政权提供了可能的社会基础。

综上所述，五帝时期最基本的历史脉络，给我们展现出了中国民族群生存方式（经济民生）的第一历史形态——最高联盟公权力主导的秩序化的生存形态。这种基于巨大的自然灾难及抗击自然灾难的历史大转折而形成的生存形态，在开端时期是新旧混杂的。既有氏族共有、部族共有等原始公有制形态的聚居生存；也有以公权力分配与管理为轴心，生活在新的井田制的大量人口群；更有已经相对普遍化的家庭私有、家族私有、家庭劳动与族群协作并存谋生的方式。其中，最为重要的历史实践轴线，是由最高联盟公权力有效施行的井田制的生存方式。这一历史轴线的不断社会化延伸，意味着最高联盟公权力的主导作用，已经开始发展成为社会生存方式（经济民生）的轴心了。

公权力主导社会生存，奠定了此后国家时代经济民生的历史特质。

二 夏：以国家统制经济为轴心的社会生存

进入国家时代，生存方式的第一演化时期是夏、商、周三代。

虽然，从基础共同性上说，夏、商、周三代都实行井田制，也都以程度不同的国有、国营经济为基础，但是夏、商、周三代包括经济民生在内的社会生存方式，在事实上是有一定的形态差别的，不能笼统地一体化对待。发现并解析这种区别，是清楚呈现中国上古社会生存方式之变化性的最基础方面。至少，我们可以由此确立起一个明确的理念——中国上古三代并不都是西周那样全面化了的国家主义生存方式。

大禹初创国家，继承者启又以战争强力镇压反对势力，建立了根基尚不算非常稳定的第一个王国政权——夏。由于国家初创阶段必然产生的执政经验不足，也由于古老政治传统的强大，到第三代太康时期，夏王国就发生了"失国"40余年的政权转移的重大事变。从性质上说，这是中国进入国家时代后最早的两次政变；是由夏王国的重要诸侯——后羿，以及他的大臣寒浞（后羿之相）先后发动的。其后，夏王少康复辟，夺回了政权，夏王国政权才开始了相对稳定但仍然动荡多生的发展，直到300余年后被商族推倒并取代。由于夏代久远，史料粗疏，我们已经无法具体解析其以经济民生运行为基础的社会生存方式了。但是，有几个基本点是可以肯定的。

其一，夏代的土地是国有化的。

夏代土地，无论是天子直接辖制的"王畿"，还是"封建"诸侯的领地，抑或层层分封的"大夫"领地，以至于最终分配给国人的耕田以及闲置的山林水面，等等，全部都是"王土"——国有土地。土地国有制的实际意义，是诸侯之间不能私下协商划定"国界"，国人之间也不能私相转让耕耘土地。土地是不流转的，任何变更都必须由国家决定。

但是，夏王国土地国有制的实现肯定是不全面的，某些阶段甚至只能是局部地域的。这是因为夏王国是从上古联盟社会产出的第一代国家形态，不可能将中国民族群居住的全部地域一次性纳入国家制度的实际运行范围中来。夏代的诸侯国，许多还是以"承认制"的方式产生。承认制，在这里是出于明白易懂的考虑而以现代理念来认定的说法，其实际就是对既定诸侯——部族政权的王权认可；对此类诸侯的国土大小、军队数量、官职设置、民众多寡等，夏王都没有事前设定的权力，而只能给予承认；且获得承认也就是"分封"为诸侯之后，夏王也只享有接受这种诸侯"纳贡"的权力，而没有对其重大国事的统一管辖权。在这样的诸侯国，肯定不会全面推行夏王国以井田制为基础的土地国有制。虽然如此，在以王畿为轴心的地域内，在真正由夏王直接"封建"的诸侯群中，夏王国的土地国有制显然是实际推行的。

其二，夏代以井田制为最基本的农耕经济制度。

以历史形态而言，井田制是一种以国家相对平均分配土地为基础，以官府（天子直领的王畿官府或诸侯国官府）直接管理为轴心的国有、国营的经济模式。国有，是土地国有；国营，是国家实际指挥农耕活动。从实际形式说，每八家为一个耕耘单元，每家所分土地相等，大体百亩，称为"私田"——个体耕耘之意，而非个人所有之意；中央一方为"公田"，由八家共同耕耘，收获物直接归官府，是为实物税；公田中央位置有一口由官府开凿的水井，八家共用，井田名称由此而来。井田之上的社会经济联结为：每10井（80家）为一"通"，每10通（800家）为一"成"；通与成的意义，在于共同解决灌溉系统的实际布局问题。历史文献记载，夏少康失去政权时"有田一成，有众一旅"；实际是指其时仅领有800家人口及其土地。关于井田制的最完备发展，我们在进入西周时期后再来说明。

其三，夏代生产与生活的基本点是城邑制。

也许是基于对洪水灾难的恐怖记忆，夏人生存方式的基本形态是"居于城邑，耕于郊野"。当时没有郡县区划，最大的地理行政概念是"九州"，之下便是王畿、诸侯国。各区域的治理，王畿由天子直辖，其余地域皆归其所属诸侯国；诸侯国又通过建立城邑，对土地与人众实现管理。城邑无论大小，都称为"国"。城邑内既居住封主、贵族，也居住平民人口；居住的平民人口，一律称为"国人"。通常的农闲时节，国人居住在城邑中，或进行手工业劳作，或在官府组织下进行军事训练；一旦遇耕种、收获，或集中修葺沟渠及灌溉，国人便会在官府组织督导下出城劳作。这种生存风貌，在《汉书》中有较详细的追述记载。

当时有奴隶人群，但人口很少，主要由战俘、罪犯及因各种原因失去土地的流亡人口中的一部分赤贫者演变而来。中国夏、商、周三代皆有奴隶人口群，但数量都比较少，不足以成为社会主要劳动力阶级。根本原因，是不具备当时世界上大多数早期国家通行的大规模产生奴隶人口的残酷制度——但灭一国，该国遗留人口即全部成为战胜国的奴隶。古希腊邦联、古罗马帝国，都是这种奴隶制度的典型国家。夏代的少量农耕奴隶，通常依附主人家族，杂役奴隶居住在贵族封地城邑的简易房屋中，农耕奴隶则居住在郊野农田的田屋中。若城邑内有工程发生，需要较多的奴隶劳作，则由官府组织农耕奴隶进入城邑劳作。这种简单整肃的社会生存方式，一直延续到春秋社会中期，才被普遍终结。

其四，夏代的工商业，是国有、国营制。

夏代的工商业，史书基本没有资料涉及。根据相关资料展示的历史实践，能大体推论出其轮廓情况。最基本的历史实践是，大禹后期已能铸造大型化的系列礼器——九鼎，可证这个初期国家拥有的工匠作坊的规模，应该已经很大。这些大型作坊，不是私家所有，而是由王室（国家）兴办，也由王室派出官吏直接经营。作坊的技师、工匠等，也是拿国家工资的"国人"，其产出器物——各种礼器、食具、武器、农具等，也是供国家使用或经由国家"调拨"的产品。大禹治水期间，舟、车、马、牛等大型运输工具已经出现，且能有效地长距离运输并调配治水所需的各种物资；由此可证，其时之物品周流，已经达到了相对普及的程度。

但是，当时的大宗物资周流，是由官府组织的专门人马经营的，类似于后世的计划调拨，而不是等价交换性质的市场流转。居住于城邑内的"国人"的剩余产品交换，则要到官府开设的交换场所——"贾"那里进行，或以物易物，或用布帛、贝壳等早期货币购买。这不是后来殷商时代相对成熟的个体商旅的商品交易活动，而只是剩余产品的交换活动。农耕时节居住于郊野井田的"国人"以及长住郊野的农耕奴隶，则以八家井田的唯一一口水井——公井区域——为官府许可的交换平台；各家汲水时，农人（或奴隶）顺便交换剩余物品。

应该注意的一点是，夏代400余年，未见私商活动出现于史料记载。就是说，夏王国时代，基于国家初创而权威覆盖有限，急于解决的社会冲突又相对较多；其时，解决土地分配与确保农耕发展，是最重要、最紧迫的国家任务。故此，夏王国对经济民生的相对全面控制，几乎是必然的。在这样的历史条件下，剩余产品的交换活动还处于相对低级状态，还没有发展到形成一个从业领域的程度。

总体上说，夏代初创的国家统制经济，未能充分发展是必然的。之所以如此，最基本的一个现实原因，是夏王国的统制经济的覆盖面较小，其经历的社会震荡又相对较多。但是，从基本面说，夏代是上古国家经济的第一个历史阶梯，其所构成的国家文明的基本稳固性是不容怀疑的。

三 商：农商并重的多元社会生存

到了商代，社会生存，即经济民生形态发生了历史性的变化。

变化的基本点，是商代的经济民生形态大幅度地背离了夏政的国家主义农耕模式，创立了另外一种更加具有活力的综合经济形态。要理解这一历史变化，首先要清楚中国远古各大族群之间的基本关系。清楚了这一基本关系，就会了解殷商族群对夏政"反正"的行为动机。

从尧帝开始，经舜帝而及大禹，大陆中华族群的基本结构已经在战胜洪水的历史大转折中相对明晰起来。在尧帝治水之前，从现实力量说，当时的大陆，除了规模最大的"帝"族，还有四个特大族群，一是黄河下游今山东滨海地域以驯兽牧马为主要职司的嬴族（后来的秦族），二是黄河中游今河南嵩山地带的鲧族（后来以大禹为族领的夏族），三是居于今日黄河流域下游地带的农牧部族——契族（后来的商族），四是陇西陈仓之周原地域（今日山西、陕西地带）的农耕部族——后稷族（后来的周族）。这四大族群，都在五帝前期就已经形成了自己特殊的生存方式及自己专长的经济活动，也与其余部族在共同性基础上形成了有差异的某些独有的价值理念。

战胜洪水之后，这四大部族都在长足发展的基础上成长为最有实力、最具影响力的部族群。禹族成为新的"帝族"，力量与影响最大。嬴族被舜帝大大扩封，封地称"秦"，并赐"皂由"大旗，其族领伯益被舜帝隔代指定为禹帝的继承人，力量与影响仅次于禹族。契族实力也有了很大发展，契被舜帝擢升为司徒（司马迁以后世官职类比的名称）——管控土地农牧的公权力大员。后稷周族的地位提升没有具体记载，但也一定有实际的重大获得。

颇具意味的是，夏王国创建之后，另外的三大族群都没有成为夏王国的直封诸侯国。其中，伯益被夏启政变杀死，秦族大规模流血反抗失败之后便逃亡隐匿了。后稷周族，还没有等到夏启发动对有扈氏的讨伐战争，便早早流向西部周原自谋出路了。契之商族，则开始了大幅度的流动迁徙生活。也就是说，随着共同治水的三大主力部族的淡出，夏人创建的国家政权清除了最大的阻力，获得了基本的稳定延续；虽然也有不定期动荡，但历史根基足以与王族对抗的大部族都流散了，夏王国尚能应对新部族的动荡。

　　400余年后，夏桀继任最后的夏王。其时，商部族涌现出一个有为领袖，史称商汤。在商汤之前，商人的举族大迁徙已经有八次之多。直到夏末，因领袖商汤的非凡领导能力及道德资望，商人族群不断壮大。夏桀无奈，被迫"赐封"商汤为一方诸侯领袖，但他实际上一直对商汤部族保持着高度戒心。

　　之所以如此，根基埋藏在共同治水时期。其时，大禹为治水领袖，曾经先后与商部族、周部族、秦部族都发生过诸多形式的深刻矛盾冲突，并结下了难以了结的历史恩怨。[1] 此等历史恩怨，是商人部族改变夏政传统的重要历史因素。

　　夏桀之世，商汤开始秘密活动建立反夏同盟，后终与流散的秦部族首领费昌结盟。后来，商、秦两大部族合力推翻了夏王国，建立了商王国。商人立国，是中国民族群在国家文明阶梯上迈出的第二步。

　　这时的商人族群，既有实力，又有信心。一则，有夏代400余年的治国经验可供借鉴；二则，商人族群具有非凡的创造力；三则，商人族群拥有中国上古伟大政治家之一的商王成汤。其时，成汤已经70岁高龄，久经沧桑，果敢明锐，在"天下"享有极高德望。举凡这些

1　治水四大族群的矛盾冲突与历史恩怨，我在《中国原生文明启示录》之第一卷《国家开端》中，已经作出了比较具体的考据解析，此处不再重复。

历史要素，都使商人对创建新的国家没有畏难心绪，他们是豪迈的，开放的，敢于放开手脚去创造，完全没有后来周室初立时的诚惶诚恐与谨小慎微。商人立国后的创制出新，最伟大处有三个基本点。

1. 商人创建的国家文明，比夏王国跃升了一个历史台阶

商政改制，基本方面是以改正朔、易服色、建立新的朝会制度三方面的革新为标志，创建了相对完备的"有册有典"的国家制度体系。在最基本的诸侯制方面，商王国的诸侯制较夏代稳定全面了许多。一则，商人以强大的综合实力为后盾，对有离心迹象的诸侯势力有能力进行遏制、处罚或战争；因此，商王国对直封的诸侯国的控制力，已经大大增强了。二则，商部族有游牧农耕传统，秉性开放兼容，能够分别不同情况，善待各种族群，使自愿接受商王封号（臣服）的部族政权（诸侯）数量大大增加。三则，商人处置诸侯国之间或边远族群之间的纠纷，有相对严格的法度，能够做到公平服人。是故，500余年中极少发生诸侯动乱。《尚书·洪范》有云，"无偏无党，王道荡荡；无党无偏，王道平平；无反无侧，王道正直"，这正是商人力行的诸侯制"大法"。

以现代国家理念解析，商代王国的国家文明形态，是邦联制与联邦制混合的形态。从政治文明看，商代既部分地保留了夏代的"承认制"诸侯，这是邦联制的部分；又大大拓展了由王权设定诸侯国基本权力的"直封"诸侯国的数量，这是联邦制的部分。直封诸侯国的增加，对商王国的历史稳定性有决定性的作用。共同灭夏的秦部族，就成为最重要的直封大诸侯，一直恪守军旅部族的传统，镇守在商王国的西部地域。

2. 商人创立了上古社会相对成熟、相对全面的法律体系

商人立国初期，便制订颁布了战国商鞅变法之前最成熟的法律

体系——《汤刑》，说明了商王国高层集团对治国之道是有成熟的思想准备的。《汤刑》之名，得于该法由商代第一任国王商汤主持制订。彼时法律简约，虽包含了当时一切基本活动的规范，但以处罚条款为主，激励赏赐性条款很少，故名为"刑"。所谓"夏有禹刑，商有汤刑，周有吕刑"，皆指其时之法律体系，而不是后世意义上的"刑法"概念。《汤刑》的出现，标志着中国早期国家文明在法治、法制两个方面的全面跃升。直到1 000余年后的商鞅变法，《汤刑》仍是立法范本之一。秦法中的环保条款——"刑弃灰于道者"，就是商鞅对《汤刑》的完整引用。

3. 在经济民生方面，商代有历史性的变革与创造

历史性变革的最基本方面，是商代的经济民生形态，由夏代初期国家统制的国有、国营的农耕经济形态，开创性地变革为农商并重，同时兼容牧、渔、猎各业的开放性综合经济形态。所谓农商并重，当然是既重农耕经济，又重商旅贸易。从箕子所作的《洪范》篇看，以解决"食"为使命的农耕经济，还是排在第一位。以解决"货"为使命的商旅贸易活动，排在第二位。就是说，商人部族政治集团的治国立场，相对具有客观性，并没有因为本部族具有牧业、商业基础而将商旅经济排在农耕经济之前；也没有因为夏政确立的国家统制农耕经济的历史传统，而忽视社会生存活动的需要，不敢将私商经济合法化。

商代经济民生的鲜活根基，是私人商旅活动的合法化，是商品经济活动第一次成为与农耕经济并驾齐驱的基本经济领域。所谓各业兼容，实际意义就是各个行业领域的发展都具有平等性，没有国家政策意义上的歧视现象。这是最值得我们注意的，也是最为传统史学忽视的一个基本方面——商代私商贸易活动的蓬勃兴盛，在早期中国开了历史先河，并为战国后期开始的农商经济社会的确立，奠定了历史根

基。总体上说，开放私商，农商并重，是商代社会最伟大的功绩。

商部族的商旅经济活动有久远的历史根源。五帝时期的特大族群中，契之商部族兴起最晚。尧帝之世，其余特大族群的传统生存方式，已经各有历史传统了。因之，契族对人口的吸纳没有太多的余地，大体是来者皆可融入；行之渐久，遂成为一个集渔、猎、耕、牧于一体的杂糅部族群。作为族群轴心的"子"姓契族，究竟操何谋生方式，史无明确记载。但是，依据契之出身卑微、契族有迁徙传统、契在治水成功后被舜帝任为司土（司徒）、契族发明牛车载物等断点式史料，我们可以作出合理的推断：五帝时期的契族，是一个以放牧活动为基础谋生方式，进而发展出"商旅"活动，并同时兼营少量农耕，最终牧、商、农三业兼具的族群。

三业之中，农耕一定不会是契族人的最基本生业，也不是最擅长的谋生方式。因为，从五帝时期开始，后稷族群（周族）就是天下闻名的农耕族群了。在四大族群共同居住于大陆腹心地域的洪水时代，有限的丘陵小块土地，很难容纳两个特大族群同时以农耕为唯一的职业谋生活动。因此，农耕活动极有可能是契族人的补充谋生方式。至于契熟悉土地而任"司土"之职，很大的可能性是，契族在治水时期负责输送粮食物资，并同时踏勘山川土地。"行山刊木"的功劳记在了大禹名下，实际工作却完全可能是契族做的。否则，连农耕部族首领后稷都没做司土，何以契却做了需要熟悉土地状况才能担任的官职？

担任土地大员，并不意味着契族会因此而成为专一侍弄土地的族群。上古时期的"牧"与"驯"，是两个不同的活动领域。五帝时期，以皋陶、伯益父子为首领的秦人部族，是以"驯兽"为业的。当时所谓的"驯兽"，早已经越过了人类早期艰难漫长的动物驯化阶段，是专司对各种有牲畜家禽基础的野生动物、野生鸟类的捕捉与驯化，以补充人工饲养之不足。如对野象、野马、野猴、野牛、野鸟（鸽子与鹰为主）等的捕捉与驯化。这一从业领域，是随着人类经济活动的发展而渐渐缩小的。到了西周时期，秦人已经不再是"驯兽"部族，而是为周天子养马的部族了。

放牧，则是将已经基本驯化的那些成为"牲畜"的各种动物，诸如牛、马、羊、猪、驴，等等，寻觅一方草原放养，使其存活繁殖，并成为大批量的群种。而后，牧人可以将这些牲畜让国家"收走"一部分，从而换回一定量作为"赏赐"的生活用品。但是，常态的方式是：牧人用这些牲畜，去和各个城邑的"国人"交换他们的剩余物品，换回自己所需要的粮食、陶器、布帛等生活必需品。

这里的关键点是，契族商牧人群的生存，必须依赖剩余产品的交换活动。无论是从事放牧的家庭，还是家族，抑或氏族部族等大生存单元，只要图谋解决生存问题，就需要派出成员，赶着自己多余的牲畜，或近或远地去寻找城邑，或寻找制陶族群、耕耘族群、桑麻族群，去换回自己所需要的谷物、布帛、陶器等必需品。上古之时，其余职业的族群都需要有相对固定的生存区域，大多居住于城邑之内，较难远足出行。故此，具有流动性的放牧业族群，从经常更换的牧场出发而远行交易，就成为约定俗成的必需活动了。

此种远足形式的交换活动，越来越多地发生于日常生活之中，人们便想到了一种可比的事物——天上的"商星"。在当时的天文知识中，天上有28宿（28个星区），其中的"商星"是出入活动较多的一个星区。后世唐人有"人生不相遇，动如参与商"的诗句。诗中的"参与商"，就是两个星（区）的名字。有感于活动方式的类似，人们便将这种远行交易且出入于各个城邑、各个地域的契族人，呼为"商"，或"商人"，或"行商"——像商星一样出入的人或马队。久而久之，"商"就成了人所共知的部族名号，也成了契族人乐于接受的名号。夏末之世，契族已经成为以"商"命名的特大部族，发展成为一支强大的社会力量。商人的领袖"汤"，已经被天下共同呼为

"商汤"。商人灭夏之后，"商"自然成了新的国号——国家政权名称。

商部族立国之后，私人商旅活动得到了国家的承认与保护，私人商业活动具有了合法性。与夏代相比，私人商旅活动的合法化，无疑是在国家全面统制的板块之外，开辟了一个极其重要的新型私有私营的经济领域。这种非国营的特殊流通领域一经普遍化，立即使社会各个行业都焕发出了新的生机，社会需求有了新的增长，货品补缺有了自然的通畅性——哪里缺少什么，就有商旅送来什么。人们的生活方式、城邑的社会面貌、郊野的劳动方式等，都发生了鲜活许多的流动与变化。商品内容物不断扩大，作为等价物的早期货币也以种种形式出现了。城邑中的酒肆出现了，交易市场也形成了，郊野大道上的驿站出现了，劳动力商品——佣工也出现了。一切剩余产品都渐渐进入了流通，并在流通中成为财富。

所有这一切变化，都使商代的社会生存面貌，比夏代大大地生动起来、活跃起来。可以说，私人商旅活动的合法化，并进一步发展为相对全面的早期商业与早期商贸经济，是商代在整个中国文明史上最伟大的历史功绩。

关于商代的商品经济状况，历史留下来的具体资料很少。但是，我们仍然能在一些与商王国有关的文献中，看到商代在国家政策意义上重视商品经济的历史依据。其一，《尚书》之《洪范》篇，是箕子讲述殷商治国大法的重要历史文献，其中的一节是总结国家活动八个最基本方面的制度，号为"八政"。这八种国家活动的排列次序是，"八政：一曰食，二曰货，三曰祀，四曰司空，五曰司徒，六曰司寇，七曰宾，八曰师"。

这些最重要的国家活动，排在第一位的是解决粮食问题的农耕经济，排在第二位的是促进财货周流的商旅活动，第三是种种祭祀活动，第四是国家工程，第五是土地分配管理，第六是保证国家稳定的社会治安，第七是国家外交，第八是国家军队。古今中外的国家基本活动，大约都是这八个方面的放大或缩小。

但是，关于这八个方面重要性次序的排列，各个时期的各个国家，可能未必一致。至少，此前的夏王国，此后的周王国，以及其后中国历代政权，都没有哪个时期将"货"的流通活动——商旅经济，排在与农耕经济同等重要的位置，而且公然排列在祭祀活动之前。历代对《尚书》进行注释研究的学问家多多，其中对这一排列深感惊讶者，实在不在少数。臧克和先生的《尚书文字校诂》，列举了《左传》《周礼》《礼记》以及郭沫若的看法，[1] 几乎都表示了对这种排序的意外与惊讶。

其二，在《尚书》之《盘庚》篇，有商王盘庚这样的训辞："往哉生生！今予将试以汝迁，永建乃家。"又有"今我民用，荡析离居，罔有定极……朕不肩好货，敢恭生生……无总于货宝，生生自庸！式敷民德，永肩一心"。其中的"生生"一词，王国维先生认为可能是"生意"的意思。

如此，这两段话的真实意思就可能非常符合历史实际。第一段大体是这样的意思——以往商人都是奔波生意，居无定所。今后，我将率领你们迁徙到一个好地方，建起你们永远的家。第二段——现在我们的民生状况，还处在变卖解析财产而离开家园的地步，还没有稳定的谋生之地……我不为自己和王室谋取额外的财货之利，我敬重民众的商旅活动。官府不能总揽财货之利，要让商旅活动自己发展。这样，才符合民众的道德期望，才能上下一心。

有这样的训辞，商代商旅活动之重要性，几乎毋庸置疑。

其三，在《尚书》之《酒诰》篇中，周公旦代表周成王训诫王室子弟，向他们讲述商人酗酒亡国的教训，同时也指出了商人族群的商旅生存传统。其原文表述为："小子惟一妹土，嗣尔股肱，纯其艺黍

1　见臧克和：《尚书文字校诂》，上海教育出版社，1999 年，第 241—242 页。

稷，奔走事厥，考厥长，肇牵牛车，远服贾用，孝养厥父母；厥父母庆，自洗腆，致用酒。"

这是说，商人族群历来将两种谋生活动看作支柱，一是精细纯正的农耕种植，一是奔走商旅交易货物。他们常常赶着牛车出门，做远行商旅，以养父母尊长；商旅远行归来，父母为他们庆贺，用丰厚的膳食为其洗尘，允许他们痛快饮酒。这个场景，大约是商人的商旅活动归来后最具体生动的民俗画面了。

总体上说，商王国时代是一个开放性与自由性兼具的综合经济时代，就其历史形态而言，几乎是对夏代的直接"反正"。商代500余年，给我们留下了农耕商品经济社会特有的活跃、开放与创造性的社会品格。了解商代社会生存方式的最重要方面，不是争论其是否为奴隶社会及拥有奴隶数量的多少，不是宏大的青铜器与令人神往的甲骨文，也不是仍然存在的井田制农耕经济，虽然，这些也是很重要的方面；最重要的是，商代最伟大而又最为我们忽视的，是它对私商经营活动合法化的国策，以及它所创建的富于活力的农商经济社会。

清楚了这一点，就抓住了殷商问题的核心所在。

四 西周：全面管制型的国家主义农耕经济

周代的核心时段，是西周的270余年（公元前1046—前771年）。

周平王东迁后所建立的东周，就开始了我们非常熟悉的春秋、战国时期。从本质上说，它是完全不同于西周社会的历史巨变时期。多有儒家旧学因尊崇周代王道礼治，将周王国生命期限一直延续到战国最后一任周天子灭亡，将其定位为拥有约800年寿命的王国，以为"德治"寻找历史范例。这一旧法，与现代国家文明理念相去甚远，除了混淆历史的阶段性，没有任何实际意义。因此，我们讨论周代的社会生存方式——经济民生形态，正当的路径应该是将西周270余年当作历史标本，而不能将春秋、战国两大时期也看作周政的有效历史范围。这是一个大的历史前提。

周人，是中国上古三代最典型的农耕经济部族。

大体在尧、舜时期，周人部族已经成为享誉"天下"善于农耕的部族了。周人最早的记名领袖——弃，曾被尧帝举荐为"农师"。后来，舜帝又因解民饥饿之功绩，专门将"邰"地（今陕西关中武功县境内）分配给周人族群。这是上古社会由公权力领袖决定的一种资源分配方式，后世历史学家称为"分封"，实际上是以后世国家的概念在表述历史。由此，弃被天下称为"后稷"——农耕之王。在后来的历史上，周人也确实在拓荒、耕耘、种植、土地管理等农事活动的基本领域，以及对农耕经济的国家管理层面都表现出了高于其余族群，也高于夏商两代的非凡精细与非凡才能。

五帝时期的周人，在当时的诸多特大族群中，平和中实，厚重内敛。除了参与治水，善于耕稼，周人在政治文明上几乎没有什么重大作为，后稷在当时的最高联盟公权力中，也没有担任过重要职司。治水成功之后，舜帝任命的掌管土地的司土（司徒），是商族领袖——契，而不是善于农耕的周部族领袖后稷。故此，周人部族群在五帝时期的历史面目有些不清晰。后世史家曾有人提出疑问，认为周人历史很可能被后世尊周的儒家学者有意提前了许多。从已知的历史实践遗存的线索看，共同治水之后，周部族很可能已经相对疏离于公权力腹地，而在西部独立谋生了。

周人的真正崛起，始于尧舜之后1 000余年的殷商后期。

周人在西部的崛起，以及周武王灭商等历史过程，是今人相对熟悉的历史。同时，我在《中国原生文明启示录》一书中也有较为翔实的解析，这里不再重复。这里要发掘的，是周人立国后最基本的国家大政的确立，尤其是经济民生形态的重新构建。从周武王灭商之后开始，至周幽王的"镐京之战"，历时 275 年，周人建政的最基本作为主要有以下几个方面。

1. 周人创造了早期国家第一次成功反复辟的历史经验

立国之初，周王室不惜付出重大代价，决然对大规模的复辟势力叛乱发动长达数年的战争，取得了全面胜利。战后，周王室又以盛大典礼的方式，公开斩首了所有发动或参与复辟叛乱的首领人物，极大震慑了殷商遗民与周室内部的离心势力。由此，开创了新生政权保持稳定的最基本历史经验——反复辟的必要性与彻底性。后世的历史证明，举凡新生国家之初始阶段，旧政权的复辟势力都是最危险的，新生国家若不能彻底根除复辟势力，则必然面临颠覆性社会灾难。

2. 周人创建了直封诸侯制，政治文明跃升为联邦制国体

周人汲取了夏商两代治权松散的历史教训，以"周公东征"的全面胜利为实力基础，创建了全面的"诸侯直封"制，跃升为王室有效控制众多诸侯国的联邦制中央王权国家。此前的夏、商两代，诸侯国分为两种情况，一种是国王直封的诸侯国，一种是王室承认某些既定部族政权而以"赐封"形式成立的诸侯国。

王室对这两种诸侯国的控制权，是有根本差别的。

夏、商两代，以"赐封"——承认方式出现的诸侯国，在本质上是宗主国与附属国的关系。对此类诸侯，中央王室既不具有制度设定的权力，更不具有治权意义上的辖制力，而只是保持一种臣属关系。臣服诸侯国唯一确定的义务，就是定期向天子行朝贡大礼，献上自己国家的土特产与财货珍宝若干。夏末的商部族，曾经被夏桀"赐封"为一方诸侯首领。商末的周部族，也曾被殷纣"赐封"为西伯侯（西部诸侯群首领）。两者都是保持独立性质的诸侯国，都是借此根基成长为宗主王国的掘墓人。

周人建立中央王国之初，已经认识到了此类诸侯的隐患性，但又没有实力与能力"荡平"它们而重新封建；而以"赐封"形式承认它们，周人又心有不甘。故此，周人对这些具有独立附属国性质的既定部族政权，采取了一种留有余地的智慧政策——先行"搁置"起来，以待可能的变化。

王室直接"封建"诸侯——直封制，是指诸侯国的土地、民众数量，都来自王室的直接划拨命令；官吏制度与军队建制也由王室事先设定，经济民生运行也必须与王畿制度保持一致。此类诸侯国，首先的受封者都是王室子弟与重要功臣。他们和王室联系紧密，王室对其也拥有相当有效的管辖权，尤其是静态出发点意义上的制度设定权。但是，实行直封制有两个最重要的历史条件。其一，是王室拥有对广大土地的实际控制权，也就是天下土地归中央王室所有；否则，无以划出土地来直接封建诸侯。其次，中央王权需要拥有强大的军事实力，否则无法维护对直封诸侯国的实际辖制，也无法解决诸侯国之间的矛盾冲突，更无法有效惩罚那些敢于"僭越"的诸侯势力。周武王灭商之初，直封的诸侯国只有 16 个，实际上就是实力不足以实行全面的直封制。

周公彻底镇压复辟势力叛乱后，周王室基本上已经拥有了对天下土地臣民的实际所有权。此所谓"普天之下，莫非王土；率土之滨，莫非王臣"（《诗经·小雅·北山》）。此时的天下，以独立政权形式存在的诸侯国，已经在周公东征的战争中几乎全部被连带卷入，又连带战败，重要首领几乎全部成了战俘或"待罪"之身。原本归他们拥有的土地、民众，自然都已经是"王土""王臣"了。

因此，周公主持全面的直接封建（直封）时，第一批便一举封建了 71 个诸侯国，其中王室诸侯国 53 个，功臣诸侯国 18 个；周公之后两三代，直封诸侯国已经迅速增加到 400 余个；西周中期的诸侯国，则已经达到 800 余个；西周后期，则已经有 1 800 个诸侯国之说。

3. 周人创建了世界古典国家时代唯一的礼治体系

对商代政治，周部族又是一次直接"反正"。这次反正，掀翻了商代的上古法治社会，建立了世界古典国家时代极其罕见的礼治社会。事实上，周代的礼治社会，是全世界进入国家时代后出现的这种国家统治形态的唯一例子。历史实践证明，任何时代的任何国家，其最重大的政治问题都是治理方式（或曰统治方式）的选择。因为，国家治理方式的确立，便是特定国家对社会生活之历史形态的确立。我们通常所说的法治社会、人治社会等，就是以国家治理方式为出发点而对特定国家之社会生活形态的一种定性。

早期国家在通常意义上大多选择法治。世界各地大量地下发掘证明，法律规范是人类最早的社会创造物之一；举凡相对发达的早期国家，都有相应的法律制度规范。中国的夏、商、周三代，同样也都有法律制度体系。虽然早期国家的法律实施，通常都具有与君主意志相混合的特点，也带有与神明意志相混合的特点；但是它们仍然是法治社会的历史形态之一，不能以当代法治为标准，轻率无知地断言古代没有法治。

法治社会，就是国家在诸多的社会规范体系中，选择了以法律制度（法制）作为社会生活的最高规范体系；其余诸如道德规范、习俗规范等，都退居为次一级的社会规范，其效力与实施方式均不能与法律规范发生冲突。法治者，以法律制度治国之谓也。中国上古的夏、商两代，实际上都是早期法治社会。夏代初创国家，是以《禹刑》为法律规范的初期法治社会。商代继承跃升，是以《汤刑》为法律规范的法治社会，要更为全面化一些。

周人"反正"夏、商，所建立的礼治社会，则是以礼仪制度（礼制）为社会最高规范体系，法律规范被降为次一级的社会规范；法律内容及其实施环节，不能与礼制规范相冲突。事实上，周代的法律规范——《吕刑》也是相当完备的，在国人阶层的平民社会中也是起到了重要的实际作用的。只是，由于法律成为从属于礼制的二级规范，在事实上就隐性化为水面下的石头，因而很少为史料记载，也很少为今天的我们所了解。

周人建立的礼治社会，其诉求目标是高尚的道德境界。也就是说，礼治的目的，是要在全社会建立一种纯正而又理想的道德化状态。从目标性上说，周人的追求是空前美好的，是有高度社会美感的。从思想起源上说，这无疑是周部族的历史足迹所积累的族群治理经验及诸侯治国经验所致。周人部族是远古特大族群中历史相对平和的一个族群，基本没有过如同商人部族、秦人部族那样严酷而长期的历史沉浮。辄遇治水胜利后的严酷政治，周人便悄然脱离了公权力中心地区，进入西部开始了独立的拓荒史。持重稳健的生存方式，使周人形成了相对自觉的道德锤炼传统。在西部诸多族群严酷竞争的拓荒过程中，周人甚或曾以主动让出生存土地的方式，以化解敌对部族的怨气。在周文王时期，这一历史传统发挥到了极致，周人的德望广播天下，尤其获得了西部诸侯群的高度赞誉。讨伐殷商的演习战役集中行动——孟津观兵，竟然能使"八百诸侯"同时聚合，可见其号召力之巨大。

当然，这绝不意味着周人只会一味滥仁。事实上周人比夏人、商人的冷酷都更为彻底。周武王亲自手执黄钺砍下妲己头颅，周公东征胜利之后的大规模杀戮，便是周人不乏冷酷的历史证明。但是，周人的冷酷毕竟不是常态。就常态化的治国理念而言，周人是向往秩序井然、肃穆庄敬而又天下亲睦的社会状态的。因此，周公在东征战争的血腥尚未散尽之时，便大规模推出了礼制体系，并全力实行礼治社会，这绝不是一时的心血来潮，而是周人久远的治世理念的体现。

后来200余年的历史实践证明，这种理想化的礼治社会，是非常失败的。其根本原因，有两个方面。一则，礼制严重脱离当时社会的阶级分化的社会实际，使其只能实施于贵族阶层，而无法成为覆盖全社会的最高规范；而一种被国家确立的最高层级规范，若缺乏社会覆盖性，其崩溃几乎是必然的。二则，礼制以道德境界为诉求，其实施环节又必须因时、因地、因人、因条件而异，不具有标准操作的可能性。时间一长，种种变通之法大量涌出，礼治社会的严肃性便无形地流散了。

于是，脆弱而又精美的礼治社会，基于如此两大缺陷，使周王室面临普遍的社会谴责与社会反抗的统治阶段，比夏、商两代要早许多。周王室权威衰落的速度，比夏、商两代也要快得多；仅仅只275年，周王室便宣告崩溃了。

周人创建的国家政治文明，虽然不是直接的民生经济意义上的制度；但它却是国家时代一切社会形态的轴心规范，具有确立各个社会领域活动之静态出发点的意义。因此，不了解周人的政治文明框架，就不可能深入了解周王国时期国家主义的社会生存方式。

4. 周人建立了全面管制型的国家主义农耕经济

周人对商代社会的经济民生形态，及其所呈现的自由流动与奢华奔放的社会风貌，有着强烈的逆反心理。因此，周人立国建政，对商政进行了两个基本方面的大规模"反正"。一则，全面掀翻了在商代被合法化了600余年的私商经济，全面取缔了私商活动，建立了由国家严格管制的"工贾食官"的国有、国营工商业制度。二则，总体掀翻了商代的开放性综合经济民生形态，建立了"以农为本"的实行经济管制政策的国家主义农耕经济。因此，周王室对商代的经济民生进行了两个方面的大整肃。

首先，全面取缔私商，建立全面管制型的国有、国营工商体制。

周人认为，商人所以亡国，最重要的原因是普遍的私人商旅经济所带来的奢华与腐败，尤其是弥漫宫廷市井的"酗酒"之风。周人之所以长期严厉地指斥商人的"酗酒"风习，绝不仅仅是单纯地反对饮酒，而是认定"酗酒"风习是商人群体堕落的社会根源。故此，周人要防止族群堕落，就要釜底抽薪，就要取缔私人商业经济，全面防止商品经济带给社会的剧烈腐蚀。历史地看，极端重视社会道德，极端重视国家安危，是周人掀翻商政并推行全面管制型的国家主义农耕经济最重要的国家行为动机。

也就是说，周人对殷商经济民生形态的大规模"改造"——倒退，基本上是政治利益的需要所决定的，而不是建立在经济民生发展的客观性需求基础上。因此，这一"反正"在本质上是缺乏历史合理性的；尤其是彻底取缔已经合法存在了600余年的私商经济，显然具有倒行逆施的性质，是历史的倒退。虽然，当时的周人高层集团具有道德整肃的崇高动机，因而无法预料，或根本不愿意预料这种极端"反正"所带来的历史破坏性；但是，被国家力量强行植入社会经济生活的僵硬框架，仅仅维持了200余年，很快就宣告崩溃，应该说，这是有历史必然性的。

当时，周人推行的实际政策，是全面取缔私人工商业经济；私商所开办的工匠作坊，或独立的工匠作坊，工匠本人及其生产场所皆归国家所有；私商本人，及其所开设的店铺与作坊，也皆归国家所有。此后，商业场所与工匠作坊统归国家所有，全部由国家派出官吏组织经营；国营工商业的从业者，一律成为由国家发放"工资"的吏职身份；原先的私商与私人工匠，若不愿归为国家，则自动成为井田制下的农耕户。

其次，最重要的社会基础政策，是对殷商遗民的分治。

周公东征胜利后，具有深厚私商传统的殷商遗民尚有70余个族群，至少应该有100万人左右，甚或数量更多。广义地看，遗民人众有两大块，一是殷商王畿的平民人口，二是殷商王族的残余人口——贵族人群。尤其是殷商王畿的平民人口，是殷商社会最具活力的遗民群，其生命力远远强于殷商王族后裔。

周公的策略是，将殷商的平民遗民与殷商王族后裔剥离开来，实行分治。其实际处置方式是：其一，将殷商王族后裔单独分封成一个诸侯国——宋，国君与官员由殷商王族后裔出任，民众人口则由周人填补。其二，将殷商70余族平民性遗民，另行直接封建一个诸侯国——卫；卫国国君及其所统率的官员群，全部由周王室子弟担任；严格辖制殷商遗民，使其重新归农。其余非主流的流散殷商遗民，则纳入王室开办的工商行业，或纳入农耕井田制。

从实际效果看，殷商王族后裔与殷商遗民的两分，具有一箭双雕的历史效用。殷商王族后裔，失去了再度复辟的社会人口基础；殷商遗民，则失去了在殷商国君治下有可能保持的小幅度的商旅自由，只能在周人国君的严厉管制下放弃私商活动，最终就范归农。历史主义地看，对殷商遗留人口的两分两治，是周人整肃经济民生并成功遏制私商经济的最重要政策。

第三，周人全面整肃农耕经济，建立严格管制型的井田制体系。

全面取缔私商，是周人的"破"。全面建立严格管制型的国家主义井田制经济，是周人的"立"。从当时的社会效果看，周人的"破"，显然已经成功了。同时，周人所要建立的严格管制型的井田制农耕经济，也取得了盛极一时的历史效果。但其付出的社会努力与时间，却要远远大于建立国有工商经济。

我们在论及夏代的社会生存方式时，提及过井田制的历史形态，此处我们依据《汉书·食货志》的记载，再综合其他文献，来看看西周井田制的基本形式。

首先，井田制实行土地平均分配制度。周时之井田制，以每户户主参与土地分配，数量均等。具体每户的受田数量在各个时期有所不同，大体在100亩到300亩之间。民户分得的土地，一律被称为"私田"。当然，这是使用权意义上的私田，不是所有权意义上的私田。

井田制的户耕亩数无论增加或减少，都得由国家统一规定，大体都是平均分配。这是基本点。

其次，"井"是基本耕作单元。这个"井"，既包括实用意义上的水井，也是一个以实用水井为轴心的耕作单元。每井由八家农户及所分得的全部"私田"，及中央水井周边的"公田"（大体接近于一家耕田的数量）构成。井中的公田，是八家缴纳赋税的集体代耕土地，收获物归官府。按照王权强大时的标准井田制，一井共计880亩耕地。其实际划分形式是：80亩公田居于中央位置，由官府在公田中央位置开凿一口水源旺盛、汲水设备齐全，且有很大石砌井台的"公井"。公井的作用有三：一为八家的法定汲水井，二为井长召集农户议事之法定场所，三为八家相互交换剩余产品的法定平台。八户农人之私田，以"上下各一，左右各三"的形式，等距离分布在公井四周，形成一个完整的耕作单元。

其三，井田制农耕对居住方式的管制。周人的井田制，基本上重新回归到夏代"国人"的生存方式。农人的根基居所，在封建主（诸侯或大夫）修造的大大小小的城堡（国）之内，号为"国人"。春耕时节来临，"国人"出城居住耕耘；冬天来临之时，重新回城居住。故此，周代井田制规定：在总量880亩的土地中，必须有20亩土地留作"庐舍区"土地，作为农户耕田时期所需居住屋的宅基地。但是，庐舍区的定制只是针对宅基地的总数量而言，并不要求集中居住。实际居住方式，是每户在自己的"私田"里以两亩半地为标准，建造一座"庐舍"以供农耕时节居住。户主若有依附的奴隶劳动力，则奴隶在主人回城后的冬天，仍然留居庐舍，一般不能进入城邑。

其四，官府对劳动方式的管制。周代井田制的劳动方式，是在官府统一号令下的集体劳动或分家劳动的方式。耕耘公田，是集体劳作；耕耘私田，是家庭各自劳作。春天之时，天子与各诸侯国君主，都要举行法定的"启耕"大典，以号令春耕开始。之后，封主会派出吏员督导所属成、通的各井耕耘；井长聚集全井劳力，以法定次序进行耕耘——先公田，再私田；其后无论哪个农耕环节，都是先公田、后私田的次序。公田的收获物，井户要全部运入封主城邑缴纳。进入立冬节气，官府又会发布统一号令，井田农户得全部回归城邑。此所谓"春，令民毕出在野；冬，则毕入于邑"（《汉书·食货志》）。

冬天回城后，"国人"得以邻、里为单元，每日进行法定的社会活动与法定的各种工役劳动。每邻五家，是城邑国人的基层组织；五邻为一里，共 25 家。邻、里，大体相当于现代社会的街道组织。冬天的城邑活动，男子主要是修习武备、礼仪教习、读书识字、来年农耕预备，等等。女子白日各忙家事，夜间则以"邻"为单元集中纺织，直至夜半子时结束。周礼对女子集中劳动的管辖理由是，"省费燎火，同巧拙而合习俗也"（《汉书·食货志》）。——节省燎炉木炭火，巧工者能带动笨拙者，习俗也能融合。

其五，官府对农田耕作种植的管制。周制：每年种谷，必须五谷同时都种，以避免单一播种不能承受某种特定作物的灾害；农田中不得栽树，以免妨害五谷生长；耕耘收获时节，必须急如星火，如寇盗之至，以防成熟的庄稼因暴雨等灾害而流失；庐舍四周必须种桑树、果树、蔬菜，自家吃不了的可以相互交易。《诗经·小雅·信南山》有云："中田有庐，疆场有瓜。"表现的就是自种与交易的情景。对于猪、狗、牛、鸡等家畜的繁殖，必须不失时效，不能荒疏。女子必须在不下田时养蚕、纺织。

其六，官府对井田制灌溉系统的管制。井田制之所以是国家主义经济，不仅仅是说它的管制渗透于具体的劳动方式，而且在事关农业命脉的宏观灌溉方面，在农耕为战争活动提供空间方面，都有严格的统一管制。如前文所提及，周时之井田制，十井为"通"，十通为"成"，一成即 88 000 亩土地。成之上，一般就是封建诸侯国的统一管制。井、通、成联结，便形成一方可以相对系统地规划实施灌溉工程的大单元。

其时，只要是平原地区的完备井田制，其灌溉系统都是较为发达的，有用水保障的。井田建立之时，一个需要事先规划的实际问题，是田野要留出战车通行的道路，以解决军队的训练与战争的需要。直到战国中期，残存井田制的土地上还留有大量名为"阡陌"的纵横车马道路。就是说，车道、渠道、正常人行道等，都是井田制必须配套解决的宏观问题。事实上，周人解决得不错。

井田制的全面推行，形成了西周时期独特的社会生存风貌。

城堡中的贵族社会，在严格的礼制规范下，一板一眼地铺排着日常生活，铺排着精细的物质享受，铺排着往来宾客的酬酢唱和，铺排着隆重的权力运行。举凡出兵征战、战胜献俘、会盟诸侯、相互通婚、纳贡完赋这样的重大事项，都要在太庙举行，以示对祖先的不敢违背。所以，那时对军事活动的运筹决策，叫作"庙算"，男子娶亲的礼仪活动，称为"告庙"。这就是"凡公行，告于宗庙"（《左传·桓公二年》）的礼制要求，是不能省俭的程式。总体说，无论是郊野农事，还是城堡社会，都是一片安宁平和的气象。

自进入早期国家时代，千年以来，中华族群居住的大地上，第一次普遍出现了一幅恬静、肃穆、事事循礼的社会总图景。《易经·井卦》中所谓的"往来井井"，《荀子·儒效》篇所谓的"井井兮，其有理也"，后世延伸的成语"井井有条""井然有序"，等等，其本原意义说的都是井田制生活下整肃朴实的社会景象。

但是，这一肃穆井然的社会生存风貌，并没有使全面管制型的国家主义农耕经济获得不朽的生命。相反，它在两百余年后就已经变得千疮百孔，其生命期既没有夏代长，更没有殷商长。何以如此，我们将在下面的大转折时代看到历史再次"反正"的充分理由。

五　商鞅变法：农耕商品经济社会的确立

"镐京之乱"后周室东迁，社会经济民生开始了深刻全面的历史变化。

最为根基的原因，是王权衰落。周人建立的全面管制型经济民生制度，其实际运行完全依赖于中央王权与诸侯治权的实际辖制力量，并不具有植根于经济生活之内在需求的自发运转的生命力。这样的经济民生形态，只有依靠庞大的国家组织力量推动才能运转；强大的外部管制一旦衰微，经济民生活动便会自然顺应着内在需求的方向流淌，国家全面管制便会暴露出无可收拾的溃烂局面。

这就是中国历史上最为动人心魄的春秋、战国两大时代。诞生于春秋时期的民歌汇集《诗经》，对这种深层的社会生存变化多有描述——"烨烨雷电，不宁不令""百川沸腾，山冢崒崩""高岸为谷，深谷为陵""礼崩乐坏，瓦釜雷鸣"，等等，不一而足。春秋政治家晏子，则对当时的社会人心有一个时代定义性的评价——"凡有血气，皆有争心"。（《左传·昭公十年》）后来，战国之世的韩非子对这一时代的普遍精神则总体评价云："大争之世"，"多事之时"（《韩非子·八说》）。

总体上说，春秋、战国是中国民族群涅槃重生的时代。

春秋时期的社会演化，围绕着两个方面的新经济基础的形成而展开。新基础一，是全面管制的国家经济松动，新地主经济逐步崛起。新基础二，是私商阶层再度涌现，它们对社会生存方式的冲击是决定性的。

1. 春秋农耕经济基础的变化——新兴地主阶层涌现

西周时期的国家经济，本质上就是王权经济。王权衰落，整肃僵化的经济民生形态必然会发生变化。春秋300年左右的历史，是蚯蚓泥耕一般的深刻演化时期。变化的起点，是两个极端方向。一则，井田制下的农户们对毫无自主耕作权与自主劳动权的全面管制，已经产生了长期懈怠与种种抵制，趁管制松懈、列国战乱、政变动荡、灾难饥荒等机会，携带私田自愿寻求新的开明封主庇护，日益成为农耕平民群的普遍现象；二则，某些诸侯国贵族阶层中的大夫群，或曰"家臣"群，趁王权衰落、礼治松弛之机，暗中通过优惠待遇——少收实物税或免除劳役等，收容官府无力管辖的流落民户及其"私田"，扩大自己的私人领地，悄然形成了不为中央王室与诸侯国君主所觉察的实际势力。

如此，两者结合，某些诸侯国便首先产生了一家又一家的"大夫"势力群。那时，社会将各个诸侯国的君主统称为"世家"，隶属于诸侯国的大夫们，则被社会统称为"家臣"。暗中聚合了一定数量的民众及土地的家臣们，实质上就是新兴的地主阶层。他们暗中得利，其中多有精明能干者，便利用他们能够逃避或对抗诸侯国国君监督的政治优势，推出了对投奔者更为优待的新政策，继续扩大土地与人口规模。之后，他们便在新土地上建造新城邑，甚或建立自己的私家军队，逐渐成为能够与诸侯国国君对抗的力量。

当时的最大"家臣"集团，是齐国田氏。田氏本是陈国大族，在陈完做族领时迁入齐国，改姓为田。后来，田完做了齐国中级大夫，职司土地及经济管理。新田氏家族颇具眼光，对携田投奔民户长期实行"超优惠"政策——收缴实物田租时"小斗进"，民户借粮时"大斗出"。田氏将这一私家政策坚持了五六代共100余年，到春秋末期，田氏首领田常已经吸附了齐国大部分人口土地；并建立了自己的私家军队，又在政治角逐中吞灭了敌对势力，终于成为能够左右齐国局势的最大势力。

春秋时期新兴地主阶层的普遍崛起，固然有其利用政治权力的一面，但更为根本的原因，无疑是经济新生活自身的内在魅力。首先，农耕户们在投奔新地主后，拥有了某种经过变通的土地所有权——农户"私田"在名义上仍然是井田制下的国有土地，实际上却"转让"给了新的地主；新地主们则利用他们的权力，暗中保护"私田"的所有权——允许农耕户私下自由买卖私田。这种实质性的变化普遍流行于当时的天下，新兴地主阶层的"深谷为陵"的历史崛起，渐渐地就由暗潮涌动变成了改天换地的历史大潮。

2. 春秋国营工商业的变化，私商阶层再度涌现

在西周的全面管制经济中，工商业是国有、国营的，私商是被全面禁止的。西周时期，并没有忽视工商业本身，只是不许私营商业存在。《史记·货殖列传》引述《周书》云："农不出，则乏其食；工不出，则乏其事；商不出，则三宝绝；虞不出，则财匮少。"周人的这一经济思想说明，西周王室禁止的不是工商业本身，而只是私商活动。就是说，在整个西周时期，只有国营工商经济的存在，而没有私营商旅与私人手工业作坊。

这种统一管制的国营工商业，带来了两大弊端。一则，工匠作坊与商业店铺开设数量太少，除直接满足王室的"尚坊"较大外，设于各城邑的作坊店铺规模都太小、太少，不能相对充分地满足社会需求，商业对社会经济的促进作用被大大遏制。二则，国营商业的绝对垄断性，剥夺了社会各阶层通过商业活动谋取利益的路径。对于急于扩大实力的新兴地主阶层，以及急于改变单调而贫困生活的普通自由民，全面管制的工商业体制等于卡死了他们最为有利的致富之道。司马迁在《史记·货殖列传》中就此评说："贫富之道，莫之夺予！""夫千乘之王，万家之侯，百室之君，尚犹患贫，而况匹夫编户之民乎！"这是说，脱贫致富之道，国家不能剥夺，这是天道，是人性本能；天子贵族尚且如此，况乎平民？

春秋伊始，王权衰落，列国不断挑战王室权威，列国之间又连绵争霸，各诸侯国对社会经济民生的管制几乎必然地全面松懈了。在此条件之下，私人商旅活动由少及多，在社会缝隙之间蓬蓬勃勃地发展起来。起初，私家商旅的马队、车队中，各诸侯国的大夫私商是主流；后来，自由民个人的商旅活动也渐渐增多，终于成为民间商旅的主流了。其间，素来拥有私人商旅传统的殷商遗民——此时的卫国"国人"，商旅活动更是很快复苏，并转瞬普及化。对此等盛况，司马迁的描述是"天下熙熙，皆为利来；天下攘攘，皆为利往"（《史记·货殖列传》）。

私人商旅活动的复兴，给当时社会带来了基础性的变化。

首先是土地使用权的私相转让，具有了合理而普遍的社会道义性。尽管当时的土地在理论上（制度上）还是不能私相转让的，土地所有权在名义上还是国有的；各诸侯国的新兴地主们纵然执掌了一定程度的实权，但也还没有一个势力集团敢于以公开买卖的方式聚合土地。但是，在私商活动普及的情况下，私下的土地使用权转让，就拥有了实际上的"合理性"与社会认同度，为土地终究成为真正的商品开辟了历史道路。

其次是渗透于社会各个角落的私人商旅，极大促进了物资的流通，刺激了社会需求的进一步增长，也必然地刺激了生产的增长。春秋后期几个大诸侯国的实力之所以能迅速扩展，并形成七大战国，商品经济的快速发展在事实上起到了很大的基础推进作用。

3. 战国变法的经济轴心——土地制度的变革

公元前453年，魏、赵、韩三家新兴集团被周王室正式承认为诸侯国。从这一年开始，战国七雄格局形成，社会开始发生重大而深刻的历史变化，史称"千古巨变"。战国社会变化的最重要推力，是连绵不断的变法大潮。变法大潮最重要的历史内容，是政治、经济、军事三方面的全面变革。

就经济方面说，战国变法的轴心所在，是解决土地问题。

农耕能够解决人类生存的第一需要——吃饭问题。因此，任何时代的任何国家，农业问题都是第一位的大问题，即或在科学技术已经高度发展的当代社会，农业经济的基础地位仍然没有变化。而在农耕经济中，土地问题无疑又居于中枢。土地问题解决得好，农耕经济就能获得充分的推动力；土地问题解决得不好，社会基础就会发生动摇，种种社会动荡就会不期而至。

对于这一点，中国上古社会有着比同时代任何地域的任何国家，都要深刻清醒的历史认识。因为，中国民族群进入国家时代，就是在战胜洪水大劫难之后创建井田制开始的。中国国家文明最为重要的第一块基石，就是井田制。井田制是什么？就是解决当时土地分配问题的最重要、最根本的经济制度。进入战国时代，曾经在夏、商、周三代1300余年中发挥了巨大作用的井田制，已经在春秋300余年的演化中基本趋于崩溃。但是，基于三个方面的历史因素，井田制依然在战国初期保持着形式上的合法性与完整性，很像是一种"名誉"存在的制度，并没有退出历史舞台。因为，还没有一种合法的新土地制度能够取代井田制。

这里，有三个构成阻力的历史因素。第一，是地处偏远的诸侯国，以及始终恪守王道礼治的守旧诸侯国，还有周王室的洛阳王畿，仍奉行着已经衰败不堪的井田制。第二，井田制本身的平均分配方式，具有一定的社会合理性，有利于防止社会两极分化，有利于化解社会利益集团之间形成的激烈对抗。若要以一种新的土地制度取代井田制，新制度就必须具有上述两方面的历史优势。从国家意义上说，新制度的建立不能以社会大动乱为代价，更不能以国家灭亡为代价。从战国初期的历史实践看，这样的新制度还没有在社会酝酿成熟，井田制还不能立即被全面废除。第三，战国变法是以雄厚的法家理论为支撑的理性变法的历史潮流，各国变法都具有非常清醒的策略意识——在既不激起社会动荡，又能保持国家战争实力的前提下，依据本国实际情况推行变法。这种清醒的策略意识，化成战国变法大潮最为鲜明的两个历史特征：一是立足本国国情的独创性，二是坚持小步快走的和平革命方式。战国变法多姿多彩，各大国之间几乎没有任何一次变法同出一辙；其最根本的原因，在于各国国情不同，推行改革的策略也有所不同。但是，国情与策略的差异，并不等同于没有普遍的基础共同性。天下（中国文明圈）大势是基础，在共同的历史条件下，各国变法对于最为重大的土地问题的策略原则，都是共同的——都没有采取立即彻底废除井田制的激变策略，而是普遍采取了实际上向私田制方向不断迈进的渐变策略。

惟其如此，战国变法解决土地问题，是一个较快而又渐进的历史过程。

在山东六国的变法中，魏国解决土地问题的方式具有典型性。魏国是战国新兴四大诸侯国——魏、赵、韩、齐——中最重要的一个国家。这四个新兴诸侯国，其所以与楚、燕、秦三国一起被当时社会称为"战国"，是因为它们都已经不是传统意义上受到王权全面辖制的诸侯国，而是全面摆脱了王权辖制而独立行使一切治权的国家。以现代理念分析，它们已经具有相对健全的独立国家的性质。魏国之所以成为战国初期最重要的超强大国，最根本原因是魏文侯时期推行的全面变法，史称"李悝变法"。

全面分析李悝变法，可以看出其鲜明的策略原则。

首先，以当时社会能够顺畅接受的法律体系改制与政治制度改革，作为魏国变法的重心，既能使新国家机器在频繁的战争中拥有高效运转的功能，又能使在新法的推行中可能出现的种种社会动荡因素得到消弭，从而起到迅速凝聚国力的效果。李悝变法，其功效最大的正是这两个方面：创建了战国时代的新政府管理体制——丞相开府制；创建了相对全面的第一部法律体系——《法经》。李悝《法经》有六大方面——盗法、贼法、囚法、捕法、杂法、具法，基本没有涉及经济制度问题，更没有涉及土地制度问题。《法经》的主旨所在，显然是整肃并建立新的社会秩序。

其次，对于最为要害的土地问题不直接触及。对于旧井田制与新兴地主（包括已经摆脱了旧领主的自由民）私田制并存的格局，采取了默认的方式。既不公开以法律形式废除旧田制，也不公开以法律形式确立新田制，将这一最敏感、最重大的问题暂时"搁置"起来。作为战国初期第一次大变法，这是非常高明的策略。其最重要的效用是减少了变法的阻力。当然，它的历史逻辑也有一个必然的延伸：在必要的历史时期，必须进行再度变法，正式解决土地问题以建立新的土地制度。后来的魏国，因为没有继续延伸这一历史逻辑，所以在战国中期便很快衰落了。

再次，以解决实务问题的方式，着重激发私田农民的生产积极性，是谓"尽地力之教"——激励提升自由新农民的生产力，使国家较快地富庶起来。从实际推行看，李悝"尽地力之教"的种种措施，类似现代国家的"临时政策"，而不是稳定的法律制度。作为实际推行的政策，"尽地力之教"的基本内容有两大方面。一则，基于自由农民在脱离旧井田制后耕作技术的衰退与无序问题，以官府力量大力传播合理先进的耕作方式与种植方式，诱导、推动并大力督导之。虽然也是灌输性的，但农民的接受意愿却要强烈得多。因为，变法的整体效果与配套政策，对农民利益的提升是巨大的。诸如"种谷必杂五种，以备灾害""还庐树桑，菜茹有畦，瓜瓠果蓏，殖于疆易"（《汉书·食货志》）等种植要求，都是李悝变法推行的实际政策。二则，督导农民"力耕"。这是激励农民的生产积极性，尤其在收、种两季督导农民紧张劳作，诸如"力耕数耘，收获如寇盗之至"（《太平御览》），便是实际政策之一。

第四，李悝创建了"国府平籴法"，以充分的商品经济手段，有效解决了当时魏国的粮食问题。所谓国府平籴法，包括两个基本方面：一则，由国家仓储机构出资，在丰年以公平价格收购地主、自由农民与社会流通的富余粮食，建立国家粮食储备制度；二则，在灾年以相对低的价格，以国家储备的粮食进入市场，起到平抑粮食价格并救灾救荒的作用。这种做法，虽然在诸多新兴势力集团的辖区内都采用过，但并未曾在一个国家范围内形成稳定的制度。李悝"平籴法"的最基本特点，是使上述做法变成能够稳定推行的国家制度；其制度目标是"使民适足，贾平而止""使民毋伤而农益劝"（《汉书·食货志》）。

从魏国变法的实际情况分析，李悝虽然没有制度化地直接解决土地问题，但是在默认私有土地现象的前提下，通过建立有效的耕作制度，同时激发督导农民的生产积极性，以及对农耕业的最终产品——粮食实行"平籴"新政策，在实际上以迂回的方式接近于建立新土地制度。同时，也为后来秦国商鞅变法彻底解决土地问题，开辟了历史道路。

总体上看，在战国变法大潮中，土地问题一直是经济领域的核心问题。

战国中期，土地问题已经成为长期困扰战国社会经济的最基本问题。土地现象之所以成为问题，在于两个基本方面。一则，法度失效的井田制残余与没有法律规定的新兴私田的并行存在，本质上构成了一种接近于自发存在与自发成长的混乱形态；其相互冲突的无序性，既酿成了诸多利益集团之间的尖锐对立，也给自由民社会带来普遍性的必不可免的混乱冲突。同时，私田的弹性模糊存在，也给某些不良官员以"可管可不管，可轻可重"为潜在理由，进而欺压自由民提供了很大的空间。

二则，各大战国都在变法，都在事实上承认并鼓励私田现象的发展；但是，基于减少变法阻力的必要性，各国都没有在变法中以明确的法律形式确立新土地制度。因此，土地的分配方式、转让方式，国家与私人对土地权的划分范围，及大范围土地灌溉系统的建设等最基本的土地问题，在各大战国都没有形成有法可循的制度。在残存的30余个中小诸侯国中，土地状况更是"多元"俱在，无法整合。这种"被默认"的混杂存在的土地现实，虽然有利于各国的创新摸索，但也无法使一个国家的经济潜力在法治条件下得到充分发挥。

秦国变法之前，始终未能涌现一个超强战国，其基础性原因正在此。

4. 商鞅变法：确立土地私有制与土地买卖制

商鞅登上历史舞台时，已经是一个有着坚实理论准备的法家大师了。

彼时不到30岁的商鞅，与其说是年轻的思想家与改革家，不如说是一个极具制度建设天赋的政治家。只要稍微具体地分析商鞅变法，我们就会发现，几乎在解决每一个领域的重大问题中，他都有出人意料的行动策略，有扎实可行的制度建设。建立政府信誉的"徙木立信"，全面制止私斗的"大刑杀"，凝聚国家战力的"激赏军功制"，重在司法的"法治社会"，确保法律执行力的"法官制"，开发人口与税源的"分户制"，集中治权的"郡县制"，等等，莫不如此。

商鞅变法之所以被后世看作"千古大变"，在于它对战国时代创建新文明的历史需求，进行了系统而深刻的清理总结；在国家治权架构、法治社会、军事制度、经济制度、社会生存方式等基本方面，都创建了前所未有的新制度体系。更为可贵的是，在此后160余年的战争多发时期，这些新制度体系经历了严酷的破坏性实验，但都被历史实践证明了是扎实稳妥且行之有效的成功制度。从经济制度看，商鞅变法的最重要贡献，是真正解决了土地问题。

首先，来看看商鞅变法解决土地问题的策略原则。

商鞅变法分为两个时期。在第一期变法中，他重点关注的是执政官（左庶长）开府、禁止私斗、奖励农耕、激赏军功等国家急务问题，并没有涉及土地问题。由此可知，商鞅变法的初期策略原则，也是将土地问题滞后处置的。这一点，与山东六国的变法相同。不同之处是，商鞅变法的土地滞后不是无限期地搁置，而是自觉地将其作为变法第二时期的重点问题来解决。在策略理念上，土地问题是商鞅变法必须解决的最基本问题，只是因为它所需要的前提条件具有综合性，所以只能放在初期变法成功后再进行。

其次，创造解决土地问题的基础条件，以虚封制为轴心整合土地资源。

战国初中期，各国土地资源事实上都处于分割状态。

根本原因是，无论是新兴的 7 大战国，还是残存的 30 余个中小诸侯国，都程度不同地延续保留了夏、商、周以来的分封制。这些战国与诸侯国的各层级封主，一如既往地对自己的封地享有完全的治权，战国与诸侯国的君权几乎没有对其干涉的权力。在这种以土地国有为基础的老式分封制下，私田是受到重重遏制的，是没有条件解决土地问题的。因为，变法所要解决的土地问题，是要确立私田的合法性，包括如何对待封地私田。在七大战国中，虽然私田普遍兴起，郡县制开始出现，但由于各大战国都保留了实地分封制，国家很大一部分土地的治权，事实上还在各个功臣"封君"与王族"封君"手里。虽然，各个"封君"的领地中都实行了程度不同的事实上的私田制；但是，治权在封君，国家无法统一解决土地问题。

著名的赵国平原君赵胜的封地，就曾经发生过严重的自治抗税事件。当时的赵国田部令赵奢，率领执法大队斩杀了平原君的封地自治官员，才迫使平原君完成了被数年拖欠的实物税收。韩国的段氏、侠氏、韩氏等几家封君，更是抗拒韩国对土地实行统一治权；迫使申不害变法时动用了接近于军事政变的手段，扣留了所有的封地首领，迫使其交出部分土地与实用物资；但是，最终也没能解决土地问题。楚国的封地问题更是盘根错节，直至灭亡也没能解决。

从本质上说，战国解决土地问题的最大阻力，是以分封制为难点的对土地资源的实际分割。因为，只要分封制存在，土地资源就处于不同制度下的分割占有状态，任何国家都不可能统一解决土地问题。

为此，商鞅在秦国二次变法中首先实行虚封制，为整合土地资源创造条件。秦国推行的虚封制，是有条件的虚封制，因而也可以称为有限分封制。这些制度条件，包括五个基本方面。其一，对当时秦国的所有土地，都实行统一的国家管理权，也就是治权统一，这是根本性制度。其二，国家分封给功臣的土地，无论数量多大，譬如商君本人受封商於之地 10 余县；该受封土地仍然是国府统一治理的土地，封主没有封地治权；封主的实际利益，是由封地所属郡县拨付给封主的封地赋税的法定部分。其三，封地只能"虚封"给功臣之士，以彰显国家的最高激励。其四，王族子弟除非有大功，不在自然受封之列，实际就是取缔了传统的王族子弟天然获封的特权。其五，所有的功臣虚封之地，只对受封功臣本人有效，不能世袭传承。

这就是说，虚封土地不影响国家的统一治权，同时有利于彰显国家对大功人士的重大赏赐，使功臣们享有崇高的社会地位——其时凡有领地者，皆在名义上等同于传统诸侯。在这种有条件的虚封制下，社会土地的绝大部分在事实上已经归属于国家；国家有了统一处置权，便能有效解决土地问题了。

影响土地资源集中的另外一个因素是不公平的占有现状。从实际情况看，在战国时期的一系列变革之后，土地的不均衡占有仍然是最基本的现实。真正耕种的自由民，对土地的占有量很少；官员、大商、大族对土地的占有量则很大。如果基于这些大土地占有者也都是私田所有者，因而仅仅以法令形式承认这一现状，便算作解决了土地问题，在理论上也是无可指责的。但是，土地占有量的悬殊，必将成为巨大的社会隐患。显然，具有深彻变法理念的商鞅，不满足于这种在皮毛上解决问题的方式。

商鞅二次变法，对于统一集中土地资源，采取了四种方式。其一，官员于虚封制之外，若在事实上还有既往已经占有的私田，则一律归属国家重新分配。其二，商人占有的私人土地，农耕大族占有的较大规模的私人土地，皆依法保留法定数量的土地——与自由民分配土地等量，多余部分归属国家重新分配。其三，开发传统上属于国有的废弃官地、废弃官道、废弃战车道、废弃渠道、废弃井田区的荒芜土地、废弃的灌溉渠堤等，开发之后作为可耕土地，一律重新分配。其四，奖励农户开垦国家指定区域的荒山土地，凡力耕开垦而成的小片可耕地，皆归开垦者个人所有——不占国家依法分配土地的指标。

如此政策之下，秦国山乡几乎所有的可耕土地，都已经纳入了可分配、可利用范围。秦国真正在统筹意义上全面解决土地问题的历史条件已经成熟。成熟的标志，就是可以为所有的土地所有者设定相同的静态起点。

第三，解决土地问题的实质步骤：平均分配土地，人人得享私田。

整合土地资源后，秦国宣布正式取缔井田制体系，重新平均分配土地。

当时的土地分配制度是：每户以户主身份参与分配，每个户主100亩土地；6尺为步，240步为一亩。这是早期的大亩制。须得注意的是，此前的变法时期，秦国已经实行了新法户籍制（易俗）——民户不得多代同居，子女凡达加冠年龄者，必须独立分户居住，登录于国家户籍册典，成为参与土地分配并耕耘纳税的民户。所以，当时秦国农耕人口中的成人户主参与分配土地，实际上等于以主要劳动力为轴心的农户，家家都有了等量土地。

第四，以法律形式保护土地私有制，确立农耕经济的坚实根基。

秦国重新分配土地后的相关法令，是规定土地所有权。秦法之下的民户土地，是归属私人所有的私田，是法定的私人土地。如此，战国时代之变法潮流长期追求的历史目标——私田制（土地私有制），至此在秦国宣布建立。

与此同时，秦国以法律形式规定：国家保护私田，严禁侵犯私田；私自移动田界而侵蚀他人土地者，视同盗贼治罪。这一规定的本质方面，也同时具有防止国家力量侵犯私人占有土地的意义。

第五，土地成为商品，创立土地自由买卖制度。

商鞅变法没有就此止步，而是将土地私有制的最后枷锁也一并打开，使中国古典社会的农耕经济具有了自我调节功能的广阔空间。这道最后的枷锁，就是残存国有制的最后痕迹——土地不得私相转让。虽然，从春秋时期的"私田"现象开始，历经战国变法大潮，私人土地的转让事实上已经非常普遍。但是，土地买卖现象，却并没有得到任何一个国家的法律确认；尤其是经过国家平均分配的土地究竟能否买卖，在制度上仍然是不清楚的，或者是不明确的。因而，在本质上，当时的土地买卖仍然处于一种"地下"状态。

商鞅解决土地问题的最后步骤，就是明确以法律形式规定：土地归于私人，私人土地可以自由买卖，此所谓"民得买卖"的法令。据宋代大学者朱熹考证（朱熹：《开阡陌辨》），所谓"废井田，开阡陌"，其中的"开"字，就是"开土地买卖之禁"，实行土地买卖制度。

现代经济学给我们确立了一个最基本理念：衡量一个国家是否为商品经济社会，最基本的标志就是最重要的生产资料——土地是否进入流通领域而成为商品。据此出发，商鞅确立的土地私有制基础上的土地自由买卖制度，事实上便是将西周时期单一化的国家主义农耕经济——井田制经济，最终推进到了新私有制的农耕经济条件下的商品经济社会。

所谓"千古巨变",最为本质的"巨变"点正在这里。

商鞅变法对中国统一文明的建立,对中国超越单一国有制的国家主义农耕经济而进入私有农耕条件下的商品经济社会,可谓居功至伟。但是,2 000余年来的儒家史笔,却完全无视历史实践所包含的真理性,一味推崇上古王道,一味颂扬井田制经济,孜孜于复古,切齿于变革;不举证,不分析,百般攻讦商鞅的所谓人格缺陷,武断否定商鞅变法的伟大历史功绩,在中国历史上留下了极其伪善的以"绝对道义"为标尺的评价传统。及至当代,仍然多有知识人物,不思以当代文明理念重新解读历史,不思以新史观为标尺重新评价历史人物;不举事实,不讲道理,与2 000余年以来的王道史观所作出的偏狭评判保持着惊人的一致;对商鞅本人与商鞅变法横加恶名,肆意丑化,思维怪诞乖戾,结论匪夷所思,成了现当代社会一道令人难以启齿的"风景线"。

2 000年余睡延续至今,这一现象非常值得我们深思。

六 秦帝国之后农耕商品经济社会的演变与衰落

秦统一中国文明之后,所开创的社会形态一直延续到近代。

同样,秦自商鞅变法开创的私有制农耕经济基础上的商品经济社会,也一直稳定传承到清末时期。就历史实践的整体性而言,秦帝国开创的政治文明框架即郡县制构架之上的中央集权制,之所以能颠扑不破,其根本原因正在于这种新的国家形态有坚实的社会经济基础与历史传统根基。

历史哲学的逻辑是这样的:国有条件下的诸侯分封制,是私有制农耕经济与私有制商品经济的天敌;私有制经济一旦在社会变革中出现,就强烈地需要国家统一治权,破除土地国有制条件下僵化的板块分割,从而为私有农耕经济与私有商品经济打开广阔的社会通道;在已经形成时代大潮的历史需求下，秦帝国废除诸侯制，并建立统一治权的郡县制这一历史创造才能应运而生。

从历史发展的合理性看，这是中国社会历经春秋、战国两大时代500余年之演化变革，才最终形成的最为深刻的社会共识，绝非秦始皇一代君臣的历史功绩。秦帝国统一中国之际，所以能得到自由民社会的真诚拥戴——"民莫不虚心而仰上"（贾谊：《过秦论》），最根本原因正在于秦帝国创建的国家文明实实在在地完成了自己的历史使命。从社会经济基础上说，秦帝国非但有效达到了自春秋以来私田经济所追求的制度化目标，而且将私有制经济的天敌——诸侯制，从根本上推出了历史的舞台。从政治文明上说，秦帝国同时创建了适应私有制农耕经济与私有制商品经济的国家治权体系，给有效保护私有制经济的发展，提供了最为强大的国家力量平台。作为国家文明轴心的秦制、秦政，正是因其内在结构的历史合理性，才能历经考验而颠扑不破。

秦所确立的私有制经济，历史上多有"反正"之举，但没有一次成功。

这种试图推翻私有制经济的历史企图，正面诉求几乎都是首先在政治上复辟诸侯分封制，进而力图在经济上复辟全面管制型的国有井田制。这种推翻私有制与复辟国有制之举，从秦帝国统一六国与创建统一文明的开始阶段就出现了，一直大规模地延续到西汉末期，历时大约300年，之后便日趋淡化了。

对这些复古黑潮，这里开列一个简单的清单——

其一，秦王中期，被灭国的韩国贵族公开举事复辟，被迅速平定。

其二，始皇帝初期，以儒家博士群为轴心的在朝势力，暗中联结山东六国贵族复辟势力，筹划实行诸侯分封制。未遂，被镇压。

其三，始皇帝中后期，山东六国的贵族复辟势力明确提出"始皇帝死而地分"(《史记·秦始皇本纪》)的诸侯制目标,通过暗中联结、制造谣言、发动暗杀等手段,力图颠覆秦政并复辟分封制。未遂,复辟势力被迫流散。

其四,秦末之乱,旧楚贵族项羽集团"建政",公开推翻秦制,公开复辟诸侯分封制,将天下分封为18个诸侯王国,自号"西楚霸王"。未几,天下大乱,项羽兵败自杀,诸侯制宣告失败。

其五,西汉初期,在继承秦制的基础上,又同时实行有限分封制——分封了一批皇族子弟为拥有实际治权的诸侯王。未几,汉景帝时期暴发"七国之乱",对中央政权产生巨大威胁,几近颠覆汉室。平乱之后,西汉实行"削藩"战略,以大量增加诸侯王的形式,大幅度缩小了诸侯国的分封土地,但仍然不能稳定国势。

其六,西汉末期,王莽大伪欺世,成为汉室执政,以和平政变方式建立了"新"朝政权;之后全面复辟诸侯分封制,并同时实行井田制,恢复使用上古布币。未几,暴发全国性农民起义,地主势力的反政府武装亦趁时而起,王莽政权宣告崩溃。

王莽复辟惨败之后,再没有出现过试图全面复辟分封制的政治集团。

同样,也再没有出现过试图全面复辟上古国有经济的社会利益集团。

历史实践已经证明,秦帝国之后经过300余年的"破坏性实验",私有制条件下的农耕经济与商品经济,是符合新的统一国家之实际需求的经济形态,是上古时期的全面国有制经济形态所不能取代的;如果某一社会集团力图复古,力图以分封制的国有土地板块分割制取代土地私有制,必然会给社会带来不可承受的巨大动荡与破坏。

两汉之后,仍然有许多颇具复古野心的政治豪强人物,更有诸多治学人物(尤其是儒家学派)总是念念不忘上古井田制的美好,几乎如痴如醉地沉溺于对诸侯分封制的颂扬之中。但是，所有这些势力与学派，都终究不敢再度举起复辟分封制与井田制的大旗。上古贵族梦，终究只能风干在他们绵延 2 000 余年的痴汉呓语中。其间之根本原因再清楚不过：任何注重现实利益的国家政权与政治集团，都不会甘冒被社会怒潮吞没的危险，去迁就一种不着边际的野心梦幻。

历史实践与价值理念的分裂，是中国文明的悲剧。

从总体上说，秦帝国之后直至近代中国，私有制农耕经济与私有制商品经济并存的社会一直传承不息。其间纵有变化，也是技术性变化，而不是根本性变化。但是，历史实践的丰富性也给后人留下了某些容易使人困惑的问题，需要作出特别的说明。

1. 农耕商品经济社会，是古典中国独有的经济形态

近代以来，人们总是将商品经济与资本主义社会联系在一起。在中国，这种认识一直延续到当代改革开放。至于古典农耕社会的商品经济究竟有没有，究竟发展到什么状态，当代中国人更是始终深陷在云雾之中。近代以来，多有中国学人调查研究宋、明、清三代的商品经济状况——资本主义萌芽的寻觅；力图以这几个时期的商品经济的存在，证明一个似乎很重要的论断——如果没有西方列强的突然打断，中国社会也会自然地发展到资本主义阶段。这个理论的隐藏前提，就是认定商品经济是资本主义最本质、最基础的特征，商品经济不可能产生于前资本主义社会。

当我们走进历史实践的深处，才蓦然发现，事实远远不是这样。

近代以来的经济理论，已经明确了一个基本标准：衡量一个国家是否商品经济社会，最实质性的基础标志是最重要的生产资料土地是否成为商品，土地所有者是否可以将土地作为商品自由买卖。对于这个基本标准，当代西方国家群没有任何异议。那么，循着这个基本标准审视人类社会的历史，我们会发现既定的诸多"主义"式的结论，

都与历史实践的发展有着很大的距离，都是需要修正的。

从古至今，土地都是最重要的生产资料。在土地国有制条件下，土地必然不是商品；因为，土地所有者是一个主体——国家。所以，国有制下的土地分配，只是国家意志主导下的土地使用权的板块分割与层级分割。实现土地私有制之后，则土地必然成为商品。因为，土地所有者是无数个主体，他们之间必然会产生交换的需要，也就是买卖土地的需要。如此，以土地商品化为标志，这个国家就进入了商品经济社会。

需要注意，经济需求的逻辑链条，在这里并没有出现"生产力"这个条件。一个国家、一个时代，是否拥有商品经济社会，并不是绝对以生产力的发展水平为条件的。否则，远古社会的贝壳货币便成为不可解释的现象。再换言之，所谓农耕时代不会产生商品经济社会，所谓只有资本主义工业生产才能产生商品经济的论断，是不符合经济民生逻辑的，也是不符合历史实践发展的。必须清楚，经济生活逻辑的必要环节，是土地所有制这个社会条件。只有实现了土地私有制，才会产生土地成为商品的内在需求，土地商品化才能实现，真正的商品经济社会才能建立起来。

从历史实践看，人类在原始社会后期就出现了剩余物品以及剩余物品交换的活动；同时，还出现了剩余物品交换的早期等价物——准货币。就是说，剩余物品的交换需求的产生，对生产力的条件要求是很低的，在人类进入国家时代很早之前，这个历史条件就已经解决了。因此，进入国家时代之后，人类社会存在商品经济的生产力条件这个前提，甚或可以忽略不计。对于国家时代的商品经济而言，生产力发展的意义，只在于它对商品经济发展程度的推进作用，而不能在本质上决定其有无。

历史实践的呈现是：只要实现了土地私有制，商品经济社会就会自然生成；农耕时代是这样，工业时代也是这样。同理，只要实行土地国有制，就不可能建立真正的商品经济社会；农耕时代是这样，工业时代也是这样。只有在这样的意义上，我们才能充分理解战国时代商鞅变法确立土地私有制后，其所生成的农耕时代的商品经济社会的必然性；也才能在世界文明史的意义上，充分理解中国统一古典社会在经济民生形态上所达到的独一无二的历史高度。

因为，在农耕时代的世界国家群中，只有中国进入了商品经济社会。

客观地说，农耕经济时代的世界国家群，都有程度不同的商品交易活动。但是，进入农耕时代商品经济社会的，中国之外，还没有第二个。在欧洲的奴隶社会与封建社会这两大时期，商品交易活动无疑是存在的，在某些时期的某些国家，或者在某些国家的某些时期，商品贸易活动甚至是相对充分的。最典型的标志，就是西方古代社会的奴隶买卖的普遍化。但是，欧洲国家群在农耕时代，始终没有任何一个国家发展到真正的商品经济社会。最根本原因只有一条，就是古代西方国家群在土地问题上，始终不曾实现充分的自由民私有制，而是领主（封建主）私有制，与中国的诸侯分封制大体相同。在领主制下，土地的分配与调节在本质上是依赖政治权力分配的，而不是依赖市场自由流动的。因而，西方中世纪领主制下的土地，不是真正的商品，不能自由买卖。各个领主之间的有限"转让"土地现象，同样受制于权力因素，而不是真正商品化的土地买卖。

农耕时代世界其余地区的国家群，大体上也处于同一状态——土地几乎全部归属国家。土地的分割是板块化的，土地私有化的程度很低，自由民占有的土地很少；土地商品化程度也很低，土地分配主要依赖于国家权力格局的变化。故此，农耕时代的世界其余国家，也都未能发展到商品经济社会的高度。

这一比较说明，中国文明的稳定性与生命力绝不是偶然的，也不是云里雾里说不清的"命运"在起作用，而是有着民族生存方式（社会经济基础）的历史合理性。假如秦帝国开创的中国统一文明，不是适应了农耕时代商品经济社会对新国家文明的历史需求，则统一文明必然背离社会基础，最后必然解体。另外一个方向的假设是，若中国没有发展出私有制农耕时代的商品经济社会，那么对国家治权统一就必然不会有强大的历史需求，其结果便是中国统一文明会随时被颠覆，被击碎，被割裂，被复辟。

从历史实践的内在逻辑说，在常态历史条件下——诸如外敌入侵及战时管制等突发之扭曲变形不在常态逻辑之内——中国的私有制农耕时代的商品经济社会，为统一治权的中国政治文明，提供了强大的经济民生基础；中国统一治权的政治文明，又为农耕时代的商品经济社会提供了强大而稳定的保护与调节平台。两者互为呼应，互相嵌入，方形成了一种颠扑不破的国家文明形态。

2. 历代土地兼并带来的社会动荡，具有历史的两面性

土地商品化的必然结果，是社会土地始终处于程度不同的流动状态。如同江河行地，虽然有水流强弱时起时伏的区别，但流动是一定的，绝不会停滞在某一状态。在土地私有制已经确立的社会条件下，土地的流动基于两个经济条件而生发。一是私有财产的继承性，一是私有土地的商品性。前者是土地占有数量中的历史因素——土地可以通过继承而实现历史积累；后者是土地占有数量中的现实因素——土地可以通过买卖而实现即时增大。这两个经济条件的存在与交叉，使土地的流动分化呈现出非常复杂的历史形态。土地兼并现象，只是土地流动所形成的历史形态之一。只是由于这一现象对历代国家政权的变更具有直接而巨大的影响力，所以被社会意识与研究家们特别重视，并进而当作了中国古典社会最重要的土地现象而已。

土地商品化的演变，我们可以分作三种情况来解析。

第一，历代统一政权建立之初，土地占有相对均衡。

秦帝国之后，中国社会多经统一王朝更替。虽有分裂分治，但不是社会经济生活的历史常态。分析重大的经济史问题，我们只能以中国文明的常态时期为根基——以各个统一王朝时期之土地现象为根基。否则，我们无法接近本质。

各个统一王朝的初期，社会经济一般都处于稳定发展时期，此所谓休养生息，百废待兴。在这种亟需恢复经济繁荣，因而重视满足经济生活自身内在需求的有利条件下，每户农民都会拥有数量不等的私人土地。农民人口中占有土地数量超过社会平均线稍高者，大体就是后世所谓的富农或地主。新统一政权建立初期，由于对前代两极分化弊端的大清理，普通农民通过"开国改制"形式的重新分配，一般意义上都得到了一定数量的土地。同时，也由于新政权在初政阶段的谨慎求治与廉洁政风，以及注意维护普通农民的经济利益，这个时期普通农民的土地占有量，与地主阶层的土地占有量之间的差别是比较小的，不存在严重的两极分化现象。

这个时期土地占有数量的差别，主要是由历史因素——土地的继承性形成的。虽然，历代新政权建立初期，对大地主的土地都进行了一定程度的剥夺，强制没收其一部分土地，尤其对深度介入前朝末期政治风暴的豪强地主，基本是彻底地没收土地，还对其家族或氏族的残存人口加上很重的"犯罪"处罚；但是，对于没有政治企图，也没有权力伸展的一般大地主，这种剥夺是有限度的，甚或只是象征性的。纯粹经济意义上的地主，基本上都继承了本家族在前代累积的土地。对于群体很大的中小地主阶层的土地，非但不能没收，还要注意维护其私有财产继承的历史合理性，允许他们合法继承本家族在前代政权时期积累的土地，并对他们的土地所有权继承采取继续保护的政策。历代初期的"安民定国"，其核心面便是对中小地主与一般大地主的财产保护。普通农民的土地占有量毕竟不是很大，在普遍意义上去解决也要相对容易。

从总体上说，历代统一王朝的初期，虽然中小地主与一般大地主的土地占有量比普通农民阶层要大。但是，相对于前朝末期的严重分化，这种差别程度毕竟要小得多，是社会所能容许的相对合理的差别。从土地买卖活动看，历代建政初期的土地状况都相对稳定，普通农民出卖土地的现象要少得多；即或发生土地买卖，一般也较少受到非经济因素的介入干预，大体上都能保持土地买卖的公平性。

第二，历代统一王朝中期，土地兼并现象成为重大社会问题。

依据历史实践，统一王朝中期一般指建政数十年到百余年这一段。

这一时期，由于政治积弊日渐成习，国家政权体系的清明程度已经受到严重侵蚀，各级官府的运转效率大为降低，以政治腐败为轴心的社会腐败也日渐成为普遍风尚。在这样的总体背景下，种种天灾人祸的不定期爆发，农民个体灾难的突然降临，大地主基于财力扩张欲望而暗中实行胁迫性购买土地等历史因素的积累聚合，造成了在统一王朝的中期，普通农民被迫出卖土地的现象越来越多。因为，无论农民遇到的灾难与贫穷基于何种原因，他们手里能够挽救自己的最有价值的财产，只是那一方土地。农民卖地，在农耕制时代是普通农民脱离或减轻灾难的唯一办法。

农民出卖土地的数量日益增加，自然形成了社会土地向少数大地主流淌的趋势。从商品交易本身看，土地买卖具有自由性与公平性——等价交换。但在社会实际中，这种自由公平的土地买卖，只是土地流动总量的一部分。另一部分土地买卖，完全可能是具有特定权力背景的大地主的巧取豪夺，完全没有自由公平可言。更有一部分土地买卖，则是弱势农民受到普遍灾害的侵袭，或者由于个体灾难的突发而被迫出卖土地。这种土地买卖，必然受到种种因素的干预制约——极端如贫穷户急于安葬死去的长辈等，土地买卖的价格必然是极不公平地向买主一方倾斜。

种种不公平的土地交易现象的累积，就形成了土地交易中的普遍性黑幕。这种迅速增加的土地单向流动现象以及土地交易中大量的黑幕现象，都是历代统一王朝中期的重大社会经济问题，又是很难查证及很难解决的问题。大多数中央政权及各级官府，在"土地买卖，乃民自由"的国家经济意识下，对日益严重的土地单向流动，大多表现出一种麻木状态，土地兼并必然愈演愈烈。

第三，历代统一王朝末世，土地兼并成为最重大的灾难根源。

任何商品的自发流动，若无国家法令的经常及正常调节，最终都会导致难以遏制的垄断性——财力雄厚的少数人阶层掌握着越来越多的财富，而后操纵价格，从中攫取更为巨大的利益，形成极富阶层。

中国历代统一王朝，大体都在立国 200 年左右的这一时段及之后，迎来王朝的末世。王朝末期，几乎总会出现由极少数人组成的"富可敌国"的超级地主阶层，也总是会出现"富者田连阡陌，贫者无立锥之地"（《汉书·食货志》）的严重两极分化现象。其间根本原因，正在于土地兼并的恶性发展。这些"田连阡陌""富可敌国"的极少数超级大地主，其占有土地的数量远远高于社会平均线，往往形成了比较坚实的社会综合实力，达到了介入国家政治并组织私人武装的程度，他们就是"豪强地主"。其虽是极少数，却代表着一个极端方向——社会黑洞的核心利益。

另外一个极端，就是无数的失地农民。在历代统一王朝末期，失去土地的农民因为无法得到国家的有效救助，只有沦入"佣耕"者的境地——出卖劳动力，在大地主的土地上做劳工（后世俗称"长工"）。若遇不期而至的严重天灾，或遇各级官府的无端欺压，则失去土地的农民只能走上逃荒道路，从而出现大规模的难民流动。同时，部分农民也会铤而走险，进入山林湖海"落草为寇"。秦末农民起义领袖陈胜，就是一个失地农民，一个沦为"为人佣耕"境地的单纯劳工。

这两个极端方向的社会力量，终究会发生剧烈的历史冲撞。

若有不期而至的诱发因素，农民暴动就会轰然爆发，整个社会就会出现普遍的战争灾难与巨大的社会动荡。农民战争发展到一定程度，一般都会被在战争浪潮中崛起的以中小地主为基础的特定政治集团镇压下去。于是，便会出现新一代王朝——重建的统一国家政权。

对上述三阶段的历史解析，我们理出了一个基本的历史逻辑。战国变革潮流创造了土地私有制，土地私有制产生了土地商品化，土地商品化则产生了土地兼并，土地兼并则引发了农民战争及社会动荡，直接导致了旧政权的灭亡，直接推动了新政权的建立。如此周而复始，便是中国从秦帝国开始的 2 000 余年的历史逻辑。那么，在历史逻辑链条中具有反向作用而应该否定的，是哪一个环节呢？

没有。否定其中任何一个环节，都会曲解历史实践所包含的真理性。

经济生活运转的任何一个必要环节，都是具有现实合理性的。战国变法—私有制经济—土地商品化，这三个现实环节在农耕经济时代无疑是符合社会实际需求的必然环节，是无可指责的。之后的土地兼并—农民战争—王朝更替，从历史实践看，这三个环节的生发同样具有内在的合理性。土地兼并，是土地买卖无限度发展的必然结果；而其后两个历史环节更无法指摘，因为它本身就是后果，是历史现实，我们只能承认。

显然，问题的核心集中在土地兼并这个环节。

土地兼并，是在相对充分的土地市场中形成的。农耕时代商品经济社会的土地市场功能，如同当代的市场功能一样，若没有国家意志的管控调节，而完全按照其自发的内在方向发展，则必然走向市场垄断——领域垄断甚或全局垄断。对于土地这一最重要的商品，市场垄断的社会形式就是超级地主群——豪强地主阶层的出现。从经济生活的因果环节看，土地兼并所导致的超级地主群，显然是土地买卖活动无限度发展的极端化结果。

土地买卖是土地私有制的必然延伸，其本身是无可指责的。

显然，问题出在了土地买卖活动（包括土地兼并活动）的发展过程之中。依据最基本的逻辑关系，自身没有问题，那就一定是外部因素的问题。也就是说，一定是土地买卖活动中出现了普遍的非必需要素，也就是外在因素，使土地买卖活动发生了严重的变形。

在土地买卖过程中，有哪些外在因素的介入越来越多？细察农耕时代经济生活之交织性，至少有三个方面的外在因素。

一则，突发灾难及事故对土地交易的影响。种种突发的灾难或事故，对占有少量土地的个体农民的冲击最大。这种情况下，农民急于解决生存危机，于是几乎必然发生以极低价格出卖土地的不公平交易。这种交易，通常又是不公开的，各级官府很难有效干预。

二则，政治权力因素的介入。在历代统一王朝初期，政治相对清明，官员本人一般不会直接从事土地经营。但是，随着政治腐败的滋生，官员阶层以各种隐秘方式购买土地，并进行或直接或间接的土地经营，日渐成为普遍事实。官员购买土地，一般都不会是公平交易，也不是小片土地的交易，而是较大规模的不公平交易，甚或有强迫"白送"土地的事情发生。与此同时，依附于高官权臣的势力集团成员与家族成员，更会倚仗权力背景巧取豪夺，使不公平交易日渐普及。

官僚地主阶层的滋生形成，是政治权力因素介入土地买卖市场，并扭曲土地买卖市场发展轨迹的直接结果。官僚地主阶层以权力为威慑的土地买卖，是直接加剧土地兼并严重化的最重要的外部强加因素。因为，官僚地主集团的官员身份以及本职功能，使其成为国家机器最重要的组成部分；它们所直接进行的大规模土地买卖（兼并），直接瘫痪了国家干预土地兼并的意志与能力。历代统一政权的中期，几乎都曾经发生过重在遏制土地兼并的"变法"，却没有一次能够坚持到底，更没有一次成功。其根本原因，就是官僚地主集团的强力狙击。

三则，商人阶层的大规模购买。从经济生活的自身规则讲，购买土地具有合法性；其连带逻辑是，谁有更多的金钱，谁就可以拥有更多的土地。从历史实践看，历代统一王朝的初期，即或有部分商人占有少量土地，大多也是基于财产继承而占有的。就整个商人阶层而言，在统一王朝初期国家管控有效的清明政治下，他们基本上都不会成为直接兼营土地农耕的商人大地主。一般而言，从统一王朝中期开始，举凡有财富实力的商人，大多数都悄然发展为占有大量土地的商人大地主。从经济法则说，土地既然是商品，商人购买土地无可指责。问题在于，商人对土地的大规模购买，已经超出了土地买卖的正常的内在需求，更超越了国家宏观经济管控的要求，其所"自然"形成的土地垄断，也成为重大的经济灾难。

上述三方面，都不是土地市场的内在要求，更不是国家宏观管控的要求。它们的介入，是外在因素对土地交易活动的侵蚀、破坏和扭曲。显然，基于这些侵蚀破坏扭曲因素的存在，而从整体上否定土地买卖市场，是偏离问题本质的。一件器具爬满了虫蚁，浸透了霉菌，被咬坏了，被腐蚀了，便错认这件器具本身是有害的，这显然偏离了事实真相。

3. 重农抑商，是古典国家管控能力的理性化政策

这些应该否定的诸多外在因素，很容易脱离今人的视野，使人疏于认真考察。因为这些因素并不在土地买卖所延展的市场环节之内，它们是从外部介入的种种非经济因素。其中，最为核心的外部因素，是国家政权对商品经济管控能力的部分丧失或整体丧失。

从本质上说，古典国家时代的全面私有制，必然生发出内容及程度不同的商品经济市场。剩余物品交换活动所延伸出的商品经济社

会，是人类社会经济活动发展到一定水平的必然社会形态；剩余物品交换方式的发明，本身是人类为自己创建的最伟大的生存方式之一。但是，商品经济有自己的天赋本质——对财富增长的无限追求及对利润与利益增长的无限追求；世界上没有不追求利润与利益的商品经济活动；今人所概括的"利润最大化，利益最大化"，其实就是自古以来的商品经济活动目标——无限度追求财富增长。

这一天赋本质，对人性的邪恶面，有极大的诱发性。诸多商人为了追求大额财富，会对人类良知麻木不仁，会以种种欺诈手段获取最大的市场效应。他们的成功，反过来又诱发更多的商人进行违反道义的恶性经营。最终，以邪恶人性为基础的欺诈掠夺精神，非但会成为商人阶层的普遍精神品格，而且会渗透到整个社会人群的生活方式。其极端后果，是人际交往中的利益交换成为实际的社会原则，人类活动的道德性与正义性会在整个社会生活中无形沦陷。

人类进入国家时代 6 000 余年以来的历史实践，磨合出了一条真理性认知：商品经济活动，是一种潜藏了诱发人性恶欲之要素的复杂目标活动，是一种需要国家有效管控的"多目标"活动——遏制其反向目标，扶持其正向目标。商品经济所形成的市场，既有外在形式上的自发调节与自我约束的一面，更有内在本质上的主动追求财富无限度增长的一面。对于商品经济活动，若不加管控地听任其自发演进，人类社会必然会发生人性道德的崩溃，必然会重新退回到远古社会自相残杀与无序争夺的状态去。

对于商品经济的危险性一面，古典国家是有清楚意识的。

在世界近代资本主义国家出现之前，世界其余国家不存在商品经济社会，因此也基本上没有关于国家管控商品经济的理性认知，也没有这方面的经典著作。西方国家对商品经济与人类恶欲结合所产生的灾难，是从资本主义商品经济在原始积累阶段的残酷性中才有认知的。可贵的是，西方思想家以及经济史家们，尤其是马克思的《资本论》，对商品经济的破坏性一面作出了本质的揭示，其理论体系对古今中外的商品经济活动，都具有阐释性。

那么，在没有同期世界经验可供参照的古典时代，在没有近代资本主义理论的古典时代，中国历代统一政权对商品经济活动的管控，是理性的还是盲目的？历史实践的基本面是，如同中国文明在所有领域都具有内在均衡性一样，中国从进入国家时代开始，对商品经济——私有制下的市场经济，便有来自三个方向的社会理性评判。

一个方向，是以推崇商业活动为基础的重商理念。依照历史顺序可以看到，整个殷商时代，是重商的；春秋时期的管仲改革，是重农又重商；此后，以计然、范蠡为代表的"计然派"，也是重商的；战国初期魏国的大商人白圭，做了魏惠王时期的丞相，也是重商理念的重要人物。战国中后期的吕不韦学派，更是农商并重理念。吕不韦以商入政，主政秦国20余年，在《吕氏春秋》中系统表述了自己的治国理念，其重点之一便是商业活动的"义利"观——商人牟利当以大义为正道。值得注意的是，秦帝国之后，由于私有制商品经济已经成熟到不可能被取缔的程度；因此，正面的重商理念从此基本渐渐消失。但在历史实践中，我们仍然能时不时看到重商理念的国家政策体现。

另一个方向，是以揭示商人行为利己性为基础的"反商"理念。这个系列的国家意识与学派著作相对较多。依照历史顺序，首先，夏、周两代的国家经济实践的基本点，是全面反对私人商业活动存在的。春秋中期的孔子学派（儒家）、老庄学派（道家）、春秋末期的墨子学派（墨家）、战国中期的荀子学派（儒法兼具），等等，在具体的经济主张上虽各自不同，但在反对"言利"的商业活动这一点上，则是共同的。当然，反对的程度有别。孔子赞美周礼，自然反商，但弟子中间出了大商人，也还是能接纳的。荀子将商业活动中所表现出来的人性变形，作为提出"人性恶"的基础依据，反商是相对严厉的。墨子学派力行躬耕自立，也是严厉反对商业牟利活动、反对商人的。秦帝国之后的历代统一王朝，则由于商品经济所表现的腐蚀性一面已经非常充分，故此"反商"理念层出不穷。

第三个方向，则是以国家政策方式表现出的"重农抑商"理念。举凡国人，都有一则历经长期传承而认定的基本知识：中国历代统一王朝，均奉行"重农抑商"政策。因了这则基本认知，中国人几乎已经忘记了我们2 000余年农耕时代商品经济社会的存在了。实际上，"抑商"理念的出现，正是以商品经济的过度或无序发展所带来的对社会生活的危害为前提的；土地兼并，是商品经济自发演进所致危害的最集中体现。

作为国家政策的"抑商"，绝不是制度意义上的取缔商品经济，而是抑制其恶性发展的一面，保护其正常健康的一面。可以说，春秋战国500余年中，在私有制商品经济蓬勃兴起的同时，国家意识中的"抑商"理念已经基本成熟。在七大战国的变法大潮中，各国都在实际鼓励商旅发展的前提下，通过国家有效管控来防止商业活动的无限度自发趋势。诸如燕昭王时期的燕国，历经大战之后百废待兴，在短期内大力鼓励商旅周流物资的情况，更是典型。

在500余年的社会剧烈变化之中，商品经济在各国的发展程度虽不相同，但其在管控不力情况下所出现的"自发危害"，已经在包括一些商旅充分发展的中小诸侯国在内的各大战国，程度不同地实际发生过了。因此，各大战国各自发生的多次变法，在对待私有制商旅市场活动、对待商人阶层的政策等方面，都已经是明确的了。

这是明确的"重农抑商"政策之所以成立的历史基础。

在人类经济活动中，农业最根本。就生命生存的最重要需求说，人类可以没有商业，但绝对不能没有农业。农业是雪中送炭，商业是层面跃升。同时，农业又最脆弱，依赖自然气候条件的成分太大。是故，农业在任何时代都必须是第一位重点保护的产业领域。但是，"重农"政策的含义，绝对不意味着必然排斥其他产业的存在及发展。

最具代表性的"重农抑商"政策，是秦国商鞅变法确立的。

商鞅变法时期及在变法之后的秦国经济实践，事实上都没有出现过超出国家有效管控范围的全面遏制商品经济活动的国策，也没有歧视商人阶层的政策，而都是鼓励商业、商人依法发展的。变法后的秦国市场经济一直都很发达，战国末期的吕不韦主政时期与秦始皇时期，秦都咸阳已经发展成为天下最大的商业都会。对于在国家灾难时期建立了特殊功绩的商人，如大力救援秦国灾难的大商人寡妇清、乌氏倮，都被秦国赐以高爵；寡妇清死后，秦国还立了"怀清台"代代祭祀。

这些基本事实都说明，秦帝国之后历代统一王朝的国家政策意义上的"重农抑商"，其政策目标不是要取缔商品经济，不是要回到全面国有的国营商业体制去，而是针对商品经济的自发性危害而言的，是就必须具有的国家管控目标而言的。见之于实际政策的推行，"抑商"最实际、最重要的内容，就是对商人政治伸展力的严厉遏制——商人不得过上官员的生活方式，商人不得乘坐官车、穿着官服，等等。

总体上说，就是要使商人虽"富"而不得"贵"。

贵为何物？政治权力之待遇也。商人若贵，必然发生与政治权力勾连的行为，也必然利用权力影响而产生不正当竞争。是故，这一政策的内在理念，是堵塞商人阶层向国家权力结构的渗透，是杜绝商人与政治权力结盟的政策措施。这一理念的基础，无疑是曾经屡屡发生的商品经济自发性带来的社会腐蚀性，以及土地兼并严重化带来的社会灾难。

历代统一王朝的"重农抑商"政策理念，若能始终得到贯彻执行，中国社会在农耕时代的商品经济，很可能会在有效管控的条件下得到更为充分、更为健康的发展；其所带来的周期性土地兼并灾难，也很可能会得到有效遏制；进而推进中国社会在资本主义变革发生之前，更早地发生工业革命。但是，由于国家权力结构的阶级性底色，这一清醒的宏观经济管控理念，在秦帝国之后的历代统一王朝始终没有得到有效实现。大多数时期，"重农抑商"政策都停留在理念阶段，而没有化成强有力的实际政策。尤其是在土地兼并发展到官僚地主阶层亲身实践的时期，"重农抑商"政策所要求的"抑制兼并，抑制豪强"的国家行动，只能永远停留在"朝会"与"诏书"阶段，而无法转化为国家意志的有效执行。

如此现实之下，历史实践只有通过自身逻辑来解决社会灾难。

于是，农民起义成为周期性现象，改朝换代也成为周期性现象。当国家文明无法创造更新的社会变革形式的时候，历史逻辑只有通过周而复始来维持国家文明的生命现状。若以"虚拟的历史"这样的研究方式，来演示如此周转下去的方向，则我们完全可以预言：若没有资本主义列强突然打断中国古典社会周而复始的循环，则中国必然还会在这一循环中延续极长的历史时期。但是，只要有新的参照系出现，中国民族群则必然会在某个阶段再度酝酿类似于春秋战国时代的社会大变革思潮，进而爆发生产技术的革命，继而再造国家文明，并进入更高阶段的商品经济社会。

12 章

中国战争文明的历史传统

战争，是人类社会进入国家时代后最基本的活动方式之一。

国家时代的战争，是民族生存竞争的终极形式。一个国家的战争理念，及在历史实践中表现出来的战争方式、战争水准及其所包含的意志与智慧，是谓战争文明之历史元素。对特定国家战争文明的研究，是透视一个国家、一个民族文明生命力最为重要的历史途径。战争文明与政治文明，是最直接体现国家性格与民族精神的两大基本领域。不了解一个国家的战争文明，就不可能从根本上了解这个国家，更不会了解这个国家主体民族群的精神与灵魂。

一 战争文明理念——确立战争研究标尺

第二次世界大战末期，主要是美国与日本之间的殊死较量。

日本人在战争中表现出全方位的异常——举国上下绝地死战的玉碎精神，使当时的美国与整个西方世界以及反法西斯同盟国，在两个重大问题上都是心中无数的。其一，最终战胜日本，究竟需要付出多大的代价，既定的战争方式是否需要改变？其二，如此一个异常国家在战后应该如何对待，处置欧洲战败国之方式是否适用于日本？所谓心中无数，主要问题是各国都没有坚实清晰的研究资料，可以作为战略理念与战后政策的支撑。基于这样一种从来没有遇到过的高烈度全面战争，也基于美国从来没有进行过大规模的对东方国家的战争，美国人严肃起来了，也紧张起来了。当时的美国，以两个方面的准备来对待这两个重大问题。一则，加紧推进实验原子弹的进程，欲以超大规模的杀伤武器最大限度地减少美军的战场代价；二则，紧急研究日本民族关于战争的历史传统与生命价值观，以期为战后的美国对日本政策提供历史依据。

现代社会对战争方式的整体反思，就这样在战火硝烟中开始了。

太平洋战争开始后不久，美国文化人类学家鲁思·本尼迪克特女士，接到了美国国务院一个特约紧急项目——研究日本民族与战争相关的历史传统及现实精神，为美国对日战争提供战略理念与政策理念之依据。在美军尚未登陆日本，美国又急待决策依据的情况下，本尼迪克特既无法前往日本做实地长住研究，又不能大规模搜集资料做长期研究。于是，借助既往研究东方文化的基础，本尼迪克特及其助手们开始了两个基本方面的紧急工作。一是大量访问居住在美国的日本人与东方人，尽可能搜集具体鲜活的叙述资料；二是对能够搜集到的基本资料进行细致研究，结合口头访问资料，以求尽可能地提出概括性论述。

历经紧张工作，在战争即将结束时，《菊与刀》问世了。

这本书 20 万字上下，规模不大，叙述简单。与战后美国作家约翰·托兰（John Toland）的著作《日本帝国的衰亡》（*The Rising Sun. The Decline and Fall of the Japanese Empire*, 1936—1945）相比，这本书显得相对单薄。但是，《菊与刀》是无可替代的。这部书的本真形式实际上是一项研究报告，在公开出版时一定删去了某些资料与论断，但是基本理念是不会改变的。这本书的最大贡献，是本尼迪克特以思想家的特质，第一次涉及了"战争文明"这个理念，对一个民族的战争传统、战争方式、战争精神以及对待战场牺牲（包括对待伤兵、俘虏、投降等方面）的基本态度，都作出了简明扼要的历史性概括。从方法论的意义上说，本尼迪克特是将战争的国家性、社会性、民族性联结为一体，作为一种"战争文明"来进行反思，开辟了现代国家审视战争的新视野。

从国家时代的历史看，这是现代国家反思战争的一个历史转折。

在第二次世界大战之前，西方历史上最具深度的战争理论著作，只有普鲁士将军克劳塞维茨（1780—1831 年）的《战争论》。古希腊、罗马帝国，以及中世纪时期诸如《伯罗奔尼撒战争史》等有关战争的著作，则基本上都是记叙特定战争过程的史书。由军事家撰写的专业研究战争领域的兵家理论著作，在古典西方世界基本上没有出现。

西方国家古典战争理论的缺乏，在于其战争水准相对低下。

战争水准，是战争文明的历史基础。它表现于战争实践，原则上有六个基本方面的历史指标。一曰国家常备军基数，二曰用兵规模，三曰兵器装具，四曰战争方式，五曰大型战役合成，六曰军事理论。若以古典中国战争文明的发展程度作为参照系，从这六个方面去审视近代史之前的西方战争实践，无疑其战争水准是相对低下的。

在如此基础上，美国政府催生的《菊与刀》意义非同一般。

就其实质而言，这部著作可以看作一个历史性的标志——现代国家对战争研究走向本质化。从现代国家理论的意义上讲，也是整个人类社会对战争反思的一个历史转折。因为，这是现代国家理念第一次将战争文明作为国家文明的一个重要构成部分对待，而不是单纯就军事活动而研究战争；这种战争文明理念以现代理论的论证方式呈现，无疑具有了新的历史高度。

该书之后，以美国研究对战后日本社会的实际管控政策为标志，以美国与欧洲对曾经的法西斯国家的文明根基进行深入研究为延续，当代世界研究战争的视野以及战争理念，都已经发生了历史性的转变。这一转变的实质，是所有的文明国家都不再将战争作为孤立的军事行动看待，而是作为全面的、综合的、基于文明差异而发生的国家对抗行为来对待；无论是发动战争、进行战争、结束战争，还是战后处置方式，都远远超越了单纯的军事领域。

二 中国古典战争文明的历史水准

我们先来概括性地陈列一下中国古典战争的历史水准。陈列的内容，以现代战争文明理念所要求的六个方面的历史指标为基准。这一陈列，对于我们客观地反思中国民族群历史上的战争水准，具有震撼性的认识价值。因为，在近代以来将近 200 年的时间里，许多人已经将中国看作无可救药的老古董，已经对中国丧失希望，已经开出了"全盘西化"的药方。在战争方面，也多有软骨病患者，与西方国家一起瓦解我们的民族精神。如下的历史陈列，将使我们看到被某些人群视作"老古董"的中国古典社会，曾经具有多么强大的历史威力。历史的事实是，先祖的时代比我们的现实要阳光得多、强大得多。

1. 第一个指标：国家拥有的常备军数量

在古典国家时代，自战国时代开始，古典中国一直维持着世界最大规模的常备军。其中，战国时代是历史最高峰。依据史料记载的数据，同时参照各国在大战中的实际出兵数量，战国时代七大战国常备军的基本状况如下：

第一层级——秦、赵、楚三大国，常备军大体保持在 40 万至 60 万之间；

第二层级——齐、魏两大国，常备军大体保持在 30 余万至 50 万之间；

第三层级——燕、韩两战国，常备军大体保持在 20 余万至 40 万之间。

如此，则七大战国的总兵力，已经达到了至少 200 余万之多。秦帝国之后的历代统一王朝，总兵力规模大体都在 80 万至 100 万上下。其中，以宋王朝兵力最为庞大——中央直辖禁军 80 万，厢军 40 余万，总计 120 余万常备军。

古典时期的西亚国家群，最大规模战争的用兵数量也曾经有 60 万上下，出现在阿拉伯帝国时期。如此推算，则西亚几个帝国时代的常备军数量，大体各自维持在 10 余万至 30 余万之间。欧洲国家群中，古希腊各城邦国家以后起的马其顿最为强大，其在亚历山大帝国时期的总兵力，为 20 万余。公元前 334 年，亚历山大率军东进亚洲，兵力未超过 10 万，其中步兵只有 32 000 人。之后，罗马帝国中期的常备军规模较为庞大，在屋大维时期曾经有 70 个军团，80 余万人。但是，这种庞大的常备军规模，没有维持多长时间；在公元 6 年的整编中，罗马军队裁减为 28 个军团，兵力在 30 万左右。

2. 第二个指标：战争实践中的用兵规模

中国古典战争的用兵规模，在春秋后期与战国初期，已经达到了以至少 10 万兵力为用兵常数的历史高度。《孙子兵法·作战篇》云："日费千金，然后十万之师举矣！"《孙子兵法·用间篇》云："凡兴师十万，出征千里……不能操事者，七十万家。"所说都是以 10 万之师为常数，以 70 万户民众的生产为资源基础的作战规模。

战国中期开始了大规模用兵。自秦国上将军白起登上历史舞台，大规模用兵跨越到了一个新的阶段。史料记载，战国中后期的双方战场总兵力超过 100 万的超大型会战，至少有十次——

公元前 293 年的伊阙之战。

公元前 262 年至前 260 年的长平大战。

公元前 284 年至前 279 年的五国破齐之战。

公元前 251 年燕国集中全部兵力发动的攻赵之战。

公元前 229 年秦国发动的灭赵之战。

公元前 226 年秦国发动的灭燕之战。

公元前 224 年秦第二次灭楚之战，双方总兵力超过 130 万。

公元前 221 年秦军以迫降灭齐的大型战役。

公元前 221 年之后秦帝国对匈奴的大型反击战。

秦始皇帝后期对岭南百越大规模进军，单方兵力超过 50 万。

秦帝国之后，中国历代王朝的用兵规模起伏较大。从总体上说，隋、唐两代是中期高峰，出动数十万兵力的作战行动时有发生。宋代军队规模最大，但用兵规模却要零碎得多。及至元代，红巾军起义与明初战争，用兵规模再度高涨。明、清两代的战场用兵规模相对较小，战场双方之总和兵力大体都在数十万之间。

相比之下，古典战争时期的西方国家群与西亚国家群，其战争高峰时期的较大用兵规模，双方总兵力大体都在数十万之间。世界其余国家群的常态用兵规模，一般都较小，数千人或数万人的作战，已经是可以计入史册的战役了。

3. 第三个指标：战争方式的发展状况

所谓战争方式，是指特定时代的军事基础手段与作战基本样式的结合所形成的战争活动的特定形态。中国民族群自从进入国家时代，战争方式的发展经过了三个大的历史阶段。第一阶段，是夏、商、周三代千余年的车战方式。第二阶段，春秋时代的车、步、骑混合作战方式；以战车为形制中心，辅以步兵或骑兵，可以看作一种过渡形态的非经典车战方式。第三阶段，战国时代开始的步兵、骑兵、器械兵、水军等各兵种混成编制的野战方式，也就是后人所说的运动战方式。混成编制的多单元野战方式，是冷兵器时代水准最高的战争方式。

中国古典战争方式的发展水准，远远发达于同时代世界其他地区的国家群。那时的古希腊邦联、罗马帝国、拜占庭帝国、波斯帝国、阿拉伯帝国等，也有步兵、骑兵、弓箭兵、水兵，还有少量很少用于战场的战车。但是，当时的西方国家，还没有大规模混成编制作战的自觉理念，战术相对简单，作战规模也相对小一些。以罗马帝国军团制而言，基本是以骑兵为中心的步骑编制。就总体上的战争方式而言，还停留在较低水平，因此也很难产生深刻的军事理念及著作。

中国战争方式的高度发展，对推进国家军队向混成化综合型的发展，起到了最为重要的作用。在春秋社会之前，高层官员文武不分。在国家政权中，没有专门的职业化军事将领，政务大臣在战时就是自然的军事统帅。这种状况，有运转高效的长处，也有很难适应复杂战争需要的短处。多兵种混成编制，同时又在广阔地域内运动作战，就是新的复杂战争方式。这种新的战争方式，使军队的军事组织与作战行动不断趋于专业化。一座10万人之上的包括了各个兵种的大军营地，仅仅是保持严格的秩序，就需要一种特殊的管理才能；更何况动态作战，更何况数十万人的庞大的混成系统的组织、管理与作战协同。如此条件下，军队的组织训练、作战指挥、修正驻扎等就需要更为专业、更为复杂的学习训练。这是中国古典战争方式发展的必然性历史需求；其结果，直接推动了职业军官阶层的出现。这就是以将、相分离为轴心的"将军制"的出现。

战国初期，各大战国在变法中自觉地设置了一种专门职司军队建设与作战指挥的官员——"将军"。将军的最高层级，便是统帅全国军队的最高武职官员。这一位置，除了楚国称为"柱国"，其余六大战国都称为"上将军"或"大将军"，其爵位与领政丞相相同。上将军之下，各层级将军迅速职业化。高层军官职业化的结果，是使军队的建设与训练迅速提高到了一个新的历史水平，大大推动了战争方式的高水平发展。

4. 第四个指标：兵器制造业状况与军队装备状况

中国古典时代的兵器装备，显然要高于同时代的其余国家。以战国时代为典型，中国冷兵器时代的装备主要包括五大系统。

系统一，进攻类型的铁质或合金兵器。这是个大系统，由两个子系统构成。一个子系统，是战场搏杀的进攻兵器，如长矛、长剑、战刀、单兵弩机、投掷短矛、铁制棍棒等。另一个子系统，是大型远程进攻兵器与攻城兵器，主要是大型飞弋连弩车、大型云梯、大型铁矛冲车、大型炮车（抛石机）、大型折叠式壕沟车、巢车、望楼指挥车、挖掘城墙的大型轒辒车，等等。

系统二，防守类型的铁质或合金兵器。这同样是个大系统，由两个子系统构成。一个子系统，是防守格杀类的小型兵器：各种盾牌、铁制盔甲、铁蒺藜、铁菱角、单兵飞钩，各种木铁合制的小型檑具等。另一个子系统，是营地与城池防守的大型兵器，这一系统的依托是两种军事构筑：大型化的鹿砦壁垒，城墙高厚坚实的城池。在此条件下，防守的大型兵器主要有：拦截骑兵的大型铁矛拒马、壁垒防守联排使用的七米长矛、大型铁制檑具、大型狼牙拍、大型塞门刀车、抗击火攻的种种大型灭火器具、凌空浇下铁水的大型熔铁行炉，等等。

系统三，骑兵的兵器装具。这是个更大的大系统，至少分为三个子系统。一个是战马系统，一个是装具系统，一个是兵器系统。中国在春秋后期终结了车战，骑兵登上历史舞台。此后，骑兵与步兵一直是中国古典战争的两个最主要的陆战兵种。首先，中国自战国时代就形成了大规模的战马驯养系统，历代都有大规模驯养战马的基地。其次，战马的装具。主要是马头上的辔（笼头），马颈下的鞅（也称为鞅，绊带），马背上的鞯（坐垫），马尾上的鞧，这些装具都是皮制的。东汉之后，中国还出现了战马全身披甲的重装骑兵。再次，骑兵格杀兵器。这是不同于马下步兵的格杀兵器，依照历史顺序，先后有短剑、长剑、战刀式劈杀长剑、膂力弓箭、单兵弩机、单兵短矛等；长兵器系列有长矛、大刀、长枪、铜锤、铁锤等。

系统四，舟船水战的兵器装具。水战系统分为两个子系统，一为战船系统，一为水军兵器系统。首先，中国古典战船历史悠久，春秋时期吴、越两国的水军都很发达，都有大型战船。此后，中国打造大型战船的技术一直领先世界，明代郑和下西洋时期达到古典造船技术的高峰。其次，战船的水战兵器系统主要有：用于钩住对方战船或推开对方战船的钩拒，固定于船体而用于远程攻击的大型连弩、抛石机、膂力弓弩群等，以及用于近战格杀的投掷短矛、刀剑、火器等。

系统五，火器系统。依据历史实践，中国的火器系统分为两个时期——前期火器系统，后期黑火药火器系统。前期火攻器械，主要以猛火油（石油）、油脂、草艾、松香、硫黄等为燃料，器械形式主要有六种：火禽——以麻雀或野鸡绑缚火种放飞敌营；火兵——将草人绑缚骑兵马背突入敌营纵火；火兽——将火把绑缚野猪、獐、鹿等兽之上驰向敌营纵火；火牛——牛身两侧绑缚长刀，牛尾绑缚点燃的桦皮细草，纵入敌营火势攻杀；火盗——假扮敌军偷入敌营放火；火箭——箭头绑缚火把，近距离射向敌营纵火。据《孙子兵法》记载，以六种火器为手段，可以生出五种火攻方式：火人——火烧敌军人马，火积——火烧敌军蓄积粮草，火辎——火烧敌军辎重器械，火库——火烧敌军营地帐舍，火队——火烧敌军的运输车队与行进部伍，这叫作"五火之变"。中国发明黑火药后，除火攻燃料威力大为增加外，宋元之后渐渐出现了最初期的火药炮、火药铳。但是，当时的古典中国抑制科学技术，火药兵器在中国一直没有得到充分发展。

上述五大系统的兵器装备，以中国古典社会高度发达的冶金技术为基础，其兵器装具之制造运用，在世界近代史之前，一直在总体上保持着世界领先地位。局部技术方面，虽然时有超过中国的国家，但中国冷兵器的总体综合优势是显而易见的。

5. 第五个指标：大型战役的合成能力与摧毁烈度

判断一个国家的战争水准如何，最重要的实践标志，是大型战役的合成能力与摧毁烈度。中国民族群的战争能力，历经了长期的历史检验，最重要的方面就是组织大型战役的综合能力。战争实践已经说明，战国时代七大战国已经普遍具有了大型战役的组织合成能力。这种合成能力，反复体现于大规模会战，实在是一种超时代的军事水准。在所有的大型会战中，秦赵长平大战无疑具有永恒的经典意义。

长平大战，是一场对等兵力的大包围战役。它的经典意义在于，在战争的双方同样强大、势均力敌的条件下，秦国一方创造了空前绝后的战争奇迹，以50余万兵力包围了对等的50余万兵力，并且最终一举歼灭对方。这场超大型会战，违背了古今中外一切军事家关于陆地会战必须具有优势兵力才能展开包围战的战略原则。它以无可争辩的实践告诉我们：当一个国家的全面组织能力发展到同时代最高水平时，其组织大型战役的水准可以达到什么样的惊人高度。

长平大战，秦国不是侥幸取胜的，战争的双方都没有误打误撞。通常所谓的机缘巧合，在这次大战中是不存在的。面对同样强大、同样新兴的赵国，面对同等数量、同等战力的赵军，秦国与秦军是依靠无与伦比的战略策划、国家组织、邦交分化、间谍渗透、长期对峙、战略迷惑、地形利用、兵种合成、战场战术、将帅心理等全方位的超凡运筹，历经三年周旋，才终于大获全胜的。

我们无须在这里详述长平大战的整个过程。我的长篇历史小说《大秦帝国》已经对那场经典战役作出了全方位的历史呈现。在开掘文明遗产的意义上，我们只需要明白一点：中国历代的超大型会战很多，长平大战只是最经典的一次大战役。惟其大型战役多发，而不是偶然的一次，它才最充分地说明：中国在冷兵器时代的大型与超大型战役的组织合成能力，达到了当时世界的巅峰水平；它所创造的战争水准，在整个人类古典社会没有哪个时代、哪个国家能够超越。

6. 第六个指标：战争智慧的丰厚度与兵学经典的深邃度

从远古开始，中国民族群就表现出勇于实践、勤于反思、善于总结的鲜明特质。自春秋时代开始，对于大规模的战争实践，中华民族进行了深刻的反思与总结。进入战国时代，对于战争实践的反思与总结，事实上已经达到了超时代的思维水平。其成果之丰富，其对战争实践发展的推动之巨大，成为整个人类古典文明史上的兵学最高峰。

据《汉书·艺文志》记载的全部兵学著作，从夏、商、周三代直到西汉中期，总共 53 家，790 部，实在是煌煌大阵，令人目眩。这里，我们只对春秋、战国、秦帝国三大时代的兵学著作归类整理如下。总体观之，这三大时代的兵学著作分为三大类：

第一类，综合性兵法，共 13 部：

《孙子兵法》82 篇、《范蠡》2 篇、《大夫种》2 篇、《兵春秋》1 篇、《孙膑兵法》89 篇、《李子》10 篇、《吴起兵法》48 篇、《公孙鞅》27 篇、《尉缭子》31 篇、《信陵君兵法》21 篇、《庞煖》3 篇、《王孙》16 篇、《景子》13 篇。

第二类，形势阴阳兵法著作，共 22 部：

《丁子》1 篇、《楚兵法》7 篇、《蚩尤》2 篇、《孙轸》5 篇、《繇叙》2 篇、《项王》1 篇、《神农兵法》1 篇、《黄帝》16 篇、《封胡》5

篇、《风后》13篇、《力牧》15篇、《鵙冶子》1篇、《鬼容区》3篇、《地典》6篇、《东父》31篇、《孟子》1篇、《师旷》8篇、《苌弘》15篇、《天一兵法》35篇、《太一兵法》1篇、《别成子望军气》6篇、《辟兵威胜方》70篇。

第三类，军营训练理论，共13部：

《伍子胥》8篇、《鲍子兵法》10篇、《苗子》5篇、《公胜子》5篇、《逢门射法》2篇、《阴通成射法》11篇、《魏氏射法》6篇、《望远连弩射法具》15篇、《手搏》6篇、《蒲苴子弋法》4篇、《剑道》38篇、《蹴鞠》25篇、《杂家兵法》57篇。

仅仅战国时代，这三类兵学著作就有48部之多。从内容上说，它们全面反映了战争实践的历史需求。第一类，是注重作战指挥的战场研究，通常意义上人们所说的"兵法"就是这一类；第二类，是气候、地理等相关自然条件对战争的影响，及在战争中的可利用方面与综合性研究；第三类，是军营训练与兵器使用之技术研究，《汉书·艺文志》将其概括为"兵技巧"。

综上三大类可以看出，中华民族对古典战争实践以及军事训练的研究，都达到了超时代的水平。世界上没有任何一个民族，在冷兵器时代涌现过如此丰厚的兵家典籍。因此，战争谋略的运用，在中国的战争实践中达到了惊人的高度。

春秋之前，中国古典战争之实践，表现出相对的单一化与形式化特点。所谓"王道之师"，"堂堂之阵，正正之旗"（《孙子兵法·军争》），指的就是这种高度形式化的作战方式。进入春秋中后期，仍然有宋襄公"不击半渡之兵"的迂腐作战理念。但是，自战国时代开始，战争智慧的挥洒，在战场实践中几乎是爆炸式地发展起来。这一时期各种类型的战役水平，都创造了古典兵法的最高典型，开创了一种新的战争类型模式，体现了一种战争天才所具有的智慧雷电。这样的典型化战役，至少有六个类型，且都具有战争思维方式取得历史性突破的意义——

其一，孙膑的围魏救赵、围魏救韩两次战役。首创救援战与伏击战综合运用的经典战例——围城调敌，而后以伏兵歼灭，开创了步骑运动战的新战争方式。此后，战争纵深大大扩展，军事谋略一举在战争实践中奠定了重要地位。

其二，赵奢迎击秦军的阏与之战。此战开创了以决战决胜之勇气迎击强敌的经典范例。从此，"两军相逢勇者胜"成为千古不朽的军事格言，也成为中国民族与中国军队的最基本特质之一。

其三，白起的长平大战。此战开创了大兵团包围战、歼灭战的经典范例。从此，实现包围敌军而全歼之的大型歼灭战，成为所有军事家的光荣与梦想。从军事素养的意义看，也成为迄今为止军事指挥艺术的最高境界。

其四，田单的即墨保卫战。此战以绝对弱势的兵力坚持六年，孤城不破，最终一举反攻获胜，开创了防御战的最高经典。从此，孤绝艰危之地不再被确定为必然放弃之地。顽强的防守能力，成为强大军队的基本标准之一。

其五，李牧反击匈奴之战。此战开创了"长期隐蔽，一举反击"的草原骑兵作战的战略理念。在战术上，则开创了两大典范：其一，在广阔平坦的大草原隐蔽兵力，堪称"善藏于九地之下"的范例；其二，集团骑兵对决集团骑兵，并在获胜之后连续展开长途追击战的范例。此后，秦帝国上将军蒙恬再度弘扬这一战法，创造了中国骑兵大会战的最大战役规模，不朽地垂范于后世。

其六，秦帝国统一中国的八大战役。以秦王政（始皇帝）为轴心的最高决策层，以超越时代的战争理念，发动了先后由嬴腾、王翦、王贲、蒙恬为统帅的统一中国的八大战役——统一六国再加进军岭南与反击匈奴两大战役。这八次大战，开创了以击溃战——秦统一中国不主张也没有歼灭战——妥善灭国而不事杀戮的统一战争的最成功范例。秦帝国统一中国之八次大战，战争规模震古烁今，禁绝战争暴行的战争文明水准，更是冷兵器时代空前绝后的奇迹。此后，这种统一战争的方式，成为历代中国统一战争的最高境界。

上述六大类型经典战役，还远远不是中国战争智慧的全部。

历史实践证明，无论从哪个方面看，中国古典战争的历史水准都是近代之前的世界巅峰。这一战争水准高度，是中国国家文明恒久不灭的最根本原因。曾经在世界范围横冲直撞如入无人之境千余年的匈奴，只有在农耕时代的中国民族群面前全面溃败。在战国开始后的数百年间，中国与匈奴一度长期对峙，作战互有胜负；秦帝国统一中国之后，集中兵力全面反击，第一次大规模战胜并驱逐匈奴于北海王庭之外——贝加尔湖以北。后来，历经两汉反击，屡次战胜，匈奴被全面分化遏制。南匈奴归附东汉之后，北匈奴族群被迫大规模西迁。随即，匈奴祸水几乎全面淹没西方世界。

之后，中国有不计其数的外患战争，时有局部的或短期的失败。但是，在艰危绝境之中，中国主体民族总是能凭借丰厚的战争文明素养，终结战乱，重建国家。从根本上说，若非中国民族超越时代的非凡战争水准，中国文明已经灭亡不知几多次了。

三　中国战争文明的价值观体系

一个国家、一个民族的战争文明，其核心部分是战争价值观体系。

所谓战争价值观体系，是一个民族在国家时代的战争精神的内在构成框架。一个国家、一个民族的战争精神的高度，是全部经由战争各个环节所表现出来的价值认知构成的。这种战争价值观体系，综合体现着一个国家对待战争问题的最基本的理性高度。应该说，在近代史之前的世界国家群，除古典中国之外，极少有哪个国家具有以系统理论形式表现出的清醒的战争价值观体系。

中国历史上的战争价值观体系，在夏、商、周三代已经奠定了基础；在春秋、战国、秦帝国三大时代，已经完成了理论化总结，系统地表现于历代兵书与普遍的战争实践之中。就其基本点说，中国的战争价值观主要体现在四个方面。

1. 战争灾难价值观——对战争之灾难本质的认定

对战争本质的认识，是一个民族在历史哲学意义上对战争现象的评判，是全部战争价值观的基石。中国民族群对战争的灾难本质的理论揭示，在春秋战国时代已经非常鲜明。道家鼻祖老子最著名的论断是："夫兵者，不祥之器。"（《道德经》）这是对战争灾难本质的最早认定。其后的思想家、政治家也多有此类本质揭示。其中的墨子、华阳、孟子、吕不韦等，是几个最著名的代表。

墨子的"兼爱"与"非攻"两大理念，就是基于人类竞争恶性化带来的巨大灾难而提出的。"兼爱"理念，主张天下人人互爱，和平互助；"非攻"理念，则直接反对一切进攻性的侵略战争，消弭战争灾难。

春秋末期的宋国大臣华阳，基于刀兵连绵给天下带来的长期灾难，联合当时的晋国、楚国几个大国，共同倡导了"弭兵"主张——消弭兵灾，停止战争。在此基础上，还举行了十余个诸侯国共同参与的"弭兵大会"。虽然并没有真正地制止战争，却推动了巨大而深远的反战思潮的形成。孟子则基于对战争灾难本质的认识，提出了"善战者服上刑"（《孟子·离娄上》）的严厉论断。战国末期的吕不韦，在《吕氏春秋》中明确提出了"义兵"理念，主张用兵以"大义"为本，坚决反对战争中的杀戮、抢劫、虐待战俘等灾难性的暴行。

应该注意的是，先秦、两汉时代的战争灾难观，是与强悍的战争精神相平衡的。就是说，当时的国家意识既有对战争灾难的认识，同时也具有对战争必要性的认识；并没有因为战争的灾难本质，而放弃诸多具有正义性的战争。因此，战争灾难观的提出，在中国原生文明时期具有深刻的正面意义。至少，它推动中国社会确立了一个发动战争的最必要条件的认知——战争发动者必须具有可以向天下说明的道义动机。中国古典战争中的"师出有名"，此之谓也。同时，即便是战争灾难说的提出者，也是不反对正义的反侵略战争的。墨家是此中典型——既清醒批判战争灾难，又积极协助弱小国家进行正义性的防卫战争。

在前3 000年历史上，战争灾难观是中国国家文明的一颗璀璨明珠。

但是，西汉中期之后，随着整个社会意识形态一个时代又一个时代的保守化、单一化，中国原生文明时期的反战理念——战争灾难价值观，也渐渐发生了某种严重的扭曲变形；以反对战争灾难为基础的畏战心态，渐渐在国家意识中浓厚起来。辄遇大规模侵略战争，国家层面上的"主和派"或"投降派"往往占据优势。

尤其是宋代，其所滋生的王道大邦不屑与边陲蛮夷对峙的变态自大心理，畸形化为严重的畏战心态。大部分对外战争，宋代都以推行绥靖政策为主，重用主和派或投降派，镇压主战派与民间抵抗武装，导致了中国历史上几乎空前绝后的两个皇帝同时被俘的巨大耻辱——靖康耻，以及甘做"侄皇帝"的变态自虐。翻阅宋史，这些绥靖派大臣们的奏章文章，无不包括一个冠冕堂皇的理由——战则生民涂炭，和则两厢平安。国家层面的软骨集团，极大扭曲了中国民族的战争灾难观，更无视一次又一次发生的投降之后的更大、更深的全面灾难。

综上所述，在一个健康阳光而不畏惧战争的强盛时代，战争灾难观是中国民族高贵的理性精神；在一个保守主义弥漫而畏惧战争的萎缩时代，战争灾难观就会成为卖国主义与投降主义的"历史依据"。

因此，审视继承这一文明遗产，不能是绝对道德主义的僵化思维——绝对化地反对战争灾难，绝对化地反对一切战争，否则会使我们忘记亡国灾难，而仅仅强调战争本身的灾难，成为令人不齿的伪善主义者，给中华民族带来一次又一次历史性的耻辱。

2. 战争存亡观——战争是决定国家存亡的终极路径

关于战争地位的价值理念，是中国战争价值观的又一个基本方面。

在世界古典国家时代，战争的频繁程度与普遍程度远远大于近现代社会。重要原因之一，是绝大多数国家的文明发展程度都处于较低或很低阶段，君主制国家与部族氏族政权，对战争地位及战争作用的认识，还普遍停留在直观的感性阶段。它们对于战争所能带来的巨大物质利益——土地人口以及无数的财富，对于战争所能带来的巨大的欲望满足感——征服他国与奴役异族的历史功勋感，都有着深刻而本能的向往。

世界近代史之前，诸多处于准国家阶段的游牧族群，其战争发动的目标从来都很简单、直接——未必长期攻占土地，但一定要大规模掠夺大军所到之地的女人、牛羊与粮食财货。至于战争对一个族群的意义是什么，从来不需要思考。而进入国家时代的欧洲国家与西亚国家，则但凡遇到利益冲突，某一方都会很快发动战争，另一方也会立即发动对应战争。若利益冲突点涉及多方，则必然会很快引起多方参战。于是，无论这种利益冲突本来如何可以在谈判之中轻易避免，双方或多方都会首先选择战争方式解决问题。只有在一方战败，而战胜方又不具备彻底吞没对方的条件的时候，才会出现"议和盟约"。

这就是说，在近代之前的国家群中，国家之间的利益冲突的解决，各国普遍首选战争方式——先打再说。打赢了，就不用说了。往往一场旷日持久的大战，其最初理由竟然仅仅是君王为了抢夺一个可意的女子，或某国宗教教义与自己的宗教教义有冲突，或某国君主的求婚要求被他国拒绝了，等等，不一而足。总体上说，古典国家时期的大多数战争，具有很大的随意性，甚或邪恶的戏剧性。真正对战争本身具有理性认知的古典国家，是极少极少的。

这些极少的国家，就包括中国，中国堪称最具战争理性的国家。

诞生于春秋时期的《孙子兵法》，其中《始计》篇开篇有名句云："兵者，国之大事，死生之地，存亡之道，不可不察也。"以现代语言表述，这句话可以这样说：战争问题是最重大的国家行为，是关乎万千将士之生死，并最终决定国家存亡命运的根本路径，不能不严肃认真地对待。

这一理念产生之前，夏、商、周三代的战争实践表明，三代王室政权确实是如此做的。整个夏、商、周三代的战争很少，其根本原因，正在于对待战争的态度是极为严肃认真的。《孙子兵法》的这一理念，其实正是对既往历史实践的总结。这一理念从理论上明确产生后，整个春秋、战国、秦帝国，以及此后的中国历代王朝，都奉为金科玉律，将其视作不可动摇的最高原则。在中国 5 000 年文明史上，儿戏军事与战争的事例不能说没有，但是极少。比较著名的，大约有两例。一例，周幽王烽火戏诸侯，成为导致镐京毁灭战的重大原因；另一例，春秋时期楚庄王对赵国发动的一场酒战——因赵国主酒吏在盟约大宴中给酒中掺水，激怒楚王而进攻赵国。

在中国历史上，除了被迫反击的防卫战争属于无可选择的情况外，由中国主动发起的对外战争很少。根本原因，正在于中华民族的战争价值观对战争方式本身的两面性——灾难性与正义性——有着清醒的认识；对任何由自己主动发起的战争，都在这一价值观的要求下具有非常深刻的考量。未经全面综合的考虑而发动战争，在中国的战争价值观中就是"轻起战端"，会被历史严厉指责。

正是基于在国家存亡的意义上看待战争的价值观，"慎战"意识成为中国历代国家政权启动战争机器的最重要原则。周武王邀约天下诸侯六次"观兵"——集中检阅与战争演习，而不能确定讨伐殷商王朝的时机，可以说是"慎战"的典型；而隋炀帝在条件很不成熟的情况下，却贸然发动了大规模的对高句丽的进攻战争，则一直被视为"轻起战端"的典型。

3. 战争正义观——力图遏制战争罪恶的民族理性

战争进程必须具有道义原则，是中国历代一直坚定奉行的价值观。

这一价值观的基本体现，是三个方面的理念。其一，战争动因的正义性原则。中国夏、商、周三代与春秋、战国时代的战争，发生在诸侯制时期，以中国文明圈内部的战争为主。因此，战争动因的正义性原则显得更为重要。其时，对这一原则的表述是"吊民伐罪"，诛灭暴政，其性质是"讨伐"战争。讨者，正义谴责也；伐者，大兵除恶也；讨伐者，正义对暴虐之进攻战争也。

显然，"讨伐"这个词汇本身，就是战争价值观的一种反映。表现于战争实践，讨伐战争一般体现于两种情况。一种情况，在诸侯制时代与分裂分治时期，政治清明之一方，或力行统一之一方，对为政暴虐或坚持分裂的一方发动的战争，必以"吊民伐罪"为出师动机——悼念牺牲于暴政的人民，并诛灭有罪的君主及凶犯。若对方是"主明臣贤，上下和睦"的邦国，则不能"讨伐"，否则会带来"不祥"后果。

夏、商、周三代，每发动"讨伐"战争，都是天子亲自统军，并由天子在大军开战之际亲自发表阵前演说，对大军将士郑重肃穆地宣示"出师讨伐"的正义性与必要性，以使将士与人民明白知道战争的动因与最终目标。这些阵前演说，都是记载在历史文献中的著名篇章——誓。夏启讨伐有扈氏，发表了《甘誓》；商汤讨伐夏桀，发表了《汤誓》；周武王讨伐殷商，发表了《泰誓》；周公东征讨伐复辟叛乱势力，则在战前向天下诸侯发出了《大诰》——特意通报申明东征的正义性与必要性；周公的本封诸侯国鲁国是东征偏师，国君伯禽（周公长子）在发兵之日也发表了阵前演说——《费誓》。

所有这些阵前演说，都只有一个目的——强调讨伐战争的正义性与必要性，以激励举国奋战之。自春秋开始以至后世，由于这种程式化的盛大宣示有碍于战争的快速进行，故此多改为以国君诏书方式宣示战争正义性，君王阵前演说遂不复见矣。但是，形式的改变并非价值观的改变，对战争正义性的追求仍然是中国战争的基础价值观之一。

另一种情况，周边国家若长期侵袭骚扰中国，而中国隐忍已久，目下已经发展到足以进行大型反击的历史时期；此时，中国必然会发动大规模的讨伐战争，也就是反击战。出师之前，中国必然会申明此次战争的正义性，宣示保境安民的必要性。实际上，这也是宣示"吊民伐罪"的另一种形式。中国历代对外战争，大体上以"讨伐"性质的反击战居多，主动发动的征服扩张战争很少。这一点，我们将在后面的战争战略价值观中谈到。

4."义兵"理念——战争实践的人道主义价值观

人道主义在战争中的实现程度，与战争本身的残酷性构成了难以调和的巨大冲突。惟其如此，能够在残酷的战争实践中坚持奉行人道主义的国家与民族，无疑具有很高的文明程度。自进入国家时代，文明发达国家之所以提出战争中的道义原则价值观，实际是基于这样一种认知：人类的战争方式应该高于动物群体的互相吞噬，应该在战争过程中体现"人"的理性特质，应该禁止那些超出战场搏杀之外的任何不人道行为。

世界战争史上，中国是始终奉行战争道义理念的极少数国家之一。

中国民族群对战争道义理念的本质说法，见于《吕氏春秋》中提出的"义兵"范畴——道义的战争。吕不韦时当中国历史上的战争高发期，他备细总结了既往时期的国家运转方式与政治兴亡的经验教训，在《吕氏春秋》中从各个方面多次提出奉行"义"之法则对于国家的重大意义。

> 义者，百事之始也，万利之本也……趋利固不可必也……以义动，则无旷事矣！——《慎行论·无义》

> 义也者，万事之纪也，君臣上下亲疏之所由起也，治乱安危过胜之所在也。——《仲秋纪·论威》

> 凡兵之用也，用于利，用于义。攻乱则脆，脆则攻者利。攻乱则义，义则攻者荣。荣且利，中主犹且为之，况于贤主乎？故割地宝器，卑辞屈服，不足以止攻，唯治为足。治则为利者不攻矣！为名者不伐矣！凡人之攻伐也，非为利则因为名也。名实不得，国虽强大者，曷为攻矣？——《恃君览·召类》

> 兵，所自来者久矣！……三王以上，固皆用兵也。乱则用，治则止。治而攻之，不祥莫大焉；乱而弗讨，害民莫长焉。此治乱之化也，文武之所由起也。——《恃君览·召类》

> 义兵之为天下良药也，亦大矣！——《孟秋纪·荡兵》

吕不韦是一个商人出身的政治家，很懂得如何从利益角度去说服人们奉行某种理念。所以，他论说的奉行"义兵"理念能够给国家与统帅带来的好处，是很到位的。实质上，吕不韦"义兵"理念本身的内涵，并不是表面上所说的那些"荣与利"，而是一种超越战争本身的残酷性要求的道义原则。在战争实践中，这是很难做到的一件事。因为，战争本身的残酷性，战场本身的血腥程度，都非常容易使人性变形，使道德泯灭。所以，至少在近代之前的世界古典战争中，绝大多数国家，绝大多数军队都做不到这一点。大规模劫掠财货，大规模屠杀平民，公然虐待战俘，大规模屠杀放下武器的战俘——杀降，都曾经在世界各国屡屡发生。尤其是奴隶制时代及中世纪的欧洲国家群，在战争中令人发指的残酷屠杀和在战后推行残酷的"奴隶化"政策，以及十字军东征长期无度的杀戮，都成为世界古典战争的耻辱烙印。

在世界古典战争中，有两个国家的战争道义法则是值得称道的。

这两个国家，一个是中国，一个是前中期的阿拉伯帝国。之所以值得称道，首先一点，是这两个国家都在战争中坚持奉行道义原则，有自觉的理论主张。中国自古就有"义兵"价值观，而阿拉伯帝国在《古兰经》中有"善道"理念。其次，这两个国家在对外战争中，尤其在战后处置战败国国民的政策上，都表现出了较高的理性和良知。阿拉伯帝国曾经屡次征服诸多欧洲国家，却被欧洲战败国的民众呼为"仁慈的胜利者"。客观地说，即便在近现代战争中，这也是许多国家难以做到的。

在"义兵"价值观之下，中国自古就有"杀降不祥"的理念。就是说，对于已经宣布投降而失去战斗力的俘虏，中国军队的战场原则是不能杀，若杀则必有报应，故为"不祥"。对于极少数"杀降"的将领，即便其战绩煌煌、才华四射，中国历史也报以冷漠的斥责态度，甚或不将其列入"名将"系列。战国的超一流名将白起，"坑杀降卒四十万"，留下了永远的历史污点。秦末之乱的项羽，因六次屠城——屠杀全城平民，又坑杀秦军降兵二十万，也成为令人不齿的霸王恶魔。

5. 止戈为武——追求和平的战争目标价值观

从人性的良善一面说，任何民族都有爱好和平的一面。

但是，历史实践一再证明，世界民族之林中各民族对和平的追求与热爱程度，确实是不同的。战力强大同时又持久地、自觉地以和平为战争最终目标的民族，更是凤毛麟角。在这些为数不多的民族与国家中，中国是最典型的一个自觉秉持和平理念而又绝不害怕战争的国家。

　　在中国的原典性文化中，文字的造型表意，最集中地体现了中国民族在创造文明的初期阶段对事物的最基本理解。中国文字的"武"字，就是由"止"与"戈"两个单字组合而成的。所谓"止戈为武"——放下兵器才是武士的境界，正是中国民族对战争行为的终极期望。在中国原生文明时期的经典之林中，论述和平理念的篇章太多太多了。可以说，诸子百家的任何一个大师，都没有过公然主张无度战争的言论，却都有向往和平的鲜明论述。秦帝国之后的 2 000 余年，中国历代国家意识与社会意识，基本上也同样如此。应该说，无论中国思想的各个流派之间如何具有激烈的对立与分歧，无论中国文明如何具有多元性与差异性，在针对战争与和平的关系方面，却保持了惊人的一致性——热爱和平，反对战争；即或万一遭遇战争，其最终目标也必须是和平。

　　在世界民族之林中，几乎每个国家都有鲜明的甚或极端化的好战派。

　　能够保持这种覆盖全民族的"和平无歧见"状态的，实在只有中国。

　　诞生于春秋战国时代的兵法经典之一《司马法》，有论断云："国虽大，好战必亡；天下虽安，忘战必危。"请注意，"好战必亡"是这一论断的第一警告——痴心于战争者必然灭亡——亡国亡族；其反意，自然是以和平达成为最高境界。第二则警告是"忘战必危"——忘记战争必然陷入亡国危机；其反意，自然是保持战争警戒心，不能因追求和平而忘记战争。如此两个方面，最完整地表述了既酷爱和平又不畏战争的综合理性的高度。

中国兵家格言云，"敢战方能言和"。同样说的是一则深刻的历史哲理——敢于投入战争的国家，才能实现和平；没有底线而绝对主义地追求和平，恰恰是战争灾难的开始。同样的内涵，在《司马法》中表现为一个著名论断——"以战止战"。它深刻地揭示了一则被历史实践反复证明了的真理——终止战争的最好方式，是更加勇敢地将战争进行到底。当然，所有这些论断的历史前提，都是这些战争价值观持有者恒久不灭的和平理念。

拥有一个热爱和平而又具有强大战争能力的民族，是人类世界的骄傲。

6. 著名兵书《尉缭子》的战争机制价值观

在战争价值观体系中，我们得郑重提到一部兵书——《尉缭子》。

产生于战国末期，并对秦始皇帝驾驭统一战争发生了重大影响力的《尉缭子》，是一部极具深邃洞察力的兵书。就深度总结既往的战争实践，在此基础上提出国家最高战略层面的战争价值法则而言，我们完全可以将它看成一部政治军事学著作。这部兵书的基本内容，不在战场、战法、战略、战术等具体而直接的战争环节，而是国家在建立强大的战争机制方面的一系列根基性法则。在国家战略价值观的意义上，《尉缭子》比包括《孙子兵法》在内的同时代（或相差不远时代）的其他所有兵学著作，都要深刻全面。

在建立国家战争机制的层面上，《尉缭子》提出了四大价值法则。

其一，富国先于强兵——战争立足于国家实力。

在世界古典国家时期，极少有哪个国家的战争理念能够延伸到军事体制之外。《尉缭子》的深刻，在于它以深邃的整体性思维揭示了决定战争胜负的最根本因素——国家综合实力。首先，《尉缭子》提出："王国富民，伯国富士，谨存之国富大夫，亡国富食府"。这是说历史上的国家战争机制有四种境界：一则，能够"王天下"的"王国"境界，是以"富民"为根基的；二则，能够称霸天下的"霸国"境界，是以"富士"——社会上层富裕——为根基的；三则，仅仅保持生存而尚未被强国吞灭的"仅存之国"的实际追求，是以"富大夫"——极少数国家高层官员的富裕——为根基的；四则，已经灭亡了的或必然灭亡的"亡国"，都是以"富仓府"——国君仓库充实——为根基的。无疑，这是以历史与现实中的四种国家为例，将"富民"境界——社会民众的整体富裕，作为建立战争机制的最深刻基础。

《尉缭子》对这一价值法则作出了具体论述：治军以富国为先，国不富而军不威，"富治者，民不发轫，甲不出暴，而威制天下；故曰：'兵胜于朝廷'"。一般意义上，古人是将"富民"与"富国"等同看待的。《尉缭子》前面明确强调了"富民"，这里再说"富国"，显然是将"富国"作为延伸看待。用现代语言表现，这段话的意思是："建立强大的战争机制，必须以富裕雄厚的国家经济实力为条件。国家不具备经济实力，战争机制就不会有威慑力。善于以实力为基础而建立战争机制的国家，人民不需要参战，军队不需要出动，就能以威慑制约天下。所以，战争机制是否具有强大威力，取决于国家最高战略决策。"2 000余年之前就有如此超越时代的理念，实在令人惊讶。

其二，励士厚民——战争威力藏于人民。

《尉缭子》有云：民为战威之本，"民有必战之心，此威胜也……夫将之所以战者，民也；民之所以战者，气也；气实则斗，气夺则走"。是故，励士厚民为强军之本。用现代语言来说，人民有必须将战争进行到底的决心，就确立了战争胜利的威势。大军统帅所以敢战能战，根基在人民。人民所以敢战能战，在万众同心之精神气势；民气盛，则斗志强；民气衰，则会败走。所以，激励将士，厚待人民，是使军力强大的根本政策。

没有繁杂的论证，只有一连串必然性的因果逻辑。就其论断性质而言，这完全是中国原生文明时期的"人民战争"思想。可以说，在近代之前的世界古典国家时代，这样超越时代的战争价值法则，可谓世界军事思想的巅峰。

其三，法为治军之本——军队法治化。

关于军队的治理原则，历来少有理论，尤其是在古典社会。原因在于，任何军队都会有严格、严厉的管理，几乎很少让人想到其治理方式是否妥当。但在实际上，军队的治理方式与实际管理，是战争机制中一个具有重大意义的隐性环节。

战国时代所以能提出"军队法治化"这样的问题，背景在于此前西周实行的"军队礼治化"的历史传统的存在。在《礼记·曲礼》中，有一段专门论述礼治在全社会领域的覆盖作用，其中对军事军队的说法是："班朝治军，莅官行法，非礼威严不行。"对礼治的总体覆盖性，《左传·隐公》则这样说："礼，经国家，定社稷，序民人，利后嗣者也。"礼又是"定亲疏，决嫌疑，别同异，明是非"（《礼记·曲礼》）的根本依据。

如此礼治时代，军队的管理规范与治理方式，都是以"礼制"所规定的准则去执行的，完全没有"以法治军"的理念。实际上，军队的本质需求是法治管理，推行军队"礼治化"的后果，只能使一支军队士气松散，迂阔之气大增，军队风貌全然变形，战斗力急剧下降。《司马穰苴兵法》是专门研究军队管理与训练的兵书，司马穰苴本人明确主张军队"法治化"，其论断云："国容不入军，军容不入国。军容入国则民德废，国容入军则民德弱。"意思是说，国民风貌——行为、举止、着装、气象等——不能成为军队规范；军队风貌——令行禁止、整肃果敢——也不能成为国民规范；反之，则军队涣散迂阔、国民亢奋紧张而无以正常生活。

在这样的历史条件下，战国《尉缭子·制谈》明确提出了在军队实行法治的价值法则。其论述是："审法制"，"明赏罚"，"便器用"；"修吾号令，明吾刑赏……而天下无敌矣！"。这几句话的意思是：要严格审查军队的治理是否符合法律制度，要依法明确立军队的赏罚制度，以使军队成为国家利器；只要在军中制定了详尽可行的与国家法律相符合的号令制度体系，真正实施了法治化的赏罚制度，这支军队就是天下无敌的。

其四，不赖外援——国家存亡不取决于他人。

古今中外的战争史上，邀约盟友国家共同参战的现象举不胜举。盟军作战的多发现象，形成了一种偏差性的普遍认知：盟国、盟军力量大，越多越好；强调独立作战而不赖外援，未必是一种妥当理念。就战争实践而言，这里忘记了一个非常重要的隐性因素：历史上的盟国、盟军，大多数都是进攻一方发动聚结的；进攻国实力越大，参与的盟国、盟军就越多。因为，战胜的希望很大，参与者利益分割的可能性也很大。若是一个国家濒临危境，这时最需要雪中送炭的援军，而实际能提供支援的盟国、盟军则是很少很少的。古今中外的战争，都证明了这一点。

《尉缭子》"不赖外援"的战争法则，正是特指这一情况下的国家意识。

这一价值法则，是针对以战后国家利益换取战时援军的心理提出的严厉批评。"今国被患者，以重币出聘，以爱子出质，以地界出割，得天下助，卒名为十万，其实不过数万尔，其兵来者，无不谓将者曰：'无为人下，先战。'其实不可得而战也。"如此，天下诸国助我，何能昭吾士气哉！是故，国必量力而战，不赖外援。

这段话简洁易懂，其中心意思是指出了依赖盟国援军的三大缺陷。一则，盟国不会认真履约，不会如数出动援军，只会减少援军数量；二则，援军即或到达，也终究不会力战，更不会打头阵做主力军；三则，这种援军只能涣散我方作战士气，而不会激励我方士气。在这三大缺陷的基础上，《尉缭子》提出了危境防御战的战争价值法则——"国必量力而战，不赖外援"。

所谓量力而战，就是以最终胜利为目标，立足自己的实际力量，制定合乎实际又有成效的战略、战术与具体打法。所谓不赖外援，就是打消"友邦救我"的侥幸心理，激发依靠自身力量战胜强敌的胆略。总体上说，这一价值法则的本质，不是拒绝真正的外援，而是强调自己救自己，不将国家生存希望寄托于外援。

上述战争价值观体系，都是中国民族在长达数千年的战争实践中锤炼出来的，都是涉及战争胜负的根本问题，也都是古典国家时期绝大多数国家的寻常军事家与军事著作的盲区。在整个人类冷兵器时代，只有中国军事家具有如此广阔的视野，有从最基础的意义上审视战争与军事问题的思维方式。正是这一高远的视野，正是这一深刻而独到的思维方式，使中国民族群的战争理念体系，在人类文明历史的天宇里放射着永恒的光芒！

四　中国战争文明的最高战略法则

本章上述战争价值观体系，都是明确见于兵书的民族理性体现。

但是，还有一种隐藏于长期的战争实践之中，而没有被"说出来"的最高战略理念。数千年以来，中国历代战争实践都是这样进行的，但始终没有将这一理念公然揭示出来，是值得深思的。

这一最高战略理念可以概括为八个字：强力反弹，有限扩张。

在国家时代的民族兴亡历史上，国家与民族的生命状态，有两种最为关键的历史时期。一种，是遭遇全面的内部危机或大规模的外敌入侵，国家与民族陷于深刻的动荡与普遍的灾难，面临存亡继绝的历史考验。古典国家时代的大多数国家与大多数民族，在这种情况下都无法进行有组织的大规模聚结，无法形成新的力量以平息内部危机，或成功反击外敌入侵。最终的结局往往是两种：一是国家灭亡，民族星散；二是国家与民族就此衰落，沦为残存的末流国家。

另一种，是稳定强大的上升时期，即中国所说的"盛世"时期。此时，国家政权富有生机，国家实力蓬勃增长，领袖阶层雄心勃勃，民族进取精神也分外强烈。大多数国家与大多数民族，但凡遇到这样的历史条件，都会失去理性，发动大规模且无限度的对外扩张战争。历史上所有的帝国，几乎都是在这样的历史条件下形成的。从最古老的西亚赫梯帝国开始，亚历山大帝国、罗马帝国、波斯帝国、新波斯帝国、拜占庭帝国、阿拉伯帝国、奥斯曼帝国、神圣罗马帝国、彼得大帝时期的俄罗斯帝国、拿破仑时期的法兰西帝国、奥匈帝国、大英帝国、德意志帝国、日本帝国，等等，都是如此。

可是，历史对这种帝国却并不如何垂青，总是以结局的残酷性，嘲弄他们曾经的野心与疯狂。历史呈现的事实是，各个时代的赫赫帝国无一例外地都灭亡了。古典帝国与欧洲中世纪后期的帝国，是彻底灭亡。近代以来工业时代的一些帝国，则总是在历史大潮中被打回原形——貌似庞大的身躯分崩离析，广阔覆盖的帝国权力不复存在，原本的瘦小枝杈又重新显露出来。如曾经号称"日不落帝国"的大英帝国，非但丢失了所有在扩张战争中夺来的殖民地，还无法妥善处置时时发作的肘腋之患——北爱尔兰独立运动。

历史实践已经表明：鲜有民族能够在这两种历史时期保持高度理性。

可是，历史总是要为人类国家时代保持一颗理性的灵魂。

这颗理性灵魂，就是数千年以来在两种关键时期都能保持理性的中国民族。

1. 强力反弹——第一种历史时期的中国民族

认真审视中国的历史实践，我们会发现，无论遭遇大规模外敌入侵的国家动荡，还是全面危机的内部动荡，中国民族总能在社会风暴中以某种特定形式聚结起来，或迅速或缓慢地形成一种巨大的反弹力量，或最终驱除强敌，或最终平定内乱。无论其间的过程多么曲折，最终的胜利结局从来没有改变过。

在中国历史上，内部爆发的全面危机，主要是中国历代统一王朝末期的社会动荡——由农民战争的爆发而引起的全面而深刻的社会危机。秦末之乱、西汉末期之乱、东汉末期之乱、隋末之乱、唐末之乱、明末之乱，都是这样的内部农民战争爆发所直接导致的全面危机。从本质上说，这样的社会动荡，是历史对已经衰朽的国家政权的一种剔除或者置换。从历史实践的方式看，则是以农民为中坚的底层社会力量，因不满普遍腐朽的国家政治与残酷的经济剥夺，而产生的强力反弹。动荡爆发之后，已经衰朽的国家政权，通常会在短暂的挣扎之后很快被淹没。这时，反抗旧政权的各种社会力量便会重新整合，形成新的力量核心，并重新建立延续中国文明的新政权。

关于因大规模外敌入侵而导致的全面危机，在中国（中原王朝）历史上，春秋末期的戎狄入侵危机、秦帝国与西汉及东汉时期的匈奴压迫危机、西晋末期全面的"胡患"入侵危机、两宋全面而长期的少数民族（辽、金、蒙古［元］）入侵危机、明末的后金（清）危机等，都是中国（中原王朝）在古典国家时代遭遇的外患大危机。

举凡这样的历史时期，中国民族的强力反弹，都会因不同时期处于不同状态下的国家政权的影响力，而呈现出不同的反弹力度。具体说，自春秋时期直到东汉，中国民族对戎狄、匈奴外患压迫的强力反弹，是以国家组织效能为核心的。那些时代的国家政权是充满朝气的，民族力量是聚合在国家旗帜下的。东汉之后，随着国家意识形态的保守主义化日渐严重，国家政权在面临全面外患压迫时期的历史表现，出现了明显的颓势，而民族自救力量则有了明显的高涨。宋末的民间抵抗运动，明末的农民军抗清，都是在完全没有国家力量支持的情况下坚持、发展并壮大起来的。在某些情况下，反弹力量还要同时遭受来自国家政权方向的严重制约，处境非常艰难。宋代对民间抵抗力量的冷漠、限制甚或镇压，是典型的历史恶例。

2. 有限扩张——第二种历史时期的中国民族

任何时代、任何国家的生存空间的扩张，都在三种情况下发生。一种是历经一定时期的稳定发展后，国家实力增长，于是开始向外扩张；一种是反击外敌入侵取得全面胜利，乘着盛大军威开始扩张战争；一种是狂热领袖（君主）上位，鼓动战争思潮，发动连续性扩张战争。古今中外的国家扩张，大体都发生在这三种背景之下。一般而言，在扩展战争中取得的"战果"——以领土与人口为基本形式，都很难长期保持。尤其是不与本国领土直接相连的飞地、海岛、遥远的殖民地等，更难长期维持。

中国在强盛时期的历史表现，是世界国家之林中保持理性的典范。

历史上的中国有没有过扩张？回答是肯定的，一个大国不可能没有任何扩张。

但是，中国的扩张与历史上的任何帝国扩张都不相同。从总体上说，中国的扩张，不是其余世界帝国那种无限度的盲目扩张，而是一种高度理性的有限扩张。自春秋时期开始，中国对于"非我族类"的外来势力的侵入，或边境敌对势力的无休止侵扰，都是以两种有限度的目标作为战争胜利的标尺；即或在尚有余力的条件下，也会将战争适时停止在这个限度上，不再向前跨越。

第一个有限目标，以将外来势力驱赶出国境为胜利，发生在中国实力还不是很强大的时期，或者说因为种种条件之限制而不能凝聚最大力量的时期。春秋时期诸侯大联合（齐桓公九合诸侯）反击戎狄，战国时期北方战国的各自反击匈奴与东胡、林胡等，都是这样的有限目标。

更进一步的有限目标，与中国进入真正的强盛时期，已经有能力对外敌展开大规模反击的历史条件有关。在这种情况下，中国以夺取敌方进攻的立足阵地（根据地）为胜利目标，而不求全部吞灭敌国；更不会乘胜进军，实行无限度的扩张战争。从大禹治水之后进入国家时代，中华民族就以国家的形式，进入了与周边族群的冲突与竞争时期。从夏王国开始，中国对周边族群入侵的反击，就是适可而止的有限战争。夏代初期的夏启南征苗蛮，战胜之后便退兵而回，并没有坚持斩草除根。应该说，这是最早时期的"强力反弹，有限扩张"了。此后，殷商末期的东夷族群又多方侵袭中原腹地，殷纣王对东夷发起了大规模反击，胜利之后同样是订立盟约，撤退军队，并没有无限度地占领杀戮。

此后，秦帝国大举反击匈奴，在收复阴山草原之后，只追击到北海（今贝加尔湖）地区，以捣毁匈奴单于的"王庭"根基为限度，收兵不再北进。为了对北方游牧势力明确中国的军事底线，秦帝国特意修筑了万里长城。就历史实践而言，长城并不是中国的边境线，而是一道建筑在自己领土上必须坚守的军事防御线。在强大的秦帝国时期，修筑这样一条军事底线，其实际意义就是向所有的敌对势力宣告：中国无意扩张，但任何势力也不要妄想深入侵扰中国。

西汉之世连续反击匈奴，同样是奉行秦帝国的法则，远程进攻止于北海，实际防御起于长城。东汉以文明融合为基础，继续反击聚散无定且无休止侵扰的匈奴势力，其实际战略依然是秦帝国与西汉的有限反击。在战争获得胜利的基础上，东汉成功地利用了匈奴的内部分裂。早在西汉末，匈奴便已分化为南北两大部——南匈奴与北匈奴。

南匈奴几乎成了认同中国文明的同盟军，北匈奴在事实上已经无力发动连续的侵扰战争。在此反复较量期间，有了西汉名将陈汤那句著名的历史宣言——"明犯强汉者，虽远必诛！"

于是，以游牧战争为生存根基的庞大的匈奴族群，终于在历经近千年较量之后，认定这个东方国家是无法战胜的，坚持对峙下去，自身便有最终灭亡的危机；遂开始大规模西迁，到欧洲横行霸道去了。

再后的隋唐前中期、宋初时期、明初时期、清初时期，基本都是如此。漫长的历史实践证明，即便当时中国的周边敌对族群后来化为域内少数民族的历史势力，曾经在当时的中国建立过统一政权，如元代，如清代，但只要这个统一的国家政权仍然尊奉中国文明，并实行中国主体民族的最高战略理念，它就会成为有实际成效的统一大国。清代前中期便是这样。

秦帝国之后，中国历经 2 000 余年的生命历程，有过强盛与辉煌，也有过曲折、低谷与危绝险境。但是，当它艰难进入现代国家行列的时候，依然大体保持了中国历史上强盛时期的国土疆域，某种程度上还有所扩大。最终，中国也并没有被分割为支离破碎的"欧洲中世纪状态"的碎片国家群。相比于诸多往昔的帝国灰飞烟灭、分崩离析的历史，我们不能不说，中华民族热爱和平而又不畏战争的天赋特质，中华民族在长期历史实践中锤炼出来的"强力反弹，有限扩张"的最高战略法则，起到了最为实质性的作用。

中国文明的生命力已经充分证明：一个能够在任何情况下保持高度理性的民族与国家，才是能够永恒立足于这个星球的文明国家。尽管，我们的民族与国家还有许多历史积累的缺陷，我们还需要艰难地淘洗，才能重建当代新文明；但是，我们的文明遗产中那些灵魂性的生存发展经验，以及由此锤炼出来的社会发展的价值取向，对天下大势的思维评判方式，都是无可取代的文明因子。只要这些文明因子奔流在我们民族、国家的血液之中，我们就会拥有永不枯竭的生命力。

13 章

中国思想形态的多元根基

一　重建中国文明的精神序曲

一个国家的思想形态，是决定国家发展进程的灵魂。

理清中国历史上的思想形态，是一个宏大复杂的课题。悠久深厚的积累，落差巨大的变化，气象峥嵘的流派，歧路纷纭的交织，使近代以来的中国思想史家们只能陷入"自扫门前雪"的境地——分学科、分时期或分人物进行研究。从文明史的意义上总体讨论中国古典思想形态的历史特质，并确定其基本的历史传统等根本问题，似乎一直被视为畏途。除了一些西方人文学者不得要领的分析，当代社会对中国思想形态的历史发展进行总体解析的著作，一直没有出现。复杂的方面，在于中国思想形态的历史转折太多；每次转折之后，又都累积了具有浓郁时代特征的众多元素。

可以说，中国的历史实践有多么复杂曲折，中国的思想形态就有多么复杂曲折。无论从哪个历史转折点进入，无论从哪个专业切面进入，或无论从哪部专著、哪个思想家进入，都可以对历史上的中国思想形态作出某种"自成一说"的评判。但情况往往是，一旦将此类评判带入广阔的历史实践，便会有鲜明的疏离感与不伦不类的恍惚感——脱离历史根基的漂浮。在众多的中国思想史研究著作中，我们看到的普遍现象，总是以研究对象——某个思想家或某个学派的著作本身——为绝对侧重，相对孤立地论说其思想的合理性与深刻性；至于该思想家所处时代的社会土壤、历史特征、思想潮流，以及思想家本身参与社会实践的实际作为，还有思想家提出某种主张的当时基础与历史价值等根基性的方面，一般都是此类著作所欠缺之处。就是说，我们从此类著作中很难看到一个思想家与中国文明发展的有机联系，很难看到一个活在生动具体的历史潮流中的思想家。

孤立地以思想家为对象的思想研究，无法实现当代历史研究所必须承担的提供发现性历史认知的使命。也就是说，这种研究的基本面，大多是提供了某些具体层面的知识，而不是触摸到了中国思想形态的总体脉络，以及进一步以全方位的历史实践为参照，对特定思想家或特定学派作出文明史意义上的价值评判。

理清中国思想形态史，是整个中国历史研究领域最繁难的问题。

要揭示中国思想形态的历史特质，理出可供当代社会继承的良性思想遗产，就要理清四个基本方面的问题。首先，要以思想形态的实际发展为历史依据，揭示出中国思想形态多经重大转折的历史曲线图，对当代社会提供全景式思想形态史框架；其次，分析揭示各个时代思想形态的历史特质，并以此为根据，解读中国思想形态发展的历史趋势；其三，以历史实践为根本依据，评判各时代思想体系在历史实践中所起到的真实作用，进而对各个时代思想形态的历史价值作出客观评判；其四，发现中国古典思想形态中具有建设性的部分，分拣出已经丧失生命力的废弃部分，确立可为当代社会所继承的良性思想遗产，明确民族精神发展史的真正灵魂所在。由此四则，中国文明的精神根基才得以重新构筑。

人类精神所产生的思想形态的发展与变化，是永恒的。

没有任何一个时代的思想形态，与前一个时代是完全相同的。这种变化，在人类的远古时期是自发的，是自然流淌的。而国家时代不同，形成思想形态变化的主要原因与直接原因，是国家意识形态政策的需求选择性。虽然，从基础上说，思想形态在各个时代的变化是社会实践变化所产生的需求性；但是，即便是这种实践需求，其中也包含了国家意志的引导成分。

一般而言，和平时期自发性的社会实践，要形成一种鲜明的思想系统，其历程要缓慢得多。没有社会重大事变的激发，时代对思想创造的历史需求就不会强烈呈现出来；以思索问题为"职业"的知识分子群的创造性，就会处于休眠状态——只流淌而不爆发。举凡思想大爆炸时代，都是剧烈动荡的重大历史转折时期。古典中国的春秋、战国时代，古典西方的文艺复兴与启蒙运动时代，资产阶级革命的初期时代，等等，莫不如此。

因为，只有在动荡转折时代，进行思想创造的职业阶层——知识分子群体的自由创造性与人格独立性，才能最大限度地被激发出来；其深刻的创造力及奇瑰的想象力，也才会最大限度地挥洒出来。任何时代的知识分子阶层，都是社会思想滋生成长的最基本土壤——虽然他们产出的思想在总体上也是良莠皆具，其真正的优秀思想尚需社会辨识。根本原因，是只有在这样的历史条件下，这一土壤才会从国家机体中游离出来，而成为社会大潮的一部分，从而获得宏大的社会需求资源，迅速进入最为勃发的生命状态，井喷式爆发出推动历史潮流发展的精湛理论。

在国家时代，在正常化的和平时期，知识分子群体的身份本质，是国家文明的有机构成体；其功能所在，则是国家体系中的软件部分。如果将知识分子的"独立人格"理解为一种不受国家意志左右而独立产出思想的自由权利，那实在是脱离事物本质、脱离社会实际的虚幻神话。

从历史实践看，在大多数时候，世界各国知识群体的大多数，都是与国家结构的各种力量形式或松或紧地联结在一起的。中国古典社会更是"学在官府"，主流知识分子大多数直接属于士大夫阶层，是吃皇粮的官身人物群。他们产出什么样的思想，在很大程度上是依据国家意志的引导而进行的，甚或直接是奉命产出的。从最基本的方面说，任何时代主流思想形态的变化，其主导方面大体都基于国家意志的选择需求。古今中外任何国家的主流思想，即或是实用科学技术理论与宗教形态的教义变化，都离不开国家意志程度不同的干预。

当然，任何时代都有溢出主流之外的思想溪流，不乏璀璨的光芒，不乏真正的建设性与批判精神。但是，由于它们对国家意志所主导的主流形态具有某种叛逆性，或者显然格格不入，其最终归宿，往往都在历史长河中演变为种种"民间"形式——或流失弥散于草根私学，或变形为民间文学，或成为秘密团体的信仰，或成为某种具有反抗精神的宗教组织。

西方诸多秘密宗教组织，几乎无不产生于古希腊及罗马帝国时代流传于奴隶世界的那些神秘思想，或已经被主流宗教所淘汰的某种早期教义。中国在春秋战国时期产生并获得重大发展的墨家思想，是非主流思想体系的历史归宿的典型。由于墨家具有鲜明的底层社会的草根性，具有强烈的民间政治力量色彩——"政侠"团体的行动性，具有挑战国家法治的"鬼神正义"的审判精神；所以，在战国初期墨子大师死去后，墨家便在各式国家力量的干预渗透下分崩离析了。在汉武帝"独尊儒术"之后的 2 000 多年里，光耀春秋战国的赫赫"显学"——墨子的著作，已经消失在浩如烟海的典籍里无从寻觅了。若非近代救亡图存大潮中梁启超先生的艰难寻觅，从道家的炼丹符咒术书籍中发现了隐藏其中的《墨子》，可能我们对墨家的历史真实面目的了解，还要蹉跎下去而不知所终。

国家时代对秩序体系的全面覆盖性，远远超出此前的远古社会。

由此，人类文明的发展获得了空前的速度与成果。在这样的生存体系之中，任何一个思维正常的思想者，都不可能对国家形态本身产生逆反心理，进而反对将思想的产出及变化与国家联系起来。举凡历史上注重现实的进步思想家，其思想形态的核心内容，无不与国家民族的兴亡融合在一起。应该说，融入国家，改造国家，提升并重建国家文明，从而使我们的社会生存条件发展到一个相对理想的状态，是包括知识分子群体在内的所有人类的大义选择。

从历史实践看，任何大转折与大变革时代的思想形态，都是该时代重建国家文明的精神序曲。没有成熟明晰的社会认知，就无法构建新的制度建设框架。中国的春秋、战国、秦帝国时代是这样，西方的文艺复兴与启蒙运动时代也是这样。一个民族思想形态的混乱衰朽，必然导致所建立的国家文明框架的脆弱，并必然使其淹没于大变革的时代洪流。

二　应变突破：中华民族的思维方式

一个民族的思想形态的特质，在于这个民族的思维方式。

民族思维方式，是一个民族观察与认识世界的静态出发点——精神维度。什么是精神维度？形象地说，就是人在思索对象世界时最合理的精神站位，就是使观察者能够看得最高、最远、最深，视角能够最大限度接近全方位的那个位置。极而言之，如同三维空间的人类与二维空间的一个点，所在维度不同，对同一事物的观察结论肯定不同。人类作为天赋思想功能的群体，每个地域的人口群基于种种已经无法追溯的原因，在观察对象世界——外部世界及人类自身世界后，形成了不同结论。事实上，各民族之间对事物认知的不同结论，都有某种程度的真理性。因之，我们可以由这种具有普遍性的结论不同的现象，反向推定得知：不同人群（具有不同文明的不同民族）观察对象事物的思想站位是不一致的，因而结论也是不同的；这种思想站位因为不完全是有形的物质站位，故我们称之为"精神维度"。

精神维度不同，思索问题的静态出发点也就是思维方式也就不同。特定人群（民族）的思维活动所赖以存在的思维方式，是决定思维活动方向与终端成果的最本质元素，是民族精神创造活动的定位仪；它决定着一个民族观察与认识世界万事万物的角度合理性，决定着其视角是否具有最大的广阔度；同时，也决定着一个民族认识事物的深刻度，决定着其是否具有透过表象直达事物本质的发现能力。

最能充分体现民族思维方式之差异的领域，当是最为古老的超验感知领域所产生的精神成果。那时，人类几乎没有任何可以借助的外在手段，也没有任何既定的知识体系作为引导性的出发点。上古各民族观察认知外部世界及自身生命世界，大体上都只能依靠天赋的精神维度进行超验性的感知与想象。因此，产生于远古时期的具有诸多模糊性的精神创造成果，一般都不具备理性系统的说明。这些领域，主要是神话体系、神秘文化体系、宗教体系、原典医学体系。这四大领域，都是各民族在无法借助外部手段与既定知识的情况下，在远古时代的认知与发明，因之最能体现各民族思维方式之本真差异。

医学体系，应是古老认知体系中最为坚实地体现出各民族差异性的领域。

各民族医学理论及技术形态的巨大差别，是人类认知自身世界所站精神维度不同的历史典型。其中，西方医学系统与中国医学系统的对立性差别表现得最为鲜明。简约地说，早期西方医学体系建立的基础，是以对人体有形结构的解剖观察为依据，进而建立了人体器官认知体系；再由此产生了相应的医疗应对方式——以"置换器官与消灭病原"为基本手段的技术体系。以此为基础发展起来的西方医学体系，具有简单清楚的学理性，其器官认知体系与医疗技术体系，都具有相对能够说清楚的理性逻辑——科学性。从哲学的意义上看，显然具有唯物主义与实验主义的简单直观性。

中国医学完全不同。它立足于对人体所有器官的运转及其在各种情况下的变化状态的整体观察，并以此为根基建立了中医认知体系。举凡进入人的生命体内的有形、无形之物，中医都认定为人体生命的关联互动元素。在这样的思维方式基础上，中医认知系统发现了人体中的无形元素——"气"的存在，并进一步发现了"气"的运动对人体生命的重要作用。以此为基础，中医又发现了"气"在人体内运动所产生的特殊节点群——"穴位"系统及这一系统发生变化后对人体的种种实际影响。建基于此，中医发明了改变人体穴位功能的"针"和"灸"这两种体系化的治疗方式。

对人体内"气"的体系性认知，是中医认知体系中最具有超验性感知的部分——超越科学或科学不能解释。"气"这一元素，在西方医学体系中是根本不存在的。客观地说，在没有任何观察仪器与检测手段的上古时期，能发现人体内的无形之物，并一一准确地开列出多达360个人体之"气"运动的"穴位"，实在是现代科学也无法解释的超验现象。重要的问题是，即或是现代科学实验，也无法证明"气"在人体内是不存在，或者是存在的。而在人体感知的意义上，"气"又确实是存在的——至少在中华文明圈内，人们广泛认同"气"的存在及对人体的重要性。这种远远超越其余民族古典认知能力的体系性发现，竟然产生于数千年前的中国社会；除了"超验感知"这一颇具神秘主义的概念，我们还能作出什么样的理性说明？

在这样的认知体系基础上，中医体系形成了以"辩证施治"法则为轴心的人体"调理"的整体医疗理论。在中医体系中，摘掉器官、割掉毒瘤等外科手术手段，永远是排在第二位的不得已的辅助手段。对病灶、病原，中医的治疗技术基本以"化"为主——通过理顺各器官之间的关系，并运用清除其运转阻隔的"调理"手段，最终达到人体康复的目的。

在整个中医体系里，最重要的技术理念是"辨证施治"。这一技术法则的核心点，是对"变"的认知，就是重视包括患者本人精神变化在内的种种病情变化，据此开出最适合目前对象的治疗方剂。中医认知体系的基本点是，人体是可变的，器官是可变的，药物是可变的，药方更是可变的。具体病人具体分析，具体症状具体分析，这是中国医学的灵魂。因此，以"辨证施治"为轴心的可变性医疗理论，构成了中国医学理论的最重要根基。而在西方医学看来，这种于变化中"调理"人体的理念，是充满了模糊性的非科学认知，根本是难以成立的。

这就是民族思维方式所得结论的巨大差异。

这种差异的鸿沟性，在久远的神话体系中已经鲜明地呈现出来了。

中国神话体系，与西方的古希腊神话体系及基督教《圣经》中的创世神话，形成了鲜明的差别。对这种差别的详细解析，本书前述章节及《中国原生文明启示录》中已经多有表述，此处不再重复。总体上说，中国创世神话所呈现的民族思维方式，充满了对事物爆发性突变而引起质变的极端重视，也充满了人神空间互变的理念。与西方神话的人神板块各自不变，神板块创造了人板块，并赐予（推动）了人类板块生命运动的人类被动接受理念，迥然不同。

同样，诞生于各民族早期社会的各种神秘预测术，也充分体现了各民族思维方式的差异。中国民族上古社会诞生的《周易》预测术，与世界其余民族的种种神秘预测术，也有重大差异。简约地说，世界其余民族的神秘预测术，都是巫师等神职人员在具体场合对天（神灵）感应的临机爆发性感知，其作出的预测，多为一次性预言。大多数民族，都没有产生以认知体系为基础的相对系统的预测术——能够在任何条件下对任何事物运动作出预测的技术操作体系。

只有中华民族，产生了《周易》这样的系统占卜术。《周易》之所以成为体系性的预测术，根基在于其立足在万事万物之变化上的认知理念。如果试图用理性语言表述《周易》的认知逻辑，大体应该是：万事万物之变化，皆有其内在逻辑，窥透了特定事物的内在逻辑链条，就明白了某事物最终的归宿。在《周易》之中，不独每卦的卦辞充满了辩证性认知，且每则卦象中每个元素——六爻中各爻的位置变化，都是决定事物归宿的重要元素。因之，不理解或不确立"万物变化"的理念，就根本无法理解这一古老的预测术所包含的永恒性。

以把握事物变化为根基的求变思维方式，是中华民族最为宝贵的思想形态遗产。它奔流于中华民族的血液之中，植根于中华民族的天赋基因之中，是中华民族不畏变局而始终顽强追逐历史潮流的民族精神的内在根基。中华民族之思维方式萌生久远，至少，从五帝时期开始，中国民族群就以远远不同于当时世界其他民族群的思维方式，在漫长的历史积累中，创造了诸多具有奠基性的价值理念与历史成果。由于早期文字（或曰符号系统）的相对不发达，这些上古时期的历史成果与价值理念，皆以简单的早期记载与口头传承相结合的方式，广泛传播于当时各族群之中，由此形成了中国民族群具有广泛共同性的早期生存精神。

三 轴心时代之中国思想形态的历史特质

世界文明的轴心时代，也正是中国文明的轴心时代。

这个轴心时代，就是公元前 700 余年到公元前 200 年左右的春秋、战国、秦帝国三大时代。这三大时代巨浪翻滚的思想大潮，是人类古典文明史上绝无仅有的创造奇观。杰出的创造性思想，是一个民族对社会实践进行深邃反思与高度总结的成果。这种思想一旦传播开来，并迅速见诸社会实践，就会成为推动历史向前发展的巨大力量。从一般意义上说，一个民族能够在一个时代涌现出一种具有创造性的思想体系，就已经非常优秀了，而若能够在一个时代同时涌现多种不同流派的创造性思想体系，那无疑是历史上的奇迹。

中国的春秋、战国、秦帝国时代，思想家群体及思想体系的涌现，是爆炸式的、井喷式的、丛林式的。其时思想家数量之多，实业研究家数量之多，独立学派数量之多，原典著作数量之多，私学教育之普及，创意精神之高度，社会实践之深度，等等一切方面，都达到了整个人类古典文明史上令人目眩的最高峰。

在整个人类文明历史上，这样的原典思想大爆炸，只出现过两次。第一次，即东方中国的这一时代，史称"百家争鸣"。第二次，出现在西方中世纪末期与近代资本主义开端时期，史称"文艺复兴"与"启蒙运动"。这两次原典思想大爆炸，都首先推动当时的政治文明实现了巨大的历史性跨越，进而推动当时的生产方式与整个文明形态产生了超越式的大发展。

虽然，由于历史条件的不同，两次原典思想大爆炸的文明辐射力有着时代条件所决定的差异性——中国在文明轴心时代的原典思想大爆炸的历史影响力，因当时世界交融程度的限制，主要体现为对当时东方世界的直接影响以及后来对整个人类世界的间接影响。西方近代资本主义开端期的原典思想大爆炸，却借助人类活动的普遍交融及新的传播手段，直接而普遍地影响了整个世界。

但是，从本质方面说，它们的历史价值是相同的。甚或，越是久远的历史创造，对人类精神根基的形成越具有决定性作用。从中国文明发展的意义上说，发生在春秋、战国、秦帝国三大时代的原典思想大爆炸，形成了我们民族最为坚实的思想形态的历史格局——以多元化为根基的流派竞争。中国文明之所以在从那以来的几千年时间里绵延不息，直接根基所在，正是这场原典思想大爆炸所赋予我们的无比强大的生命力。

对那个时代的思想大潮，必须摆脱历史烟雾，重新审视，重新评判。

我们先来梳理一下原典思想大爆炸的总体状况——究竟有多少大师，多少著作涌现出来？据东汉班固编著的《汉书·艺文志》的整理记载：从夏、商、周截至西汉，华夏世界涌现的全部思想家与实业科学家，共计596家；其所撰写的原典著作，共计13 269卷。对这一数字，可以循着四个方面的基本评估，理出春秋、战国、秦帝国思想大爆炸的总体气象。

第一基本评估：夏、商、周三代思想家与原典只有十数部，减去。

第二基本评估：西汉学者近百人，典籍大约3 000卷上下，减去。

第三基本评估：前3 000年的思想家及著作，十分之八九属于轴心时代。

第四基本评估：战国时代思想家及著作，大约占到了轴心时代的五分之四。

根据以上四个方面的基本评估，可以作出一个总体评判：春秋、战国时代的思想家与实业科学家，大体在400余家；其所创造的原典数量，大体在10 000卷上下。

上述基本评估的意义，是给我们提供了一个鸟瞰式的总体图景。

至为遗憾的是，历经秦末大战乱，这些光焰万丈的皇皇巨作经历了空前的浩劫。到西汉政权稳定之时，已经毁灭散落太多了。历经西汉时期的抢救，才保留了有着累累残缺的部分典籍的文本。许多原典，人们已经只知道名字而无法寻觅到文本。后来，又经东汉《汉书》编撰群体的艰难整理，才得以给今天的我们呈现出先秦文献的总体风貌。

两汉学者群对中国文明灵魂的复活，有着莫大的历史功勋。

虽然，历史的伤害是难以弥补的。但是，我们仍然能够从庞大的篇目系统中感受到那个时代的博大渊深。我们仍然能够从伤痕累累的诸多原典文本及文本名目中，感受到那种令人震撼的思想海洋的历史气象。

按照《汉书·艺文志》的整理顺序，我们再来看看战国思想流派的多元全貌。

须得注意，下面列出的诸子百家流派与著作，是我依据当代理念，对《汉书·艺文志》的排列分类作出的重新整理。有两个重点：一是呈现相对明确的战国思想流派及著作的总数量，使今人能够看到那个时代思想群的全貌；二是列出该流派的代表性思想家、学问家，使今人记住那些具有不朽意义的历史坐标。基于以上两点，战国思想大爆炸所遗留的文献典籍全貌大体如下——

1. 第一大类为文献研究领域，主要流派 6 家

《汉书·艺文志》将这一领域的研究家及其成果，归于"六艺家"。这是自春秋、战国到西汉的经学研究流派，总共有 103 家，研究著作 3 100 余篇，大多都是西汉时期的成果。因为这种非原创性以注释为主的经学研究整理，在儒家独尊之前的春秋、战国时代很不发达，所以大体只有 6 家，其著作数量也无从考证。这 6 家是——

易家：对《易经》的研究，5 个流派（家），著作不详。

书家：对《尚书》的研究，流派不详，著作数量不详。

诗家：对《诗经》的研究，流派不详，著作数量不详。

礼家：对《礼经》的研究，流派不详，著作数量不详。

乐家：对《乐经》的研究，流派不详，著作数量不详。

孝家：对《孝经》的研究，流派不详，著作数量不详。

2. 第二大类为史学领域，代表流派 17 家，代表作 226 卷（篇）

《汉书·艺文志》将"春秋家"列入"六艺家"之内，这种分类方法，遵循的是西汉独尊儒术之后以孔子的《春秋》作为史学正宗，

并以其作为史学代称的理念。这是对先秦历史学的西汉定位，并不是历史的真相。事实上，春秋战国的历史记载，基本阵地是各国史官组成的职业群体；以此为根基，渐渐扩展于学者个人的历史书写。孔子重新撰写鲁国历史的《春秋》，只是个人书写历史的现象之一。从总体上说，春秋、战国的历史书写，始终都是独立存在并具有很大影响力的领域，他们有如下 17 家——

《周史六弢》：春秋史官辑录整理，记东周王室政事，6 篇。

《周政》：春秋史官辑录整理，记东周王室法度政教事，6 篇。

《周法》：春秋史官辑录整理，记西周、东周行法史实，9 篇。

《周制》：春秋史官辑录整理，记周代制度，18 篇。

《世本》：春秋史学家整理撰写，15 篇。

《春秋》：鲁国国史，12 篇。

《孔子春秋》：鲁国思想家孔丘重新编辑撰写，11 卷。

《左氏传》：鲁国史官左丘明作，30 卷。

《公羊传》：齐国史官公羊子作，11 卷。

《穀梁传》：鲁国史官穀梁子作，11 卷。

《公羊外传》：战国史学家作，50 篇。

《穀梁外传》：战国史学家作，20 篇。

《铎氏微》：楚国太傅铎椒所作的细节考证，3 篇。

《张氏微》：战国史学考证著作，10 篇。

《虞氏微传》：魏国学者虞卿的史学考证著作，2 篇。

《李氏春秋》：春秋史学家作，2 篇。

《黄帝君臣》：战国史学家作，10 篇。

3. 第三大类为言论辑录领域，代表流派 7 家，辑录 131 篇（卷）

著名言论辑录，在《汉书·艺文志》中被列入"六艺家"之"论语家"。这一分类方法，性质与原因都与对历史学的分类相同，是独尊儒家的文献定位，并不是历史真相。事实上，辑录著名言论的方式，起源于夏、商、周三代史官对政事言论的记载，并不起源于儒家弟子整理孔子语录。至春秋、战国时代，史官的言论记载仍然是言论辑录的基本方面。当然，随着私学教育的蓬勃发展，弟子记载老师的言论也所在多有。这一领域的代表，有7家——

《国语》：春秋诸侯国事言论辑录，鲁国史官左丘明整理，21篇。

《战国策》：以战国史官记载为基础，后世整理编撰，33篇。

《鲁说》：鲁国政事言论辑录，20篇。

《齐说》：齐国君臣答问辑录，22篇。

《论语》：孔子言论辑录，21篇。

《孔子家语》：27卷。

《孔子三朝》：7篇。

4. 第四大类为诸子百家，主要流派108家，著作近3 000卷（篇）

对于诸子百家，这里只列出基本的思想群、代表流派及代表作的数量；使我们从能够确定的基本方面，对这一时期的原典思想爆炸有尽可能具体的了解。如此原则之下，战国诸子百家大要如下——

（1）道家群，代表流派5家，代表作81篇。

老子：春秋道家，东周王室史官李耳，著作1篇。

庄子：战国道家庄周，著作52篇。

列子：战国道家圄寇，著作8篇。

老莱子：战国道家，著作16篇。

鹖冠子：战国道家，著作4篇。

（2）儒家群，代表流派 3 家，代表作百余篇。

孔子：春秋儒家代表，鲁国思想家孔丘，著作与言论很多。

曾子：战国初期儒家代表，鲁国思想家曾参，著作 18 篇。

孟子：战国中期儒家代表，鲁国思想家孟轲，著作 11 篇。

（3）法家群，代表流派 8 家，代表作 200 余篇。

管仲：春秋法家，齐国丞相，著作 86 篇。

邓析：春秋法家，著作 2 篇。

子产：春秋法家，言论之外，著作不详。

李悝：战国法家首创者，著作《法经》32 篇。

商鞅：战国法家，著作《商君书》29 篇。

申不害：战国法家，著作《申子》6 篇。

慎到：战国法家，著作 42 篇。

韩非：战国法家，著作 55 篇。

（4）兵家群，代表流派 11 家，代表作 200 余篇。

孙武：春秋兵家，《孙子兵法》16 篇。

司马穰苴：春秋兵家，兵法篇数不详。

《司马法》作者：春秋兵家，兵法 3 卷。

吴起：战国兵家，兵法 48 篇。

孙膑：战国兵家，兵法 89 篇。

尉缭子：战国兵家，兵法 31 篇。

魏无忌：战国兵家，魏国信陵君，兵法 21 篇。

《地典》：战国兵家之阴阳派代表作，6 篇。

《天一兵法》：战国兵家之天文星象派代表作，35 篇。

《杂家兵法》：战国兵家之器械训练派代表作，57 篇。

《剑道》：战国兵家之剑术训练派代表作，38 篇。

（5）墨家群，代表流派 4 家，著作 100 余篇。

墨子：墨家开创者墨翟，著作 71 篇。

禽滑厘：战国中期墨家，著作不详。

腹䵍（腹暾、腹䵍）：战国中后期墨家，著作不详。

随巢子：战国后期墨家，著作6篇。

胡非子：战国后期墨家，著作3篇。

（6）纵横家群，代表流派6家，代表作100余篇。

苏子：战国纵横家苏秦，著作31篇。

张子：战国纵横家张仪，著作10篇。

犀首：战国纵横家，著作不详。

庞煖：战国纵横家，著作2篇。

鲁仲连：战国后期纵横家，著作14篇。

虞卿：战国后期纵横家，著作15篇。

（7）名家群，代表流派5家，代表作50篇。

尹文子：战国早期名家，著作1篇。

惠子：战国名家惠施，庄子好友，著作1篇。

公孙龙子：战国名家，著作14篇。

田骈：战国名家，号为"天口辩"，著作25篇。

毛公：战国名家，曾为信陵君门客，著作9篇。

（8）杂家群，代表流派4家，代表作86篇。

由余：春秋杂家，戎狄人，秦穆公大臣，著作3篇。

子晚子：春秋杂家，齐国学者，著作35篇。

吕不韦：战国杂家，组织门客作《吕氏春秋》26篇。

尸佼：战国杂家，著作20篇。

（9）独立流派大家，代表2家，代表作41篇。

晏子：春秋齐国丞相晏婴，著作8篇。

荀子：战国法儒兼具之独立学派，赵国荀况，著作33篇。

（10）历法家群，主要流派4家，代表作102篇。

《黄帝五家历》：战国历法家学派作，33卷。

《颛顼历》：战国历法家学派作，21卷。

《夏殷周鲁历》：战国历法家学派作，14卷。

《日晷书》：战国历法家学派作，34卷。

（11）农家群，主要流派3家，代表作100余篇。

许由：战国农家，著作不详。

神农：春秋战国农家，著作《神农》26篇。

野老：战国农家，17篇。

（12）经济实业家群，主要流派7家，代表作100余篇。

计然：春秋经济学家，著作《计然之术》7篇。

范蠡：春秋计然派之重商学派，著作不详。

张苍：秦帝国计相及西汉前期丞相，经济学家，著作16篇。

《黄帝四经》：战国实业家作，4篇。

《黄帝铭》：战国实业家作，6篇。

《杂黄帝》：战国实业家作，58篇。

《力牧》：战国实业家作，22篇。

（13）阴阳家群，主要流派5个，代表作近200篇。

邹衍：战国阴阳家，著作49篇，另有《终始》56篇。

南公：战国阴阳家，楚国学者，著作31篇；其有著名政治预言，即"楚虽三户，亡秦必楚"。

容成子：战国阴阳家，著作14篇。

邹奭：战国阴阳家，号为"雕龙奭"，著作12篇。

《杂阴阳》：战国阴阳家原典，作者不详。

（14）天文星象家群，主要流派5家，代表作100余篇。

甘德、石申：两位战国天文星象家，著作不详。

《宋司星子韦》：战国天文星象家作，3篇。

《五残杂变星》：战国天文星象家作，21卷。

《黄帝杂子气》：战国天文星象家作，33篇。

（15）五行家群，主要流派3家，代表作600余卷。

《阴阳五行时令》：战国五行家作，19卷。

《神农大幽五行》：战国五行家作，27卷。

春秋战国五行家：共31个流派，著作652卷。

（16）占卜家群，主要流派8个，代表作200余卷。

《周易》：春秋战国占卜家作，38卷。

《龟书》：春秋战国占卜家作，52卷。

《夏龟》：春秋战国占卜家作，26卷。

《著书》：春秋战国占卜家作，28卷。

《巨龟》：春秋战国占卜家作，36卷。

《神农教田相土耕种》：春秋战国占农派代表作，14卷。

《五法积储宝藏》：春秋战国占商派代表作，23卷。

《甘德长柳占梦》：春秋战国占梦派代表作，20卷。

（17）堪舆家群，主要流派2个，代表作数十卷。

青乌子：战国堪舆家，著《青囊经》，篇目不详。

《宫宅地形》：战国堪舆家作，20卷。

（18）相学家群，主要流派6家，代表作100余篇。

唐雎：战国相学大师，著作不详。

伯乐：战国相马大师，著作不详。

《相马经》：春秋战国相学家作，篇目不详。

《相人》：春秋战国相学家作，24卷。

《相六畜》：春秋战国相学家作，38卷。

《相宝剑刀》：战国相学家作，20卷。

（19）医家群，主要流派7家，代表作100余卷。

《黄帝内经》：战国医学代表作之一，18卷。

《黄帝外经》：战国医学代表作之一，30卷。

《扁鹊内经》：战国医学代表作之一，9卷。

《扁鹊外经》：战国医学代表作之一，12 卷。

《白氏内经》：战国医学代表作之一，38 卷。

《白氏外经》：战国医学代表作之一，38 卷。

《神农黄帝食禁》：战国医学代表作之一，7 卷。

（20）房中家群，主要流派 3 家，代表作 69 卷。

《尧舜阴道》：战国房中家代表作之一，23 卷。

《容成子阴道》：战国房中家代表作之一，26 卷。

《黄帝三王养阳方》：战国房中家代表作之一，20 卷。

（21）方技神仙家群，主要流派 4 家，代表作 100 余篇。

徐福：战国末期方技神仙家代表之一，著作不详。

《黄帝岐伯按摩》：战国方技家代表作之一，10 卷。

《宓戏杂子道》：战国方技家代表作之一，20 篇。

《上圣杂子道》：战国神仙家代表作之一，26 卷。

（22）诗赋家群，主要流派 5 家，代表作 64 篇。

屈原：战国时楚国诗家代表之一，作品 25 篇。

宋玉：战国时楚国诗家代表之一，作赋 16 篇。

唐勒：战国时楚国诗家代表之一，作赋 4 篇。

孙卿：战国诗家代表之一，作赋 10 篇。

《秦时杂赋》：战国、秦帝国时代诗家代表作之一，9 篇。

（23）小说家群，主要流派 5 家，代表作近 200 篇。

《师旷》：春秋小说家代表作之一，6 篇。

《伊尹说》：战国小说家代表作之一，27 篇。

《周考》：战国小说家代表作之一，76 篇。

《青史子》：战国小说家代表作之一，57 篇。

《宋子》：战国小说家代表作之一，18 篇。

（24）地理家群，主要流派 1 家，代表作 13 篇。

《山海经》：战国地理家代表作，13 篇。

以上，经重新整理的春秋、战国思想家与实业治学的主要流派，共有四大类型，代表流派138家，代表作4 000篇上下。

需说明的两点是：其一，少数成家者，《汉书·艺文志》没有记载，是我增补的，譬如兵家群之《司马法》《司马穰苴兵法》等；其二，《汉书·艺文志》所列，只是流传下来的思想学问流派及其著作。春秋、战国思想群及其创造成果的宏大全貌，我们已经永远无法复原了。譬如，那时的兵器制造、水利工程、交通建设、城池建造等都在大规模发展，而当时的治水、筑路、建城、兵工等各个领域，都有专门的大师级专家与研究成果。可是，它们的原典著作没有流传下来。我们鸟瞰的，只是残缺的历史。即或如此，我们仍然惊叹不已。

从总体上说，春秋战国原典思想大爆炸的最重要特质，在于震古烁今的创造性。这种创造性形成的历史传统，具有四个方面的最重要特征。

其一，全面性。创造的全面性，是说这两大时代的思想探索活动所涉及的社会领域的广泛性。在此前的中国古典社会，不乏局部的、个别的思想创造。在秦帝国之后的中国古典社会，也不乏局部的、个别的思想创造。但是，作为广泛涉及所有社会领域的思想大探索的历史浪潮，在中国5 000年的文明史上，却只出现在这紧密相连的三个时代——春秋、战国、秦帝国时代。在700余年的时间里，春秋、战国的思想家群漫如星云，对各领域的普遍清理、普遍总结、普遍发现、普遍反思，构成了那个时代汪洋恣肆的思想大潮。这种对人类社会生存方式的立体覆盖式的大探索浪潮，在整个人类古典社会的历史上，是绝无仅有的一次。

其二，自由性。思想创造的自由性，包括两大基本方面，一是治学的自由，二是传播的自由。这两大时代的思想探索与创造活动，在治学与传播两个方面所受的种种社会限制，为历史最小。意识形态的束缚羁绊，基本上没有；官府机构的言论管制，基本上没有；私学流派之间的竞争，完全平等；各种学派或士子个人的游说活动，基本上没有任何来自非物质领域的限制。著书也好，立说也好，传播也好，无所谓社会不能接受的异端，无所谓犯了什么忌讳。只有那时，人生对知识思想的追求，方能以充满诗意的"游学"形态表现出来。所谓"读万卷书，行万里路"，只有在那个时代被视为士人阶层的必经阅历。凡此种种，都使春秋战国的思想探索活动，达到了天马行空、自由驰骋的境界。

同时，国家成立的官学机构，典型如齐国稷下学宫、秦国博士宫，非但不限制私学思想的自由传播，反而以聚合天下流派展开争鸣为最大荣耀。论战争鸣之高下胜负，不依赖国家权威力量的裁定，而在于能否被社会实践接受。实践是检验真理的唯一标准，这一在2 000余年之后得以在现代中国重新树立的价值观，恰恰在那个时代已经是最基本的常识。

其三，独立性。思想创造的独立性，是说思想体系的生成不依附任何权威意志需求的个体创造性质。春秋、战国时代的思想家群，多有从原本流派中走出来而独立成家者。墨子、吴起、荀子三人的根基，皆出于儒家，而后却都独立成为具有鲜明特质的大家。韩非子、李斯皆出于荀子学派，而后又都成为典型法家。凡此种种，形成了一种色彩纷呈的历史现象：士子阶层治学成家，不依赖青少年时期的学习门派，而完全决定于自己在成熟之后重新确立的独立思想；但有独立思想而著书立说，即可独立成家，收授学生，传播思想；没有固有的师从流派之限制，没有学派之间的党同伐异。出身官府之学者一样如此，老子、孔子、庄子、商鞅、范雎，等等，都曾经出身于官府吏员，都曾经在官学体系中生成了自己的独有根基；一旦思想独立，走出官府，便成为独立的思想家，没有必须依附官府的顾忌。思想之自由，人格之独立，在那个时代得到了最为充分的张扬。国家与社会在选择人才，人才也在选择国家与社会。"合则留，不合则去"，"留者用之，去者送之"，成为士人阶层与国家社会双向选择中的普遍原则。

其四，原创性。从普遍性上说，春秋、战国、秦帝国三大时代的思想探索活动及其成果，基本上都是原创性的。即便是这三大时代的文献总结、整理、注释、辑录、记载等治学领域，也普遍带有开创性的特点。这种原创性，几乎体现于每一个研究领域和实业领域。那个时代，创新意识弥漫于全社会，原创精神弥漫于全社会。社会在日新月异，实践在不断变化，思想探索活动也必然在全面宽松的环境下迸发出无与伦比的创造力。正是这种普遍的原创精神、创新意识，使那个时代的原创经典比肩林立，实业建设屡屡出现奇迹式的突破。

在此后2 000余年的古典社会，这样的环境已经成为难以企及的梦想。

四　百家同构：中国思想形态的多元均衡性

轴心时代奠定了中国思想形态的历史传统根基。

这一历史传统根基，就是百家竞争的多元性及内在结构的均衡性。

多元性，决定了中国古典思想形态的博大渊深。均衡性，决定着中国古典思想形态相互制约、相互纠错的自我发展活力。一种作为民族文明之精神根基的思想形态，能否具有最强大的生命力、最活跃的创造性，取决于这种思想形态的总体架构是否具有内在的均衡性。通俗地说，就是思想形态的内在构成，是否具有相互制约又相互纠错的自我发展力量，进而形成一种坚实结构。春秋、战国、秦帝国时代形成的思想生态体系，恰恰具有多元性及内在结构均衡性的历史优势。

从宏观结构的意义上看，那个时代的多元体系图景是非常清晰的——

其一，进取创造型思想群。

这一群体，以法家、兵家、墨家为轴心，以诸多实用学派为基础，形成了中国古典思想形态中最为强大的以变革精神为根基理念的创造性价值观体系。这一价值观体系的基本面是推崇创造，推崇变革，推崇实践精神，推崇法治，推崇大爱精神。虽然，在秦帝国之后的中国古典社会，这一思想群被"罢黜"，被置于从属地位，甚或有意限制，使之生存于比自生自灭还要糟糕的流放境地，其爆发力越来越被遏制，越来越居于弃儿角色；但是，这一思想群深深植根于中国民族群的文明基因之中，它们的价值精神并没有真正泯灭。每每在民族危难、国家存亡、社会衰落的危急关头，这种"求变图存"的思想精神特质，都会以某种特定方式爆发出来，一次又一次地挽救了我们的沉沦。

其二，复古保守型思想群。

这一群体以儒家、道家为轴心，以诸多阴阳家学派的命定论认知为相关基础，形成了古典思想形态中以复古精神、居弱精神、淡泊精神为根基理念的保守型价值观体系。客观地说，任何健全的国家文明体系中，都会有保守主义思想体系的存在。保守主义存在的历史意义，在于承担社会前进制动器的功能，避免社会的进取创造因过激冒进而毁灭。在中国原典思想体系中，也同样有理念清晰的儒家保守主义与道家保守主义。虽然，它们之间有着某些重大区别，但在复古、保守这两个方面是基本相同的。客观地看，在春秋、战国、秦帝国多元发展相互纠错的思想生态环境下，儒家与道家起到了使整个社会保持清醒的历史作用，是有其存在价值的。

中国古典思想形态的后续悲剧在于：自西汉开始，这种制动器功能的保守主义思想体系被自觉地"独尊"为唯一正宗的思想体系，"不使百家并进"，严厉遏制并持续侵蚀创造性思想体系的发展。虽然如此，儒、道两家的保守主义，仍然不能完全抹去我们强大的创造精神本色，这是中华民族的历史幸运。

一个值得强调的问题是：儒家在被独尊 2 000 余年之中，也发生了很大的历史变化。最重要的变化，是后来的儒家自觉剔除了政治上的绝对复古理念，演变为人伦与哲学意义上的一般保守主义系统。同时，在 2 000 余年的"文化霸权"中，儒家又形成了一些新的历史传统，也弘扬了自身体系中某些合理的理念，譬如仁政理念、民本理念，等等。为此，我们对儒家的历史继承原则是：只反对"独尊"，不主张"铲除"，更不能简单化地"打倒"。我们的总体原则是：百家同构，多元共生。

其三，哲学思想群。

这一群体，以道家、荀子、名家为轴心，以诸多阴阳家及神秘文化学派为基础，形成了中华原典思想体系中的哲学阵地。其中，道家最具政治哲学意义的"尚一"思想——"一生二，二生三，三生万物"的"一"为根本的理念，从而形成了中国政治文明的最坚实根基——统一理念与集权理念。荀子与名家，则以最具思辨性的"名实论""究名求实"的哲学思辨，奠定了中国思想体系中的纯思辨哲学。中国哲学思辨特质与实用主义特质同在的历史特点，就是在这一时代奠定的。

其四，实业思想群。

这一群体，以农家、商家、计然家、医家、水家、工家等为轴心，形成了中华原典思想体系中以立足实业生计的创造为根基理念的生存价值观体系。在春秋战国时代，这些实用学派的社会地位，与其他所有的思想家群体是平等的，其执业者，其研究者，是同样被视为名士阶层的成员的。可以说，在中国 5 000 年的古典文明史上，只有在春秋、战国、秦帝国三大时代，实业领域的研究群获得了正当的社会尊重与价值评判。

在秦帝国之后的 2 000 余年里，实业研究群的社会地位越来越下降，最终竟被视为"奇技淫巧"的末技之学。自宋明理学的"存天理，灭人欲"开始，春秋、战国时代的实业研究精神已经被严重遏制，科学思维的精神根基与历史传承几乎被全部斩断。我们有可能在古典社会形成的科学创造环境，几乎完全归于死寂。这是中国文明史的又一大悲剧性转折。

思想形态之宏观结构的内在均衡性，决定了中华民族原典思想形态的强大生命力。国家衰弱之时，我们有顽强的变法精神，虽然它越来越陷于局部化；国家强大之时，我们有居弱理念，有收敛意识，使我们能够保持相对的清醒；外敌入侵之时，我们有独到的战争理念，有不畏任何强敌的战争艺术水准；和平来临之时，我们有坚实的实业生计传统，勤劳自立，和平崛起，我们既不畏惧战争，也不欺侮邻邦。

从 5 000 年的历史长河看，尤其从秦帝国统一文明之后的 2 000余年的历史看，中国文明之所以绵延相续，天不能死，地不能埋，其生命根基正深深埋藏在 2 000 余年之前的原典思想大爆炸的那个伟大时代。

迄今为止，构成中国民族文明特质的生命意识、存在意识、政治意识、求变意识、战争意识、良性价值观体系，等等，都是在那个时代生成的思想结晶。中国民族的整个世界观的根基，正是埋藏在那个时代。

14 章

中国政治文明的历史传统

一 政治文明是国家文明的轴心

政治文明是国家文明的轴心，任何时期的任何国家都是如此。

世界各国、各民族的任何史书或任何传说，都将政治事件作为最核心的部分，记载得最为具体详细。古今史学领域，都将政治文明发展中具有转折意义的重大事件，作为划分历史时期的最重要标志。但是，须得留意一点，一般意义上的历史时期的划分依据与社会形态的划分依据，是不同的，有时又是相互交叉的。社会形态的划分，其主要依据是生存形态基础上的经济形态（生产方式）的不同，奴隶社会、封建社会、资本主义社会的划分，便是如此。历史时期的划分，则主要依据政治文明的不同，如君主制时期、独裁制时期、共和制时期，等等。

如果将社会形态的划分与历史时期的划分综合起来，呈现为历史实践的综合性发展，两者的区分可以这样表述：社会形态是社会基础结构的划分结果，历史时期是国家政治文明发展阶段的划分结果；一种社会形态的存在期间可以包括诸多历史时期，一个历史时期却往往不能覆盖一种社会形态存在的全部时间；社会形态是基础更为广阔的高层级范畴，历史时期则是相对具体的政治文明层级的范畴。

这种区别的典型，是古典欧洲的罗马帝国。从公元前 600 余年的古罗马，到公元 400 余年的罗马帝国灭亡，历时 1 000 年上下，其社会形态始终都是奴隶制，但是从以政治文明为轴心的历史时期看，它却包含了早期王权制时期、共和制时期、独裁制时期、帝制专政时期四个不同的阶段。

社会形态的区别，是马克思主义对欧洲历史实践的发现与总结。此后，这种发现与总结获得了世界性的承认。但是，对于欧洲之外的世界国家群，马克思主义的社会形态理论，只具有方法论上的启迪性，不能照搬套用，更不能用以具体解释每个国家的历史发展足迹；同样，也不能解释中国 5 000 余年的历史实践。

无论是社会形态的不同，还是历史时期的不同，只要是国家形态的实体存在，政治文明的轴心作用就都是相同的。但是，虽然所有国家的政治文明都是该国文明形态的轴心，其具体的运转形态和实际社会效能，还是有差别的。这种差别，更多地表现为政治文明在社会运转中覆盖程度的不同。罗马帝国灭亡之后的欧洲中世纪国家群，其政治文明的主导性就比较差，非但很难影响中世纪欧洲的教会实体力量，反倒在很大程度上要受教会力量的左右。古典中国显然不同，任何时期的中国王朝（尤其是统一时期的王朝）的政治权力体系——政治文明之核心，几乎都具有覆盖全社会的性质；任何本土宗教或外部传入的宗教，从来都没有在中国形成过左右国家的实体力量。

世俗政权——国家政治文明——的强大，中国在世界上是无可比拟的。

首先，政治文明在中国具有第一历史推进器的作用。在中国，政治文明直接的历史作用，超过了缓慢积累的经济形态发展所起的基础推进作用；举凡各个时期的经济形态变革，都得益于政治变革所带来的巨大推进作用。没有战国时期的商鞅变法，土地私有制度及土地自由买卖制度就不可能确立，中国也就不可能成为农耕经济与商品经济相结合的综合发展的均衡型古典社会。在世界其他国家，政治文明对社会整体发展的作用，尤其对经济形态发展的作用，当然也是很大的；但相对而言，其余国家更多地表现出一种交互作用，政治文明的决定性作用要相对弱化一些。在西方社会，常有强烈的经济活动需求直接催生的国家政治变革，如中世纪后期的资本主义萌芽就是历史典型。但是在中国，这样的历史现象极少。各个王朝末端的农民起义所提出的"均贫富"主张，与其说是经济诉求，毋宁说是更深刻的政治需求——置换国家政权以改变严重的贫富差距。

其次，政治文明的阶段性进程，是中国文明总体发展的最基本方面。不了解中国政治文明在各个时期的历史实践及其所产生的核心价值观，便不了解中国文明发展的灵魂所在，也说不清楚中国的任何问题。近代以来将近 200 年，西方世界之所以在解释中国问题上屡屡张冠李戴，屡屡预测失败，最重要的原因，是西方观察家普遍不了解中国的政治文明传统，不了解中国政治文明在长期的历史实践中所形成的核心价值观体系，甚或，也不了解中国政治文明中的那些被历史淘汰的部分。瞎子摸象，管中窥豹，总是以看到的某些实例或资料为依据，再套用特定公式推演一番，便预言中国的未来，结果无不是南辕北辙。无论预言中国某某时期要崩溃，还是预言中国会迅速崛起为超级大国，现实与预言都有很大距离——中国既没有崩溃，也没有成为超级大国。此等现象，值得深思。

再次，政治文明的发展阶段，是划分中国历史时期的最重要标志。不把握政治文明的阶段特质，就无法划分中国文明的历史阶段，也无法理解中国文明的内在结构。其必然结果，或者将中国文明看作囫囵一团，或者用西方理念或特定主义、理论，将中国文明大卸八块——简单地划分成几种社会形态，从而永远说明不了中国问题。这一缺陷，既存在于西方的中国研究之中，也存在于中国学界自身的研究之中。西方人是瞎子摸象，是管中窥豹；中国人对自己的历史，则是囫囵吞枣，云山雾罩。我们对中国文明发展的历史，对中国政治文明之优秀遗产的系统发现与总结，对中国文明要基于什么样的历史根基而重建，也就是中国文明的未来发展方向等，都还尚未有细致的研究与明确的意识。

因此，在中国文明体系中，政治文明的轴心地位尤其鲜明。从一般意义上看，政治文明在中国的轴心地位，要远远大于其他国家；政治文明的发展对中国历史进程的绝对主导作用，也要远远大于其他国家。惟其如此，对中国政治文明的历史传统进行本质性研究，对于中国文明的重建具有极其特殊的重要性。

本章所讲的政治文明传统，并不是中国古典政治文明的全部。

我们所要了解的，是那些曾经为中国文明的发展提供了强大动力与坚实根基，从而可供当代人继承的优秀政治文明传统。客观地说，作为一个有 5 000 余年文明史的古老国家，政治文明传统中还有许多已经报废了的历史遗产——完全丧失了继承价值的时代性文明遗产。这些已经不具有继承性的历史遗产，大体分为三种情况。

一则，是那些已经发挥过应有的历史作用，但在近代社会开始的历史实践中已经宣告报废的政治文明元素，如宗法制、君主制、三纲五常、保甲连坐制度，等等。二则，是那些在历史实践中累积的病态政治价值观，如阴谋权术、钳制言论、愚忠愚孝、轻法意识（蔑视法治）、独断专制、明哲保身、官不作为，等等。三则，是那些在任何时代都是文明毒素的政治垃圾，如官僚政治、贪污腐败、任用私人、政治裙带、买官鬻爵、警匪勾结、官商勾结，等等。

那些必须抛弃的死亡遗产，并不都是以制度形式表现出来的合法存在。某些病态意识，只是一种历经长期积累而在事实上大行其道的政治潜规则——地下政治通则。这种历史病毒，对中国政治文明的腐蚀作用是非常强烈的，若不坚定清理，我们的价值观体系终究会陷入似是而非的境地。政治文明的病毒之所以形成，其内在根基在于，西汉中期之后"独尊"保守主义价值观体系，中国思想形态由此在自觉维护皇权专制的道路上，进入了长期的内敛封闭状态；畏惧并拒绝践行阳光政治，腐朽病态的政治风习日益畸形积累，形成了某些黑暗的政治文明价值法则。

在这样的历史基础上，后世又多有学人对病态政治提出了价值观论证。如后世政治人物对韩非子总结的"术治"系统青睐有加，使其直接成为阴谋政治合理性的政治学基础。魏晋南北朝时期，弥漫庙堂与官场的抛弃实务热衷清谈的颓废之风，被当时与后世普遍欣赏，衍化成为政治不作为而力求明哲保身的"政治智慧"。民国时期的李宗吾为论证阴谋政治的种种劣行的合理性，写出了《厚黑学》，被入仕人物普遍视为实质上的官场典则。再有道家虚无主义哲学，为官员在国家危难时期"急流勇退"而不为国家负责的逃避行为，提供了价值观基础。

虽然，这些阴暗的政治哲学，在它们的萌芽时期——春秋、战国时代，就已经遭到了强烈的批评，如《史记·商君列传》记载的商鞅对赵良说辞的深刻反击，《史记·范雎列传》记载的范雎对蔡泽说辞的鲜明反击，都是阳光政治对阴谋政治的强烈批评；但是，阴谋政治所具有的黑暗政治价值观，在中国历史上从来没有真正消除。只要有合适的历史土壤，它们就一定会蓬勃生长，成为吞噬一切阳光政治的"官场黑洞"。

凡此种种，都使中国政治文明的历史垃圾，拥有深厚的历史基础与政治价值观基础，而且比世界任何国家的政治文明垃圾都要稳定，特别难以消除。在现实政治生活中，这些历史垃圾无处不释放着历史病毒，无处不熏染着我们的文明重建。我们几乎已经忘记，阳光政治曾经是中国原生文明时期最基本的政治文明生态，曾经是我们政治文明的历史主流。

本章所要总结的，正是那些已经被遗忘或淡化了的优秀遗产。

二 "大公"传统：中国政治文明的第一根基

"大公"，在中国政治文明中是天下意识，是国家魂魄，是群体精神。

在中国政治文明体系中，"大公"不仅仅是最重要的价值观，更是从早期社会开始的历史实践所呈现出来的一种政治价值行为。在先秦典籍等诸多史料中，以"大公"为根基的丰厚的历史实践几乎处处可见。战国大师庄子的《胠箧》篇，列举了五帝之前的12代公共权力领袖，将这一时期赞誉为"至德之世"——实行禅让制的最高道德境界。这12代领袖是：容成氏、大庭氏、伯皇氏、中央氏、栗陆氏、骊畜氏、轩辕氏、赫胥氏、尊卢氏、祝融氏、伏牺氏、神农氏。其后是五帝时期——黄帝、颛顼、帝喾、尧、舜。在17代领袖的悠长时期里，天下的公共权力领袖基本是以"公德"为选择标准，通过多方查访贤能人物的"德望"覆盖程度而将其举荐出来，又以简朴隆重的"禅让"大典完成权力交接。

在出典的意义上，"大公"一词是在西汉刘向辑录的《说苑·至公》篇中第一次被提出，其云："古有行大公者，帝尧是也……得舜而传之，不私于其子孙也。"但就历史实践而言，"大公"政治几乎是中国民族群与生俱来的天赋特质。不独洪水时代战胜巨大灾难的需要，大大强化了这种"大公"政治；而且在更早的早期联盟权力社会，族群聚合而消除无序争夺的普遍需求，也使"大公"政治已经在社会实践中得以确立。所谓天赋特质，此之谓也。

《礼记·礼运》篇有这样的总结："大道之行也，天下为公。"说的就是这种植根久远的"大公"传统。战国商旅出身的大政治家吕不韦，在其聚合门客编著的《吕氏春秋》中，有《贵公》与《去私》两篇，专门总结滋生久远的"大公"理念。现删除其故事部分，辑录其理念部分如下——

昔先圣王之治天下也，必先公。公则天下平矣。平得于公。尝试观于上志，有得天下者众矣，其得之以公，其失之必以偏。凡主之立也，生于公。故《鸿范》曰："无偏无党，王道荡荡。无偏无颇，遵王之义。无或作好，遵王之道。无或作恶，遵王之路。"天下，非一人之天下也，天下之天下也。阴阳之和，不长一类；甘露时雨，不私一物；万民之主，不阿一人。伯禽将行，请所以治鲁……天地大矣，生而弗子，成而弗有，万物皆被其泽，得其利，而莫知其所由始，此三皇、五帝之德也……夫相，大官也。处大官者，不欲小察，不欲小智，故曰：大匠不斫，大庖不豆，大勇不斗，大兵不寇。桓公行公去私恶，用管子而为五伯长；行私阿所爱，用竖刀而虫出于户。人之少也愚，其长也智。故智而用私，不若愚而用公。日醉而饰服，私利而立公，贪戾而求王，舜弗能为。

——《贵公》篇

天无私覆也，地无私载也，日月无私烛也，四时无私行也，行其德而万物得遂长焉。黄帝言曰："声禁重，色禁重，衣禁重，香禁重，味禁重，室禁重。"尧有子十人，不与其子而授舜；舜有子九人，不与其子而授禹：至公也……孔子闻之（祁黄羊事）曰："善哉！祁黄羊之论也，外举不避雠，内举不避子。"祁黄羊可谓公矣。墨者有钜子腹䵍，居秦，其子杀人，秦惠王曰："先生之年长矣，非有它子也，寡人已令吏弗诛矣，先生之以此听寡人也。"腹䵍对曰："墨者之法曰：'杀人者死，伤人者刑'，此所以禁杀伤人也。夫禁杀伤人者，天下之大义也。王虽为之赐，而令吏弗诛，腹䵍不可不行墨者之法。"不许惠王，而遂杀之。子，人之所私也。忍所私以行大义，钜子可谓公矣。庖人调和而弗敢食，故可以为庖。若使庖人调和而食之，则不可以为庖矣。王伯之君亦然，诛暴而不私，以封天下之贤者，故可以为王伯。若使王伯之君诛暴而私之，则亦不可以为王伯矣。

——《去私》篇

《吕氏春秋》一方面论述古已有之的"大公"理念，另一方面举出践行这一理念的典型故事，给后人留下了中国"大公"政治传统生动丰厚的说明。须得留意的是，吕不韦论证了"大公"政治在几个基本方面的认知基础。其一，大公政治产生于天下"平"的现实需求。"公则天下平""平得于公"，不公就会引发社会动荡，政治的"王道"就是"不偏不党"，居于平衡社会的枢纽地位；要达到这个境界，就必须从根本上立足于公——"凡主之立也，生于公"。

其二，大公政治产生于构成社会基础的人群的总需求。政治权力面对的是所有人民群众，民众人口是权力的根基，没有民众便没有天下——没有权力产生的基础；因此，从本质上说，政治权力从属于社会根基，这就是"天下，非一人之天下，天下之天下也"的内涵真理。

其三，政治权力的运行法则基于天地运行之法则而产生；是故，政治权力运行必须如同天地日月运行那样做到无我无私的"大公"境界——天无私覆，地无私载，日月无私烛，四时无私行。

其四，为天下万众而存在的政治权力，其政治行为必须具有摒弃私念及私行的特质。这是领袖与官员必须遵守的"至公"政治品格。吕不韦列举的祁黄羊、齐桓公、老子、墨家巨子的故事，都是生动说明。

战国思想家们所阐述的大公政治的久远理念，非但起源于早期公权力实践，而且贯穿中国后世的政治文明实践。在中国政治文明中，以"大公"为认知根基，几乎所有的政治权力平台都彰显了"公"字领先的理性认知。在古典社会，官员的本质名称叫"公人"，主政官员审理案件的办公室叫"公堂"，各级政府大门叫"公门"，国君朝堂叫"公庭"，国家钱财叫"公帑"，国君及官府办公地叫"公所"，官府文书叫"公文"，官员处置政事叫"公务"，高级官员叫"公卿"，官府所修公共道路叫"公路"，官员审理案件的办公桌叫"公案"，官员外出办理政务叫"公差"，官员乘坐的车辆叫"公车"，官员制服叫"公服"，官员办事叫"公干"，天子祭祀场所叫"公社"……直至当代，中国政府官员的政治名称还叫"公务员"。

　　举凡对权力体系各平台皆冠以"公"字的这些历史名称，既是一种深刻的政治文明认知，也是漫长坚实的历史实践呈现。它说明，从古至今，"大公政治"都是中国政治伦理体系中最为根本的价值法则。即便在近代西方政治理论体系普遍传播于世界的历史条件下，中国政治文明传统的"大公"政治法则的价值，其历史光焰都丝毫无损。大公政治的数千年历史实践与极其丰厚的理念认知，使中国政治文明具有原生的、天赋的道义制高点。

　　尽管各个历史时期对"大公"政治理念实施的程度差别很大，某些王朝王权甚或背离"大公"政治而成为黑暗时期；但是，作为一种几乎成为永恒的政治伦理法则的"大公"政治，对于中国政治文明的道义基础的支撑作用是极其强大的。中国公权力在数千年的历史实践中，所以能排除一切内外宗教势力的侵蚀而居于社会轴心地位，其最深的根基正是其天赋的道义制高点——大公政治传统。可以说，在价值观体系上，任何宗教教义的救世主张或安抚受难者的论说体系，都不如"大公"政治的社会诉求更能满足民众对社会政治的精神需求，更能向民众提供对黑暗政治发难的精神资源。

对"大公"政治的重新认知，是厘清中国政治文明传统的最基本方面。

三　力行统一：中国政治伦理的第一法则

对国家统一的理性认知及绝对坚持，是中国政治伦理的第一法则。

曾有老朋友笑谈："西方是谁说统一就要打仗，中国是谁说分裂就要打仗。"活生生道尽中国政治伦理与西方政治伦理的两端对立——中国以统一国度为第一法则，西方以独立自治为第一法则。统一对于中国之所以特别重要，首先在于统一的久远根基。就历史实践而言，中国民族群从远古公权力开始，就在统一凝聚的历史道路上稳步前进着，将统一形态逐步推向了国家疆域统一与国家文明统一相结合的历史巅峰。

检索这条历史道路，大体分为五个历史阶段：漫长的早期公权力时代的松散部族联盟统一、五帝时期的公权力族群紧密联盟统一、上古三代联邦统一、秦帝国的完整统一（治权统一与文明统一）、秦帝国之后的间隔性统一。一个基本的说明是，任何时候、任何人论及统一，所指都是一个政权下的一个国家，或曰一个国家由一个政权行使治权；同一国家由两个或多个政权分治，是谓分裂。这里之所以将统一的根基延伸到远古社会，在于立足发掘中国统一文明的远源，而不是改变统一的历史认知。从这一目的出发，在我们论及国家统一的诸般问题之前，先重新梳理一下中国孕育并力行统一的历史大框架年表——

（1）前国家时代的远古公权力统一，所涉大约数千年时间。

统一形态：一个松散的部族群联盟，一个公认领袖。

庄子记载的远古12代领袖时期的松散统一联盟：容成氏一大庭

氏—伯皇氏—中央氏—栗陆氏—骊畜氏—轩辕氏—赫胥氏—尊卢氏—祝融氏—伏牺氏—神农氏。[1]

（2）前国家时代的远古后期公权力统一，大体 1000 年上下。

统一形态：相对紧密的民族联盟政权，一个威权领袖。

黄帝—颛顼帝—尧帝—舜帝—禹帝。

（3）国家时代的上古三代统一，大体 1000 余年。

夏王国（较松散的诸侯邦联制），约 470 年；商殷王国（诸侯联邦制），约 550 年；西周王国（紧密性的诸侯联邦制），200 余年。

（4）春秋战国分治，大体 500 余年。

表层分治、内在生成统一文明根基；春秋战国分治时代与后来的分裂时期有重大不同。

（5）秦帝国创建国家与文明双统一，17 年上下。

统一形态：完整的、典型的国家统一与文明统一。

秦于战国后期统一中国及统一中国文明，轴心是统一政治文明——郡县制基础上的中央集权制。

（6）秦后历代间隔性统一。

西汉王朝统一，204 年上下；王莽新朝统一，31 年上下；东汉王朝统一，179 年上下；三国分裂时期，60 年上下；西晋王朝统一，34 年上下；魏晋南北朝分裂，273 年；隋王朝统一，29 年；唐王朝统一，278 年；五代十国分裂，63 年；北宋王朝局部统一（与辽、西夏等对峙），165 年；南宋、金、蒙古（元）等分裂，153 年；元王朝统一，89 年；明王朝统一，276 年；清王朝统一，248

---

1 依据考古发掘，中国大地上以半坡遗址、大汶口遗址为代表的人类远古文明遗址，已经有多处。它们都以实际遗存所显示的生存方式证明，中国民族群至少在 6000—10000 年之前，就已经在秩序村落的社会结构中生活。庄子所记载的 12 代远古领袖，恰好在民族远古记忆的意义上，大体与考古发掘遗址所呈现的远古生存方式相吻合。两相结合，证明了在五帝之前的远古社会，中国大地上就已经存在着大体有序的族群公权力覆盖的相对一致化（统一）的生存方式；只是这种早期的一致化，还不是稳定的历史形态。

年；中华民国形式上统一，37 年。

这是一个大的统一进程框架，提供的是历史总体脉络。历史实践的丰富性，尚给后人提供了几个基本方面的结论。

其一，在中国历史上，统一国家的时间占据绝对主流。远古统一根基不算，仅从 5 000 年时间分布看，分裂时间大体 1 000 余年，若除去春秋、战国 500 余年，则只有西汉之后 600 余年的分裂时期；统一时间则占据了 3 000 余年。这是历史实践明白无误的呈现。

其二，自黄帝、炎帝开始，到秦帝国统一，中华民族的前 3 000 年历史，是不断走向更高阶段统一的历史。黄帝发动的旨在消除无序争夺的族群战争，促成了诸多特大族群之间具有较大威权性的联盟政权的建立；之后，历经颛顼帝、尧帝、舜帝、禹帝，联盟政权日渐紧密与成熟，为进入国家时代的统一奠定了历史基础。上古夏、商、周三代统一王朝，由松散邦联制到紧密邦联制，再到西周的成熟联邦制，其统一形态一代比一代更为实质化，历史阶位更高。春秋、战国两大时代，华夏世界以脱离王权的历史形式，探索着走向更高统一的历史道路。500 余年中，华夏世界对统一王权的式微造成的现实灾难，有了更为清醒、更为自觉、更为普遍的历史反思，统一思潮以更为深刻的思想形式表现了出来。

在社会历史实践中，七大战国不约而同地开始了争取统一中国的资格竞争。接踵而来又连绵不断的变法浪潮，正是这一资格竞争的现实表现。历史的选择是，当时的秦国进行了最为深刻的变法，建立了战时法治社会，成为古典时代具有最高文明水准的国家，代表了文明发展的未来方向。历史实践的进程是，秦国在法治文明的道路上不断走向强大，百余年之后，终于在战国末期开始了统一中国的战争进程。历史的结果是，公元前 221 年，秦统一了中国疆域，建立了秦帝国统一政权。同时，秦帝国又统一了中国文明，创建了华夏世界新的统一文明体系。这3 000年中，中国民族群追求更高统一形态的历史脚步，从来没有停止过。

其三，实现统一的历史实践，在中国政治文明中累积成了强烈而自觉的统一至上价值观。这一政治文明基因的形成，既出于对分裂灾难与统一利益的直观认识，也出于对统一国家与文明发展关系的自觉认识。一方面，中国民族群实实在在地从内部分裂的灾难中对分裂割据的危害性有了直接的认识；另一方面，中国民族群又从统一国家对社会利益的保障实现，对民族文明生存发展的维护与推动中，产生了深刻而清醒的自觉认识。这样的双重互动，锤炼出了中国民族群强烈自觉的统一精神，也锤炼出了坚定的反分裂精神。

秦帝国创建大一统国家之后，这种强烈而自觉的统一至上价值观，成为中国国家与民族共同认知的政治伦理第一法则。在秦帝国之后的历史实践中，中国每次陷入分裂时期，中国民族群先天禀赋中蕴涵的强烈群体精神，与在历史实践中形成的统一精神融合一体，就会爆发为争取实现再度统一的历史浪潮。这种反对分裂维护统一的历史悠久性、深刻性、坚定性，在整个人类世界上是独一无二的。中国民族群能够以超大统一国家的形式数千年岿然屹立，这是根本原因。

其四，统一至上的价值法则，是有独特的政治哲学基础的，是一种理性精神的深刻体现。春秋、战国时期，政治哲学家老子概括了中国政治文明的核心理念——尚一。老子云："一生二，二生三，三生万物。"这个"一"是什么？说法多多。最基本的理念认定，是万物同出一源；一者，万物之源也。吕不韦的《吕氏春秋》则有"执一"与"不二"两节。吕不韦对"不二"的论说是从政事效率与政治价值判断出发的，其云：

听群众人议以治国，国危无日矣。何以知其然也？老耽贵柔，孔子贵仁，墨翟贵廉，关尹贵清，子列子贵虚，陈骈贵齐，阳生贵己，孙膑贵势，王廖贵先，儿良贵后……有金鼓所以一耳也；同法令所以一心也；智者不得巧，愚者不得拙，所以一众也；勇者不得先，惧者不得后，所以一力也。故一则治，异则乱；一则安，异则危；夫能齐万不同，愚智工拙皆尽力竭能，如出乎一穴者，其唯圣人矣乎！无术之智，不教之能，而恃强速贯习，不足以成也。

——《不二》篇

天地阴阳不革，而成万物不同。目不失其明，而见白黑之殊。耳不失其听，而闻清浊之声。王者执一，而为万物正。军必有将，所以一之也；国必有君，所以一之也；天下必有天子，所以一之也；天子必执一，所以抟之也。一则治，两则乱。今御骊马者，使四人人操一策，则不可以出于门闾者，不一也……身为而家为，家为而国为，国为而天下为。故曰以身为家，以家为国，以国为天下。此四者，异位同本。

——《执一》篇

在《吕氏春秋》中，老子的广义哲学之"一"，已经具体化为以无序多元的万事万物为立足基础的政治哲学的"一"。面对同样无序多元的政治理论、利益需求，要确定建立一种秩序状态，就必须是一个号令、一个标准，否则就是乱象。事物秩序如此，国家秩序更如此，这就是"执一而抟"的道理——王者执一，而为万物正。作为一种政治哲学，"尚一"理念与"执一"理念，都是国家统一价值法则的认知基础。

这个"一"，见诸当时与后世的历史实践，首先是国家的统一与权力体制的统一。在中国的政治文明认知体系里，治权统一比治权分开好，事权归一比事权分散好。中国政治文明的传统认知，是"龙多不治水"。因此，在中国政治文明的国情中，"尚一"——崇尚国家统一，是政治文明的根基理念之一。

其五，任何一代面临国土分裂或治权不一的政权，都将实现国家统一作为义不容辞、无可争辩的历史使命。放弃统一或苟且偷安，必然被中华民族视作千古罪人。所谓第一政治伦理，说的就是这种将统一使命凌驾于任何政治作为之上的最高价值判断。在某种意义上，中国人对统一之必须性几乎不容任何争议，此所谓"统一没商量"。在中国政治文明的价值法则中，历代分裂国家者，历代坐享半壁江山苟且偷安而不思实现统一者，都是任谁也不能翻案的民族与国家的历史罪人。东晋政权、两宋政权之所以被人蔑视唾弃，其根基正在这里。与此相反的另一面，是中国政治文明的价值法则，将努力实现统一的时代与领袖，奉为强盛的时代和圣明英雄、有为帝王。西汉开国皇帝刘邦、东汉开国皇帝刘秀、隋文帝杨坚、唐太宗李世民、宋太祖赵匡胤、明太祖朱元璋、清代康熙皇帝，等等，他们之所以能成为中国历史上基本无争议的雄才伟略的帝王，其根本就是他们都完成了自己所处时期的国家统一。

另外一个典型例证是，秦始皇帝之所以 2 000 余年骂不倒，且越来越被历史学主流所认可，其根基原因，就在于秦帝国创建统一国度及统一文明的历史伟业，是任何苛责理由都不能埋没的。须得注意，中国人历来将实现统一叫作"大业"，意即"伟大的功业、事业"，这一深刻的民族社会认知，是中国政治文明植根于民族精神的最坚实表现。

从总的方面说，世界上没有任何一个民族，能将根基久远的统一意识化作如此深厚的民族精神。在整个人类文明的历史上，没有任何一个民族群、大国能像中国这样，历经多次分裂内乱而每次都能整合国家，整合文明，最终回归到统一国家与统一文明的道路上。历史实践反复证明，任何分裂势力在中国历史上都要蒙受永远的耻辱，也必然不会成功。

在中国文明的海洋中，最为炫目的明珠，就是统一精神。

四 国土神圣：对外政治的基石法则

一个国家的政治文明，在任何时代都分为内外两个部分的价值法则。

中国政治文明传统的对内最高价值法则，就是坚持国家统一。中国政治文明的对外最高价值法则，就是"国土神圣，犯我必诛"的战略原则。战争是政治的延伸，任何国家的任何战争，都是国家政治意志的体现。基于维护国家利益而产生的对外战争，更是国家政治意志的直接体现。

因此，一个具有高度文明发展的大国，其对外战争从不是盲目的，而是建立在深刻的理性认知基础上的。这种理性认知，一般包括两个基本方面。一则，是对战争性质的理性判断——敌方是否侵犯了国家利益最底线，即犯我国土；另一则，是更为基础的以战争价值观与国家战略原则为出发点的理性判断，也就是国家政治文明层面的"庙算"——反击到何种程度。前一个方面，基本由军事情报机构作出，提请国家作为决定的基础。后一个方面，则是国家层面基于政治文明传统而必须作出的战略评判——能否进行战争，及本场战争的最高目标与国家所能承受的失败底线。

后一个方面，就是这里要说的国家对外战争的总体战略价值法则。

基于外部威胁的长期存在而确立的对外战争的战略性价值法则，在历史实践中既表现为一种相对稳定的政治文明法则，又表现为一种具有可变性的战场战略的机动性与相对的隐秘性。基于后一点，立足于本国政治文明体系的总体战略原则，在世界古典国家时代，一般都不会有意识地总结出来，也不会明确地公诸世界。这种对外战争的战略价值原则，在本质上是立足于本国、本民族根本利益的总体政策原则，具有基本方面的军事性质，因而具有秘而不宣的实际必要性。

但是，作为一种历史传统，作为一种长期奉行的战争价值法则，是明白呈现于任何一个国家的历史实践之中的。对于历史，没有宏大而永久的秘密。以当代文明的历史视野，去俯瞰曾经形成了今人价值观基础的古典国家时代，是能够做到相对清晰地发现这些基本而又长期的历史逻辑链条的。

欧洲古典国家群对外政治的最高价值法则，在早期国家是绝对的战争扩张政策。古希腊邦联时期的马其顿帝国吞并了古希腊，其国王亚历山大立即率军东征。这是奉行扩张战争的对外政治法则的最早典型，也是国家时代最早时期的扩张主义鼻祖。同时期的西亚国家群，也奉行同样的地区内的对外扩张主义；赫梯帝国、亚述帝国、后来的阿拉伯帝国等，都是西亚国家奉行扩张主义的历史典型。

欧洲进入罗马帝国时代后，基于基督教的信仰体系成为国教，而在国家认知体系中产生了"异端"或曰"异教徒"理念——帝国教会对教义分歧者与不同宗教信仰者的称谓。在此基础上，又产生了"诛灭异端"（诛灭异教徒）的进攻性战争法则——异端人群不是上帝的子民，是必须被征服、被消灭的。这一政治法则的历史实践形式，就是欧洲国家一旦稍具实力，甚或实力不足，都会抢先发动对宗教信仰不同的"异端"国家的战争，并且力争获得最大限度的生存空间的扩张。中世纪将近 200 年的十字军东征，是欧洲国家群对外奉行"诛灭异端"政治法则下的古典殖民主义战争的最大历史黑潮。

欧洲国家群在中世纪发动的历史黑潮，具有两个基本的历史特征。其一，以文明差异（信仰差异）为国家对外政策的基石；其二，但凡军事实力或条件许可，都会无限度扩张，没有自觉中止的国家意识。亚历山大东征的疯狂性，是很典型的实例。在遭遇瘟疫的现实条件下，亚历山大还要杀掉主张撤退的主力大将，执拗地坚持继续东征。假如，不是亚历山大自己很快因不明原因死去，这场远征究竟将如何收场，还很难说。同样，还有十字军东征黑潮涌动将近200年，波斯帝国、阿拉伯帝国，甚或拜占庭帝国强力抵抗，欧洲国家群无力再攻，最终才勉强收手。这种战争实践充分证明，西方国家群奉行的征服与扩张法则——丛林法则，是与生俱来的价值法则传统，是不可能自觉改变的。

中国政治文明对外战争的基石政策，与西方国家群显然不同。

首先，在中国文明体系中，从来没有以思想不同或对神祇的供奉不同——宗教信仰的不同，而将对方视作仇敌的价值认知。这是最大的基础性差别。其次，中国民族群从远古社会开始，便有"邻国相望，鸡犬之声相闻，民至老死不相往来"（《道德经》）的各安本土的睦邻认知，没有无端征服杀戮的进攻性战争认知，更没有无端远征的丛林法则理念。在中国古典社会，对外战争是受到严格控制的，除非"吊民伐罪"之正义战争。国家若无端发动征服战争，会被认定为"好战必亡"之国。在中国前3 000年的历史上，尤其如此。中国民族群的历史实践，是以不同族群的文明融合壮大为主流，以战争平乱为辅助的文明发展道路。在中国政治文明的认知体系中，对外部世界的国策实践，是睦邻邦交，是融合万邦；政策底线，则是不能威胁国家的生存空间；如果达不到国策高线，则底线是必须固守的。

在数千年的历史实践中，中国并非没有领土扩张。相反，从最终结果看，中国是一个渐次扩张且扩张有效的国家。问题的实质是，国家的扩张是通过什么样的历史形式完成的？最终是通过文明融合的方式完成的，还是通过殖民战争的方式完成的？

中国有政治格言曰："敢战方能言和。"即便一个国家的价值法则是以文明融合的方式接纳外部族群，也必须首先具有抵御并战胜外部强力冲击的军事实力。唯其具有了这样的国家实力，才谈得上按照自己的价值法则行事的可能。否则，就不是主动的价值选择，而是被迫地在外来冲击中寻求妥协。因此，国家文明的生存底线能否保障，来自一个国家对外来侵略的抵御能力的强弱。就实质而言，这种抵御能力就是战争能力在当时所达到的实际水准以及战略掌控所达到的自觉程度。战争能力低下，战略掌控盲目，文明形态都会灭亡。

历史实践呈现的中国对外战争的总体战略原则是：在高度的战争水准前提下，一般保持对外战争的被动性；若遇强力侵略，则坚定发动反击战争；战胜之后，只以夺取敌国对我之进攻基地为轴心目标，扩张范围限定在自己所能实际控制的范围之内，而不以无限度最大扩张为目标。

这是中国在古典国家时代获得的最为重要的历史认知。这一认知表现为政治文明的对外基石，是两个互为关联的基本原则：一是强力反弹，一是有限扩张。强力反弹，是面对强敌威胁，敢于展开坚决而强大的反击；有限扩张，是战胜之后的实际扩张能够限定在可掌控的地域范围之内。

在前面的战争文明一章里，我们已经梳理了古典中国的战争水准。这种战争水准具体地表现为三个基本方面：其一，大规模战役的组织能力；其二，战争与军事领域高度的理论水准；其三，国家把握战争进程的战略掌控能力。在这样超一流战争水准的前提下，早期中国与古典中国对外战争的历史实践，都呈现出高度的理性节制。

如前文所述，从大禹治水之后进入国家时代，中国民族群就以国家的形式进入了与周边族群的冲突与竞争时期。夏、商、周如此，秦帝国之后，一直到唐代中期，古典中国的对外战争大体也都坚持了如上的总体战略价值法则；强盛大国的强势理性战争特质非常鲜明。就国土的实际扩张而言，唐在中期的天宝元年（742 年），国土超过秦帝国时很多：全国共分 15 个道（省），已经有 1 528 个县。宋代富国弱兵，国家战争精神大为衰退，在对外战争中自觉放弃了中国的优秀历史传统，国土面积大为缩小，是一个特殊的孱弱时期。入明，在朝代初期的奋发有为（如明成祖五征漠北）之后，中国疆土经营步入了一个战略收缩的阶段。直至清代前中期，才在对外战争及维护统一的战争中，大体相对恢复了中国对外战争中的强势理性的战略价值传统。

从总体实践上说，强力反弹，有限扩张，是中国民族在长期的对外战争中锤炼出的文明生存大智慧，一种永恒的历史经验。

五 文明融合：中国政治文明的基础价值选择

决定国家文明之命运者，绝不仅仅是战争道路。

当然，这里仍然有一个历史前提——这个国家具有强大的战争能力。如果一个国家没有战争能力而侈谈战争道路的非唯一性，那是可笑的鸵鸟理念。只有拥有强大的战争能力与顽强的战争意志，才有资格说战争不是唯一道路。正是在这样的国家存在的意义上，才能说国家文明的生存发展还有更为重要的一点，即特定国家文明在诸多文明的竞争冲突中的包容性与接纳性。一种国家文明是否具有包容性，首先取决于这个国家对世界文明差异性的总体认知。以欧洲国家群对文明差异的认知，绝不会产生文明包容的价值理念；以西亚地区古典国家群对文明差异的认知，也同样不会产生文明包容的国家政策理念。犹太国被征服占领之后，以色列民族在世界范围内流浪迁徙了 2 000余年，而不能在欧洲与西亚任何一个国家安稳生存，其根本原因，就是世界两大地区的古典国家群因具有这种普遍偏执的"诛灭异端"的国家文明认知而形成的黑暗现实的存在。在古典国家时期，中国的北宋王朝，接纳了流落开封的大批犹太难民；在第二次世界大战期间，西方强国与世界其余国家，普遍拒绝接受犹太难民群，而当时中国的民国政府，接纳了流落上海的数万犹太难民。

客观地说，在世界古典国家时代，只有中国对文明差异的认知是理性的。

在中国的文明认知体系中，有一条最基本的价值法则认知——无论是国家还是领袖，精神襟怀的包容性都是其是否具有最高政治文明境界的标尺。这一价值法则，被统一中国的秦帝国大功臣李斯在《谏逐客书》中说得最为透彻。李斯的价值法则归纳，是传之千古的政治格言——

> 臣闻地广者粟多，国大者才众，兵强则士勇。是以泰山不让土壤，故能成其大；河海不择细流，故能就其深；王者不却众庶，故能明其德。

这种包容接纳天地万物的国家精神，在中国政治文明认知中完全是体系化的。"大公"境界与"天下"意识，是包容境界的基础认知。睦邻万邦、包举域内、海纳百川，等等，则是中国政治文明对文明差异认知的实际国策延伸。就是说，这种包容一切的融合理念，非但体现于中国长期的历史实践，而且也得到了各个时期大政治家们的多方论述，完全是一种清醒的理性认知，而不是一时的正义冲动。

中国历代对外国策，都奉行一种不言自明的价值传统：凡被中国战胜的敌对国家，其人口群只要成为中国人，则无论是保留原有生存习俗与神祇信奉，还是接受中国民族群之文明，都一律视作平等国民，绝无特殊的歧视政策；凡因种种原因流入中国境内之人群，不问神祇信奉与文字异同，基本上也是一律接纳。而历史实践的结果，往往是出人意料的——在完全自由的环境下，流入的不同文明人群，两三代之后几乎全部"化"成了中国人；包括号称"最难同化"的犹太人，在北宋开封也融入了中国民族群。

从根本上说，能否奉行这样的政治文明传统，取决于一种文明形态本身的历史特质。该文明的生活方式是否具有亲和力？语言文字是否简洁并具有美感并有利于交流传播？意识形态是否具有多元特点，对其他民族的信仰形式是否具有共处性？人文精神、价值观念、伦理道德、国家形式、社会结构、消闲方式、审美方式、居住方式、人际关系准则、婚姻与两性关系的传统、家庭与家族的形成传统等方面，是否具有坚实的根基和强大的精神感召力？归纳起来，就是由所有这些方面综合形成的文明形态，对本民族个体人口是否具有深刻的吸引力与强烈的凝聚力，对不同文明人群的种种介入，是否具有包容性与亲和力。

文明竞争与冲突中的软形式，更为长久地决定着特定文明的兴衰荣辱。

古典中国遇到的软形式的文明融合，大体有四种情况。其一，外来族群入侵而被驱赶后，其残存人口所保留的文明形态；其二，自愿归化的外来族群，以不同的文明形态，聚居于中国某地域；其三，和平往来中流入的外来族群的文明形态；其四，与周边族群的各种往来中，所产生的文明差异与冲突。

以上四种文明交叉情况，是最为普遍的历史现象，其所发生的概率，远远高于近现代国家时期。中国文明之所以能从腹地开始，一步步如同滚雪球般不断融合周边族群而壮大，其间极为重要的原因，绝不是战争，而是华夏文明的包容力与亲和力。可以说，今天我们只能从史书中知道名字的那些早期周边族群，截至战国末期，绝大部分都融进了华夏文明圈，而且不再反复，具有极大的稳定性。东汉之后化入中国腹地的南匈奴族群，到唐代已经完全成了中国民族群之一。宋代乃至以后时期流入的异质文明人口，也发生了同样的文明融合。

这一历史实践，是中国文明消解文明差异与文明冲突的罕见能力。

这种文明融合能力，根基在于历代国家政权自觉秉持的文明消解战略。

这一战略，大体上有三个基本方面。首先，对具有文明差异而又愿意追随华夏文明的周边弱小族群，能够自觉建立并维护一种相对稳定的盟约国关系，不坚持占领式的吞并。长期奉行和平盟约及经济文化深入交流的结果，使诸多弱小民族在事实上越来越深地融入了华夏文明。战国时代楚国对岭南族群的关系，可算是这一关系的典型之一。

其次，对外来族群入侵所遗留的残余人口，自觉采取不歧视政策。这在从秦代到东汉三国时期戎狄匈奴人口、诸胡人口、诸多苗夷人口群所受的对待上得到了完全的实际体现。其中典型，是秦帝国建立之后，对境内所有文明差异族群一体化对待，将所有人口定为"黔首"——实际上的国民称谓，对流入的异质文明人口群没有任何来自国家的歧视。

再次，对外部流入的陌生文明形态的人口群或传教者，不排斥，不歧视，准许其自由发展。这一点，在秦帝国建立之后对待最早的佛教人口的流入上得到了典型验证。据马非百先生之《秦始皇帝传》[1] 考证，最早的一批佛教徒进入中国后，始皇帝许其按照他们的方式自由行走，听其自然发展。西汉之后依然如此，无论是佛教在东汉的传入，还是波斯帝国"拜火教"的传入，乃至明代之后西方基督教的传入，中国都是采取自然主义国策，没有大规模镇压过任何外来宗教的活动。

古典中国文明当然也有扩张。但是，古典中国对扩张土地内的原

1　马非百：《秦始皇帝传》，江苏古籍出版社，1985 年。

住民族，具有自觉的文明包容理念。其理性程度远远超过被中世纪欧洲人歌颂为"仁慈的胜利者"的前期阿拉伯帝国的宗教包容政策。相比于近代欧洲移民对待美洲原住民——印第安人的残酷杀戮，更是不可同日而语。

总体上说，中国的政治文明在前3 000年，就已经奠定了与异质文明共生的历史意识；又在长期的历史实践中，积累了丰富的文明共生经验。在世界大国家、大民族中，没有一个民族国家的崛起像中国这样，在久远的时代就具有了文明的正义性与生存的正义性。中国民族所创建的政治文明，没有对"异端"国家征服拓展的历史大血债，没有种族灭绝与资本掠夺的历史大血债。中国在数千年之间的生存发展，是完全依靠自己的力量，依靠自己的勤奋与智慧，坚持在自己的土地上生存发展的历史。

一个国家，在数千年的历史中能够始终如一地保持高贵的文明共存法则，这是无法掩盖的不朽的历史光焰。

六　人才为兴国之本：中国政治文明生命线理念

如何对待杰出人才，是任何一个国家发展的最根本问题。

任何事都是人做成的。在整个人类的文明发展历史上，始终有一个最基本的历史现象——任何时代的发展浪潮中都有杰出人才在起决定性的导航作用——没有人会否认。这里的关键问题是：一个国家在多大程度上对人才问题达到了高度理性的自觉认知，并将对杰出人才群的发现、培养与使用确立为一个国家最为根本的价值法则。

关于杰出人才群的国家文明认知，真正决定着一个国家的历史命运。

在前3 000年的历史上，中国对杰出人才群的发现、培养与使用的自觉意识，达到了整个人类古典社会的最高峰。由此，开创并奠定了中国以人才为兴国之本的历史传统。这就是古典中国在长期历史实践中呈现出的"尊贤、贵贤、尚贤、求贤、重贤"的体系性认知与实际国策。在黄帝以至夏、商、周时代，这一意识来自历史反复验证的一个事实：使用杰出人才，总是能够对解决社会实际问题起到决定性作用。在这一漫长的历史时期，对杰出人才群的使用，还停留在经验积累的阶段，还没有上升为自觉的国家意识，还没有达到自觉搜求杰出人才并建立国家人才制度的高度。所以，那个时期杰出人才的涌现，更多地表现为既定体制内极少数贵族杰出人才的涌现，还没有表现为来自广大社会土壤的杰出人才群现象。

我们可以简单地罗列一下，早期国家时代来自体制之外的杰出人才。

黄帝时代：风后、力牧、常先、大鸿。

尧帝时代：制陶工匠姚重华——舜。

舜帝时代：因父罪沦为平民的禹。

大禹治水时期：一批已经无法知道姓名的治水、勘测人才。

商汤时期：来自风尘的伊尹。

武丁时期：发于山野的傅说。

周文王时期：市井野民吕尚——姜太公。

西周灭商之后，中国进入了严格的贵族政治时代。在西周将近300年的历史上，几乎没有来自平民社会的杰出人才进入国家最高决策层的历史记载。春秋时代，士人阶层的出现，国家兴亡竞争产生的强烈普遍的人才需求，结束了沉闷的贵族政治时代。从这一时期开始，中国迅速走出了搜求人才的经验时期，产生了对杰出人才群的国家认知。到了战国时期，中国社会第一次出现了杰出人才的井喷现象，也第一次出现了各诸侯国争相搜求杰出人才的紧迫普遍的需求。

士人阶层的出现，是古典中国人才资源领域的一次核裂变。

当时的士，是一个非官、非农、非工、非商的国人阶层。开始阶段，士的主要特征是拥有某个方面的专业知识，或一技之能，被允许四处流动、独立谋生。发展到战国初期，士人群体已经发展为一个相当庞大的社会阶层。就其基本面而言，主要有三大部分人群：一是各实业领域的高端专业人士，比如水、工、医、农、建筑等领域的独立技师——某工，譬如被称为"水工"的治水大师郑国。二是拥有较高武技，并以此独立谋生的武士；譬如应商贾之请保护商旅运输的技击能才，应政治需求或复仇需求，实现刺杀任务的剑术能才等。三是专修各种知识并传播知识的治学者与实践者，如研究国家政治、战争军事、社会历史、典章礼仪、阴阳占卜、论辩智慧，等等，而又能独立谋生者，都是士子群体。

进入战国中期，单纯的武技人士已经逐渐进入迅速普及的军事需求，及各种护卫需求范围，从士人阶层分离出去，仅仅保留了一个"武士"的社会名号。同时，各个实业领域的技师群体，也逐渐融入迅速壮大的私有经济活动体系，成为专门的工师、技师阶层，从而淡出了士人阶层。实际上，从战国中期开始，"士人"已经是以拥有知识与思想为主要特征的阶层了，其中的佼佼者则被社会呼为"名士"。他们游历天下，投身社会实践，或治学、教学，传播思想，或入仕为政，致力于国家政事，形成了一支令人瞩目的历史引导力量。

在这样的历史条件下，拥有知识与思想的士人群体，融入了迅速深化的社会政治生活之中，形成了以参与政治实践或研究政治实践为轴心，又同时具备相对杰出的实际操作能力的社会阶层。后世将这一阶层与官员阶层直接联系起来，而笼统冠之以"士大夫"的名号，他们是在战国时代已经成熟起来的实践性知识阶层。

春秋战国时代的士人阶层，有一个最基本的历史特征——既有参与社会政治实践的实际操作能力，又有基于社会实践所产生的改造社会的种种主张。这一基本特征，使他们与秦帝国之后不断趋于"书生"状态的士大夫阶层，有着巨大的差别。士人阶层出现的历史意义，在于它打破了传统贵族政治产出、使用人才的僵硬体系，使国家政治进入了能够以理性精神吸纳人才并实现更高的国家发展目标的境界。

士人阶层的出现，使社会杰出人才的产生、发现与使用，呈现出有普遍法则可循的历史特征。这个普遍法则——人才为兴国之本，重才则兴，失才则亡——在那个时代得到了最为深刻的历史验证。历史实践的呈现是，基于众多的诸侯政权的急迫需求，士子们纷纷进入了国家政治层面，爆发出了无比的力量与光彩。春秋、战国、秦帝国三大时代，之所以能成为中国文明的黄金时代，最根本原因是士人阶层放射的历史光焰。在那个时代，几乎所有的伟大变革都是由名士策划、发动并主持的；几乎所有的长策大谋，都是由名士提出并主持执行的；几乎所有的著名战争，都是兵家名士运筹帷幄，或亲自统率的；统一帝国创建中的所有战略筹划，都是名士出身的政治家们完成的。

非但如此，举凡政治、经济、军事、文化、教育、哲学、艺术、工艺、社会风俗的各个领域，士人阶层都争奇斗艳，具有发轫推行之功，建立了不朽的文明功业。他们出将入相，策划运筹，纵横捭阖，叱咤风云，掀起了一浪又一浪时代竞争的大潮，将中国文明推向了辉煌的极致。

士人阶层的巨大功绩，使当时的国家用才意识发生了巨大的变化。

当时的国家意识，已经明确地将"敬贤任士"作为最重要的国策了。"得士者兴，失士者亡"，已经成为当时社会的普遍共识。对这一国家认知最为精到的总结，是墨子大师。让我们听听他的久远的声音。

亲士急贤论：

入国而不存其士，则国亡矣！见贤而不急，则缓其君矣！非贤无急，非士无与虑国。缓贤忘士，而能以其国存者，未曾有也！

——《墨子·亲士篇》

众贤厚国论：

是在王公大人为政于国家者，不能以尚贤事能为政也。是故国有贤良之士众，则国家之治厚；贤良之士寡，则国家之治薄；故大人之务，将在于众贤而已……列德而尚贤，虽在农与工肆之人，有能则举之，高予之爵，重予之禄，任之以事，断予之令。……故官无常贵，而民无终贱，有能则举之，无能则下之……

——《墨子·尚贤篇》

尚贤乃为政之本：

今王公大人之君人民，主社稷，治国家，欲修保而勿失。故不察尚贤为政之本也。何以知尚贤之为政本也？（贤者为政）……则饥者得食，寒者得衣，乱者得治……此安生生！……故古圣王以审以尚贤使能为政，而取法于天，虽天亦不辨贫富、贵贱、远迩、亲疏，贤者举而尚之，不肖者抑而废之。……尚贤者，天鬼百姓之利，而政事之本也！

——《墨子·尚贤篇》

墨子总结的这些认识，是那个时代已经形成的普遍而自觉的国家意识。

虽然在那个时代，不是每一个国家政权在每一个时期都能发现并使用杰出人才，它们故此也表现出不同的国家命运；但是，就所达到的自觉的国家认知而言，那个时代无疑是整个古典国家时代的最高水准。这一国家认知，形成了后世中国在人才资源领域的优秀传统与价值法则。隋唐之后，渐渐成型的古典国家科举制度，就是中国古典社会发现并创建的一条使平民人才能够流入国家系统的历史性路径。虽然，科举制度也有诸多弊端，在现代国家时期已经不具备实际继承性。但是，作为政治文明领域的一种政策理念，作为一种人才价值法则，还是非常值得珍视的历史遗产。

　　总体上说，本章所述之六个基本方面，都是中国政治文明领域具有价值法则意义的良性遗产。作为实际政治体系之权力框架，在任何时代都是可变的，所以虽然这些权力框架是政治文明在各个时代的实体部分；但是，作为历史遗产，它们却都是具有相对性的阶段存在，不具有永久性的价值法则意义。因此，在重建中国文明的历史发展意义上，具体权力制度的参照性是微乎其微的。真正具有恒久性的政治文明遗产，是那些具有价值法则意义的良性历史传统，是那些已经融入了我们血液之中的真理性认知。

15 章

国家时代的三次文明大危机

我们已经走过了国家时代 6 000 余年的历史。

简约回顾 6 000 余年的历史脚步，国家时代经历了五个历史时期的发展。第一历史时期，是公元前 4000 余年至公元前 800 年上下，共计 3 200 余年，谓之早期国家时期。第二历史时期，是公元前 700余年至公元前 200 年，是古典国家文明发展的轴心时代，是古典中国创建统一文明的巅峰时期。第三历史时期，是公元前 200 年上下到10 世纪初叶，大体历时 1 000 余年。这一时期的中国历史坐标，是从西汉王朝的建立到唐王朝的灭亡；西方国家群与西亚国家群的历史坐标，是欧洲古希腊灭亡，罗马帝国灭亡，拜占庭帝国的全面衰落。从这一时期开始，世界国家群进入了剧烈的古典国家文明的竞争时期。第四历史时期，是 10 世纪初叶到 17 世纪中叶，是世界古典国家文明全面衰落并告结束的时期，也是资本主义国家出现的开端时期；以时间计算，这一时期大体历时 700 余年。

这四个历史时期，是早期国家与古典国家发展的历史阶段。

第五历史时期，是资本主义国家时期。自第一个资本主义国家——英国出现，到 21 世纪初期的当代国家群，大体历时 300 余年。

资本主义时期的世界国家群总体发展图景，我们将在本章对国家时代的三次文明危机的揭示中进行连带梳理，以使 6 000 余年的国家时代的文明发展有一个可供反思的历史大框架。

研究国家时代的最高目标，是为推动国家文明向更高阶段发展寻求历史逻辑的方向。其中，揭示曾经发生于国家时代的文明危机以及那个时代走出文明危机的历史经验，具有殊为重要的意义。厘清了这道内在的历史脉络，我们才有资格谈论历史突破与文明重建。

一　生长停顿：国家时代第一次文明大危机

世界国家文明第一次危机，发生在公元前 1000 余年的早期国家时代。

具体地看，自公元前 1000 年上下开始，到公元前 200 年上下，这 800 年左右的时间，是世界国家时代第一次文明危机时期，同时也是突破文明危机的大创造时期。

其中的文明突破时期，是公元前 700 年上下（中国春秋时期开端），到公元前 200 年。这一时期，在世界文明史上有一个光焰万丈的历史定位——世界文明的轴心时代。这一定位的实际含义是说，国家文明历经第一次普遍危机之后有所突破，已经走出了生长时期，趋于成熟。世界主要国家文明的基因已经确立，文明传统已经奠定；世界主要宗教及各种神祇信仰之思想体系，也已经大体完备，足以为生命延续的国家群提供后续发展的精神认知基础。此所谓轴心时代。那个时代，距离今天已经很遥远。但是，那个时代文明跨越的历史经验，已经成为人类历史永恒的精神财富。

世界国家时代第一次文明危机，是如何生发的？

国家文明的第一历史时期，世界各地区相继出现的国家只有 16 个。从历史实践看，当时这些第一批国家，都具有生长实验期的历史特质，普遍呈现出动荡不定的兴亡生灭与历史剧变。具体来说，西亚地区的 11 个早期王国，都至迟在第一时期中后期已经滑入了崩溃边缘，或直接灭亡了。这 11 个在第一时期崩溃灭亡的早期国家是：苏美尔、乌拉尔图、古犹太、阿卡德、古提、赫梯、巴比伦、基什、乌尔、腓尼基、格拉什。至此，西亚地区只剩一个亚述帝国。

发展到公元前 1000 余年至公元前 700 余年左右，第一历史时期的 16 个国家能够将国家文明生命力持续到中国春秋时期开端的，只有五个国家：亚述帝国、古印度国、古中国（春秋时期）、古埃及国、古希腊。

从历史实践看，在这 300 余年里，国家文明的发展渐渐趋于萧疏乏力。国家生命力非常脆弱，很容易在对外战争或内部动荡中灭亡。有些国家灭亡的原因甚至成为历史黑洞——当时的世界和后来的世界都完全不清楚。这些越来越少的"种子国家"，对如何向前发展，如何应对一些基本的社会危机，尚且基本没有理性认识。世界国家群在这几百年中，基本上进入了随波逐流的自生自灭状态。古埃及、古印度是沉寂茫然的历史延续，古希腊陷入了末期动荡，古中国西周王朝的僵化井田制社会陷入了严重的发展停滞。西亚地区的亚述帝国，则四处盲目发动征服战争，无一文明创造，崩溃时期已经到来。

如何突破这种自发性基础上的生长停顿，就成为最大的文明危机。

第一时期的文明大危机，原因主要在四个基本方面：

一则，各国空间距离遥远，文明形态相对孤立，各个国家之间相对封闭，缺乏相互交流而获得可供参照的国家文明发展经验的渠道。因此，大多数早期国家文明都处于自生自灭的自发状态，尚未积累起自觉稳定其文明形态的历史经验。一旦遭遇外部强敌入侵或内部动荡，国家平台很容易崩溃灭亡。一朝灭亡，则基本没有再生能力。

二则，国家时代的理性探索积累不够。其时，人类关于国家时代的自觉的理性探索精神，还没有大规模激发出来，对国家文明的发展道路尚处于经验积累时期，理论总结极少，基本没有自觉的前进方向。总览国家时代的前 3 000 余年，除了中国的殷商王朝留下了一部关于治国理政的经典——《尚书》及西亚地区的古巴比伦留下了一部镌刻在黑色玄武岩石柱上的《汉谟拉比法典》外；其余 14 个古国，皆无相对完整的有关国家文明的经典文献传世。

三则，西亚地区与北非地区的国家过度集中——在世界全部 16 个早期国家中集中了 13 个，因而在生存空间的争夺方面，比其他地区的国家要更加具有盲目性与激烈性。这两个最早创造了国家形式并且聚集了 13 个早期国家的地区，最早、最深刻地尝到了早期国家盲目生存竞争的严酷性。在前 3 000 余年之中，这两个地区的国家文明没能多中生优，给世界其余地区国家提供稳定发展的国家文明发展模式，反倒是不间断地发生在剧烈战争中导致国家文明群体连续灭亡的历史悲剧。

第四，早期国家的政治文明已经历经 3 000 余年的发展，阶段生命力已经衰老。绝大多数国家，都在奴隶制社会的基础上以邦联制或联邦制的国家模式，缓慢度过了 3 000 年左右的时光，制度的活力已经被重叠不变的岁月及内容不变的连续争夺与连续冲突消耗净尽。新的国家文明的突破点，又尚未出现，或无法理性把握。因此，在周边自然资源大体已经被争夺净尽，而资源争夺战争依然连绵不绝的状况下，大多数国家都无法继续凝聚民力，也无法在不侵占别国土地人口的情况下在既定的国土上持续发展。由是，终归导致世界早期国家群的大面积崩溃灭亡，到公元前 700 余年——世界文明轴心时代的开端时期，只留下了五个国家文明的火种。

显然，第一时期文明危机的本质，是国家政治文明的陈旧性。

政治文明是任何时代之任何国家文明的轴心，承担着自觉引领国家文明发展的最重要任务。国家政治文明的陈旧停滞，意味着国家文明在整体上必然丧失发展活力。到公元前 700 年前后，世界仅存的五个"种子"国家，其政治文明的发展都陷入了举步维艰的困境。西亚、北非国家群的数量急剧减少，唯余一个崇尚武力征服的亚述帝国，国家政治文明陷入了必然的停滞。欧洲地中海地区的古希腊，各城邦之间战争加剧、分治加剧，奴隶制基础上的贵族民主制已经丧失活力，陷入末期混乱，整个希腊邦联体呈现出明显的衰败颓势。东亚地区的中国国家文明，正处于发展乏力的状态，到春秋社会初期，王权大为衰落，礼治社会几近消解，诸侯纷争加剧，井田制经济濒于崩溃，古典联邦制社会面临着深刻的全面危机。

此时世界国家文明的生命状态，是普遍萧疏，普遍趋于下滑或崩溃。

突破这一历史困境的伟大创举，是古典中国文明的全面突破。

从公元前 700 年上下，到公元前 221 年，中国经历了春秋、战国两大时代的思想大爆炸，政治文明的理性探索已经达到了空前高度。到秦帝国消灭分治国体而创建中国统一文明，从而实现历史性文明跨越，前后历时 500 余年。在这 500 余年中，中国是世界五个"种子"国家中内部变化最为剧烈的国度，被当时中国的法家大师韩非子称为"大争之世"，被后世中国人认定为"千古巨变"。

由此，中国创建了国家时代第一历史时期世界上最大的统一国家形态。更为本质的，是创造了世界上最大的统一文明形态——中国统一文明，确立了具有强大的文明凝聚力的新的国体。中国统一文明的轴心所在，是政治文明领域的两个基本点：一是治权统一的中央集权制的新型政体，二是全面的法治社会。这两个基本形态，决定了当时的秦帝国非但一举跨越了世界其余国家还要维持漫长时期的奴隶制社会形态，而且一举跨越了世界其余国家还要等待很久才能到来的中世纪封建分治下的人治社会及神治社会形态。

中国统一文明的创建，具有远远超前的划时代的伟大意义。

在世界早期国家群萧疏凋敝的大危机时期，中国文明独能突破世界国家群普遍实行的奴隶制社会基础上的权力分治的邦联国家形态或联邦国家形态，而能在辽阔广袤的地域创建出国家一治的统一文明，是世界国家文明时代的伟大奇迹。这一伟大奇迹发生的根源，在于中国国家文明从一开始就具有与世界国家群不同的独有基因——在走出生存大灾难中锤炼出来的群体向一的凝聚协作本能。

因为历史条件的限制，这一伟大的文明突破，对当时世界其他地区构成的文明冲击，已经变得非常遥远与模糊。但是，只要细致观察历史实践发展的主干脉络，我们依然不难看出，中国的国家文明大突破，在那个时代显然具有世界意义的冲击力。

在中国文明突破困境的500余年之间及之后500年左右，世界各地区开始逐渐增多的新生国家，其国家政体已经开始了多元化发展历程，普遍的领主分治文明已经被多元的国家文明及多元政体所取代。中国周边国家，对发达的中国统一文明的理解与传播，甚或仿效，也开始了自然经济时代独有的缓慢发展过程。其后出现的日本国，几乎直接就是中国统一文明的翻版（尽管其间也有分治与动荡的时段）。同时，随着一大批新的国家诞生，世界各地区的国家交流也渐渐普遍化，世界各地区国家文明的发展，渐渐开始了多种历史形式的创造。

在中国统一文明创建的时期，古希腊文明已经在困境中走向衰落，并很快灭亡了。中国战国时期的商鞅变法之际，正是希腊邦联文明已经崩溃，而亚历山大大帝的马其顿帝国崛起，并开始东征的历史时期。30岁出头的亚历山大大帝突然去世，使马其顿帝国在希腊文明圈基础上建立早期殖民帝国的大梦归于幻灭。欧洲国家文明走出历史困境，要等到国家文明第二历史时期的罗马帝国阶段了。对应的中国时间坐标，大约相当于东汉之后。

欧洲人大多将罗马国的出现，认定在公元前600年甚或前800年上下的传说时代。这是不可信的历史泡沫。早期罗马即便出现了城邦，其与成熟的国家形态还有很远距离。罗马具有国家意义的历史步伐，实际是在吞并马其顿并攻陷迦太基之后，也就是公元前146年前后。其后，罗马的贵族共和制与执政官制度渐渐地相对成熟，发展相对稳定，并在罗马前三雄——恺撒、庞培、克拉苏——时期达到鼎盛，其后则很快进入了独裁制、皇帝制的帝国形态，开始走上统一欧洲大部分疆域而不创建统一文明的道路。

罗马帝国的中后期发展，是两线并行的另类发展——外部是帝国统一，内部是城邦分治。被罗马帝国吞并的各个欧洲国家，依然保持着自己的文明传统与生存方式。因此，罗马帝国灭亡之后，欧洲立即涌现出一地碎片的多个国家。而中国的秦帝国灭亡后，历经政权更迭，却仍然是一个统一文明的大国。

总体上说，由中国创建统一文明开始，世界国家时代宣告了第一次国家文明危机进入结束阶段，国家文明的第二历史时期已经开始。

二 古典文明僵化：国家时代第二次文明危机

第二次文明危机，发生在世界古典国家文明的最后时期。

具体说，从10世纪初叶，到17世纪中叶，是世界古典国家文明全面衰落并告结束的时期，也是国家时代的第二次文明大危机时期。这一时期大体历时700余年。在中国，是从北宋王朝到清王朝；在欧洲，是整个中世纪时期。其时，中国文明危机与欧洲文明危机形式不同，但严重程度几乎没有什么差别。

在中国的宋、元、明、清四个王朝，作为国家文明核心的政治文明已经严重僵化，不复出现任何政治文明的变革与创造。在这个文明危机时期，中国的国家意识形态出现了继"独尊儒术"之后的又一次严重畸变，在宋代的"提纯儒学"的国家文质化风潮之后，又衍生出了以"存天理，灭人欲"为基本诉求的理学体系，固化了以迫使知识阶层皈依意识形态教条为基本诉求的科举制，产生了以扼杀思想活力与自由创造为实际目标的文字狱，并连带衍生出弥漫社会的考据学风。由此，中国社会的理性精神、探索精神、创造精神、尚武精神等阳光健康的价值观体系，基本上被全面扑灭。在西方国家从黑暗中世纪挣脱并酝酿文明突破的将近1 000年里，中国知识分子阶层却只能以钻研书缝、考据细节为治学正统途径；秉持创造精神的个别学者，被整个社会与官方视作大逆不道。科学与技术的研究，在这一时期竟被冠以"奇技淫巧"的恶名，受到国家意识形态的极大轻蔑，全面遏制。

总体说，在此1 000年里，中国思想领域在保守主义理念的全面长期浸泡下，其实践精神与创造精神，及学派多元发展的可能性等，基本上消失殆尽。保守僵化的实际国策之下，宋代以后的中国文明已经陷入严重停滞，民族精神大见委顿。但有外部入侵，汉奸政府、汉奸军队，便荒草般孳生于中国大地，成为整个中国历史与世界历史上的丑陋奇观。

这就是中国在古典文明最后阶段及资本主义时期之初约1 000年的政治文明大危机。

这一时期的欧洲历史实践，要分作两个阶段来看。

第一阶段，罗马帝国灭亡之后的欧洲中世纪社会，其黑暗专制程度比中国更为严重。罗马帝国之后的欧洲世界，崩溃为一地碎片的国家群，陷入了长期的分裂割据与普遍战争。在碎片国家群的混乱争夺中，欧洲教会的神权统治渗透各个国家，与世俗国家权力展开了长期的社会控制权争夺。虽然在治民权力的争夺中，国家权力普遍占据了上风，但是以宗教机构与宗教领地为基础的神权统治，同样拥有强大的经济基础，在文化思想与社会精神领域占据了绝对主导地位。教会学校、教会医院、教会研究机构、神学院，等等，林立于欧洲中世纪的各个国家，成为社会冲突的绝对裁判者。在这样的历史条件下，碎片化的西方国家群，无一不皈依于神权的精神统治。僵化的宗教思想，垄断了一切领域的说明权与解释权，拒绝任何新思想的创造与传播。宗教势力以"宗教裁判所"为思想专制平台，残酷镇压有可能出现的任何异端学说与异端学者，尤其是一切科学创新思想。

这就是欧洲国家群漫长而黑暗的中世纪国家文明的危机时期。

世界国家群同时陷于黑暗时期，这便是国家时代的第二次文明危机。

这次，是西方国家群的文明突破取得了历史性成功。东方中国却继续陷在文明沼泽地，长期不能自拔。

无论历史实践的背后隐藏了多少奥秘，我们都暂且搁置在一边。这里最重要的问题是：欧洲国家群如何走出了中世纪的文明大危机，它给世界国家文明的发展，提供了什么样的历史启示？

欧洲的文明突破，经历了一个前奏时期，其后又分作两个历史阶段——文艺复兴与启蒙运动，前后历时 600 年左右。

欧洲的文明突破，以十字军东征为铁血前奏。没有这个血腥的前奏，就没有欧洲人在强烈的文明对撞中产生的文明自卑，没有因自卑而激发的普遍反思与普遍觉醒。简约地回顾这个前奏发生的过程，是有启示性的。最初，欧洲中世纪的基督教信徒们，在零散的东部冒险或旅行传教中，先后发现了东方——地中海以东的西亚地区的新波斯帝国、阿拉伯帝国、拜占庭帝国等伟大而辉煌的文明存在，并将这些信息零零散散地传回了欧洲；虽然，这时的欧洲教民，还没有发现远东地区更为伟大辉煌的中国文明。但是，西亚地区的"中东"国家文明的存在，已经足以使他们震撼，足以使他们心旌摇动了。

面对日益普遍的信息流，东方文明的高度风华与宏大财富已经被证明为是一个真实的存在。终于，欧洲宗教势力与城邦国家群的统治者们，一致地心头悸动了，强烈的攫取欲望终于无可遏制地燃烧起来。教皇势力与世俗碎片国家群的当权者们通力合作，以消灭异端信仰为名义，以骑士免税、志愿者骑士可免除一切债务等作为激励手段，组成了十字军东征骑士团。从 1096 年开始，至 1291 年结束，先后在 200 年左右的时间里发动了 8 次十字军东征（一说为 11 次）。从战争的实际效果上说，十字军并没有获得罗马帝国那样的灭国吞地等征服效果，没有夺回一片可以有效统治的领地。十字军东征，只是在一次又一次的惨胜甚或失败中，掠夺了大量财富与大量的稀世艺术珍宝，也带着严重的战争伤痕，回到了欧洲。

我们要强调的，是后续效应。没有后续效应，欧洲文明不可能突破。

十字军东征，为欧洲人打开了"天外有天"的视野，使欧洲国家群走上了世界主义的道路。昔日的强盗们，面对辉煌多彩的东方建筑与物质财富，以及与欧洲迥然相异的东方生存方式，自愧弗如，开始了缓慢的反刍消化，开始了认真的细节仿效。欧洲人学会了制造燃烧剂、火药和火器，学会了使用指南针，海军的帆船取代了摇桨战船，轻骑兵的地位大大提高。由此等具体领域开始，欧洲人立地成佛，进入了一个民族群普遍反思的伟大时期，拉开了走出文明困境的历史序幕。

这一大反思时期，就是文艺复兴与启蒙运动时代。

第一阶段，是发端于 14 世纪而弥漫于 16 世纪的文艺复兴，大体300 年左右。这一反思运动，由欧洲各国艺术家们的反思开始，最先深感欧洲中古社会的僵化窒息，艺术的死板僵化，开始怀念并仿效东方殿堂的绘画艺术；连带又开始反思欧洲文明源头的优势，怀念古希腊与古罗马时代鲜活朴素的艺术创造精神。反思交汇，并实践于当时的宗教艺术创作。由此滥觞，欧洲社会渐渐开始了更为高远的对欧洲上古文明的重新思索，逐渐认定：历经千余年的黑暗中世纪社会，并不是他们值得继承的文明根基；欧洲的文明根基，应该是古希腊与古罗马以创造扩张为轴心精神的强大文明；欧洲人只有与古希腊、古罗马文明直接精神对接，才有坚实的历史根基。也就是说，欧洲社会通过与东方文明的对比，将自己所要继承的文明根基，确定在了已经远远消逝的古希腊、古罗马时代，而不是当时中世纪的黑暗文明。

应该说，这是文明发展史上最伟大的思维方式的突破。

历史的机缘是，在文艺复兴后期，豁然顿悟的欧洲人开始迎来了科学技术领域的大突破——蒸汽机发明并逐步进入普遍应用阶段。1679年，法国物理学家制造出了第一台蒸汽机工作模型；1698年，第一台工业蒸汽机出现；1790年，以瓦特的一系列配套发明为历史性转折，工业蒸汽机进入了普遍使用时期。蒸汽机从原理到应用的100余年，是生产力领域的工业革命发生的时期，是人类走出自然经济而迈进工业时代的伟大发端。

近代工业的出现，催生了新的启蒙运动，思想火种开始燃烧起来。

这就是欧洲文明反思的第二阶段，即在生产力发生革命后的17—18世纪延续约200年的启蒙运动。这一思想文化运动的核心点，是"理性崇拜"——对国家文明时代一系列基本问题的深入探索与全面的理论总结。理性崇拜的实质，就是科学精神。理性崇拜风靡于社会，无疑为科学创造大潮的来临奠定了丰厚的历史基础。这一时期的欧洲，所以在自然科学、哲学、政治学、法学、伦理学、经济学、历史学、文学、教育学等各个领域，都有了创造性的原理突破，其根基就在于"理性崇拜"的社会精神的确立。

更为重要的是，启蒙运动对国家文明时代的历史实践进行了深刻探索，在理论上创造出了现代国家政治文明的框架——三权分立学说，在实践上为此后的法国资产阶级大革命与美国独立战争等，提供了创新型的、可靠的政治文明框架。这一时期爆炸性的思想创新，是文艺复兴运动的直接延续。如果说，文艺复兴运动的历史实践成果是从1640年开始的英国资产阶级革命运动，催生了世界上第一个君主立宪国家，宣示世界进入了资本主义国家时代；那么，启蒙运动的伟大历史实践成果，就是以法国大革命为中心，以美国独立战争后资本主义民主共和制度的建立为最高成果的政治文明革命。之后，资本主义的共和革命波及了整个欧洲和北美，在西方世界实现了普遍的国家政治文明大创新。

从此，人类的国家文明进入了资本主义国家时代。

请注意，国家时代突破第二次文明大危机的历史特质，是诉诸理性。

西方突破中世纪文明大危机的历史进程，对于我们这个时代有着极其重要的历史启示。这一启示的核心方面是：一个国家要实现真正的文明跨越，就必须认真审视自身历史上曾经存在过的各个文明时期的真实价值；必须分清哪些时间段是黄金时代，哪些时间段是无所谓的时期，从而分别对待，选择良性历史遗产作为前进根基；而不能仅仅以当下所认定的历史传统为唯一的继承对象。这是思想觉醒最为重要的历史条件。

只有通过世界范围内的文明比较，大大放宽文明视野，并以敢于超越相邻时代的历史高度，有勇气与本民族文明最高峰时期实现自觉的精神对接，才能最大限度地构筑最为坚实的文明根基，才能找到新的文明发展方向，才能完成对自身文明的创新与重建。

三　文明发展停滞：当代第三次文明大危机

国家时代第三次文明危机，是当代的世界国家文明危机。

以17世纪中叶的英国资产阶级革命运动为标志，世界进入资本主义国家文明的时期，已经历时300余年。这300余年，是资本主义国家群引领并主导世界国家文明发展的历史时期，也可以称为资本主义文明时代。从历史实践的发展看，资本主义文明时代可以分作四个大的历史阶段。

第一历史阶段，从 17 世纪中叶到 19 世纪初期的 100 余年，是资产阶级革命催生资本主义国家纷纷登上历史舞台的新型国家群创建阶段。这一阶段的轴心风暴，是 18 世纪末期的法国资产阶级大革命——1789 年到 1799 年建立资本主义制度的社会大革命。这一时期产生的新型资本主义国家，主要分布于欧洲地区；只有美国是北美洲国家——由欧洲资本主义殖民地转化而来，取得独立而立国，迄今 200 余年历史。

　　第二历史阶段，从 19 世纪初叶到 20 世纪前期，也是 100 年左右。这是资本主义国家在全世界实行战争扩张的时期。这种资本主义性质的帝国扩张，具有三个空前的历史特征。

　　其一，以初期工业时代的热兵器技术为基础，以空前的炮舰与火枪为战争技术手段，对尚处于古典冷兵器时代的世界国家群，展开了不对等的杀戮与征服，呈现出远远超出此前早期国家与古典国家时期的资本主义文明的残酷性。

　　其二，战争的基本方式，不是简单地吞并国土，而是将被征服国家变为向资本主义国家输送财富的殖民地，以最大限度地实现资本主义国家机器运转的本质目标——利益（利润）攫取最大化。其中，以英国的殖民地征服规模最大，最具有世界性，其殖民地遍布世界各大洲，号称"日不落帝国"。

　　其三，战争的另一基本方式，是资本主义国家之间因殖民地瓜分不均而引起的相互之间的大规模战争。这种战争形式，集中表现为第一次世界大战。从 1914 年到 1918 年，欧洲国家群两大集团——同盟国集团（德、匈、奥、意）及协约国集团（英、法、俄）——开战，历时四年又三个月，连带卷入 33 个国家参战，死伤 3 000 余万人。第一次世界大战，是早期资本主义国家群主导世界历史进程的文明全覆盖时期，也是资本主义国家内在发展的巅峰时期。

　　第三历史阶段，从 20 世纪中期的第二次世界大战，到 1992 年苏联解体及世界"冷战"时代结束，大体半个世纪上下。这一历史时期，世界国家文明格局发生了新的变化，涌现出了一个新文明形态的国家阵营——以第一次世界大战期间因革命而创建并在第二次世界大战中强大起来的苏联为轴心的社会主义国家群。世界国家群因此进入了两大国家阵营的对峙时期，史称"冷战时代"。就世界国家文明发展史的合理格局而言，突破单一文明体系的垄断性，进入多元文明体系的发展，无疑是符合世界文明发展的本质要求与历史逻辑的。

客观地看，社会主义国家群的出现，是人类国家文明发展的历史曙光，是具有推动世界文明多元发展之丰富性作用的正面存在。但是，因为新国家文明形态的不成熟，也因为资本主义国家群的实力过于强大等主观、客观的历史原因，社会主义国家群中相当一部分国家未能有效抵抗资本主义文明的渗透侵蚀及种种封锁遏制，最终轰然解体。这一巨大的历史变化，使资本主义国家文明又一次回归了世界文明发展的主导地位。

第四历史阶段，从 20 世纪末期"冷战"结束，到当下社会，是资本主义国家群主导的世界文明秩序的停滞、混乱及动荡时期。以美国为轴心的资本主义国家群，在回归资本主义国家文明的单极主宰地位后，迅速失去了引领世界文明发展的活力与信心，对当代世界面临的种种危机没有任何自觉的应对战略，使世界国家文明的发展陷入了空前的历史茫然状态。

这就是人类国家时代的第三次文明危机。

当代文明危机的实质是，世界发达国家群的经济增长速度及科学技术更新速度，与人类国家文明的停滞不前，构成了巨大的历史落差，积累了深刻的世界性矛盾。一方面，发达国家的生产能力及科学发现在日新月异地创新，并由此带来了较为长期的经济增长；人类对宇宙空间的普遍探索，已经拉开了绚烂的序幕；人类对生命世界的微观认识，已经达到了相当的深度；世界人口的物质生活水平，也获得了较为普遍的改善。世界一部分人的生活水准与享受方式，已经进展到会令任何古典贵族瞠目结舌的地步。同时，在人类社会的整体结构方面，人类已经拥有了第二次世界大战后创建的解决人类文明发展共同问题的跨越国家政权的世界组织——联合国，整个世界几乎已经要迈入建立世界性国家文明秩序的门槛。

这一切，似乎都很美好。

但在另一方面，世界国家群，尤其是资本主义国家群，却普遍呈现出文明停滞不前，甚或文明衰落的危机状况。其最大的历史特征，就是以美国为首的资本主义轴心国家群，开始对主导并推动世界文明发展，出现了畏惧心理。畏惧不同文明形态之国家的发展速度，畏惧由自己创立的世界贸易市场体系不能维护自己的单边主义需求——美国利益至上的丛林法则的要求，畏惧联合国机制不能最大限度地听任自己驱使，畏惧世界人口向资本主义国家的流动，畏惧公平竞争，等等。显然，对资本主义国家群在上升时期创建的世界秩序规则，美国轴心开始感到不适应，感到束缚手脚。这种历史性的矛盾混乱的国家认知，主要基于一个历史事实——有一个非资本主义的发展中大国竟然在资本主义秩序规则下，实现了被世界称为"和平崛起"的巨大经济发展。

由是，美国轴心国家群，开始严重怀疑既往秩序规则的合理性。

但是，令美国轴心沮丧苦恼的是，它又创造不出一个既能打倒所有竞争对手，又能最大限度满足自身单边需求的新的世界秩序法则。于是，曾经领导世界的美国轴心，突然出现了不可思议的国家认知混乱与国家政策失措——威胁要退出联合国，要退出世界贸易组织，要退出《中导条约》，要对世界所有国家实行法律上的"长臂管辖"，要重新回归贸易壁垒，要遏制发展中国家的生活水准比肩美国，等等。总体上说，以美国为轴心的资本主义国家群，其勇敢走向世界并推动世界文明发展的历史姿态已经消失，已经出现了保守主义趋势，出现了国家本位价值观回归的政策思潮；同时，资本主义的两大痼疾——种族歧视与驱逐异族人口——重新发作，并在资本主义国家群有普遍表现。

历史地看，这是资本主义国家群在苏东社会主义国家群解体后空前的历史恍惚，空前的精神滑坡，空前的信心崩溃。资本主义思想界所宣称的"人类文明终结"于资本主义时代的骄傲感，不可思议地被普遍的颓丧感所湮没。

西方国家如此，世界其余国家也未必清醒自觉。发达国家与发展中国家，大体都是如此，一片茫然无措。在资本主义国家群已经丧失了主导世界文明发展的历史姿态与力量信心之后，世界其余国家也没能涌现出可见的或潜在的文明推进力量。这就是文明危机的普遍性。

我们必须同时看到，当代人类国家文明危机的更深层面。

最为深层的变异是，人类社会的国家道德水准，正在严重地、普遍地下滑。尤其是以美国为轴心的资本主义国家群的国家行为的道德水准，正在急剧下滑。他们对发展中国家实施不对等竞争，全力奉行"遏制本位"的政策理念，将有害产业向欠发达国家恶意转移，转基因食品诱骗性输出；以打击恐怖主义及维护人权为名，频繁发动以政权更迭为诉求的战争。对力图向资本主义国家文明靠拢的某些发展中国家，则采取欺骗政策，严重违背政变引导诺言，使自己发动的"颜色革命"屡屡成为历史陷阱，等等。诸如此类的恶意行为，正在日益公开化、普遍化。由此，以美国为轴心的资本主义国家群，在第二次世界大战后所积累的文明道义制高点，已经严重流散，世界国家群对美国群体的不信任感已经深刻化、普遍化。

世界的商品经济市场秩序，也在国家道德的严重下滑中变形扭曲，契约精神严重沦丧。在人类普遍使用金、银、铜作为硬通货的时期，货币匮乏曾经是长期困扰商品经济发展的主要问题。但是在纸币时代，世界国家群则经常面对通货膨胀的压力。美国在挽救通货膨胀、债务危机等灾难时，不惜滥印纸币，不惜牺牲那些因信任其货币稳定性而成为其债权国家的巨大利益。其所表现的道德水准之低下，实在不堪世界文明的引领责任。以美国为轴心的资本主义国家群，其所秉持的政治贸易主义已丧失了"契约精神"。同时，对遍布世界的贫困、饥饿与天灾人祸，资本主义国家群表现出普遍的淡漠；非但不思解决之道，反倒大肆宣示"世界资源有限，不能使其余国家都过上美国人一样的生活"的空前奇谈。由西方国家主导的所谓的共同救援组织的作为，也始终只停留在扬汤止沸与虚应故事的层面上。

历史地看，当代资本主义国家行为的低道德水准，或无道德状况，与古典国家群相对可靠的道德水准相比，无疑是国家文明的严重沉沦。以经济领域的互通而言，在世界古典国家群的相互交流中，即或是相互了解很少的国家与民族，其所持有的不同货币，都有着相对稳定的币值基础，很少发生大规模的国家欺诈行为。就国家行为而言，在历史这面大镜子前，这个时代的国家丑陋暴露无遗。

当代各种世界组织的高尚性与效能性，在与"世界警察"自身的利益矛盾中，同样日益走向沉沦，严重丧失道德感。作为世界组织的联合国，已经沦为美国轴心操纵的专门做无用表态的机器，主持正义与伸张公理的能力，已经微乎其微。掌握最先进战争手段的美国，醉心于"世界警察"的强权地位，醉心于一己价值观的输出，醉心于意识形态的对峙，醉心于以丛林法则对世界资源的开发掠夺，忙碌于对全球利益无休止的分割。结构与目的同样混乱的各种军事同盟，不断在世界范围内出现，都在像堂·吉诃德一样盲目寻求与风车作战。

6 000余年以来，人类的国家文明第一次沦入了被一个超强大国深深影响的局面。多元并进、公平竞争的世界文明格局，已经被"世界警察"严重窒息。恐怖主义的蔓延，正是在如此扭曲的历史土壤中酿成的。世界发展格局严重不均衡，发展中国家及欠发达国家普遍存在文化缺失现象。以这些国家与地区为历史、社会土壤，各种邪教组织与恐怖组织大量滋生。这是国家文明时代的畸变毒瘤，是复杂而邪恶的文明瘟疫势力。他们既对"世界警察"怀有深刻仇恨，也与所有国家的分裂势力有天然共鸣。他们没有正义的文明目标，只有报复与破坏的狂热精神。他们掀起了前所未有的人类文明的沙尘暴，是当代国家文明一道丑陋的世界性瘢痕。

极度腐败与极度堕落的生活方式，充斥着发达国家与发展中国家的另一极天地。巨大的浪费，极度的匮乏，并存于几乎任何一个国家，形成了令人触目惊心的两极差别。国家群的两极分化，各个国家社会人口的两极分化，重叠交错地构成了我们这个时代普遍的畸形国家文明。

……

面对种种灾难与整体性困境，我们的国家时代陷入了一种万事无解的尴尬局面。这个时代，解决世界普遍问题的能力正在急剧衰减。更重要的是，我们的国家时代已经丧失了文明发展的主题与方向，丧失了一个时代应该具有的主流精神。曾经主导世界文明秩序的资本主义列强力量，已经无法创造出新的人类精神，更无法以高远的视野、开阔的胸襟，平衡国家群的利益冲突与价值观念的冲突。这种曾经的主导力量，正在各种实际的细节争夺与意识形态对峙中，持续地沉沦下去。世界国家群的秩序规则，已经失去了正义高尚的主导精神，人类的基本价值理念正在迅速地模糊化、逆反化。

真正值得忧虑的是，面对如此巨大的整体性困境，面对如此重大的人类文明危机，西方世界国家群的政治家阶层，呈现出空前的麻木，既没有自觉感知的理性揭示，也没有奔走呼吁的领袖担当。在政治家的世界里，第二次世界大战时期的世界精神与天下意识，正在急剧消逝，变为久远的风景。这就是说，在国家意识的层面上，西方世界国家群已经普遍丧失了深刻的文明理解力。正因为此以及理性精神的丧失，我们这个时代才陷入了人类历史上极其罕见的文明沼泽——无论是前进还是后退，一旦盲目作出反应，我们就有可能全面沉陷下去。

这是全人类在国家时代面临的文明大危机。

四　非发达资本主义国家群面临的新型挑战

进入 21 世纪，当代世界的非发达资本主义国家群面临着空前的危难。

当代的世界国家之林，可以大范围地划作两个大群——发达资本主义国家群与非发达资本主义国家群。前者是发达国家群，后者是发展中国家群。尽管后一群落与发达资本主义国家群有诸多的文明交叉特征——大量的发展中国家同样实行资本主义开创的民主选举制；也有诸多的历史交叉特征——一些国家依然处于旧时代的君主制；更有以中国为代表的不多的几个国家还在实行社会主义制度。但无论哪种发展中国家，在发达资本主义国家群的价值理念中，要么是为其提供经济资源的落后国家，要么是宗教上的异端国家或种族上的有色人种国家。这些形式各异的非发达资本主义国家群与西方资本主义国家群有着天然的沟壑。

"冷战"结束之后的数十年，发达资本主义国家群在一强独大、一群独秀的背景下，力图以贸易与文化两大领域的单向灌输为轴心，以非战争的方式完成对世界文明的最后收容。发达资本主义国家的思想界、媒体界，将这一方式称为"文明竞争"。

历史实践呈现的内容是，这种"文明竞争"，以只允许利益单向流动的方式、"颜色革命"的方式、价值观输出的方式、高技术封锁的方式、"普世价值"渗透的方式、人权保护的方式、贸易摩擦的方式、贸易战的方式、全面遏制的方式、封堵制裁的方式、长臂管辖的方式、定性邪恶国家的方式、航母威慑的方式、支持他国分裂势力的方式、利用他国历史遗留纠纷而牟利的方式、向同盟国收取保护费的方式，乃至策划政变及颠覆政权的方式、频频小规模武装干涉的方式，等等，已经在整个世界弥漫了30余年。

所有这些"文明竞争"方式，都远远超出了正常的国家竞争，具有全面的"文明征服"的鲜明诉求。在如此的新型历史沙尘暴中，西方国家群的文明遏制与文明毁灭目标，无不指向还没有从古典文明根基完全摆脱出来的非发达资本主义国家，与一切还没来得及发展为现代文明国家的贫穷落后地区。

独大国家与独秀国家群的最终目的，就是利用自身的历史高位优势，打乱世界大多数非发达资本主义国家的历史发展步伐，剥夺这些国家依靠自身力量正常发展的历史权利；进而将整个地球文明发展的步伐，统一到西方文明的价值法则上来，统一到西方国家的历史步调上来，为自己积累"领袖文明发展"的正义资本，并主宰整个地球人类的文明发展史。

这就是"冷战"结束后，非发达资本主义国家群面临的新型历史挑战。

问题的实质，不在于人类文明是否需要发展，也不在于这种发展是否需要一只或几只领头羊；问题的实质在于，霸权独大国家主导人类文明发展所采取的实际方式，是绝对利己主义的——霸权国家利益至上，是非自愿式的，非协商式的，非共赢式的。历史实践呈现的认知是，竞争手段的不正当性，必然不会以高远的文明目标为根基。以"自由世界"自诩的独大国家，要用一种不给其余国家以自由发展权利的遏制方式，来作为推动"文明竞争"的历史政策，这显然是非常荒诞的。

这是野心——一种很不正当的唯我独尊的恶欲诉求。

"后冷战"时代，独大国家及所结盟的独秀国家群的内在诉求，是通过极具迷惑性的"文明竞争"，最终将世界财富的绝大部分都聚拢到西方世界，使地球的有限资源只供独大国家人口保持高水准生活；决不允许中国、印度以及所有人口密集型国家发展到富裕程度比肩独大国家的程度。有色人种国家、不信上帝的异端国家，只能永远陷于低水准的乞丐生活状态；一旦有合适条件，则会立即采取行动彻底击垮这些繁衍能力极强的有色人种国家，从而保持西方国家理想的"世界文明结构"，保持"上帝"的永恒统治权。

　　这种恶欲的黑暗性，标志着独大国家及资本主义国家群的历史底牌已经掀开，也标志着以独大国家为轴心的资本主义国家群，已经将自己本应在历史延长线时期的作为提前实现了。也就是说，在历史延长线尚未来临，在尚未被历史证明何种国家文明更适合于引领人类前进的竞争发展时期，以独大国家为轴心的西方国家群，已经提前认定自己在人类国家文明的竞争中获得了最终胜利，并将最终胜利后的"引领世界文明发展"的国家行为付诸实践了。

　　西方文明一贯的偏狭自负传统，是没有忍耐、等待一说的。

　　独大国家的"历史延长线预支"行为，已经由包括领袖级人物在内的众多西方政治人物，在各种场合不小心或有意识地泄露出来，他们将世界完全看成了玩弄于股掌之间的尤物。任何一个正常人，几乎无须任何猜度，都会清楚地看到，独大国家及其依附国家群的"文明竞争"的目标底色，仍然是古老的西方殖民主义征服理念，依然是丛林法则。

　　延长线的提前显示，值得所有非发达资本主义国家保持高度的警觉。这种新型挑战，给世界大多数国家提出了一个极其深刻的历史课题——

　　从政权形式看，大多数非发达资本主义国家已经完成了向现代国家的转变——民主选举制已经普遍实行。但是，在历史内容方面，大多数非发达资本主义国家还没有完成后工业经济时代新的国家文明重建。从深层意义上说，世界大多数非发达资本主义国家的文明根基还保持着旧时代的底色，其现代民主制形式的共和国，还矗立在残缺衰朽的农耕文明的历史土壤里，还立足在未经重新处理的烂泥塘里。与新生产力时代相适应，与自己国情相适应的新国家文明，在大多数国家还没有建立。巨大、深刻的内忧外患，随时都可能吞没这种身着资本主义政治外衣的陈旧国家。

在发展中创造机遇，重建真正立足于本国国情的新型文明国家，是这一时代挑战对所有非发达资本主义国家提出的历史课题。不完成这一历史课题，这些国家就将面临巨大的历史灾难。尤其是中国这样的发展中大国，不能仅满足于经济增长，而应该有实质性的内在发展。否则，中国的历史灾难是不言自明的。且不说中国本身有可能存在的腐蚀性力量，那些随时可能爆发的外部冲突也会形成各种合力企图吞噬中国、分裂中国，迫使中国不可能以强大、统一的国家形态，来独立选择自己的发展道路与文明重建方式。

因为，中国是从世界古典文明中唯一延续下来的国家。使中国文明消失于历史长河，对西方文明有着无可估量的巨大历史意义。因为，在世界国家文明之林中，唯一能全面抗衡西方文明体系者，只有中国文明体系。这一格局，将随着历史的发展表现得越来越清晰。历史地看，也许只有到中国文明被西方文明渗透崩溃的时候，西方文明才能真正奏起"文明终结"的凯歌。反之，只要中国文明矗立于世界东方，西方文明就永远不可能在世界范围里予取予夺。

这一历史格局，发达资本主义国家群比中国人更清楚。

依据人类进入国家时代之后的历史实践，一个没有相应文明根基的国家，其生命发展是十分有限的。这种文明根基，不能是移植而来的，必须是重建于本国良性文明传统之上的新国家文明。将在紧迫的"救亡图存"中引进的革命主义理论体系，作为中国新文明的精神根基，是远远不够的。革命主义理论体系所缺乏的，是已经沉淀为本能且跨越一切阶级、阶层界限的优秀民族传统所具有的历史魅力——共同的文明认知力所决定的民族凝聚力。任何一种具有历史进步性的革命主义理论，都不会漠视，更不会拒绝将优秀的民族传统作为自己的历史根基。

要创建新的国家文明，首先要走出的第一步路，就是要清理中国统一文明建立2 000余年以来的思想根基，明确我们民族的良性思想遗产。在此基础上，以良好、健康的民族精神资源，完成与现代国家文明的建设性对接，同时完成与已经成为中国现代社会思想形态的国家意识的对接融合；相互改造，使之浑然一体，从而完成国家文明再造。舍此精神序幕，中国无法启动历史性的文明重建工程。

中国的文明重建道路，事实上也是大多数发展中国家必须走的道路。在世界非发达资本主义国家群落中，中国是可能的引导者。

中国在改革开放40余年中的增长与发展，及美国轴心势力对中国越来越强烈的遏制，使中国的发展中国家领头羊的角色越来越鲜明。历史地看，世界大多数非发达资本主义国家的发展路径，很大程度上取决于中国发展所能提供的历史启示。因为，大多数实现了现代政治转型后仍然陷于落后动荡状态的非发达资本主义国家，已经对美国轴心势力的严重误导丧失了信任。只有中国这一天赋的非发达资本主义国家的坚实发展所提供的历史经验，才符合这些国家走出陈旧泥潭的内在需求。

16章

中国文明重建的历史方向

一 正在深层变化的中国社会

当代中国，正处在一个深邃衍化与历史转折并存的时期。

由大众生活方式的深邃衍化，进而在某个特定的节点发生文明形态的历史转折，是人类文明发展史的基本法则。当代中国社会的这样一种历史变化，其实质是：中国将由残破的农耕文明与畸形的城市文明的不成熟聚合，逐渐衍化为工业科学经济与商品经济基础上的新的国家文明形态，从而实现中国 5 000 年历史上最为重大的一次文明跨越。虽然，我们很难预判这一社会衍化的时间长度，也很难预判未来转折的时空节点；但是，我们可以确定地断言，中国当代社会的深邃衍化，是任何力量都不能阻挡的定向潮流。惟其如此，中国一步步走向新文明，并向更高阶段文明形态的历史跨越，必然在未来的某个时空节点发生。

在这样的历史条件下，中国当代面临着两个方面的重大挑战。

其一，现实的挑战。这一挑战的实际内涵是：一个包容多民族的广袤国家及庞大政权，能否以强韧的意志与高度的理性，继续深化扩展业已持续了40余年的改革开放，从而理性引导社会衍化的历史进程，最终以和平改革的方式完成具有革命性质的国家文明跨越？这样的现实挑战，曾经发生在人类各个国家文明的跨越时代，更发生在中国历史上曾经的国家文明跨越时代。胜出这一挑战，将是艰难的，长期的，壮美的，具有残酷的牺牲性的。在人类文明史上，举凡胜出这种历史挑战的时代，无一不是该民族文明历史上最为辉煌壮丽的时代；其间涌现的轴心人物与重大事件，也无一不是该民族文明历史的最重要坐标。这一现实挑战的实质，就是坚持推进并自觉完成极为艰巨的国家文明重建。

其二，社会文明意识的挑战。这一挑战的实际内涵是：中国民族群的社会精神，能否以基本的文明良知与公平正义理念，确立以历史实践为检验历史真理的唯一标尺这一社会认知，客观地审视、深度地总结中国文明的发展历史；同时，能否在此基础上，检索出应该汲取的文明跨越的历史经验及诸多时期导致国家文明下滑的历史教训。最终，能否大体一致地就中国文明的历史发展的阶段性特质及中国文明之历史传统的可继承方面，形成普遍的共同社会认知，进而在世界国家之林确立中华民族的国家文明话语权，借以构筑我们民族坚实前进的精神根基。

这样的民族社会意识的挑战，也是国家文明意识的挑战，同样曾经发生在人类各个国家的文明跨越时代，更发生在中国历史上曾经的文明跨越时代。欧洲的近代文明跨越，以文艺复兴为先导，以启蒙运动为爆发，历时500年上下。中国2000余年前由秦帝国实现的统一文明跨越，以春秋求变思潮为先导，以战国百家争鸣为爆发，历时500余年。历史已经证明，没有长期酝酿并在广大社会人口不断普及深入的社会意识基础，及其所积累形成的文明自觉精神，任何一个民族要实现任何一次文明大跨越，都是不可能的。

这一挑战的实质，是确立国家文明意识的历史基础，为实现国家文明跨越的历史转折培育社会土壤。这一实质所指向的核心目标，就是提升中国民族群的国民素质，不但要使中国民族群从尚有大量文盲、半文盲的文化缺失状态摆脱出来，而且要使中国的国民素质大体普遍地提升到具有理性自觉的文明发展认知的历史水准。一个尚有大量低素质人口群的国家，是不能完成国家文明跨越的历史转折的。这是一个严酷的、漫长的深层挑战，是一个理性国家所不能忽视的内在发展方面的挑战，是与经济增长具有截然不同性质的历史性挑战。

2 000多年前的秦国商鞅变法，之所以要在变法的最终阶段全面推行移风易俗，改变民众无分辈次男女的囫囵混居，强制规定男女人口到一定年龄段就要成婚并独立立户，其实质目标，就是要将秦国民众从家族混居的低层文明状态解脱出来，使每个国民都能成为具有独立精神与自觉意识的高素质国民。历经150余年的坚持与努力，秦国在历史发展中已经成为拥有强大的国民人口基础的超强文明大国，统一中国的历史使命才能水到渠成。

当代中国是否具有同样的国家文明坚持，将决定着文明重建的成败。

二 当代中国文明认知的混乱状态

中国文明重建，是已经摆在当代中国人面前的历史课题。

为了那个必将到来的时代，这一代人的第一要务，就是走上国家文明历史的发现之旅。中国文明发现之旅，其实际内涵是：重新解读中国历史，为中国文明重建提供发现性认知。其根本法则是：以历史实践为根基，确立认知历史真理的标尺，并以此为根据，探索发现中国文明生命力的内在基因。其间，任何人物曾经的历史评判，都不应该成为认知历史真理的标尺；应该拨开历史烟雾，对中国国家文明的独立性、体系性及内在生命力，对上升时期与衰落时期的历史经验与历史教训，对中国国家文明在历史实践中所形成的核心价值观，等等，作出坚实而理性的认知评判。在这样的发现与认知精神下，达成以新的评价体系而对中国国家文明史所进行的系统梳理，推动中国社会渐渐形成对自身文明根基的最基本共识，为未来的中国文明重建奠定广阔而坚实的社会精神根基。

中国人自 1840 年以来，已经在艰难的文明反思中走过了 170 余年。

中国近代以来的思想成果累累如山，云雾峥嵘。但是，中国社会认知自身文明的自觉意识与认知方式，及其所生成的理论性成果或思潮性成果，都依然停留在极其纷繁混杂的"进一步退两步"状态。最主要的一个历史现象是：相当数量的知识分子与社会人群的历史意识，迅速脱离了"五四"以来在救亡图存大潮中经由一大批史学家、思想家与理论家的努力探索而形成的对中国文明根基的若干历史认知；以回归传统的方式，跳到了另外一个极端——完全地回到了近代社会之前的陈腐理念，再度盲目尊孔读经，再度回归曾经被近代历史大潮所抛弃的陈旧史观。

这一历史现象之所以生成，最基本的根源，在于"五四"以来的近现代文明反思，皆以极其紧迫的救亡图存与革命需要为背景，屡屡以简单化、政治化、革命化、影射化的方式，评判历史传统，评价历史人物；缺乏一种以客观公正立场为基础的理论渗透的生命魅力，其间所形成的若干历史评判，与其说是公众认知，毋宁说是强制成立。所形成的缺乏内在根基的特殊历史共识，很容易激发社会意识的逆反性，很容易被无理由摆脱。在思想一旦获得相对自由的历史时期，那些曾经显赫一时的种种政治化、简单化的结论与定性，就自然地化作了无根之水，随风流逝了。

伴随着向传统回归的极端跳跃，社会的文明历史话语，也发生了悄然回流。更有甚者，在此思潮弥漫下，被称为"儒家原教旨主义者"的蒋庆先生，在 2003 年出版的《政治儒学：当代儒学的转向、特质与发展》中，明白确认了儒家学说的政治学本质，并对中国当代政治文明与未来政治方向，提出了惊人的复古主张。其基本理念是，中国需要复古更化，重建中国儒教，将中国建成一个政教合一的儒教国，中国的政治文明方向是，"重构具有中国文化特色的政治礼法制度"。[1]

幸运的是，中国当代社会思潮正在发生多元性质的弥散。对中国文明根基的探索与研究，已经呈现出多彩纷呈的状态，既有局部的深入研究，也有总体解析与通盘重读的总体研究。立足现实并探索未来的各个领域的新思想，也无不涉及对国家文明传统的评判。回归陈腐儒学极端的思想倒流，仍然只是当代中国蓬勃涌动的诸多思潮之一而已，并没有湮没各个领域的新思想探索，更不足以湮没方兴未艾的中国文明发现之潮。

因为，儒学是否构成国家文明的推进力量，是否需要独尊，早已有了为历史实践所证明的真理性认知——独尊则文明衰落，多元则文明兴盛。任何一代皇权统治者推崇这一保守主义思想体系为中国文明正宗，都是基于驯化社会民众的独立精神而生成，而不是基于推动国家文明的内在发展而生成。这里，只有立场之不同，没有辨识是非之可能。因此，在既往任何时代，对于皇权尊孔与尊儒，那些真正体现了时代需求的社会精神与历史思潮，都以不予理睬的方式对待之。

思想独尊的道路，已经被人类文明的历史实践判定为偏狭僵化的死径。

1　蒋庆：《政治儒学：当代儒学的转向、特质与发展》，生活·读书·新知三联书店，2003 年，第 3 页。

任何时代的真理性认知，都是在多元思想的辨析竞争中形成的。

总体上说，对中国进入国家时代以来的文明研究与社会认知，在当代仍然是一片混乱、一片模糊，充满着种种误读、误导与张冠李戴。对于最基本的国家文明认知所需要的那些基础性历史共识，迄今仍然没有看到应有的正在形成的希望。对国家文明的这种认知状况，距离中国文明重建所要求的民族理性程度，还有很远很远的路要走。中国文明的发现性认知及其所形成的基本理念，在当代中国还只是多元宇宙中的一小片天空。我们所追求的唯一目标，是通过我们的努力，渐渐接近于历史真相的发现，不断获得以历史实践为根基的真理性认知，从而为当代社会提供认知中国文明根基的基础。

三　认知中国文明是一个世界性课题

对中国文明的发现性研究，既是一个中国问题，又是一个世界问题。

无论中国还是世界，都不能清楚地叙说中国文明。一个最重要的标志是：无论是中国还是世界，都不能清楚地说出中国文明的核心价值观究竟是什么，基于核心价值观而确立的国家核心利益究竟是什么。至少，自当代改革开放以来，在许多国际争端中，外国政治家群对中国的国家话语大伤脑筋，难以揣摩中国的核心利益究竟是什么，难以揣摩中国的价值评判体系究竟是什么。

因为，中国虽然远远走出了国门，走向了世界，却经常针对冲突地区宣布，在这里"没有利益"，在那里"没有利益"。似乎凡是不涉及国土争端而又构成冲突的地方，中国都"没有利益"所在。另一种基本现象是，中国的对外文化交流的政策举措，总是以种种形式宣示或默认中国文明传统是儒家体系。可是，近代史以来中国民族"救亡图存"的大无畏牺牲精神，1949 年中华人民共和国建立后中国在落后穷弱的状况下曾经有过的长期强势外交，改革开放 40 余年以来弥漫中国社会的民族主义思潮，以及国家行为对外部世界的"偶尔峥嵘"，等等，似乎又远远脱离儒家传统价值观的根基。总体上说，中国民族群在近代救亡史上的血气争心，中国重新融入世界潮流后不停顿的和平崛起，与中国外交战略的不自觉及实践方式适成强烈反差，自相矛盾得让全世界一头雾水。

于是，外国人困惑莫名。对此，中国从来不解释为什么。自然，外国人也搞不清楚为什么。似乎，中国很是高深莫测。可是，时间长了，事情多了，外国总会作出判断，无论这种判断距离事实多么遥远。

这个问题，看似与文明问题相去甚远，实则大大不然。

任何一个国家，在任何时代的国家行为与对外主张，无不以自身文明根基所形成的核心价值观为依傍。一个雄明兼具的国家政权，基于文明核心价值观的行动与表述，一定是理性而自觉的。一个平庸昏聩的国家政权，其对自身文明根基的审视与评判，则是模糊不定的；与之相连的国家行为与外部主张，也必然是彷徨摇摆的。历史已经无数次地证明：一个民族的文明根基所生成的核心价值观体系，对于国家而言，如同生命基因对于个体生命的影响，不管你走出多远，你都将深刻地接受来自生命基因的匡正制约。一个国家，欲图摆脱文明根基的影响力而随心所欲，如同一个人拔着自己的头发要上天，归根结底只能是一种臆想的努力。

这是文明价值观体系与国家发展之关系的贯通性纲目关系。

四　中国文明病灶：保守主义独尊

中国人的文明不自觉，就自身历史原因说，有两个基本方面。

1. 独尊保守主义思想体系导致中国文明严重的二重分裂

从基础方面说，保守主义的历史传统之所以形成，是中国原生文明时代蓬勃多元的思想文化体系在西汉武帝时期突然发生了一个重大的历史转折。这一转折的实质，是国家文明进取精神的扭曲与意识形态政策的倒退，是历史性悲剧。悲剧的实际内涵是：中国在文明枢纽时期历经500余年形成的思想体系与核心价值观体系，由百家争鸣、千帆竞流的多元竞争形态，骤然自我阉割，自我去势，转向了宗教式的一元思想独尊。这就是那道幽暗的历史风景线——"罢黜百家，独尊儒术"。

从此，中国的国家文明形态，开始了漫长而鲜明的下滑过程。

终于，在世界近代史的前夜，中国走到了亡国灾难的边缘。

就根基而言，被独尊的儒家，是诞生于春秋时代的一个秉持保守主义的复古学派。而被罢黜的百家，则是春秋、战国时代变革大潮中涌现的众多创造性文化思想体系。惟其如此，儒家对发端于春秋战国两大时代的种种创造性思想，对其时生发的深刻的社会衍化，及其偏离或背叛王道礼治的"礼崩乐坏"，对连绵涌动的社会变革大潮，皆持强烈的否定态度，并且身体力行地做了自觉而又顽韧的反对派。因之，孔子及其儒家后续传人，在春秋、战国、秦帝国三大时代，变成了时代潮流的弃儿，奔走天下而几无一国接纳其政治主张。

这一根基性的历史状况，导致儒家学派对孤立自己、遗弃自己的三大文明高峰时代，怀有极为深切的偏见。儒家孔门传承至第八代，也就是秦帝国统一中国文明的时代，其对三大时代的偏见，已经淤积成不可化解的仇视心态——宁肯与六国复辟势力同流合污，也拒绝在统一政权中任职效力。[1]

1　关于秦代儒家的政治立场及其命运，我在长篇历史小说《大秦帝国》中，已有相对具体的表现。此处不赘述，感兴趣的读者可参考该书。

基于如此这般宗教特质的学派精神，后世儒家在占据文化霸权的历史条件下，利用"修史"权力，对三大时代全方位地扭曲、攻讦与否定。这种对中国原生文明三大高峰时代的公然厚诬，伴随着儒家教化人民恭顺服从的社会效能，被历代皇权政治奉为必不可少的具有神圣功能性的牧民之鞭。于是，对三大时代的否定，在皇权统治与对儒家保守主义教化功能的历史需求紧密结合的基础上，很快演变为一种政治文明的国家意识形态。

自此，中国的文明意识与历史实践，出现了巨大的二重断裂——实际上基本继承了秦帝国开创的统一文明框架，理念上却彻底否定了三大时代，彻底否定了开创中国统一文明的秦帝国时代的多元思想的发展格局。这种二重分裂，一直延续了2 000余年，终于演变积累为一个严重的文明病灶——文明之癌。同时，也锈蚀成了厘清中国文明史的一个轴心难题——最重大的统一文明创建的历史坐标时代，却陷进了深深的被历史烟雾笼罩的烂泥沼泽地。此后，举凡探索中国文明的根基时代，评秦论秦都成为一个最基本的问题。

2. 2 000余年持续独尊，儒家文明病灶已经病变为文明之癌

儒家被独尊2 000余年，其最大的历史危害，是利用"修史"之权力，极大扭曲了国家的历史意识与中国民族群的历史观念，形成了中国历史上前3 000年和后2 000年在核心价值观体系上的严重脱节。这一历史过程也使儒家的保守主义体系在"提纯"为宋明理学体系之后，病变为中国文明的恶性肿瘤——文明之癌。

自司马迁的《史记》开始，对历史人物与历史事件的记录权、整理权、评价权，就基本上都掌控于儒家学派。这是古典社会意识形态中最为要害的"修史"权力。在记录历史的意义上，我们尊重儒家的史官业务劳作，尊重以司马迁为代表的历代儒家修史学人（当然，对于司马迁崇儒还是崇道，学界有不同意见）。他们对中国文明历史的

系统整理与记录，具有不可磨灭的文明意义。他们整理记录的史书，在事实意义上是中华民族永恒的信史。

这里要说的，是问题的另一面——儒家历史评价体系的陈腐性。

这种陈腐性，主要表现在两个方面。一方面，唯以儒家价值观为历史评价标尺，对不合儒家理念的历史资料，则采取删去古文献记载的武断方式。一个典型的例子是，孟子删去了《尚书》中的《武成》篇。事情的大体过程是，古文献《尚书》中有一《武成》篇，《史记·周本纪》也明确记载了有《武成》之作。《武成》篇是大体接近于战争总结的古文件，是编修史书的原始资料。这则资料记载了"周武革命"的战争残酷性，其云：武王伐商，"血流漂杵"，赤地千里。对此史实，孟子昂昂然发表了反对意见："仁者无敌于天下。以至仁伐至不仁，如何其血流漂杵！"（《孟子·梁惠王上》）显然，孟子的评价理念是：最仁义大军讨伐最不仁义政权的战争，不可能血流如此，也不应该血流如此。这一理念，显然不合于历史实践，在今天看来更是十分幼稚。可是，儒家却以孟子理念为标尺，在编辑古文献时竟悍然删去了被公认为古老信史的《尚书》中的这一篇章。如此一言堂方式，非常有损于历史的完整与真实。

另一方面，唯以儒家价值观褒贬历史，偏狭理念遂成历史标尺。后世儒家修史，公认的标准范式是孔子的"春秋笔法"。这一范式的实际意义是，以儒家价值观为唯一标准，以修史为途径，对政治实践给出正邪评判，对社会人生给出成败标尺，从而完成对整个社会的保守复古主义训诫。"孔子作春秋，而乱臣贼子惧"（《孟子·滕文公下》），此之谓也。

具体而言，这种修史模式的最根基方法，是对历史事件、历史人物，以及政治、经济、军事、民俗等各个领域的历史实践，必以儒家价值观为标准作出种种形式的增删，并同时给出褒贬评价。正是在遍及史书的林林总总的评价中，儒家的历史评价体系，儒家的病态历史观，巍巍然累积成了病灶大山。

以对历史人物的评价看，《史记》有先秦人物传记28篇，涉及各时代、各领域的历史人物数百上千。其中，举凡对文明发展有远超传统的创造性贡献，同时对国家社会勇于负责、敢于自觉走上祭坛作牺牲的英雄伟人，《史记》或借他人之口，或以"太史公曰"的形式，都给予了或隐、或显、或轻、或重的种种贬斥。譬如文仲、吴起、商鞅、苏秦、张仪、吕不韦、韩非、王翦、王贲、蒙恬、秦始皇帝，等等，概莫能外。与此同时，对于明哲保身，任职国家却不敢临难负责的人物，以及主动退隐而由官入学者，都做出了高度褒扬。譬如对老子、庄子、范蠡、赵良、蔡泽、张良，等等。

其中，《史记》以大篇幅记载的两篇代表性说辞——赵良说商鞅，蔡泽说范雎，皆通篇推崇"功成身退"的保命哲学，充满了圆滑萎缩的逃避主义。然则，司马迁高度评价赵良说辞，认为："（商君）不师赵良之言，亦是发明商君之少恩矣！"蔡泽，则被司马迁笼统认定为是与范雎同等的"辩士贤者"。此后历代史书，充满了此种类型的儒家式评价。其中，以宋代大儒司马光主持编修的《资治通鉴》中的"臣光曰"的种种议论评价，更为典型化。

儒家的这种治史理念与评价体系，对中国文明史是不公正的。

秦帝国之后2 000余年，儒家修史模式日趋僵硬。确立为官方修史标准的偏狭陈腐的历史观，弥漫渗透于整个社会。中国民族的历史意识，也就随之沦入了保守萎缩的境地。在整个儒家学说中，历史评价体系堪称其核心价值观，是儒家政治学的基础，是复古理念的根基。作为社会文化教育制度，儒家历史评价体系则成为学人进入仕途的价值观标准；科举制出现后，又成为学子应试的入选标尺。自此，举凡学人治史立学、论述思想，必须以儒家评价体系为唯一标准。但有违背，轻则被国家遗弃，重则下狱治罪丢掉性命。明清两代的"文字狱"灾难，"名教罪人"诛杀，渗透司法领域的"诛心"勘问，无一不浓烈地体现着儒家价值观独霸社会的深重灾难。

淤积2 000余年的儒家史观，及于中国近代，已经使中华民族的历史意识严重板结化、陈腐化、保守化了。长期独尊的文化霸权演变的结果，必然是文明的整体衰落。自近代史以来，诸多中国思想家与外国研究家，之所以都对中国文明传统出现严重误读，甚或对中国文明一揽子否定，其现实依据，无不基于这样一种真切的历史现象与社会现实——

中国文明的历史实践与国家意识形态，都在西汉之后日趋失去创造力，日趋疲软沉沦；中国已经在民族精神与文明遗产继承的意义上，遵从儒家的指向，彻底否定了春秋、战国、秦帝国三大文明高峰时代；曾经在三大时代居于强势主流的思想体系的多元性、政治生活的阳光性、社会意识的进取性、人口素质的健康性、生存方式的强势性、社会实践的创造性、扬弃历史传统的变革性等基本方面的核心价值观，都已经被儒家钝刀一丝一缕地阉割了，被历史的烟雾泥沼深深地遮盖了。保守性、萎缩性、陈腐性、阴谋性、混乱性、厚黑性等惰性品格，已经弥漫国家，弥漫社会，淤积为中国文明之癌的基本特质。

若无文明重建，这一文明之癌终归要窒息了我们这个民族。

这就是说，抛开了中国前3 000年的文明根基，中国后2 000年的文明沉沦，确实已经成为水土流失的浑黄浊流，已经浸渍成为失去继承性的酱缸。

中华民族的文明重建道路只有一条——抛开后2 000年的国家文明沉沦期，抛开不断萎缩的文明病灶时期，直接与前3 000年的阳光文明根基对接，直接与多元思想时代对接，重新确立中华民族的核心价值观体系，再度激发中华民族的雄武精神与科学求实的创造精神，以期创建工业科学经济时代的新型中国文明。

舍此，中国文明重建没有第二条道路。

五　近代以来反思中国文明的误区

近代以来西方思想的传入，对中国文明又形成了新的误读。

以迅速传入并大规模掀起新思潮的西学理念为依据，中国思想家群立即在西方列强的炮火声中，开始了对中国文明的激切反思。那时候，中国大地满目疮痍，卖国丑行遍于朝野，旧国家孱弱不堪，新政府混乱无能，内忧外患交相逼迫，辽阔的中国在破败中一片鼎沸。其时，举凡爱国学人，举凡有良知的思想家，无不以国家兴亡为己任，以民族大义为担当，以新奇雄强的西学理念为指南，多方检讨中国文明，殚精竭虑地为中国社会探索变革图强之路。

从鸦片战争到辛亥革命时期，是西方思想传入中国的第一时期。

这一时期，西方思想极大地"推动"中国社会发生了深刻而剧烈的变化。短短数十年间，伴随着西方列强的火器战舰，涌入中国的西方思想几如洪水弥漫，势不可挡。虽然，西方思想流播中国者种类多多，但引起中国文明根基松动的价值观与思想体系，主要是八大方面：

其一，以《天演论》《进化论》为代表的人类生命史理念；

其二，以工业与科学为基础的实业精神与企业管理意识；

其三，以严复翻译的《原富》为代表的商品经济新理念；[1]

其四，以孟德斯鸠著作为代表的法治、民主等权利理念；

其五，以西方政治文明之三权分立制度为根基的新宪政理念；

---

[1] 严复于19世纪末翻译的西方重大著作，有赫胥黎《天演论》、达尔文《进化论》、亚当·斯密《国富论》，严译亚当·斯密，时称《原富》。因此，严复是中国近代思想先驱之一。后来，严复思想发生变化，成为文化保守主义的发端者，认为儒家思想乃中国"国性"，故应以儒家体系抗衡西方文明。

其六，基于西方自由主义、人道主义思想的人权新理念；

其七，以穆勒、康德等西方哲学家的著作为代表的新哲学精神；

其八，西方宗教的传入，西方教堂在中国开始普遍落地。

由是，中华民族在西方思想大潮的冲击下，紧迫地开始了反思自身文明的思想大探索。激荡生发的最初结果，是一套大体成型的崭新的话语谱系的出现。主义、自由、民主、科学、专制、进化、同志、理想、爱情、理性、哲学、进步、发展、斗争、干部、法治、社会、资本、等等，名目多多，一时蔚为风潮大观。中国社会背负着苦难，弥漫着焦虑，满怀着新奇，运用还不能完全理解其内涵的崭新话语，开始了对中国历史与中国现实的重新解读，开始了对中国贫弱原因的初步探索。

自此，历时近200年的中国文明新解读潮流，拉开了文明启蒙的序幕。

应该说，在中国近代史的开端时期，迅速弥漫中国社会的上述八大方面的新文明理念，及其必然连带的新价值观体系，对中国后来的历史进程之影响至为深远。但是，从当时的社会实际看，近代开端时期的中国学人群，尚未深刻理解西方新思想体系的完整性与历史影响力。当时的中国学界，显然简单化地将西方思想体系进行了归纳，仅仅变成了两个基本点——科学与民主。所谓"德先生""赛先生"，此之谓也。这就是说，体现于社会生活与经济实践的种种新学问、新精神，体现于宪政革命的政治文明新理念，体现于地火涌动的推翻帝制的社会革命实践等，并未被当时的中国学人群与思想家群所普遍关注，弥漫学界、思想界的主流意识，主要是西方的科学、民主两大新精神及其价值观体系。

虽然如此，中国学人与各界有识之士，还是义无反顾地以新的研究方法与新的语言谱系，开始反思中国文明，探寻中国出路。从基本

　　　　　　　　　　　　　　　　　国家时代

方面说，这一时期所达成的历史性普遍共识，主要是三个基本方面：

历史性普遍共识之一：师夷长技以制夷。

近代开端，以林则徐、魏源等一批官身思想家突破封闭性，探索西方社会的大视野为先导，以东西方对比为基础，涌现出大批对中国现实社会进行种种审视与批判的言论与著作。随着这些中国新学人产生的新思想的传播，随着一系列的战败屈辱实践，中国社会在这一时期达成了普遍而清晰的共识：中国文明的历史传统是腐朽的，现实中国社会更是不堪的；要复兴、要强大，就要以西方科学技术为老师，再造中国，从而寻求战胜西方的新路径。"师夷长技以制夷"，是对这一时期历史性共识的概括。

历史性普遍共识之二：新型的共和革命才能挽救中国。

面临西方大潮的飓风过岗之势，清政府第一波抵抗出现了惊人的军事大雪崩。第二波镇压太平天国，艰难成功，回光返照后却倍显衰老垂危。第三波自我救助，发动了具有宪政革命性质的戊戌变法，然仅仅三月之余，便迅速宣告失败。由此，酝酿并不很久的武昌起义爆发，宣布辛亥革命成功，数千年的帝制被推翻，中华民国踉跄建立。

由此，中国走入了步履蹒跚的民国时代。这一时期流血牺牲的历史实践，使中国社会在救亡图存的大局上，达成了一系列堪称最大公约数的历史性共识：古老的帝制国家是中国变革图强的枷锁，更是走向未来的羁绊；欲图中国自立自强于世界，必须以社会革命为动力，创建新的国家制度；复辟帝制，是逆历史潮流而动，必然要走向失败；君主立宪的改良主义渐进道路，不能承担救亡图存的历史使命；任何革命政党之纲领，必须改造西方思想而使其符合中国国情，方能成功；任何以西方宗教为思想资源，在中国发动改朝换代的旧式起义，注定不会成功。也就是说，这是中华民族在历史实践中共同认知的一条文明自救道路——以新型的共和革命的方式，才能挽救中国。

历史性普遍共识之三：中国文明落后论。

在风雷激荡的救亡大潮中，中国知识界、思想界以努力翻译传播西方新学著作为路径，开始了对中国文明史的重新审视，也开始了对中国文明传统的重新审视。这一时期，在人文学界、思想界以及中国社会，形成了另一种久远深刻的普遍共识：古老的中国文明是一种远远落后于西方文明的腐朽文明，并没有值得骄傲的历史遗产；中国往昔的世界文明中心地位，只是一种历史幻影，且已经不复存在。¹ 这一普遍共识，后来演变成为"全盘西化论"的社会基础，迄今仍然在蔓延扩张。虽然，这一时期还没有出现在理论上全面检讨中国文明的重要著作，也还没有出现彻底否定中国文明传统的理论总结。但是，"中国文明落后论"经由大败于西方列强的战争实践，经由知识界的长期思想传播，已经迅速弥漫为中国社会特定群体的一种历史共识。

三种之外，还有一种风行近代的消解中国文明根基的史学思潮。

这就是基于西方实证理念而生发，广泛冲击当时学界的"古史辨"思潮。后来，冯友兰先生将这一思潮称为"疑古"，近于揭示了其实质。是故，这一思潮被当时学界普遍称为"疑古主义"。孤立地说，这是对中国文明史的一种立足于证据理念的反思，有助于中国历史研究科学性的发展。其当时的代表人物是顾颉刚、胡适等学人；其基本的学术成果，是20余年连出七大册的《古史辨》（第一册在1926年推出）；其代表性的主张，是中国自三皇五帝开始以至东周的史料记载，皆无证据，故不成立；"东周以上无史"，是这一理念的判定性结论。

1　对此思想现象冯友兰先生曾经如是说："在此之前，中国人认为西方国家所恃的只是洋枪大炮和战舰，这都是科学技术；至于精神方面，西方国家并无长处。日本由明治维新，全面学习西方而战败中国。这极大地动摇了中国人对自己古老文明优越性的自信，由此而想对西方有所了解。"见冯友兰：《中国哲学简史》，新世界出版社，2004年，第284页。

历史地看，"疑古主义"的意义，在于它从方法论的意义上对中国传统治史模式提出了第一次挑战。其在当时达到的颠覆性效果，堪称延续了梁启超的"新历史学"理念，而成为历史研究领域的一场极端化革命。这一思潮的历史缺陷，是缺乏文明史研究的现代文明大视野，更没有新文明理念的根基，只在先秦史书的"有没有证据"上做文章，而没有在文明形态的整体审视上确立自己的历史意识。是故，这种研究方法虽然具有方法论意义的冲击性，但因其脱离当时社会紧迫的精神需求——对中国文明的整体性评判与选择继承方向意义上的遗产辨析，而只能在专业圈子里产生震动效应，无法形成对现实社会具有紧密观照意义的真正的史学革命。其后，"疑古主义"随着近现代考古发掘的重大成果接踵出现，其立论迅速破灭。其所具有的方法论意义的冲击性，则在与传统学派的中和下，沉淀为历史研究方法的真正平衡——考古成果与史料记载并重的研究路径。

这一历史实践说明，立足于"历史就是历史"的纯学问研究，或纯方法革命，距离历史学的本质尚有较大距离。将历史作为文明史来研究，解析某种文明形态生存发展的历史实践，并揭示这一历史实践的内在逻辑；发掘某种文明形态在历史实践中积累的经验与教训，由此确立一个民族对文明遗产的继承原则——这是历史学的本质所在，也是历史学的最高使命所在。

从五四运动到1949年，是西方思想在中国的深化传播阶段。

这一时期的显著标识，是西方思想的另一体系开始大规模传入中国，并迅速弥漫中国社会。这就是以《共产党宣言》与《资本论》为代表，以俄国十月革命的实践为根基，关于社会革命的体系性主义、学说及其与生俱来的革命价值观体系。这一思想体系堪堪传入中国，立即经由一大批进步思想家的论说传播而扎根中国社会底层，并活跃于中国社会各个层面，以炫目的光焰爆发出巨大的思想力量与组织力量。令人深思的是，这一主义体系在中国掀起的第一波思想浪潮，同样是立足当时现实而对中国文明的激切反思。

史称"左翼"的思想力量占据了中国历史意识阵地。

左翼思想开始全面检讨中国文明传统，全面批判中国现实社会，借以构筑革命运动的社会思想基础。30余年中，无论是投身革命的实践型活动家，还是大多数职业学人与思想家，都程度不同地以这种新革命主义的思想体系为指南，对中国历史作出了种种新解读，对中国现实进行了种种新批判。全面审视这一时期的革命性新思潮，主要有五个基本方面的左翼性共识：

其一，以人类社会发展的五阶段学说为轴心，新的唯物主义历史观在中国社会落地生根，成为那个时代绝对主流的历史意识。

其二，以唯物主义历史观为依据，对中国古典社会与现实社会进行了前所未有的历史分期，将其确定为四个阶段：原始社会、奴隶社会、封建社会、半殖民地半封建社会。

其三，在历史分期的基础上，以马克思主义经典作家的"亚细亚生产方式"理论为指南，对此前中国传统史学界很少进行理论探索的夏、商、周三代，分别进行了相对全面的检讨。其中最重要的成果，是认定中国曾经存在奴隶社会，夏、商、周三代就是中国的奴隶社会。[1]

其四，以唯物主义史观为依据，将始自战国前期的韩、赵、魏三家立为诸侯，至清末鸦片战争的历史时期的社会形态，定性为中国"封建社会"。[2]

1　对亚细亚生产方式的讨论，此后一直在断续进行，在改革开放初期一度重新成为热点。新时期重新讨论的结果，除部分学者仍然坚持既定结论之外，又产生了另外一种结论：中国文明的发展具有独立性，中国并不存在西方那样的奴隶社会，夏、商、周三代不是奴隶社会。这一结论，得到了地下发掘成果的支持，成为当代史学界的基本结论。

2　中国历史的分期，素有多家主张，不一一介绍。这里说的是被当时社会意识普遍接受，并在后来成为国家意识形态之一的说法。

其五，以革命主义学说为指南，对"中国封建社会"彻底否定，并对传统价值观体系展开大规模的、全面的批判清理，达成了覆盖全社会的那个时代最为核心的绝对革命理念。而今鸟瞰，主要是四个方面。其一，从反对当时"蒋专制"的现实需求出发，猛烈批判秦始皇，彻底否定秦始皇；其二，从思想革命的需要出发，猛烈批判孔孟儒家，批判封建礼教，批判宋明理学，批判明清思想专制等，将中国古典文明传统冠以"封建思想"之名，悉数彻底否定；其三，全面批判种种"封建"制度，清除"封建"残余及其种种遗迹；其四，宗法制、家长制、婚姻制等"封建社会"之残留形式，统统被否定，被推翻，被新制度取代。

如此，在西方革命学说体系指南下，所进行的这样一场中国文明历史大清理，堪称中国近现代史上最大的思想风暴。总体上说，及至20世纪40年代末期，中国基本形成了这样一种总体认定：封建专制时代，是压在中国人民头上的"三座大山"之一，对中国古典文明合理积极的遗产的继承也缺乏信心。

在对中国历史进行新解读的同时，这场长期的思想风暴也对当时的中国现实社会作了重新解读，将当时之中国定性为"半封建半殖民地社会"。同时，对西方社会与中国现实之关联，也依据主义、学说作出了重新解读，认定以工商业为基础的西方社会形态，分为资本主义和帝国主义两大阶段，进入中国的帝国主义势力，或曰殖民主义势力，是中国人民头上必须推翻的"三座大山"之一。

爆发于那个时代的对中国历史的解读，值得深入研究。

以逆反心理或另类政治意识为根基，漠视大动荡、大变革时代的真理与谬误交织的思想成果，是文明研究往往不能客观深入发展的极大障碍。如同研究资本主义历史而拒绝研究破坏与创新俱在的法国大革命一样，不能以偏狭的回归历史正统研究的名义，回避对曾经的思想阵痛风暴作出深刻反思。

从历史本质上说，上述历史意识，是西方革命学说及其价值观在中国的延伸，是另一种西方体系所形成的激荡中国社会的思想洪流。这一思想洪流的优势，是三个基本方面：其一，具有其余西方思想远远不能比拟的内在系统性及理论形式的逻辑严整性；其二，具有其余西方思想远远不能比拟的人民性与社会性；其三，具有西方进化论思想及渐进改良思想等远远不能比拟的革命性与飞跃性，及突发的质变性。从如此基本特质出发，新革命学说对中国文明史作出的体系化新解读，对中国现实社会作出的系统性新批判，对中国未来发展方向作出的梯次递进的道路设定，无不具有空前的理论征服的历史魅力。这一思想洪流，在短短30余年间席卷中国，改变历史，并伴随着新政权的建立而成为国家意识形态，从此深远地影响了中国的历史脚步，其根本原因在于此也。

历史实践的发展，已经检验了那个时代的反思成果的真理度。

就最基本的方面说，那个时代解读中国文明史的最主要缺失，是没有清醒地认识到中国文明体系独立发展的历史特质，将西方新革命历史观当作"放之四海而皆准"的真理，而用之简单解读中国历史与中国现实，以解救亡图存的燃眉之急。惟其紧迫，必然简单。惟其借用，必难深刻。从根本上说，当时的知识人与思想界，既不熟悉所借用理论的产生根基与适用对象，也没有以文明史理念研究中国历史的现代意识，对中国文明的独立性发展，几乎没有最基本的自觉认识。既不熟悉借来的工具，也不熟悉自己的土地，匆匆整修这片古老泥沼而急图收获再造，自然免不了种种徒劳错工。

客观地说，那个时代的思想缺失，是时代的缺失，是可以理解的错失。

公平地说，自鸦片战争以来的中国近现代思想运动，是中华民族爬出泥沼的启蒙先驱。无论那个时代产生的粗线条思想成果有何等缺陷，都是包含了部分真理性的，都是无须指责的。重要的是，那个时代给我们留下了最为宝贵的历史遗产——整套借用西方思想体系而改造中国，进而锤炼出糅合了西方多种思想体系的中国现代思想基础以及中国现代语言谱系。至今，我们的社会思想，依然基本使用着那个时代创造的现代语言谱系，依然处在近现代先驱开辟的思想阵地的延长线。

为此，我们对那个时代抱以崇高的敬意。

六 在多元竞争中探索文明重建的历史道路

自新时期开始，中国的文明反思才渐渐踏入了正途。

之所以是正途，在于这样一个显著的历史特征：国人对中国文明的反思，呈现出相对理性的社会弥散状态，各种思想理念都在萌发中逐渐走向清晰，并日渐形成了相对正常的思想理论（思潮）竞争。自秦帝国之后2 000余年的历史上，中国第一次出现了类似于春秋时代的各种新思想生发酝酿的景象，社会思想多元化的萌发形态正在"青萍之末"渐渐生成。这种从容舒缓的思想萌发、精神积累现象，相比于近代以来在存亡危机、革命激荡与政治需要的多重压迫下屡屡发作的简单化、运动化思潮，是另外一种历史大格局。

这是中国文明发现意识普及并确立的真正开端，是国家民族的幸运。

历经40余年的社会变革，中国人已经度过了物力维艰的衣食稀缺时代，具有了迈向真正富强大国的坚实基础。只有在这样的历史条件下，国家心态与社会心态，才具有了一种面对纷纭世界而能持相对客观冷静态度的平常心——认真地审视着世界，也认真地审视着自身。由此，社会各领域人士，包括弥散在全世界的华人有识之士，对中国的文明历史，对中国的现实社会，对中华民族的核心价值观体系，才逐渐涌现出多种多样的思索，产生出各种各样的答案。

虽然，这种多元状态的思索，尚不够成熟、不够厚实。甚或，还仅仅处于混杂争论的多元思想的萌发时期。但是，它依然艰难地担负起了多元思想形态的最大历史职能——抑制任何极端化思想的破坏性，以使众多的社会思想群尽可能地保持平衡状态，以使各种思想体系的建设性作用最充分地得以发挥。只有在这样的基础上，才能形成国家认知的社会土壤，国家意识才能选择理性的声音，并在理性的指引下前进。

历经连绵不断的政治强迫大潮，我们对独立思考已经非常陌生了。

但是，即便是步履蹒跚，中国也必须回到多元思想竞争的历史常态去。拒绝多元思想竞争，延续文化霸权独尊，我们这个民族就没有希望。

这本书，是以对人类世界进入国家时代后的历史解读为基础，以世界国家时代的广阔视野，研究中国文明重建之历史道路的一种探索。

对国家时代的探索发现，对中国文明的探索发现，根基点是历史实践原则。这一原则，表现为国家文明史的研究方式，其实际体现是：突破历史文献定论的局限性，突破各种原典著作的史观评判，以鲜活的历史实践内容为根基，发掘其中充分展现出来的成功的国家文明法则，提炼出国家生存发展的历史经验；同时，发掘历史实践中的国家文明危机与重大灾难，探索其先期特征与发作方式，归纳出民族生存发展与国家文明生灭的历史教训；在此基础上，将这些被历史实践反复证明了的历史经验与历史教训，进行理论形式的整理归纳，使其作为中国文明核心价值观的历史性质最充分地显现出来，从而成为我们民族普遍的社会历史意识，成为我们文明重建的精神资源。

这种蕴涵了世界国家群在长期生存发展中最鲜活内容的历史实

践，是中国传统治史方式的视野盲区。对历史实践的开掘发现与理论总结，是中国历史文献的沙漠区。秦后 2 000 余年，对中国文明核心价值观的认知，大多仅仅局限于儒家经书体系所明确指认的那些方面。那些远远不能纳入儒家思维方式，但又是历代国家行为所奉行的历史实践法则，基本上无法进入儒家治史者的审视范围，更无法进入儒家经书当中。是故，表现为历史实践法则的那些最重要、最基本的核心价值观，就一直以"历史潜规则"的方式，存在于鲜活的历史之中，不为国家意识形态所自觉，不为社会历史意识所认知。在中国传统历史文献中，历史实践这一最重要方面，从来都是被官方史书作"隐性处理"的对象。在中国文明历史的铜像上，历史实践是雕刻在铜像背面的隐形密码。

世界各国的文明史研究，表现出一个最基本的趋势：在历史文献与历史实践之间，更加注重对历史实践脚步的发掘，更加注重长期的历史实践在特定文明的生成与发展中的根基作用。一个典型性的例子是，西方文明史家对于中国文明起源的研究，大多以中国族群战胜古老大河流域的洪水灾难的历史实践为依据，认定这一时期为华夏族群进入国家文明的历史标识。

历史实践原则，是长期存在于世界各国文明史研究领域的基本方法、基本视角。但无论是传统治史还是现实状况，中国的文明史研究却表现出一种奇特的混乱：文明历史视野的焦距，始终晃动在传统文献所确认的既定结论上；既没有以文明史理念理清历史脉络的研究意识，更无视对历史实践的认真探索，对文明史研究的基本视角与基本方法，始终处于麻木状态。

客观地说，任何意义上的历史研究，都离不开历史文献这一系统基础。但是，是以包括儒家经书在内的历史文献的既定评价为依据，去做文明史的评价与定位；还是更为注重以历史文献中呈现的普遍事实（历史实践）为基础，同时辅以地面文物遗存与地下发掘之证据，而对文明史作出新的梳理解读——这两者之间，无疑是有着鲜明区别的。

以历史实践为基础，对中国文明史与中国文明之核心价值观进行新的探索，寻求新的发现，既是中国传统治史方式的一次革命，也是从历史实践的发展中寻求真理路径的方法论意义上的一次革命。

这本书，就是在历史实践理念的基础上写成的。

历史地说，这本书是近代以来的中国文明反思大潮的延续。任何时代的新思想，都是在既往历史的基础上发展前进的。古典社会是这样，我们的时代也是这样。在本书的最后一章，之所以从基本方面相对细致地回顾了中国近代开端以来反思中国文明的历史过程，其根本目的正在于检索中国社会曾经的思想脚步，明确在前辈奠定的历史基础上我们所能达到的实质性目标。

历史在前进。思想在发展。作为一个已经进入中国文明史研究领域 20 余年的学者，企盼我们的国家，在新的历史时期实现新的思想超越，从而确立我们民族在世界之林中的文明话语权，并为我们这个时代所面临的伟大的文明重建任务，提供一种经得起考验的历史道路选择。

孙皓晖

2012 年春于海南积微坊完稿

2020 年第 N 次修订

西北大学中国文明史研究院

附录

危机与希望：非理性对抗时代的来临

2020 年令人眼花缭乱的全球抗疫，预示着历史将面临一个重大转折。

自公元前 4000 余年世界出现第一个国家——苏美尔开始，人类进入了国家时代，并以国家为历史平台开始了新的理性竞争，人类的国家时代已经有了 6 000 余年的历史。在这一漫长的历史发展中，战争与瘟疫两大基本灾难，始终是人类文明生存发展的最大威胁，始终是对人类所创建的国家文明的最严峻考验。6 000 余年以来，不知几多国家灭亡于战争，不知几多国家湮没于瘟疫。

瘟疫与战争，是人类文明产生重大变化的两大历史窗口。

沧海横流，方显出国家文明底色。在此时此刻所处的 21 世纪初期，随着疫情大规模传播与快速变异，随着全世界国家群都被卷进防控危机的紧迫灾难，各个国家的价值排序法则，各个国家的文明底色，几乎都毫无遮掩地在世界历史舞台上本能地涌动出来，任何示形与遮掩都没有作用。随着这一近现代历史上最为重大的公共卫生灾难的持续发展，当今世界隐藏的诸多深层矛盾，以及世界霸权国家长期着意经营的岸然道貌，都被大规模的疫情冲击撕破了伪善的外衣，显出了狰狞的本相。世界发达国家群的高位存在，已经开始面临裂痕累累的历史性危机。资本主义国家文明已经越来越显现出不那么令人舒心的底色。

依据历史潮流的势头，我们完全可以概括性地预测出历史实践的发展逻辑。

一　人类文明的生命力依然处于脆弱的发展期

瘟疫灾难的特殊性，在于它对人类生命普遍而直接的伤害，在于它对人类各个文明形态既定的生存方式与生活方式的深刻破坏。瘟疫自古存在，其黑腥足迹不绝于人类历史的所有时代。但是，瘟疫流行的规模，病毒本身的攻击强度、变异速度等实际效应，却是诸多历史条件决定的。其中，两个特殊的基础性条件最为重要。

第一个特殊的基础性条件，是人口居住与活动的密集度。

人口居住密度越大，人类各种活动的群体性越强，病毒传播的条件就越充分。当下世界，人类已经发展到以国家文明为板块、以城市文明为主导的集约化生存时代。各国人口的大规模集中居住，使瘟疫流行的特殊破坏力不期然直接抵达历史巅峰。

也就是说，在我们这个时代，人口居住与活动的密集度这一基础条件已经达到了相当饱和的状态。病毒即或是惰性十足的懒虫集群，也会被密匝匝随时可以附于其身的人群刺激得兴奋异常，奋力传播，加速变异，不断制造出一片又一片高危疫区，好似要使整个地球陷入净土全无的病毒泥沼。

第二个特殊的基础性条件，是人类医疗科学技术的落后。

一般地说，科学技术与医疗技术愈发达，遏制病毒传播的力量就愈强大，瘟疫灾难的规模就愈能被遏制，传播时期就愈短。可是，我们这个时代，在综合科学技术较快发展的背景下，医疗科学技术却并没有得到相应的同步发展。与自然科学的其他领域相比，人类对自身生命的基础认知和现行的医治修复技术，都还相对落后——当然，医疗科学的发展还要面临伦理的考量。世界大多数国家的医疗科学技术，仍很不发达。尤其是生命科学领域的免疫水准，更是非常薄弱。许多国家甚或还停留在神秘的巫医阶段或民间流行的习俗性医疗阶段。

即或是这一领域最为发达的美欧国家群，其医学主流技术，仍然处在大量传统基础病难关尚不能攻克的阶段。对病毒现象的基础性研究，也尚未有重大突破，却有历史反向的某些倒退——对病毒武器的秘密开发——不是消灭病毒，而是传播病毒。

如此基本状况下，面对骤然降临的这一新型冠状病毒，大多数国家是手足无措的。在医疗领域整体发展水准较低的状况下，再加上各国不同程度的医疗资源短缺、社会医疗福利制度的覆盖性有限等缺陷，人类世界抵御瘟疫的有效手段，还处于尚未产生跨越性突破的落后状态。

面对这样的基础性条件，可以说，如此超大规模的疫情灾难发生在当今时代，几乎是一种历史的必然。因为，正是我们自己以超大城市群为轴心的生存方式，向病毒提供了最为坚实的传播条件；正是人类医学技术尚处于攻克基础疾病的落后时期，给新病毒的突然出现与快速升级，以及大规模传播并带来难以抵御的历史性灾难，提供了既定的社会条件。

更深刻地看，它则是大自然客体世界以破坏性实验的方式，向人类文明提出的历史性挑战。这一挑战，以已经发生的历史实践，宣告了大自然对人类文明生命力的基本评估——人类高度发展的城市文明远非尽善尽美，集约性与高密度居住的生存方式，远非人类自身所想象的那样风华繁盛而坚不可摧；人类正在发展的科学技术与医学技术，更远非尽善尽美；它既无法抵御一种新型病毒，又完全可能成为打开"潘多拉魔盒"的罪恶之手。

病毒已经通过严酷的历史实践告诉我们，人类的现行生存方式还是脆弱的，还有着巨大的历史缺陷，还有待于更为深刻的全面演进。总体说，人类的生命力依然是脆弱的，人类生命科学还远远没有为自己构筑起有效保护自然生命的强大长城，人类文明尚有与大自然融合发展的极大历史空间，生命科学还有着极大的发展余地。

人类文明的发展，永远不会终结于某一个节点。

二 国家文明发展的正向逻辑链已经被熔断

以抗疫为节点，当今时代已经显现出深刻的文明危机。

这个已经成为现实的危机，是国家文明的历史正向逻辑链，已经被美国霸权"非理性不合作"的国家行为着意熔断。依据国家文明发展的正向逻辑，这次疫情灾难挑战提出的核心问题很清楚——作为地球文明基础的人类生存方式，究竟应该如何继续向前发展，才能与大自然高度融合，从而克服人类面临的生存危机？若沿着尊重大自然挑战的正向逻辑向前，地球国家群无疑应该搁置分歧，合作抗疫。果能如此，人类文明无疑会有一个可以预期的跨越式新发展。

至少，如同中国国家主席习近平提出的"构建人类命运共同体"这样的世界性共识，是应该达成的。果真达成了这样的国家群共识，世界各国努力协同，必然能全力以赴控制疫情；在外部全力阻断的大环境下，美国自身的疫情也不会洪水猛兽般持续爆发。

再者，地球国家群应以联合国为历史平台，共同授权世界卫生组织组成公平、公正的世界医疗科学调查机构，对每一个科学技术大国展开公开、深入的调查，澄清病毒"人工制造"的疑云；并在严格的技术意义上确定世界所有国家进行病毒研究的规范与核查标准，以彻底消除人工制造病毒的隐患。

另外，各国还可携手合作，为人类社会寻求更为健康的生存方式与居住方式。果能如此，人类文明无疑将迈向一个新的欣欣向荣的浩大格局。

遗憾的是，这一历史正向逻辑未能成立。

面对新型冠状病毒肺炎灾难的冲击，地球国家群陷入了不可思议的混乱。以美国为轴心的资本主义国家群失措无序，造成了全世界合作抗疫缺乏有效的结构支撑点。傲慢的美国，对承受疫情灾难第一冲击波的中国"幸灾乐祸""落井下石"，拒绝合作抗疫。继而，美国又被大规模疫情覆盖，陷入难以收拾的大混乱局面，出现了国家政策在价值观排序方面的严重倒退，导致世界诸多国家因抗疫失序而面临深刻的社会分裂。

第二次世界大战时期，面对法西斯主义，苏、美、英、中、法等同盟国家群表现出了超越意识形态的历史道义；同时，各个国家领袖层与人民群体，皆以无与伦比的合作精神与牺牲精神，与法西斯主义进行绝不妥协的奋争。与那个时期相比，当下美欧国家决策层的诉诸分歧、拒绝合作，并坚持"非理性对抗"的国家行为，是严重的文明倒退与价值观失序；与美欧国家在"二战"期间的表现，差距实在是太大了。

面对空前的疫情灾难，西方政府实际上奉行了几乎是蒙昧主义的"群体免疫"或"自然免疫"的生物丛林法则之说，以人类大规模死亡为代价，意图在保住经济发展的条件下度过这次历史劫难。

诚要如此，人类选择国家作为生存平台的意义何在？

任何有良知的政治家，都应该明白一个基本道理，都应该有一种最基本的操守：当空前规模的瘟疫劫难来临时，国家存在的全部意义，就是用好国家拥有的强大管控能力，首先保住人民的生命权，将国民死亡数量降到最低限度，而后再图发展权。如果一个国家的政权体系全力以赴地履行了自己的神圣使命，即或最后在不可抗力面前遭受了与"群体免疫"相同的惨烈客观后果，这个国家的政权也是光荣的。并且，经过努力奋争，它的国民精神实际已经被重塑，它已经将人类文明的伟大铭刻在历史的星空，将文明的未来播种在历史土壤之中，这对国家与民族发展的意义是无比深远的。与"群体免疫"的颓废后果相比，国家主动抗疫的高远价值，是不言自明的。

这样的国家，即或没有达到预期的抗疫效果，决策层也可以骄傲而自豪地说，我们与人民一起努力了，我们没有放弃抵抗，没有听任社会崩溃。也就是说，既敢于作出最顽强的抵抗，又敢于正视最惨烈的终局代价，这才是真正可称道的国家领导者。

遗憾的是，这样的国家太少。

疫情暴发以来，作为西方资本主义文明轴心的美国，以继续维持世界霸权为第一急务，将抗疫作为打击中国与他国的政治杀伤手段，力图以抗疫作为大国对抗的即时突破口，造成了美国事实上的非理性国策。最极端的经济杀伤谋划，是美国一些政客发动并鼓噪西方国家一起参与的拒绝偿还中国持有的超万亿美元国债，并威胁要启动对中国的赔偿诉讼。这种极端化的方式，这一极度膨胀的野心，在6 000余年的国家文明历史上简直空前绝后。

惊慌失措，抵抗乏力，接连退群，种族歧视痼疾再度爆发，重启核试验宣示，凡此种种，反复叠加的社会动荡与非理性表现，都是美国文明底层本质的弥散，是熔断人类文明发展正向逻辑链的非理性国家行为。

世界发达国家群的国家理性曾是人类文明发展正向历史逻辑链的最主要节点；美国在实践上对这一逻辑节点的破坏，其必然结果是当代国家群基本秩序的主要矛盾方面，开始了不可思议的历史倒退。由此，一个军备最强大、科技最发达的霸权国家，正在将整个世界国家群拖入一个脱离历史正向发展逻辑链的危险方向。这对整个世界国家群都是一个极其危险的讯号：地球上的所有国家，都将被拖着进入一个空前的非理性对抗的时代。人类本可以共抗劫难的光荣战役，很可能演变成一场空前的历史大危机，从而使历史滑向非理性的盲目对抗的时代。

三　美国文明将面对最严酷的内在挑战

以这场瘟疫劫难为节点，美国陷入了空前的国家焦虑。

美国焦虑的实际内涵，是在这样一种特殊历史困局中形成的——美国的国家意识正在切实感知美国霸权面临的最大历史危机，刚刚明确了"大国对抗"的霸权国策，并在得到支持的关键时刻，瘟疫劫难突然来临了。这场疫情的突发性与普遍性，有可能以不可预料的历史方式，打断或扭转美国的"大国对抗"进程，使美国最终彻底失去消除霸权威胁的最佳历史节点。

这个最佳的历史节点，就是"中国威胁"尚未强大到完全超越美国的历史窗口时期。这个历史窗口，若因瘟疫流行而落空或错过，美国霸权或将真正衰落。尤其是，在病毒灾难首先冲击中国，而中国竟能在一个多月的时间内控制住病毒扩散，又在三个月左右复工复产的大形势下；美国决策层尚未对中国抗疫态势作出理性的应对时，便措手不及迎来了疫情在世界各个地区的全面爆发，美国很快沦为疫情震中。短短两个多月，美国确诊人数高达200余万，死亡人数倏忽超过10万；包括军队在内，美国社会被瘟疫灾难全面覆盖。

与此同时，中国却没有倒下，也没有混乱。反倒是以美国不能理解也不能想象的大规模组织能力与管控能力，及强大的区域互助能力，在相对短的时间内，就全面遏制了疫情蔓延的趋势。中国国务院新闻办公室发布的《抗击新冠肺炎疫情的中国行动》白皮书这样说明：用一个多月的时间初步遏制了疫情蔓延势头，用两个月左右的时间将本土每日新增病例控制在个位数以内，用三个月左右的时间取得了决定性成果，维护了人民生命安全和身体健康，为维护地区和世界公共卫生安全作出了重要贡献。

中国率先进入了"后疫情时期"。可以说，在整个世界国家群都陷入惶惶乱象之中时，唯独中国成为千万海外赤子争相回归的安全国度。应该说，这是中国文明的群体本位精神造就的伟大奇迹，是中国国家治理能力造就的伟大奇迹。

非理性对抗的目标未达，自身又陷灾难，美国更见焦虑。

对于只有200余年历史的美国，这种自建国以来未曾有过的国际困局与国内危机，使美国陷入了某种深深的挫败感，陷入了失去理性的盲目反应。也就是说，大势发展到如此格局，美国的国家意识还沿着历史逻辑的惯性轨道怠惰滑行，忙于对东方的中、俄两大国及世界传统热点多面出手，一处也不落下空白。

历史转折时期的错误认知，必然导致国家行为的盲目性。

因为，就世界格局的实际力量结构而言，当代美国的最大危机，完全不在美国外部——没有任何一个国家蓄意与美国开战；美国的最大危机只在美国内部。美国的国家认知，却完全没有意识到这一点。以疫情冲击所诱发的社会乱象为先导，资本主义文明圈已经爆发了深层的社会危机；以美国为轴心的资本主义国家群，所面临的历史挑战，实际上已经变成了世界资本主义文明能否完成自我救赎，而不是消除所谓的外部威胁。

1. 美国文明面临的第一个内部挑战——种族歧视问题

疫情洪流中，以一名黑人公民乔治·弗洛伊德被白人警察"膝盖锁喉死"为导火索，美国骤然爆发了普遍性的社会动荡。这一动荡之深刻，在于连续不断的抗议浪潮已经超越了对具体事件的诉求，直接抵达了美国历史文化的根本——对资本主义掠夺时期的美国大规模贩卖黑人奴隶的罪恶行为的历史追诉，要求"结构性"地解决美国种族歧视的历史痼疾。什么是"结构性"解决？就是从制度体系上达成根本性的改变。显然，这已经是最具历史深刻性的社会革命呼声。短短数周，以黑人为主体的抗议浪潮，已经在形式上发展为大规模的街头暴力，且已经蔓延至欧洲主要国家，并得到了世界各地区的广泛道义支持。

可是，这一历史诉求以和平方式实现的难度极大。

依据历史实践，资本主义文明圈的种族歧视，远远不是一个单向问题。也就是说，它还同时涉及白人社会必须有相向认知的历史传统。白人社会不改变传统的种族歧视认知，这一社会对立就无法得到合理的历史解决。

种族歧视，是美国文明构架的天然裂缝，是深深植根美国历史传统的原罪基因。所以，以黑人问题为轴心的种族歧视危机，是隐藏在美国社会的一颗巨大的定时炸弹，其结局是不可预料的，隐患是根深蒂固的。这种深刻而普遍的社会隐患，是任何一种文明形态走向衰落崩溃的裂缝。

2. 美国文明面临的第二个内部挑战——国家的无民族缺陷

在世界国家之林中，美国是唯一一个没有民族根基的国家。也就是说，6 000 余年以来的世界所有国家，几乎都是以某个特定民族为主体而创造的。所谓多民族国家，都是在某个轴心民族创造出了国家平台之后融合了更多民族的加入而形成，轴心民族的文明主导作用依然是不可或缺的。只有美国，是基于欧洲各国移民（以英国移民为多数）人口而建立的，而后又包容了非洲裔各民族的黑人、亚裔各民族的黄种人，以及世界各大洲诸多民族的移民人口。总体上说，美国的人口结构极其复杂，它的人口板块只能是人种，而没有一个完整的民族作为移民迁入美国，因而不存在民族元素。唯一的印第安人种的各民族人口，也几乎被白人殖民者杀戮殆尽。

一个国家没有稳定的民族根基，究竟是国家文明的负面因素还是正面因素？因为此前没有先例，历史无可回答。但是，依据历史实践的另一个参照系数——任何国家在遭遇重大的危机之时，都是轴心民族在全力保卫这个国家；没有轴心民族的天然凝聚力，国家平台就是水上浮萍，兴亡皆无根基。据此参照，美国的无民族人口现象，至少不是一个历史优势。而由于没有民族文化的诸多习俗性规范所形成的天然凝聚力，美国的人口群就完全是一盘不同人种的散沙，唯有依靠法治社会来维护其国家生命力。

从国家时代的历史实践看，美国作为一个民族缺失而人种多有的大国，其国家文明的生命力如何，只能说还处于"实验室阶段"。因为，它还没有整体性地经历过一次针对这一人类创造品的"破坏性实验"——涉及本土在内的全面战争及大规模瘟疫灾难等。

这次罕见的疫情，应该是一次接近于"破坏性实验"的严酷挑战，如果美国文明有高度的理性自觉，同时具有顽强的内在生命力，勇于修正国家缺陷，能从制度体系上创造性地弥补没有民族的国家力量结构的根本弱点，无疑将对人类国家时代的文明跨越作出新的贡献。如果没有这一深刻认知，并在历史惯性的轨道上怠惰地滑行下去，则历史结局只能是相反方向。

一个没有民族的纯粹公民国家能够走多远，尚待历史回答。

3. 美国文明面临的第三个内部挑战——以法治系统为轴心的法律制度体系及警察制度等方面的历史性缺失

客观地说，美国的制度体系、法律体系及法治形态，曾经达到了整个资本主义国家群的历史最高峰。其在创立阶段所体现的理性精神，与对立法依据和立法意图的公开性论战阐述，都留下了世界性的深远影响。同时，这个第一次公开经由理性论争而自觉设计的国家结构形态，构成了美利坚合众国的历史骄傲。没有美国制度体系，就没有美国文明的迅速崛起。

可是，6 000 余年的国家时代的历史实践告诉我们，没有永恒的先进制度体系，任何时代、任何国家的制度体系，都必须随着社会实践的变化脚步而不断修正，才能持续强大。如果不重视制度体系在历史实践中所暴露和积累的种种弊端，这个国家就会在不自觉中陷入历史衰退。依据国家时代的历史周期，这个衰退的历史节点，一般都出现在大国政权建立的 200 年左右。如何应对这一衰退所表现出的历史变化，则是各有特殊性的国家命运问题。

在欧洲早期国家的历史上，由于自然经济时代的历史节奏缓慢，古希腊、古罗马那样的大国，虽然出现了明显的周期变化特质，但在一定的强力修正下——譬如由共和制国家变化为独裁制国家并再度变化为帝制国家——国家生命尚能艰难延续到千年左右，此后仍是分崩离析。在东方中国，这一危机周期更是具有某种规律性，中国历史上没有超过 300 年生命期的统一国家政权。中国民族在历史实践中对衰退节点的应对是，坚持变法精神，坚持不断修正国家缺失，无效则改朝换代。

那么，在现代社会的信息全覆盖与高效快节奏条件下，这些反应迟缓的历史经验，显然是不符合当代历史实践的。当代国家所面对的社会土壤条件——市民社会的自觉程度，已经发生了质的变化。假若国家决策层因历史惰性而缺乏应对变化的理性反应，这个国家就一定会陷入深重的全面危机。

历史实践已经证明，制度体系与法治社会的意义，在于正面推动人类文明有序发展。对于国家兴亡，制度体系与法治社会并不起决定性作用。历史上多有文明法治社会而倏忽灭亡者，古巴比伦如此，古希腊如此，古罗马帝国如此，中国的秦帝国也如此。这里，最根本的原因是，制度体系与法治社会无论多么健全，它都不会自行运转，而都必须是由特定人群组成的国家机构来实现其功能。这就是中国战国法家大师商鞅所揭示的法哲学原理——"国皆有法，而无使法必行之法""法必明，令必行，则已矣"（《商君书·画策第十八》）。就是说，一旦制定法律与执行法律的社会人群出现了问题，法律制度与法治系统都是没有用的。

重大的灾难性事件与猝发的社会内部动荡，是一个国家制度体系与法治体系经受严峻考验的时期，也是检测制度功能与法治效力的最佳窗口。疫情冲击及其引发的巨大的社会矛盾冲突，使美国历时200余年的制度体系及法治系统，暴露出重大的体系性弊端，也向美国文明敲响了必须改变自身文明内在缺陷的历史警钟。

从现象看，首先是美国国家系统应急制度体系的重大缺陷。美国最成熟的应急制度体系，是维持世界霸权过程中的对外军事应急体系；对国内社会的安全应急及灾难应急，历来不是美国关注的基本点。"二战"之后，日渐傲慢的美国国家意识历来对自身的稳定性与安全性缺乏清醒的历史认知。惟其如此，缝隙日益深化延伸，终于在看似偶然的一场瘟疫灾难中，引发出深刻的社会动荡，美国制度体系与法治系统的缺陷，开始了历史性的深度发作。

具体说，包括美国总统与美国军方在针对内部危机时的矛盾问题；美国联邦政府与各州政府，在抗疫及平息社会动荡时期的各自权限问题；美国军队与国民警卫队及警察执法之间的行动权限划分问题；美国警察的"暴力执法"方式与美国司法制度的"无罪推定"原则的内在冲突问题——对未经审判的公民（嫌疑人）使用暴力，在法理上显然是违法的，那么违法的执法方式，为什么能长期存在？还包括美国法治所宣示的"公平正义"原则，与现实存在的种族歧视现象之间的深刻冲突问题；美国国家意识所确立的历史文化的正义性，与政治正义及法律制度所必须体现的公平正义性之间的冲突问题。在华盛顿、杰斐逊、林肯等美国领袖的雕像，相继被"反对种族主义"运动示威者推倒或涂鸦之后，这个涉及美国文明根基的历史性缺陷，已经被推上了追诉资本主义原罪的历史审判议程。

……

诸如这些曾经被遮掩得很好，而在社会动荡与瘟疫灾难中纷纷暴露出的根本性法治缺陷，即或是最为严密的国家应急体系，也是无法解决的。因此，美国的法律制度缺陷及法治系统缺陷，绝不是一个应急问题，而是一个深刻的文明再造之路上的历史大课题。

4. 美国文明面对的第四个内部挑战——社会两极分化与民生危机

第二次世界大战之后，国际社会莫不以国家管理水平最高、科学技术最发达、医疗条件最优越、人民生活最富庶（美国生活方式）、社会福利保障最可靠、人均收入世界前列等作为对美国的一般性主流评价。总体上说，美国是被视为早已经超越世界人民生活基础水平的超级富庶发达国家。可以说，世界各个角落都有美国生活崇拜者，几乎每个贫困者都有一个"美国梦"。

可是，在这场疫情突然来临的大半年，美国却重重地跌入了灾难泥沼。国家管理混乱失序，抗疫物资缺乏，一度连医生、护士的防护服及口罩都很紧缺；标志社会福利保障水准的敬老院，竟在抗疫中成为疫情重灾区之一。而且，死于病毒的黑人、老年人占了很高比例，重症病例又逐渐向50岁以下的人口延伸，暴露出社会福利保障功能的严重缺失。若没有长时期的社会两极分化的弥散效应，这一局部民生危机带来的灾难效应，应该不会如此普遍而深刻；若没有民生危机长期酝酿的社会基础，美国的抗议浪潮应该也不会有如此之大的历史规模与社会深度。

历史地看，美国面临的自身挑战，远远不止这四个方面。

从"急所大于大场"[1]的意义看，美国必须首先克服内部危机，而后方能言他。但是，美国又必须同时扩大霸权，这是资本主义文明不可改变的本质需求。这样，就产生了克服内部危机（包括走出瘟疫灾难）与持续扩张霸权的强硬对外政策的深刻矛盾。两厢对立，又都不能舍弃。有了这样的基础性矛盾，国家焦虑与非理性躁动，就是一种无法摆脱的政治必然。

依据国家文明的历史实践，美国走出内部危机的路径，原本是天宽地阔的。光明的、正向的历史逻辑路径是——承认世界现实的全球化趋势，与中国、欧洲及俄罗斯携手合作，发展世界经济并缓和世界局势，在构建"人类命运共同体"的历史道路上，探索未来合作共赢的具体方向。同时，集中力量在国内发动改革运动，克服自身危机，全力再造美国。惟其如此，才能达到"使美国再次伟大"的历史目标。

可是，美国没有这样做。

历史惯性下的怠惰，往往会毁灭一个时代。在重大的历史转折关头，诸多国家所以不能逃脱衰落灭亡的命运，其根本原因所在，都是不能摆脱历史传统的惰性——有了霸权便要永远在霸权道路上走下去，进而拒绝自身改革而走向衰落灭亡。

正是这种国家层面上的顽固与偏见，铸成了一幕幕历史悲剧。

四 资本主义文明的认知能力正在严重衰退

国家元首的变化，往往是国家认知水准的标志性体现。

美国社会选择以诉诸分歧为主要性格特征与主要政策特征的特朗普为总统，标志着以美国为轴心的发达资本主义国家，对"后冷战"

---

1 围棋术语，必须应对的局部存亡比整个态势更重要。

时期的世界格局缺乏深刻认知，而仅仅急于立即扭转经济全球化趋势带来的美国利益流失。由此而生的紧迫与焦虑，进一步催生了非理性对抗的国家意识的躁动。

当代历史大格局的变化节点，是 20 世纪后期苏联文明的解体。作为世界文明格局总平衡结构的另一方，苏联的解体，使世界文明格局骤然失去了根基结构的平衡性。由此，西方美欧资本主义国家群，一时陷入了不知所以的历史胜利感的眩晕之中。也就是说，以美国为首的发达资本主义国家群成了世界唯一的霸权集团之后，对世界文明的发展丧失了方向感，出现了集体无意识状态。

是否可以依据人类文明发展的正向历史逻辑，引领世界合作向前，谋取共赢发展？不可能。这一道路与资本主义无限逐利的本质相违背。在资本主义的话语谱系中，从来没有双赢、多赢及共赢，只有利益单向独占的独赢。可是，果真如同资本主义原罪战争那样，再狠狠地强力"收割一茬世界韭菜"？似乎也很难。世界战争武器的发展，已经没有了普遍而巨大的历史性代差，热兵器基本上已经普及世界了，"大割韭菜"未免成本太高，可能会伤及自身。可是，没有划时代的巨大的垄断性利益，没能因苏联解体而将全世界发展中国家变成新型殖民地国家群，因苏联解体而产生的利益空间被榨取得远远不够，似乎又太便宜了这些"弱肉"国家群。

这就是美国霸权国家群的失落与矛盾。

虽然，他们非常的不甘心。但从总体上说，资本主义文明在不由分说的一阵狂欢之后，对新时代的来临，并没有出现国家文明层面的深入且大规模的研究与反思。在"后冷战"时期，西方世界始终未能出现诸如十字军东征后的文艺复兴与启蒙运动那样的思想创造大潮，未能像那次一样做好了充分的理论与精神准备。也没有出现诸如第二次世界大战时期的美国国家理性，对战后未来世界格局作出了宏大思考。因此，由资本主义文明再度自觉发动世界秩序重构的全球化历史性壮举，非但没有来临，反倒是一步步地向"二战"之前的孤立主义退潮了。

显然，对"冷战"结束后有可能发生的深刻的世界变化，美国是缺乏精神准备，更缺乏理论准备的。可是，为什么美国会既缺乏精神理论准备，又不能在后来自觉进入理性状态，陷入如此长期的盲目性？

在苏联解体留下的世界不平衡结构中，美欧国家群茫然失措了至少30余年的时间。依据当代国家的发展节奏，30年有余的时间，足够让一些国家由弱变强，并从而改变一个时代的国家关系结构了。在此期间，美国文明对当代世界深刻变化的研究，对世界文明未来发展趋势的研究，始终没有政治文明方面的重大突破。不要忘记，当年还在"二战"中期，美国就表现出了未雨绸缪的远见，就已经开始进行相对有深度的日本文明与德国文明研究，以作为其战后处置日本帝国与法西斯德国的政策基础，进而思考未来世界秩序的大规模重新构建。

若非有这种对不同国家文明与未来发展趋势深度研究的准备，就没有战后立即着手的战犯审理，就没有对日本政治文明走向的基本选择，就没有对全世界殖民地问题相对快速的处置，更没有快速创建世界国家群的共同组织——联合国——的可能。当然，也就没有目下依然存在的当代世界的结构与秩序。尽管这一秩序所建构的国家间关系，实际是那样的不公平，但仍然是和平时代一种可以维持理性竞争的世界框架秩序。客观地说，中国的和平崛起，就是在这种虽然不公平，但也毕竟不失为理性竞争的和平环境下基本完成的。

可惜，如彼时那样客观深入的国家与社会并行的历史反思性研究，始终没有在"后冷战"时期出现。以美国为轴心的西方国家群，依然在历史的惯性中，共同捆绑在"北约"旧战车的轮子上左冲右突，对世界国家关系中的新历史因素与潜在的深层变化，缺少足够清醒的认知。美欧国家群的思维方式与国家认知状态，始终停留在曾经的"冷战"对抗的惯性制约之中，缺少跨时代的新思想与新精神。

这种状态，绝非美欧国家真的相信了福山的"历史终结论"。

从本质上看，这是资本主义文明认知能力的历史性衰退。历史实践已经证明，当一种文明形态已经丧失或正在丧失对所处时代的深刻认知能力时，这一文明形态就已经进入了黄昏时代，进入了非理性的衰落时代。

在30余年的"后冷战"时期，美国经过克林顿时期的经济较快发展，以及就事论事短促反应式的反恐战争，先后发动了几场区域战争。其中，以小布什总统发动的伊拉克战争声势最为浩大，但其无证据的战争讹诈底色，却在后来暴露出来，使美国的"反恐战争"的道义性光环消失净尽。从奥巴马时期开始，美国社会似乎缓慢地开始觉察到了某种程度的历史别扭——世界有些不对劲了，美国的霸权行动似乎不如以前那样具有震撼效应了。之后，美欧发达国家群渐渐一致认定，这是中国经济赶上来的结果，是中国参与分享世界资源的结果。于是，"重返亚太"的战略出来了，"中国威胁论"也出来了，对中国的种种封锁及制裁，也陆陆续续地开始了。

这一思路尚未全面展开，美国又突然发生了重大变化。

特朗普当选总统，看似是美国政治的一个"异数"，实则不尽然。

在中国传统文化领域，"异数"是一个诉诸国家命运的历史哲学概念。其哲学内涵，就是事物结构中的非常态元素突然出现，是看似非逻辑而实则深合逻辑本质方向的元素突然出现。异数的出现，往往意味着历史逻辑将从最本质方面展开，从而最大限度地展现某事物最基本元素的本质要求。若能够承受自我本质展开的巨大张力，则该事物可能产生新的发展；若不能承受自身最本质元素展开的巨大张力，则该事物崩溃亡灭。

美国国家文明的本质，是资本主义文明。资本主义文明的社会活体，则是以实现资本利益最大化为存在方式的资本家群体。在科学技术与工商经济时代，资本家阶级通过自己创建的国家制度体系，将资本牟取整体利益的结构性效能，最大限度地展现为社会实践中巨大的利益输送。在资本主义的国家与社会结构中，特大资本家阶层居于结构的轴心地位，是接受国家机器之利益输送的最重要群体——特大财团阶层。

任何文明形态，当它以常数或正向的历史逻辑展开时，其所选择的国家元首，都具有依据社会职能的素质需求而超越自身基本元素范围的广泛性标准。也就是说，资本主义国家，未必一定要资本家担任总统。在正常的历史条件下，总统一般是由出色的政治家担任。美国在"二战"时期，在资本主义文明发展的高峰时期，之所以连续四届选择罗斯福担任总统，就是这种历史正向与社会常数的最充分表现。否则，美国不可能在"二战"期间站在超越意识形态分歧的历史道义高度，与主战场的苏联结成同盟国，并在全世界范围内战胜了法西斯势力。

这是国家文明常数与其最本质元素之间的正向关系。

特朗普执掌了美国总统权力，站上了世界历史舞台。这位总统以离开既往历史轨迹，并将诉诸分歧与激化矛盾作为国家政策基本点的特异性，使美国对世界国家关系的认知及对美国内部状况的认知，达到了难以想象的极端化与偏执化。特朗普所全面展现的美国的非理性对抗的国家行为，正是资本主义国家文明的认知能力严重流失的现实体现。

历史本质的内在逻辑是：美国国家结构的本质元素群不满意了，隐秘的"无形之手"躁动不安了。它们需要能够忠实展开顶层资本意志的人物上台，全面实现丛林法则与异端剪灭法则，一举击垮有威胁的大国，一举将世界打回到资本独赢的殖民地时代去。

另一个社会层面的问题与答案，则已经在当下的美国反种族歧视浪潮的爆发中呈现出来。这就是，美国普通公民拥有的选票，为什么能够流向特朗普？美国社会的国民群体的选择，为什么能与大资本阶级的选择相重合？正是这一重合，使美国文明的本质结构层的意愿披

国家时代

上了制度选举的外衣，完成了特朗普的社会基础性。

根本上说，正是种族歧视现象的复杂性，使美国社会的蓝领阶层，也就是被许多人称为"沉默的大多数"的美国白人公民、移民公民选择了特朗普，而且这个趋势在短期内不会改变。由于美国黑人犯罪率对白人公民构成的威胁，使这些白人公民与移民公民成为美国种族歧视理念的社会根基。假如没有这样一种历史性的社会根基，诉诸社会分歧的特朗普，也许就不会获得白人公民的普遍拥戴。

对于世界而言，特朗普的危险在于其所导致的国家非理性。

可是，这次的历史实践却颇见历史的幽默。对于特朗普主导的非理性国家对抗行为，竟没有几个国家惶恐惊惧，世界也没有陷入一片大乱，更没有多少认真批驳的声音。

于是，美国政府大为尴尬。一番惊天动地的大折腾，连四处军演都没有停止，连可能恢复核武器实验都宣布了，其效果还是令人沮丧——"让美国再次伟大"的特朗普呐喊，并没有在国际社会激起多少水花。

在新冠肺炎疫情如铺天黑云覆盖世界的历史时刻，美国却与世界多方对抗、处处僵持，使人类各个国家的合作抗疫遭受巨大阻力。仅仅是如此这般一个最基本的历史事实，已经说明，美国为首的资本主义文明对人类文明正义性的认知能力已经完全丧失了。依据人类文明历史的正向逻辑，只要美国是一个正常国家，巨大的疫情就是一个足以改变美国非理性国策，并同时改变世界格局的历史转折点。

人类文明要发展，只有在非理性对抗外开辟新的历史道路。

五　文明黑洞：历史上的非理性对抗时代

在国家时代，人类历史发展的常态是理性竞争。

我们必须注意到，人类在前国家时代，也就是原始社会时期的生存常态，是人口群落之间的非理性对抗。纷繁无以计数的氏族、部落、部族、民族等人群，都在生存本能的驱使下盲目地相互争夺既定资源——土地、财富与人口，战争与杀戮弥漫着全球人类居住的区域。如果生存秩序不加以改变，人类完全有可能在这种长期的、非理性的、无规则的争夺中同归于尽。正是在这样的历史大背景下，渐渐成长的世界各个民族，才不约而同地先后创造了自己的国家，以国家形式的强力结构为历史平台，开始了人类理性竞争的历史。

这就是人类经历浴血奋争，才创造出来的国家时代。

国家时代的理性竞争，有两层最基本的内涵。首先，以国家为生存界定范围，国民在一国之内以法律为依据，展开有序竞争；其次，在地球范围内，各个民族以国家为平台，以自然形成的传统交往规范或国家相互约定为依据，展开国家之间的理性竞争。当然，其中也包括大量而普遍的民间自发的贸易流通与人口的流动融合。

理性竞争的历史内涵，是各个民族与各个国家共同认可一些最基本的价值观，认可一些最基本的利益与财产交换法则（等价交换原则），自觉尊重他国法律的政治原则，等等。在这样的基础上，无论是个体竞争，抑或是国家竞争，都是勤劳智慧的竞争，都是个体与群体创造力的竞争。世界国家群之间的贸易活动，所以能跨越时代而长期存在，就是以理性竞争的长期存在为基础的。

在理性竞争时代，强盗国家或强盗团体，是短暂的逆流现象，是不为世界文明国家所认可的。虽然，理性竞争也有残酷的一面，更有战争的一面。但无论如何，都是在某种共同价值观与某种共同精神的旗帜下，在正向价值观的轴心作用下，以文明上升的历史正向逻辑向前发展的。中国的春秋、战国、秦帝国时代，西方的启蒙运动与资产阶级大革命时代，都是世界文明历史上著名的理性竞争大时代。

但是，国家时代又是具有极度复杂性的人类历史大时代。它不仅仅拥有理性竞争的辉煌时期，也曾经有过回流式的黑暗时代——

非理性对抗时代。这种时期，会因为特定轴心势力以偏狭邪恶的价值观发动冲突与战争，世界国家群会突兀生出一种不自觉的恶性连锁下滑，几乎类似于因宇宙黑洞的疯狂牵引力而群体性卷入。由此，人类文明陷入非理性的严酷混乱的对抗之中，陷入长时期的战争杀戮的历史泥沼。

非理性对抗时期的来临，有两个最基本的前兆。

一则，宗教精神的极端化、偏执化发展。

宗教的本质，是人类特定群体对世界认知的绝对化——相信某种教义认知具有超越时空发展的永恒真理性，从而不问所以地至死追随。自从人类产生了宗教团体，又为国家所容纳，宗教在国家时代就成为一种特异的、绝对化的精神存在；宗教对国家时代的人类文明所起的作用，也具有善恶难分的复杂性。最大的恶性作用，就是一旦某些特定国家群出现了极为偏执的极端化宗教精神，将一切教外信仰都看作应该诛灭的"异端"；同时这一特定国家群又恰恰将这一偏执宗教奉为国教，进而奉行"异端诛灭"的国家政策，它们就会执意要消灭一切"异端"国家。

在此前兆时期，偏执国家就会出现严重的非理性国家行为，疯狂地对其余国家发动异教灭绝战争，以残酷的战争杀戮进行种族灭绝行动，进而将世界国家群拖进非战争无以生存的非理性对抗境地。

二则，世界力量格局出现时代性差距的绝对失衡。

当世界国家群的力量对比结构平衡突然被打破，特定地域国家的生产力出现历史性突破，从而出现一个或一批超级强大的国家，其军事实力对世界国家群就突然有了时代性差距的巨大优势。当此之时，这些具有时代差距优势的国家意识，若再以极端宗教的剪除异端理念为国家认知基础，其霸权欲望必将被强烈激发起来，迅速地畸形突变为疯狂的非理性国家行为——向全世界发动战争，将全世界人口变为自己的奴隶，将全世界国家变为自己的殖民地。

如此，世界国家群则必然陷入非理性对抗的黑色风暴之中。

上述两种历史预兆，都曾经变成残酷的历史实践。前者，是欧洲中世纪的基督教会势力在欧洲膨胀的极端化、偏执化时期所激发的世界性宗教战争——历时200年左右的以十字军东征为核心风暴的世界各文明形态的非理性对抗。后者，是欧洲资本主义工业革命发生后，紧接着所谓"地理大发现"时期发生的全球殖民。这一时期，资本主义国家将"探险家们""发现"的大量辽阔的、有原住民居住却没有创造出国家平台的地区，统统认定为"无主"土地；将非洲半原始社会形态难以抵抗资本主义势力入侵的部族，认定为充足奴隶劳动力的源头；对亚洲这种处于古典文明暮色的落后国家，则认定为可以征服的殖民地。总体说，在这种独霸世界利益的极端化认知中，酿成了历时100余年的邪恶的资本主义原罪战争——对全世界展开的殖民主义战争。这种非理性的、不对称的战争，将当时尚未进入热兵器时代的所有非资本主义国家群，全部拖进了"救亡图存"的非理性对抗的黑暗时代。在第二次非理性对抗——资本主义原罪战争时期，非资本主义世界全部的国家和地区几乎都沦陷为殖民地或半殖民地。当时英国的殖民地遍布全球，被称为"日不落帝国"，可见其残酷之下的罪恶煊赫。直到当代社会，这些国家的罪恶痕迹，还遍及世界、斑斑可寻。

就历史实践而言，非理性对抗，是人类文明价值观最为混乱失序的历史时期，是最为黑暗的丛林法则为主流的历史时期。世界国家群在这一时期，几乎都只能被迫放弃理性竞争的国家关系原则，放弃一切和平生存的正向价值观，而被迫进入战争决定一切的对抗时期。

最基本的原因是，作为矛盾主导方面的国家群——发动非理性对抗的偏执疯狂的国家群，首先主动抛弃了所有的正向价值观，只以荒诞杀戮的强盗征服逻辑发动种种形式的战争。作为文明国家群，则只有浴血奋争，只有在付出巨大牺牲的强力对抗中争取生存权利。无论反抗一方的本质及立场如何具有文明的正义性，一旦陷入这样的非理性对抗的黑洞，就只有用对方听得懂的强力对抗方式，表达自己的国家意志，浴血奋战、抗争到底。此时的世界文明，已经沦落为仅将"战争决定一切"视为谈及其他的基础，任何正义的诉求，都得等到你先胜利了再说。

无论如何，在对抗的时刻没有讲理的地方。

只有胜利了，生存下来了，才能继续坚持真理。

这就是强盗逻辑为主流的非理性对抗时期。

在世界文明发展到古典国家文明的晚期时代，资本主义文明的崛起，本来是人类世界的福音——人类文明有了新的火车头，当然应该有跨越时代的新发展。显然，这是历史的正向逻辑。诞生于资本主义社会土壤的马克思主义，就是这种立足于批判资本主义的正向逻辑的历史声音，是资本主义土壤的文明良知。马克思批判资本主义的非理性罪恶，主张发动劳动阶级革命，主张建立全世界共同发展的理想社会——共产主义社会。当时的欧洲资本主义国家文明，若能如同文艺复兴与启蒙运动反思中世纪封建社会的罪恶那样，同样深刻地反思资本主义国家文明的非理性原罪基因，从而改弦更张，走上一条引领世界文明发展的建设性道路，资本主义文明时代则功莫大焉。

历史的悲剧在于，资本主义国家文明的底色，不是人类融合发展并承认文明多元化存在合理性的良性文明。资本主义文明的根基，是资本群落的社会实体——一个由资本家群聚结成的资本家阶级的利益攫取链。资本无限逐利的本质，决定了资本家阶级无限度攫取利益的本质；按照它们的意志所创造的国家，是它们单向度向世界进行无休止利益攫取的历史平台。

资本，是为无限度谋取利益而生的。在资本主义国家文明的视野里，世界的存在是简单化的——除了能够攫取的利益，其余所有一切存在都是可以被牺牲的。

历史地看，资本主义文明的极端趋利本质，与欧洲中世纪封建社会传统文明的两大基因——异端有罪与异端剪灭的教义价值观，是有深刻的暗合关系的。基督教认知世界的这两大绝对单向化理念，与资产阶级信奉的丛林法则——弱肉强食、适者生存的社会达尔文主义，既可以互为表里，又可以互为根基，还可以为谋取利益产生一种独占杀戮的垄断性快感。从历史哲学的意义上透析，资本主义文明所以继承了古欧洲黑暗中世纪教义的罪恶因子，其深层的逻辑关系便在这里。

　　以资本主义国家文明的黑暗本质为静态出发点，资本主义文明在崛起初期，就暴露出了非理性的偏执底色；其后将人类世界拖入非理性对抗的黑暗时代，几乎就是历史的必然，而绝不是个别统治者的个体决策。

　　资本主义文明的历史实践，已经有 400 余年的时间了。

　　400 余年中，资本主义文明引导人类良性竞争的历史时段，是太少太少了。除了第二次世界大战期间及之后的数十年，资本主义文明几乎都是在对世界国家群的残酷吸血中光鲜起来的。虽然，资本主义国家群给世界文明的发展，在客观上也带来了科学技术的传播，及人类生存生活方式的一定提升。同时，就客观后果说，资本主义文明也在残酷的杀戮中催生出一批古典文明国家以满目疮痍的残破身躯，进入了现代国家形态——中国是其中典型。但是，那绝不是资本主义国家文明的自觉目标。就历史实践的整体而言，资本主义文明对世界文明正向发展的破坏性，远远超过了建设性。

　　这样的一个历史时段，已经太长了。

　　资本主义文明最为深刻的破坏性在于，它反反复复地毁灭着人类自古典文明时期就努力培育且有蓬勃发展趋势的良性竞争的生存形态；它自觉地放弃了作为文明领先国家的人类文明责任，自觉放弃了对融合交流与共赢发展的历史诉求，而自觉地、畸形地发展出一种诉诸各种分歧，又力图以暴力消灭一切分歧的国家理念；将人类国家形态的多元化存在，看做不可接受的"异端"现实；资本主义国家文明，只接受一种单一形态的社会存在——在一己霸权统治下的世界殖民地形态。

这是最为直白的非理性对抗，是丛林法则的生存对抗。

在资本主义文明的偏执理念下，世界文明 400 余年以来的历史足迹，始终处于霸权帝国主宰世界国家群的模式之中。辽阔庞大的苏联解体后，美欧资本主义世界一时狂欢庆贺，认定这次胜利是"历史的终结"——历史终结于资本主义文明的胜利，资本主义国家群将永久地统治世界。当此时期，以美欧为轴心的世界资本主义国家群，已经丧失了国家文明应有的理性精神，在没有新精神与新思想的历史条件下，它们继续徜徉在唯我独尊的霸权道路上，自以为又可以回到殖民主义时代"大割一茬世界韭菜"了。

一场世界范围的疫情，不期然变成了资本主义文明衰落的显示剂。

于是，疯狂的非理性对抗，倏忽之间复活了。

六　霸权主义非理性对抗下的中国文明

历史地看，美国与中国这一"竞争对手"关系的最终构成，是历史几经转折变形的结果，是中国这样一个从灭国绝境中走出来的发展中国家无法回避的国家宿命，更是一种看似偶然的历史必然。

就总体框架说，自 1783 年英国承认美利坚合众国国家地位，美国进入世界舞台，到 1844 年美国以国家名义进入中国——强迫中国签署不平等的《望厦条约》，与中国通商，中美关系史充其量不到 180 年。对于中国这样的古老国家，这是弹指一挥间。但对于历史短暂的美国，这几乎构成其自立国以来一直如影随形的一个历史噩梦——一个神秘、穷弱而偏偏导致美国屡屡失算、无法把控的东方国家，一个难以预测而又无法忽视的存在。

中国清末及中华民国初期的军阀混战时期，因为美国自身尚未成为资本主义世界的头狼，美国对中国的总体政策，及历史实践所体现的国家行为，是略微开明于其他列强国家的；其实际目标，是争取在中国拿到更多的殖民地利益。此间数十年，美国人与美国文明，在中国留下了较为开明良好的国家形象记忆。

从 1930 年代开始，到第二次世界大战结束，美国随着自身实力的强大而成为资本主义国家的头狼，并成为世界同盟国抗击法西斯主义的支柱之一。这一时期，美国对中国的国策，是友好结盟并共同抗击世界法西斯轴心国。其时，美国的潜在实际目标，是将这个深具潜力的东方大弱国打造成美国的忠实盟国，使其成为战后美国在东方的坚实阵地。为此，美国大力支持中国抗日战争，并基本一边倒地支持中国国民党政府的内战政策。当时的美国，在中国普遍拥有良好的历史形象，国共两党曾经不止一次地接受美国主持的停战谈判。

1949 年，是中美关系的一个历史转折点。

中国共产党迅速在内战中获得了最终胜利，并基本重新统一了中国疆域。美国基于反共产主义的西方立场，及偏狭的宗教精神，将新中国政权看作是苏联阵营的一员，而成了美国的敌对国家；因此，认定是美国"丢掉了"中国这个最大的东方阵地。为此，美国非常懊恼，美国府院之间发生了关于"谁让美国失去了中国"的大讨论，发表了《中美关系白皮书》，系统公布了近代以来所有的对华关系文件，力图检讨是哪个环节出了问题，以致竟然没有把控好这个如此屡弱、古老的大国而使其脱离掌控。

结果，美国仍然莫衷一是，一头雾水。

显然，1949 年之前，美国是将中国看作整个西方势力范围的一环，且认为中国越来越成为美国独家控制的忠实盟邦。美国的全球布局，是力图使中国成为世界反共产主义的东方堡垒，也成为美国霸权

国家时代

最大的海外利益输送地。这一长期谋划突然破碎，美国的失落无疑是非常深刻的。因此，当时的美国国务卿艾奇逊在《中美关系白皮书》序言的最后部分，发出定时炸弹式的历史预判，大意是说，拥有3 000年文明的中国，最大的敌人是来自北方的威胁，相信中国人民在未来的民族主义对抗中，能够找到振兴中国文明的历史道路。

1950年朝鲜战争爆发，中美关系发生了实际性的历史逆转。

朝鲜战争以严酷的正规战争方式，完成了中美关系历史转折的实际内涵。由此，美国对中国产生了深刻的敌意与仇恨。美国政府完全没有预测到，站立在废墟上的新中国竟能坚定出兵朝鲜，以美国人完全不熟悉的战争精神与战争智慧，将美国硬生生打回到"三八线"以南。这次大规模战争的"未能获胜"，对美国的国家意识产生了深远影响。

从此开始，由于挫败感也好，焦虑感也好，美国已经将中国看作敌对国家了。

朝鲜战争之后直至1970年代，美国全面封锁中国20余年。

1972年，美国基于对抗苏联的迫切需求，策略性地结束了与中国的冰冻时期，被尼克松称为"又夺回了中国"——与当年的"是谁丢掉了中国"相呼应。1979年，中美又正式建交。直至苏联解体，"冷战"结束，中美两国基本上是在有所戒备的基础上和平相处，经济往来逐渐全面恢复。

1978年中国改革开放到1989年的十年，是中美关系相对融洽而被人称为"蜜月期"的短暂时光。之后，美国以"人权"的名义，重新竖起对中国的经济壁垒，力图遏制中国的发展。但是，由于中国坚持更大程度的改革开放，从1992年开始，中国坚持对美国"斗而不破"的原则，在美国的遏制政策下，保持了既正视分歧又坚持合作的状态。在此20余年，中国获得了较大发展，国家基础更为坚实。

从克林顿任期开始，美国提出了"中国威胁论"，对中美关系的长期状态，做出了某种历史性质的定位。奥巴马时期，美国又提出"重返亚太"战略，进一步认定中国是美国发展的"战略竞争对手"。但是，这一时期的美国，尚未丧失最后的国家理性，还没有进入偏执的非理性状态。如此，中美关系在既有经济依存又有国家安全分歧的摩擦状态下，颇为艰难地前进，直到这场世界范围的疫情突然到来。

回顾180余年的中美关系历史，中国方面的主题，始终是救亡图存之后的求稳定、求发展，自觉地对美国保持了努力争取双赢的合作国策。美国的主题，则是不断提高世界霸权的全面度，不断清除障碍国家的进攻性历史脚步。其中，对中国更是步步紧逼，或者策略性利用，或者全面遏制。很清楚，中美关系的长期主导性矛盾方面，是力主独赢的强势美国；非主要矛盾方面，则是主张双赢、多赢的发展中国。

美国日益鲜明的国家焦虑，与其说是对中国持续成长的国家力量的忧心，毋宁说是对这个拥有深厚文明且5 000年不灭的古老大国的无法预测性与难以把控性的日益强烈的深层恐惧感。100余年来，美国与欧洲国家，没有一次能够准确预测中国的历史脚步，没有一次能够以在其他国家屡试不爽的种种手段搞乱中国。硬性强撼不能，和平演变不能，军事围堵不能，"颜色革命"不能，经济遏制不能，贸易战不能，挑动分裂也不能；分明早已经将中国确定为对手了，却硬生生无处下口。此等难堪，在美国的霸权历史上从来没有过。

对于一个称霸世界半个多世纪的超强大国，势何以堪？

近年来，美国国家意识越来越重视对中国的深层分析，并相继得出了若干不同于以往的结论。其中最主要的一个结论，是关于对中国执政党——中国共产党的认知。此前，美国国家意识的主流，是将美国与中国的不同，看作不同意识形态的差异，认定中国为"红色中国"。近年，美国高层的认知发生了变化，不再认为中国共产党是向世界输出共产主义的政党，而变化为认为中国共产党是力图复兴中国文明的（民族主义）政党。这一认知的逻辑潜台词是，中国执政党立足于本民族国家文明的复兴这一事实，已经将共产主义的威胁变成了多民族大国的威胁，这将是美国更为长远的实际威胁；为此，美国将不再理睬与中国的意识形态差别，而是采取与中国这个国家之间的全面的非理性对抗。

这个逻辑是问题的实质，是将中国逼成对手的美国共识。

对东方文明的戒惧，是美国的历史心结。无论对日本，还是对中国，甚至连朝鲜半岛两个国家，都是美国即或在霸权高峰时期也难以轻松挥洒的地区。作为东方最主要的独立文明大国，中国更是美国实现世界殖民地化的实际硬桩。因为，在历史上，中国文明从来都是世界霸权覆灭的见证者；中国文明已经存在了 5 000 余年，从未被任何历史风浪击垮，从来不曾被任何霸权灭国；相反，中国在任何时代总是霸权集团的最后掘墓人之一。

而今，面临非理性对抗时代的来临，中国一定会上下同欲、纵横捭阖、奋起抗争，决然不会引颈就戮。诚如中国外交部发言人底气雄厚的精彩回答，假如美国硬要把中国逼成对手，那么中国一定是一个合格的对手。对此，美国应该也是有所认知的。

美国要走的道路，总体上早由其战略智库设计好了。

这条道路，就是强力肢解中国。其具体的实现路径，是以有限战争或全面战争为先导条件，以庞大的间谍渗透活动为基础方式，以经济封锁及周边反华国家为辅攻手段，使中国在多线战争与多线冲突中陷入全面的动荡混乱，从而诱发并大力扶植各种分裂因素，力求使中国陷入内战危局；最终目标，是使中国肢解分裂为七八个或更多的独立中小国家，使拥有强大统一文明的中国，永远消失在历史的长河中。从此，中国地区充其量只能在美国赐予的"中华文明圈"的光环下苟且生存，成为向美国大规模输送利益的最新型的辽阔的殖民地区域。

美国智库认为，这样的道路，美国只需充分彰显全面战争态势，而无须付出惨重的实际代价，就能一劳永逸地解决这个老大难威胁。这是美国的大战略筹划，也是精算之后的最理想路径。

依据历史实践提供的经验教训，美国要真正消灭中国威胁，只有这一条路可走。其余任何方式，都不足以使中国轰然解体并永远消逝。可是，当年日本也曾尝试过如此方式，一开始就在华北搜罗大批汉奸，成立了不知多少个自治政府，加上伪满洲国，再加上汪精卫汉奸政权及各地汉奸政府，汉奸军队的力量声势已达数百万……可是，还是失败了。美国历来精算对手，不可能不知道这一段历史。那么，为什么美国还要走这样一条道路？

因为，美国的战略认知是，这是促使中国这样的统一大国在内外夹击中解体的最有成效的历史路径；日本不行，未必美国就不行；因为，美国拥有更为强大的军事实力，拥有核、生、化三种大规模杀伤性武器，具有从外部发动高强度有限战争或高强度全面战争的能力；在此条件下，对中国所产生的震撼性威慑及内部动荡，将远远超出当年日本侵华战争的效应。

百分之百的利润，便足以使资本家甘冒绞首的危险。

那么，中国应该如何应对？

历史地看，非理性对抗时代的来临，既是世界文明的危机，也是世界文明的希望。对于中国，更是如此，既是中国文明的危机，更是中国文明实现千年复兴的历史机遇。一般的社会意识会简单认定，历史机遇的内涵很清楚，可历史危机的内涵似乎并没有如何鲜明的感知。毕竟，如此大一个中国，灭之何其难也。

可是，这里要强调的，恰恰是认知危机之重要，之艰难。

我们不仅要在国力上拥有应对危机的能力，更要有充分的备战打仗意识和战略部署，正如本书一直强调的，中国战争文明历来是在强大国家止战能力基础上谈和平为上。更重要的是，我们要对中国国家文明进行系统梳理，清醒认知中国的良性价值体系，对中国强势生存的历史实践有充分的总结，建立中国自己的文明话语，形成当代中国精神走出泥淖的新突破，为中国自己和世界的未来建构出不同于当下资本主义国家所勾画的图景。在强大的国力之基础上，若精神也能实现文明突破，那么哪怕临机应对中国也将完胜对手。

这是中国文明的骄傲，也是中国文明的伟大所在。

中国民族群将在这样一个栉风沐雨的非理性对抗时代，迎来我们渴盼已久的伟大复兴。这一时代，既隐藏着深刻的历史危机，也蕴含着巨大的历史希望。我们将张开双臂，拥抱这个时代的怒潮风雨，那将是中华民族在近 200 年衰微之后的文明重建，是中国文明的涅槃重生——投入烈火，再造自身的伟大进程！

孙皓晖

2020 年 7 月 3 日

于西北大学中国文明史研究院 / 海南积微坊

跋

图大则缓，远不畏行

这部书的实际进程，整整磨了十年有余。

2012年，我的《中国原生文明启示录》在上海人民出版社出版。之后，上海世纪出版集团总裁、资深出版家陈昕先生，约我写一本篇幅不大的面对中高层人士的中外文明论读物。一番思考之后，《国家时代》这个选题便告诞生。写了几章之后，发现这个"坑"有可能很大，遂发于陈昕先生过目讨论。不久，陈昕先生手书邮件寄到，说这是一本"大书"，叮嘱我专心写完，还提出了几条具体意见。于是，《国家时代》的研究与写作工程正式开始，案头工作还算顺利。

2012年初夏，遭遇海南高温酷暑，得时任陕西淳化县委书记的老朋友刘涛邀请，与夫人马丹一起，在淳化谷口塬的芳草园避暑写作近两个月，终于完成了全书第一稿。其间，肩负贫困县脱贫重任的刘涛书记，每每在周末来访畅谈。山月临空，谷风习习，一壶老酒伴中天明月，评说九州四海风云，砥砺互鉴，慨当以慷，遂成为烙印在心中的一幅永不磨灭的人生图画。

之后，总有一种直觉萦绕在心，似乎这部书总有意犹未尽处未能完善。于是，我搁置了第一稿，没有交出版社。之后，我又一次深入到对各种资料的分析研究之中，不断深化问题，使理论更为丰厚并体系化。这样间断进行了几年，其间社会实践的发展，也检验了本书某些理论的前瞻性，我更有了属于宏大研究的一种自信。

2019年初夏，又逢海南酷暑不去。我想这件事该进行最后的工程了，不能再搁置了。

于是，酷暑也好，汗流不息也好，我又一次重读了全部书稿，居然豁然贯通，明白了我所不满不安的那个"痒点"所在——全书的框架所要展现的逻辑结构不够清晰。由此，我将本书的两大部分明白定义：以中国人的语言谱系解析世界文明（第一部分），以世界文明的视野呈现中国文明（第二部分）。逻辑延展是：让世界了解中国人对世界文明的认知，让中国人了解世界文明对中国的认知，为人类文明的交流融通提供基础性认知。至此，逻辑结构明晰化，篇章中所有的具体问题都有了解决的逻辑依据。

历经半年的大规模重写与改写，终于完成了理念相对清楚、我自己相对满意的整部书稿。事实上，此类研究在中国近代史以来一直处于空白状态。在最有文明历史资格的国家，在最有资格与世界国家群讨论文明问题的国家，我们恰恰失语了。我们将文明范畴很盲目地看成了西方列强的独有语言谱系，又很自负地以"文化"范畴取代"文明"范畴，从而使我们长期处于胶柱鼓瑟的文明话语权严重缺失状态。用世界听得懂的语言谱系讨论问题，似乎成了当代中国一个莫名其妙的禁忌。近些年来，这种状况有所改善，但还远远不够。

中国的文明话语权的确立，还有一个漫长的历史过程。

其中最大的缺失，是我们不以文明史的研究立场与研究方法发现历史，而是以事件人物史的传统史学方法治学历史。当一个国家没有文明史研究理念与文明史研究阵地的时候，整个传统历史学科的认知效用相当有限。问题的关键很清楚，文明史研究提供当代人所需要的国情认知与价值观认知，而传统历史研究则提供知识性要素；没有价值观理念的历史知识，不是文明史的发现性认知。

日本在明治维新时期的历史经验，值得我们深思。那时，成就日本民族世界文明视野的，不仅仅是维新变法，还有福泽谕吉的《文明论概略》这部名著。在这本书里，福泽非但梳理了日本文明史，而且将日本的东方文明与西方文明作了整体性的比较研究，认为东方文明比西方文明更优越。应该说，这是日本文明开始觉醒的历史标志。可是，在中国近代史上，却没有这样的世界文明视野的著作，而只有具体的技术性比较著作。

文明话语权的确立，是一个很艰巨的人文工程。

图大则缓，远不畏行。虽然不能急就章，然也不能停止一步一步的跋涉。这本书，就是中国人对世界文明的认知及对自己文明认知的一个简约读本。其中的不完善处，甚或某些缺陷，既是在所难免的，也是本人研究仍然不够深刻的必然体现。凡此种种，欢迎批评交流。

最后，对在本书出版中付出辛勤劳动的所有工作人员，表示深深的谢意。

孙皓晖

2020 年夏于海南积微坊

文景

Horizon

社 科 新 知　文 艺 新 潮

国家时代

孙皓晖 著

出 品 人：姚映然
特约编辑：张利雄
责任编辑：贾忠贤
营销编辑：雷静宜
封扉设计：水玉银文化

出　　品　北京世纪文景文化传播有限责任公司
　　　　　（北京朝阳区东土城路8号林达大厦A座4A　100013）
出版发行　上海人民出版社
印　　刷　山东临沂新华印刷物流集团有限责任公司
制　　版　南京展望文化发展有限公司

开　本：700mm×1020mm　1/16
印　张：40.25　字　数：520,000　插 页：4
2020年10月第1版　　2021年1月第2次印刷
定　价：88.00元
ISBN：978-7-208-16590-8 / K·2977

图书在版编目（CIP）数据
国家时代/孙皓晖著.—上海：上海人民出版社，
2020
　ISBN 978-7-208-16590-8
　Ⅰ.①国… Ⅱ.①孙… Ⅲ.①中国历史—通俗读物
Ⅳ.①K209
　中国版本图书馆CIP数据核字（2020）第131969号

本书如有印装错误，请致电本社更换　010-52187586